Introducción a la literatura hispanoamericana: de la conquista al siglo xx

Introducción a la literatura
HISPANO-
AMERICANA:
de la conquista al siglo xx

Gladys M. Varona-Lacey
Ithaca College

National Textbook Company
a division of NTC/CONTEMPORARY PUBLISHING GROUP
Lincolnwood, Illinois USA

Design Concept: Rosa + Wesley Design Associates

Cover Design: Rosa + Wesley Design Associates

Acknowledgments are on page 557, which should be considered an extension of this copyright page.

ISBN-13: 978-0-8442-7679-0
ISBN-10: 0-8442-7679-0

Published by National Textbook Company,
a division of NTC/Contemporary Publishing Group, Inc.,
4255 West Touhy Avenue,
Lincolnwood (Chicago), Illinois 60712-1975 U.S.A.
©1997 NTC/Contemporary Publishing Group, Inc.
Manufactured in the United States of America.

Library of Congress Catalog Card Number: 97-68512

10 11 12   VRS/VRS   0 9 8 7 6

a mis hijas Alina y Alexa

Índice

Independencia política, literaria y cultural

Precursores y contemporáneos   255

Preface

Introducción a la literatura hispanoamericana: de la conquista al siglo XX introduces a rich collection of original literary works from the Spanish-speaking countries of Latin America to students of Spanish. This anthology is meant to be representational and not exhaustive. Many distinguished authors deserving inclusion in this book were omitted due to limitations imposed upon projects of this nature. I apologize to these authors for the exclusion. It is my hope that readers of this text will become acquainted not only with other works by the writers represented herein, but also with other outstanding writers of the region.

The authors and selections included in *Introducción a la literatura hispanoamericana: de la conquista al siglo XX* are presented in chronological order. Major literary influences and movements are referred to throughout the book within the context of each writer. The text has three main sections: *Conquista y colonia, Independencia política, literaria y cultural,* and *Precursores y contemporáneos.* The first piece that appears in *Conquista y colonia* comes from the pen of the man who was also the first to describe the new culture he encountered on the other side of the Atlantic, and whose successors in explorations, conquests, and colonization left their indelible mark on the peoples of the Americas. Starting with Columbus's *Diario,* readers will share the thoughts and emotions of authors whose careers ranged from navigator, to foot soldier, to nun.

In *Independencia política, literaria y cultural,* readers will explore the works of writers who believed in political autonomy—such as Simón Bolívar— as well as those who paved the path for Spanish America's cultural and literary independence. The final section, *Precursores y contemporáneos,* introduces twentieth-century authors, including those of the "post boom." This third section of the book is the most extensive, given the richness of the work and its accessibility to those beginning their study of literature. As in other sections of the anthology, readers will find that more than one literary selection has been provided for almost every author studied. A variety of each writer's work ensures not only a wider representation, but also a diversity of reading options.

Introducción a la literatura hispanoamericana: de la conquista al siglo XX includes thirty-nine authors and a total of ninety-nine literary selections encompassing diaries, letters, short stories, plays, poetry, essays, and chapters taken from novels. All the works are presented in their original form and are generously foot glossed to better prepare the students for class. The glosses provide readers with English definitions of difficult Spanish words, and with explanations of textual references to historical accounts, political events, places, mythical allusions, and literary references. Students using this anthology should be able to pay more attention to both the content and style of the literary selection, and not spend precious time looking up words or names in a dictionary or a reference book.

Authors are introduced by a concise biographical note. This abbreviated introduction to each author allows students to dedicate prime time to reading the selections. To further facilitate students' comprehension, several sections have been prepared for every literary work. Immediately preceding each piece is a section entitled *Al leer considere lo siguiente*. This short paragraph includes reading guidelines and a very brief synopsis of the text to be read. Following each selection is *Después de leer,* a list of several questions that address not only plot and characters, but also mood and narrative style. At the conclusion of each author's last selection, students will find *Algunos estudios de interés,* a bibliographical listing intended for those who want to gain more insight into a particular author or work.

Of interest to students is the *Glosario de términos literarios*. This glossary, found in the back of the book, defines words and expressions used throughout the text, and should prove to be an invaluable resource when carrying out literary analyses. For students who wish to broaden their knowledge of Latin American literature, there is a general bibliography under the heading *Otros estudios de interés,* which also appears at the end of the text.

Many people have helped bring to completion *Introducción a la literatura hispanoamericana: de la conquista al siglo XX.* I want to express my gratitude to Professor Gustavo Alfaro, Tufts University; Professor Miguel Gil, Wells College; Professor Blas Puente-Baldoceda, Northern Kentucky University; Professor Carlos Figueras, University of Illinois at Chicago, and Ms. Edna Staffieri of North Central High School (Indianapolis) for their insightful suggestions and critical comments, and to Professor James Maharg, University of Illinois at Chicago, who read the first sample chapters. I am grateful to Professor Marta Paley Francescato, George Mason University, and Professor Eladio Cortés, Rutgers University, for providing me with the venue to locate several of the authors who appear in this anthology. For similar assistance, I am indebted to Ms. Frances Baraglaugh, English-language translator of *Los ríos profundos* by José María Arguedas. I also wish to thank Dr. Howard Erlich, Ithaca College's Dean of Humanities and Sciences, and Professor Sabatino Maglione, Chair of the Department of Modern Languages and Literatures, for releasing me from some of my teaching obligations as this book entered its final stages. Carolina Cifuentes, Guadalupe López, and Norman Duarte all deserve a word of thanks for their editorial work and proofreading. Special appreciation is owed to Elizabeth Millán of NTC/Contemporary Publishing Company, for giving me her confidence, support, guidance, commitment, and friendship for the duration of the project. To the many students I have had throughout the years in introductory literature classes, I owe an acknowledgment. This anthology is the result of their many suggestions on how to make the reading assignments more accessible to them. For their patience and understanding, I am indebted to my husband Kevin Lacey and to my daughters, Alina and Alexa, to whom I dedicate this anthology. The last person to whom I would like to express my gratitude is my father, Professor Emeritus Alberto J. Varona, the first person to introduce me to the extraordinarily rich literature produced in Spanish America.

Introducción a la literatura hispanoamericana: de la conquista al siglo xx

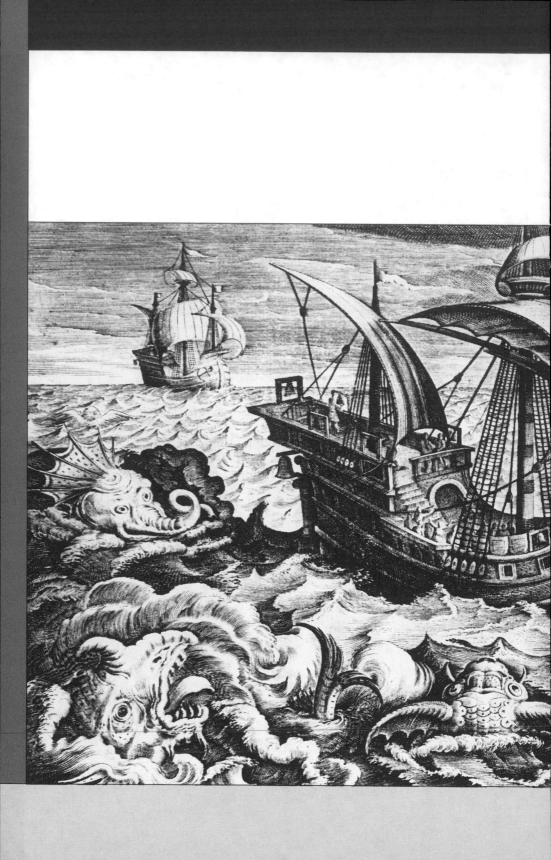

Conquista y colonia

Cristóbal Colón

(1451, Génova, Italia–1506, Valladolid, España)

Cristóbal Colón fue el primer cronista europeo en describir América y es a través de su *Diario*, documentos y cartas, como la dirigida a Luis de Santangel, escribano de los Reyes Católicos, que los europeos comienzan a conocer el continente llamado América en honor a Américo Vespucio (1454–1512). Este navegante de origen italiano, afirmó, contrario a las creencias de Colón, que las tierras descubiertas por éste constituían un nuevo mundo.

Colón partió el 3 de agosto de 1492 de Palos de Moguer, España, en busca de una nueva ruta marítima que lo llevara a Catay y Cipango, en el Lejano Oriente. No llegó como se proponía a China ni a Japón ni a la India, sino que se encontró con las islas del mar Caribe. El error de Colón quedó recogido por la historia al llamar *indios* a los habitantes de estas tierras.

El 12 de octubre de 1492 llegó Cristóbal Colón a la isla de Guanahaní luego de dos meses de difícil navegación. En su primer viaje descubrió Cuba y la Española (Haití y la República Dominicana). En sus otros viajes descubrió Puerto Rico, Jamaica y las Islas Vírgenes. Sus exploraciones se extendieron desde el río Orinoco, en Venezuela, hasta Honduras, América Central.

Al igual que otros exploradores y soldados, Colón estaba consciente del valor de sus escritos. Se sabía intérprete de una realidad que le era desconocida al europeo y tenía conciencia de que a través de aquéllos convencería a la corona española de la importancia de su descubrimiento. Por esta razón leemos en sus escritos minuciosas descripciones de la fauna y la flora y detallados esquemas de los pacíficos habitantes a los que consideró fáciles de conquistar y cristianizar. Colón al describir el mundo que observaba lo hace desde una perspectiva subjetiva matizada por el asombro. A la realidad integra la fantasía alimentada por las lecturas de novelas de caballerías. Al igual que otros descubridores, se sintió protagonista de una de las muchas aventuras posibles en ese tipo de novelas. De ahí, que al describir la realidad descubierta incluya amazonas, monstruos marinos, hombres con cola y, sobre todo, una riqueza que nunca vio en la región a la que había llegado. Muchos de los documentos originales escritos por él se han perdido. Los que tenemos hoy día son copias hechas por copistas que aclararon y castellanizaron sus escritos. Sus diarios y cartas fueron traducidos al latín y a otros idiomas.

Las hazañas de Cristóbal Colón han pasado a través de quinientos años por un severo escrutinio. Han sido juzgadas por los estudiosos de su personalidad y por los historiadores de América y de Europa con admiración, sospecha, reparos y condenas. Mas, a pesar de todos los criterios expresados no puede negarse la singular importancia de su descubrimiento que tanto contribuyó al devenir histórico de los pueblos de Europa y al futuro destino de la humanidad.

AL LEER CONSIDERE LO SIGUIENTE:

- —las voces narrativas
- —la documentación legal de lo que acontece
- —la descripción de los indígenas y de la naturaleza americana
- —la presencia de la religión
- —comparaciones

De los escritos de Colón se ha dicho que el navegante era ante todo hombre de mar, que acostumbraba chapurrear varios idiomas y que no se expresaba bien por escrito en ninguno de ellos. La documentación más importante de Colón, titulada *Diario,* nos llega gracias a la amistad que se entabló entre Diego Colón, hijo primogénito de Colón, y Fray Bartolomé de las Casas (1484–1566). En su *Diario,* dirigido al europeo, Colón describe el mundo que cree haber descubierto. Presenta a los habitantes de esas tierras como seres dóciles y aptos para la cristianización, y a las tierras americanas como un paraíso terrenal donde se podrían alcanzar fines lucrativos.

Diario

Jueves 11 de octubre. —... A dos horas después de media noche pareció la tierra, de la cual estarían dos leguas. Amañaron todas las velas,[1] y quedaron con el treo,[2] que es la vela grande sin bonetas, y pusiéronse a la corda,[3] temporizando hasta el día viernes, que llegaron a una isleta de los Lucayos,[4] que se llamaba en lengua de indios Guanahaní.[5] Luego vinieron gente desnuda, y el Almirante salió a tierra en la barca armada, y Martín Alonso Pinzón y Vicente Anés,[6] su hermano, que era capitán de la Niña.[7] Sacó el Almirante la bandera real y los capitanes con dos banderas de la Cruz Verde, que llevaba el Almirante en todos los navíos por seña con una F y una Y:[8] encima de cada letra su corona, una de un cabo de la † y otra de otro[9] Puestos en tierra vieron árboles muy verdes y aguas muchas y frutas de diversas maneras. El Almirante llamó a los dos capitanes y a los demás que saltaron en tierra, y a Rodrigo de Escovedo, Escribano de toda el armada, y a Rodrigo Sánchez de Segovia, y dijo que le diesen por fe y testimonio[10] como él por ante todos tomaba, como de hecho tomó, posesión de

---

[1]**Amañaron todas las velas** they took in all sails [2]**treo** mainsail [3]**pusiéronse a la corda** lay close-hauled [4]**Lucayos** probable reference to the inhabitants of one of the islands situated in Asia [5]**Guanahaní** this island is assumed to be Watling Island in the Bahamas [6]**Vicente Anés** Vicente Yáñez [7]**la Niña** one of the three vessels in Columbus's first expedition to the New World. The others were *la Pinta* and *la Santa María.* [8]**una F y una Y** reference to the initials of Fernando (Ferdinand), King of Aragón and Ysabel (Isabel), Queen of Castille [9]**una de un cabo ... otro** one (crown) at either end of the cross [10]**que ... testimonio** that they should bear faithful witness

la dicha isla por el Rey e por la Reina sus señores, haciendo las protestaciones[11] que se requerían, como más largo se contiene en los testimonios que allí se hicieron por escripto.[12] Luego se ayuntó allí mucha gente de la isla. Esto que se sigue son palabras formales del Almirante, en su libro de su primera navegación y descubrimiento de estas Indias. «Yo (dice él), porque nos tuviesen mucha amistad, porque conocí que era gente que mejor se libraría y convertiría a nuestra Santa Fe[13] con amor que no por fuerza, les di a algunos de ellos unos bonetes colorados y unas cuentas[14] de vidrio que se ponían al pescuezo,[15] y otras cosas muchas de poco valor, con que hobieron mucho placer[16] y quedaron tanto nuestros que era maravilla. Los cuales después venían a las barcas de los navíos adonde nos estábamos, nadando, y nos traían papagayos[17] y hilo de algodón en ovillos[18] y azagayas[19] y otras cosas muchas, y nos las trocaban[20] por otras cosas que nos les dábamos, como cuentecillas de vidrio y cascabeles.[21] En fin, todo tomaban y daban de aquello que tenían de buena voluntad. Mas me pareció que era gente muy pobre de todo. Ellos andan todos desnudos como su madre los parió,[22] y también las mujeres, aunque no vide más de una farto[23] moza. Y todos los que yo vi eran todos mancebos,[24] que ninguno vide de edad de más de treinta años: muy bien hechos, de muy fermosos[25] cuerpos y muy buenas caras: los cabellos gruesos[26] cuasi como sedas de cola de caballos, e cortos: los cabellos traen por encima de las cejas, salvo unos pocos de tras que traen largos, que jamás cortan. Dellos se pintan de prieto,[27] y ellos son de la color de los canarios,[28] ni negros ni blancos, y dellos se pintan de blanco, y dellos de colorado, y dellos de lo que fallan, y dellos se pintan las caras, y dellos todo el cuerpo, y dellos solos los ojos, y dellos sólo el nariz. Ellos no traen armas ni las conocen, porque les amostré[29] espadas y las tomaban por el filo y se cortaban con ignorancia. No tienen algún fierro,[30] sus azagayas son unas varas sin fierro, y algunas de ellas tienen al cabo[31] un diente de pece,[32] y otras de otras cosas. Ellos todos a una mano son de buena estatura de grandeza y buenos gestos, bien hechos. Yo vide[33] algunos que tenían señales de feridas[34] en sus cuerpos, y les hice señas qué era aquello, y ellos me amostraron[35] cómo allí venían gente de otras islas que estaban acerca y les querían tomar y se defendían. Y yo creí e creo que aquí vienen de tierra firme[36] a tomarlos por captivos. Ellos deben ser buenos servidores y de buen ingenio,[37] que veo que muy presto dicen todo lo que les decía, y creo que ligeramente se harían cristianos; que me pareció que ninguna secta tenían. Yo, placiendo a Nuestro Señor,

---

[11]**protestaciones** declarations   [12]**por escripto** in writing   [13]**Santa Fe** reference to the Catholic faith   [14]**cuentas** beads   [15]**al pescuezo** around their necks   [16]**con que ... placer** that gave them great pleasure   [17]**papagayos** parrots   [18]**hilo de algodón en ovillos** balls of cotton thread   [19]**azagayas** spears   [20]**nos la trocaban** they exchanged them   [21]**cascabeles** jingle bells   [22]**como ... parió** as their mother bore them   [23]**farto** (*harto*) very   [24]**mancebos** young   [25]**fermosos** *hermosos*   [26]**gruesos** coarse   [27]**Dellos se pintan de prieto** some paint themselves black   [28]**color de los canarios** color of the people from the Canary Islands   [29]**amostré** *mostré*   [30]**fierro** (*hierro*) iron   [31]**cabo** tip   [32]**pece** *pez*   [33]**vide** *vi*   [34]**feridas** (*heridas*) wounds   [35]**amostraron** *mostraron*   [36]**tierra firme** mainland   [37]**de buen ingenio** very intelligent

llevaré de aquí al tiempo de mi partida seis a V A [38] para que deprendan[39] fablar.[40] Ninguna bestia de ninguna manera vide, salvo papagayos en esta isla.» Todas son palabras del Almirante. [...]

Domingo 28 de octubre. —Fue de allí en demanda de la isla de Cuba al Sursudueste, a la tierra de ella más cercana, y entró en un río muy hermoso y muy sin peligro de bajas[41] ni otros inconvenientes; y toda la costa que anduvo por allí era muy hondo y muy limpio fasta[42] tierra: tenía la boca del río doce brazas,[43] y es bien ancha para barloventar.[44] Surgió dentro, diz[45] que a tiro de lombarda. Dice el Almirante que nunca tan hermosa cosa vido, lleno de árboles, todo cercado el río, fermosos y verdes y diversos de los nuestros, con flores y con su fruto, cada uno de su manera. Aves muchas y pajaritos que cantaban muy dulcemente; había gran cantidad de palmas de otra manera que las de Guinea y de las nuestras, de una estatura mediana y los pies sin aquella camisa y las hojas muy grandes, con las cuales cobijan[46] las casas; la tierra muy llana. Saltó el Almirante en la barca y fue a tierra, y llegó a dos casas que creyó ser de pescadores y que con temor se huyeron, en una de las cuales halló un perro que nunca ladró;[47] y en ambas casas halló redes de hilo de palma[48] y cordeles[49] y anzuelo de cuerno[50] y fisgas de hueso[51] y otros aparejos de pescar[52] y muchos huegos[53] dentro, y creyó que en cada una casa se juntan muchas personas. Mandó que no se tocase en cosa de todo ello, y así se hizo. La hierba era grande como en el Andalucía por abril y mayo. Halló verdolagas[54] muchas y bledos.[55] Tornóse a la barca y anduvo por el río arriba un buen rato, y diz que era gran placer ver aquellas verduras y arboledas, y de las aves que no podía dejallas[56] para se volver. Dice que es aquella isla la más hermosa que ojos hayan visto, llena de muy buenos puertos y ríos hondos, y la mar que parecía que nunca se debía de alzar porque la hierba de la playa lleaba[57] hasta cuasi[58] el agua, la cual no suele llegar donde la mar es brava.[59] Hasta entonces no había experimentado en todas aquellas islas que la mar fuese brava. La isla dice que es llena de montañas muy hermosas, aunque no son muy grandes en longura, salvo altas, y toda la otra tierra es alta de la manera de Sicilia; llena es de muchas aguas, según pudo entender de los indios que consigo lleva, que tomó en la isla de Guanahani, los cuales le dicen por señas que hay diez ríos grandes y que con sus canoas no la pueden cercar en veinte días. Cuando iba a tierra con los navíos salieron dos almadías[60] o canoas, y como vieron que los marineros entraban en la barca y remaban[61] para ir a ver el fondo del río para saber dónde habían de surgir, huyeron las canoas. Decían los indios que en aquella isla había minas de oro y perlas, y vido el Almirante lugar apto para ellas y almejas,[62] que es señal de ellas,

---

[38]**V. A. (Vuestras Altezas)** Your Majesties　[39]**deprendan** *aprenden*　[40]**fablar** *hablar*　[41]**sin peligro de bajas** free from shoals　[42]**fasta** *hasta*　[43]**brazas** fathoms　[44]**para barloventar** for ships to ply windward　[45]**diz** *dice*　[46]**cobijan** cover　[47]**ladró** barked　[48]**redes de hilo de palma** nets of palm fiber　[49]**cordeles** lines　[50]**anzuelo de cuerno** horn fishhook　[51]**fisgas de hueso** bone harpoons　[52]**aparejos de pescar** fishing tackle　[53]**huegos (*fuegos*)** hearths　[54]**verdolagas** purslanes *(plants)*　[55]**bledos** blites *(plants)*　[56]**dejallas** *dejarlas*　[57]**lleaba** *llegaba*　[58]**cuasi** *casi*　[59]**brava** rough　[60]**almadías** rafts　[61]**remaban** rowed　[62]**almejas** mussels

y entendía el Almirante que allí venían naos[63] del Gran Can, y grandes, y que de allí a tierra firme había jornada de diez días. Llamó el Almirante aquel río y puerto de *San Salvador*.[64]

DESPUÉS DE LEER

1. ¿Cómo interpreta usted el primer encuentro entre Colón y los habitantes de las tierras recién halladas?

2. ¿Cuál es la importancia de la toma de posesión de las tierras?

3. ¿Cómo está descrito el hombre americano?

4. Colón y sus hombres no hablan la lengua de los indios que viven en las tierras del Nuevo Mundo. Entonces, ¿cómo es capaz Colón de deducir información con respecto a ellos? ¿Qué papel considera que tiene la imaginación en todo ello?

5. ¿Cómo describe Colón la isla de Cuba?

6. ¿Por qué compara Colón lo que observa con Sicilia?

7. ¿Qué cree haber encontrado en Cuba?

8. ¿Cómo es el lenguaje utilizado en el *Diario*?

---

[63]**naos** ships   [64]*San Salvador* Bariay Bay on the Island of Cuba

—la intención de la carta
—la descripción de la naturaleza americana
—el lenguaje

Esta carta fue escrita a Luis de Santangel, escribano de los Reyes Católicos. Es de tanta importancia que fue traducida al latín y tuvo nueve ediciones en ese idioma. Se tradujo también al italiano y tuvo tres ediciones. A través de esta carta el europeo conoció las tierras recién halladas. Colón tuvo conciencia de la importancia del descubrimiento, la extraordinaria abundancia de la naturaleza, la docilidad de sus habitantes, quienes, según él, estaban listos para recibir la fe católica, y las posibilidades sin límites de su aprovechamiento. Colón, con esta carta, destaca la importancia del hecho histórico en el cual él es el protagonista.

Carta a Luis de Santangel

15 de febrero de 1493.— … A la primera que yo fallé[1] puse nonbre[2] Sant Salvador a comemoración de su Alta Magestat, el cual maravillosamente todo esto a[n] dado; los indios la llaman Guanahaní. A la segunda puse nonbre la isla de Santa María de Concepción; a la tercera, Ferrandina; a la cuarta la Isabela;[3] a la quinta la isla Juana,[4] e así a cada una nonbre nuevo.…

… La Spañola[5] es maravilla: las sierras y las montañas y las vegas i[6] las campiñas y las tierras tan fermosas y gruesas para plantar y sembrar, para criar ganados[7] de todas suertes, para hedificios[8] de villas e lugares. Los puertos de la mar, aquí no havría[9] crehencia sin vista, y de los ríos muchos y grandes y buenas aguas, los más de los cuales traen oro. En los árboles y frutos e yervas ay[10] grandes differencias de aquellas de la Iuana:[11] en ésta ay muchas specierías[12] y grandes minas de oro y de otros metales. La gente d'esta[13] isla y de todas las otras que he fallado y havido[14] ni aya havido noticia, andan todos desnudos, hombres y mugeres,[15] así como sus madres los paren, haunque[16] algunas mugeres se cobijan[17] un solo lugar con una foia de yerva[18] o una cosa de algodón que para ello fazen.[19] Ellos no tienen fierro ni azero[20] ni armas, ni son para ello; no porque no

---

[1]**fallé** *hallé* [2]**nonbre** *nombre* [3]**Isabela** island considered part of the Bahamas [4]**Juana** the island of Cuba. Columbus gave this island the name of Juana in honor of the daughter of the King and Queen of Spain [5]**Spañola (*Española*)** island occupied by the Dominican Republic and Haiti [6]**i** *y* [7]**ganados** cattle or other farm animals [8]**hedificios** *edificios* [9]**havría** *habría* [10]**ay** *hay* [11]**Iuana** *Juana* [12]**specierías** *especierías* [13]**d'esta** *de esta* [14]**havido** *habido* [15]**mugeres** *mujeres* [16]**haunque** *aunque* [17]**cobijan** cover [18]**foia de yerva (*yerba*)** grass [19]**fazen** *hacen* [20]**azero** *acero*

sea gente bien dispuesta y de fermosa estatura, salvo[21] que son muy temerosos a
maravilla....

... En todas estas islas me parece que todos los ombres sean contentos con
una muger, y a su maioral[22] o Rey dan fasta veinte. Las mugeres me parece que
trabaxan[23] más que los ombres. Ni he podido entender si tienen bienes[24] propios, que me parecio ver que aquello que uno tenía todos hazían parte, en especial de las cosas comederas....

DESPUÉS DE LEER

1. Colón declara en la carta a Luis de Santangel que él le ha puesto nombres
   a las islas que había encontrado. ¿Quién le da ese derecho o esa autoridad
   a Colón?

2. ¿Cómo describe Colón la Española?

3. Analice cuidadosamente el párrafo que comienza con "La Spañola" y termina
   con "maravilla". ¿Qué menciona Colón aquí para darle realce a su
   descubrimiento?

4. ¿Qué observaciones sociológicas hace Colón con respecto a la relación entre
   el hombre y la mujer?

---

[21]**salvo** except   [22]**maioral** *mayoral*   [23]**trabaxan** *trabajan*   [24]**bienes** property

ALGUNOS ESTUDIOS DE INTERÉS

Arrom, José Juan. "La otra hazaña de Colón". *Boletín de la Academia Norteamericana de la lengua española* 4-5 (1979-1980): 35-50.

Balaguer, Joaquín. *Colón, precursor literario.* Buenos Aires, Argentina: Bartolomé U. Chiesino, 1958.

Borello, Rodolfo. "Los diarios de Colón y el padre Las Casas". *Cuadernos hispanoamericanos* 512 (1993): 7-22.

Ife, B. W. "Breaking the News of Columbus's Letters of 1493". *Romance Quarterly* 40:2 (1993): 69-77.

Jitrik, Noé. *Los dos ejes de la cruz. La escritura de apropiación en el Diario, el Memorial, las Cartas y el Testamento del enviado real Cristóbal Colón.* Puebla, México. Universidad Autónoma de Puebla, 1983.

Muldoon, James. "Columbus's First Voyage and the Medieval Legal Tradition". *Medievalia et Humanistica* 19 (1992): 11-26.

Zamora, Margarita. *Reading Columbus.* Berkeley: Berkeley University Press, 1993.

Bartolomé de las Casas

(1474, Sevilla–1566, Madrid, España)

El derecho de España a conquistar América así como las crueldades y excesos cometidos por los conquistadores fueron asuntos ampliamente debatidos por moralistas, teólogos, filósofos y juristas españoles del siglo XVI. Tanto teólogos como juristas asesoraban a los Reyes Católicos y a sus sucesores respecto a la jurisdicción de las Indias. Según la disposición de los Monarcas, las Indias debían ser consideradas parte integrante de la Corona, y en ellas debían de regir los dictados del derecho de gentes en tierras conquistadas. La aspiración de la monarquía de establecer un dominio legítimo donde se llevara a cabo la conversión al cristianismo de sus habitantes se oponía a la ambición de los conquistadores quienes estaban más interesados en las riquezas que pensaban obtener. La actitud de los conquistadores produjo una denuncia ante los monarcas por religiosos que se encontraban en las Indias. Entre ellos se destacan Fray Antonio de Montesinos y Fray Bartolomé de las Casas.

Montesinos fue el primero en denunciar los abusos de los conquistadores desde el púlpito de su iglesia. Sus sermones del 30 de noviembre y del 7 de diciembre de 1511 iniciaron la lucha por la implantación de la justicia en América y el reconocimiento del derecho de los nativos a ser libres. Como consecuencia de la denuncia de Montesinos se promulgaron las *Leyes de Burgos* (1512). Estas leyes garantizaban la libertad del "indio", sin que por eso se haya dejado de repartir a los nativos entre los encomenderos.

La figura más controversial en la defensa de los derechos de los habitantes oriundos de las tierras conquistadas fue Bartolomé de las Casas, conocido con los nombres de "Apóstol de las Indias" y "Protector de los indios". Las Casas llegó al Nuevo Mundo con el propósito de acompañar a su padre, quien participó en el segundo viaje de Cristóbal Colón. En 1514 ingresó en la Orden de los dominicos. Las Casas luchó incansablemente por los derechos del indígena, tanto en las tierras americanas como en España. Apeló ante la Corona por el indígena y debatió con el jurisconsulto español Juan Ginés de Sepúlveda (¿1490?-1573) quien consideraba legítima la conquista debido a la condición bárbara en que, según su opinión, se encontraban los nativos.

Las Casas escribió varios tratados respecto a la colonización española. A veces exageró los excesos cometidos por los conquistadores y los encomenderos, lo cual contribuyó a que se propagara "la leyenda negra" contra España por las naciones que le disputaban el comercio internacional y el poder político. Entre los escritos de Las Casas se encuentran: *Brevísima relación de la destrucción de las Indias* (1552), obra que se tradujo a diferentes lenguas europeas y contribuyó a crear "la leyenda negra" al describir las atrocidades de los españoles contra los indígenas y al representar a éstos como seres virtuosos e ingenuos por naturaleza; *Historia de las Indias,* libro que comenzó a redactar en 1527 y continuó escribiendo hasta su muerte y en el cual recuenta las tres primeras décadas de la colonización; y *Apologética historia,* trabajo que prueba la capacidad racional del hombre americano y describe su cultura y costumbres. *Historia de las Indias* fue publicada en 1875 y *Apologética historia* en 1909. Los escritos de Las Casas fueron consultados y estudiados por juntas de juristas y teólogos españoles. Como consecuencia, se redactaron las *Leyes nuevas* (1542), que prohibían la esclavitud de los indígenas y ordenaban la inmediata libertad de cuantos estuviesen en condición de esclavos. Las Casas fue nombrado Obispo de Chiapas en 1544 para asegurar la observancia de esas leyes.

AL LEER CONSIDERE LO SIGUIENTE:

—el tono conversacional del relato
—la situación del indígena a principios del siglo XVI
—el indígena ante las instituciones de justicia
—la justificación de la rebelión de Enriquillo
—la presentación de Enriquillo

En "La rebelión de Enriquillo", Fray Bartolomé de las Casas presenta la actitud del encomendero hacia el nativo y la falta de justicia que existe en las instituciones jurídicas establecidas para protegerlo. Las Casas, a través del personaje principal del relato, presenta a un indígena que se alza en contra de los españoles y es capaz de hacer las paces con el enemigo.

Historia de las Indias
«La rebelión de Enriquillo»

~

or este tiempo [fines de 1518] cosas acaecieron[1] notables en esta isla Española,[2] y una fué que, como los indios de ella se iban acabando y no cesasen por eso de los trabajar y angustiar los españoles que los tenían, uno de ellos, llamado Valenzuela [...], mozo harto[3] liviano que sucedió en la inicua[4] y tiránica posesión de ellos a su padre, tenía un repartimiento[5] cuyo cacique[6] y señor se llamaba Enriquillo.

[Enriquillo] había sido criado, siendo niño, en el monasterio de San Francisco, que hubo en una villa de españoles llamada la Vera Paz, y la provincia, según la lengua de los indios, Xaraguá [...], donde tuvo su reino el rey Behechio [...] que fué uno de los cinco reyes de esta isla y el principal, de que mucho en el primer libro y segundo hemos hablado.

[A Enriquillo] los frailes habían enseñado a leer y escribir y en costumbres asaz[7] bien doctrinado, y él de su inclinación no perdía nada, y supo bien hablar nuestra lengua, por lo cual siempre mostró por sus obras haber con los religiosos aprovechado. [...] Este cacique y señor de aquella provincia del Baoruco, salido de la doctrina de los religiosos y hecho hombre, casóse con una señora india, mujer de buen linaje y noble, llamada doña Lucía, como cristianos, en haz[8] de la Santa Madre Iglesia. Era Enrique alto y gentil hombre de cuerpo bien propor-

---

[1]**acaecieron** took place　[2]**Española** island occupied by the Dominican Republic and Haiti　[3]**harto** quite　[4]**inicua** iniquitous, wicked　[5]**repartimiento** group of native Americans given to the *conquistadores* who in turn pledged to protect, educate, and christianize them　[6]**cacique** indigenous chief　[7]**asaz** rather　[8]**en haz** in the womb

cionado y dispuesto; la cara no tenía ni hermosa ni fea, pero teníala de hombre grave y severo. Servía con sus indios al dicho mancebo[9] Valenzuela como si se lo debiera, como dicen, de fuero,[10] sufriendo su injusta servidumbre y agravios[11] que cada día recibía con paciencia. Entre los pocos y pobres bienes que tenía poseía una yegua;[12] ésta la tomó contra su voluntad el mozo tirano a quien servía; después de esto, no contento con aquel robo y fuerza, procuró de violar el matrimonio del cacique y forzarle la mujer, y como el cacique lo sintiese, porque se quejó a él mismo diciéndole que por qué le hacía aquel agravio y afrenta, dicen que le dió de palos[13] para que se cumpliese el proverbio: agraviado y aporreado.[14] Fuése a quejar de sus agravios al teniente de gobernador que en aquella villa residía, llamado Pedro de Vadillo; halló en él el abrigo[15] que siempre hallaron en las justicias de estas Indias y ministros del rey los indios; éste fué que lo amenazó que le haría y acontecería si más venía a él con quejas de Valenzuela, y aún dijeron que lo echó en la cárcel o en el cepo.[16] El triste, no hallando remedio en aquel ministro de justicia, después que le soltaron, acordó de venir a esta ciudad de Santo Domingo a quejarse a la Audiencia[17] de las injurias y denuestos[18] recibidos, con harta pobreza, cansancio y hambre, por no tener dinero ni de qué haberlo. El Audiencia le dió su carta de favor, pero remitiéndolo al dicho teniente Vadillo sin otro remedio; y éste fué también el consuelo que las Audiencias y aun también el Consejo del rey, que reside en Castilla, daban a los agraviados y míseros: remitirlos, conviene a saber, a los agraviantes y sus propios enemigos. Tornado a la villa, que estaba a 30 leguas, presentó sus papeles, y la justicia que halló en Vadillo fué, según se dijo, tratándolo de palabra y con amenazas, peor que de primero; pues sabido por su amo Valenzuela, no fueron menores los malos tratamientos y asombramientos:[19] que lo había de azotar y matar y hacer y acontecer, y aun, según yo no dudo, por la costumbre muy envejecida y el menosprecio en que los indios fueron siempre tenidos, señores y súbditos, y la libertad y duro señorío que los españoles sobre ellos tuvieron para los afligir, sin temor de Dios y de la justicia, que le daría de palos o bofetadas[20] antes que darle de cenar, para consuelo y descanso de su camino. Sufrió las nuevas injurias y baldones[21] el cacique Enriquillo (llamábanlo así los que lo conocieron niño, cuando estaba con los padres de San Francisco, y de allí nació nombrarlo comúnmente por este nombre diminutivo), sufriólas, digo, y disimuló; y habida licencia de su amo, que con más justa razón pudiera ser señor suyo el indio, porque acabado el tiempo que eran ciertos meses del año que se remudaban las cuadrillas[22] para venir a servir, y el cacique era el que iba y venía y los traía y el que si faltaba un indio que no viniese, lo había él de llorar y padecer, con cárcel e injurias y aun palos y bofetadas y otras angustias y denuestos vuelto a su tiempo, confiado en su justicia y en su tierra, que era áspera, donde no podían subir caballos, y en sus fuerzas y de sus pocos indios que tenía, determinó de no ir a servir más a su enemigo, ni enviarle indio suyo, y por

---

[9]**mancebo** young man   [10]**de fuero** by law   [11]**agravios** offenses   [12]**yegua** mare   [13]**le dió de palos** beat him   [14]**aporreado** beaten   [15]**abrigo** shelter   [16]**cepo** pillory   [17]**Audiencia** court [18]**denuestos** abuses   [19]**asombramientos** amazements   [20]**bofetadas** slaps in the face [21]**baldones** insults   [22]**cuadrillas** teams

consiguiente, en su tierra se defender; y esto llamaron los españoles, y llaman hoy, «alzarse[23] y ser rebelde Enrique, y rebeldes y alzados los indios», que con verdad hablando, no es otra cosa que huir de sus crueles enemigos, que los matan y consumen, como huye la vaca o buey de la carnicería; el cual, como no fuese ni llevase indios para el servicio de Valenzuela en el tiempo establecido, estimando el Valenzuela que por los agravios recibidos estaría enojado y alborotado,[24] y como ellos decían, alzado, fué con once hombres a traerlo por fuerza y sobre ello maltratarlo. Llegado allá, hallólo a él y a su gente no descuidado, sino con armas, que fueron lanzas, por hierros clavos y huesos de pescados, y arcos y flechas[25] y piedras y lo demás de que pudieron armarse; saliéronle al encuentro, y el cacique Enriquillo delante, y dijo a Valenzuela que se tornase,[26] porque no había de ir con él, ni de sus indios nadie, y como el mozo Valenzuela lo tuviese como esclavo y en mayor menosprecio que si fuera estiércol[27] de la plaza, como todos los españoles han tenido siempre y tienen a estas gentes por más que menospreciadas, comenzó a decirle de perro y con todas las injuriosas palabras que se le ofrecieron denostarle, y arremete a él y a los indios que estaban con él, los cuales dan en ellos y con tanta prisa, que le mataron uno o dos de sus españoles y descalabraron[28] a todos los más y los otros volvieron las espaldas. No quiso Enrique que los siguiesen, sino que los dejasen ir, y dijo a Valenzuela: —Agradeced, Valenzuela, que no os mato; andad, id y no volváis más acá; guardáos.

Tornóse Valenzuela con los suyos a San Juan de la Maguana, más que de paso, y su soberbia lastimada, puesto que no curada. Suénase luego por toda la isla que Enriquillo es alzado; provéese por el Audiencia que vaya gente a subyugarlo; juntáronse 70 ó 80 españoles y vanlo a buscar, los cuales, después de muy cansados y hambrientos de muchos días, halláronlo en cierto monte; salió a ellos, mató ciertos e hirió a otros, y todos desbaratados y humillados acordaron con harta tristeza y afrenta suya de tornarse. Cunde toda la isla la fama y victorias de Enriquillo; húyense muchos indios del servicio y opresión de los españoles y vanse al refugio y bandera de Enriquillo, como a castillo roquero inexpugnable, a salvarse, de la manera que acudieron a David,[29] que andaba huyendo de la tiranía de Saúl, todos los que estaban en angustias y los opresos de deudas y en amargura de sus ánimos, como parece en el primer libro de los Reyes, cap. 22 [...]; bien así, por esta semejanza se allegaron a Enriquillo de toda la isla cerca de 300 hombres, sometiéndose a su capitanía, no teniendo él, a lo que sentí yo, ni aun ciento. Enseñábalos él cómo habían de pelear contra los españoles, si ellos viniesen, para defenderse; nunca permitió que algunos de los que a él se venían saliese a hacer saltos[30] ni matar español alguno, sino solamente pretendió defender a sí y a los suyos de los españoles, que muchas veces vinieron a subyugarlo y ofenderlo. Cuán justa guerra contra los españoles él y ellos tuviesen y se le sometiesen y lo eligiesen por señor y rey los indios que a él venían y los demás de toda la isla lo

[23]**alzarse** to rebel [24]**alborotado** agitated [25]**arcos y flechas** bows and arrows [26]**que se tornase** that he go back [27]**estiércol** dung [28]**descalabraron** injured [29]**David** Hebrew shepherd who, according to biblical accounts, became the second king of Israel in succession to Saul [30]**hacer saltos** to assault

pudieran justamente hacer, claro lo muestra la historia de los Macabeos en la Escritura divina y las de España que narran los hechos del infante D. Pelayo,[31] que no sólo tuvieron justa guerra de natural defensión, pero pudieron proceder a hacer venganza y castigo de las injurias y daños y muertes y disminución de sus gentes y usurpación de sus tierras recibidas, de la misma manera y con el mismo derecho. Cuanto a lo que toca al derecho natural y de las gentes (dejado aparte lo que concierne a nuestra santa fe, que es otro título añadido a la defensión natural en los cristianos), tuvieron justo y justísimo título Enrique y los indios pocos que en esta isla habían quedado de las crueles manos y horribles tiranías de los españoles, para los perseguir, destruir y punir[32] y asolar[33] como a capitales hostes[34] y enemigos, destruidores de todas sus tan grandes repúblicas, como en esta isla había, lo cual hacían y podían hacer con autoridad del derecho natural y de las gentes; y la guerra propiamente se suele decir no guerra, sino defensión natural. [...]

(Libro III Capítulo CXXVI)

Cobraron ánimo algunos de los indios pocos que en la isla había, viendo que Enrique prevalecía y levantóse un indio que llamaban el Ciguayo y debía ser del linaje de los ciguayos, generación señalada que vivía y poblaba las sierras que hacían la Vega Real, aguas vertientes a la mar del Norte, la costa más arriba de esta isla, de quien mucho tratamos arriba, en el primer libro. Ciguayo era hombre valiente, aunque en cueros como los otros. Alcanzó una lanza con su hierro de Castilla; y creo que una espada (no supe a qué español servía). Dejó al que lo oprimía; llegó a sí obra de 10 ó 12 indios, y con ellos comienza a hacer saltos en españoles, en las minas y en las estancias o haciendas del campo, donde andaban dos y cuatro y así pocos juntos, y mataba a todos los que hallaba, de tal manera que puso pavor y espanto y extraño miedo en toda la isla. Ninguno pensaba estar seguro ni aún en los pueblos de tierra dentro, sino con temor del Ciguayo todos vivían. Finalmente, juntáronse cierta cuadrilla de españoles y siguiéronlo muchos días; y hallado, dan en él; él da en ellos como un rabioso perro, de la manera que si estuviera armado de hierro desde los pies a la cabeza; y peleando todos reciamente, retrájose el Ciguayo en una quebrada, y allí peleando, un español lo atravesó con una media lanza y atravesado peleaba como un Héctor;[35] finalmente, desangrándose y perdiendo las fuerzas, llegaron todos los españoles y allí lo fenecieron;[36] huyeron todos sus compañeros en tanto que con él lo habían, que tuvieron poco que hacer con él.

Muerto el Ciguayo, levantóse otro indiazo, valiente de cuerpo y de fuerzas, llamado Tamayo, y comienza, con otra cuadrilla que juntó, a proseguir las obras del Ciguayo, salteando a los que estaban fuera de los pueblos. Este hizo mucho daño y causó grande miedo y escándalo en esta isla; mató muchos y algunas mujeres españolas y cuantos hallaba solos en las estancias, que no dejaba persona

---

[31]**Pelayo** Visigoth nobleman who conquered the Moors in the battle of Covadonga in 718 and became the first king of Asturias   [32]**punir** to punish   [33]**asolar** to destroy   [34]**hostes** hostile   [35]**Héctor** a Trojan champion slain by Achilles   [36]**lo fenecieron** they killed him

a vida, y toda su codicia era tomar o robar armas, lanzas y espadas y también la ropa que podía. [...] Entendiendo Enrique las obras que el Ciguayo hizo y Tamayo hacía, estimando prudentemente lo que en la verdad era, conviene a saber, que los españoles creerían que por su mandado todo era hecho, pesábale mucho de ello; y esto yo lo sé muy de cierto, según que abajo en el siguiente libro, si place a Dios, más largo lo diré. Y acaeció tener Enrique consigo, entre los otros, un indio llamado Romero, sobrino del dicho Tamayo, el cual acordó enviarlo a buscar al Tamayo que andaba hacia los pueblos del Puerto Real y Lares de Guahaba, cerca de cien leguas[37] de allí, y que le rogase que se viniese para él porque estuviese más seguro, porque un día que otro no le acaeciese lo que al Ciguayo acaeció, que los españoles hasta tomarlo lo siguiesen; y que él lo trataría bien y haría capitán de parte de su gente y todos juntos estando serían más fuertes para se defender. El cual, finalmente, persuadido por el sobrino que era harto cuerdo, se vino con muchas lanzas y espadas y ropa, que había robado, para Enrique. Recibiólo Enrique con muy grande alegría, y así estorbó Enrique grandes daños que Tamayo hiciera por esta isla, de donde se manifiesta bien la bondad de Enrique y no menos la discreción y prudencia que tuvo y de que usó, para impedir un hombre a los españoles tan nocivo que no les hiciese mal, trayéndolo a su compañía por aquella vía. Casi cada año se hacía armada y junta de españoles para ir contra Enrique, donde se gastaron del rey y de los vecinos muchos millares de castellanos; entre otras se hizo una de 150 españoles, y quizá más, cuyo capitán fué un vecino de la villa que llamaban el Bonao, llamado Hernando de San Miguel, de los muy antiguos de esta isla y del tiempo del primer Almirante. [...] Éste anduvo muchos días tras Enrique, pero nunca lo pudo hallar descuidado, y según estimo, si no me he olvidado, tampoco se allegaron a reñir en batalla. Un día halláronse los unos de los otros tan cercanos que, ninguno pudiendo dañar al otro, se hablaron y oyeron las palabras los unos de los otros; esto se pudo así hacer porque los unos estaban en un pico de una sierra y los otros en el pico de otra, muy altas y muy juntas, salvo que las dividía una quebrada[38] o arroyo muy profundo que parecía tener de hondo[39] sobre 500 estados.[40] Sintiéndose tan cercanos los unos de los otros, pidiéronse treguas[41] y seguro para hablarse. Concedidas de ambas partes, para que ninguno tirase al otro con que le dañase, dijo el capitán de los españoles que pareciese allí Enrique para le hablar. Pareció Enrique, y díjole el capitán que la vida que tenía y la que hacía tener a los españoles de la isla era trabajosa y no buena; que sería mejor estar y vivir en paz y sosiego. Respondió Enrique que así le parecía a él y que era cosa que él mucho deseaba muchos días había y que no quedaba por él, sino por ellos. Replicó el capitán que él traía mandamiento y poder de la Real Audiencia, que mandaba en la ciudad de Santo Domingo por el rey, para tratar y asentar[42] las paces con él y con su gente, que los dejaría vivir en su libertad en una parte de la isla, donde quisiese y escogiese, sin tener los españoles que hacer con ellos, con tanto que ni él ni ellos dañasen a ninguno ni hiciesen cosas que no debiesen y que les diese el oro todo

---

[37]**legua** a measurement equal to 5572 m   [38]**quebrada** ravine   [39]**de hondo** a depth of
[40]**estado** unit of measure, about seven feet   [41]**treguas** truce   [42]**asentar** to affirm

que habían tomado a los españoles que viniendo de tierra firme mataron. Mostróle, aunque así apartado, la provisión que de la Audiencia llevaba. Dijo Enrique que le placía hacer las paces y tener amistad con todos los españoles y de no hacer mal a nadie y de darles todo el oro que tenía, con que lo que se le promete se le guarde. Tratando del cómo y cuándo se verían, concertaron[43] allí que tal día el capitán fuese con solos ocho hombres y Enrique con otros ocho, no más, a la costa de la mar, señalando cierta parte; y así, con este concierto, se apartaron. Enrique provee luego de cumplir su palabra y envía gente que haga en el dicho lugar una gran ramada de árboles y ramas y en ella un aparador, donde pusieron todas las piezas de oro, que parecía casa real. El capitán dispone también de hacer lo mismo, y para celebrar las paces con mayor alegría y regocijo, aunque indiscretamente, mandó al navío que por allí cerca andaba, viniese a ponerse frontero y junto a tierra del dicho lugar concertado y él viniese por la costa de la mar con un tamborino[44] y gente con él, muy alegres y regocijados. Enrique, que ya estaba con sus ocho hombres y mucha comida en la ramada esperando, viendo que el navío se acercaba y que venía el capitán con más gente, y que con tamborino, tañendo[45] y haciendo estruendo[46] venían los españoles, pareciéndole que había excedido de lo asentado y temiendo no le hubiesen urdido[47] alguna celada,[48] acordó de negarse y así escondióse en el monte con su gente, que debía tener para su guarda, y mandó a los ocho indios que, cuando llegasen los españoles, les dijesen que no pudo venir a verse con ellos porque se había sentido un poco malo y que les diesen la comida que les tenía aparejada[49] y todo el oro y les sirviesen muy bien y en todo los agradasen. Llegados el capitán y los suyos, preguntó por Enrique. Respondiéronle los ocho lo que Enrique les había mandado. Quedó harto pesante de su indiscreción el capitán (o si no la conoció, quizá), por no haber hallado a Enrique, porque tenía por cierto, y no se engañaba, que allí la pendencia y escándalo y miedo de la isla se acababa, puesto que, aunque no se acabó del todo, al menos suspendióse hasta que después, como placiendo a Dios en el libro siguiente se dirá, por cierta ocasión del todo fué acabada. Así que los ocho les dieron de comer y les sirvieron con mucha solicitud, como los indios suelen, y entregándoles todo el oro sin faltar un cornado.[50] El capitán les dió las gracias y díjoles que dijesen a Enrique cómo le había pesado de no haberle visto y abrazado, y que le pesaba de su mal puesto que bien conoció que de industria se había quedado, y que fuesen amigos y que no hiciese daño y que tampoco lo recibiría desde adelante. Los españoles se embarcaron y se vinieron a la ciudad, y los indios se fueron donde estaba su amo. Desde aquel día no hubo más cuidado en la isla de seguir a Enrique, ni de ninguna de las partes se recreció algún daño hasta que del todo se asentaron las paces, que duró este intervalo cuatro o cinco años.

(Libro III, Capítulo CXXVII)

---

[43]**concertaron** they agreed   [44]**tamborino** tabor (*small drum*)   [45]**tañendo** drumming   [46]**estruendo** racket   [47]**urdido** plotted   [48]**celada** ambush   [49]**aparejada** ready   [50]**cornado (*coronado*)** Spanish coin used from the XIII to the XVI centuries

DESPUÉS DE LEER

1. Describa a Enriquillo.
2. ¿Qué importancia le da Las Casas al hecho que Enriquillo fue criado en el monasterio de San Francisco?
3. ¿Qué categoría tiene Enriquillo entre los indígenas?
4. ¿Cómo presenta Las Casas el sistema de encomiendas y a los encomenderos?
5. ¿Qué vejaciones sufre Enriquillo en manos de los españoles?
6. ¿Qué instituciones crea la Corona española en la isla de La Española para llevar a cabo la justicia? ¿Qué descubre Enriquillo?
7. ¿Cómo justifica Las Casas la rebelión de Enriquillo?
8. Explique la importancia de la presencia de Ciguayo y Tamayo en el relato de Las Casas.
9. ¿Cómo se asemeja el comportamiento de Enriquillo con el concepto de que el indígena americano personifica al "noble y buen salvaje"?
10. Describa y comente el tono y la perspectiva narrativa del relato. Tome en cuenta la importancia que este episodio tendría para el europeo.
11. Sólo ha leído un fragmento de *Historia de las Indias*. Basándose en él, ¿considera usted que Las Casas logra su propósito? Explique.

ALGUNOS ESTUDIOS DE INTERÉS

Arias, Santa. "*Historia de las Indias* de Bartolomé de las Casas: estrategias de poder y persuasión". *Confluencias* 7:1 (1991): 31–42.

Bataillon, Marcel. *Estudios sobre Bartolomé de las Casas*. Barcelona, España: Peninsular, 1976.

Durán Luzio, Juan. "Bartolomé de las Casas y Michel de Montaigne: Escritura y lectura del Nuevo Mundo". *Revista Chilena de Literatura* 37 (1991): 7–24.

Glantz, Margo. "Las Casas: La libertad de lo irracional". *Literatura Mexicana* 2:2 (1991): 399–412.

Jalif de Bertranou, Clara Alicia. "Conflicto y discurso sobre el hombre americano: La polémica Las Casas–Sepúlveda". *Cuadernos Americanos* 35 (1992): 21–42.

Pastor, Beatriz. "Utopía y conquista". *Nuevo Texto Crítico* 5:9 (1992): 33–45.

Rodríguez León, Mario. "*La brevísima relación de la destrucción de las Indias* de Fray Bartolomé de las Casas: Perspectivas para una nueva evangelización". *Revista de Estudios Hispánicos* 9 (1992): 67–79.

Bernal Díaz del Castillo

(¿1492?, Medina del Campo, España–1584, Santiago de los Caballeros, Guatemala)

Bernal Díaz del Castillo fue un hombre de armas, no de letras, soldado, no escritor. Su fama literaria se debe a la *Historia verdadera de la conquista de la Nueva España* (terminada en 1568 y publicada en 1632), única obra histórica que escribió. Díaz del Castillo participó en la conquista de México bajo el mando de Hernán Cortés (1485–1547). No conforme con la versión que de la conquista ofrecía Cortés al Emperador en sus *Cartas de relación* (1523–1525) ni con los relatos que otros cronistas españoles daban a dicho acontecimiento de tanta importancia, Díaz del Castillo sintió la necesidad de escribir la versión que él consideraba la verdadera historia de la conquista de México. Su *Historia verdadera de la conquista de la Nueva España,* a pesar de haber sido puesta en duda por historiadores contemporáneos, mantiene su valor literario por las descripciones de la nueva realidad y por la incorporación de vocablos del náhuatl empleados para precisar las descripciones.

AL LEER CONSIDERE LO SIGUIENTE:

—el estilo del autor
—comparaciones entre el mundo europeo y el mundo americano
—cómo está representada la maravillosa realidad del Nuevo Mundo
—la visión del indígena
—el enfoque del proceso de transculturación
—las rivalidades entre los conquistadores españoles

En las selecciones a continuación se leerá la historia de Jerónimo de Aguilar y Gonzalo Guerrero, dos españoles que ya se encontraban en México a la llegada de Hernán Cortés; la historia de doña Marina, conocida también como La Malinche, quien fue amante de Cortés y su intérprete durante la conquista; y por último el recibimiento ofrecido al conquistador al llegar a Tenochtitlán y la subsiguiente muerte de Moctezuma.

Historia verdadera de la conquista de la Nueva España

Cómo Cortés supo de dos españoles que estaban en poder de indios en la punta de Cotoche[1] y de lo que sobre ello se hizo

ᨒ

Como Cortés en todo ponía gran diligencia, me mandó llamar a mí y a un vizcaíno[2] que se decía Martín Ramos, y nos preguntó qué sentíamos de aquellas palabras que nos hubieron dicho los indios de Campeche[3] cuando vinimos con Francisco Hernández de Córdoba, que decían: *Castilan, castilan,* según lo he dicho en el capítulo [III] que de ello trata; y nosotros se lo tornamos a contar[4] según y de la manera que lo habíamos visto y oído. Y dijo que ha pensado muchas veces en ello, y que por ventura estarían algunos españoles en aquella tierra, y dijo: "Paréceme[5] que será bien preguntar a estos caciques de Cozumel si saben alguna nueva de ello". Con Melchorejo, el de la punta de Cotoche, que entendía ya poca cosa de la lengua de Castilla y sabía muy bien la de Cozumel, se lo preguntó a todos los principales. Todos a una dijeron que habían conocido ciertos españoles, y daban señas de ellos;[6] que en la tierra adentro,[7] andadura de dos soles,[8] estaban y los tenían por esclavos unos caciques, y que allí en

---

[1]**Cotoche** cape in the Yucatan Peninsula   [2]**vizcaíno** man from Vizcaya, a region in Spain   [3]**Campeche** state and city in Mexico   [4]**se lo tornamos a contar** we started to tell him   [5]**paréceme** it seems to me   [6]**daban señas de ellos** they gave a description of them   [7]**tierra adentro** in the interior   [8]**andadura de dos soles** two days by foot

Cozumel había indios mercaderes que les hablaron pocos días había.[9] De lo cual todos nos alegramos con aquellas nuevas. Díjoles Cortés que luego los fuesen a llamar con cartas, que en su lengua llaman *amales;* y dio a los caciques y a los indios que fueron con las cartas, camisas, y los halagó[10] y les dijo que cuando volviesen les daría más cuentas. El cacique dijo a Cortés que enviase rescate[11] para los amos con quien estaban, que los tenían por esclavos, por que los dejasen venir. Así se hizo, que se les dio a los mensajeros de todo género de cuentas [...] Escrita la carta, decía en ella: "Señores y hermanos: Aquí, en Cozumel, he sabido que estáis en poder de un cacique detenidos, y os pido por merced[12] que luego os vengáis aquí, a Cozumel, que para ellos envío un navío con soldados, si los hubiéseis menester,[13] y rescate para dar a esos indios con quienes estáis; y lleva el navío de plazo ocho días para os aguardar;[14] veníos con toda brevedad; de mí seréis bien mirado y aprovechados. Yo quedo en esta isla con quinientos soldados y once navíos; en ellos voy, mediante Dios,[15] la vía de un pueblo que se dice Tabasco o Potonchan".

Luego, se embarcaron en los navíos con las cartas y los dos indios mercaderes de Cozumel que las llevaban, y en tres horas atravesaron el golfete[16] y echaron en tierra los mensajeros con las cartas y rescates; y en dos días las dieron a un español que se decía Jerónimo de Aguilar, que entonces supimos que así se llamaba, y de aquí en adelante así le nombraré. Después que las hubo leído, y recibido el rescate de las cuentas que le enviamos, él se holgó[17] con ello, y lo llevó a su amo el cacique para que le diese licencia,[18] la cual luego se la dio [para] que se fuese a donde quisiese. Caminó Aguilar a donde estaba su compañero, que se decía Gonzalo Guerrero, en otro pueblo, cinco leguas de allí, y como le leyó las cartas, Gonzalo Guerrero le respondió:

—Hermano Aguilar: Yo soy casado y tengo tres hijos, y tiénenme por cacique y capitán cuando hay guerras; idos con Dios, que yo tengo labrada la cara[19] y horadadas las orejas.[20] ¡Qué dirán de mi desde que me vean esos españoles ir de esta manera! Y ya veis estos mis hijitos cuán bonicos son.[21] Por vida vuestra que me deis de esas cuentas verdes que traéis para ellos, y diré que mis hermanos me las envían de mi tierra.

Asimismo la india mujer del Gonzalo habló a Aguilar en su lengua, muy enojada, y le dijo:

—Mira con qué viene este esclavo a llamar a mi marido; idos vos y no curéis de más pláticas.

Aguilar tornó[22] a hablar a Gonzalo que mirase que era cristiano, que por una india no se perdiese el ánima,[23] y si por mujer e hijos lo hacía, que la llevase consigo si no los quería dejar. Por más que le dijo y amonestó,[24] no quiso venir.

---

[9]**pocos días había** a few days ago   [10]**los halagó** praised them   [11]**rescate** ransom   [12]**por merced** as a favor   [13]**si los hubiéseis menester** if you needed them   [14]**lleva ... aguardar** the ship will wait for you for eight days   [15]**mediante Dios** God willing   [16]**golfete** the gulf   [17]**holgó** was pleased   [18]**para ... licencia** to let him leave   [19]**labrada la cara** marking on the face   [20]**horadadas las orejas** the ears pierced   [21]**bonicos son** they are cute   [22]**tornó** turned to   [23]**ánima** soul   [24]**amonestó** scolded

Parece ser [que] aquel Gonzalo Guerrero era hombre de mar, natural de Palos. Desde que Jerónimo de Aguilar vio que no quería venir, se vino luego con los dos indios mensajeros adonde había estado el navío aguardándole. [Cuando] llegó no le halló, que ya era ido, porque ya se habían pasado los ocho días y aun uno más, que llevó de plazo el Ordaz para que aguardase; porque desde que Aguilar no venía, se volvió a Cozumel sin llevar recado a lo que había venido. Y [como] Aguilar vio que no estaba allí el navío, quedó muy triste y se volvió a su amo, al pueblo donde antes solía vivir. Y dejaré esto y diré que cuando Cortés vio volver a Ordaz sin recado ni nueva de los españoles ni de los indios mensajeros, estaba tan enojado y dijo con palabras soberbias a Ordaz que había creído que otro mejor recado trajera que no venirse así, sin los españoles ni nuevas de ellos, porque ciertamente estaban en aquella tierra. [...]

(Capítulo XXVII)

Cómo el español que estaba en poder de indios [que] se llamaba Jerónimo de Aguilar, supo cómo habíamos arribado a Cozumel, y se vino a nosotros, y lo que más pasó

Cuando tuvo noticia cierta el español que estaba en poder de indios, que habíamos vuelto a Cozumel con los navíos, se alegró en gran manera y dio gracias a Dios, y mucha prisa en venirse él y los dos indios que le llevaron las cartas y rescate, a embarcarse[25] en una canoa. Como la pagó bien, en cuentas verdes del rescate que le envíamos, luego la halló alquilada con seis indios remeros[26] con ella; y dan tal prisa en remar, que en espacio de poco tiempo pasaron el golfete que hay de una tierra a la otra, que serían cuatro leguas, sin tener contraste de la mar. Llegados a la costa de Cozumel, ya que estaban desembarcando, dijeron a Cortés unos soldados que iban a cazar[27]—porque había en aquella isla puercos de la tierra—que había venido una canoa grande, allí, junto del pueblo, y que venía de la punta de Cotoche. Mandó Cortés a Andrés de Tapia y a otros dos soldados que fuesen a ver qué cosa nueva era venir allí junto a nosotros indios sin temor ninguno, con canoas grandes. Y luego fueron. Desde que los indios que venían en la canoa que traían a Aguilar vieron los españoles, tuvieron temor y queríanse tornar a embarcar y hacer a lo largo con la canoa. Aguilar les dijo en su lengua que no tuviesen miedo, que eran sus hermanos. Andrés de Tapia, como los vio que eran indios—porque Aguilar ni más ni menos era que indio—, luego mandó a decir a Cortés con un español que siete indios de Cozumel son los que allí llegaron en la canoa. Después que hubieron saltado en tierra, en español, mal mascado[28] y peor pronunciado, dijo: "Dios y Santa María y Sevilla." Y luego le fue a abrazar a Tapia; y otro soldado, de los que habían ido con Tapia a ver qué cosa era, fue a mucha prisa a demandar albricias[29] a Cortés, cómo era español el que venía en la canoa, de que todos nos alegramos. Luego se vino Tapia con el

---

[25]**embarcarse** to embark   [26]**remeros** rowers   [27]**cazar** to hunt   [28]**mal mascado** poorly spoken   [29]**albricias** rewards

español adonde estaba Cortés. Antes que llegasen ciertos soldados preguntaban a Tapia: "¿Qué es del español?", aunque iba junto con él, porque le tenían por indio propio, porque de suyo era moreno y tresquilado[30] a manera de indio esclavo, y traía un remo[31] al hombro, una cotara[32] vieja calzada y la otra atada en la cintura, y una manta vieja muy ruin, y un braguero[33] peor, con que cubría sus vergüenzas,[34] y traía atada[35] en la manta un bulto[36] que eran Horas[37] muy viejas. Pues desde que Cortés los vio de aquella manera también picó, como los demás soldados, que preguntó a Tapia que qué era del español. El español, como le entendió, se puso en cuclillas,[38] como hacen los indios, y dijo: "Yo soy". Luego le mandó dar de vestir, camisa y jubón[39] y zaraguellas,[40] y caperuza[41] y alpargatas, que otros vestidos no había, y le preguntó de su vida, y cómo se llamaba, y cuándo vino aquella tierra. El dijo, aunque no bien pronunciado, que se decía Jerónimo de Aguilar, y que era natural de Ecija, y que tenía órdenes de Evangelio, que hacía ocho años que se había perdido él y otros quince hombres y dos mujeres que iban desde el Darién a la isla de Santo Domingo, cuando hubo unas diferencias y pleitos de un Enciso y Valdivia. Dijo que llevaban diez mil pesos de oro y los procesos de los unos contra los otros, y que el navío en que iban dio en los Alacranes, que no pudo navegar; y que en el batel[42] del mismo navío se metieron él y sus compañeros y dos mujeres, creyendo tomar la isla de Cuba o Jamaica, y que las corrientes eran muy grandes, que les echó en aquella tierra; y que los calachiones[43] de aquella comarca[44] los repartieron entre sí, y que habían sacrificado a los ídolos muchos de sus compañeros, y de ellos se habían muerto de dolencia, y las mujeres, que poco tiempo pasado había que de trabajo también se murieron, porque las hacían moler.[45] Y que a él tenían para sacrificar, y una noche se huyó y se fue a aquel cacique con quien estaba. Ya no se me acuerda el nombre, que allí le nombró. Y que no habían quedado de todos sino él y un Gonzalo Guerrero. Y dijo que le fue a llamar y no quiso venir, y dio muchas gracias a Dios por todo.

Le dijo Cortés que de él sería bien mirado y gratificado, y le preguntó por la tierra y pueblos. Aguilar dijo que, como lo tenían por esclavo, no sabía sino servir de traer leña y agua y en cavar los maizales,[46] que no había salido sino hasta cuatro leguas, que le llevaron con una carga, y que no la pudo llevar y cayó malo de ello; y que ha entendido que hay muchos pueblos. Luego le preguntó por Gonzalo Guerrero, y dijo que estaba casado y tenía tres hijos, y que tenía labrada la cara y horadadas las orejas y el bezo de abajo,[47] y que era hombre de la mar, de Palos, y que los indios le tienen por esforzado;[48] y que hacía poco más de un año cuando vinieron a la punta de Cotoche un capitán con tres navíos (parece ser que

---

[30]**tresquilado (*trasquilado*)** with clumsy haircut   [31]**remo** oar   [32]**cotara** shoe that does not have a heel   [33]**braguero** truss   [34]**sus vergüenzas** his private parts   [35]**atada** tied   [36]**bulto** bundle   [37]**Horas** devotional book   [38]**cuclillas** squatting   [39]**jubón** doublet, vest   [40]**zaraguellas (*zaragüelles*)** wide-legged breeches   [41]**caperuza** cap   [42]**batel** small boat   [43]**calachiones** native inhabitants of the region   [44]**comarca** region   [45]**moler** to grind   [46]**cavar los maizales** to dig cornfields   [47]**bezo de abajo** lower lip   [48]**los indios ... esforzado** the Indians find him courageous

fueron cuando vinimos los de Francisco Hernández de Córdoba), que él fue inventor que nos diesen la guerra que nos dieron, y que vino él allí juntamente con un cacique de un gran pueblo. [...] Después que Cortés lo oyó, dijo: "En verdad que le querría haber[49] a las manos, porque jamás será bueno". Y dejarlo he. Diré cómo los caciques de Cozumel, desde que vieron a Aguilar que hablaba su lengua, le daban muy bien de comer, y Aguilar les aconsejaba que siempre tuviesen acato[50] y reverencia a la santa imagen de Nuestra Señora y a la cruz, y que conocerían que por ello les venía mucho bien. Los caciques, por consejo de Aguilar, demandaron una carta de favor a Cortés para que si viniesen a aquel puerto otros españoles, que fuesen bien tratados y no les hiciesen agravios;[51] la cual carta luego se la dio. Y después de despedidos, con muchos halagos y ofrecimientos, nos hicimos a la vela[52] para el río de Grijalva. De esta manera que he dicho se hubo Aguilar, y no de otra, como lo escribe el cronista Gómara; y no me maravillo, pues lo que dice es por nuevas. Y volvamos a nuestra relación.

(Capítulo XXIX)

Cómo doña Marina era cacica, e hija de grandes señores, y señora de pueblos y vasallos, y de la manera que fue traída a Tabasco

Antes que más meta la mano en lo del gran Moctezuma[53] y su gran México y mexicanos, quiero decir lo de doña Marina, cómo desde su niñez fue gran señora y cacica[54] de pueblos y vasallos. Es de esta manera: Que su padre y madre eran señores y caciques de un pueblo que se dice Painala, y tenía otros pueblos sujetos a él, obra de ocho leguas de la villa de Guazacualco. Murió el padre, quedando muy niña, y la madre se casó con otro cacique mancebo,[55] y hubieron un hijo, y, según pareció, queríanlo bien al hijo que habían habido.[56] Acordaron entre el padre y la madre de darle el cacicazgo después de sus días.[57] Porque en ello no hubiese estorbo,[58] dieron de noche a la niña Marina a unos indios de Xicalango, porque no fuese vista, y echaron fama[59] de que había muerto. En aquella sazón murió una hija de una india esclava suya y publicaron que era la heredera; por manera que los de Xicalango la dieron a los de Tabasco,[60] y los de Tabasco a Cortés. Conocí a su madre y a su hermano de madre, hijo de la vieja, que era ya hombre y mandaba juntamente con la madre a su pueblo, porque el marido postrero[61] de la vieja ya era fallecido.[62] Después de vueltos cristianos se llamó la vieja Marta y el hijo Lázaro. Esto lo sé muy bien, porque en el año de mil quinientos veinte y tres, después de conquistado México y otras provincias y de que se había alzado Cristóbal de Olid[63] en las Hibueras—fue Cortés allí y pasó

---

[49]**querría haber** would have wanted to have [50]**acato** respect [51]**agravios** harm [52]**nos hicimos a la vela** we set sail [53]**Moctezuma** ruler of the Aztecs when the Spaniards arrived [54]**cacica** female leader [55]**mancebo** young [56]**que habían habido** that they had had [57]**después de sus días** after their deaths [58]**estorbo** hindrance [59]**echaron fama** they spread the news [60]**Tabasco** area near Guatemala [61]**marido postrero** (second) husband [62]**fallecido** deceased [63]**Cristóbal de Olid** (1488?–1524), Spaniard who rebelled against Cortés during the Conquest of Mexico

por Guazacualco. Fuimos con él aquel viaje toda la mayor parte de los vecinos de aquella villa, como diré en su tiempo y lugar; y como doña Marina, en todas las guerras de la Nueva España y Tlaxcala y México, fue tan excelente mujer y buena lengua, como adelante diré, a esta causa la traía siempre Cortés consigo. En aquella sazón y viaje se casó con ella un hidalgo que se decía Juan Jaramillo, en un pueblo que se decía Orizaba, delante de ciertos testigos, que uno de ellos se decía Aranda, vecino que fue de Tabasco. Aquel contaba el casamiento y no como lo dice el cronista Gómara. La doña Marina tenía mucho ser[64] y mandaba absolutamente entre los indios en toda la Nueva España.

Estando Cortés en la villa de Guazacualco, envió a llamar a todos los caciques de aquella provincia para hacerles un parlamento acerca de la santa doctrina, y sobre su buen tratamiento. Entonces vino la madre de doña Marina y su hermano de madre, Lázaro con otros caciques. Días había que me había dicho la doña Marina que era de aquella provincia y señora de vasallos, y bien lo sabía el capitán Cortés y Aguilar, la lengua. Por manera que vino la madre y su hijo, el hermano, y se conocieron, que claramente era su hija, porque se le parecía mucho. Tuvieron miedo de ella, que creyeron que los enviaba (a) hallar[65] para matarlos, y lloraban. Como así los vio llorar, la doña Marina les consoló y dijo que no hubiesen miedo: que cuando la traspusieron con los de Xicalango que no supieron lo que hacían, y se los perdonaba, —les dio muchas joyas de oro y ropa—; y que se volviesen a su pueblo; y que Dios la había hecho mucha merced en quitarla de adorar ídolos ahora y ser cristiana, y tener un hijo de su amo y señor Cortés, y ser casada con un caballero como era su marido Juan Jaramillo; que aunque la hicieran cacica de todas cuantas provincias había en la Nueva España, no lo sería; que en más tenía servir a su marido y a Cortés que cuanto en el mundo hay. Y todo esto que digo lo sé yo muy certificadamente. Esto me parece que quiere remedar[66] lo que le acaeció[67] con sus hermanos en Egipto a Josef, que vinieron en su poder cuando lo del trigo. Esto es lo que pasó y no la relación que dieron a Gómara (también dice otras cosas que dejo por alto). Volviendo a nuestra materia, doña Marina sabía la lengua de Guazacualco, que es la propia de México, y sabía la de Tabasco, como Jerónimo Aguilar sabía la de Yucatán y Tabasco, que es toda una. Entendíanse bien, y Aguilar lo declaraba en castellano a Cortés. Fue gran principio para nuestra conquista, y así se nos hacían todas las cosas, loado[68] sea Dios muy prósperamente. He querido declarar esto porque sin ir doña Marina no podíamos entender la lengua de la Nueva España y México. [...]

(Capítulo XXXVII)

---

[64]**mucho ser** of influence   [65]**enviaba (a) hallar** sent to look for them   [66]**remedar** to imitate
[67]**lo que le acaeció** what happened to him   [68]**loado** praised

Cómo nos dieron guerra en México, y los combates que nos daban, y otras cosas que pasamos

[...] Cortés vio que en Tezcoco[69] no nos habían hecho ningún recibimiento[70] ni aun dado de comer,[71] sino mal y por mal cabo,[72] y que no hallamos principales con quien hablar, y lo vio todo remontado[73] y de mal arte,[74] y venido a México lo mismo; y vio que no hacían *tiánguez*,[75] sino todo levantado; y oyó a Pedro de Alvarado[76] de la manera y desconcierto con que les fue a dar guerra. Parece ser había dicho Cortés en el camino a los capitanes de Narváez,[77] alabándose de sí mismo,[78] el gran acato y mando que tenía, y que por los caminos le saldrían a recibir y hacer fiestas, y que darían oro, y que en México mandaba tan absoluta mente así al gran Moctezuma como a todos sus capitanes, y que le darían muchos presentes de oro como solían. Viendo que todo estaba muy al contrario de sus pensamientos, que aun de comer no nos daban, estaba muy airado y soberbio[79] con la mucha gente de españoles que traía, y muy triste y mohíno.[80] En este instante envió el gran Moctezuma dos de sus principales a rogar a nuestro Cortés que le fuese a ver, que le quería hablar: y la respuesta que les dio dijo: "Vaya para perro, que aun *tiánguez* no quiere hacer, ni de comer no nos manda dar". Entonces como aquello le oyeron a Cortés nuestros capitanes, que fueron Juan Velázquez de León y Cristóbal de Olid y Alonso de Avila y Francisco de Lugo, dijeron: "Señor, temple su ira,[81] y mire cuánto bien y honra nos ha hecho este rey de estas tierras que es tan bueno que si por él no fuese ya fuéramos muertos y nos habrían comido, y mire que hasta las hijas le ha dado".

Como esto oyó Cortés, se indignó más de las palabras que le dijeron, como parecían represión, y dijo: "¿Qué cumplimiento he yo de tener con un perro que se hacía con Narváez secretamente, y ahora veis que aun de comer no nos dan?" Y dijeron nuestros capitanes: "Esto nos parece que debe hacer, y es buen consejo". Como Cortés tenía allí en México tantos españoles, así de los nuestros como de los de Narváez, no se le daba nada por cosa ninguna, y hablaba tan airado y descomedido.[82] Por manera que tornó a hablar a los principales que dijesen a su señor Moctezuma que luego mande hacer *tiánguez* y mercados; si no, que hará y acontecerá.[83] Los principales bien entendieron las palabras injuriosas que Cortés dijo de su señor y aun también la represión que nuestros capitanes dieron a Cortés sobre ello: porque bien los conocían que habían sido los que solían tener en guarda a su señor, y sabían que eran grandes servidores de su

---

[69]**Tezcoco (*Texcoco*)** ancient lake and domain in Mexico north of Tenochtitlán　　[70]**ningún recibimiento** not even welcoming　[71]**ni aún dado de comer** not even given food　[72]**sino mal y por mal cabo** a poor welcoming and with no good intentions　[73]**remontado** taken away　[74]**y de mal arte** poor style　[75]***tiánguez*** market　[76]**Pedro de Alvarado** (1485–1541), Spanish soldier who conquered Mexico along with Cortés　[77]**Narváez** Pánfilo de Narváez (1480?–1528) participated in the conquest of Cuba and was sent to Mexico to put down Cortés' rebellion　[78]**alabándose a sí mismo** praising himself　[79]**airado y soberbio** angry　[80]**mohíno** annoyed　[81]**temple su ira** control your anger　[82]**descomedido** rude　[83]**que hará y acontecerá** that he will do what is necessary and something will happen

Moctezuma. Según y de la manera que lo entendieron se lo dijeron a Moctezuma, y de enojo, o porque ya estaba concertado[84] que nos diesen guerra, no
tardó un cuarto de hora que vino un soldado a gran prisa, muy mal herido. Venía
de un pueblo que está junto a México que se dice Tacuba, y traía unas indias que
eran de Cortés, y la una hija de Moctezuma, que parece ser las dejó a guardar allí
al señor de Tacuba, que eran sus parientes del mismo señor, cuando fuimos a lo
de Narváez. Dijo aquel soldado que estaba toda la ciudad y camino por donde
venía lleno de gente de guerra, con todo género de armas, y que le quitaron las
indias que traía y le dieron dos heridas, y que si no les soltara,[85] que le tenían ya
asido[86] para meterle en una canoa y llevarle a sacrificar, y habían deshecho un
puente.

Desde que aquello oyó Cortés y algunos de nosotros, ciertamente nos pesó
mucho, porque bien entendido teníamos, los que solíamos batallar con indios, la
mucha multitud que de ellos se suele juntar, y que por bien que peleásemos, y
aunque más soldados trajésemos ahora, que habíamos de pasar gran riesgo de
nuestras vidas, y hambres y trabajos, especialmente estando en tan fuerte ciudad.
Pasemos adelante y digamos que luego Cortés mandó a un capitán que se decía
Diego de Ordaz que fuese con cuatrocientos soldados—entre ellos los más ballesteros[87] y escopeteros, y algunos de caballo—y que mirase qué era aquello que
decía el soldado que había venido herido y trajo las nuevas; y que si viese que sin
guerra y ruido se pudiese apaciguar,[88] lo pacificase. Como fue Diego de Ordaz de
la manera que le fue mandado con sus cuatrocientos soldados, aún no hubo bien
llegado a media calle, por donde iba, cuando le salen tantos escuadrones mexicanos de guerra, y otros muchos que estaban en las azoteas,[89] y le dieron tan
grandes combates, que le mataron a las primeras arremetidas diez y ocho soldados, y a todos los más hirieron, y al mismo Diego de Ordaz le dieron heridas.
[...]

Estaban tantos guerreros sobre nosotros, que Diego de Ordaz, que se venía
retrayendo, no podía llegar a los aposentos por la mucha guerra que le daban,
unos por detrás y otros por delante y otros desde las azoteas. Pues quizá no
aprovechaba mucho nuestros tiros,[90] ni escopetas,[91] ni ballestas,[92] ni lanzas, ni
estocadas que les dábamos, ni nuestro buen pelear, que aunque les matábamos y
heríamos muchos de ellos, por las puntas de las espadas[93] y lanzas se nos metían;
con todo esto cerraban sus escuadrones, y no perdían punto de su buen pelear, ni
les podíamos apartar de nosotros. [...]

Duraron estos combates todo el día; y aun la noche estaban sobre nosotros
tantos escuadrones de ellos, y tiraban varas y piedras y flechas a bulto y piedra
perdida, que de lo del día y lo de entonces estaban todos aquellos patios y suelos
hechos parvas de ellos. Pues nosotros aquella noche en curar heridos, y en poner
remedio en los portillos[94] que habían hecho, y en apercibirnos para otro día, en

---

[84]**concertado** agreed upon   [85]**y que si no les soltara** and if he did not let them go   [86]**asido**
held   [87]**ballesteros** crossbowmen   [88]**apaciguar** appease   [89]**azoteas** roofs   [90]**tiros** shots
[91]**escopetas** guns   [92]**ballestas** crossbows   [93]**puntas de las espadas** tips of swords   [94]**portillos** small porches, openings

esto pasó. Pues desde que amaneció acordó nuestro capitán que con todos los nuestros y los de Narváez saliésemos a pelear con ellos, y que llevásemos tiros y escopetas y ballestas, y procurásemos de vencerlos; al menos que sintiesen más nuestras fuerzas y esfuerzo mejor que el del día pasado. Y digo que si nosotros teníamos hecho aquel concierto, que los mexicanos tenían concertado lo mismo. Peleábamos muy bien; mas ellos estaban tan fuertes y tenían tantos escuadrones que se remudaban[95] de rato en rato—que aunque estuvieran allí diez mil Héctores troyanos y tantos Roldanes no les pudieran entrar; porque saberlo ahora yo aquí decir cómo pasó y vimos el tesón[96] en el pelear, digo que no lo sé escribir; porque ni aprovechaban tiros, ni escopetas, ni ballestas, ni apechugar con ellos, ni matarles treinta ni cuarenta de cada vez que arremetíamos,[97] que tan enteros y con más vigor peleaban que al principio. Si algunas veces les íbamos ganando alguna poca de tierra, o parte de calle, hacían que se retraían: [mas] era para que les siguiésemos por apartarnos de nuestra fuerza y aposento,[98] para dar más a su salvo en nosotros, creyendo que no volveríamos con las vidas a los aposentos, porque al retraer[99] nos hacían mucho mal. Pues para pasar a quemarles las casas, ya he dicho en el capítulo que de ello habla que de casa a casa tenían una puente de madera levadiza;[100] alzábanla[101] y no podíamos pasar sino por agua muy honda. Pues desde las azoteas, los cantos y piedras y varas no lo podíamos sufrir. Por manera que nos maltrataban y herían muchos de los nuestros.

No sé yo para qué lo escribo así tan tibiamente,[102] porque unos tres o cuatro soldados que se habían hallado en Italia, que allí estaban con nosotros, juraron muchas veces a Dios que guerras tan bravosas jamás habían visto en algunas que se habían hallado entre cristianos y contra la artillería del rey de Francia, ni del gran turco; ni gente como aquellos indios, con tanto ánimo cerrar los escuadrones vieron. [...] Diré cómo con harto trabajo nos retrajimos[103] a nuestros aposentos, y todavía muchos escuadrones de guerreros sobre nosotros, con grandes gritos y silbos y trompetillas y atambores, llamándonos de bellacos y para poco, que no osábamos[104] atenderles todo el día en batalla, sino volvernos retrayendo. [...]

Volvamos a nuestra plática;[105] que fue acordado de demandarles paces para salir de México. Desde que amaneció vienen muchos más escuadrones de guerreros. Vienen muy de hecho y nos cercan por todas partes los aposentos, y si mucha piedra y flecha tiraban de antes, muchas más espesas y con mayores alaridos[106] y silbos vinieron este día; y otros escuadrones por otras partes procuraban de entrarnos, que no aprovechaban tiros ni escopetas, aunque les hacían harto mal. Viendo todo esto acordó Cortés que el gran Moctezuma les hablase desde una azotea, y les dijese que cesasen las guerras, y que nos queríamos ir de su ciudad. Cuando al gran Moctezuma se lo fueron a decir de parte de Cortés, dicen

---

[95]**remudaban** replaced   [96]**tesón** strength   [97]**arremetíamos** we attacked   [98]**aposento** lodging   [99]**retraer** to retreat   [100]**puente de madera levadiza** wooden drawbridge   [101]**alzábanla** would raise   [102]**tibiamente** lukewarm   [103]**retrajimos** we retreated   [104]**no osábamos** we did not dare   [105]**plática** conversation   [106]**alaridos** cries

que dijo con gran dolor: "¿Qué quiere ya de mí Malinche[107] que yo no deseo vivir ni oírle, pues en tal estado por su causa mi ventura me ha traído?" Y no quiso venir. Aun dicen que dijo que ya no le quería ver ni oír a él ni a sus falsas palabras ni promesas y mentiras. Fue el padre de la Merced y Cristóbal de Olid, y le hablaron con mucho acato y palabras muy amorosas. Y dijo: "Yo tengo creído que no aprovecharé cosa ninguna para que cese la guerra, porque ya tienen alzado otro señor y han propuesto de no os dejar salir de aquí con la vida; y así creo que todos vosotros habréis de morir".

Volvamos a los grandes combates que nos daban. Que Moctezuma se puso a pretil de una azotea con muchos de nuestros soldados que le guardaban, y les comenzó a hablar con palabras muy amorosas que dejasen la guerra y que nos iríamos de México. Muchos principales y capitanes mexicanos bien le conocieron, y luego mandaron que callasen sus gentes y no tirasen varas ni piedras ni flechas. Cuatro de ellos se llegaron en parte que Moctezuma les podía hablar, y ellos a él, y llorando le dijeron: "¡Oh señor y nuestro gran señor, y cómo nos pesa de todo vuestro mal y daño y de vuestros hijos y parientes! Os hacemos saber que ya hemos levantado a un vuestro pariente por señor". Y allí le nombró cómo se llamaba, que se decía Coadlavaca, señor de Iztapalapa, que no fue Guatemuz el que luego fue señor. Y más dijeron: que la guerra la habían de acabar, y que tenían prometido a sus ídolos de no dejarla hasta que todos nosotros muriésemos, y que rogaban cada día a su Uichilobos y a Tezcatepuca que le guardase libre y sano de nuestro poder; y como saliese como deseaban, que no le dejarían de tener muy mejor que de antes por señor, y que les perdonase. No hubieron bien acabado el razonamiento,[108] cuando en aquella sazón tiran tanta piedra y vara, que los nuestros que le arrodeaban,[109] desde que vieron que entre tanto que hablaba con ellos no daban guerra, se descuidaron un momento de rodelarle de presto;[110] y le dieron tres pedradas,[111] una en la cabeza, otra en un brazo y otra en una pierna; y puesto que le rogaban se curase y comiese y le decían sobre ello buenas palabras, no quiso, antes cuando no nos catamos[112] vinieron a decir que era muerto. Cortés lloró por él, y todos nuestros capitanes y soldados, y hombres hubo entre nosotros, de los que le conocíamos y tratábamos, de que fue tan llorado como si fuera nuestro padre, y no nos hemos de maravillar de ello viendo que tan bueno era. Decían que hacía diez y siete años que reinaba, y que fue el mejor rey que en México había habido, y que por su persona había vencido tres desafíos que tuvo sobre las tierras que sojuzgó.[113] Y pasemos adelante.

(Capítulo CXXVI)

---

[107]**Malinche** name also used to refer to Cortés   [108]**razonamiento** explanation   [109]**le arro-deaban (rodeaban)** surrounded him   [110]**de presto** suddenly   [111]**pedradas** blows with stones   [112]**no nos catamos** we did not realize   [113]**sojuzgó** conquered

DESPUÉS DE LEER

1. Como lector, ¿qué ha aprendido sobre una de las lenguas indígenas de América?

2. Describa la expedición de Cortés.

3. ¿Cómo se entera Cortés que había españoles en las tierras que estaban por conquistar?

4. ¿Quiénes eran Jerónimo de Aguilar y Gonzalo Guerrero?

5. La palabra *transculturación* se refiere al proceso de difusión o de influencia de la cultura de una sociedad en otra al entrar en contacto con ella. ¿Cómo considera que los elementos de transculturación se manifiestan en los personajes de Gonzalo Guerrero y Jerónimo de Aguilar?

6. ¿Por qué Jerónimo de Aguilar decide unirse a los españoles mientras que Gonzalo Guerrero opta por quedarse?

7. ¿Quién era doña Marina y cuál fue su experiencia de niña?

8. ¿Qué importancia tuvo doña Marina en la conquista de México?

9. ¿Considera usted que ella vendió a su pueblo?

10. ¿Qué recibimiento tuvo Cortés al llegar a Tenochtitlán?

11. ¿Cómo murió Moctezuma?

12. ¿Cómo eran las relaciones entre los conquistadores? ¿Cómo fue la lucha de la conquista?

13. ¿Qué factor interno del imperio azteca diría usted que facilitó la conquista?

14. Si usted fuera a dar una descripción de Cortés, no como guerrero sino como hombre, ¿qué tipo de persona diría que fue?

15. ¿Cómo está representado el Nuevo Mundo en la narrativa de Bernal Díaz del Castillo?

ALGUNOS ESTUDIOS DE INTERÉS

Adorno, Rolena. "Discourses on Colonialism: Bernal Díaz, Las Casas, and the Twentieth Century Reader". *Modern Language Notes* 103:2 (1988): 239–258.

Alvar López, Manuel. *Americanismos en la Historia de Bernal Díaz del Castillo*. Madrid, España: Consejo Superior de Investigaciones Científicas, 1970.

Caillet-Bois, Julio. "Bernal Díaz del Castillo, o de la verdad en la historia". *Revista Iberoamericana* 25 (1960): 199–228.

Cortínez, Verónica. "'Yo, Bernal Díaz del Castillo': ¿Soldado de a pie o idiota sin letras?" *Revista Chilena de Literatura* 41 (1993): 59–69.

Durán, Manuel. "Bernal Díaz del Castillo: Crónica, historia, mito". *Hispania* 75:4 (1992): 794–804.

Johnson, Julie Greer. "Bernal Díaz del Castillo and the Woman of the Conquest". *Hispanófila* 28:1:82 (1984): 67–77.

Saldívar, Samuel G. "Marina in the Old World and the New". Jean S. Chittenden, ed. *Papers on Romance Literary Relations*. San Antonio, Texas: Departments of Foreign Languages, Trinity University, 1985.

Seres, Guillermo. "Los textos de la *Historia verdadera* de Bernal Díaz del Castillo". *Boletín de la Real Academia Española* 71:254 (1991): 523–547.

Todorov, Tzvetan. *The Conquest of America. The Question of the Other*. Trad. Richard Howard. New York: Harper, 1984.

Wright, Ronald. *Stolen Continents. The "New World" Through Indian Eyes*. Boston: Houghton Mifflin Company, 1992.

El Inca Garcilaso de la Vega

(1539, Cuzco, Perú–1616, Córdoba, España)

El Inca Garcilaso de la Vega, hijo de una princesa inca y de un capitán español, es considerado por la crítica histórica y literaria como el primer gran escritor mestizo nacido en tierras de América. Esta condición de mestizo le permitió familiarizarse con las dos culturas a las que debía su origen. Su educación comenzó en el Cuzco, ciudad donde vivió hasta la muerte de su padre en 1560, año en que se trasladó a España a terminar sus estudios. Nunca más regresó al Perú.

Garcilaso de la Vega, el Inca, fue autor de traducciones y obras que tratan el tema de la conquista. Sus escritos más mencionados son *Comentarios reales de los Incas* (1609) e *Historia general del Perú* (1617). Ambos trabajos se destacan por su valor histórico y por su calidad literaria. *Comentarios reales* ofrece una visión de los orígenes y desarrollo de la civilización incaica. *Historia general del Perú* describe las guerras sostenidas por los españoles contra los incas para conquistar sus dominios e imponer el coloniaje. Por mucho tiempo estos libros fueron considerados como documentos históricos importantes para el mejor conocimiento del incanato, las primeras décadas de la conquista y la colonización peruana. Ellos sirvieron de inspiración inicial en el proceso formativo del concepto de la peruanidad. Durante el virreinato fue prohibida la lectura del Inca Garcilaso de la Vega. Se temió que incitara a los incas a levantamientos contra los españoles.

AL LEER CONSIDERE LO SIGUIENTE:

—la razón que lleva al Inca Garcilaso de la Vega a escribir *Comentarios reales*
—la actitud del autor hacia la religión de los indígenas y la religión católica de los españoles
—los elementos autobiográficos en *Comentarios reales*
—las consecuencias de la conquista española en el Perú
—las huellas dejadas por la conquista

El Inca Garcilaso de la Vega escribe *Comentarios reales* porque desea aclarar y rectificar la información que se diseminaba por Europa con respecto al imperio incaico y la conquista del Perú. En las selecciones que aparecen a continuación observamos las razones que el autor da respecto a la necesidad de su obra; aprendemos cómo el Padre el Sol envió a sus hijos a la tierra para sacar a los hombres de un estado de salvajismo; y leemos por qué el Inca Garcilaso considera que su versión histórica es la verdadera.

Comentarios reales de los Incas

Proemio al lector

จ๛

Aunque ha habido españoles curiosos que han escrito las repúblicas del Nuevo Mundo, como la de México y la del Perú, y las de otros reinos[1] de aquella gentilidad, no ha sido con la relación entera que de ellos se pudiera dar, que lo he notado particularmente en las cosas que del Perú he visto escritas, de las cuales, como natural de[2] la ciudad del Cuzco, que fue otra Roma en aquel imperio, tengo más larga y clara noticia que la que hasta ahora los escritores han dado. Verdad es que tocan muchas cosas de las muy grandes que aquella república tuvo; pero escríbenlas tan cortamente, que aun las muy notorias para mí (de la manera que las dicen) las entiendo mal. Por lo cual, forzado del amor natural a la patria, me ofrecí al trabajo de escribir estos Comentarios, donde clara y distintamente se verán las cosas que en aquella república había antes de los españoles, así en los ritos de su vana[3] religión, como en el gobierno que en paz y en guerra sus reyes tuvieron, y todo lo demás que de aquellos indios se puede decir, desde lo más ínfimo[4] del ejercicio de los vasallos, hasta lo más alto de la corona real. Escribimos solamente del imperio de los Incas, sin entrar en otras monarquías, porque no tengo la noticia de ellas que de ésta. En el discurso de la histo-

---

[1]**reinos** kingdoms   [2]**como natural de** as a native of   [3]**vana** vain, unfounded   [4]**lo más ínfimo** the lowest

ria protestamos la verdad de ella, y que no diremos cosa grande, que no sea autorizándola con los mismos historiadores españoles que la tocaron en parte o en todo; que mi intención no es contradecirles,[5] sino servirles de comento y glosa, y de intérprete en muchos vocablos indios, que como estranjeros en aquella lengua interpretaron fuera de la propiedad de ella, según que largamente se verá en el discurso de la historia, la cual ofrezco a la piedad del que la leyere,[6] no con pretensión de otro interés más que de servir a la república cristiana, para que se den gracias a Nuestro Señor Jesucristo y a la Virgen María su Madre, por cuyos méritos e intercesión se dignó[7] la Eterna Majestad sacar del abismo de la idolatría tantas y tan grandes naciones, y reducirlas al gremio[8] de su iglesia católica romana, Madre y Señora nuestra. Espero que se recibirá con la misma intención que yo la ofrezco, porque es la correspondencia que mi voluntad merece, aunque la obra no la merezca. Otros dos libros se quedan escribiendo de los sucesos que entre los españoles en aquella mi tierra pasaron, hasta el año de 1560 que yo salí de ella; deseamos verlos ya acabados, para hacer de ellos la misma ofrenda que de éstos. Nuestro Señor, etc.

El origen de los Incas reyes del Perú

[...] Después de haber dado muchas trazas,[9] y tomado muchos caminos para entrar a dar cuenta[10] del origen y principio de los Incas, reyes naturales que fueron del Perú, me pareció que la mejor traza[11] y el camino más fácil y llano, era contar lo que en mis niñeces[12] oí muchas veces a mi madre y a sus hermanos y tíos, y a otros sus mayores, acerca de este origen y principio; porque todo lo que por otras vías[13] se dice de él, viene a reducirse en lo mismo que nosotros diremos, y será mejor que se sepa por las propias palabras que los Incas lo cuentan, que no por las de otros estraños. Es así que residiendo mi madre en el Cuzco,[14] su patria, venían a visitarla casi cada semana los pocos parientes y parientas que de las crueldades y tiranías de Atahualpa[15] (como en su vida contaremos) escaparon; en las cuales visitas, siempre sus más ordinarias pláticas,[16] eran tratar[17] del origen de sus reyes, de la majestad[18] de ellos, de la grandeza de su imperio, de sus conquistas y hazañas,[19] del gobierno que en paz y en guerra tenían, de las leyes que tan en provecho y en favor de sus vasallos ordenaban. En suma, no dejaban cosa de las prósperas[20] que entre ellos hubiese acaecido[21] que no la trajesen a cuenta.

De las grandezas y prosperidades pasadas venían a las cosas presentes: lloraban sus reyes muertos, enajenado[22] su imperio, y acabada su república, etc. Estas y otras semejantes pláticas tenían los Incas y Pallas[23] en sus visitas, y con la memo-

---

[5]**contradecirles** contradict them   [6]**del que la leyere** of whomever might read it   [7]**se dignó** condescended   [8]**gremio** brotherhood, union   [9]**después de dar muchas trazas** after much consideration   [10]**a dar cuenta** to relate   [11]**la mejor traza** the best design   [12]**mis niñeces** my childhood   [13]**por otras vías** through other sources   [14]**Cuzco** capital of the Inca empire   [15]**Atahualpa** ruler of the Incas at the time of the conquest   [16]**pláticas** conversations   [17]**eran tratar** dealt with   [18]**majestad** stateliness   [19]**hazañas** deeds   [20]**las prósperas** the wealth   [21]**acaecido** taken place   [22]**enajenado** alienated   [23]**Pallas** royal Inca princesses

ria del bien perdido,[24] siempre acababan su conversación en lágrimas y llanto, diciendo: trocósenos el reinar en vasallaje,[25] etc. En estas pláticas yo como muchacho entraba y salía muchas veces donde ellos estaban, y me holgaba[26] de las oír, como huelgan los tales de oír fábulas. Pasando pues días, meses y años, siendo ya yo de diez y seis o diez y siete años, acaeció[27] que estando mis parientes un día en esta su conversación hablando de sus reyes y antiguallas,[28] al más anciano de ellos, que era el que daba cuenta de ellas, le dije: Inca, tío, pues no hay escritura entre vosotros, que es la que guarda la memoria de las cosas pasadas, ¿qué noticias tenéis del origen y principios de nuestros reyes? porque allá los españoles, y las otras naciones sus comarcanas, como tienen historias divinas y humanas saben por ellas cuándo empezaron a reinar sus reyes y los ajenos,[29] y el trocarse unos imperios en otros,[30] hasta saber cuantos mil años ha que Dios crió el cielo y la tierra; que todo esto y mucho más saben por sus libros. Empero[31] vosotros que carecéis de ellos, ¿qué memorias tenéis de vuestras antiguallas? ¿quién fue el primero de vuestros Incas? ¿cómo se llamó? ¿qué origen tuvo su linaje?[32] ¿de qué manera empezó a reinar? ¿con qué gente y armas conquistó este grande imperio? ¿qué origen tuvieron nuestras hazañas?

El Inca, como que holgándose de haber oído las preguntas, por gusto que recibía de dar cuenta de ellas, se volvió a mí (que ya otras muchas veces lo había oído, mas ninguna con la atención que entonces) y me dijo: sobrino, yo te las diré de muy buena gana,[33] a ti te conviene oírlas y guardarlas en el corazón (es frase de ellos por decir en la memoria). Sabrás que en los siglos antiguos toda esta región de tierra que ves, eran unos grandes montes de breñales,[34] y las gentes en aquellos tiempos vivían como fieras[35] y animales brutos, sin religión ni policía, sin pueblo ni casa, sin cultivar ni sembrar la tierra, sin vestir[36] ni cubrir sus carnes,[37] porque no sabían labrar algodón ni lana para hacer de vestir. Vivían de dos en dos, y de tres en tres, como acertaban a[38] juntarse en las cuevas y resquicios de peñas y cavernas de la tierra: comían como bestias yerbas de campo y raíces de árboles, y la fruta inculta que ellos daban de suyo, y carne humana. Cubrían sus carnes con hojas y cortezas de árboles, y pieles de animales; otros andaban en cueros. En suma vivían como venados[39] y salvaginas,[40] aun en las mujeres se habían como los brutos, porque no supieron tenerlas propias y conocidas.

Adviértase, porque no enfade[41] el repetir tantas veces estas palabras "Nuestro Padre el Sol", que era lenguaje de los Incas, y manera de veneración y acatamiento[42] decirlas siempre que nombraban al sol, porque se preciaban[43] de descender de él, y al que no era Inca, no le era lícito[44] tomarlas en la boca, que fuera

---

[24]**de bien perdido** all the richness lost   [25]**trocósenos el reinar en vasallaje** instead of reigning we became vassals   [26]**me holgaba** I enjoyed   [27]**acaeció** it happened   [28]**antiguallas** antiquities   [29]**ajenos** of others   [30]**al trocarse unos imperios en otros** when empires became part of other empires   [31]**empero** but   [32]**linaje** lineage   [33]**de muy buena gana** with pleasure   [34]**breñales** rugged or brambly regions   [35]**fieras** wild beasts   [36]**sin vestir** naked   [37]**carnes** flesh   [38]**como acertaban a** as they happened to   [39]**venados** deer   [40]**salvaginas** wild animals   [41]**porque no enfade** not to annoy, anger   [42]**acatamiento** respect   [43]**se preciaban** took pride   [44]**lícito** lawful

blasfemia, y lo apedrearan.[45] Dijo el Inca: nuestro padre el sol, viendo los hombres tales,[46] como te he dicho, se apiadó[47] y hubo lástima de ellos, y envió del cielo a la tierra un hijo y una hija de los suyos para que los doctrinasen[48] en el conocimiento de nuestro padre el sol, para que lo adorasen y tuviesen por su dios, y para que les diesen preceptos y leyes en que viviesen como hombres en razón y urbanidad;[49] para que habitasen en casas y pueblos poblados, supiesen labrar las tierras, cultivar las plantas y mieses,[50] criar los ganados y gozar de ellos y de los frutos de la tierra como hombres racionales, y no como bestias. Con esta orden y mandato puso nuestro padre el sol estos dos hijos en la laguna Titicaca,[51] que está ochenta leguas de aquí, y les dijo que fuesen por do quisiesen,[52] y doquiera que parasen[53] a comer o a dormir, procurasen[54] hincar[55] en el suelo una varilla de oro,[56] de media vara de largo y dos dedos de grueso, que les dio para señal y muestra que donde aquella barra se les hundiese, con un solo golpe que con ella diesen en tierra, allí quería el sol nuestro padre que parasen e hiciesen su asiento y corte. A lo último les dijo: cuando hayáis reducido esas gentes a nuestro servicio,[57] los mantendréis en razón y justicia, con piedad, clemencia y mansedumbre[58] haciendo en todo oficio de[59] padre piadoso para con sus hijos tiernos y amados, a imitación y semejanza mía,[60] que a todo el mundo hago bien, que les doy mi luz y claridad para que vean y hagan sus haciendas, y las caliento cuando han frío, y crío sus pastos y sementeras;[61] hago fructificar sus árboles[62] y multiplico sus ganados; lluevo y sereno a sus tiempos,[63] y tengo cuidado de dar una vuelta cada día al mundo por ver las necesidades que en la tierra se ofrecen, para las proveer y socorrer,[64] como sustentador[65] y bienhechor[66] de las gentes; quiero que vosotros imitéis este ejemplo como hijos míos, enviados a la tierra sólo para la doctrina y beneficio de esos hombres, que viven como bestias. Y desde luego os constituyo y nombro por reyes y señores de todas las gentes que así doctrináredes con vuestras buenas razones, obras y gobierno. Habiendo declarado su voluntad nuestro padre el sol a sus dos hijos, los despidió de sí. Ellos salieron de Titicaca, y caminaron al Septentrión,[67] y por todo el camino, doquiera que paraban, tentaban hincar la barra de oro y nunca se les hundió. Así entraron en una venta o dormitorio pequeño, que está siete o ocho leguas al Mediodía[68] de esta ciudad, que hoy llaman Pacarec Tampu, que quiere decir venta, o dormida, que amanece. Púsole este nombre el Inca, porque salió de aquella dormida al tiempo que amanecía. Es uno de los pueblos que este príncipe mandó poblar después, y

---

[45]**apedrearan** stoned [46]**los hombres tales** men in such condition [47]**se apiadó** took pity [48]**los doctrinasen** would teach them [49]**urbanidad** courtesy [50]**mieses** grain [51]**Titicaca** lake situated in the highlands between Peru and Bolivia [52]**por do quisiesen** wherever they wanted [53]**doquiera que parasen** wherever they stopped [54]**procurasen** tried [55]**hincar** bury [56]**varilla de oro** golden rod [57]**cuando hayáis ... servicio** whenever you have subjugated those people to our service [58]**mansedumbre** peace [59]**oficio de** role of [60]**semejanza mía** my likeness [61]**sementeras** sowings [62]**hago fructificar sus árboles** I make their trees bear fruit [63]**lluevo y sereno a sus tiempos** I make rain and calm the weather [64]**socorrer** to aid [65]**sustentador** provider [66]**bienhechor** benefactor [67]**Septentrión** North [68]**Mediodía** South

sus moradores[69] se jactan[70] hoy grandemente del nombre, porque lo impuso nuestro Inca: de allí llegaron él y su mujer, nuestra reina, a este valle del Cuzco, que entonces todo él estaba hecho montaña brava.

(Libro I, Capítulo XV)

Protestación del autor sobre la historia

Ya que hemos puesto la primera piedra[71] de nuestro edificio (aunque fabulosa) en el origen de los Incas, reyes del Perú, será razón pasemos adelante en la conquista y reducción[72] de los indios, extendiendo algo más la relación sumaria que me dio aquel Inca, con la relación de otros muchos Incas e indios, naturales de los pueblos que este primer Inca Manco Cápac mandó poblar, y redujo a su imperio, con los cuales me crié[73] y comuniqué hasta los veinte años. En este tiempo tuve noticia de todo lo que vamos escribiendo, porque en mis niñeces me contaban sus historias, como se cuentan las fábulas a los niños. Después, en edad más crecida,[74] me dieron larga noticia de sus leyes y gobierno; cotejando[75] el nuevo gobierno de los españoles con el de los Incas; dividiendo en particular los delitos[76] y las penas, y el rigor[77] de ellas: decíanme cómo procedían sus reyes en paz y en guerra, de qué manera trataban a sus vasallos, y cómo eran servidos de ellos. Además de esto, me contaban, como a propio hijo, toda su idolatría, sus ritos, ceremonias y sacrificios; sus fiestas principales y no principales, y cómo las celebraban; decíanme sus abusos y supersticiones, sus agüeros[78] malos y buenos, así los que miraban en sus sacrificios como fuera de ellos. En suma, digo que me dieron noticia de todo lo que tuvieron en su república, que si entonces lo escribiera, fuera más copiosa esta historia. Además de habérmelo dicho los indios, alcancé[79] y ví por mis ojos mucha parte de aquella idolatría, sus fiestas y supersticiones, que aún en mis tiempos, hasta las doce o trece años de mi edad, no se habían acabado del todo. Yo nací ocho años después que los españoles ganaron mi tierra, y como lo he dicho, me crié en ella hasta los veinte años, y así ví muchas cosas de las que hacían los indios en aquella su gentilidad, las cuales contaré, diciendo que las ví. Sin la relación que mis parientes me dieron de las cosas dichas, y sin lo que yo ví, he habido otras muchas relaciones de las conquistas y hechos de aquellos reyes; porque luego que propuse escribir esta historia, escribí a los condiscípulos[80] de escuela y gramática, encargándoles que cada uno me ayudase con la relación que pudiese haber de las particulares conquistas que los Incas hicieron de las provincias de sus madres; porque cada provincia tiene sus cuentas y nudos[81] con sus historias, anales[82] y la tradición de ellas; y por esto retiene mejor lo que en ella pasó que lo que pasó en la ajena. Los condiscípulos, tomando de veras lo que les pedí, cada cual de ellos dio cuenta de mi intención a su madre y parientes; los cuales, sabiendo que un indio, hijo de su tierra, quería escribir los sucesos de ella, saca-

---

[69]**moradores** dwellers   [70]**se jactan** pride themselves   [71]**primera piedra** cornerstone   [72]**reducción** subjugation   [73]**me crié** I was raised   [74]**en edad más crecida** as I got older   [75]**cotejando** comparing   [76]**delitos** crimes   [77]**rigor** severity   [78]**agüeros** omens   [79]**alcancé** grasped   [80]**condiscípulos** classmates   [81]**nudos** knots (quipus)   [82]**anales** book that kept record of events that took place during the year

ron de sus archivos las relaciones que tenían de sus historias, y me las enviaron, y así tuve la noticia de los hechos y conquistas de cada Inca, que es la misma que los historiadores españoles tuvieron, sino que ésta será más larga, como lo advertiremos en muchas partes de ella. Y porque todos los hechos de este primer Inca son principios y fundamento de la historia que hemos de escribir, nos valdrá mucho decirlos aquí, a lo menos los más importantes, porque no los repitamos adelante en las vidas y hechos de cada uno de los Incas sus descendientes; porque todos ellos generalmente, así los reyes como los no reyes, se preciaron de imitar en todo y por todo la condición, obras y costumbres de este primer príncipe Manco Cápac; y dichas sus cosas, habremos dicho las de todos ellos. Iremos con atención de decir las hazañas más historiales, dejando otras muchas por impertinentes[83] y prolijas,[84] y aunque algunas cosas de las dichas, y otras que se dirán, parezcan fabulosas, me pareció no dejar de escribirlas, por no quitar los fundamentos sobre que los indios se fundan para las cosas mayores y mejores que de su imperio cuentan; porque en fin de estos principios fabulosos procedieron las grandezas que en realidad de verdad posee hoy España; por lo cual se me permitirá decir lo que conviniere para la mejor noticia que se pueda dar de los principios, medios y fines de aquella monarquía; que yo protesto decir llanamente la relación que mamé en la leche,[85] y la que después acá he habido, pedida a los propios míos, y prometo que la afición[86] de ellos no sea parte para dejar de decir la verdad del hecho, sin quitar de lo malo ni añadir a lo bueno que tuvieron; que bien sé que la gentilidad es un mar de errores, y no escribiré novedades[87] que no se hayan oído, sino las mismas cosas que los historiadores españoles han escrito de aquella tierra, y de los reyes de ella, y alegaré mis mismas palabras de ellos donde conviniere, para que se vea que no finjo[88] ficciones en favor de mis parientes, sino que digo lo mismo que los españoles dijeron; sólo serviré de comento para declarar y ampliar muchas cosas que ellos asomaron a decir, y las dejaron imperfectas, por haberles faltado relación entera. Otras muchas se añadirán que faltan de sus historias y pasaron en hecho de verdad, y algunas se quitarán, que sobran, por falsa relación que tuvieron, por no saberla pedir el español con distinción de tiempos y edades, y división de provincias y naciones, o por no entender al indio que se la daba, o por no entender el uno al otro, por la dificultad del lenguaje; que el español que piensa que sabe más de él, ignora de diez partes las nueve, por las muchas cosas que un mismo vocablo significa, y por las diferentes pronunciaciones que una misma dicción tiene para muy diferentes significaciones, como se verá adelante en algunos vocablos que será forzoso traerlos a cuenta.

Además de esto, en todo lo que de esta república, antes destruida que conocida, dijere, será contando llanamente[89] lo que en su antigüedad tuvo de su idolatría, ritos, sacrificios y ceremonias, y en su gobierno, leyes y costumbres, en paz y en guerra, sin comparar cosa alguna de éstas a otras semejantes que en las historias divinas y humanas se hallan, ni al gobierno de nuestros tiempos, porque

---

[83]**impertinentes** irrelevant   [84]**prolijas** exhaustive   [85]**que mamé en la leche** I was fed with   [86]**afición** liking   [87]**novedades** news   [88]**no finjo** I don't pretend   [89]**llanamente** plainly

toda comparación es odiosa.[90] El que las leyere podrá cotejarlas a su gusto, que muchas hallará semejantes a las antiguas, así de la Santa Escritura, como de las profanas y fábulas de la gentilidad antigua: muchas leyes y costumbres verá que [se] parecen a las de nuestro siglo; otras muchas oirá en todo contrarias: de mi parte he hecho lo que he podido, no habiendo podido lo que he deseado. Al discreto lector suplico reciba mi ánimo,[91] que es de darle gusto y contento, aunque [ni] las fuerzas, ni la habilidad de un indio, nacido entre los indios, criado entre armas y caballos pueden llegar allá.

(Libro I, Capítulo XIX)

DESPUÉS DE LEER

1. ¿Qué lleva al Inca Garcilaso de la Vega a escribir sobre el imperio incaico?

2. ¿Piensa usted que el Inca Garcilaso es la persona indicada para narrar la historia de su pueblo? ¿Qué importancia tiene el hecho de que el autor sea mestizo?

3. Explique la función que tuvo la iglesia católica, según el Inca Garcilaso de la Vega, en la conquista del Perú.

4. ¿A qué fuentes históricas acude el Inca Garcilaso de la Vega?

5. ¿Qué elementos autobiográficos se observan en la obra?

6. Basándose en lo escrito por el Inca Garcilaso de la Vega, ¿cree que podría reconstruir la situación política del Perú en el momento de la llegada de los españoles?

7. ¿Cómo presenta Garcilaso de la Vega el imperio incaico?

8. ¿Cuál es la historia de los orígenes del imperio incaico?

9. ¿Cree usted que Garcilaso de la Vega considera la conquista como un acontecimiento negativo?

10. Compare el estilo de la prosa del Inca Garcilaso con la de Bernal Díaz del Castillo.

---

[90]**odiosa** hateful   [91]**mi ánimo** my desire

ALGUNOS ESTUDIOS DE INTERÉS

Amador, Raysa. *Aproximación histórica a los Comentarios reales*. Madrid, España: Pliegos, 1984.

Durand, José. *El Inca Garcilaso, clásico de América*. México, D.F.: Sepsetentas, 1976.

Escobar, Alberto. "Lenguaje e historia en los *Comentarios Reales*". Patio de Letras. Caracas, Venezuela: Monte Ávila, 1971.

González Echeverría, Roberto. "The Law of the Letter: Garcilaso's *Commentaries* and the Origins of the Latin American Narrative". *The Yale Journal of Criticism* 1:1 (1987): 107-131.

Miró Quesada, Aurelio. *El Inca Garcilaso y otros estudios garcilasistas*. Madrid, España: Instituto de Cultura Hispánica, 1971.

Montiel, Edgar. "El Inca Garcilaso en el laberinto de la identidad". *Cuadernos Americanos* 3:18 (1989): 200-210.

Ortega, Julio. "El Inca Garcilaso y el discurso de la abundancia". *Revista Chilena de Literatura* 32 (1988): 31-43.

Porras Barrenechea, Raúl. *El Inca Garcilaso de la Vega*. Lima, Perú: Lumán, 1946.

Pupo-Walker, Enrique. "Sobre el discurso narrativo y sus referentes en los *Comentarios reales* del Inca Garcilaso de la Vega". Raquel Chang-Rodríguez, ed. *Prosa hispanoamericana virreinal*. Barcelona, España: Hispam, 1978.

Schuessler, Michael Karl. "Garcilaso escribe 'como indio': El concepto y la función de la escritura incaica en los *Comentarios reales* del Inca Garcilaso de la Vega". *Mester* 21:2 (1992): 83-96.

Zamora, Margarita. *Language, Authority, and Indigenous History in the* Comentarios reales de los Incas. Cambridge, Inglaterra: Cambridge University Press, 1988.

Alonso de Ercilla y Zúñiga

(1533–1594, Madrid, España)

La fama de Alonso de Ercilla se debe a su única obra, *La Araucana*. Este poema es considerado el primer poema épico americano y la mejor epopeya castellana escrita en el siglo XVI. Consta de 37 cantos escritos en octavas reales, publicados en tres partes (1569, 1578 y 1589). El poema surge como consecuencia de la participación del poeta en la conquista de Chile. Ercilla, hombre de confianza del príncipe heredero Felipe, conocido en la historia como Felipe II, con apenas 21 años de edad abandonó las comodidades de la Corte y su posición privilegiada y se unió, tras la muerte del conquistador Pedro de Valdivia (¿1500?–1554), a la expedición española que lograría la conquista de Chile. La conquista de los araucanos, nombre dado por Ercilla a los *aucas* o *aucanos,* que en quechua quiere decir rebeldes, fue ardua. Estos indígenas, situados en lo que es hoy Chile, se opusieron a los españoles con la misma decisión y coraje que habían mostrado en años anteriores a la conquista cuando rechazaron a los incas.

La Araucana canta las proezas de los españoles durante la conquista de Chile así como el valor y la determinación de los araucanos, que defendían su tierra y su libertad. El poema fue escrito, según el propio autor, "en la misma guerra y en los mismos pasos y sitios, escribiendo muchas veces en cuero por falta de papel, en pedazos de cartas …". El poema tiene un fondo moral y describe una realidad histórica bajo los patrones de la épica renacentista. *La Araucana* contiene, además de descripciones de batallas, idilios amorosos, elementos fantásticos, referencias míticas, alabanzas al poderío español y elementos autobiográficos. La naturaleza presentada por Alonso de Ercilla en *La Araucana* tiene más de renacentista que de realidad americana. Falta en la epopeya mucha de la flora y fauna americanas. Andrés Bello (1781–1865), el gran educador sudamericano y el forjador de la conciencia nacional chilena, consideró a *La Araucana* como la *Eneida* de Chile. Para Pablo Neruda (1904–1973), Alonso de Ercilla fue el inventor de Chile.

La importancia de *La Araucana* en la historia literaria de la América hispana fue profunda. Sirvió de antecedente y modelo para *El arauco domado* (1596) del chileno Pedro de Oña y para otras epopeyas como *Argentina* (1602), de Martín Barco Centenera y *El espejo de paciencia* (1608), escrita por Silvestre Balboa Troya y Quesada. Sólo la obra de Pedro de Oña tiene valor poético.

AL LEER CONSIDERE LO SIGUIENTE:

—el uso de metáforas e imágenes
—los elementos mitológicos
—la presentación del pueblo araucano

La Araucana fue escrita por Alonso de Ercilla bajo la influencia renacentista. En la epopeya son frecuentes las referencias mitológicas y a la naturaleza. El poema está escrito en octavas reales: en versos endecasílabos de rima consonante, ABABABCC. En la selección siguiente se aprecian la fuerza y el valor del pueblo araucano así como la contienda por el liderazgo entre Caupolicán y Lincoya. De los dos, el que pueda sostener el roble por más tiempo sobre sus hombros será declarado el líder del pueblo.

La Araucana

CANTO PRIMERO

El cual declara el asiento y descripción de la provincia de Chile y estado de Arauco.[1] Con las costumbres y modos de guerra que los naturales tienen. Y asimismo trata en suma la entrada y conquista que los españoles hicieron hasta que Arauco se comenzó a rebelar.

No las damas, amor, no gentilezas
de caballeros canto enamorados,
ni las muestras, regalos y ternezas[2]
de amorosos afectos y cuidados;
mas el valor, los hechos, las proezas[3]
de aquellos españoles esforzados,[4]
que a la cerviz[5] de Arauco no domada
pusieron duro yugo[6] por la espada.

   Cosas diré también harto[7] notables
de gente que a ningún rey obedecen,
temerarias[8] empresas memorables
que celebrarse con razón merecen,
raras industrias, términos loables[9]
que más los españoles engrandecen

---

[1]**Arauco** region inhabited by the warring Mapuche or Arauco Indians at the time of the conquest   [2]**terneza** tenderness   [3]**proezas** feats   [4]**esforzados** valiant   [5]**cerviz** cervix   [6]**yugo** yoke   [7]**harto** quite   [8]**temerarias** bold   [9]**loables** laudable

pues no es el vencedor más estimado
de aquello en que el vencido es reputado.

Suplícoos,[10] gran Felipe[11] que mirada
esta labor, de vos sea recebida,
que, de todo favor necesitada,
queda con darse a vos favorecida.
Es relación sin corromper sacada
de la verdad, cortada a su medida,
no despreciéis el don,[12] aunque tan pobre,
para que autoridad mi verso cobre. […]

Chile, fértil provincia y señalada
en la región antártica famosa.
de remotas naciones respetada
por fuerte, principal y poderosa;
la gente que produce es tan granada.[13]
tan soberbia, gallarda[14] y belicosa,
que no ha sido por rey jamás regida
ni a estranjero dominio sometida. […]

Digo que norte sur corre la tierra,
y báñala de oeste la marina,[15]
a la banda del este va una sierra
que el mismo rumbo mil leguas camina;
en medio es donde el punto de la guerra
por uso y ejercicio más se afina.
Venus y Amón[16] aquí no alcanzan parte,
sólo domina el iracundo[17] Marte.[18]

Pues en este distrito demarcado,[19]
por donde su grandeza es manifiesta,
está a treinta y seis grados el Estado
que tanta sangre ajena y propia cuesta;
éste es el fiero[20] pueblo no domado[21]
que tuvo a Chile en tal estrecho puesta,
y aquel que por valor y pura guerra
hace en torno temblar toda la tierra.

Es Arauco, que basta, el cual sujeto
lo más deste gran término tenía
con tanta fama, crédito y conceto,
que del un polo al otro se estendía,

---

[10]**Suplícoos** I beg you   [11]**Felipe** reference to King Phillip II of Spain (1527–1597)   [12]**don** gift   [13]**granada** notable, remarkable   [14]**gallarda** brave   [15]**marina** seacoast   [16]**Amón** son of Lot   [17]**iracundo** raging   [18]**Marte** Roman god of war   [19]**demarcado** delimited   [20]**fiero** fierce   [21]**domado** tamed

y puso al español en tal aprieto[22]
cual presto se verá en la carta mía;
veinte leguas contienen sus mojones,[23]
poséenla diez y seis fuertes varones. [...]

Son de gestos robustos, desbarbados,[24]
bien formados los cuerpos y crecidos,
espaldas grandes, pechos levantados,
recios miembros, de nervios bien fornidos;[25]
ágiles, desenvueltos,[26] alentados,[27]
animosos,[28] valientes, atrevidos,[29]
duros en el trabajo y sufridores
de fríos mortales, hambres y calores.

No ha habido rey jamás que sujetase[30]
esta soberbia gente libertada,
ni estranjera nación que se jatase[31]
de haber dado en sus términos pisada,
ni comarcana tierra que se osase[32]
mover en contra y levantar espada;
siempre fue esenta, indómita, temida,
de leyes libre y de cerviz erguida.

El potente rey Inga,[33] aventajado[34]
en todas las antárticas regiones,
fue un señor en estremo aficionado
a ver y conquistar nuevas naciones,
y por la gran noticia del Estado
a Chile despachó sus orejones;[35]
mas la parlera fama desta gente
la sangre les templó y ánimo ardiente. [...]

CANTO II

Pónese la discordia que entre los caciques del Arauco hubo sobre la elección del capitán general, y el medio que se tomó por el consejo del cacique Colocolo. [...]

[...] Ufano[36] andaba el bárbaro y contento
de haberse más que todos señalado
cuando Caupolicán aquel asiento
sin gente, a la ligera, había llegado;

---

[22]**aprieto** difficult situation [23]**mojones** boundary stones [24]**desbarbados** beardless [25]**fornidos** strong [26]**desenvueltos** graceful [27]**alentados** brave [28]**animosos** spirited [29]**atrevidos** daring [30]**sujetase** would subordinate [31]**se jatase (se jactase)** would boast [32]**se osase** would dare [33]**Inga** reference to the Inca king who tried to conquer the Arauco territory [34]**aventajado** outstanding [35]**orejones** Inca nobleman who would wear round disks or hoop-like earrings [36]**Ufano** proud

tenía un ojo sin luz de nacimiento
como un fino granate colorado
pero lo que en la vista le faltaba
en la fuerza y esfuerzo le sobraba.

Era este noble mozo de alto hecho
varón de autoridad, grave y severo,
amigo de guardar todo derecho,
áspero y riguroso, justiciero;[37]
de cuerpo grande y relevado pecho,
hábil, diestro,[38] fortísimo y ligero,
sabio, astuto, sagaz,[39] determinado
y en casos de repente reportado.

Fue con alegre muestra recebido
—aunque no sé si todos se alegraron—:
el caso en esta suma referido
por su término y puntos le contaron.
Viendo que Apolo[40] ya se había escondido
en el profundo mar, determinaron
que la prueba de aquél se dilatase
hasta que la esperada luz llegase. […]

Con un desdén y muestra confiada
asiendo del troncón[41] duro y ñudoso[42]
como si fuera vara delicada
se le pone en el hombro poderoso.
La gente enmudeció maravillada
de ver el fuerte cuerpo tan nervoso;
la color a Lincoya[43] se le muda,[44]
poniendo en su vitoria mucha duda.

El bárbaro sagaz de espacio andaba,
y a todo prisa entraba el claro día;
el sol las largas sombras acortaba
mas él nunca descrece[45] en su porfía;[46]
al ocaso[47] la luz se retiraba
ni por esto flaqueza[48] en él había;
las estrellas se muestran claramente
y no muestra cansancio aquel valiente.

---

[37]**justiciero** just   [38]**diestro** dextrous   [39]**sagaz** astute   [40]**Apolo** the sun   [41]**troncón** large log   [42]**ñudoso** knotted   [43]**Lincoya** reference to the other contender for leadership   [44]**se le muda** changed colors   [45]**descrece** decreases   [46]**porfía** persistence   [47]**ocaso** sunset   [48]**flaqueza** weakness

Salió la clara luna a ver la fiesta
del tenebroso albergue[49] húmido y frío,
desocupando el campo y la floresta
de un negro velo lóbrego[50] y sombrío,
Caupolicán no afloja[51] de su apuesta,
antes con mayor fuerza y mayor brío[52]
se mueve y representa de manera
como si peso alguno no trujera.

Por entre dos altísimos ejidos
la esposa de Titón[53] ya parecía,
los dorados cabellos esparcidos[54]
que de la fresca helada sacudía,
con que a los mustios[55] prados florecidos
con el húmido humor reverdecía[56]
y quedaba engastado así en las flores
cual perlas entre piedras de colores.

El carro de Faetón[57] sale corriendo
del mar por el camino acostumbrado,
sus sombras van los montes recogiendo
de la vista del sol y el esforzado
varón, el grave peso sosteniendo,
acá y allá se mueve no cansado
aunque otra vez la negra sombra espesa
tornaba a parecer corriendo apriesa.

La luna su salida provechosa
por un espacio largo dilataba;
al fin, turbia, encendida y perezosa,
de rostro y luz escasa se mostraba;
paróse al medio curso más hermosa
a ver la estraña prueba en qué paraba
y viéndola en el punto y ser primero,
se derribó en el ártico hemisfero

y el bárbaro, en el hombro la gran viga,[58]
sin muestra de mudanza y pesadumbre,[59]
venciendo con esfuerzo la fatiga
y creciendo la fuerza por costumbre.
Apolo enseguimiento de su amiga

---

[49]**albergue** refuge [50]**lóbrego** somber [51]**no afloja** doesn't let go [52]**brío** vigor [53]**Titón** dawn [54]**esparcidos** spread [55]**mustios** withered [56]**reverdecía** turned green again [57]**Faetón** Phaëton, a son of Helios who borrowed the chariot of the sun for one day and drove it so dangerously close to earth that Zeus struck him down with a thunderbolt to save the world from catching fire [58]**viga** beam [59]**pesadumbre** pain

tendido había los rayos de su lumbre
y el hijo de Leocán,[60] en el semblante
más firme que al principio y más constante.

Era salido el sol cuando el inorme[61]
peso de las espaldas despedía
y un salto dio en lanzándole disforme,
mostrando que aún más ánimo tenía;
el circunstante pueblo en voz conforme
pronunció la sentencia y le decía:
"Sobre tan firmes hombros descargamos
el peso y grave carga que tomamos".

El nuevo juego y pleito difinido,
con las más cerimonias que supieron
por sumo capitán fue recebido
y a su gobernación se sometieron:
creció en reputación, fue tan temido
y en opinión tan grande le tuvieron
que ausentes muchas leguas dél temblaban
y casi como a rey le respetaban.

Es cosa en que mil gentes han parado
y están en duda muchos hoy en día,
pareciéndoles que esto que he contado
es alguna ficion y poesía
pues en razón no cabe que un senado
de tan gran diciplina y pulicía[62]
pusiese una elección de tanto peso
en la robusta fuerza y no en el seso.[63]

Sabed que fue artificio, fue prudencia
del sabio Colocolo que miraba
la dañosa discordia y diferencia
y el gran peligro en que su patria andaba,
conociendo el valor y suficiencia
deste Caupolicán que ausente estaba,
varón en cuerpo y fuerzas estrcmado,
de rara industria y ánimo dotado.

Así propuso astuta y sabiamente,
para que la elección se dilatase,[64]
la prueba al parecer impertinente
en que Caupolicán se señalase

---

[60]**Leocán** Caupolicán   [61]**inorme** *enorme*   [62]**pulicía** *policía*   [63]**seso** brain   [64]**dilatase** expand

y en esta dilación[65] tan conveniente
dándole aviso, a la elección llegase,
trayendo así el negocio por rodeo
a conseguir su fin y buen deseo. [...]

DESPUÉS DE LEER

1. ¿Por qué se dirige el poeta a Felipe II?
2. ¿Cómo usa el poeta la mitología? ¿Y la naturaleza?
3. Explique cómo está descrito el pueblo araucano por Ercilla.
4. ¿Quién es Caupolicán? ¿Colocolo? ¿Y Lincoya?
5. ¿Qué proeza se lleva a cabo para escoger al líder del pueblo araucano?
6. ¿Por cuánto tiempo sostuvo el leño Caupolicán? ¿Qué imágenes usa el poeta para señalar el pasar del tiempo?
7. Escoja una estrofa del poema y analice su estructura.

ALGUNOS ESTUDIOS DE INTERÉS

Alegría, Fernando. *La poesía chilena, orígenes y desarrollo del siglo XVI al XIX*. México, D.F.: Fondo de Cultura Económica, 1954.

Anderson Imbert, Enrique. "El punto de vista narrativo en *La Araucana* de Ercilla". *Boletín de la Academia Argentina de Letras* 53 (1988): 71–90.

Bello, Andrés. *La Araucana*. Raúl Silva Castro, ed. *La literatura crítica de Chile*. Santiago de Chile: Editorial Andrés Bello, 1969.

Durand, José. "Caupolicán, clave historial y épica de *La Araucana*". *Revue de Litterature Comparée* 2-3-4 (1978): 367–389.

Herrera, Bernal. "*La Araucana*: Conflicto y unidad". *Criticón* 53 (1991). 57–69.

Lerner, Isaías. "América y la poesía épica áurea: La versión de Ercilla". *Edad de Oro* 10 (1991): 125–139.

Moore, Charles. "Las influencias clásicas en la descripción en el canto XXXV de *La Araucana*". *Confluencia* 8:1 (1992): 99–107.

Perelmuter-Pérez, Rosa. "El paisaje idealizado en *La Araucana*". *Hispanic Review* 54 (1986): 129–146.

Pierce, Frank. *La poesía épica del Siglo de Oro*. Trad. J. C. Cayol de Bethencourt. 2.ª ed. rev. Madrid, España: Gredos, 1968.

Vila, Juan Diego. "El personaje de Tegualda y su doble iniciación (histórica y poética) en *La Araucana* de Ercilla". *Revista Signos* 25:31-32 (1992): 213–222.

---

[65]**dilación** delay

Sor Juana Inés de la Cruz

*(1651, San Miguel de Neplanta, México–
1695, Ciudad de México)*

Juana de Asbaje, más conocida por Sor Juana
Inés de la Cruz, es personalidad sobresaliente
de la literatura colonial hispanoamericana.
Hija natural de un soldado español y de una
criolla mexicana, Sor Juana fue una niña
precoz. Cuando tenía alrededor de ocho años
pasó a la capital de México a casa de unos
parientes suyos, donde empezó sus estudios
de latín. Su fama intelectual llegó pronto a
la corte virreinal y a los trece años fue dama de honor de la virreina, la Marquesa
de Mancera, quien más tarde aparece en su poesía con el nombre de Laura. Su
belleza e inteligencia deslumbraron a todos. A pesar de su situación privilegiada
en la corte, Juana de Asbaje entró en el Convento de San José de las Carmelitas
Descalzas, el cual dejó poco tiempo después. Profesó con el nombre de Sor
Juana Inés de la Cruz en el Convento de San Jerónimo el 24 de febrero de 1669.
Allí entregó su vida al estudio y la oración.

La obra de Sor Juana fue amplia, variada y conocida en España al igual
que en Hispanoamérica. Sor Juana leyó las obras de Lope de Vega, Quevedo,
Góngora, Calderón de la Barca y Gracián. Estuvo también familiarizada con *El
discurso del método* de Descartes. Escribió poesía, autos sacramentales, villancicos,
ensayos y teatro. Su estilo y temática están marcados por las corrientes cul-
teranas y conceptistas del barroco. Su obra se destaca por la agudeza intelectual,
el empleo frecuente de metáforas, el uso de la anáfora, la perífrasis y el
hipérbaton, y las referencias mitológicas. La temática de su obra es igualmente
barroca. Las reflexiones contenidas en su poesía sobre la brevedad de la vida,
el engaño de los sentidos y el desengaño son frecuentes. De sus autos
sacramentales, el más conocido es *El divino Narciso* (1690); del teatro secular,
Los empeños de una casa (ca. 1683); de su obra poética, *Primero sueño* (1692).
En esta última, una silva de 975 versos considerada una de las mejores
producciones literarias de la época, la monja mexicana cuenta el vuelo del alma
hacia el conocimiento total del universo y su fracaso debido a las limitaciones
del intelecto.

AL LEER CONSIDERE LO SIGUIENTE:

—el estilo
—las referencias autobiográficas
—la humildad y la altivez
—la ironía
—el papel de la mujer en la sociedad

La "Respuesta de la poetisa a la muy ilustre Sor Filotea de la Cruz" es la contestación de Sor Juana al arzobispo de Puebla, Manuel Fernández de Santa Cruz, quien le había escrito bajo el seudónimo Sor Filotea de la Cruz. En la carta el arzobispo le insta a que se ocupe de la salvación del alma y que abandone el mundo profano. La "Respuesta . . ." es una defensa de la libertad intelectual de la mujer. En ella Sor Juana expone la pasión que había tenido por aprender desde su niñez y que el conocimiento y el estudio del mundo natural la han llevado a un acercamiento y mejor entendimiento de Dios, no a un alejamiento del Creador como algunos suponían. La posición que mantiene Sor Juana a lo largo de la carta la convierte en la primera feminista de América.

Respuesta de la poetisa a la muy ilustre Sor Filotea de la Cruz

[...] El escribir nunca ha sido dictamen propio,[1] sino fuerza ajena; que les pudiera decir con verdad: *Vos me coegistis.*[2] Lo que sí es verdad que no negaré (lo uno porque es notorio a todos, y lo otro,[3] porque, aunque sea contra mí, me ha hecho Dios la merced de darme grandísimo amor a la verdad) que desde que me rayó[4] la primera luz de la razón, fue tan vehemente[5] y poderosa la inclinación a las letras, que ni ajenas reprehensiones[6]—que he tenido muchas—, ni propias reflejas[7]—que he hecho no pocas—, han bastado[8] a que deje de seguir este natural impulso que Dios puso en mí: Su Majestad sabe por qué y para qué; y sabe que le he pedido que apague la luz de mi entendimiento[9] dejando sólo que baste[10] para guardar su Ley, pues lo demás sobra, según algunos, en una mujer; y aun hay quien diga que daña.[11] Sabe también Su Majestad que no consiguiendo esto, he intentado sepultar[12] con mi nombre mi entendimiento, y sacrificársele sólo a

---

[1]**dictamen propio** of my own will [2]***Vos me coegistis*** Vosotros me obligasteis (2 Corinthians xii:11)
[3]**lo uno ... y lo otro** one because it is known to all, and the other [4]**me rayó** I was struck
[5]**vehemente** passionate [6]**reprehensiones** reprimands [7]**propias reflejas** my own reflection
[8]**han bastado** have been sufficient [9]**la luz de mi entendimiento** the light of my intellect
[10]**dejando sólo lo que baste** leaving only that which is necessary [11]**y aún ... daña** and there are some who say that it may even harm [12]**sepultar** burying

quien me lo dio;[13] y que no otro motivo me entró en Religión, no obstante[14] que al desembarazo y quietud que pedía[15] mi estudiosa intención eran repugnantes los ejercicios y compañía de una comunidad; y después, en ella, sabe el Señor, y lo sabe en el mundo quien sólo lo debió saber,[16] lo que intenté en orden a esconder[17] mi nombre, y que no me lo permitió, diciendo que era tentación; y sí sería. Si yo pudiera pagaros algo de lo que os debo,[18] Señora mía, creo que sólo os pagara en contaros esto,[19] pues no ha salido de mi boca jamás, excepto para quien debió salir. Pero quiero que con haberos franqueado de par en par las puertas de mi corazón, haciéndoos patentes sus más sellados secretos,[20] conozcáis que no desdice de mi confianza[21] lo que debo a vuestra venerable persona y excesivos favores.

Prosiguiendo[22] en la narración de mi inclinación, de que os quiero dar entera noticia, digo que no había cumplido los tres años de mi edad cuando enviando mi madre a una hermana mía, mayor que yo, a que se enseñase a leer en una de las que llaman *Amigas,*[23] me llevó a mí tras ella el cariño y la travesura;[24] y viendo que le daban lección, me encendí yo de manera en el deseo de saber leer,[25] que engañando,[26] a mi parecer, a la maestra, le dije *que mi madre ordenaba me diese lección*. Ella no lo creyó, porque no era creíble; pero, por complacer al donaire,[27] me la dio. Proseguí yo en ir y ella prosiguió en enseñarme, ya no de burlas,[28] porque la desengañó la experiencia; y supe leer en tan breve tiempo, que ya sabía cuando lo supo mi madre, a quien la maestra lo ocultó por darle el gusto por entero y recibir el galardón[29] por junto; y yo lo callé, creyendo que me azotarían[30] por haberlo hecho sin orden. Aún vive la que me enseñó (Dios la guarde) y puede testificarlo.

Acuérdome[31] que en estos tiempos, siendo mi golosina[32] la que es ordinaria en aquella edad, me abstenía de comer *queso,* porque oí decir que hacía rudos,[33] y podía conmigo más el deseo de saber que el de comer, siendo éste tan poderoso en los niños. Teniendo yo después como seis o siete años, y sabiendo ya leer y escribir, con todas las otras habilidades de labores y costura que deprenden las mujeres,[34] oí decir que había Universidad y Escuelas en que se estudiaban las ciencias, en México; y apenas lo oí cuando empecé a matar a mi madre con instantes e importunos ruegos[35] sobre que, mudándome el traje,[36] me enviase a México, en casa de unos deudos[37] que tenía, para estudiar y cursar la Universi-

---

[13]**y sacrificársele ... dio** and sacrifice it to the one who gave it to me (God)   [14]**no obstante** nevertheless   [15]**desembarazo y quietud que pedía** the unencumberment and peace that I sought   [16]**lo sabe ... saber** only the person who knows should know   [17]**en orden de esconder** in order to hide   [18]**si yo ... debo** if I could only pay you some of what I owe you   [19]**creo que ... esto** I believe that I would repay you by telling you this   [20]**haciéndoos ... secretos** letting you know its innermost secrets   [21]**no desdice de mi confianza** it is not inconsistent of my trust   [22]**prosiguiendo** continuing   [23]*Amigas* school for girls   [24]**y la travesura** and the mischief   [25]**me encendí ... leer** I was filled with the desire to learn how to read   [26]**engañando** deceiving   [27]**complacer al donaire** to please the wit   [28]**ya no de burlas** no longer in jest   [29]**galardón** reward   [30]**creyendo que me azotarían** thinking that I would be whipped   [31]**Acuérdome** I remember   [32]**mi golosina** my favorite food   [33]**hacía rudos** made people dumb   [34]**deprenden las mujeres** that women learn   [35]**importunos ruegos** tiresome requests   [36]**mudándome el traje** changing the way I dressed   [37]**deudos** relatives

dad; ella no lo quiso hacer, e hizo muy bien, pero yo despiqué[38] el deseo en leer muchos libros varios que tenía mi abuelo, sin que bastasen castigos ni reprensiones a estorbarlo;[39] de manera que cuando vine a México, se admiraban, no tanto del ingenio, cuanto de la memoria y noticias que tenía en edad que parecía que apenas había tenido tiempo para aprender a hablar.

Empecé a deprender gramática, en que creo no llegaron a veinte las lecciones que tomé; y era tan intenso mi cuidado, que siendo así que en las mujeres—y más en tan florida juventud, era tan apreciable el adorno natural del cabello, yo me cortaba de él cuatro o seis dedos, midiendo hasta dónde llegaba antes, e imponiéndome ley de que si cuando volviese a crecer hasta allí no sabía tal o tal cosa, que me había propuesto deprender en tanto que crecía me lo había de volver a cortar en pena de la rudeza. Sucedía así que él crecía y yo no sabía lo propuesto, porque el pelo crecía aprisa, y yo aprendía despacio, y con efecto lo cortaba en pena de la rudeza que no me parecía razón que estuviese vestida de cabellos[40] cabeza que estaba tan desnuda de noticias,[41] que era más apetecible adorno. Entréme religiosa,[42] porque aunque conocía que tenía el estado cosas (de las accesorias hablo, no de las formales), muchas repugnantes a mi genio, con todo, para la total negación que tenía al matrimonio, era lo menos desproporcionado y lo más decente que podía elegir, en materia de la seguridad que deseaba de mi salvación; a cuyo primer respeto (como al fin más importante) cedieron y sujetaron la cerviz[43] todas las impertinencillas de mi genio,[44] que eran de querer vivir sola; de no querer tener ocupación obligatoria que embarazase la libertad de mi estudio, ni rumor de comunidad que impidiese el sosegado silencio de mis libros. Esto me hizo vacilar algo en la determinación, hasta que alumbrándome personas doctas de que era tentación, la vencí con el favor divino, y tomé el estado que tan indignamente tengo. Pensé yo que huía de mí misma; pero ¡miserable de mí! trájeme a mí conmigo y traje mi mayor enemigo en esta inclinación, que no sé determinar si por prenda o castigo me dio el Cielo, pues de apagarse o embarazarse con tanto ejercicio que la religión tiene, reventaba como pólvora,[45] y se verificaba en mí el *privatio est causa appetitus*.[46]

Volví (mal dije, pues nunca cesé): proseguí, digo, a la estudiosa tarea (que para mí era descanso en todos los ratos que sobraban a mi obligación) de leer y más leer, de estudiar y más estudiar, sin más maestro que los mismos libros. Ya se ve cuán duro es estudiar en aquellos caracteres sin alma, careciendo de la voz viva y explicación del maestro; pues todo este trabajo sufría yo muy gustosa, por amor de las letras. ¡Oh, si hubiese sido por amor de Dios, que era lo acertado, cuánto hubiera merecido! Bien que yo procuraba elevarlo cuanto podía y dirigirlo a su servicio, porque el fin a que aspiraba era a estudiar Teología[47] pareciéndome

---

[38]**despiqué** satisfied   [39]**estorbarlo** to obstruct it   [40]**vestida de cabellos** adorned with hair [41]**desnuda de noticias** void of knowledge   [42]**entréme religiosa** I became a nun   [43]**cedieron y sujetaron la cerviz** it humbled me   [44]**impertinencillas de mi genio** impertinences of my character   [45]**reventaba como pólvora** it would burst like gun powder   [46]***privatio est causa appetitus*** *la privación es causa de apetito*   [47]**Teología** theology; it was considered to be the highest form of knowledge

menguada inhabilidad, siendo católica, no saber todo lo que en esta vida se puede alcanzar, por medios naturales, de los divinos misterios; y que siendo monja y no seglar, debía, por el estado eclesiástico, profesar letras; y más siendo hija de un San Jerónimo,[48] y de una Santa Paula,[49] que era degenerar de tan doctos padres[50] ser idiota la hija. Esto me proponía yo de mí misma y me parecía razón; si no es que era (y eso es lo más cierto) lisonjear y aplaudir[51] a mi propia inclinación, proponiéndole como obligatorio su propio gusto.

(1691)

DESPUÉS DE LEER

1. ¿Por qué escribe Sor Juana Inés de la Cruz "Respuesta de la poetisa a la muy ilustre Sor Filotea de la Cruz"?

2. ¿Qué le ha pedido Sor Juana a Dios?

3. ¿Qué expresa Sor Juana sobre el entendimiento?

4. ¿Cuáles son las razones que da Sor Juana para entrar en el convento?

5. Destaque los elementos autobiográficos que aparecen en la carta.

6. ¿Por qué dice Sor Juana que el estado que tiene es un estado indigno?

7. Según Sor Juana, ¿es posible huir de sí mismo? Explique el significado de "¡miserable de mí! trájeme a mí conmigo . . .".

8. ¿Por qué cree que es importante la lectura para Sor Juana?

9. Haga un análisis estilístico de la prosa de Sor Juana.

---

[48]**San Jerónimo** (347?–420), translator of the Bible into Latin   [49]**Santa Paula** a disciple of St. Jeronimous   [50]**que era ... padres** it was to denigrate such learned parents   [51]**si no es que era ... lisonjear y aplaudir** if it were not to flatter and applaud

—la actitud de los hombres hacia las mujeres
—el juego verbal

El título *Redondillas* se refiere a poemas de versos octosílabos que tienen la rima abba. En "Redondillas" Sor Juana censura a los hombres por la actitud que tienen hacia las mujeres.

Redondillas

I

Hombres necios[1] que acusáis[2]
a la mujer sin razón,
sin ver que sois la ocasión[3]
de lo mismo que culpáis;[4]

si con ansia sin igual[5]
solicitáis su desdén,[6]
¿por qué queréis que obren bien,
si las incitáis[7] al mal?

Combatís su resistencia
y luego, con gravedad,
decís que fue liviandad[8]
lo que hizo la diligencia.[9]

Parecer quiere el denuedo[10]
de vuestro parecer loco,
al niño que pone el coco[11]
y luego le tiene miedo.

Queréis, con presunción necia,
hallar a la que buscáis,
para pretendida, Thais,[12]
y en la posesión, Lucrecia,[13]

---

[1]**necios** foolish [2]**acusáis** accuse [3]**sois la ocasión** you are the reason [4]**culpáis** you blame [5]**ansia sin igual** unparalleled longing [6]**desdén** scorn [7]**las incitáis** you induce them [8]**liviandad** frivolity [9]**hizo la diligencia** did the job [10]**denuedo** boldness [11]**coco** bogeyman [12]**Thais** lover of Alexander the Great [13]**Lucrecia** committed suicide in shame after she was raped by the son of a Roman king

¿Qué humor puede ser más raro
que el que, falto de consejo,
él mismo empaña el espejo,[14]
y siente que no esté claro?

Con el favor y el desdén
tenéis condición igual,
quejándoos,[15] si os tratan mal,
burlándoos,[16] si os quieren bien.

Opinión, ninguna gana;
pues la que más se recata,[17]
si no os admite, es ingrata,[18]
y si os admite, es liviana.[19]

Siempre tan necios andáis
que, con desigual nivel,
a una culpáis por cruel
y a otra por fácil culpáis.

¿Pues cómo ha de estar templada[20]
la que vuestro amor pretende,
si la que es ingrata, ofende,
y la que es fácil, enfada?[21]

Mas, entre el enfado y pena
que vuestro gusto refiere,
bien haya la que no os quiere
y quejáos en hora buena.

Dan vuestras amantes penas
a sus libertades alas,[22]
y después de hacerlas malas
las queréis hallar muy buenas.

¿Cuál mayor culpa ha tenido
en una pasión errada:[23]
la que cae de rogada,[24]
o el que ruega de caído?

¿O cuál es más de culpar,
aunque cualquiera mal haga:
la que peca por la paga,[25]
o el que paga por pecar?

---

[14]**empaña el espejo** to cloud the glass   [15]**quejándoos** complaining   [16]**burlándoos** making fun   [17]**recata** acts discreetly   [18]**ingrata** ingrate   [19]**liviana** loose, unchaste   [20]**cómo ha de estar templada** what characteristics should have   [21]**enfada** annoys   [22]**alas** wings (freedom)   [23]**pasión errada** erroneous passion   [24]**la que cae de rogada** she who falls after being begged   [25]**la que peca por la paga** she who sins because she gets paid

Pues, ¿para qué os espantáis[26]
de la culpa que tenéis?[27]
Queredlas cual las hacéis
o hacedlas cual las buscáis.

Dejad de solicitar,
y después, con más razón,
acusaréis la afición[28]
de la que os fuere a rogar.

Bien con muchas armas fundo
que lidia[29] vuestra arrogancia,
pues en promesa e instancia
juntáis diablo, carne[30] y mundo.

DESPUÉS DE LEER

1. ¿De qué acusan los hombres a las mujeres y las mujeres a los hombres?
2. ¿Cómo presenta Sor Juana la contraposición de ideas en estos versos? Dé ejemplos específicos.
3. ¿Qué quiere decir Sor Juana al escribir: "pues en promesa e instancia / juntáis diablo, carne y mundo"?
4. ¿Cree que la actitud de los hombres hacia las mujeres ha cambiado?
5. Discuta los elementos barrocos que se encuentran en "Redondillas".

---

[26]**espantáis** to become astonished   [27]**la culpa que tenéis** the guilt you have   [28]**afición** liking
[29]**lidia** fights, contends   [30]**carne** flesh

AL LEER CONSIDERE LO SIGUIENTE:

—la yuxtaposición entre la realidad y el engaño
—la temporalidad de la vida

En este soneto, Sor Juana Inés de la Cruz reflexiona ante un cuadro suyo. La poetisa señala la inútil pretensión del pintor de vencer con los colores la temporalidad de la existencia humana. Sobre las pretensiones del arte se impone la realidad.

Soneto

ॐ

Este que ves, engaño colorido,[1]
que del arte ostentando[2] los primores,[3]
con falsos silogismos[4] de colores
es cauteloso[5] engaño del sentido;[6]

éste, en quien la lisonja[7] ha pretendido
excusar de los años los horrores,
y venciendo del tiempo los rigores[8]
triunfar de la vejez y del olvido,

es vano artificio del cuidado,
es una flor al viento delicada,
es un resguardo[9] inútil para el hado:[10]

es necia diligencia errada,[11]
es un afán caduco[12] y, bien mirado,
es cadáver, es polvo, es sombra, es nada.

DESPUÉS DE LEER

1. ¿A qué se refiere la frase "engaño colorido"?

2. Explique cómo un cuadro puede "excusar de los años los horrores".

3. ¿Cómo está visto lo temporal en el poema?

4. Analice este soneto desde una perspectiva barroca.

---

[1]**engaño colorido** colored deception   [2]**ostentando** showing off, flaunting   [3]**los primores** beauty   [4]**silogismos** syllogism (a deductive scheme of a formal argument consisting of a major and a minor premise and a conclusion)   [5]**cauteloso** cautious   [6]**del sentido** of the senses   [7]**lisonja** flattery   [8]**venciendo del tiempo los rigores** conquering the rigor of time   [9]**resguardo** protection   [10]**hado** fate   [11]**necia diligencia errada** foolish mistaken measure   [12]**afán caduco** transitory desire

ALGUNOS ESTUDIOS DE INTERÉS

Arenal, Electa. "The Convent as Catalyst for Autonomy: Two Hispanic Nuns of the Seventeenth Century". Beth Miller, ed. *Women in Hispanic Literature: Icons and Fallen Idols*. Berkeley: University of California Press, 1983.

Barlett, Elizabeth. "The First Woman Poet in the New World". *New Orleans Review* 8:1 (1981): 95–97.

Chang-Rodríguez, Raquel. "A propósito de Sor Juana y sus admiradores novocastellanos". *Revista Iberoamericana* 51:132–133 (1985). 605 619.

Durán, Manuel. "El drama intelectual de Sor Juana y el anti-intelectualismo hispánico". *Cuadernos Americanos* 129:4 (1963): 238–253.

Flynn, Gerrad. *Sor Juana de la Cruz*. New York: Twayne, 1971.

Johnson, Julie G. *Women in Colonial Spanish American Literature. Literary Images*. Westport, Connecticut: Greenwood, 1983.

Paz, Octavio. *Sor Juana Inés de la Cruz o Las trampas de la fe*. México, D.F.: Fondo de Cultura Económica, 1983.

Neghme Echeverría, Lidia. "La máscara y la interdiscursividad en un soneto de Sor Juana Inés de la Cruz". *Alba de América* 11·20–21 (1993): 351–571.

Rivers, Elias L. "Introduction", *Renaissance and Baroque Poetry of Spain*. Prospect Heights, Illinois: Waveland Press, 1988.

Alonso Carrió de la Vandera

(1715, Gijón, España–¿1778?)

Alonso Carrió de la Vandera publicó *El lazarillo de ciegos caminantes desde Buenos Aires hasta Lima* en 1775. El libro está basado en las observaciones del autor en sus diecinueve meses de viaje de Buenos Aires a Lima (1771–1773) en su condición de Visitador y Superintendente de Correos. Lo acompañó en el recorrido, en calidad de amanuense, Calixto Bustamante Carlos Inca, alias Concolorcorvo, y a quien se le ha atribuido el libro por aparecer su nombre en la portada de la primera edición. *El lazarillo de ciegos caminantes...* fue impreso clandestinamente en Lima en 1773 y aparece como publicado en 1775 en Gijón, España. Concolorcorvo, indígena o mestizo peruano, se presenta en el libro como simple redactor de unas memorias escritas previamente por Alonso Carrió de la Vandera.

Mucho se ha discutido por los estudiosos de la literatura peruana sobre el verdadero autor del libro. Quienes sostienen que el autor es Carrió de la Vandera alegan que éste se sirvió del engaño de poner como autor a un indígena para poder criticar mejor las irregularidades que observaba cometidas por funcionarios españoles, más atentos al lucro personal que al mejor servicio de la Corona española y de la gente común.

El lazarillo de ciegos caminantes... es un libro de interés por su valor informativo. A través de sus páginas se conoce la vida colonial de la América del Sur en el siglo XVIII. Carrió de la Vandera presenta en su obra los diferentes tipos humanos que encontró en su largo viaje así como las costumbres y modos de vestir de los distintos pueblos, los medios de transporte, las dificultades de los caminos, los salarios y sistemas de producción e inversiones que observó entre Buenos Aires y Lima. El autor de *El lazarillo de ciegos caminantes...* muestra en su redacción desprecio por las mujeres y por los diferentes grupos étnicos que conoció en el Nuevo Mundo. Sin embargo, enaltece todo lo español.

El interés que ha suscitado *El lazarillo de ciegos caminantes...* se debe a los vínculos del libro con el estilo de la novela picaresca, la diversidad de temas que se integran en él y la autoría. El libro está escrito desde la perspectiva de distintas voces narrativas, la de Carrió y la de Bustamante. El autor de esta obra escribió además *Plan de gobierno del Perú* (1782).

AL LEER CONSIDERE LO SIGUIENTE:

AL LEER CONSIDERE LO SIGUIENTE:

—la relación entre Concolorcorvo y Carrió de la Vandera
—la técnica narrativa
—las descripciones de las ciudades coloniales de Lima, Cuzco y México
—las descripciones de los habitantes de las ciudades y modos de vestir
—la parcialidad del autor

En este fragmento de *El lazarillo de ciegos caminantes*... el autor nos brinda una visión de las ciudades coloniales del Cuzco, Lima y México. El autor describe a sus habitantes, su comportamiento, vestido, educación y los males que padecen.

El lazarillo de ciegos caminantes desde Buenos Aires hasta Lima

Breve comparación entre las ciudades de Lima y el Cuzco. Particularidades características. Limeños y mexicanos. El traje de la limeña. Causas de la vitalidad. Cosas singulares. Camas nupciales, cunas y ajuares.[1]

꒰

Pretendí hacer una descripción de Lima, pero el visitador[2] me dijo que era una empresa[3] que no habían podido conseguir muchos hombres gigantes, y que sería cosa irrisible[4] que un pigmeo la emprendiese.[5] «Pero, señor visitador, ¿es posible que yo he de concluir un itinerario tan circunstanciado sin decir algo de Lima?» «Sí, señor inca, porque a usted no le toca ni le tañe esta gran ciudad, porque en ella se da fin a mi comisión. Los señores don Jorge Juan — añadió —, don Antonio de Ulloa[6] y el cosmógrafo mayor del reino, doctor don Cosme Bueno, escribieron con plumas de cisne[7] todo lo más particular que hay en esta capital, a que no puede usted añadir nada sustancial con la suya, que es de ganso.» «Sin embargo — repliqué —, sírvase usted decirme qué diferencia hay de esta gran ciudad a la de mi nacimiento.» «Supongo yo, señor inca — me respondió —, que usted está apasionado por el Cuzco, su patria, y quisiera que dijera yo que excedía en todas sus circunstancias a la de Lima, pero está usted muy errado,[8] porque dejando a parte la situación y ejidos,[9] debía usted observar

---

[1]**ajuares** furnishings   [2]**visitador** inspector   [3]**empresa** enterprise   [4]**irrisible** laughable   [5]**la emprendiese** would undertake it   [6]**don Jorge Juan, don Antonio de Ulloa** the Spaniards don Jorge Juan Santacilia (1713–1773) and Antonio de Ulloa (1716–1795) participated in the scientific expedition to South America led by Charles de La Condamine (1701–1774)   [7]**plumas de cisne** swan's feathers   [8]**errado** wrong   [9]**ejidos** communal land

que en esta gran capital se mantiene un virrey con grandeza y una asignación por el rey que equivale a todas las rentas[10] que tienen los mayorazgos[11] del Cuzco. Tiene, asimismo, tres guardias costeadas[12] por el rey, de caballería[13] bien montada y pagada; infantería y alabarderos,[14] que no sirven solamente a la ostentación y grandeza, sino al resguardo[15] de la persona y quietud de esta gran población, a que se agrega una audiencia[16] completa, tribunales de contaduría[17] mayor, real inquisición, universidad, teatro de comedias y paseos públicos inmediatos a la ciudad, que no tiene la del Cuzco ni otra alguna del reino.

Ésta mantiene doscientos cincuenta coches y más de mil calesas,[18] que sólo se distinguen en que tienen dos ruedas y las arrastra una mula y estar más sujeta a un vuelco.[19] Nada de esto hay en su gran ciudad. En materia de trajes, tan loca es la una como la otra, con la diferencia de gustos y extensión de familias y comercio, en que excede Lima al Cuzco más que en tercio y quinto. En esta ciudad hay muchos títulos de marqueses y condes, y mucho mayor número de caballeros cruzados[20] en las órdenes de Santiago y Calatrava, que, a excepción de uno u otro, tienen suficientes rentas para mantenerse con esplendor, a que se agregan muchos mayorazgos y caballeros que se mantienen de sus haciendas y otras negociaciones decentes para vivir y dar lustre a la ciudad. No dudo que en la de su nacimiento como en las otras de este vasto virreinato haya familias ilustres, pero el número de todas ellas no compone el de esta capital, en donde se hace poco juicio de los conquistadores, pues aunque no faltaron algunos de esclarecidas[21] familias, se aumentaron éstas cuando se afirmó la conquista.

Con la elección de tribunales y otros empleos honoríficos, pasaron de España a esta capital muchos segundos[22] de casas ilustres, unos casados y otros que tomaron estado aquí, y hasta muchos de los que fueron provistos para las provincias del interior vinieron a establecerse aquí, como sucedió en todas las cortes del mundo. Muchos sujetos que vinieron de España sólo con el fin de hacer fortuna, han tenido su nobleza oculta hasta que la consiguieron y pudieron mantener su lustre en un lugar tan costoso y en que está demasiadamente establecido el lujo. En el Cuzco y demás ciudades de la sierra y parte de los valles sólo es costoso el vestido y un menaje[23] de casa que dura con lucimiento algunos siglos. La señora más principal del Cuzco mantiene cinco o seis criadas, que la sirven puntualmente y en que apenas gasta en vestirlas tanto como aquí a una negra de mediana estimación. En esta ciudad, sin tocar a las haciendas, hay un fondo perdido de millón y medio de pesos, porque no hay esclavo, uno con otro, que ahorre al amo el gasto que hace con él. Las enfermedades, verdaderas o fingidas, no solamente son costosas a los amos, por medicamentos, médico o cirujano, sino por su asistencia y falta de servicio. Cada negrito que nace en una casa de éstas tiene de costo al amo más de setecientos pesos hasta llegar a ponerse en estado de ser

---

[10]**rentas** income   [11]**mayorazgos** heir to an entitled state inherited by primogeniture   [12]**costeadas** paid by   [13]**caballería** cavalry   [14]**alabarderos** halberdiers (soldiers)   [15]**resguardo** protection   [16]**audiencia** court   [17]**contaduría** bookkeeping   [18]**calesas** calash, light carriage with low wheels   [19]**vuelco** overturn   [20]**caballeros cruzados** knights   [21]**esclarecidas** illustrious   [22]**segundos** second-born   [23]**menaje** household furniture and wares

de provecho.[24] Este mal no tiene remedio cuando estos partos[25] son de legítimo matrimonio, pero pudieran remediarse en parte reduciendo los sirvientes a menor número, como sucede en todo el mundo.

La multitud de criados confunde las casas, atrae cuidados, entorpece[26] el servicio y es causa de que los hijos se apoltronen[27] y apenas acierten[28] a vestirse en la edad de doce años, con otros inconvenientes que omito. El actual establecimiento, con el de los costosos trajes que se introducen desde la cuna con la demasiada condescendencia que tienen algunas madres, son dos manantiales[29] o sangrías[30] que debilitan insensiblemente los caudales.[31]

No dudo, señor Concolorcorvo, que usted, como no ha visto más que las casas por fuera y los techos o, por mejor decir, terrados,[32] creerá que la en que yo habito es la mejor de la ciudad porque tiene las armas de gato sobre la puerta principal y hasta tres o cuatro piezas de bastante extensión. Esta casa, en el estado actual, la debe reputar[33] usted por una de las que están en cuarto lugar; esto es, que hay otras muchas tres veces mejores. Los señores limeños no tienen la fantasía de adornar sus portadas con relieves[34] y grandes escudos de armas que hermosean las grandes ciudades. Los tejados[35] aquí son inútiles por la falta de lluvias, que en la realidad se pueden contar por notable falta para el despejo[36] de su cielo y limpieza de sus calles, pues aunque las atraviesan multitud de acequias,[37] no corren por ellas aguas puras, porque siendo de poca profundidad y el agua escasa, sólo se mantienen en ellas las aguas mayores y menores, con perjuicio de la salud y ruina de los edificios, como es público y notorio. El gran palacio del virrey, mirado por su frontispicio,[38] parece una casa de ayuntamiento de las que hay en las dos Castillas, pero su interior manifiesta la grandeza de la persona que la habita. Lo mismo sucede en otras casas de señores distinguidos, que usted verá con el tiempo. [...]

Protesto a usted, señor inca, que ha cerca de cuarenta años que estoy observando en ambas Américas las particularidades de los ingenios de los criollos y no encuentro diferencia, comparados en general, con los de la península. El cotejo[39] que hasta el presente se hizo de los criollos de Lima con los que se avecindan[40] aquí de España, es injusto. Aquí raro es el mozo blanco que no se aplique a las letras desde su tierna edad, siendo muy raro el que viene de España con una escasa tintura,[41] a excepción de los empleados, para las letras. Bien notorio es que no siempre se eligen los más sobresalientes,[42] porque además de que a éstos, fiados[43] en sus méritos, no les puede faltar allá acomodo,[44] no quieren arriesgar sus vidas en una dilatada[45] navegación y mudanza de temperamentos, o no tienen protectores para colocarse aquí a su satisfacción. Si se mudara el teatro, esto es, que se proveyesen en Lima todos los empleos, se vería claramente que había en la penín-

---

[24]**de provecho** useful   [25]**partos** deliveries   [26]**entorpece** hinders   [27]**se apoltronen** become lazy   [28]**apenas acierten** barely manage   [29]**manantiales** springs   [30]**sangría** a drain (of capital)   [31]**caudales** fortunes, wealth   [32]**terrados** roof terraces   [33]**la debe reputar** should consider it   [34]**relieves** embossing, relief   [35]**tejados** tile roofs   [36]**despejo** clearing   [37]**acequias** irrigation ditches   [38]**frontispicio** ornamental front   [39]**cotejo** comparison   [40]**que se avecindan** who take up residence   [41]**tintura** some knowledge   [42]**sobresalientes** outstanding   [43]**fiados** confident   [44]**acomodo** a position   [45]**dilatada** long

sula tantos sabios a proporción, y cualquiera ciudad de las de España comparable a ésta la igualaba en ingenios, juicio y literatura, sin traer a consideración a varios monstruos de aquéllos, tan raros que apenas en un siglo se ven dos, como el gran Peralta, limeño bien conocido en toda la Europa, a quien celebró tanto la más hermosa y crítica pluma que produjo Galicia en el presente siglo.[46] [...]

Los mexicanos, sin mudar de traje se distinguen de éstos como las mujeres de los hombres. Son, por lo general, de complexión muy delicada. Raro se encuentra con su dentadura cabal[47] a los quince años, y casi todos traen un pañuelo blanco, que les tapa la boca, de oreja a oreja. Unos por preservarse del aire y otros por encubrir sus bocas de tintero,[48] como ellos se dicen unos a otros con gran propiedad, sin que se preserven de esta miseria las damas más pulidas;[49] pero como esta imperfección es tan común, son tan apetecidas[50] de propios y extranjeros como todas las demás del mundo, porque son muy pulidas y tan discretas como las limeñas, aunque éstas las exceden en el acento y tez,[51] que procede de mantener hasta la senectud[52] sus dientes y de la benignidad[53] del aire y temperamento, propio para conservar el cutis más flexible y suave. Las señoras limeñas prefieren en sus rostros el color del jazmín al de rosa, y así son las damas del mundo que usan menos el bermellón.[54]

Las señoras mexicanas desde luego que al presente se despojarán[55] de sus naturales dientes y tendrán un buen surtimiento[56] de marfileños,[57] que ya son del uso, para hacer su acento más suave y sonoro y competir con las limeñas, burlándose de su *tequesquite* y ayudadas de su color rojo, dilatados cabellos, airosa[58] marcha[59] y otras gracias, pueden lucir[60] en las cuatro partes del mundo. Si México se jacta[61] de que en cada casa hay un molino,[62] oponen las limeñas un batán,[63] que sirve lo mismo, a excepción de que no se muele en éstos el cacao. Si en cada casa de México (no hablo con los pobres ni pobras) hay una jeringa,[64] aquí no faltan dos en cada casa de mediana decencia y probidad,[65] y además tiene una botica[66] de faltriquera[67] para socorro[68] de los males repentinos.[69] Si es cierto lo que dice el formal y serio don José Ruiz de la Cámara que conoció una vieja mexicana que sabía nueve remedios eficaces para curar las almorranas.[70] Aquí la más limitada mujer sabe más remedios que Hipócrates[71] y Galeno[72] juntos para todo género de enfermedades. Esta ciencia la adquieren mexicanas y limeñas por la necesidad que tienen de vivir en sitios enfermizos.» «A mí me parece —le repliqué al visitador— que las señoras limeñas contraen muchas enfermedades

---

[46]**siglo** reference to Fray Jerónimo Feijoo (1675–1764), famous Spanish critic and writer of treatises. Feijoo published his diverse collection of writings under the title *Teatro crítico universal* and *Cartas eruditas*.   [47]**cabal** complete   [48]**tintero** age mark in horse's tooth   [49]**pulidas** polished   [50]**apetecidas** desired   [51]**tez** complexion   [52]**senectud** old age   [53]**benignidad** kindness   [54]**bermellón** vermilion   [55]**se despojarán** will get rid of   [56]**surtimiento** supply   [57]**marfileños** ivory   [58]**airosa** graceful, elegant   [59]**marcha** walk   [60]**lucir** to show off   [61]**se jacta** prides itself   [62]**molino** mill   [63]**batán** fulling mill   [64]**jeringa** syringe   [65]**probidad** integrity   [66]**botica** drugstore   [67]**faltriquera** small pocket   [68]**socorro** assistance   [69]**repentinos** sudden   [70]**almorranas** hemorrhoids   [71]**Hipócrates** Hippocrates (ca. 460–ca. 377 B.C.), Greek physician considered to be the father of medicine   [72]**Galeno** Galen (A.D. 129–ca. 199), Greek physician and writer

por el poco abrigo[73] de sus pies y precisas humedades que perciben por ellos.» «Está usted engañado, señor Concolorcorvo —me respondió el visitador—. Las indias y demás gentes plebeyas andan descalzas,[74] como en otras muchas partes del mundo la gente pobre, y no por esto contraen enfermedades. Las señoritas no son de distinta naturaleza. Se crían con este calzado[75] débil, y desde muy tierna edad se visten a media porta, como cortinas imperiales, y del mismo modo se abrigan que las que están acostumbradas a manto[76] capitular u opa de colegial. Sin embargo, sus zapatos tienen dos inconvenientes, o por mejor decir, tres. El primero es dar una figura extraordinaria a sus pies, que por ser de uso patrio[77] se les puede disimular. El segundo es lo costoso de estos zapatos, por su corta duración y exquisitos bordados,[78] y el tercero, por el polvo que recogen y se introduce por los grandes corredores, balcones y ventanas que abren en ellos para la evaporación de sus encarcelados.

Las mexicanas se calzan[79] y visten al uso de la Europa, según me han dicho, porque en mi tiempo usaban un traje mestizo que de medio cuerpo arriba imitaba en algo al de las indias en los güipiles[80] y quesquémeles,[81] tobagillas de verano y mantones de invierno, que corresponden aquí a los cotones[82] de nueva invención entre las señoritas, voladores[83] de verano y mantillas de bayeta frisada[84] en tiempo de invierno. Para hacer un buen cotejo de limeñas y mexicanas sería preciso hacer un tratado difuso; pero no me puedo desentender de una particular gracia de las mexicanas. Éstas se sirven mejor con pocos criados. Hablan poco con ellos, y muy pasito,[85] y en los concursos, *Loquantur arcana per digitos,* y son las más diestras[86] pantomimas de todo el mundo, pero he reparado que sus mimos no tienen una regla general, porque he visto que algunas criadas que llegaban de nuevo a una casa confesaban que no entendían todavía las señas de sus amas porque variaban de las antecedentes».

«Asombrado estoy —le dije al visitador— de la habilidad y sutileza de las damas de México, que logran explicarse y ser entendidas por medio de los mimos. Confieso que no había oído semejante término desde que nací, y ahora, por lo que usted lleva dicho, vengo en conocimiento que esta voz corresponde a aquellos movimientos de rostro y manos con que se explican los recién nacidos y los mudos, a quienes entienden los que se hacen a tratar con ellos, y es lástima que las señoras limeñas no introduzcan este idioma, para libertarse de gritar tanto en sus casas». «Las limeñas, señor inca, son tan hábiles como las mexicanas, y unas y otras tanto como todas las demás del mundo; pero éstas son servidas de la gente más soez[87] que tiene el género humano, y en particular, por lo que toca a los varones. Los criados, en todo el mundo estudian el mejor modo de servir, y aquí, la mayor destreza[88] es estudiar en servir poco y mal. La señora más pru-

---

[73]**poco abrigo** lack of protection [74]**descalzas** barefooted [75]**calzado** shoe [76]**manto** cloak [77]**patrio** native [78]**bordados** embroideries [79]**se calzan** wear shoes [80]**güipiles** sleeveless blouses used by indigenous women in regions of Mexico and Guatemala [81]**quesquémeles** typical Mexican cloth of triangular shape used to cover the shoulders [82]**cotones** vests [83]**voladores** gathered material used to adorn women's clothing [84]**bayeta frisada** frizzed flannel [85]**pasito** gently [86]**diestras** clever [87]**soez** rude [88]**destreza** skill

dente y sufrida se impacienta todos los días tres o cuatro veces, aun criándose desde la cuna entre esta gente, que, además de ser grosera por naturaleza, la envilece[89] la forzada servidumbre, mal casi irremediable, si no se toma el arbitrio[90] de negar los muchos socorros que se hacen a españolas y mestizas por una caridad desordenada. Bien sé que las personas de juicio serán de mi dictamen, y que, con poca reflexión que hicieran los petimetres, adoptarían mi pensamiento y no mantendrían un número considerable de hipócritas y holgazanas sin más título que tener la cara blanca. Ya va dilatada la digresión y es tiempo de volver a nuestro discurso.

La juventud mexicana es tan aplicada a las letras desde su tierna edad que excede en mucho a la de Lima. Luego que aprenden a escribir mal y a traducir el latín peor, la ponen en los muchos colegios que hay, para que se ejerciten en la ciencia del *ergo*. Todos los colegios de México asisten de mañana y tarde a la universidad, y es gusto ver a aquellos colegiales, que van en dos filas, disputar por las calles, y a otros repasar sus lecciones. En la universidad se convidan los chiquitos para resumir los silogismos. En los colegios no se ve otro entretenimiento que el del estudio y disputa, y hasta en las puertas de las asesorías[91] y en las barberías no se oye otra cosa que el *concedo majorem, nego minorem, distingo consequens* y *contra ita argumentor,* con todas las demás jergas[92] de que usan los lógicos, de suerte que no hay barrio de toda aquella gran ciudad en donde no se oiga este ruido, a pesar del que hacen los muchos coches y pregoneros[93] de almanaques, novenas y otros impresos, como asimismo de los que venden dulces y otras golosinas.

De este continuo estudio se aumentan las reumas[94] y fluxiones,[95] más comunes entre la gente que se dedica al estudio y meditación nocturna, y por estas razones los sujetos más aplicados se imposibilitan de continuar estas fuertes tareas desde la edad de cincuenta años en adelante, y menos escribir asuntos de mucha importancia. Ellos mismos han publicado y publican esto, diciendo que sus cabezas están voladas.[96] Cualquiera se lo cree al ver sus aspectos pálidos y descarnados[97] y sus bocas desiertas de dientes y muelas; así sólo hacen composiciones que no necesitan mucha incubación, como un sermón o la descripción de unas fiestas, con sus poesías muy chistosas y pinturas que alegran su imaginación. Éste, señor inca, ha sido el principio para atribuir a los españoles americanos una debilidad de juicio que ni aun existe en los criollos de México de vida poltrona[98] y valetudinaria.[99] Yo comuniqué a muchos de éstos en México y los hallé de un juicio muy cabal y muy chistosos en sus conversaciones, y al mismo tiempo advertí que aquella gran población tenía muchos abogados y médicos de trabajo continuo, y la mayor parte criollos de aquella gran ciudad. Por lo menos los abogados necesitan registrar libros, leer procesos, dictar pedimentos[100] y hacer defensas en los reales estrados.[101] Para todo esto necesitan fatigar el discurso, como

---

[89]**la envilece** debase them   [90]**arbitrio** wishes   [91]**asesorías** consulting offices   [92]**jergas** jargon   [93]**pregoneros** street vendors   [94]**reumas** rheumatism   [95]**fluxiones** congestion   [96]**estar voladas** absent-minded   [97]**descarnados** scrawny   [98]**poltrona** lazy   [99]**valetudinaria** valetudinarian (of ill health)   [100]**pedimentos** petitions   [101]**estrados** court rooms

asimismo los médicos, que són los hombres más contemplativos, o a lo menos deben serlo, por lo mismo que son señores de horca y cuchillo. De todo lo dicho se infiere que una parte considerable de los criollos de México conserva la suficiente robustez y fortaleza del cerebro para el estudio y meditaciones».

«Esto supuesto, señor don Alonso —le repliqué—, ¿qué principios tuvo la opinión de que los españoles americanos perdían el juicio a los cincuenta o sesenta años?» «A qué —me respondió— que el mismo que tuvo el gran Quevedo[102] para escribir la siguiente copla:[103]

> *Deseado he desde niño,*
> *y antes, si puede ser antes,*
> *ver un médico sin guantes,*
> *un abogado lampiño,*
> *un poeta con aliño*
> *y un criollo liberal,*
> *y no lo digo por mal.*

No por bien —dijo el visitador—, porque en la América, contrayéndome a la sátira contra los criollos, no solamente son liberales, sino pródigos. Es cierto que los peruleros[104] son los más económicos de todos los americanos, y aun con todo eso han disipado crecidos caudales en corto tiempo, no solamente en su país, sino en España y otras partes de la Europa, como es notorio.

Nadie ignora el fin de las generosidades de la juventud. Los hombres de juicio que se mantienen honestamente son tenidos en todo el mundo por avaros y hombres que se afanan[105] por atesorar.[106] Por lo general, éstos, señor inca, no son aquellos avaros de que habla el evangelio, sino unos hombres muy benéficos al Estado. Estos son los que remedian[107] doncellas,[108] socorren[109] viudas y pobres de obligaciones y que sostienen los hospitales. Los generosos, a quien celebra el mundo, no son más que unos disipadores de lo que produce, y, por lo regular, de la industria ajena. Toda su generosidad se reduce a aumentar su tren y a consumirse en cosas vanas, dejando a su familia y descendientes un patrimonio de viento.

Pero, volviendo a nuestro asunto, pregunto yo: ¿Qué agravio se hace a los españoles americanos con decirles que así como se adelanta en ellos el juicio, se desvanecía a los sesenta años de edad, o a los cincuenta, como aseguraron algunos? El señor Feijoo niega que se adelante el juicio, pero concede que se adelanta en la aplicación, que es lo mismo. Asienta que se gradúan muchos criollos de doctores, en ambos derechos, a la edad de veinte años. Antes de graduarse es natural que hayan sido maestros en las facultades que estudiaron, como es común en América, sin ser catedráticos.[110] Es natural que los treinta años restantes se

---

102**Quevedo** Francisco Quevedo y Villegas (1560 1645), Spanish writer of the Golden Age period known for his poetry and prose work. Quevedo authored *Historia de la vida del Buscón llamado don Pablos*, a picaresque novel.   103**copla** stanza   104**peruleros** Spaniards returning to Spain from Peru with a fortune   105**se afanan** strive   106**atesorar** to hoard   107**remedian** help   108**doncellas** damsels   109**socorren** assist   110**catedráticos** professors

ocupen en la enseñanza pública y progresos de sus estudios. Si los españoles europeos, y lo mismo digo de las demás naciones, dan principio a los estudios mayores desde la edad de veinte años, en que los americanos ya están graduados, o capaces de graduarse de doctores, es natural que aquéllos por su más lento estudio no se puedan graduar hasta la edad de treinta y cinco, hablando de los ingenios comunes, y tampoco puedan servir al orbe[111] literario arriba de veinticinco años, como los criollos treinta, porque de sesenta años en adelante son muy pocos los que se dedican a la enseñanza pública, o porque causa mucha molestia o porque están ocupados en el ministerio secular y eclesiástico. Si los americanos saben tanto a la edad de cincuenta años como los europeos a los sesenta, y fueron tan útiles por su doctrina y escritos, deben ser más aplaudidos, así como aquel operario que con igual perfección hace una estatua en un día, como otro en dos. Lo cierto es que hay países en que se conserva más que en otras partes la robustez[112] del cerebro, y así entre Lima y México hay una gran diferencia. En México, la sequedad y sutilidad de los aires, y otros influjos, destemplan[113] el cerebro y causan insomnios. Al contrario sucede en Lima, porque sus aires espesos y húmedos fortalecen los cerebros, conciliando el sueño, con que dejan las potencias ágiles para continuar la tarea de meditación. Los mexicanos no pueden dejar de debilitarse mucho con los frecuentes baños de agua caliente.

¿Tiene usted otra cosa que preguntar, señor inca?» «Pregunto primeramente —le dije— si usted tiene por escandaloso el traje de las mujeres de Lima y demás de este reino del Perú». «Es usted —me dijo— un pobre diablo de los muchos que hay en este reino y en otras partes del mundo. Los trajes patrios y de uso común no son escandalosos. Los retratos de las grandes princesas católicas nos dan una idea de las costumbres de los países. Estas grandes señoras son el modelo de la honestidad, y sin embargo descubren sus brazos hasta el codo, y su garganta y pecho hasta manifestar el principio en que se deposita nuestro primer alimento. El ajuste[114] de su cintura para arriba lo permite así en los trajes que llaman de corte, porque para los días ordinarios, en que no necesitan lucir sobre su pecho los costosos collares, usan pañuelos de finísimas gasas que tapan el escotado.[115] Este mismo orden, y aún con más rigor, sigue la grandeza y, a su imitación, es pueblo honesto. Las que se exceden en este ceremonial son reputadas por deshonestas y escandalosas y vituperadas[116] de la gente de juicio. De medio cuerpo abajo, las señoras europeas se visten hasta el tobillo, y solamente las públicas danzarinas visten a media pierna, para manifestar la destreza de sus cabriolas,[117] pero tienen la precaución de ponerse calzones[118] de raso liso negro, para no escandalizar al público.

Las señoras limeñas y demás que residen desde Piura[119] a Potosí,[120] y lo mismo digo de la gente plebeya, a excepción de las indias y negras bozales,[121] siguen opuesto orden a las europeas, mexicanas y porteñas;[122] quiero decir, que así

---

[111]**orbe** world   [112]**robustez** strength   [113]**destemplan** unsettles   [114]**ajuste** tightness   [115]**escotado** low-cut dress   [116]**vituperadas** censured   [117]**cabriolas** jumps   [118]**calzones** underpants   [119]**Piura** city in Peru   [120]**Potosí** city in Bolivia   [121]**bozales** pure   [122]**porteñas** women from Buenos Aires

como éstas fundan su lucimiento mayor desde el cuello hasta el pecho, y adorno de sus brazos y pulseras, las limeñas ocultan este esplendor con un velo nada transparente en tiempo de calores, y en el de fríos se tapan hasta la cintura con doble embozo,[123] que en la realidad es muy extravagante. Toda su bizarría la fundan en los bajos, desde la liga a la planta del pie. Nada se sabe con certeza del origen de este traje, pero yo creo que quisieron imitar las pinturas que se hacen de los ángeles. Las señoras más formales y honestas en este país descubren la mitad de la caña[124] de su pierna. Las bizarras[125] o chamberíes[126] toman una andana[127] de rizos[128] hasta descubrir el principio de la pantorrilla,[129] y las que el público tiene por escandalosas, y que en realidad lo son, porque este concepto es suficiente, elevan sus faldellines[130] a media porta, como cortinas imperiales. Éstas tratan a las señoras de juicio como a señoras de antaño,[131] y a las jóvenes que las imitan, como a opas.[132] Aquéllas son celebradas de la gente sin juicio, y a éstas las aplauden las personas de honor y talento, y mucho más los hombres y mujeres de virtud.

«¿Hay más preguntas, señor Inca?» «Sí, señor – le respondí—, y no acabaría hasta el día del juicio si Dios nos diera a usted y a mí tanta vida como a Elías y Enoc.[133] Pregunto lo segundo: Si en México y Lima, que usted reputa por las dos cortes más enfermizas del imperio español americano, viven sus habitantes tanto como en los demás países de sus dominios». «Digo que sí». «¿Y en qué consiste?» —le repliqué yo—. «A que —me respondió— que la misma destemplanza[134] de los países obligaba a sus habitantes a hacerlos más cautos en sus alimentos. De México tengo poca práctica, pues aunque estuve en aquel dilatado imperio diez años, y de residencia en México más de cinco, no hice reflexión, porque no la tenía, para un asunto de tanta seriedad; pero tengo presente haber comunicado muchos viejos de ambos sexos de setenta años y de mucho juicio. Llegué a Lima el de 1746, con treinta años cumplidos, y aunque en los primeros cuatro me ocupé en ideas generales y en aquellas fantasías en que se ejercitan los mozos hasta esa edad, reconocí después que en Lima hay tantos viejos, y acaso más que en otros países, que se reputan por sanos.

(Capítulo XXVI)

---

[123]**embozo** fold of a cape   [124]**caña** shinbone   [125]**bizarras** daring ones   [126]**chamberíes** refers to women who act like those from Chamberí, a neighborhood north of Madrid   [127]**andana** a row   [128]**rizos** creases   [129]**pantorrilla** calf (of leg)   [130]**faldellines** skirts   [131]**antaño** former times   [132]**opas** idiotic women   [133]**Elías, Enoc** biblical figures   [134]**destemplanza** severity, inclemency

DESPUÉS DE LEER

1. ¿Qué voces escuchamos en el relato?

2. ¿De dónde es el inca? Según Alonso Carrió de la Vandera, ¿puede el inca Concolorcorvo describir la ciudad de Lima? ¿Quién la describe?

3. ¿Quiénes y cómo son los habitantes que habitan Lima? ¿Cómo es la vida de los limeños?

4. ¿Qué comparaciones hace el narrador entre Lima y Cuzco? ¿Entre Lima y México? ¿Y entre los habitantes de estas ciudades?

5. ¿Cómo está descrita la forma de vestir de las mujeres de esas ciudades?

6. ¿Qué nos dice el narrador de la educación de los criollos que viven en esas ciudades?

7. Según el narrador, ¿cómo es la salud de los limeños y los mexicanos? ¿Por qué?

8. ¿Cuál diría usted que es la actitud del narrador hacia los indígenas y los negros?

9. ¿Cree usted que el narrador del relato es parcial o imparcial? Explique.

ALGUNOS ESTUDIOS DE INTERÉS

Bataillon, Marcel. "Introducción a Concolorcorvo y su itinerario de Buenos Aires a Lima". *Cuadernos Americanos* 111 (1960): 197–216.

Carilla, Emilio. *El libro de los "Misterios". El lazarillo de ciegos caminantes*. Madrid, España: Gredos, 1976.

Fernández Insuela, Antonio. "Un dato sobre un enigma del *Lazarillo de ciegos caminantes*". *Bulletin Hispanique* 92:2 (1990): 847–56.

Johnson, Julie G. "Feminine Satire in Concolorcorvo's *El lazarillo de ciegos caminantes*". *South Atlantic Bulletin* 45 (1960): 11–20.

Meléndez, Mariselle. "Entre historia y creación: El viaje como creación de espacios discursivos en *El lazarillo de ciegos caminantes*". *SECOLAS* 24 (1993): 69–76.

Pupo-Walker, Enrique. *La vocación literaria del pensamiento histórico en América. Desarrollo de la prosa de ficción siglos XVI, XVII, XVIII y XIX*. Madrid, España: Gredos, 1982.

Rodrigo, Enrique. "Carrió de la Vandera y Feijoo: El papel de la historia en el exordio de *El lazarillo de ciegos caminantes*". *Boletín del Real Instituto de Estudios Asturianos* 47: 141 (1993): 259–68.

Woodbridge, Hensley C. "Recent Studies on Alonso Carrió de la Vandera: A Bibliographical Essay". *Dieciocho* 13: 1–2 (1990): 50–57.

José Joaquín Fernández de Lizardi

(1776–1827, Ciudad de México)

José Joaquín Fernández de Lizardi, más conocido como El Pensador Mexicano, escribió bajo la influencia de las ideas de la Ilustración francesa. Fue neoclásico en literatura y liberal en su pensamiento económico, político y religioso. El liberalismo como doctrina política se extendió en España a partir de las Cortes de Cádiz (1812) y proliferó en las colonias españolas de América. Los escritores liberales negaban el poder absoluto del Estado sobre el individuo así como la intervención de la Iglesia en los asuntos públicos y en la dirección de la familia y la sociedad. Con sus escritos, los liberales sentaron las bases para la independencia de las colonias españolas.

Fernández de Lizardi se destacó como periodista y novelista. Como periodista trajo a la consideración del público los problemas y temas de su época. Propugnó reformas sociales, criticó la institución de la esclavitud, reprobó el sistema de educación del país, propuso métodos de enseñanza modernos basados en la experimentación, censuró el atraso económico y culpó a la Iglesia por la ignorancia del pueblo. Como novelista tiene el mérito de haber incorporado el lenguaje popular de su tiempo a la novela mexicana, de la que es el gran iniciador.

A Fernández de Lizardi se le llama El Pensador Mexicano por el periódico que fundó con ese nombre cuando las Cortes de Cádiz proclamaron la libertad de expresión y de prensa en 1812. Dicho periódico fue clausurado por el gobierno dos años después de su apertura al volver al país la censura de prensa. Fue entonces que Fernández de Lizardi encontró en la novela una nueva forma de expresión y un vehículo para la difusión de sus ideas. Con su primera novela, *El Periquillo Sarniento*, escrita por entregas en 1816 comienza la novela mexicana. La publicación del cuarto volumen no apareció sino hasta después de su muerte al ser prohibida su publicación por tratar el tema de la esclavitud. *El Periquillo Sarniento* es una novela realista que recoge las costumbres de la sociedad mexicana de su tiempo. En la obra se aprecian rasgos de la novela picaresca española del siglo XVII al ser narrada en primera persona por un protagonista que relata distintas aventuras y sucesos de su vida y sus experiencias al desenvolverse en distintos ambientes. La novela de Fernández de Lizardi se asemeja más a las novelas del francés Lesage (1668–1747), autor de *Gil Blas de Santillane* (1715–1735) y a la del Padre Isla (1703–1781), autor de *Fray Gerundio de Campazas* (1758), que a las de Quevedo. Periquillo es hombre de carácter débil que se redime. Debe destacarse que Fernández de Lizardi, como neoclásico, creía en la función didáctica y moralizadora de la literatura. Otras novelas suyas son: *Noches lúgubres* (1818), *La Quijotita y su prima* (1819) y *Don Catrín de la Fachenda* (1823). Es autor además de fábulas y piezas teatrales.

—la importancia de la voz narrativa
—la estructura episódica del relato
—el uso del lenguaje popular
—los elementos picarescos
—el sentido del humor

En la novela *El Periquillo Sarniento* Fernández de Lizardi presenta diversos personajes de la sociedad mexicana además de las instituciones en las cuales éstos se desenvuelven. Periquillo, el narrador, siempre observa el mundo del que forma parte con buen humor y calor humano, donde no están ausentes ni la sátira ni la provechosa reflexión. En la selección que sigue, Periquillo nos narra sus aventuras con el doctor Purgante y su viaje a Tula.

El Periquillo[1] Sarniento

*En el que refiere Periquillo cómo se acomodó con el doctor Purgante;
lo que aprendió a su lado; el robo que le hizo; su fuga, y las aventuras que
le pasaron en Tula, donde se fingió médico*

inguno diga quién es, que sus obras lo dirán." Este proloquio es tan antiguo como cierto; todo el mundo está convencido de su infalibilidad; y así ¿qué tengo yo que ponderar mis malos procederes[2] cuando con referirlos se ponderan? Lo que apeteciera,[3] hijos míos, sería que no leyerais mi vida como quien lee una novela, sino que pararais la consideración más allá de la cáscara[4] de los hechos, advirtiendo los tristes resultados de la holgazanería,[5] inutilidad, inconstancia y demás vicios que me afectaron; haciendo análisis de los extraviados[6] sucesos de mi vida, indagando[7] sus causas, temiendo sus consecuencias y desechando[8] los errores vulgares que veis adoptados por mí y por otros; empapándoos[9] en las sólidas máximas de la sana y cristiana moral que os presentan a la vista mis reflexiones, y en una palabra, descaría que penetrarais en todas sus partes la substancia de la obra; que os divirtierais con lo ridículo; que conocierais el error y el abuso para no imitar el uno ni abrazar el otro, y que donde hallarais algún hecho virtuoso os enamorarais de su dulce fuerza y procurarais imitarlo.

---

[1]**Periquillo** diminutive of Perico, which in turn is a diminutive of Pedro [2]**procederes** conduct [3]**lo que apeteciera** what would please me [4]**cáscara** shell [5]**holgazanería** laziness, idleness [6]**extraviados** astray [7]**indagando** investigating [8]**desechando** discarding [9]**empapándoos** saturated

Esto es deciros, hijos míos, que deseara que de la lectura de mi vida sacarais tres frutos, dos principales y uno accesorio: amor a la virtud, aborrecimiento[10] al vicio y diversión. Ése es mi deseo, y por esto, más que por otra cosa, me tomo la molestia de escribiros mis más escondidos crímenes y defectos; si no lo consiguiere,[11] moriré al menos con el consuelo de que mis intenciones son laudables. Basta de digresiones, que está el papel caro.

Quedamos en que fui a ver al doctor Purgante,[12] y en efecto, lo hallé una tarde después de siesta en su estudio, sentado en una silla poltrona,[13] con un libro delante y la caja de polvos[14] a un lado. Era este sujeto alto, flaco de cara y piernas, y abultado de panza,[15] trigueño y muy cejudo, ojos verdes, nariz de caballete,[16] boca grande y despoblada de dientes, calvo, por cuya razón usaba en la calle peluquín con bucles.[17] Su vestido, cuando lo fui a ver, era una bata hasta los pies, de aquellas que llaman de quimones, llena de flores y ramaje, y un gran birrete[18] muy tieso de almidón[19] y relumbroso[20] de la plancha.

Luego que entré me conoció y me dijo:

—¡Oh, Periquillo, hijo! ¿por qué extraños horizontes has venido a visitar este tugurio?[21]

No me hizo fuerza[22] su estilo, porque ya sabía yo que era muy pedante, y así le iba a relatar mi aventura con intención de mentir en lo que me pareciera; pero el doctor me interrumpió, diciéndome:

—Ya, ya sé la turbulenta catástrofe que te pasó con tu amo, el farmacéutico. En efecto, Perico, tú ibas a despachar en un instante el pacato[23] paciente del lecho al féretro[24] improvisadamente, con el trueque[25] del arsénico por la magnesia. Es cierto que tu mano trémula y atolondrada[26] tuvo mucha parte de la culpa, mas no la tiene menos tu preceptor, el *fármaco*,[27] y todo fue por seguir su capricho. Yo le documenté que todas estas drogas nocivas[28] y *venenáticas*[29] las encubriera bajo una llave bien segura que sólo tuviera el oficial más diestro,[30] y con esta asidua diligencia se evitarían estos equívocos mortales; pero a pesar de mis insinuaciones, no me respondía más sino que eso era particularizarse[31] e ir contra la escuela de los *fármacos,* sin advertir que es propio del sabio mudar de parecer, *sapientis est mutare consilium,*[32] y que la costumbre es otra naturaleza, *consuetudo est altera natura.* Allá se lo haya.[33] Pero dime, ¿qué te has hecho tanto tiempo? Porque si no han fallado las noticias que en alas de la fama han penetrado mis *aurículas,*[34] ya días hace que te lanzaste a la calle de la oficina de Esculapio.[35]

---

[10]**aborrecimiento** loathing   [11]**lo consiguiere** attain it   [12]**Purgante** the name recalls that of Monsieur Purgon in Molière's *Le malade imaginaire*   [13]**silla poltrona** easy chair   [14]**caja de polvos** snuffbox   [15]**abultado de panza** with a big belly   [16]**nariz de caballete** beaked nose   [17]**peluquín con bucles** wig with curls   [18]**birrete** academic cap   [19]**almidón** starch   [20]**relumbroso** shiny   [21]**tugurio** shack   [22]**no me hizo fuerza** had no effect on me   [23]**pacato** quiet   [24]**féretro** coffin   [25]**con el trueque** with the switch   [26]**atolondrada** reckless   [27]*fármaco* refers to druggist   [28]**nocivas** harmful   [29]*venenáticas* poisonous   [30]**diestro** experienced   [31]**particularizarse** being crotchety   [32]*sapientis ...* Lizardi is satirizing physicians who use Latin in their speech even though they do not use it correctly.   [33]**Allá se lo haya** Well, that is his affair   [34]*aurículas* (Latin) ears   [35]**Esculapio** reference to Asclepius, son of Apollo, known in Greek mythology as the god of medicine. Here it implies that Periquillo started out to be a doctor.

—Es verdad, señor, —le dije—, pero no había venido de vergüenza, y me ha pesado porque en estos días he vendido para comer mi capote, chupa[36] y pañuelo.

—¡Qué estulticia![37] —exclamó el doctor—; la *verecundia*[38] es muy buena, *optime bona,* cuando la origina crimen de *cogitatis*; mas no cuando se comete *involuntaria,* pues si en aquel *hic te nunc,* esto es, en aquel acto, supiera el individuo que hacía mal, *absque dubio,*[39] se abstendría de cometerlo. En fin, hijo carísimo, ¿tú quieres quedarte en mi servicio y ser mi *consodal in perpetuum,* para siempre?

—Sí, señor — le respondí.

—Pues bien. En este *domo,* casa, tendrás desde luego, o en primer lugar, *in primis,* el *panem nostrum quotidianum,* el pan de cada día; a más de esto, *aliunde,* lo potable necesario;[40] *tertio,* la cama, *sic vel sic,* según se proporcione; *quarto,* los tegumentos exteriores heterogéneos de tu materia física;[41] *quinto,* asegurada la parte de la higiene que apetecer puedes, pues aquí se tiene mucho cuidado con la dieta y con la observancia de las seis cosas naturales y de las seis no naturales prescritas por los hombres más luminosos de la facultad médica; *sexto,* beberás la ciencia de Apolo[42] *ex ore meo ex visu tuo* y *ex bibliotheca nostra,* de mi boca, de tu vista y de esta librería; por último, *postremo,* contarás cada mes para tus *surrupios* o para *quodcumque velis,* esto es, para tus cigarros o lo que se te antoje, quinientos cuarenta y cuatro maravedís[43] limpios de polvo y paja,[44] siendo tu obligación solamente hacer los mandamientos de la señora mi hermana; observar *modo naturalistarum,* al modo de los naturalistas, cuando estén las aves *gallináceas* para *oviparar* y recoger los albos huevos, o por mejor decir, los pollos por ser, o *in fieri*;[45] servir las viandas a la mesa, y finalmente, y lo que más te encargo, cuidar de la refacción[46] ordinaria y *puridad* de mi mula, a quien deberás atender y servir con más prolijidad[47] que a mi persona.

He aquí ¡oh caro[48] Perico! todas tus obligaciones y comodidades en *sinopsium* o compendio. Yo, cuando te invité con mi pobre *tugurio* y consorcio, tenía el deliberado ánimo de poner un laboratorio de química y botánica; pero los continuos desembolsos[49] que he sufrido me han reducido a la pobreza, *ad inopiam,* y me han frustrado mis primordiales designios; sin embargo, te cumplo la palabra de admisión,[50] y tus servicios los retribuiré justamente, porque *diynus est operarius mercede sua,* el que trabaja es digno de la paga.

Yo, aunque muchos terminotes[51] no entendí, conocí que me quería para criado entre de escalera abajo y de arriba; advertí que mi trabajo no era demasiado; que la conveniencia no podía ser mejor y, que yo estaba en el caso de admitir cosa

---

[36]**chupa** tight-fitting waistcoat   [37]**estulticia** stupidity   [38]*verecundia* (Latin) shame   [39]*absque dubio* (Latin) without doubt   [40]**lo potable necesario** enough to drink   [41]**tegumentos ... física** clothing   [42]**Apolo** Apollo, Greek god of poetry and of the healing arts   [43]**maravedís** least valuable Spanish coin used in the colonies   [44]**limpios ... paja** clear   [45]**cuando ... in fieri** when the chickens are about to lay, and gather the white eggs, or rather the chicks-to-be   [46]**refacción** nourishment   [47]**prolijidad** attention   [48]**caro** dear   [49]**desembolsos** expenses   [50]**te cumplo ... admisión** I shall keep my word   [51]**terminotes** big words

menos;[52] pero no podía comprender a cuánto llegaba mi salario; por lo que le pregunté, que por fin cuánto ganaba cada mes. A lo que el doctorete,[53] como enfadándose me respondió: —¿Ya no te dije *claris verbis,* con claridad, que disfrutarías quinientos cuarenta y cuatro maravedís?

—Pero, señor —insté yo—, ¿cuánto montan en dinero efectivo quinientos cuarenta y cuatro maravedís? Porque a mí me parece que no merece mi trabajo tanto dinero.

—Sí merece, *stultissime famule,* mozo atontadísimo, pues no importan esos centenares más que dos pesos.

—Pues bien, señor doctor —le dije—, no es menester[54] incomodarse;[55] ya sé que tengo dos pesos de salario, y me doy por muy contento, sólo por estar en compañía de un caballero tan *sapiente*[56] como usted, de quien sacaré más provecho con sus lecciones que no con los polvos y mantecas de don Nicolás.[57]

—Y como que sí, dijo el señor Purgante, pues yo te abriré, como te apliques, los palacios de Minerva,[58] y será esto premio superabundante a tus servicios, pues sólo con mi doctrina conservarás tu salud luengos[59] años, y acaso, acaso, te contraerás algunos intereses y estimaciones.

Quedamos corrientes desde ese instante, y comencé a cuidar de lisonjearlo,[60] igualmente que a su señora hermana, que era una vieja beata,[61] Rosa, tan ridícula como mi amo, y aunque yo quisiera lisonjear a Manuelita, que era una muchachilla de catorce años, sobrina de los dos y bonita como una plata, no podía, porque la vieja condenada la cuidaba más que si fuera de oro, y muy bien hecho.

Siete u ocho meses permanecí con mi viejo, cumpliendo con mis obligaciones perfectamente; esto es, sirviendo la mesa, mirando cuándo ponían las gallinas, cuidando la mula y haciendo los mandados. La vieja y el hermano me tenían por un santo, porque en las horas que no tenía qué hacer me estaba en el estudio, según las sólitas concedidas,[62] mirando las estampas anatómicas del Porras, del Willis y otras, y entreteniéndome de cuando en cuando con leer aforismos de Hipócrates, algo de Boerhave y de Van Swieten; el Etmulero, el Tissot, el Buchan, el Tratado de tabardillos, por Amar, el Compendio anatómico de Juan de Dios López, la Cirugía de La Faye, el Lázaro Riverio[63] y otros libros antiguos y modernos, según me venía la gana de sacarlos de los estantes.

Esto, las observaciones que yo hacía de los remedios que mi amo recetaba a los enfermos pobres que iban a verlo a su casa, que siempre eran a poco más o menos,[64] pues llevaba como regla el trillado[65] refrán de "como te pagan vas,"[66] y las lecciones verbales que me daba, me hicieron creer que yo sabía medicina, y un

---

[52]**admitir cosa menos** accept a lesser employment   [53]**el doctorete** the quack   [54]**menester** necessary   [55]**incomodarse** to get angry   [56]*sapiente* wise   [57]**don Nicolás** druggist for whom Periquillo had worked before (Book II, Chapter XI)   [58]**Minerva** Roman goddess of wisdom   [59]**luengos** long   [60]**lisonjearlo** flatter him   [61]**beata** devout   [62]**las sólitas concedidas** permission granted   [63]**Porras ... Lázaro Riverio** reference to Seventeenth- and Eighteenth-Century physicians who wrote on medical subjects. Hipócrates (Hippocrates 460–357 B.C.) was the Greek physician considered to be the father of medicine.   [64]**a poco más o menos** of little importance   [65]**trillado** worn-out   [66]**"como te pagan vas"** give them only what they pay for

día que me riñó ásperamente, y aun me quiso dar de palo[67] porque se me olvidó darle de cenar a la mula, prometí vengarme de él y mudar de fortuna de una vez.

Con esta resolución, esa misma noche le di a doña mula ración doble de maíz y cebada,[68] y cuando estaba toda la casa en lo más pesado de su sueño, la ensillé con todos sus arneses, sin olvidarme de la gualdrapa;[69] hice un lío en el que escondí catorce libros, unos truncos, otros en latín y otros en castellano; porque yo pensaba que a los médicos y a los abogados los suelen acreditar los muchos libros, aunque no sirvan o no los entiendan; guardé en el dicho maletón la capa de golilla[70] y la golilla misma de mi amo, juntamente con una peluca vieja de pita,[71] un formulario de recetas, y lo más importante, sus títulos de bachiller en medicina y la carta de examen, cuyos documentos los hice míos a favor de una navajita y un poquito de limón, con lo que raspé y borré lo bastante para mudar los nombres y las fechas.

No se me olvidó habilitarme de monedas, pues aunque en todo el tiempo que estuve en la casa no me habían pagado nada de salario, yo sabía en dónde tenía la señora hermana una alcancía[72] en la que rehundía lo que cercenaba del gasto,[73] y acordándome de aquello de que quien roba al ladrón,[74] etc., le robé la alcancía diestramente; la abrí y vi con la mayor complacencia que tenía muy cerca de cuarenta duros,[75] aunque para hacerlos caber por la estrecha rendija[76] de la alcancía los puso blandos.[77]

Con este viático[78] tan competente, emprendí mi salida de la casa a las cuatro y media de la mañana, cerrando el zaguán y dejándoles la llave por debajo de la puerta.

A las cinco o seis del día me entré en un mesón,[79] diciendo que en el que estaba había tenido una mohína[80] la noche anterior y quería mudar de posada.[81]

Como pagaba bien, se me atendía puntualmente. Hice traer café, y que se pusiera la mula en caballeriza, para que almorzara harto.

En todo el día no salí del cuarto, pensando a qué pueblo dirigiría mi marcha y con quién, pues ni yo sabía caminos ni pueblos, ni era decente aparecerse un médico sin equipaje ni mozo.

En estas dudas, dio la una del día, hora en que me subieron de comer, y en esta diligencia estaba cuando se acercó a la puerta un muchacho a pedir por Dios un bocadito.[82]

Al punto que lo vi y lo oí, conocí que era Andrés, el aprendiz de casa de don Agustín, muchacho, no sé si lo he dicho, como de catorce años, pero de estatura de diez y ocho. Luego luego lo hice entrar, y a pocas vueltas de la conversación me conoció, y le conté como era médico y trataba de irme a algún pueblecillo a

---

[67]**dar de palos** beat up   [68]**cebada** barley   [69]**gualdrapa** caparison   [70]**golilla** ruff   [71]**pita** string   [72]**alcancía** money box   [73]**lo que cercenaba del gasto** what she would cut down in expenditures   [74]**ladrón** This popular saying goes on to say *"tiene cien años de perdón"*.   [75]**duros** currency used in Spain and in the Spanish colonies. Its value then as now is that of five *pesetas*.   [76]**rendija** crack   [77]**los puso blandos** she nearly mashed them   [78]**viático** allowance   [79]**mesón** inn   [80]**mohína** trouble   [81]**posada** inn   [82]**bocadito** bite to eat

buscar fortuna, porque en México había más médicos que enfermos; pero que me detenía carecer de un mozo fiel que me acompañara y que supiera de algún pueblo donde no hubiera médico.

El pobre muchacho se me ofreció y aun me rogó que lo llevara en mi compañía, que él había ido a Tepejí del Río[83] en donde no había médico y no era pueblo corto, y que si nos iba mal allí, nos iríamos a Tula[84] que era pueblo más grande.

Me agradó mucho el desembarazo de Andrés, y habiéndole mandado subir que comer, comió el pobre con bastante apetencia,[85] y me contó cómo se estuvo escondido en un zaguán, y me vio salir corriendo de la barbería, y a la vieja tras de mí con el cuchillo; que yo pasé por el mismo zaguán donde estaba, y a poco de que le vieja se metió a su casa, corrió a alcanzarme, pero que no le fue posible; y no lo dudo; ¡tal corría yo cuando me espoleaba el miedo![86]

Díjome también Andrés, que él se fue a su casa y contó todo el pasaje; que su padrastro lo regañó y lo golpeó mucho, y después lo llevó con una corma a casa de don Agustín; que la maldita vieja, cuando vio que yo no parecía, se vengó con él levantándole tantos testimonios que se irritó el maestro demasiado, y dispuso darle un novenario de azotes,[87] como lo verificó, poniéndolo en los nueve días hecho una lástima,[88] así por los muchos y crueles azotes que le dio, como por los ayunos que le hicieron sufrir al traspaso;[89] que así que se vengó a su satisfacción la inicua vieja, lo puso en libertad quitándole la corma, echándole su buen sermón, y concluyendo con aquello de *cuidado con otra*; pero que él, luego que tuvo ocasión, se huyó de la casa con ánimo de salirse de México, y para esto se andaba en los mesones pidiendo un bocadito y esperando coyuntura[90] de marcharse con el primero que encontrase.

Acabó Andrés de contarme todo esto mientras comió, y yo le disfracé[91] mis aventuras haciéndole creer que me había acabado de examinar en medicina; que ya le había insinuado que quería salir de esta ciudad, y así que me lo llevaría de buena gana, dándole de comer y haciéndolo pasar por barbero en caso de que no lo hubiera en el pueblo de nuestra ubicación.

—Pero, señor —decía Andrés—, todo está muy bien; pero si yo apenas sé afeitar un perro, ¿cómo me arriesgaré a meterme a lo que no entiendo?

—Cállate —le dije—, no seas cobarde: sábete que *audaces fortuna juvat, timidosque repellit...*

—¿Qué dice usted, señor, que no lo entiendo?

—Que a los atrevidos —le respondí—, favorece la fortuna, y a los cobardes los desecha; y así no hay que desmayar; tú serás tan barbero en un mes que estés en mi compañía, como yo fui médico en el poco tiempo que estuve con mi maestro, a quien no sé bien cuánto le debo a esta hora.

---

[83]**Tepejí del Río** a small town in the Mexican state of Hidalgo   [84]**Tula** a city eighty kilometers from Mexico City   [85]**apetencia** appetite   [86]**me contó ... miedo!** episode in Book II, Chapter XI   [87]**novenario de azotes** nine days of whippings. A *novenario* is a nine-day period of prayer.   [88]**hecho una lástima** a pitiful state   [89]**al traspaso** for his sins   [90]**coyuntura** opportunity   [91]**disfracé** disguised

Admirado me escuchaba Andrés, y más lo estaba al oírme disparar mis latinajos con frecuencia, pues no sabía que lo mejor que yo aprendí del doctor Purgante fue su pedantismo y su modo de curar, *methodus medendi*....

...No me cansaba yo de complacerme en mi determinación de hacerme médico, viendo cuán bien se facilitaban todas las cosas, y al mismo tiempo daba gracias a Dios que me había proporcionado un criado tan fiel, vivo y servicial como Andresillo, quien en medio de estas contemplaciones fue entrando cargado con el repuesto.

Cenamos los dos amigablemente, echamos un buen trago y nos fuimos a acostar temprano, para madrugar, despertando a buena hora.

A las cuatro de la mañana ya estaban los mozos tocándonos la puerta. Nos levantamos y desayunamos mientras que los arrieros[92] cargaban.

Luego que se concluyó esta diligencia, pagué el gasto que habíamos hecho yo y mi mula, y nos pusimos en camino.

Yo no estaba acostumbrado a caminar, con esto me cansé pronto y no quise pasar de Cuautitlán,[93] por más que los mozos me porfiaban que fuéramos a dormir a Tula.

Al segundo día llegamos al dicho pueblo, y yo posé o me hospedé en la casa de uno de los arrieros, que era un pobre viejo, sencillote y hombre de bien, a quien llamaban tío Bernabé, con el que me convine en pagar mi plato,[94] el de Andrés y el de la mula, sirviéndole, por vía de gratificación, de médico de cámara para toda su familia, que eran: dos viejas, una su mujer y otra su hermana, dos hijos grandes y una hija pequeña como de doce años.

El pobre admitió muy contento, y cátenme ustedes[95] ya radicado en Tula, y teniendo que mantener al maestro barbero, que así llamaremos a Andrés, a mí y a mi macha;[96] que aunque no era mía, yo la nombraba por tal; bien que siempre que la miraba me parecía ver delante de mí al doctor Purgante con su gran bata y birrete parado, que lanzando fuego por los ojos me decía:

—Pícaro, vuélveme mi mula, mi gualdrapa, mi golilla, mi peluca, mis libros, mi capa y mi dinero, que nada es tuyo....

...Por fortuna, los primeros que me consultaron fueron de aquellos que sanan aunque no se curen, pues les bastan los auxilios de la sabia naturaleza, y otros padecían porque o no querían o no sabían sujetarse a la dieta que les interesaba. Sea como fuere, ellos sanaron con lo que les ordené, y en cada uno labré un clarín a mi fama.

A los quince o veinte días, ya yo no me entendía de enfermos,[97] especialmente indos, los que nunca venían con las manos vacías, sino cargando gallinas, frutas, huevos, verduras, quesos y cuanto los pobres encontraban. De suerte que el tío Bernabé y sus viejas estaban contentísimos con su huésped. Yo y Andrés no estábamos tristes, pero más quisiéramos monedas; sin embargo de que Andrés

---

[92]**arrieros** mule drivers   [93]**Cuautitlán** town located on the way to Tula   [94]**plato** board
[95]**cátenme ustedes** there I was   [96]**macha** reference to the mule   [97]**ya yo ... enfermos** I had so many patients I scarcely knew what to do

estaba mejor que yo, pues los domingos desollaba[98] indios a medio real, que era
una gloria, llegando a tal grado su atrevimiento, que una vez se arriesgó a sangrar
a uno y por accidente quedó bien. Ello es que con lo poco que había visto y el
ejercicio que tuvo, se le agilitó la mano, en términos que un día me dijo: *Ora*[99] sí,
señor, ya no tengo miedo, y soy capaz de afeitar al *Sursum corda*.[100]

Volaba mi fama de día en día, pero lo que me encumbró[101] a los cuernos de la
luna[102] fue una curación que hice (también de accidente como Andrés) con el alcabalero,[103] para quien una noche me llamaron a toda prisa.

Fui corriendo, y encomendándome a Dios para que me sacara con bien de
aquel trance, del que no sin razón pensaba que pendía mi felicidad.

Llevé conmigo a Andrés con todos sus instrumentos, encargándole en voz
baja, porque no lo oyera el mozo, que no tuviera miedo como yo no lo tenía; que
para el caso de matar a un enfermo, lo mismo tenía que fuera indio que español,
y que nadie llevaba su pelea más segura que nosotros; pues si el alcabalero sanaba,
nos pagarían bien y se aseguraría nuestra fama; y si se moría, como de nuestra
habilidad se podía esperar, con decir que ya estaba de Dios y que se le había llegado su hora, estábamos del otro lado, sin que hubiera quien nos acusara de
homicidio.

En estas pláticas llegamos a la casa, que la hallamos hecha una Babilonia;[104]
porque unos entraban, otros salían, otros lloraban y todos estaban aturdidos.[105]

A este tiempo llegó el señor cura y el padre vicario con los santos óleos.

—Malo —dije a Andrés—; ésta es enfermedad ejecutiva, aquí no hay remedio;
o quedamos bien o quedamos mal. Vamos a ver cómo nos sale este albur.[106]

Entramos todos juntos a la recámara y vimos al enfermo tirado boca arriba en
la cama, privado de[107] sentidos, cerrados los ojos, la boca abierta, el semblante
denegrido y con todos los síntomas de un apoplético.

Luego que me vieron junto a la cama, la señora su esposa y sus niñas, se
rodearon de mí y me preguntaron, hechas un mar de lágrimas:

—¡Ay, señor! ¿Qué dice usted, se muere mi padre? —Yo, afectando mucha
serenidad de espíritu y con una confianza de un profeta, les respondí:

—Callen ustedes, niñas, ¡qué se ha de morir! Éstas son efervescencias del humor sanguíneo que oprimiendo los ventrículos del corazón embargan el cerebro,
porque cargan con el *pondus*[108] de la sangre sobre la espina medular y la tra-
quearteria pero todo esto se quitará en un instante, pues si *evaquatio fit, recedet
pletora,* con la evacuación nos libraremos de la plétora.

Las señoras me escuchaban atónitas,[109] y el cura no se cansaba de mirarme
de hito en hito,[110] sin duda mofándose[111] de mis desatinos, los que interrumpió
diciendo:

—Señoras, los remedios espirituales nunca dañan ni se oponen a los temporales. Bueno será absolver a mi amigo por la bula y olearlo, y obre Dios.

---

[98]**desollaba** fleeced   [99]***Ora** ahora*   [100]***Sursum corda*** imaginary authority of great importance
[101]**encumbró** elevated   [102]**a los cuernos de la luna** sky-high   [103]**alcabalero** tax collector
[104]**hecha una Babilonia** a madhouse   [105]**aturdidos** dazed   [106]**albur** risk   [107]**privado de**
without   [108]***pondus*** weight   [109]**atónitas** astonished   [110]**mirarme ... hito** stared at me
[111]**mofándose** scoffing

—Señor cura —dije yo con toda la pedantería que acostumbraba, que era tal que no parecía sino que la había aprendido con escritura—; señor cura, usted dice bien, y yo no soy capaz de introducir mi hoz en mies ajena;[112] pero, *venia tanti*,[113] digo que esos remedios espirituales, no sólo son buenos, sino necesarios, *necesitate medii* y *necesitate praecepti in articulo mortis: sed sic est*,[114] que no estamos en ese caso; *ergo*,[115] etc.

El cura, que era harto prudente e instruido, no quiso hacer alto en mis charlatanerías, y así me contestó:

—Señor doctor, el caso en que estamos no da lugar a argumentos, porque el tiempo urge; yo sé mi obligación y esto importa.

Decir esto y comenzar a absolver al enfermo, y el vicario a aplicarle el santo sacramento de la unción, todo fue uno. Los dolientes, como si aquellos socorros espirituales fueran el fallo cierto de la muerte del deudo, comenzaron a aturdir la casa a gritos. Luego que los señores eclesiásticos concluyeron sus funciones, se retiraron a otra pieza, cediéndome el campo y el enfermo.

Inmediatamente me acerqué a la cama, le tomé el pulso, miré a las vigas[116] del techo por largo rato; después le tomé el otro pulso haciendo mil monerías, como eran arquear las cejas, arrugar la nariz, mirar al suelo, morderme los labios, mover la cabeza a uno y otro lado y hacer cuantas mudanzas pantomímicas me parecieron oportunas para aturdir a aquellas pobres gentes que, puestos los ojos en mí, guardaban un profundo silencio, teniéndome sin duda por un segundo Hipócrates; a lo menos ésa fue mi intención, como también ponderar el gravísimo riesgo del enfermo y lo difícil de la curación, arrepentido de haberles dicho que no era cosa de cuidado.

Acabada la tocada del pulso, le miré el semblante atentamente, le hice abrir la boca con una cuchara para verle la lengua, le alcé los párpados, le toqué el vientre y los pies, e hice dos mil preguntas a los asistentes sin acabar de ordenar ninguna cosa, hasta que la señora, que ya no podía sufrir mi cachaza, me dijo:

—Por fin, señor, ¿qué dice usted de mi marido, es de vida o de muerte?

—Señora —le dije—, no sé de lo que será; sólo Dios puede decir que es de vida y resurrección como lo fue *Lazarum quem resuscitavit a monumento foetidum*,[117] y si lo dice, vivirá aunque esté muerto. *Ego sum resurrectio et vita, qui credit in me, etiam si mortuus fuerit, vivet*.[118]

—¡Ay, Jesús! —gritó una de las niñas—. Ya se murió mi padrecito.

Como ella estaba junto al enfermo, su grito fue tan extraño y doloroso, y cayó privada[119] de la silla, pensamos todos que en realidad había espirado,[120] y nos rodeamos de la cama.

El señor cura y el vicario, al oír la bulla, entraron corriendo, y no sabían a

---

[112]**meter ... ajena** to poach on someone's preserves   [113]***venia tanti*** (bad Latin) with your permission   [114]***necesitate ... est*** (bad Latin) such a procedure is necessary when the patient is near death   [115]***ergo*** therefore   [116]**vigas** rafters   [117]***Lazarum ... foetidum*** Lazarus whom he [Jesus] raised from a tomb of corruption (John XII:1)   [118]***Ego ... vivet*** I am the resurrection and the life: he that believeth in me, though he were dead, yet shall he live. (John XI:25)   [119]**privada** unconscious   [120]**espirado** (*expirado*) died

quién atender, si al apoplético o a la histérica, pues ambos estaban privados. La señora ya medio colérica, me dijo:

—Déjese usted de latines, y vea si cura o no cura a mi marido. ¿Para qué me dijo, cuando entró, que no era cosa de cuidado y me aseguró que no se moría?

—Yo lo hice, señora, por no afligir a usted —le dije—, pero no había examinado al enfermo *methodice vel juxta artis nostrae praecepta,* esto, con método o según las reglas del arte; pero encomiéndese usted a Dios y vamos a ver. Primeramente que se ponga una olla grande de agua a calentar.

—Esto sobra —dijo la cocinera.

—Pues bien, maestro Andrés —continué yo—, usted, como buen flebotomiano,[121] déle luego luego un par de sangrías de la vena cava.

Andrés, aunque con miedo y sabiendo tanto como yo de venas cavas, le ligó los brazos y le dio dos piquetes[122] que parecían puñaladas, con cuyo auxilio, al cabo de haberse llenado dos borcelanas[123] de sangre, cuya profusión escandalizaba a los espectadores, abrió los ojos el enfermo, y comenzó a conocer a los circunstantes y a hablarles.

Inmediatamente hice que Andrés aflojara las vendas y cerrara las cisuras, lo que no costó poco trabajo, tales fueron de prolongadas.

Después hice que se le untase vino blanco en el cerebro y pulsos, que se le confortara el estómago por dentro con atole[124] de huevos y por fuera con una tortilla de los mismos, condimentada con aceite rosado, vino, culantro y cuantas porquerías se me antojaron; encargando mucho que no lo resupinaran.[125]

—¿Qué es eso de resupinar, señor doctor? —preguntó la señora. Y el cura, sonriéndose, le dijo:

—Que no lo tengan boca arriba.

—Pues tatita, por Dios —siguió la matrona—, hablemos en lengua que nos entendamos como la gente.

A ese tiempo, ya la niña había vuelto de su desmayo y estaba en la conversación, y luego que oyó a su madre, dijo:

—Sí, señor, mi madre dice muy bien; sepa usted que por eso me privé endenantes,[126] porque como empezó a rezar aquello que los padres les cantan a los muertos cuando los entierran, pensé que ya se había muerto mi padrecito y que usted le cantaba la vigilia.

Rióse el cura de gana por la sencillez de la niña y los demás lo acompañaron, pues ya todos estaban contentos al ver al señor alcabalero fuera de riesgo, tomando su atole y platicando muy sereno como uno de tantos.

Le prescribí su régimen para los días sucesivos, ofreciéndome a continuar su curación hasta que estuviera enteramente bueno.

Me dieron todos las gracias, y al despedirme, la señora me puso en la mano una onza de oro, que yo la juzgué peso en aquel acto,[127] y me daba al diablo

---

[121]**flebotomiano** blood-letter   [122]**piquetes** pricks   [123]**borcelanas** small basins   [124]**atole** drink made of cornflour   [125]**no lo resupinaran** should not lay him on his back   [126]**endenantes** archaic word meaning *antes*   [127]**en aquel acto** at that moment

de ver mi acierto tan mal pagado; y así se lo iba diciendo a Andrés, el que me dijo:

—No, señor; no puede ser plata, sobre que a mí me dieron cuatro pesos.

—En efecto, dices bien —le contesté. Y acelerando el paso llegamos a la casa donde vi que era una onza de oro amarilla como un azafrán refino.

DESPUÉS DE LEER

1. ¿Cómo quiere Periquillo que se lea la historia de su vida? ¿Por qué?

2. Describa a Periquillo.

3. ¿Quién es el doctor Purgante y qué tipo de relación existe entre él y Periquillo?

4. ¿Cómo es el doctor Purgante? Según Periquillo, ¿cuáles son sus principales características?

5. ¿Cómo se aprovecha el doctor Purgante de Periquillo y éste de aquél?

6. ¿Qué roba Periquillo? ¿Por qué? ¿Cómo explica el robo?

7. ¿Qué aventuras tienen Periquillo y Andrés? ¿Qué otros aspectos de la vida de Periquillo se ponen en evidencia por esas aventuras?

8. ¿Adónde deciden ir Periquillo y Andrés? ¿Por qué?

9. ¿Cómo se presentan Periquillo y Andrés en la ciudad donde se establecen?

10. ¿Qué características del doctor Purgante emplea Periquillo?

11. Describa el apuro en que se encuentra Periquillo al llegar a la casa del alcabalero.

12. ¿Cómo está representada la sociedad en el relato?

13. Describa el tono con el que se narra la novela.

14. ¿Qué importancia tiene el hecho que el autor emplee un lenguaje popular en el relato? ¿Cuál diría que es la función del uso de frases mal dichas en latín?

15. ¿Qué características picarescas se observan en el episodio que ha leído?

ALGUNOS ESTUDIOS DE INTERÉS

Dumas, Claude. "Sur quelques niveaux de la signification dans *Le Periquillo Sarniento* de Lizardi". *Cahiers d'Etudes Romances* 10 (1985): 101–124.

Franco, Jean. "La heterogeneidad peligrosa: Escritura y control social en vísperas de la Independencia mexicana". *Hispamérica* 34–35 (1983): 3–34.

Lozano, Carlos. "El Periquillo Sarniento y la *Histoire de Gil Blas de Santillane*". *Revista Iberoamericana* 20 (1955): 263–274.

Oyarzun, Kemy. "Deseo y narrativa disciplinaria: *El Periquillo Sarniento*". *Acta Literaria* 16 (1991): 21–39.

Soumerou, Raúl V. "Algunas observaciones sobre el camino de salvación en *El Periquillo Sarniento*". *Cahiers d'Etudes Romances* 10 (1985): 135–137.

Vásquez, Carmen. "Realidad y/o ficción en *El Periquillo Sarniento*". *Cahiers d'Etudes Romances* 10 (1985): 87–99.

Independencia política, literaria y cultural

Simón Bolívar

(1783, Caracas, Venezuela–1830, Santa Marta, Venezuela)

Simón Bolívar comparte con Francisco de Miranda (1756–1816), Miguel Hidalgo y Costilla (1753–1811), José Morelos y Pavón (1765–1815), José de San Martín (1778–1850), Bernardo de O'Higgins (1776–1842) y otros iniciadores, el honor de haber luchado por la emancipación de la América de habla española. Bolívar es símbolo de libertad en los pueblos que una vez estuvieron sujetos al dominio español. A Bolívar se le conoce con el título de "El Libertador" por su participación fundamental en la independencia de territorios ahora conocidos como Venezuela, Colombia, Perú, Ecuador y Bolivia. Su nombre pertenece no sólo a la historia sino también a la cultura hispano-americana a la cual contribuyó a través de sus vigorosos discursos, cartas elegantes y pensados documentos políticos.

Bolívar recibió una excelente educación. Entre sus perceptores se encuentran Andrés Bello (1781–1865), el educador de las nuevas repúblicas, y Simón Rodríguez (1771–1854), quien acompañó a Bolívar en viajes por Europa y contribuyó a su formación romántica al iniciarlo en las lecturas de los enciclopedistas franceses. Bolívar consagró su vida a la emancipación de las colonias de Sudamérica y aspiró a la creación de una gran nación compuesta por los nuevos estados que nacían. Este sueño no lo alcanzó.

Entre los discursos y escritos políticos de Bolívar se destacan: el "Manifiesto de Cartagena" (1812), la "Carta de Jamaica" (1815), la "Carta a Juan Martín de Pueyrredón, Supremo Director de las Provincias Unidas del Río de la Plata" (1818), el "Discurso pronunciado ante al Congreso de Angostura" (1819), la "Invitación para el Congreso de Panamá" (1826) y el "Mensaje al Congreso Constituyente de la República de Colombia" (1830).

—el propósito de la carta
—el estado de la América hispana en el momento en que la carta fue escrita
—el legado español a los países hispanoamericanos
—la visión de Bolívar con respecto al futuro de las antiguas colonias españolas
—el estilo del autor

En la "Carta de Jamaica" Simón Bolívar contesta al duque de Manchester, gobernador de Jamaica, quien quiere informarse sobre las condiciones existentes en las antiguas colonias españolas. En la carta, Bolívar reflexiona sobre la política seguida por España con respecto a sus colonias americanas y atribuye al sistema de colonización empleado el origen del descontento y la principal causa de los problemas del momento, así como de los posteriores, en las nuevas repúblicas.

Carta de Jamaica

Kingston, 6 de setiembre de 1815

Señor:

Me apresuro a contestar la carta de 29 del mes pasado que usted me hizo el honor de dirigirme y yo recibí con la mayor satisfacción.

Sensible,[1] como debo, al interés que usted ha querido tomar por la suerte de mi patria, afligiéndose[2] con ella por los tormentos que padece[3] desde su descubrimiento hasta estos últimos períodos, por parte de sus destructores los españoles, no siento menos el comprometimiento[4] en que me ponen las solícitas demandas que usted me hace sobre los objetos más importantes de la política americana. Así, me encuentro en un conflicto entre el deseo de corresponder a la confianza con que usted me favorece y el impedimento de satisfacerla, tanto por la falta de documentos y de libros cuanto por los limitados conocimientos que poseo de un país tan inmenso, variado y desconocido como el Nuevo Mundo.

En mi opinión es imposible responder a las preguntas con que usted me ha honrado. El mismo Barón de Humboldt,[5] con su universalidad de conocimientos teóricos y prácticos, apenas lo haría con exactitud, porque aunque una parte de la estadística y revolución de América es conocida, me atrevo a asegurar que la ma-

---

[1]**sensible** sensitive [2]**afligiéndose** distressed [3]**padece** suffers [4]**comprometimiento** involvement [5]**Barón de Humboldt** Alexander von Humboldt (1769–1859), German naturalist, traveler, and statesman. Von Humboldt traveled extensively through Latin America and wrote numerous works on its climate and topography.

yor está cubierta de tinieblas,[6] y por consecuencia sólo se pueden ofrecer conjeturas más o menos aproximadas, sobre todo en lo relativo a la suerte futura y a los verdaderos proyectos de los americanos; pues de cuantas combinaciones suministra[7] la historia de las naciones, de otras tantas es susceptible la nuestra por sus posiciones físicas, por las vicisitudes de la guerra y por los cálculos de la política.

Como me conceptúo[8] obligado a prestar atención a la apreciable carta de usted no menos que a sus filantrópicas miras,[9] me animo a dirigir estas líneas, en las cuales ciertamente no hallará usted las ideas luminosas que desea, mas sí las ingenuas expresiones de mis pensamientos.

«Tres siglos ha, dice usted, que empezaron las barbaridades que los españoles cometieron en el grande hemisferio de Colón.» Barbaridades que la presente edad ha rechazado como fabulosas,[10] porque parecen superiores a la perversidad humana; y jamás serían creídas por los críticos modernos, si constantes y repetidos documentos no testificasen estas infaustas[11] verdades. El filantrópico obispo de Chiapas,[12] el apóstol de la América, Las Casas,[13] ha dejado a la posteridad una breve relación de ellas, extractada de las sumarias[14] que siguieron en Sevilla a los conquistadores, con el testimonio de cuantas personas respetables había entonces en el Nuevo Mundo, y con los procesos[15] mismos que los tiranos se hicieron entre sí, como consta[16] por los más sublimes[17] historiadores de aquel tiempo. Todos los imparciales han hecho justicia al celo,[18] verdad y virtudes de aquel amigo de la humanidad, que con fervor y firmeza denunció ante su gobierno y contemporáneos los actos más horrorosos de un frenesí sanguinario.[19]

Con cuánta emoción de gratitud leo el pasaje de la carta de usted en que me dice; «que espera que los sucesos que siguieron entonces a las armas españolas acompañen ahora a las de sus contrarios, los muy oprimidos americanos meridionales».[20] Yo tomo esta esperanza como una predicción, si la justicia decide las contiendas[21] de los hombres. El suceso coronará nuestros esfuerzos; porque el destino de la América se ha fijado irrevocablemente. El lazo[22] que lo unía a la España está cortado; la opinión era toda su fuerza; por ella se estrechaban mutuamente las partes de aquella inmensa monarquía. Lo que antes las enlazaba ya las divide: más grande es el odio que nos ha inspirado la península que el mar que nos separa de ella; menos difícil es unir los dos continentes que reconciliar los espíritus de ambos países. El hábito a la obediencia, un comercio de intereses, de luces,[23] de religión; una recíproca benevolencia; una tierna solicitud por la cuna[24] y la gloria de nuestros padres; en fin, todo lo que formaba nuestra esperanza, nos venía de España. De aquí nacía un principio de adhesión que parecía eterno; no

---

[6]**tinieblas** darkness [7]**suministra** provides [8]**me conceptúo** I consider myself [9]**miras** designs [10]**fabulosas** false [11]**infaustas** unfortunate [12]**Chiapas** Mexican state located on the Pacific Coast [13]**Las Casas** Fray Bartolomé de las Casas (1474–1566) denounced the treatment that the inhabitants of the conquered lands received from the Spaniards. His pleas to the Crown led to the reform of the *encomienda* system. [14]**sumarias** indictments [15]**procesos** trials [16]**como consta** as is mentioned [17]**sublimes** notable [18]**celo** zeal [19]**sanguinario** bloodthirsty [20]**meridionales** pertaining to the south [21]**contiendas** wars [22]**lazo** tie [23]**luces** culture [24]**cuna** cradle

obstante que la inconducta[25] de nuestros dominadores relajaba esta simpatía; o por mejor decir, este apego[26] forzado por el imperio de la dominación. Al presente sucede lo contrario: la muerte, el deshonor, cuanto es nocivo,[27] nos amenaza y tememos; todo lo sufrimos de esa desnaturalizada madrasta.[28] El velo[29] se ha rasgado,[30] ya hemos visto la luz y se nos quiere volver a las tinieblas; se han roto las cadenas; ya hemos sido libres, y nuestros enemigos pretenden de nuevo esclavizarnos. Por lo tanto, la América combate con despecho;[31] y rara vez la desesperación no ha arrastrado tras si la victoria.

Porque los sucesos hayan sido parciales y alternados, no debemos desconfiar de la fortuna. En unas partes triunfan los independientes, mientras que los tiranos en lugares diferentes obtienen sus ventajas. ¿Y cuál es el resultado final? ¿No está el Nuevo Mundo entero conmovido y armado para su defensa? Echemos una ojeada[32] y observaremos una lucha simultánea en la misma extensión de este hemisferio.

El belicoso Estado de las Provincias del Río de la Plata[33] ha purgado su territorio y conducido sus armas vencedoras al Alto Perú;[34] conmoviendo a Arequipa[35] e inquietando a los realistas[36] de Lima. Cerca de un millón de habitantes disfruta allí de su libertad.

El reino de Chile, poblado de 800.000 almas, está lidiando[37] contra sus enemigos que pretenden dominarlo; pero en vano, porque los que antes pusieron un término[38] a sus conquistas, los indómitos[39] y libres araucanos,[40] son sus vecinos y compatriotas; y su ejemplo sublime es suficiente para probarles que el pueblo que ama su independencia por fin la logra.

El virreinato del Perú, cuya población asciende a millón y medio de habitantes, es sin duda el más sumiso y al que más sacrificios se le han arrancado para la causa del rey, y bien que sean vanas las relaciones concernientes[41] a aquella porción de América, es indubitable[42] que ni está tranquila, ni es capaz de oponerse al torrente que amenaza a las más[43] de sus provincias.

La Nueva Granada,[44] que es por decirlo así el corazón de la América y obedece a un gobierno general, exceptuando el reino de Quito[45] que con la mayor dificultad contiene sus enemigos, por ser fuertemente adicto a la causa de su patria, y las provincias de Panamá y Santa Marta[46] que sufren, no sin dolor la tiranía de sus señores. Dos millones y medio de habitantes están esparcidos[47] en aquel territorio que actualmente defienden contra el ejército español bajo el general

---

[25]**inconducta** lack of proper behavior   [26]**apego** attachment   [27]**nocivo** harmful   [28]**desnaturalizada madrasta** corrupt stepmother   [29]**velo** veil, shroud   [30]**se ha rasgado** has been torn [31]**despecho** indignation   [32]**ojeada** quick glance   [33]**Estado de las Provincias del Río de la Plata** vague name used to refer to what was formerly known as the Viceroyalty of Buenos Aires   [34]**Alto Perú** present-day Bolivia   [35]**Arequipa** Peruvian city   [36]**realistas** loyalists [37]**lidiando** fighting   [38]**un término** an end   [39]**indómitos** untamable   [40]**araucanos** indigenous people from present-day Chile   [41]**concernientes** concerning   [42]**indubitable** certain [43]**a las más** the majority   [44]**Nueva Granada** present-day Colombia   [45]**Quito** capital of present-day Ecuador and formerly capital of one of the provinces of the Viceroyalty of Peru [46]**Panamá y Santa Marta** provinces of Colombia. The province of Panamá was later to become an independent nation.   [47]**esparcidos** scattered

Morillo,[48] que es verosímil sucumba delante de la inexpugnable[49] plaza de Cartagena. Mas si la tomare, será a costa de grandes pérdidas, y desde luego carecerá de fuerzas bastantes para subyugar a los morigerados[50] y bravos moradores[51] del interior.

En cuanto a la heroica y desdichada Venezuela, sus acontecimientos han sido tan rápidos y sus devastaciones tales, que casi la han reducido a una absoluta indigencia y a una soledad espantosa,[52] no obstante que era uno de los países más bellos de cuantos hacían el orgullo de la América. Sus tiranos gobiernan un desierto, y sólo oprimen a tristes restos que, escapados de la muerte, alimentan una precaria existencia: algunas mujeres, niños y ancianos son los que quedan. Los más de los hombres han perecido por no ser esclavos, y los que viven combaten con furor en los campos y en los pueblos internos, hasta expirar o arrojar al mar a los que, insaciables de sangre y de crímenes, rivalizan con los primeros monstruos que hicieron desaparecer de la América a su raza primitiva. Cerca de un millón de habitantes se contaban en Venezuela; y sin exageración se puede asegurar que una cuarta parte ha sido sacrificada por la tierra, la espada, el hambre, la peste,[53] las peregrinaciones, excepto el terremoto,[54] todos resultados de la guerra.

En Nueva España[55] había en 1808, según nos refiere el Barón de Humboldt, 7.800.000 almas, con inclusión de Guatemala. Desde aquella época, la insurrección que ha agitado a casi todas sus provincias, ha hecho disminuir sensiblemente aquel cómputo[56] que parece exacto; pues más de un millón de hombres ha perecido…

Allí la lucha se mantiene a fuerza de sacrificios humanos y de todas especies, pues nada ahorran los españoles con tal que logren someter a los que han tenido la desgracia de nacer en este suelo, que parece destinado a empaparse[57] con la sangre de sus hijos. A pesar de todo, los mexicanos serán libres, porque han abrazado el partido de la patria, con la resignación de vengar a sus pasados o seguirlos al sepulcro. Ya ellos dicen con Raynal:[58] llegó el tiempo, en fin, de pagar a los españoles suplicios con suplicios[59] y de ahogar a esa raza de exterminadores en su sangre o en el mar.

Las islas de Puerto Rico y Cuba, que entre ambas pueden formar una población de 700 a 800.000 almas, son las que más tranquilamente poseen los españoles, porque están fuera del contacto de los independientes. Mas, ¿no son americanos estos insulares? ¿No son vejados?[60] ¿No desearán su bienestar?

Este cuadro representa una escala militar de 2.000 leguas[61] de longitud y 900 de latitud en su mayor extensión en que 16.000.000 de americanos defienden sus

---

[48]**Morillo** reference to the Spanish general Pablo Morillo (1777–1838) who fought against Napoleon's troops in Spain and was in charge of ending the rebellion of Nueva Granada. Morillo lost to Bolívar's army.   [49]**inexpugnable** impossible to capture   [50]**morigerados** well-mannered   [51]**moradores** dwellers   [52]**espantosa** frightful   [53]**peste** plague   [54]**terremoto** earthquake   [55]**Nueva España** former name of Mexico   [56]**cómputo** calculation   [57]**emparse** to be soaked   [58]**Raynal** reference to Guillaume Raynal (1713–1796), French abbot who attacked the Spaniards for their behavior in the New World in his book *Histoire des établissements des Européens dans les deux Indes*   [59]**suplicios con suplicios** tortures with tortures   [60]**vejados** abused   [61]**leguas** league (one league equals 5572 m)

derechos o están oprimidos por la nación española que, aunque fue en algún tiempo el más vasto imperio del mundo, sus restos son ahora impotentes para dominar el nuevo hemisferio y hasta mantenerse en el antiguo. ¿Y la Europa civilizada, comerciante y amante de la libertad, permite que una vieja serpiente, por sólo satisfacer su saña[62] envenenada,[63] devore la más bella parte de nuestro globo? ¡Qué! ¿Está la Europa sorda al clamor de su propio interés? ¿No tiene ya ojos para ver la justicia? ¿Tanto se ha endurecido[64] para ser de este modo insensible? Estas cuestiones cuanto más las medito, más me confunden: llego a pensar que se aspira a que desaparezca la América; pero es imposible, porque toda la Europa no es España. ¡Qué demencia la de nuestra enemiga, pretender reconquistar la América, sin marina, sin tesoro y casi sin soldados! Pues los que tiene, apenas son bastantes para retener a su propio pueblo en una violenta obediencia y defenderse de sus vecinos. Por otra parte, ¿podrá esta nación hacer el comercio exclusivo de la mitad del mundo sin manufacturas, sin producciones territoriales, sin artes, sin ciencias, sin política? Lograda que fuese esta loca empresa, y suponiendo más, aun lograda la pacificación, los hijos de los actuales americanos, unidos con los de los europeos reconquistadores, ¿no volverían a formar dentro de veinte años los mismos patrióticos designios que ahora se están combatiendo?

La Europa haría un bien a la España en disuadirla de su obstinada temeridad, porque a lo menos le ahorrará los gastos que expende y la sangre que derrama,[65] a fin de que fijando su atención en sus propios recintos[66] fundase su prosperidad y poder sobre bases más sólidas que las de inciertas conquistas, un comercio precario y exacciones[67] violentas en pueblos remotos, enemigos y poderosos. La Europa misma por miras de sana política[68] debería haber preparado y ejecutado el proyecto de la independencia americana, no sólo porque el equilibrio del mundo así lo exige, sino porque éste es el medio legítimo y seguro de adquirirse establecimientos ultramarinos[69] de comercio. La Europa que no se halla agitada por las violentas pasiones de la venganza, ambición y codicia,[70] como la España, parece que estaba autorizada por todas las leyes de la equidad a ilustrarla sobre sus bien entendidos intereses.

Cuantos[71] escritores han tratado la materia se acordaban en esta parte.[72] En consecuencia, nosotros esperábamos con razón que todas las naciones cultas se apresurarían a auxiliarnos, para que adquiriésemos un bien cuyas ventajas son recíprocas a entrambos[73] hemisferios. Sin embargo, ¡cuán frustradas esperanzas! No sólo los europeos, pero hasta nuestros hermanos del Norte se han mantenido inmóviles espectadores en esta contienda, que por su esencia es la más justa y por sus resultados la más bella e importante de cuantas se han suscitado en los siglos antiguos y modernos. Porque, ¿hasta dónde se puede calcular la trascendencia de la libertad del hemisferio de Colón?

---

[62]**saña** fury   [63]**envenenada** poisoned   [64]**endurecido** hardened   [65]**derrama** sheds   [66]**recintos** grounds   [67]**exacciones** extortions   [68]**por ... política** to protect its own political interests   [69]**ultramarinos** overseas   [70]**codicia** greed   [71]**cuantos** all   [72]**se ... parte** were in agreement with respect to this matter   [73]**entrambos** in both

«La felonía[74] con que Bonaparte,[75] dice Ud., prendió a Carlos IV y a Fernando VII, reyes de esta nación, que tres siglos ha aprisionó con traición a dos monarcas[76] de la América meridional, es un acto muy manifiesto de la retribución divina, y al mismo tiempo una prueba de que Dios sostiene la justa causa de los americanos y les concederá su independencia»...

«Después de algunos meses, añade Ud., he hecho muchas reflexiones sobre la situación de los americanos y sus esperanzas futuras; tomo grande interés en sus sucesos, pero me faltan muchos informes relativos a su estado actual, y a lo que ellos aspiran; deseo infinitamente saber la política de cada provincia, como también su población, ¿si desean repúblicas o monarquías, si formarán una gran república, o una gran monarquía? Toda noticia de esta especie que Ud. pueda darme, o indicarme las fuentes a que debo ocurrir, la estimaré como un favor muy particular».

Siempre las almas generosas se interesan en la suerte de un pueblo que se esmera[77] por recobrar los derechos con que el Creador y la naturaleza lo han dotado;[78] y es necesario estar bien fascinado por el error o por las pasiones para no abrigar[79] esta noble sensación: Ud. ha pensado en mi país y se interesa por él; este acto de benevolencia me inspira el más vivo reconocimiento.

He dicho la población que se calcula por datos más o menos exactos, que mil circunstancias hacen fallidos[80] sin que sea fácil remediar esta inexactitud, porque los más de los moradores tienen habitaciones campestres y muchas veces errantes, siendo labradores, pastores, nómades, perdidos en medio de los espesos e inmensos bosques, llanuras solitarias y aisladas entre lagos y ríos caudalosos.[81] ¿Quién será capaz de formar una estadística completa de semejantes comarcas? Además los tributos que pagan los indígenas; las penalidades de los esclavos; las primicias;[82] diezmos[83] y derechos[84] que pesan sobre los labradores, y otros accidentes alejan de sus hogares a los pobres americanos. Esto es sin hacer mención de la guerra de exterminio que ya ha segado[85] cerca de un octavo de la población, y ha ahuyentado[86] una gran parte; pues entonces las dificultades son insuperables y el empadronamiento[87] vendrá a reducirse a la mitad del verdadero censo.

Todavía es más difícil presentir la suerte futura del Nuevo Mundo, establecer principios sobre su política, y casi profetizar la naturaleza del gobierno que llegará a adoptar. Toda idea relativa al porvenir de este país me parece aventurada.[88] ¿Se pudo prever, cuando el género humano se hallaba en su infancia rodeado de tanta incertidumbre, ignorancia y error, cuál sería el régimen que abrazaría para su conservación? ¿Quién se habría atrevido a decir, tal nación será república o monarquía, ésta será pequeña, aquélla grande? En mi concepto, ésta es la imagen

---

[74]**felonía** treachery   [75]**Bonaparte** Napoleon Bonaparte (1768–1844), whose troops invaded Spain in 1808. Joseph Bonaparte, Napoleon's brother, was placed on the Spanish throne.   [76]**dos monarcas** reference to Moctezuma, emperor of Mexico, and Atahualpa, emperor of Peru   [77]**que se esmera** that takes great care   [78]**lo han dotado** have endowed unto him   [79]**abrigar** to foster   [80]**fallidos** unsuccessful   [81]**ríos caudalosos** mighty rivers   [82]**primicias** first fruits of the countryside given to the church   [83]**diezmo** tithe   [84]**derechos** taxes   [85]**segado** mowed down   [86]**ha ahuyentado** has driven away   [87]**empadronamiento** census   [88]**aventurada** risky

de nuestra situación. Nosotros somos un pequeño género humano; poseemos un mundo aparte, cercado por dilatados mares; nuevos en casi todas las artes y ciencias, aunque en cierto modo viejos en los usos de la sociedad civil. Yo considero el estado actual de la América como cuando, desplomado[89] el imperio romano, cada desmembración[90] formó un sistema político, conforme a sus intereses y situación o siguiendo la ambición particular de algunos jefes, familias o corporaciones; con esta notable diferencia, que aquellos miembros dispersos volvían a restablecer sus antiguas naciones con las alteraciones que exigían las cosas o los sucesos; mas nosotros, que apenas conservamos vestigios[91] de lo que en otro tiempo fue, y que por otra parte no somos indios ni europeos, sino una especie media entre los legítimos propietarios del país y los usurpadores españoles; en suma, siendo nosotros americanos por nacimiento y nuestros derechos los de Europa, tenemos que disputar éstos a los del país, y que mantenernos en él contra la invasión de los invasores; así nos hallamos en el caso extraordinario y complicado. No obstante que es una especie de adivinación[92] indicar cuál será el resultado de la línea de política que la América siga, me atrevo a aventurar algunas conjeturas que desde luego caracterizo de arbitrarias, dictadas por un deseo racional y no por un raciocinio[93] probable.

La posición de los moradores del hemisferio americano ha sido por siglos puramente pasiva: su existencia política era nula. Nosotros estábamos en un grado todavía más abajo de la servidumbre, y por lo mismo con más dificultades para elevarnos al goce de la libertad. Permítame usted estas consideraciones para elevar la cuestión. Los Estados son esclavos por la naturaleza de su constitución o por el abuso de ella; luego un pueblo es esclavo cuando el gobierno por su esencia o por sus vicios huella y usurpa[94] los derechos del ciudadano o súbdito.[95] Aplicando estos principios, hallaremos que la América no solamente estaba privada de su libertad, sino también de la tiranía activa y dominante. Me explicaré. En las administraciones absolutas no se reconocen límites en el ejercicio de las facultades gubernativas: la voluntad del gran sultán Kan Bey[96] y demás soberanos despóticos, es la ley suprema, y ésta es casi arbitrariamente ejecutada por los bajaes,[97] kanes[98] y sátrapas[99] subalternos de la Turquía y Persia, que tienen organizada una opresión de que participan los súbditos en razón de la autoridad que se les confía. A ellos está encargada la administración civil, política, de rentas y la religión. Pero al fin son persas los jefes de Ispahan,[100] son turcos los visires del gran señor, son tártaros los sultanes de la Tartaria. La China no envía a buscar mandatarios militares y letrados al país de Gengis Kan[101] que la conquistó, a pesar de que los actuales chinos son descendientes directos de los subyugados por los ascendientes de los presentes tártaros.

---

[89]**desplomado** fallen [90]**desmembración** dismemberment [91]**vestigios** traces [92]**adivinación** guessing [93]**raciocinio** reasoning [94]**huella y usurpa** tracks and usurps [95]**súbdito** subject [96]**Kan Bey** Tatar prince [97]**bajaes** Turkish dignitaries [98]**kanes** medieval sovereign of China and ruler over the Turkish, Tatar, and Mongol tribes [99]**sátrapas** in ancient Persia, the governor of a province [100]**Ispahan** Iranian city [101]**Gengis Kan** (1160?-1227) Tartar conqueror, founder of the first Mongol empire

Cuán diferente era entre nosotros. Se nos vejaba con una conducta que, además de privarnos[102] de los derechos que nos correspondían, nos dejaba en una especie de infancia permanente con respecto a las transacciones públicas. Si hubiésemos siquiera manejado nuestros asuntos domésticos, en nuestra administración interior, conoceríamos el curso de los negocios públicos y su mecanismo. Gozaríamos también de la consideración personal que impone a los hijos del pueblo cierto respeto maquinal, que es tan necesario conservar en las revoluciones. He aquí por qué he dicho que estábamos privados hasta de la tiranía activa, pues que no nos está permitido ejercer sus funciones.

Los americanos en el sistema español que está en vigor,[103] y quizá con mayor fuerza que nunca, no ocupan otro lugar en la sociedad que el de siervos propios para el trabajo, y cuando más el de simples consumidores; y aun esta parte coartada[104] con restricciones chocantes: tales son las prohibiciones del cultivo de frutos de Europa, el estanco[105] de las producciones que el rey monopoliza, el impedimento de las fábricas que la misma península no posee, los privilegios exclusivos de comercio hasta de los objetos de primera necesidad, las trabas[106] entre provincia y provincia americanas para que no se traten, entiendan, ni negocien; en fin, ¿quiere usted saber cuál era nuestro destino? Los campos para cultivar el añil,[107] la grana,[108] el café, la caña, el cacao y el algodón; las llanuras solitarias para criar ganados; los desiertos para cazar las bestias feroces; las entrañas de la tierra para excavar el oro que no puede saciar esa nación avarienta.

Tan negativo era nuestro estado que no encuentro semejante en ninguna otra asociación civilizada, por más que recorro la serie de las edades y la política de todas las naciones. Pretender que un país tan felizmente constituido, extenso, rico y populoso, sea meramente pasivo, ¿no es un ultraje[109] y una violación de los derechos de la humanidad?

Estábamos, como acabo de exponer, abstraídos, y digámoslo así, ausentes del Universo en cuanto es relativo a la ciencia del gobierno y administración del Estado. Jamás éramos virreyes ni gobernadores sino por causas muy extraordinarias; arzobispos y obispos, pocas veces; diplomáticos, nunca; militares sólo en calidad de subalternos;[110] nobles, sin privilegios reales; no éramos, en fin, ni magistrados ni financistas, y casi ni aun comerciantes: todo en contraversión[111] directa de nuestras instituciones.

El emperador Carlos V formó un pacto con los descubridores, conquistadores y pobladores de América, que … es nuestro contrato social. Los reyes de España convinieron solemnemente con ellos que lo ejecutasen por su cuenta y riesgo, prohibiéndoles hacerlo a costa de la Real Hacienda,[112] y por esta razón se les concedía que fuesen señores de la tierra, que organizasen la administración y ejerciesen la judicatura[113] en apelación, con otras muchas excepciones y privilegios

---

[102]**privarnos** deny us   [103]**que está en vigor** that is in force   [104]**coartada** limited   [105]**estanco** government monopoly   [106]**trabas** obstacles   [107]**añil** plant from which dye is made   [108]**grana** insect used for dye (scarlet)   [109]**ultraje** offense   [110]**subalternos** subordinates   [111]**contraversión** contradiction   [112]**Real Hacienda** Royal Treasury   [113]**udicatura** judgeship

que sería prolijo detallar. El rey se comprometió a no enajenar[114] jamás las provincias americanas, como que a él no tocaba otra jurisdicción que la del alto dominio, siendo una especie de propiedad feudal la que allí tenían los conquistadores para sí y sus descendientes. Al mismo tiempo existen leyes expresas que favorecen casi exclusivamente a los naturales del país originarios de España, en cuanto a los empleos civiles, eclesiásticos y de rentas. Por manera que con una violación manifiesta de las leyes y de los pactos subsistentes, se han visto despojar[115] aquellos naturales de la autoridad constitucional que les daba su código.[116]

De cuanto he referido, será fácil colegir[117] que la América no estaba preparada para desprenderse de la metrópoli, como súbitamente sucedió por el efecto de las ilegítimas cesiones de Bayona;[118] por la inicua[119] guerra que la Regencia nos declaró sin derecho alguno para ello, no sólo por la falta de justicia, sino también de legitimidad. Sobre la naturaleza de los gobiernos españoles, sus decretos conminatorios[120] y hostiles, y el curso entero de su desesperada conducta, hay escritos del mayor mérito en el periódico *El Español,* cuyo autor es el señor Blanco;[121] y estando allí esta parte de nuestra historia muy bien tratada, me limito a indicarlo.

Los americanos han subido de repente, sin los conocimientos previos y lo que es más sensible sin la práctica de los negocios públicos, a representar en la escena del mundo las eminentes dignidades de legisladores, magistrados, administradores del erario,[122] diplomáticos, generales, y cuantas autoridades supremas y subalternas forman la jerarquía de un Estado organizado con regularidad.

Cuando las águilas francesas sólo respetaron los muros de la ciudad de Cádiz,[123] y con su vuelo arrollaron a los frágiles gobiernos de la Península, entonces quedamos en la orfandad. Ya antes habíamos sido entregados a la merced de un usurpador extranjero. Después, lisonjeados[124] con la justicia que se nos debía con esperanzas halagüeñas[125] siempre burladas;[126] por último, inciertos sobre nuestro destino futuro, y amenazados por la anarquía, a causa de la falta de un gobierno legítimo, justo y liberal, nos precipitamos en el caos de la revolución. En el primer momento sólo se cuidó de proveer a la seguridad interior, contra los enemigos que encerraba nuestro seno.[127] Luego se extendió a la seguridad exterior: se establecieron autoridades que sustituimos a las que acabábamos de deponer encargadas de dirigir el curso de nuestra revolución y de aprovechar la coyuntura[128] feliz en que nos fuese posible fundar un gobierno constitucional digno del presente siglo y adecuado a nuestra situación...

Todos los nuevos gobiernos marcaron sus primeros pasos con el establecimiento de juntas populares. Estas formaron en seguida reglamentos para la convocación de congresos que produjeron alteraciones importantes. Venezuela

---

[114]**enajenar** to alienate   [115]**despojar** to strip   [116]**código** law   [117]**colegir** to deduce   [118]**Bayona** In 1808, in the French city of Bayonne, Napoleon forced Charles IV of Spain to abdicate in favor of his brother Fernando VII.   [119]**inicua** unjust   [120]**conminatorios** menacing   [121]**Blanco** José María Blanco White (1774–1841), a Spanish exile who lived in London from where he published *Letters from Spain*   [122]**erario** treasury   [123]**Cádiz** Spanish city that resisted Napoleon's troops. Also where the Spanish Constitution of 1812 was written.   [124]**lisonjeados** flattered   [125]**halagüeñas** pleasing   [126]**burladas** frustrated   [127]**seno** womb   [128]**coyuntura** opportunity

erigió[129] un gobierno democrático y federal, declarando previamente los derechos del hombre, manteniendo el equilibrio de los poderes y estatuyendo[130] leyes generales en favor de la libertad civil, la imprenta y otras; finalmente se constituyó un gobierno independiente. La Nueva Granada siguió con uniformidad los establecimientos políticos y cuantas reformas hizo Venezuela, poniendo por base fundamental de su constitución el sistema federal más exagerado que jamás existió: recientemente se ha mejorado con respecto al Poder Ejecutivo general, que ha obtenido cuantas atribuciones le corresponden. Según entiendo, Buenos Aires y Chile han seguido esta misma línea de operaciones; pero como nos hallamos a tanta distancia, los documentos son tan raros, y las noticias tan inexactas, no me animaré ni aun a bosquejar[131] el cuadro de sus transacciones.

Los sucesos de México han sido demasiado varios, complicados, rápidos y desgraciados para que se puedan seguir en el curso de su revolución. Carecemos, además, de documentos bastante instructivos, que nos hagan capaces de juzgarlos. Los independientes de México por lo que sabemos, dieron principio a su insurrección en se[p]tiembre de 1810,[132] un año después ya tenían centralizado su gobierno en Zitácuaro,[133] instalando allí una junta nacional bajo los auspicios de Fernando VII, en cuyo nombre se ejercían las funciones gubernativas. Por los acontecimientos de la guerra, esta junta se trasladó a diferentes lugares, y es verosímil que se haya conservado hasta estos últimos momentos con las modificaciones que los sucesos hayan exigido. Se dice que ha creado un generalísimo o dictador que lo es el ilustre general Morelos;[134] otros hablan del célebre general Rayón,[135] lo cierto es que uno de estos dos grandes hombres o ambos separadamente ejercen la autoridad suprema en aquel país; y recientemente ha aparecido una constitución para el régimen del Estado.

Yo deseo más que otro alguno ver formar en América la más grande nación del mundo, menos por su extensión y riquezas que por su libertad y gloria. Aunque aspiro a la perfección del gobierno de mi patria, no puedo persuadirme que el Nuevo Mundo sea por el momento regido por una gran república; como es imposible, no me atrevo a desearlo; y menos deseo una monarquía universal de América, porque este proyecto sin ser útil, es también imposible. Los abusos que actualmente existen no se reformarían y nuestra regeneración sería infructuosa.[136] Los Estados americanos han menester de los cuidados de gobiernos paternales que curen las llagas[137] y las heridas del despotismo y la guerra. La metrópoli, por ejemplo, sería México, que es la única que puede serlo, por su poder intrínseco, sin el cual no hay metrópoli. Supongamos que fuese el istmo de Panamá punto

---

[129]**erigió** erected   [130]**estatuyendo** enacting   [131]**bosquejar** to outline   [132]**septiembre de 1810** On September 16, 1810, Father Miguel Hidalgo incited the men in his parish to fight for the independence of Mexico. This call by Hidalgo is known as *Grito de Dolores* and is considered to be the beginning of Mexico's war of independence.   [133]**Zitácuaro** Mexican city where on August 21, 1811, a council was formed to organize an army to fight against the Spanish rule   [134]**Morelos** José María Morelos (1780–1815), who led the Mexican rebellion against the Spaniards after the death of Hidalgo   [135]**Rayón** Ignacio Rayón (1773–1832), military leader who defeated the Spanish troops in Zitácuaro and was named president of its National Assembly   [136]**infructuosa** useless   [137]**llagas** wounds

céntrico para todos los extremos de este vasto continente, ¿no continuarían éstos en la languidez[138] y aun el desorden actual? Para que un solo gobierno dé vida, anime, ponga en acción todos los resortes de la prosperidad pública, corrija, ilustre y perfeccione el Nuevo Mundo, sería necesario que tuviese las facultades de un Dios, y cuando menos las luces y virtudes de todos los hombres.

El espíritu de partido que al presente agita a nuestros Estados se encendería entonces con mayor encono,[139] hallándose ausente la fuente del poder que únicamente puede reprimirlo. Además, los magnates de las capitales no sufrirán la preponderancia de los metropolitanos, a quienes considerarían como a otros tantos tiranos: sus celos llegarían hasta el punto de comparar a éstos con los odiosos españoles. En fin, una monarquía semejante sería un coloso deforme, que su propio peso desplomaría a la menor convulsión...

Voy a arriesgar el resultado de mis cavilaciones[140] sobre la suerte futura de la América: no la mejor, sino la que sea más asequible.

Por naturaleza de las localidades, riquezas, poblaciones y carácter de los mexicanos, imagino que intentarán al principio establecer una república representativa, en la cual tenga grandes atribuciones el poder ejecutivo, concentrándolo en un individuo que, si desempeña sus funciones con acierto[141] y justicia, casi naturalmente vendrá a conservar una autoridad vitalicia.[142] Si su incapacidad o violenta administración excita una conmoción popular que triunfe, este mismo poder ejecutivo quizás se difundirá en una asamblea...

Los Estados del istmo de Panamá hasta Guatemala formarán quizás una asociación. Esta magnífica posición entre los dos grandes mares podrá ser con el tiempo el emporio[143] del universo. Sus canales acortarán las distancias del mundo: estrecharán los lazos comerciales de Europa, América y Asia, traerán a tan feliz región los tributos de las cuatro partes del globo. ¡Acaso sólo allí podrá fijarse algún día la capital de la tierra! Como, pretendió Constantino[144] que fuese Bizancio la del antiguo hemisferio.

La Nueva Granada se unirá con Venezuela, si llegan a convenir en formar una república central, cuya capital sea Maracaibo[145] o una nueva ciudad que con el nombre de Las Casas (en honor de este héroe de la filantropía) se funde entre los confines de ambos países, en el soberbio puerto de Bahiahonda.[146] Esta posición, aunque desconocida, es muy ventajosa por todos respectos. Su acceso es fácil y su situación tan fuerte, que pueden hacerse inexpugnables. Posee un clima puro y saludable, un territorio tan propio para la agricultura como para la cría de ganados, y una grande abundancia de maderas de construcción. Los salvajes que la habitan serían civilizados, y nuestras posesiones se aumentarían con la adquisición de la Guajira.[147] Esta nación se llamaría Colombia como un tributo de gratitud y justicia al creador de nuestro hemisferio...

---

[138]**languidez** languor   [139]**encono** rancor   [140]**cavilaciones** ponderings   [141]**con acierto** success   [142]**vitalicia** for life   [143]**emporio** emporium   [144]**Constantino** Constantine I, known as *the Great* (277?-337). While emperor of Rome, Constantine moved the capital of the Roman Empire to Byzantium.   [145]**Maracaibo** port city of Venezuela   [146]**Bahiahonda** bay in Colombia   [147]**Guajira** Colombian peninsula

Poco sabemos de las opiniones que prevalecen en Buenos Aires, Chile y el Perú: juzgando por lo que se trasluce y por las apariencias, en Buenos Aires habrá un gobierno central en que los militares se lleven la primacía por consecuencia de sus divisiones intestinas[148] y guerras externas. Esta constitución degenerará necesariamente en una oligarquía o una monocracia, con más o menos restricciones, y cuya denominación nadie puede adivinar. Sería doloroso que tal cosa sucediera, porque aquellos habitantes son acreedores[149] a la más espléndida gloria.

El reino de Chile está llamado por la naturaleza de su situación, por las costumbres inocentes y virtuosas de sus moradores, por el ejemplo de sus vecinos, los fieros republicanos del Arauco, a gozar de las bendiciones que derraman[150] las justas y dulces leyes de una república. Si alguna permanece largo tiempo en América, me inclino a pensar que será la chilena. Jamás se ha extinguido allí el espíritu de libertad: los vicios de la Europa y del Asia llegarán tarde o nunca a corromper las costumbres de aquel extremo del universo. Su territorio es limitado: estará siempre fuera del contacto inficionado[151] del resto de los hombres; no alterará sus leyes, usos y prácticas; preservará su uniformidad en opiniones políticas y religiosas; en una palabra, Chile puede ser libre.

El Perú, por el contrario, encierra dos elementos enemigos de todo régimen justo y liberal: oro y esclavos. El primero lo corrompe todo; el segundo está corrompido por sí mismo. El alma de un siervo[152] rara vez alcanza a apreciar la sana libertad; se enfurece[153] en los tumultos o se humilla en las cadenas. Aunque estas reglas serían aplicables a toda la América, creo que con más justas razones las merece Lima por los conceptos que he expuesto y por la cooperación que ha prestado a sus señores contra sus propios hermanos los ilustres hijos de Quito, Chile y Buenos Aires. Es constante que el que aspira a obtener la libertad, a lo menos lo intente. Supongo que en Lima no tolerarán los ricos la democracia, ni los esclavos y pardos libertos la aristocracia: los primeros preferirán la tiranía de uno solo, por no padecer las persecuciones tumultuarias y por establecer un orden siquiera pacífico. Mucho hará si consigue recobrar su independencia.

De todo lo expuesto, podemos deducir estas consecuencias: las provincias americanas se hallan lidiando por emanciparse, al fin obtendrán el suceso; algunas se constituirán de un modo regular en repúblicas federales y centrales; se fundarán monarquías casi inevitablemente en las grandes secciones; y algunas serán tan infelices que devorarán sus elementos, ya en la actual, ya en las futuras revoluciones. Una gran monarquía no será fácil de consolidar: una gran república imposible.

Es una idea grandiosa pretender formar de todo el mundo nuevo una sola nación, con un solo vínculo que ligue sus partes entre sí y con el todo. Ya que tiene un origen, una lengua, unas costumbres y una religión, debería por consiguiente tener un solo gobierno que confederase los diferentes Estados que hayan de formarse; mas no es posible, porque climas remotos, situaciones diver-

---

[148]**intestinas** internal   [149]**acreedores** deserving   [150]**derraman** shed   [151]**inficionado** infected   [152]**siervo** slave   [153]**se enfurece** is enraged

sas, intereses opuestos, caracteres desemejantes[154] dividen a la América. ¡Qué bello sería que el istmo de Panamá fuese para nosotros lo que el de Corinto[155] para los griegos! Ojalá que algún día tengamos la fortuna de instalar allí un augusto congreso de los representantes de las repúblicas, reinos e imperios a tratar y discutir sobre los altos intereses de la paz y de la guerra, con las naciones de las otras tres partes del mundo. Esta especie de corporación podrá tener lugar en alguna época dichosa de nuestra regeneración; otra esperanza es infundada,[156] semejante a la del abate St. Pierre[157] que concibió el laudable delirio de reunir un congreso europeo, para discutir de la suerte y de los intereses de aquellas naciones...

Tales son, señor, las observaciones y pensamientos que tengo el honor de someter a usted para que los rectifique o deseche[158] según su mérito; suplicándole se persuada que me he atrevido a exponerlos, más por no ser descortés, que porque me crea capaz de ilustrar a usted en la materia.

Soy de Ud. etc.[159]

DESPUÉS DE LEER

1. ¿Qué preguntas contesta Bolívar?
2. ¿Qué ha ocurrido recientemente en las antiguas colonias españolas?
3. ¿Cuál es la actitud de Bolívar hacia la dominación española?
4. ¿Cómo estaban divididas las antiguas colonias durante el dominio español?
5. ¿Cómo se llevó a cabo la explotación de la América hispana?
6. Bolívar señala que "El rey se comprometió a no enajenar jamás las provincias americanas, como que a él no tocaba otra jurisdicción que la del alto dominio, siendo una especie de propiedad feudal la que allí tenían los conquistadores para sí y sus descendientes". ¿Qué nos quiere decir Bolívar con esta frase?
7. Según Bolívar, ¿pueden gobernarse democráticamente los nuevos países dada la herencia política española? Sea específico.
8. ¿De qué culpa Bolívar a los países europeos y a los Estados Unidos? ¿Piensa usted que esta misma crítica se puede hacer hoy día con respecto a los conflictos políticos en Europa, el Medio Oriente, África, etc.?
9. ¿Qué ocurrió en España a principios del siglo XIX?
10. ¿Cómo proyecta Bolívar el futuro de las antiguas colonias? Dada la historia política de los países hispanoamericanos, ¿cree que su sueño es posible? ¿Desde una perspectiva económica?
11. Analice el estilo narrativo de Simón Bolívar.

---

[154]**desemejantes** diverse   [155]**Corinto** Corinth or Corinthia, a region of ancient Greece occupying most of the Isthmus of Corinth   [156]**infundada** instilled   [157]**St. Pierre** Charles Saint-Pierre (1658–1743), author of *Projet de paix perpétuelle*   [158]**deseche** discard them   [159]**Soy de Ud. etc.** Very truly yours

ALGUNOS ESTUDIOS DE INTERÉS

Balaunde, Víctor Andrés. *Bolívar and the Political Thought of the Spanish American Revolution.* Baltimore, Maryland: Johns Hopkins University Press, 1966.

Conway, Christopher. "Espíritu de las leyes, espíritu bolivariano: Apuntes sobre la 'diatriba' en la obra de Simón Bolívar". *Torre de papel* 2:2 (1992): 40–50.

Echeverri Mejía, Oscar. "Simón Bolívar, educador, escritor y poeta". *Boletín de la Academia Colombiana* 32:138 (1982): 269–284.

García Barron, Carlos. "Bolívar o el espíritu del Libertador". *Revista de Teoría Literaria* 8:16 (1883): 273–283.

Maldonado-Denis, Manuel. "Vigencia de Bolívar en el Caribe contemporáneo". *Casa de las Américas* 23:138 (1983): 31–37.

Marichal, Juan. "Bolívar and the Age of Constitutions". *Harvard Library Bulletin* 32 (1984): 176–189.

Mazzei de Grazia, Leonardo. "Simón Bolívar y el ideal unitario". *Atenea* 447 (1983): 17–35.

Pérez Villá, Manuel. *La formación intelectual de Bolívar.* Caracas, Venezuela: Sociedad Bolivariana de Venezuela, 1964.

Pividal Padrón, Francisco. "Bolívar y Martí: Un mismo pensamiento latino-americano". *Casa de las Américas* 23:138 (1983): 104–108.

Esteban Echeverría

(1805, Buenos Aires, Argentina–1851, Montevideo, Uruguay)

Esteban Echeverría es considerado el iniciador del romanticismo latinoamericano. Este movimiento rompió con las reglas neoclásicas y propuso la libertad en el arte. También abogó por la libertad individual y nacional así como por una literatura que fuera expresión del pueblo y reflejo de su naturaleza y del carácter nacional.

Al igual que otros intelectuales argentinos de su generación, Echeverría luchó contra la dictadura de Juan Manuel Rosas (1793-1877), jefe del partido Federal y gobernador de la provincia de Buenos Aires. Con esa finalidad organizó la Asociación de Mayo, conocida también como la Joven Argentina. Los ideales perseguidos por esa agrupación encontraban su fundamento en las aspiraciones nacionales de la Revolución de Mayo de 1810 y quedaron expuestos en el documento político y literario, liberal y romántico escrito por Echeverría y titulado *Dogma socialista de la Asociación de Mayo* (1846). Para Echeverría, como para otros intelectuales de la época (Domingo Faustino Sarmiento [1811-1888], Bartolomé Mitre [1821-1906], José Mármol [1818-1871] y Juan Bautista Alberdi [1810-1884]), el gran conflicto político argentino se originaba en la lucha entre la civilización y la barbarie: la primera, simbolizada en la ciudad, fuente civilizadora y la segunda en el campo, donde imperaban la violencia y el caciquismo. Para los jóvenes de la Asociación de Mayo, Juan Manuel Rosas representaba la barbarie.

Echeverría dejó profundas huellas en la vida literaria y política argentina. Escribió poesía y prosa si bien se destacó más en ésta. Su obra más conocida, *El matadero*, denuncia el gobierno de Rosas. Entre sus libros de poesía se citan: *Elvira o la novia del Plata* (1832), *Los consuelos* (1834) y *Rimas* (1837), libro que contiene "La cautiva", poema que indica la nueva orientación del romanticismo argentino.

AL LEER CONSIDERE LO SIGUIENTE:

—el tono irónico del relato
—el matadero como metáfora y acusación contra el gobierno de Rosas
—el papel de la iglesia católica romana
—el conflicto político entre los federales y los unitarios
—la posición política del autor

En "El matadero" se observa una fuerte crítica al gobierno de Juan Manuel Rosas. El matadero es una metáfora acusatoria de su gobierno y en él, Echeverría contrapone la lucha entre los partidos políticos representados por la lucha entre la civilización y la barbarie.

El matadero[1]

જી

A pesar de que la mía es historia, no la empezaré por el arca de Noé y la genealogía de sus ascendientes como acostumbraban hacerlo los antiguos historiadores españoles de América, que deben ser nuestros prototipos. Tengo muchas razones para no seguir ese ejemplo, las que callo por no ser difuso.[2] Diré solamente que los sucesos de mi narración pasaban por los años de Cristo de 183... Estábamos, a más, en cuaresma,[3] época en que escasea la carne en Buenos Aires, porque la Iglesia, adoptando el precepto de Epicteto,[4] *sustine, abstine* (sufre, abstente), ordena vigilia y abstinencia a los estómagos de los fieles a causa de que la carne es pecaminosa,[5] y, como dice el proverbio, busca a la carne. Y como la Iglesia tiene *ab initio* y por delegación directa de Dios, el imperio inmaterial sobre las conciencias y los estómagos, que en manera alguna pertenecen al individuo, nada más justo y racional que vede[6] lo malo.

Los abastecedores,[7] por otra parte, buenos federales,[8] y por lo mismo buenos católicos, sabiendo que el pueblo de Buenos Aires atesora[9] una docilidad singular para someterse a toda especie de mandamiento, sólo traen en días cuaresmales al matadero los novillos[10] necesarios para el sustento de los niños y los enfermos dispensados[11] de la abstinencia por la bula[12] y no con el ánimo de que se harten[13] algunos herejotes,[14] que no faltan, dispuestos siempre a violar los mandamientos carnificinos de la Iglesia, y a contaminar la sociedad con el mal ejemplo.

Sucedió, pues, en aquel tiempo, una lluvia muy copiosa. Los caminos se ane-

---

[1]**matadero** slaughterhouse [2]**difuso** broad [3]**cuaresma** Lent [4]**Epicteto** Epictetus (A.D. 55–135), Greek stoic philosopher [5]**pecaminosa** sinful [6]**vede** forbid [7]**abastecedores** providers [8]**federales** followers of Juan Manuel Rosas (1793–1877), governor of the province of Buenos Aires. Rosas was opposed by the *unitarios*. [9]**atesora** possesses [10]**novillos** young bulls [11]**dispensados** excused [12]**bula** indulgence granted by the Church [13]**se harten** to satisfy [14]**herejotes** incorrigible heretics

garon;[15] los pantanos[16] se pusieron a nado y a las calles de entrada y salida a la ciudad rebosaban en acuoso barro.[17] Una tremenda avenida se precipitó de repente por el Riachuelo de Barracas,[18] y extendió majestuosamente sus turbias aguas hasta el pie de las barrancas del Alto.[19] El Plata, creciendo embravecido, empujó esas aguas que venían buscando su cauce[20] y las hizo correr hinchadas por sobre campos, terraplenes,[21] arboledas,[22] caseríos,[23] y extenderse como un lago inmenso por todas las bajas tierras. La ciudad circunvalada del norte al oeste por una cintura de agua y barro, y al sud por un piélago[24] blanquecino en cuya superficie flotaban a la ventura algunos barquichuelos[25] y negreaban las chimeneas y las copas de los árboles, echaba desde sus torres y barrancas atónitas[26] miradas al horizonte como implorando la protección del Altísimo. Parecía el amago[27] de un nuevo diluvio. Los beatos y beatas[28] gimoteaban[29] haciendo novenarios y continuas plegarias.[30] Los predicadores atronaban el templo y hacían crujir el púlpito a puñetazos.[31] "Es el día del juicio —decían—, el fin del mundo está por venir. La cólera divina rebosando se derrama en inundación.[32] ¡Ay de vosotros, pecadores! ¡Ay de vosotros, unitarios[33] impíos[34] que os mofáis[35] de la Iglesia, de los santos, y no escucháis con veneración la palabra de los ungidos[36] del Señor! ¡Ay de vosotros si no imploráis misericordia al pie de los altares! Llegará la hora tremenda del vano crujir de dientes y de las frenéticas imprecaciones.[37] Vuestra impiedad, vuestras herejías, vuestras blasfemias, vuestros crímenes horrendos, han traído sobre nuestra tierra las plagas del Señor. La justicia del Dios de la Federación os declarará malditos".[38]

Las pobres mujeres salían sin aliento, anonadadas del templo, echando, como era natural, la culpa de aquella calamidad a los unitarios.

Continuaba, sin embargo, lloviendo a cántaros, y la inundación crecía, acreditando el pronóstico de los predicadores. Las campanas comenzaron a tocar rogativas[39] por orden del muy católico Restaurador[40] quien parece no las tenía todas consigo.[41] Los libertinos, los incrédulos, es decir, los unitarios, empezaron a amedrentarse[42] al ver tanta cara compungida,[43] oír tanta batahola[44] de imprecaciones. Se hablaba ya, como de cosa resuelta, de una procesión en que debía ir toda la población descalza y a cráneo descubierto, acompañando al Altísimo, llevado bajo palio por el obispo, hasta la barranca de Balcarce[45] donde millares de voces, conjurando al demonio unitario de la inundación, debían implorar la misericordia divina.

---

[15]**anegaron** flooded   [16]**pantanos** bogs   [17]**acuoso barro** watery mud   [18]**Barracas** small river that runs into the Rio de la Plata which flows through Buenos Aires   [19]**Alto** suburb of Buenos Aires, originally called Alto de San Pedro   [20]**cauce** riverbed   [21]**terraplenes** embankments   [22]**arboledas** groves   [23]**caseríos** hamlets   [24]**piélago** sea   [25]**barquichuelos** small boats   [26]**atónitas** astonished   [27]**amago** sign   [28]**beatas** devout women   [29]**gimoteaban** whimpered   [30]**plegarias** prayers   [31]**a puñetazos** pounding their fists   [32]**inundación** flood   [33]**unitarios** Argentinian political party opposed to Rosas, supporters of a strong centralized government   [34]**impíos** irreligious, irreverent   [35]**mofáis** mock   [36]**ungidos** anointed   [37]**imprecaciones** curses   [38]**malditos** damned   [39]**rogativas** supplicatory   [40]**Restaurador** name used by Rosas which implied that he was a Restorer of the law   [41]**no ... consigo** was not mentally fit   [42]**amedrentarse** to become scared   [43]**compungida** sorrowful   [44]**batahola** uproar   [45]**Balcarce** neighborhood of Buenos Aires

Feliz, o mejor, desgraciadamente, pues la cosa habría sido de verse, no tuvo efecto la ceremonia, porque bajando el Plata, la inundación se fue poco a poco escurriendo[46] en su immenso lecho, sin necesidad de conjuro ni plegarias.

Lo que hace principalmente a mi historia es que por causa de la inundación estuvo quince días el matadero de la Convalecencia[47] sin ver una sola cabeza vacuna,[48] y que en uno o dos, todos los bueyes de quinteros[49] y *aguateros*[50] se consumieron en el abasto[51] de la ciudad. Los pobres niños y enfermos se alimentaban con huevos y gallinas, y los gringos[52] y herejotes bramaban por el *beefsteak* y el asado. La abstinencia de carne era general en el pueblo, que nunca se hizo más digno de la bendición de la Iglesia, y así fue que llovieron sobre él millones y millones de indulgencias plenarias. Las gallinas se pusieron a 6 pesos y los huevos a 4 reales, y el pescado carísimo. No hubo en aquellos días cuaresmales promiscuaciones ni excesos de gula;[53] pero, en cambio, se fueron derecho al cielo innumerables ánimas, y acontecieron cosas que parecen soñadas.

No quedó en el matadero ni un solo ratón vivo de muchos millares que allí tenían albergue.[54] Todos murieron o de hambre o ahogados en sus cuevas por la incesante lluvia. Multitud de negras rebusconas de *achuras,*[55] como los caranchos[56] de presa, se desbandaron por la ciudad como otras tantas arpías[57] prontas a devorar cuanto hallaran comible. Las gaviotas[58] y los perros, inseparables rivales suyos en el matadero, emigraron en busca de alimento animal. Porción de viejos achacosos[59] cayeron en consunción por falta de nutritivo caldo; pero lo más notable que sucedió fue el fallecimiento casi repentino de unos cuantos gringos herejes, que cometieron el desacato[60] de darse un hartazgo de chorizos de Extremadura,[61] jamón y bacalao, y se fueron al otro mundo a pagar el pecado cometido por tan abominable promiscuación.

Algunos médicos opinaron que si la carencia de carne continuaba, medio pueblo caería en síncope[62] por estar los estómagos acostumbrados a su corroborante[63] jugo; y era de notar el contraste entre estos tristes pronósticos de la ciencia y los anatemas lanzados desde el púlpito por los reverendos padres contra toda clase de nutrición animal y de promiscuación en aquellos días destinados por la Iglesia al ayuno y la penitencia. Se originó de aquí una especie de guerra intestina entre los estómagos y las conciencias, atizada[64] por el inexorable apetito, y las no menos inexorables vociferaciones de los ministros de la Iglesia, quienes, como es su deber, no transigen[65] con vicio alguno que tienda a relajar las costumbres católicas; a lo que se agregaba el estado de flatulencia intestinal de los habitantes, producido por el pescado y los porotos[66] y otros alimentos algo indigestos.

---

[46]**escurriendo** draining   [47]**Convalecencia** place where livestock was killed in order to provide the city with meat   [48]**cabeza vacuna** head of cattle   [49]**quinteros** land tenants   [50]*aguateros* water vendors   [51]**abasto** supplying   [52]**gringos** foreigners   [53]**gula** gluttony   [54]**albergue** shelter   [55]*achuras* entrails of cattle   [56]**caranchos** birds of prey   [57]**arpías** birds with the face of a woman and the body of a bird of prey   [58]**gaviotas** seagulls   [59]**achacosos** sickly   [60]**desacato** irreverence   [61]**Extremadura** Spanish region situated in the western part of Spain   [62]**síncope** fainting spells   [63]**corroborante** invigorating   [64]**atizada** roused   [65]**transigen** tolerate   [66]**porotos** beans

Esta guerra se manifestaba por sollozos y gritos descompasados[67] en la perorración[68] de los sermones y por rumores y estruendos subitáneos[69] en las casas y calles de la ciudad o dondequiera concurrían gentes. Alarmóse un tanto el gobierno, tan paternal como previsor del Restaurador, creyendo aquellos tumultos de origen revolucionario y atribuyéndolos a los mismos salvajes[70] unitarios, cuyas impiedades, según los predicadores federales, habían traído sobre el país la inundación de la cólera divina; tomó activas providencias, desparramó a sus esbirros[71] por la población, y por último, bien informado, promulgó un decreto tranquilizador de las conciencias y de los estómagos, encabezado por un considerando muy sabio y piadoso para que a todo trance,[72] y arremetiendo[73] por agua y todo, se trajese ganado a los corrales.

En efecto, el decimosexto día de la carestía,[74] víspera del día de Dolores, entró a vado por el paso de Burgos al matadero del Alto una tropa de cincuenta novillos gordos; cosa poca por cierto para una población acostumbrada a consumir diariamente de 250 a 300, a cuya tercera parte al menos gozaría del fuero eclesiástico de alimentarse con carne. ¡Cosa extraña que haya estómagos sujetos a leyes inviolables y que la Iglesia tenga la llave de los estómagos!

Pero no es extraño, supuesto que el diablo con la carne suele meterse en el cuerpo y que la Iglesia tiene el poder de conjurarlo:[75] el caso es reducir al hombre a una máquina cuyo móvil principal no sea su voluntad sino la de la Iglesia y el gobierno. Quizá llegue el día en que sea prohibido respirar aire libre, pasearse y hasta conversar con un amigo, sin permiso de autoridad competente. Así era, poco más o menos, en los felices tiempos de nuestros beatos abuelos, que por desgracia vino a turbar la revolución de Mayo.[76]

Sea como fuera, a la noticia de la providencia gubernativa, los corrales del Alto se llenaron, a pesar del barro, de carniceros, de achuradores[77] y de curiosos, quienes recibieron con grandes vociferaciones[78] y palmoteos[79] los cincuenta novillos destinados al matadero.

—Chica, pero gorda —exclamaban—. ¡Viva la Federación! ¡Viva el Restaurador!

Porque han de saber los lectores que en aquel tiempo la Federación estaba en todas partes, hasta entre las inmundicias[80] del matadero, y no había fiesta sin Restaurador como no hay sermón sin San Agustín.[81] Cuentan que al oír tan desaforados gritos las últimas ratas que agonizaban de hambre en sus cuevas, se reanimaron[82] y echaron a correr desatentadas,[83] conociendo que volvían a aquellos lugares la acostumbrada alegría y la algazara[84] precursora de abundancia.

El primer novillo que se mató fue todo entero de regalo al Restaurador, hom

---

[67]**descompasados** extreme [68]**peroración** speech [69]**estruendos subitáneos** unexpected uproar [70]**salvajes** uncultured [71]**esbirros** henchmen [72]**a todo trance** at any cost [73]**arremetiendo** going at it [74]**carestía** scarcity [75]**conjurarlo** exorcise [76]**revolución de Mayo** refers to Argentina's first step toward independence from Spain [77]*achuradores* people that took the entrails of the cattle without having to pay [78]**vociferaciones** loud voices [79]**palmoteos** clapping [80]**inmundicias** filth [81]**San Agustín** Christian philosopher (354–430) [82]**reanimaron** came to life [83]**desatentadas** disoriented [84]**algazara** uproar

bre muy amigo del asado.[85] Una comisión de carniceros marchó a ofrecérselo en nombre de los federales del matadero, manifestándole *in voce* su agradecimiento por la acertada providencia del gobierno, su adhesión ilimitada al Restaurador y su odio entrañable a los salvajes unitarios, enemigos de Dios y de los hombres. El Restaurador contestó a la arenga,[86] *rinforzando* sobre el mismo tema, y concluyó la ceremonia con los correspondientes vivas[87] y vociferaciones de los espectadores y actores. Es de creer que el Restaurador tuviese permiso especial de su Ilustrísima[88] para no abstenerse de carne, porque siendo tan buen observador de las leyes, tan buen católico y tan acérrimo[89] protector de la religión, no hubiera dado mal ejemplo aceptando semejante regalo en día santo.

Siguió la matanza, y en un cuarto de hora cuarenta y nueve novillos se hallaban tendidos en la plaza del matadero, desollados[90] unos, los otros por desollar. El espectáculo que ofrecía entonces era animado y pintoresco, aunque reunía todo lo horriblemente feo, inmundo y deforme de una pequeña clase proletaria peculiar del Río de la Plata. Pero para que el lector pueda percibirlo a un golpe de ojo, preciso es hacer un croquis[91] de la localidad.

El matadero de la Convalecencia o del Alto, sito[92] en las quintas[93] al sur de la ciudad, es una gran playa en forma rectangular, colocada al extremo de dos calles, una de las cuales allí termina y la otra se prolonga hasta el este. Esta playa, con declive al sur, está cortada por un zanjón[94] labrado por la corriente de las aguas pluviales, en cuyos bordes laterales se muestran innumerables cuevas de ratones y cuyo cauce recoge en tiempo de lluvia toda la sangraza seca o reciente del matadero. En la junción del ángulo recto, hacia el oeste, está lo que llaman la casilla, edificio bajo, de tres piezas de media agua con corredor al frente que da a la calle y palenque[95] para atar caballos, a cuya espalda se notan varios corrales de palo a pique de ñandubay[96] con sus fornidas[97] puertas para encerrar el ganado.

Estos corrales son en tiempo de invierno un verdadero lodazal,[98] en el cual los animales apeñuscados[99] se hunden hasta el encuentro, y quedan como pegados y casi sin movimiento. En la casilla se hace la recaudación del impuesto[100] de corrales, se cobran las multas por violación de reglamentos y se sienta el juez del matadero, personaje importante, caudillo de los carniceros y que ejerce la suma del poder en aquella pequeña república, por delegación del Restaurador. Fácil es calcular qué clase de hombre se requiere para el desempeño[101] de semejante cargo. La casilla, por otra parte, es un edificio tan ruin[102] y pequeño que nadie lo notaría en los corrales a no estar asociado su nombre al del terrible juez y no resaltar sobre su blanca cintura los siguientes letreros rojos: "Viva la Federación", "Viva el Restaurador y la heroica doña Encarnación Ezcurra", "Mueran los salvajes unitarios". Letreros muy significativos, símbolo de la fe política y religiosa de

---

[85]**asado** barbecue (outdoor party)   [86]**arenga** excited speech   [87]**vivas** shouts of acclamation   [88]**Ilustrísima** reference to the Bishop   [89]**acérrimo** strong   [90]**desollados** skinned   [91]**croquis** sketch   [92]**sito** located   [93]**quintas** farms   [94]**zanjón** deep ditch   [95]**palenque** hitching post   [96]**pique de ñandubay** tree resistant to water   [97]**fornidas** robust   [98]**lodazal** mudhole   [99]**apeñuscados** crowded in   [100]**recaudación del impuesto** tax collecting   [101]**desempeño** execution   [102]**ruin** vile

la gente del matadero. Pero algunos lectores no sabrán que la tal heroína es la difunta esposa del Restaurador, patrona muy querida de los carniceros, quienes, ya muerta, la veneraban por sus virtudes cristianas y su federal heroísmo en la revolución contra Balcarce.[103] Es el caso que en un aniversario de aquella memorable hazaña de la mazorca,[104] los carniceros festejaron con un espléndido banquete en la casilla de la heroína, banquete a que concurrió con su hija y otras señoras federales, y que allí, en presencia de un gran concurso, ofreció a los señores carniceros en un solemne brindis su federal patrocinio, por cuyo motivo ellos la proclamaron entusiasmados patrona del matadero, estampando su nombre en las paredes de la casilla, donde estará hasta que lo borre la mano del tiempo.

La perspectiva del matadero a la distancia era grotesca, llena de animación. Cuarenta y nueve reses estaban tendidas sobre sus cueros, y cerca de doscientas personas hollaban[105] aquel suelo de lodo regado con la sangre de sus arterias. En torno de cada res resaltaba un grupo de figuras humanas de tez y raza distinta. La figura más prominente de cada grupo era el carnicero con el cuchillo en mano, brazo y pecho desnudos, cabello largo y revuelto, camisa y chiripá[106] y rostro embadurnado[107] de sangre. A sus espaldas se rebullían,[108] caracoleando[109] y siguiendo los movimientos, una comparsa[110] de muchachos, de negras y mulatas achuradoras, cuya fealdad trasuntaba las arpías de la fábula, y entremezclados con ellas algunos enormes mastines,[111] olfateaban,[112] gruñían[113] o se daban de tarascones[114] por la presa. Cuarenta y tantas carretas, toldadas con negruzco y pelado cuero, se escalonaban irregularmente a lo largo de la playa, y algunos jinetes con el poncho calado[115] y el lazo prendido al tiento cruzaban por entre ellas al tranco[116] o reclinados sobre el pescuezo de los caballos echaban ojo indolente sobre uno de aquellos animados grupos, al paso que, más arriba, en el aire, un enjambre de gaviotas blanquiazules, que habían vuelto de la emigración al olor de la carne, revoloteaban,[117] cubriendo con su disonante graznido[118] todos los ruidos y voces del matadero y proyectando una sombra clara sobre aquel campo de horrible carnicería. Esto se notaba al principio de la matanza.

Pero a medida que adelantaba, la perspectiva variaba; los grupos se deshacían, venían a formarse tomando diversas actitudes y se desparramaban corriendo como si en medio de ellos cayese alguna bala perdida, o asomase la quijada de algún encolerizado mastín. Esto era que el carnicero en un grupo descuartizaba a golpe de hacha,[119] colgaba en otros los cuartos en los ganchos de su carreta, des-

---

[103]**Balcarce** Argentinian general Juan Ramón Balcarce (1773–1835), expelled from the government in 1833 by Rosas   [104]**mazorca** group of loyal supporters of Rosas who committed violent crimes on his behalf. *Mazorca*, pronounced *"más horca"* (more hangings), refers to the numerous killings that were taking place.   [105]**hollaban** treaded upon   [106]**chiripá** cloth worn in the countryside around the legs and secured at the waist   [107]**embadurnado** smeared   [108]**rebullían** were beginning to move about   [109]**caracoleando** turning about   [110]**comparsa** group dressed alike (at carnival time)   [111]**mastines** dogs   [112]**olfateaban** sniffed   [113]**gruñían** grunted   [114]**se daban de tarascones** bit each other   [115]**calado** embroidered   [116]**al tranco** hurriedly   [117]**revoloteaban** fluttered   [118]**graznido** croaking   [119]**hacha** ax

pellejaba[120] en éste, sacaba el sebo[121] en aquél; de entre la chusma[122] que ojeaba y aguardaba la presa de achura, salía de cuando en cuando una mugrienta[123] mano a dar un tarazón con el cuchillo al sebo o a los cuartos de la res, lo que originaba gritos y explosión de cólera del carnicero y el contínuo hervidero de los grupos, dichos y gritería descompasada de los muchachos.

—Ahí se mete el sebo en las tetas, la tipa —gritaba uno.

—Aquél lo escondió en el alzapón —replicaba la negra.

—Che,[124] negra bruja, salí de aquí antes de que te pegue un tajo[125] —exclamaba el carnicero.

—¿Qué le hago, ño[126] Juan? ¡No sea malo! Yo no quiero sino la panza[127] y las tripas.

—Son para esa bruja: a la m…

—¡A la bruja! ¡A la bruja! —repitieron los muchachos—. ¡Se lleva la riñonada y el tongorí![128] —Y cayeron sobre su cabeza sendos cuajos de sangre y tremendas pelotas de barro.

Hacia otra parte, entretanto, dos africanas llevaban arrastrando las entrañas de un animal; allá una mulata se alejaba con un ovillo[129] de tripas y resbalando de repente sobre un charco de sangre, caía a plomo, cubriendo con su cuerpo la codiciada presa. Acullá[130] se veían acurrucadas en hileras 400 negras destejiendo sobre las faldas el ovillo y arrancando, uno a uno, los sebitos que el avaro cuchillo del carnicero había dejado en la tripa como rezagados, al paso que otras vaciaban panzas y vejigas[131] y las henchían de aire de sus pulmones para depositar en ellas, luego de secas, la achura.

Varios muchachos, gambeteando[132] a pie y a caballo, se daban de vejigazos o se tiraban bolas de carne, desparramando con ellas y su algazara la nube de gaviotas que, columpiándose en el aire, celebraban chillando la matanza. Oíanse a menudo, a pesar del veto del Restaurador y de la santidad del día, palabras inmundas[133] y obscenas, vociferaciones preñadas[134] de todo el cinismo bestial que caracteriza a la chusma de nuestros mataderos, con las cuales no quiero regalar a los lectores.

De repente caía un bofe[135] sangriento sobre la cabeza de alguno, que de allí pasaba a la de otro, hasta que algún deforme mastín lo hacía buena presa, y una cuadrilla de otros, por si estrujo o no estrujo,[136] armaba una tremenda de gruñidos y mordiscones. Alguna tía vieja salió furiosa en persecución de un muchacho que le había embadurnado el rostro[137] con sangre, y acudiendo a sus gritos y puteadas los compañeros del rapaz,[138] la rodeaban y azuzaban[139] como los perros al toro, y llovían sobre ella zoquetes de carne, bolas de estiércol,[140] con groseras carcajadas y gritos frecuentes, hasta que el juez mandaba restablecer el orden y despejar el campo.

---

[120]**despellejaba** skinned   [121]**sebo** fat   [122]**chusma** mob   [123]**mugrienta** dirty   [124]**che** hey   [125]**te pegue un tajo** I cut you   [126]**ño** señor   [127]**panza** belly   [128]**tongorí** part of an animal's intestines   [129]**ovillo** snarl   [130]**acullá** over there   [131]**vejigas** bladders   [132]**gambeteando** prancing about   [133]**inmundas** indecent   [134]**preñadas** full of   [135]**bofe** lung   [136]**por si estrujo o no estrujo** in case I grab some or not   [137]**rostro** face   [138]**rapaz** young boy   [139]**la azuzaban** teased her   [140]**estiércol** manure

Por un lado dos muchachos se adiestraban en el manejo del cuchillo, tirándose horrendos tajos y reveses; por otro, cuatro, ya adolescentes, ventilaban a cuchilladas el derecho a una tripa gorda y un mondongo[141] que habían robado a un carnicero; y no de ellos distante, porción de perros, flacos ya de la forzosa abstinencia, empleaban el mismo medio para saber quién se llevaría un hígado envuelto en barro. Simulacro en pequeño era éste del modo bárbaro con que se ventilan en nuestro país las cuestiones y los derechos individuales y sociales. En fin, la escena que se representaba en el matadero era para vista, no para escrita.

Un animal había quedado en los corrales, de corta y ancha cerviz, de mirar fiero, sobre cuyos órganos genitales no estaban conformes los pareceres, porque tenía apariencias de toro y de novillo. Llególe la hora. Dos enlazadores[142] a caballo penetraron en el corral en cuyo contorno hervía la chusma a pie, a caballo y horqueteada[143] sobre sus nudosos[144] palos. Formaban en la puerta el más grotesco y sobresaliente grupo, varios pialadores[145] y enlazadores de a pie con el brazo desnudo y armado del certero lazo, la cabeza cubierta con un pañuelo punzó[146] y chaleco[147] y chiripá colorado, teniendo a sus espaldas varios jinetes y espectadores de ojo escrutador y anhelante.

El animal, prendido ya al lazo por las astas,[148] bramaba echando espuma furibundo, y no había demonio que lo hiciera salir del pegajoso barro, donde estaba como clavado y era imposible pialarlo.[149] Gritábanle, lo azuzaban en vano con las mantas y pañuelos los muchachos que estaban prendidos sobre las horquetas[150] del corral, y era de oír la disonante batahola de silbidos, palmadas y voces, tiples y roncas que se desprendían de aquella singular orquesta.

Los dicharachos,[151] las exclamaciones chistosas y obscenas rodaban de boca en boca, y cada cual hacía alarde espontáneamente de su ingenio y de su agudeza, excitado por el espectáculo o picado por el aguijón de alguna lengua locuaz.

—Hi de p...en el toro.

—Al diablo los torunos del Azul.

—Malhaya[152] el tropero[153] que nos da gato por liebre.

—Si es novillo.

—¿No está viendo que es toro viejo?

—Como toro le ha de quedar ¡Muéstreme los c... si le parece, c... o!

—Ahí los tiene entre las piernas. ¿No los ve, amigo, más grandes que la cabeza de su castaño, o se ha quedado ciego en el camino?

—Su madre sería la ciega, pues que tal hijo ha parido. ¿No ve que todo ese bulto es barro?

—Es emperrado[154] y arisco[155] como un unitario.

Y al oír esta mágica palabra, todos a una voz exclamaron: —¡Mueran los salvajes unitarios!

---

[141]**mondongo** piece of tripe [142]**enlazadores** lassoers [143]**horqueteada (a horcajadas)** astride [144]**nudosos** knotty [145]**pialadores** people that lasso the legs of an animal to immobilize it [146]**punzo** flaming red [147]**chaleco** vest, waistcoat [148]**astas** horns [149]**pialarlo** to lasso the animal by its feet [150]**horquetas** pitchforks [151]**dicharachos** vulgarities [152]**malhaya** cursed be [153]**tropero** cowboy [154]**emperrado** stubborn [155]**arisco** surly

—Para el tuerto[156] los h...

—Sí, para el tuerto, que es hombre de c... para pelear con los unitarios. El matambre[157] a Matasiete, degollador de unitarios. ¡Viva Matasiete!

—A Matasiete el matambre.

—Allá va —gritó una voz ronca, interrumpiendo aquellos desahogos de la cobardía feroz—. ¡Allá va el toro!

—¡Alerta! ¡Guarda los de la puerta! ¡Allá va furioso como un demonio!

Y en efecto, el animal acosado por los gritos y sobre todo por dos picanas[158] agudas que le espoleaban[159] la cola, sintiendo flojo el lazo, arremetió bufando[160] a la puerta, lanzando a entrambos lados una rojiza y fosfórica mirada. Diole el tirón el enlazador sentando su caballo, desprendió el lazo del asta, crujió por el aire un áspero zumbido[161] y al mismo tiempo se vio rodar desde lo alto de una horqueta del corral, como si un golpe de hacha lo hubiese dividido a cercén,[162] una cabeza de niño cuyo tronco permaneció inmóvil sobre su caballo de palo, lanzando por cada arteria un largo chorro de sangre.

—¡Se cortó el lazo![163] —gritaron unos—. ¡Allá va el toro!

Pero otros, deslumbrados y atónitos, guardaron silencio, porque todo fue como un relámpago.

Desparramóse un tanto el grupo de la puerta. Una parte se agolpó sobre la cabeza y el cadáver palpitante del muchacho degollado[164] por el lazo, manifestando horror en su atónito semblante, y la otra parte, compuesta de jinetes que no vieron la catástrofe, se escurrió en distintas direcciones en pos del toro, vociferando y gritando: ¡Allá va el toro! ¡Atajen! ¡Guarda! ¡Enlaza, Sietepelos! ¡Que te agarra, Botija! ¡Va furioso; no se le pongan delante! ¡Ataja,[165] ataja, Morado! ¡Dale espuela al mancarrón![166] ¡Ya se metió en la calle sola! ¡Que lo ataje el diablo!

El tropel[167] y vociferería era infernal. Unas cuantas negras achuradoras, sentadas en hilera al borde del zanjón, oyendo el tumulto se acogieron y agazaparon entre las panzas y tripas que desenredaban[168] y devanaban con la paciencia de Penélope,[169] lo que sin duda las salvó, porque el animal lanzó al mirarlas un bufido aterrador, dio un brinco sesgado[170] y siguió adelante perseguido por los jinetes. Cuentan que una de ellas se fue de cámaras;[171] otra rezó diez salves[172] en dos minutos, y dos prometieron a San Benito no volver jamás a aquellos malditos corrales y abandonar el oficio de achuradoras. No se sabe si cumplieron la promesa.

El toro, entretanto, tomó la ciudad por una larga y angosta calle que parte de la punta más aguda del rectángulo anteriormente descripto, calle encerrada por una zanja y un cerco de tunas,[173] que llaman *sola* por no tener más de dos casas laterales, y en cuyo aposado centro había un profundo pantano que tomaba de

---

[156]**tuerto** one-eyed person   [157]**matambre** meat of the cattle found between the ribs and the skin   [158]**picanas** goads   [159]**espoleaban** to spur   [160]**bufando** snorting   [161]**zumbido** buzzing   [162]**a cercén** completely   [163]**lazo** lasso   [164]**degollado** with his throat cut   [165]**ataja** stop [166]**mancarrón** skinny old horse   [167]**tropel** mob   [168]**desenredaban** untangled   [169]**Penélope** reference to Ulysses's wife in Homer's *Odyssey*   [170]**sesgado** slanted   [171]**se fue de cámaras** had diarrhea   [172]**salves** prayers to the Virgin Mary   [173]**tunas** cactus plants

zanja a zanja. Cierto inglés, de vuelta de su saladero,[174] vadeaba este pantano a la sazón, paso a paso, en un caballo algo arisco, y, sin duda, iba tan absorto en sus cálculos que no oyó el tropel de jinetes ni la gritería sino cuando el toro arremetía el pantano. Azoróse[175] de repente su caballo dando un brinco al sesgo y echó a correr, dejando al pobre hombre hundido media vara[176] en el fango. Este accidente, sin embargo, no detuvo ni frenó la carrera de los perseguidores del toro, antes al contrario, soltando carcajadas sarcásticas: "Se amoló[177] el gringo; levántate gringo" —exclamaron, cruzando el pantano, y amasando con barro bajo las patas de sus caballos su miserable cuerpo. Salió el gringo, como pudo, después a la orilla, más con la apariencia de un demonio tostado por las llamas del infierno que un hombre blanco pelirrubio. Más adelante, al grito de ¡al toro!, cuatro negras achuradoras que se retiraban con su presa, se zambulleron en la zanja llena de agua, único refugio que les quedaba.

El animal, entretanto, después de haber corrido unas 20 cuadras en distintas direcciones azorando con su presencia a todo viviente, se metió por la tranquera de una quinta, donde halló su perdición. Aunque cansado, manifestaba brío y colérico ceño; pero rodeábalo una zanja profunda y un tupido[178] cerco de pitas,[179] y no había escape. Juntáronse luego sus perseguidores que se hallaban desbandados, y resolvieron llevarlo en un señuelo[180] de bueyes[181] para que expiase su atentado en el lugar mismo donde lo había cometido.

Una hora después de su fuga el toro estaba otra vez en el matadero, donde la poca chusma que había quedado no hablaba sino de sus fechorías.[182] La aventura del gringo en el pantano, excitaba principalmente la risa y el sarcasmo. Del niño degollado por el lazo no quedaba sino un charco de sangre; su cadáver estaba en el cementerio.

Enlazaron muy luego por las astas al animal, que brincaba haciendo hincapié y lanzando roncos bramidos. Echáronle uno, dos, tres piales; pero infructuosos: al cuarto quedó prendido de una pata: su brío y su furia redoblaron; su lengua, estirándose convulsiva, arrojaba espuma, su nariz humo, sus ojos miradas encendidas.

—¡Desjarreten[183] ese animal! —exclamó una voz imperiosa. Matasiete se tiró al punto del caballo, cortóle el garrón[184] de una cuchillada y gambeteando[185] en torno de él con su enorme daga[186] en mano, se la hundió al cabo hasta el puño en la garganta, mostrándola en seguida humeante y roja a los espectadores. Brotó un torrente de la herida, exhaló algunos bramidos roncos, y cayó el soberbio animal entre los gritos de la chusma que proclamaba en premio el matambre. Matasiete extendió, como orgulloso, por segunda vez el brazo y el cuchillo ensangrentado, y se agachó a desollarlo con otros compañeros.

Faltaba que resolver la duda sobre los órganos genitales del muerto, clasificado provisoriamente de toro por su indomable fiereza; pero estaban todos tan

---

[174]**saladero** salting house   [175]**azoróse** got startled   [176]**vara** unit of measure equal to 2.8 ft.   [177]**se amoló** got annoyed   [178]**tupido** thick   [179]**cerco de pitas** rope fence   [180]**señuelo** lead steer   [181]**bueyes** oxen   [182]**fechorías** misdeeds   [183]**desjarreten** cut the hock   [184]**garrón** hock   [185]**gambeteando** prancing   [186]**daga** dagger

fatigados de la larga tarea, que lo echaron por lo pronto en olvido. Mas de repente una voz ruda exclamó:

—Aquí están los huevos —sacando de la barriga del animal y mostrando a los espectadores dos enormes testículos, signo inequívoco de su dignidad de toro. La risa y la charla fue grande; todos los incidentes desgraciados pudieron fácilmente explicarse. Un toro en el matadero era cosa muy rara, y aun vedada.[187] Aquél, según reglas de buena policía, debía arrojarse a los perros; pero había tanta escasez de carne y tantos hambrientos en la población que el señor Juez tuvo que hacer ojo lerdo.[188]

En dos por tres estuvo desollado, descuartizado y colgado en la carreta el maldito toro. Matasiete colocó el matambre bajo el pellón de su recado[189] y se preparaba a partir. La matanza estaba concluida a las doce, y la poca chusma que había presenciado hasta el fin, se retiraba en grupos de a pie y de a caballo, o tirando a la cincha algunas carretas cargadas de carne.

Mas de repente la ronca voz de un carnicero gritó:

¡Allí viene un unitario! —y al oír tan significativa palabra toda aquella chusma se detuvo como herida de una impresión subitánea.

—¿No le ven la patilla en forma de U?[190] No trae divisa[191] en el fraque[192] ni luto en el sombrero.

—Perro unitario.

—Es un cajetilla.[193]

—Monta en silla como los gringos.

—La Mazorca con él.

—¡La tijera!

—Es preciso sobarlo.[194]

—Trae pistoleras por pintar.[195]

—Todos estos cajetillas unitarios son pintores como el diablo.

—¿A que no[196] te le animás, Matasiete?

—¿A que no?

—A que sí.

Matasiete era hombre de pocas palabras y de mucha acción. Tratándose de violencia, de agilidad, de destreza en el hacha, el cuchillo o el caballo, no hablaba y obraba. Lo habían picado:[197] prendió la espuela[198] a su caballo y se lanzó a brida suelta[199] al encuentro del unitario.

Era éste un joven como de 25 años, de gallarda[200] y bien apuesta persona, que mientras salían en borbotones de aquellas desaforadas bocas las anteriores exclamaciones, trotaba hacia Barracas, muy ajeno de temer peligro alguno. Notando, empero, las significativas miradas de aquel grupo de dogos de matadero, echa

---

[187]**vedada** prohibited   [188]**ojo lerdo** pretending not to see   [189]**recado** cloth or skin of a saddle   [190]**patilla en forma de U** sideburns in U shape were symbols of the *unitarios*   [191]**divisa** emblem   [192]**fraque** dress coat   [193]**cajetilla** (*derogatory*) an extremely well-dressed and vain man from Buenos Aires   [194]**sobarlo** to trash him   [195]**por pintar** to show off   [196]**a que no** I bet you won't   [197]**lo habían picado** he was piqued, provoked   [198]**espuela** spur   [199]**a brida suelta** full speed   [200]**gallarda** graceful

maquinalmente la diestra sobre las pistoleras de su silla inglesa, cuando una pechada al sesgo del caballo de Matasiete lo arroja de los lomos[201] del suyo tendiéndolo a la distancia boca arriba y sin movimiento alguno.

¡Viva Matasiete! —exclamó toda aquella chusma, cayendo en tropel sobre la víctima como los caranchos rapaces sobre la osamenta[202] de un buey devorado por el tigre.

Atolondrado[203] todavía el joven, fue, lanzando una mirada de fuego sobre aquellos hombres feroces, hacia su caballo que permanecía inmóvil no muy distante, a buscar en sus pistolas el desagravio[204] y la venganza. Matasiete, dando un salto, le salió al encuentro y con fornido[205] brazo asiéndolo de la corbata lo tendió en el suelo tirando al mismo tiempo la daga de la cintura y llevándola a su garganta.

Una tremenda carcajada y un nuevo viva estentóreo volvió a vitorearlo.[206]

¡Qué nobleza de alma! ¡Qué bravura en los federales!, ¡siempre en pandillas cayendo como buitres[207] sobre la víctima inerte!

—Degüéllalo,[208] Matasiete; quiso sacar las pistolas. Degüéllalo como al toro.

—Pícaro unitario. Es preciso tusarlo.[209]

—Tiene buen pescuezo para el violín.

—Mejor es la resbalosa.[210]

—Probaremos —dijo Matasiete, y empezó sonriendo a pasar el filo de su daga por la garganta del caído, mientras con la rodilla izquierda le comprimía el pecho y con la siniestra[211] mano le sujetaba por los cabellos.

—No, no lo degüellen —exclamó de lejos la voz imponente del Juez del Matadero que se acercaba a caballo.

—A la casilla con él, a la casilla. Preparen mazorca y las tijeras. ¡Mueran los salvajes unitarios! ¡Viva el Restaurador de las leyes!

—¡Viva Matasiete!

"¡Mueran!" "¡Vivan!" —repitieron en coro los espectadores, y atándolo codo con codo, entre moquetes[212] y tirones, entre vociferaciones e injurias, arrastraron al infeliz joven al banco del tormento, como los sayones[213] al Cristo.

La sala de la casilla tenía en su centro una grande y fornida mesa de la cual no salían los vasos de bebida y los naipes[214] sino para dar lugar a las ejecuciones y torturas de los sayones federales del matadero. Notábase además en un rincón otra mesa chica con recado de escribir y un cuaderno de apuntes y porción de sillas entre las que resaltaba un sillón de brazos destinado para el juez. Un hombre, soldado en apariencia, sentado en una de ellas, cantaba al son de la guitarra la resbalosa, tonada de inmensa popularidad entre los federales, cuando la chusma llegando en tropel al corredor de la casilla lanzó a empellones[215] al joven unitario hacia el centro de la sala.

---

[201]**lomos** back　[202]**osamenta** skeleton　[203]**atolondrado** confused　[204]**desagravio** compensation to get even　[205]**fornido** robust　[206]**vitorearlo** cheer him on　[207]**buitres** vultures [208]**degüéllalo** cut his throat　[209]**tusarlo** to shear him like an animal　[210]**resbalosa** popular song well known among the *federales*. *Tocar la resbalosa* meant to decapitate.　[211]**siniestra** left hand　[212]**moquetes** punches in the face, nose　[213]**sayones** executioners　[214]**naipes** playing cards　[215]**empellones** shoves

—A ti te toca la resbalosa —gritó uno.

—Encomienda tu alma al diablo.

—Está furioso como toro montaraz.[216]

—Ya te amansará el palo.

—Es preciso sobarlo.

—Por ahora verga y tijera.

—Si no, la vela.

—Mejor será la mazorca.

—Silencio y sentarse —exclamó el juez dejándose caer sobre un sillón. Todos obedecieron, mientras el joven, de pie, encarando[217] al juez, exclamó con voz preñada de indignación:

—¡Infames sayones! ¿Qué intentan hacer de mí?

—¡Calma! —dijo sonriendo el juez—. No hay que encolerizarse.[218] Ya lo verás.

El joven, en efecto, estaba fuera de sí de cólera. Todo su cuerpo parecía estar en convulsión. Su pálido y amoratado[219] rostro, su voz, su labio trémulo, mostraban el movimiento convulsivo de su corazón, la agitación de sus nervios. Sus ojos de fuego parecían salirse de la órbita, su negro y lacio cabello se levantaba erizado.[220] Su cuello desnudo y la pechera de su camisa dejaban entrever el latido violento de sus arterias y la respiración anhelante de sus pulmones.

—¿Tiemblas? —le dijo el juez.

—De rabia porque no puedo sofocarte entre mis brazos.

—¿Tendrías fuerza y valor para eso?

—Tengo de sobra voluntad y coraje para ti, infame.

—A ver las tijeras de tusar mi caballo: túsenlo a la federala.

Dos hombres le asieron, uno de la ligadura del brazo, otro de la cabeza y en un minuto cortáronle la patilla que poblaba toda su barba por bajo, con risa estrepitosa de sus espectadores.

—A ver —dijo el juez—, un vaso de agua para que se refresque.

—Uno de hiel[221] te daría yo a beber, infame.

Un negro petiso[222] púsosele al punto delante con un vaso de agua en la mano. Diole el joven un puntapié en el brazo y el vaso fue a estrellarse en el techo, salpicando el asombrado rostro de los espectadores.

—Este es incorregible.

—Ya lo domaremos.[223]

—Silencio —dijo el juez—. Ya estás afeitado a la federala, sólo te falta el bigote. Cuidado con olvidarlo. Ahora vamos a cuenta. ¿Por qué no traes divisa?

—Porque no quiero.

—¿No sabes que lo manda el Restaurador?

—La librea[224] es para vosotros, esclavos, no para los hombres libres.

—A los libres se les hace llevar a la fuerza.

---

[216]**montaraz** untamed   [217]**encarando** facing up to   [218]**encolerizarse** to get angry   [219]**amoratado** bruised   [220]**erizado** standing on end   [221]**hiel** bile   [222]**petiso** short   [223]**domaremos** we will break him in   [224]**librea** servant's uniform

—Sí, la fuerza y la violencia bestial. Esas son vuestras armas, infames. ¡El lobo, el tigre, la pantera, también son fuertes como vosotros! Deberíais andar como ellos, en cuatro patas.

—¿No temes que el tigre te despedace?[225]

—Lo prefiero a que maniatado te arranquen, como el cuervo, una a una las entrañas.

—¿Por qué no llevas luto en el sombrero por la heroína?[226]

—Porque lo llevo en el corazón por la patria que vosotros habéis asesinado, infames.

—¿No sabes que así lo dispuso el Restaurador?

—Lo dispusisteis vosotros, esclavos, para lisonjear el orgullo de vuestro señor, y tributarle vasallaje infame.

—¡Insolente! Te has embravecido mucho. Te daré cortar la lengua si chistas. Abajo los calzones a ese mentecato[227] cajetilla y a nalga pelada[228] denle verga, bien atado sobre la mesa.

Apenas articuló esto el juez, cuatro sayones salpicados de sangre, suspendieron al joven y lo tendieron largo a largo sobre la mesa comprimiéndole todos sus miembros.

—Primero degollarme que desnudarme, infame canalla.

Atáronle un pañuelo a la boca y empezaron a tironear sus vestidos. Encógiase el joven, pateaba, hacía rechinar[229] los dientes. Tomaban ora sus miembros la flexibilidad del junco, ora la dureza del fierro y su espina dorsal era el eje de un movimiento parecido al de la serpiente. Gotas de sudor fluían por su rostro, grandes como perlas; echaban fuego sus pupilas, su boca espuma, y las venas sobre su blanco cutis como si estuvieran repletas de sangre.

—Átenlo primero —exclamó el juez.

—Está rugiendo de rabia —articuló un sayón.

En un momento liaron[230] sus piernas en ángulo a los cuatro pies de la mesa, volcando su cuerpo boca abajo. Era preciso hacer igual operación con las manos, para lo cual soltaron las ataduras que las comprimían en la espalda. Sintiéndolas libres el joven, por un movimiento brusco en el cual pareció agotarse toda su fuerza y vitalidad, se incorporó primero sobre sus brazos, después sobre sus rodillas y se desplomó al momento murmurando:

—Primero degollarme que desnudarme, infame canalla.

Sus fuerzas se habían agotado.

Inmediatamente quedó atado en cruz y empezaron la obra de desnudarlo. Entonces un torrente de sangre brotó borbolloneando[231] de la boca y las narices del joven, y extendiéndose empezó a caer a chorros por entrambos lados de la mesa. Los sayones quedaron inmóviles y los espectadores estupefactos.

—Reventó de rabia[232] el salvaje unitario —dijo uno.

—Tenía un río de sangre en las venas —articuló otro.

---

[225]**despedace** tear you to pieces   [226]**heroína** reference to Rosas' deceased wife   [227]**mentecato** fool   [228]**a nalga pelada** with bare buttock   [229]**rechinar** to grind   [230]**liaron** tied [231]**borbolloneando** (*borbollando*) bubbling   [232]**reventó de rabia** exploded with rage

—Pobre diablo, queríamos únicamente divertirnos con él y tomó la cosa demasiado serio —exclamó el juez frunciendo el ceño[233] de tigre—. Es preciso dar parte; desátenlo y vamos.

Verificaron la orden; echaron llave a la puerta y en un momento se escurrió la chusma en pos del caballo del juez cabizbajo y taciturno.

Los federales habían dado fin a una de sus innumerables proezas.

En aquel tiempo los carniceros degolladores del matadero, eran los apóstoles, que propagaban a verga y puñal la federación rosina, y no es difícil imaginarse qué federación saldría de sus cabezas y cuchillas. Llamaban ellos salvaje unitario, conforme a la jerga inventada por el Restaurador, patrón de la cofradía,[234] a todo el que no era degollador, carnicero, ni salvaje, ni ladrón; a todo hombre decente y de corazón bien puesto, a todo patriota ilustrado amigo de las luces[235] y de la libertad; y por el suceso anterior puede verse a las claras que el foco de la federación estaba en el matadero.

(Edición de Buenos Aires, 1926)

DESPUÉS DE LEER

1. ¿Por qué escribe Echeverría este cuento? ¿Cuál es la situación política en la Argentina?

2. En la contienda entre unitarios y federales, ¿a quién apoya la iglesia católica romana?

3. ¿Por qué el narrador sitúa el relato durante la cuaresma? ¿Cómo usa Echeverría la cuaresma para criticar la situación del pueblo?

4. ¿Cómo está descrita la gente que llega al matadero y cómo es su comportamiento? ¿Diría usted que Echeverría es elitista por las descripciones de la gente del matadero?

5. ¿Cuál es la opinión que tiene Echeverría de los federales? ¿Cuál es su criterio sobre los unitarios?

6. Compare a los partidarios de Rosas con los miembros del partido unitario basándose en descripciones que aparecen en el relato.

7. Comente lo que ocurre a la llegada del unitario al matadero. ¿Con qué propósito escribe Echeverría ese pasaje?

8. ¿Qué función tiene el uso de la ironía en el relato?

9. ¿Cree usted que Echeverría logra establecer su punto de vista con respecto a la situación política de su país? Explique.

10. ¿Qué impacto cree usted que tuvo este relato al ser publicado?

---

[233]**ceño** frown   [234]**cofradía** brotherhood   [235]**luces** enlightenment

ALGUNOS ESTUDIOS DE INTERÉS

Anderson Imbert, Enrique. "Echeverría y el liberalismo romántico". *Estudios sobre letras hispánicas*. México, D.F.: Editorial Libros de México, 1974.

Foster, David William. "Procesos significantes en *El matadero*". *Para una lectura semiótica del ensayo latinoamericano*. Madrid, España: José Porrúa Turanzas, S.A., 1983.

Knowlton, Edgar C. *Esteban Echeverría*. Bryn Mawr, Pennsylvania: Dorrance, 1986.

Losada, Alejandro. "El surgimiento del realismo social en la literatura de América Latina". *Ideologies and Literatures* 3:6 (1979): 20–25.

Pupo-Walker, Enrique. "Originalidad y composición de un texto romántico: *El matadero*, de Esteban Echeverría". Enrique Pupo-Walker, ed. *El cuento hispanoamericano ante la crítica*. Madrid, España: Castalia, 1973.

Wentzlaff-Eggebert, Christian. "E. T. Hoffmann y el refuerzo del testimonio en *El matadero* de Echeverría". Ermanno Caldera, ed. *Atti del IV Congresso sul romanticismo spagnolo e ispanoamericano: La narrativa romantica*. Genoa, Italia: Biblioteca di Lettere, 1988.

Gertrudis Gómez de Avellaneda

(1814, Camagüey, Cuba–1873, Madrid, España)

Gertrudis Gómez de Avellaneda ocupa un lugar destacado entre las grandes figuras del romanticismo hispanoamericano del siglo XIX. Al igual que otros escritores románticos su vida fue apasionada y marcada por la tragedia. Su carrera literaria se desenvuelve en Madrid, ciudad a la que se traslada en 1836 cuando su madre contrae segundas nupcias con un coronel del ejército español. A pesar de su desplazamiento a Europa, los temas relacionados con Cuba y la América hispana están constantemente presentes en su obra.

Gómez de Avellaneda cultivó distintos géneros literarios. Escribió poesía, teatro y novela. Con relación a la poesía, hizo innovaciones en la distribución prosódica en los versos de 13, 14, 15 y 16 sílabas. Los temas principales que figuran en sus versos son el amor, la libertad y el sentimiento religioso. Su obra poética ha sido recopilada en dos volúmenes. De su producción teatral se destacan *Baltasar* (1858), *Munio Alfonso* (1844), *El príncipe de Viana* (1844), *Egilona* (1845), *Saúl* (1849) y *La hija de las flores* (1852).

En la novelística Gertrudis Gómez de Avellaneda es recordada por *Sab* (1841). Esta novela de tema antiesclavista fue escrita diez años antes que Harriet Beecher Stowe escribiese *La cabaña del tío Tom*. Además de *Sab*, Gómez de Avellaneda escribió *Guatimozín, último emperador de México* (1846). En esta novela se ve una idealización romántica del indígena. De temática religiosa es su *Manual del cristiano* (1846). Este fue redactado durante el tiempo que la poetisa pasó en un convento de Burdeos tras la muerte de su primer esposo en París a los pocos meses de casarse.

—adjetivos empleados para describir a Cuba
—yuxtaposición de imágenes claro/oscuras

"Al partir" fue compuesto por Gertrudis Gómez de Avellaneda a los veintidós años en el barco que la llevó de Cuba a España. En él están presentes varias características románticas.

Al partir

¡Perla del mar! ¡Estrella de Occidente!
¡Hermosa Cuba! Tu brillante cielo
la noche cubre con su opaco velo
como cubre el dolor mi triste frente.

¡Voy a partir!...La chusma[1] diligente
para arrancarme[2] del nativo suelo
las velas iza,[3] y pronto a su desvelo[4]
la brisa acude[5] de tu zona ardiente.

¡Adiós, patria feliz, edén querido!
¡Doquier[6] que el hado[7] en su furor me impela,
tu dulce nombre halagará[8] mi oído!

¡Adiós!...¡Ya cruje la turgente[9] vela...
el ancla[10] se alza...el buque, estremecido,
las olas corta y silencioso vuela!

DESPUÉS DE LEER

1. ¿Cuál es la estructura poética de "Al partir"?

2. ¿Qué elementos románticos vemos en el poema?

3. ¿Cómo describe a Cuba?

4. Describa los sentimientos de Gertrudis Gómez de Avellaneda al partir de su tierra natal.

---

[1]**chusma** galley slaves, crew   [2]**arrancarme** uproot me   [3]**iza** hoists   [4]**pronto a su desvelo** ready to assist them   [5]**acude** comes   [6]**doquier** wherever   [7]**hado** destiny   [8]**halagará** will please   [9]**turgente** swollen   [10]**ancla** anchor

AL LEER CONSIDERE LO SIGUIENTE:

—Heredia desde la perspectiva de Gómez de Avellaneda
—las imágenes
—las características románticas del poema

Gertrudis Gómez de Avellaneda se duele en esta elegía de la pérdida de José María Heredia y Heredia (1803–1839), poeta cubano que pasó gran parte de su vida en el destierro en México y los Estados Unidos. A Heredia le atormentaba que Cuba estuviera sometida al dominio de España mientras las otras regiones del continente americano proclamaban su independencia y se convertían en naciones y estados soberanos. La otra nación no emancipada del dominio español en América era Puerto Rico. Como poeta, Heredia ha sido considerado neoclásico. Sin embargo, la presencia de la naturaleza en su poesía lo acerca más a los románticos que a los neoclásicos. Entre sus poemas más conocidos se mencionan: "A Emilia", "En el teocali de Cholula", "Niágara" e "Himno del desterrado". Gertrudis Gómez de Avellaneda alude en su elegía a estos dos últimos poemas, propios de un temperamento romántico.

A la muerte del célebre poeta cubano don José María Heredia

Le poète est semblable aux oiseaux de passage,[1]
Qui ne bâtissent point leur nids sur le rivage.
                                    Lamartine[2]

Voz pavorosa[3] en funeral lamento
desde los mares de mi patria vuela
a las playas de Iberia; tristemente
en son confuso la dilata[4] el viento
el dulce canto en mi garganta hiela,
y sombras de dolor viste a mi mente.
    ¡Ay! que esa voz doliente
con que su pena América denota
y en estas playas lanza el Océano,
«Murió», pronuncia, «el férvido patriota…»
«Murió», repite, «el trovador cubano»;

---

[1]*Le poète … le rivage.* The poet is like passing birds, / Who would not build their nests upon the shore.   [2]**Lamartine** Alphonse Lamartine (1790–1869), French romantic poet greatly admired by Gómez de Avellaneda   [3]**pavorosa** frightful   [4]**dilata** diffuses

y un eco triste en lontananza[5] gime,[6]
«Murió el canto del Niágara[7] sublime».

¿Y es verdad? ¿Y es verdad?... ¿La muerte impía
apagar pudo con su soplo helado
el generoso corazón del vate,[8]
do[9] tanto fuego de entusiasmo ardía?[10]
¿No ya en amor se enciende, ni agitado
de la santa virtud al nombre late?
   Bien cual cede al embate
del alquilón sañoso el roble erguido,[11]
así en la fuerza de su edad lozana
fue por el fallo[12] del destino herido
Astro eclipsado en su primer mañana,
sepúltanle las sombras de la muerte,
y en luto[13] Cuba su placer convierte.

¡Patria! ¡numen[14] feliz! ¡nombre divino!
¡ídolo puro de las nobles almas!
¡objeto dulce de su eterno anhelo!
ya enmudeció su cisne[15] peregrino[16]...
¿Quién cantará tus brisas y tus palmas,
tu sol de fuego, tu brillante cielo?
   Ostenta,[17] sí, tu duelo,[18]
que en ti rodó su venturosa cuna,
por ti clamaba[19] en el destierro impío,
y hoy condena la pérfida[20] fortuna
a suelo extraño[21] su cadáver frío,
do tus arroyos ¡ay! con su murmullo
no darán a su sueño blando arrullo.[22]

¡Silencio! De sus hados la fiereza
no recordemos en la tumba helada
que lo defiende de la injusta suerte.
Ya reclinó su lánguida cabeza
—de genio y desventuras abrumada[23]—
en el inmóvil seno[24] de la muerte.
   ¿Qué importa al polvo inerte,
que torna a su elemento primitivo,

---

[5]**lontananza** at a distance   [6]**gime** moans   [7]**Niágara** reference to Heredia's poem "Al Niágara". In it, the poet extols Niagara Falls.   [8]**vate** poet   [9]**do** *donde*   [10]**ardía** burned   [11]**Bien ... erguido** just as the lofty oak succumbs to the assault of the furious north wind   [12]**fallo** sentence   [13]**luto** mourning   [14]**numen** inspiration   [15]**cisne** swan   [16]**peregrino** wandering   [17]**ostenta** show   [18]**duelo** sorrow   [19]**clamaba** cried out   [20]**pérfida** treacherous   [21]**suelo extraño** foreign soil (Heredia died in Mexico.)   [22]**arrullo** lullaby   [23]**abrumada** overwhelmed   [24]**seno** bosom

ser en este lugar o en otro hollado?[25]
¿Yace[26] con él el pensamiento altivo?...
Que el vulgo[27] de los hombres, asombrado,
tiemble al alzar la eternidad su velo;
mas la patria del genio está en el cielo.

Allí jamás las tempestades braman,[28]
ni roba al sol su luz la noche oscura,
ni se conoce de la tierra el lloro...
Allí el amor y la virtud proclaman
espíritus vestidos de luz pura,
que cantan el Hosanna[29] en arpas de oro.
Allí el raudal[30] sonoro
sin cesar corre de aguas misteriosas,
para apagar la sed que enciende al alma;
—sed que en sus fuentes pobres, cenagosas,[31]
nunca este mundo satisface o calma.
Allí jamás la gloria se mancilla,[32]
y eterno el sol de la justicia brilla.

¿Y qué, al dejar la vida, deja el hombre?
El amor inconstante; la esperanza,
engañosa visión que lo extravía,[33]
tal vez los vanos ecos de un renombre[34]
que con desvelos y dolor alcanza;
el mentido poder, la amistad fría;
y el venidero día,
—cual el que expira breve y pasajero—
al abismo corriendo del olvido...
y el placer, cual relámpago ligero
de tempestades y pavor seguido...
y mil proyectos que medita a solas,
fundados ¡ay! sobre agitadas olas.

De verte ufano,[35] en el umbral[36] del mundo
el ángel de la hermosa Poesía
te alzó en sus brazos y encendió tu mente,
y ora[37] lanzas, Heredia, el barro inmundo[38]
que tu sublime espíritu oprimía,
y en alas vuelas de tu genio ardiente.
No más, no más lamente

---

[25]**hollado** treaded upon   [26]**yace** lies   [27]**vulgo** masses   [28]**braman** roar   [29]**Hosanna** word used as a cry of acclamation and adoration   [30]**raudal** torrent   [31]**cenagosas** muddy   [32]**se mancilla** is sullied   [33]**lo extravía** leads him astray   [34]**renombre** fame   [35]**ufano** proud   [36]**umbral** threshold   [37]**ora** *ahora*   [38]**barro inmundo** vile clay

destino tal nuestra ternura ciega
ni la importuna queja al cielo suba...
¡Murió!... A la tierra su despojo[39] entrega,
su espíritu al Señor, su gloria a Cuba,
¡que el genio, como el sol, llega a su ocaso,[40]
dejando un rastro fúlgido su paso![41]

DESPUÉS DE LEER

1. Explique la relación de los versos de Lamartine y la elegía.

2. ¿Dónde se encuentra la poetisa al recibir la noticia de la muerte de Heredia?

3. ¿Qué imágenes usa Gómez de Avellaneda para expresar su dolor ante la muerte de José María Heredia?

4. ¿Cómo describe a José María Heredia? ¿Cómo fue su vida? Enumere las metáforas e imágenes que usa.

5. ¿Cuál es el consuelo de Gertrudis Gómez de Avellaneda ante la muerte de Heredia?

6. ¿Cómo representa Gómez de Avellaneda la vida terrenal? ¿Qué experiencias cree ella que ha tenido el poeta en su vida?

7. Describa la presencia de Cuba en la poesía de Gertrudis Gómez de Avellaneda y en la vida de José María Heredia.

8. Enumere las características románticas y las técnicas retóricas que se destacan en el poema.

---

[39]**despojo** remains   [40]**ocaso** twilight   [41]**un rastro fúlgido su paso** a resplendent trail

—la relación entre la poetisa y el amado
—la actitud de la poetisa ante la ruptura amorosa
—las imágenes

"A él" fue un poema escrito por Gertrudis Gómez de Avellaneda al gran amor de
su vida, Ignacio de Cepeda y Alcalde. En él, la poetisa evoca la relación que tuvieron
y expresa sus sentimientos ante la ruptura.

A él

No existe lazo[1] ya: todo está roto:
plúgole al cielo así: ¡bendito sea!
Amargo cáliz[2] con placer agoto:
mi alma reposa al fin: nada desea.

Te amé, no te amo ya: piénsolo al menos:
¡nunca, si fuere error, la verdad mire!
Que tantos años de amarguras llenos
trague el olvido; el corazón respire.

Lo has destrozado sin piedad: mi orgullo
una vez y otra vez pisaste[3] insano…
Mas nunca el labio exhalará un murmullo[4]
para acusar tu proceder tirano.

De graves faltas vengador terrible,
dócil llenaste tu misión: ¿lo ignoras?
No era tuyo el poder que irresistible
postró ante ti mis fuerzas vencedoras.

Quísolo Dios y fue: ¡gloria a su nombre!
Todo se terminó: recobro aliento:
¡Ángel de las venganzas! ya eres hombre…
Ni amor ni miedo al contemplarte siento.

Cayó tu cetro,[5] se embotó[6] tu espada…
Mas ¡ay! ¡cuán triste libertad respiro!
Hice un mundo de ti, que hay se anonada,[7]
y en honda y vasta soledad me miro.

---

[1]**lazo** bond   [2]**amargo cáliz** bitter chalice   [3]**pisaste** treaded on   [4]**murmullo** whisper
[5]**cetro** sceptre   [6]**embotó** became blunt   [7]**se anonada** is destroyed

¡Vive dichoso tú! Si en algún día
ves este *adiós* que te dirijo eterno,
sabe que aún tienes en el alma mía
generoso perdón, cariño tierno.

DESPUÉS DE LEER

1. ¿Cuáles son los sentimientos expresados en el poema?
2. ¿Cómo fue la relación entre Ignacio de Cepeda y Gertrudis Gómez de Avellaneda?
3. ¿Cuál es la actitud de ella ante la ruptura final? ¿Y hacia el amado?
4. ¿Qué imágenes y metáforas se encuentran en el poema?

ALGUNOS ESTUDIOS DE INTERÉS

Adelstein, Miriam. "El amor en la vida y en la obra de Gertrudis Gómez de Avellaneda". *Círculo* 9 (1980): 57–62.

Araujo, Nara. "La Avellaneda, la Merlín, una manera de ver y sentir". *Plural* 238 (1991): 53–59.

——. "Constantes ideomáticas en la Avellaneda". *Revista Iberoamericana* 56 (1990): 715–722.

Beyer, Sandra, y Frederick Kluck. "George Sand and Gertrudis Gómez de Avellaneda". *Nineteenth Century French Studies* 19:2 (1991): 203–209.

Cabrera, Rosa M., y Gladys B. Zaldívar, eds. *Homenaje a Gertrudis Gómez de Avellaneda: Memorias del simposio en el centenario de su muerte.* Miami: Universal, 1981.

Garfield, Evelyn Picón. *Poder y sexualidad: El discurso de Gertrudis Gómez de Avellaneda.* Amsterdam, Holanda: Rodopi, 1993.

Harter, Hugh A. *Gertrudis Gómez de Avellaneda.* Boston: Twayne, 1981.

Miller, Beth. "Gertrude the Great: Avellaneda, Nineteenth-Century Feminist". Beth Miller, ed. *Women in Hispanic Literature: Icons and Fallen Idols.* Berkeley: University of California Press, 1983.

Torres Pou, Joan. "La ambigüedad del mensaje feminista de *Sab* de Gertrudis Gómez de Avellaneda". *Letras femeninas* 19:1–2 (1993): 55–64.

Volek, Emil. "Cartas de amor de la Avellaneda". *Cuadernos Americanos* 511 (1993): 103–113.

Ricardo Palma

(1833, Lima, Perú–1919)

Ricardo Palma fue prolífico escritor romántico y cultivador de diferentes géneros literarios. Escribió poesía, teatro, artículos periodísticos y estudios históricos. A él se debe la forma narrativa conocida por *tradiciones*, las cuales parecen haber sido inspiradas por las novelas históricas de Sir Walter Scott. Las tradiciones combinan lo romántico con lo picaresco, la historia con la fantasía, la verdad con lo incierto y el sentido religioso con el anticlericalismo. La temática de las tradiciones de Palma es amplia y comprende desde la conquista del Perú por los españoles en el siglo XVI hasta la independencia nacional lograda a principios del siglo XIX.

Las tradiciones se asemejan a un cuadro costumbrista, sin llegar a serlo. Presentan, con humor, costumbres y tipos humanos del pasado colonial peruano. Otra característica de este tipo de narraciones es que en ellas se mezclan seres bíblicos con históricos y ficticios. A veces el propio autor interviene en la narración para explicar al lector la etimología de una palabra, un incidente, un dicho popular o un refrán. El lenguaje arcaico y los giros populares dan a las *Tradiciones peruanas,* obra cumbre de Ricardo Palma, un aire de mayor autenticidad.

Ricardo Palma se formó intelectualmente en un período de gran turbulencia política en el Perú. Le preocupó la evolución política de su país y sus artículos periodísticos reflejan su visión romántica regida por la admiración al pasado, el deseo de libertad y su lucha contra la dictadura. Por su posición política tuvo conflictos y dificultades con el gobierno peruano.

Palma era además historiador. Escribió *Anales de la Inquisición de Lima* y el conflictivo artículo "Monteagudo y Sánchez Carrión", que causó gran controversia en la América del Sur por acusar Palma en su artículo periodístico a Simón Bolívar por la muerte de José Faustino Sánchez Carrión (1787–1825). Éste, un peruano liberal, se opuso a la idea de Simón Bolívar de crear una confederación de países hispanoamericanos.

Las tradiciones que le dieron tanta fama al autor aparecieron bajo los títulos *Tradiciones peruanas* (1872–1883), *Ropa vieja* (1889), *Ropa apolillada* (1881), *Tradiciones y artículos históricos* (1899), *Mis últimas tradiciones peruanas y cachivachería* (1906), *Apéndice a mis últimas tradiciones peruanas* (1911) y *Tradiciones en salsa verde* (1973), libro que permaneció inédito por largo tiempo debido a su temática y tono.

AL LEER CONSIDERE LO SIGUIENTE:
—cómo Palma explica un dicho popular
—la estructura de la tradición
—el elemento popular

En la tradición "El alacrán de fray Gómez" Ricardo Palma explica el origen de la expresión popular usada para referirse a algo valioso. Palma le da a su relato una perspectiva histórica.

El alacrán[1] de fray Gómez

A Casimiro Prieto Valdés

Principio, principiando;
   principiar quiero
por ver si principiando
   principiar puedo.

In diebus illis,[2] digo, cuando yo era muchacho, oía con frecuencia a las viejas exclamar, ponderando el mérito y precio de una alhaja:[3] —¡Esto vale tanto como el alacrán de fray Gómez!

Tengo una chica, remate[4] de lo bueno, flor de la gracia y espumita de la sal, con unos ojos más pícaros y trapisondistas[5] que un par de escribanos:

chica que se parece
al lucero[6] del alba[7]
cuando amanece.

al cual pimpollo[8] he bautizado, en mi paternal chochera,[9] con el mote[10] de *alacrancito de fray Gómez*. Y explicar el dicho de las viejas, y el sentido del piropo con que agasajo[11] a mi Angélica, es lo que me propongo, amigo y camarada Prieto, con esta tradición.

El sastre paga deudas con puntadas, y yo no tengo otra manera de satisfacer la literaria que con usted he contraído que dedicándole estos cuatro palotes.

---

[1]**alacrán** scorpion   [2]***In diebus illis*** once upon a time   [3]**alhaja** jewel   [4]**remate** finishing touch   [5]**trapisondistas** scheming   [6]**lucero** star   [7]**alba** dawn   [8]**pimpollo** pretty girl   [9]**chochera** doting, fondness   [10]**mote** nickname   [11]**piropo con que agasajo** compliments and attentions I give

I

Este era un lego[12] contemporáneo de don Juan de la Pipirindica, el de la valiente pica, y de San Francisco Solano; el cual lego desempeñaba[13] en Lima, en el convento de los padres seráficos,[14] las funciones de refitolero[15] en la enfermería u hospital de los devotos frailes. El pueblo lo llamaba fray Gómez, y fray Gómez lo llaman las crónicas conventuales,[16] y la tradición lo conoce por fray Gómez. Creo que hasta en el expediente[17] que para su beatificación y canonización existe en Roma no se le da otro nombre.

Fray Gómez hizo en mi tierra milagros a mantas, sin darse cuenta de ellos y como quien no quiere la cosa.[18] Era de suyo milagrero, como aquel que hablaba en prosa sin sospecharlo.

Sucedió que un día iba el lego por el puente, cuando un caballo desbocado[19] arrojó sobre las losas[20] al jinete. El infeliz quedó patitieso,[21] con la cabeza hecha una criba[22] y arrojando sangre por boca y narices.

—¡Se descalabró,[23] se descalabró! —gritaba la gente—. ¡Que vayan a San Lázaro por el santo óleo![24]

Y todo era bullicio y alharaca.[25]

Fray Gómez acercóse pausadamente al que yacía[26] en la tierra, púsole sobre la boca el cordón[27] de su hábito, echóle tres bendiciones, y sin más médico ni más botica[28] el descalabrado se levantó tan fresco, como si golpe no hubiera recibido.

—¡Milagro, milagro! ¡Viva fray Gómez! —exclamaron los infinitos espectadores.

Y en su entusiasmo intentaron llevar en triunfo al lego. Este, para substraerse a la popular ovación, echó a correr camino de su convento y se encerró en su celda.

La crónica franciscana cuenta esto último de manera distinta. Dice que fray Gómez, para escapar de sus aplaudidores, se elevó en los aires y voló desde el puente hasta la torre de su convento. Yo ni lo niego ni lo afirmo. Puede que sí y puede que no. Tratándose de maravillas, no gasto tinta en defenderlas ni en refutarlas.

Aquel día estaba fray Gómez en vena de[29] hacer milagros, pues cuando salió de su celda se encaminó a la enfermería, donde encontró a San Francisco Solano acostado sobre una tarima,[30] víctima de una furiosa jaqueca.[31] Pulsólo el lego y le dijo:

—Su paternidad está muy débil, y haría bien en tomar algún alimento.

—Hermano —contestó el santo—, no tengo apetito.

—Haga un esfuerzo, reverendo padre, y pase siquiera un bocado.[32]

---

[12]**lego** lay brother   [13]**desempeñaba** carried out   [14]**seráficos** angelic   [15]**refitolero** caretaker   [16]**conventuales** pertaining to the convent   [17]**expediente** dossier, records   [18]**como ... la cosa** quite nonchalantly   [19]**desbocado** runaway   [20]**losas** flagstones   [21]**patitieso** paralyzed   [22]**criba** sieve   [23]**se descalabró** he hurt his head   [24]**santo óleo** Holy Oils   [25]**bullicio y alharaca** hubbub and fuss   [26]**yacía** laid   [27]**cordón** cord   [28]**botica** medicine   [29]**en vena de** in the mood for   [30]**tarima** wooden platform   [31]**jaqueca** migraine   [32]**pase ... bocado** at least take a bite

Y tanto insistió el refitolero, que él enfermo, por librarse de exigencias que picaban ya en majadería,[33] ideó pedirle lo que hasta para el virrey habría sido imposible conseguir, por no ser la estación propicia para satisfacer el antojo.[34]

—Pues mire, hermanito, sólo comería con gusto un par de pejerreyes.[35]

Fray Gómez metió la mano derecha dentro de la manga[36] izquierda, y sacó un par de pejerreyes tan fresquitos que parecían acabados de salir del mar.

—Aquí los tiene su paternidad, y que en salud se le conviertan. Voy a guisarlos.[37]

Y ello es que con los benditos pejerreyes quedó San Francisco curado como por ensalmo.[38]

Me parece que estos dos milagritos de que incidentalmente me he ocupado no son paja picada.[39] Dejo en mi tintero otros muchos de nuestro lego, porque no me he propuesto relatar su vida y milagros.

Sin embargo, apuntaré, para satisfacer curiosidades exigentes, que sobre la puerta de la primera celda del pequeño claustro, que hasta hoy sirve de enfermería, hay un lienzo[40] pintado al óleo representando estos dos milagros, con la siguiente inscripción:

"El Venerable Fray Gómez.—Nació en Extremadura[41] en 1560. Vistió el hábito en Chuquisaca[42] en 1580. Vino a Lima en 1587.—Enfermero fue cuarenta años, ejercitando todas las virtudes, dotado de favores y dones celestiales. Fue su vida un continuado milagro. Falleció[43] en 2 de mayo de 1631, con fama de santidad. En el año siguiente se colocó el cadáver en la capilla de Aranzazú,[44] y en 13 de octubre de 1810 se pasó debajo del altar mayor, a la bóveda[45] donde son sepultados los padres del convento. Presenció la traslación[46] de los restos[47] el señor doctor don Bartolomé María de las Heras. Se restauró este venerable retrato en 30 noviembre de 1882, por M. Zamudio".

II

Estaba una mañana fray Gómez en su celda entregado a la meditación, cuando dieron a la puerta unos discretos golpecitos, y una voz de quejumbroso[48] timbre dijo:

—*Deo gratias...*¡Alabado sea el Señor!

—Por siempre jamás, amén. Entre, hermanito —contestó fray Gómez.

Y penetró en la humildísima celda un individuo algo desarrapado,[49] *vera effigies* del hombre a quien acongojan[50] pobrezas, pero en cuyo rostro se dejaba adivinar la proverbial honradez del castellano viejo.

---

[33]**majadería** nuisance   [34]**antojo** whim   [35]**pejerreyes** a type of fish found in the River Plate and Atlantic Ocean   [36]**manga** sleeve   [37]**guisarlos** cook them   [38]**como por ensalmo** as if by magic   [39]**no son paja picada** are not trivial   [40]**lienzo** canvas   [41]**Extremadura** region in western Spain that borders Portugal. It is comprised of the provinces of Cáceres and Badajoz.   [42]**Chuquisaca** province of Bolivia   [43]**falleció** died   [44]**Aranzazú** city located in Guipúzcoa, one of the Basque provinces of Spain   [45]**bóveda** vault   [46]**traslación** the transfer   [47]**restos** remains   [48]**quejumbroso** moaning   [49]**desarrapado** torn and tattered   [50]**acongojan** afflict

Todo el mobiliario[51] de la celda se componía de cuatro sillones de vaqueta,[52] una mesa mugrienta,[53] y una tarima sin colchón,[54] sábanas ni abrigo, y con una piedra por cabezal o almohada.

—Tome asiento, hermano, y dígame sin rodeos[55] lo que por acá le trae —dijo fray Gómez.

—Es el caso, padre, que yo soy hombre de bien a carta cabal[56]...

—Se le conoce y que persevere deseo, que así merecerá en esta vida terrena la paz de la conciencia, y en la otra la bienaventuranza.[57]

—Y es el caso que soy buhonero,[58] que vivo cargado de familia y que mi comercio no cunde[59] por falta de medios, que no por holgazanería[60] y escasez de industria en mí.

—Me alegro, hermano, que a quien honradamente trabaja Dios le acude.

—Pero es el caso, padre, que hasta ahora Dios se me hace el sordo, y en acorrerme[61] tarda...

—No desespere, hermano, no desespere.

—Pues es el caso que a muchas puertas he llegado en demanda de habilitación[62] por quinientos duros, y todas las he encontrado con cerrojo[63] y cerrojillo. Y es el caso que anoche, en mis cavilaciones,[64] yo mismo me dije a mí mismo: —¡Ea!, Jerónimo, buen ánimo y vete a pedirle el dinero a fray Gómez, que si él lo quiere, mendicante y pobre como es, medio encontrará para sacarte del apuro.[65] Y es el caso que aquí estoy porque he venido, y a su paternidad le pido y ruego que me preste esa puchuela[66] por seis meses, seguro que no será por mí por quien se diga:

> En el mundo hay devotos
>   de ciertos santos;
> la gratitud les dura
>   lo que el milagro;
>   que un beneficio
> da siempre vida a ingratos
>   desconocidos.

—¿Cómo ha podido imaginarse, hijo, que en esta triste celda encontraría ese caudal?

—Es el caso, padre, que no acertaría a responderle; pero tengo fe en que no me dejará ir desconsolado.

—La fe lo salvará, hermano. Espere un momento.

Y paseando los ojos por las desnudas y blanqueadas paredes de la celda, vio un alacrán que caminaba tranquilamente sobre el marco de la ventana. Fray Gómez arrancó[67] una página de un libro viejo, dirigióse a la ventana, cogió con deli-

---

[51]**mobiliario** furnishing   [52]**de vaqueta** leather   [53]**mugrienta** filthy   [54]**colchón** mattress   [55]**sin rodeos** straight to the point   [56]**a carta cabal** an honest man   [57]**bienaventuranza** blessedness   [58]**buhonero** peddler   [59]**no cunde** doesn't progress   [60]**holgazanería** laziness   [61]**acorrerme (socorrerme)** help me   [62]**habilitación** loan   [63]**con cerrojo** bolted   [64]**cavilaciones** pondering   [65]**sacarte del apuro** to bail you out   [66]**puchuela** small amount   [67]**arrancó** tore

cadeza a la sabandija,[68] la envolvió en el papel, y tornándose hacia el castellano viejo le dijo:

—Tome, buen hombre, y empeñe[69] esta alhajita; no olvide, sí devolvérmela dentro de seis meses.

El buhonero se deshizo en frases de agradecimiento, se despidió de fray Gómez y más que de prisa se encaminó a la tienda de un usurero.

La joya era espléndida, verdadera alhaja de reina morisca, por decir lo menos. Era un prendedor[70] figurando un alacrán. El cuerpo lo formaba una magnífica esmeralda engarzada[71] sobre oro, y la cabeza un grueso brillante con dos rubíes por ojos.

El usurero, que era hombre conocedor, vio la alhaja con codicia, y ofreció al necesitado adelantarle dos mil duros por ella; pero nuestro español se empeñó en no aceptar otro préstamo que el de quinientos duros por seis meses, y con un interés judaico, se entiende. Extendiéronse y firmáronse los documentos o papeletas de estilo, acariciando el agiotista[72] la esperanza de que a la postre[73] el dueño de la prenda[74] acudiría por más dinero, que con el recargo de intereses lo convertiría en propietario de joya tan valiosa por su mérito intrínseco y artístico.

Y con este capitalito fuele tan prósperamente en su comercio, que a la terminación del plazo[75] pudo desempeñar[76] la prenda, y, envuelta en el mismo papel en que la recibiera, se la devolvió a fray Gómez.

Éste tomó el alacrán, lo puso sobre el alféizar[77] de la ventana, le echó una bendición y dijo:

—Animalito de Dios, sigue tu camino.

Y el alacrán echó a andar libremente por las paredes de la celda.

> Y vieja, pelleja,
> aquí dio fin la conseja.

DESPUÉS DE LEER

1. Explique la función de la introducción en la estructura del relato.

2. ¿En qué dicho se basa esta tradición? Explique su significado.

3. ¿Quién era fray Gómez? ¿Qué reputación tenía el fraile? ¿Cómo lo describiría usted?

4. ¿Qué milagros ha hecho?

5. ¿Por qué va el pobre hombre a la celda de fray Gómez?

6. ¿Por qué ayuda fray Gómez al buhonero? ¿Cómo lo hace?

7. Explique qué ocurre cuando el buhonero va a la casa de empeño.

8. ¿Por qué el prestamista quiere prestarle al buhonero más dinero del que necesita y por qué el buhonero se limita a pedir prestado la cantidad que le había mencionado a fray Gómez? ¿Qué nos dicen estas acciones de los dos personajes?

---

[68]**sabandija** bug   [69]**empeñe** pawn   [70]**prendedor** brooch   [71]**engarzada** set in   [72]**agiotista** speculator   [73]**a la postre** at the end   [74]**prenda** jewel   [75]**del plazo** of the term   [76]**desempeñar** to take out of pawn   [77]**alféizar** windowsill

AL LEER CONSIDERE LO SIGUIENTE:
—el uso de refranes
—cómo el autor juega con el factor histórico-cronológico
—la técnica narrativa
—el lenguaje
—el empleo del humor

La explicación de la frase popular "Donde el diablo perdió el poncho" se hace a través de un relato. La tradición cuenta que cuando Jesús y sus discípulos visitaban Ica, una ciudad peruana, hubo una gran celebración. El Diablo, al enterarse de ella, también decidió visitar dicha ciudad.

Dónde y cómo el Diablo perdió el poncho[1]

ॐ

Y sépase usted,[2] querido, que perdí la chaveta[3] y anduve en mula chúcara[4] y con estribos[5] largos por una muchacha nacida en la tierra donde al diablo le quitaron el poncho».

Así terminaba la narración de una de las aventuras de su mocedad[6] mi amigo D. Adeodato de la Mentirola, anciano que militó al lado del coronel realista San-juanena y que hoy mismo prefiere a todas las repúblicas teóricas y prácticas, habidas y por haber,[7] el paternal gobierno de Fernando VII.[8] Quitándole esta debilidad o manía, es mi amigo Adeodato una alhaja de gran precio. Nadie mejor informado que él en los trapicheos[9] de Bolívar con las limeñas, ni nadie como él sabe al dedillo[10] la antigua crónica escandalosa de esta ciudad de los reyes.[11] Cuenta las cosas con cierta llaneza[12] de lenguaje que pasma;[13] y yo, que me pirro por averiguar[14] la vida y milagros, no de los que viven, sino de los que están pu-

---

[1]**Donde el diablo perdió el poncho** idiomatic expression referring to a far and distant place. The English equivalent is "who knows where".   [2]**Y sépase usted** and let me tell you   [3]**perdí la chaveta** I lost my mind   [4]**chúcara** wild   [5]**estribos** stirrups   [6]**mocedad** youth   [7]**habidas y por haber** past, present and future   [8]**Fernando VII** (1784–1833), Spanish king who was forced to abdicate the Spanish crown in favor of Napoleon's brother, Joseph Bonaparte. Upon his return to Spain from exile Fernando VII established an absolute monarchy. During his reign the Spanish colonies of the New World obtained their independence, except for the Philippines, Cuba, and Puerto Rico.   [9]**trapicheos** shady dealings   [10]**sabe al dedillo** knows by heart   [11]**ciudad de los reyes** Ciudad de los Reyes was the name given to present-day Lima upon its founding by Francisco Pizarro in 1535.   [12]**llaneza** simplicity   [13]**que pasma** that amazes   [14]**me pirro por averiguar** I am dying to find out

driendo[15] tierra y criando malvas con el cogote,[16] ando pegado a él como botón a la camisa, y le doy cuerda,[17] y el señor de la Mentirola afloja lengua.[18]

—¿Y dónde y cómo fue que el diablo perdió el poncho? —le interrogué.

—¡Cómo! ¿Y usted que hace décimas[19] y que la echa[20] de cronista o de historietista y que escribe en los papeles públicos y que ha sido diputado a Congreso ignora lo que en mi tiempo sabían hasta los chicos de la amiga? Así son las reputaciones literarias desde que entró la Patria.[21] ¡Hojarasca y soplillo![22] ¡Oropel,[23] puro oropel!

—¡Qué quiere usted, don Adeodato! Confieso mi ignorancia y le ruego que me ilustre, que enseñar al que no sabe, precepto es de la doctrina cristiana.

Parece que el contemporáneo de Pezuela[24] y La Serna[25] se sintió halagado[26] con mi humildad; porque tras encender un cigarrillo se arrellanó[27] cómodamente en el sillón y soltó la sin hueso[28] con el relato que va en seguida. Por supuesto, que, como ustedes saben, ni Cristo ni sus discípulos soñaron en trasmontar los Andes (aunque doctísimos historiadores afirman que el apóstol Tomás o Tomé predicó[29] el Evangelio en América) ni en esos tiempos se conocían el telégrafo, el vapor y la imprenta.[30] Pero háganse ustedes, los de la vista miope,[31] con éstos y otros anacronismos, y ahí va *ad pedem litera*[32] la conseja.[33]

I

Pues, señor, cuando Nuestro Señor Jesucristo peregrinaba por el mundo, caballero en mansísima[34] borrica,[35] dando vista[36] a los ciegos y devolviendo a los tullidos[37] el uso y abuso de sus miembros, llegó a una región donde la arena formaba horizonte. De trecho en trecho[38] se alzaba enhiesta[39] y gárrula una palmera, bajo cuya sombra solían detenerse el Divino Maestro y sus discípulos escogidos, los que, como quien no quiere la cosa, llenaban de dátiles[40] las alforjas.[41]

Aquel arenal parecía ser eterno; algo así como Dios, sin principio ni fin. Caía la tarde y los viajeros tenían ya entre pecho y espalda el temor de dormir sirviéndoles de toldo[42] la bóveda estrellada, cuando con el último rayo de sol se dibujó en lontananza[43] la silueta de un campanario.[44]

---

[15]**pudriendo** rotting   [16]**criando malvas con el cogote** "pushing up daisies"   [17]**le doy cuerda** I wind him up   [18]**afloja la lengua** talks a lot   [19]**décimas** poem of ten verses   [20]**que la echa** pretends to be   [21]**desde que entró la Patria** since the beginning of the Republic   [22]**hojarasca y soplillo** useless things   [23]**oropel** showy and cheap   [24]**Pezuela** Joaquín de la Pezuela (1761–1830), viceroy of Peru from 1815 to 1821 and also a general. Pezuela distinguished himself in what is known as present-day Bolivia when he defeated the army of Manuel Belgrano (1770–1820), who was fighting for the independence of the region.   [25]**La Serna** the last viceroy of Peru, José de la Serna e Hinojosa (1770–1832). La Serna was defeated at the pivotal battle of Ayacucho, which gave the Spanish colonies their independence.   [26]**halagado** flattered   [27]**se arrellanó** stretched out   [28]**soltó la sin hueso** started to speak   [29]**predicó** preached   [30]**imprenta** printing press   [31]**miope** nearsighted   [32]*pedem litera* (*pedem litteræ*) to the letter   [33]**la conseja** the story   [34]**mansísima** most gentle   [35]**borrica** donkey   [36]**dando vista** giving sight   [37]**tullidos** crippled   [38]**de trecho en trecho** at intervals   [39]**enhiesta** straight   [40]**dátiles** dates   [41]**alforjas** saddlebags   [42]**toldo** awning, roof   [43]**lontananza** far away   [44]**campanario** bell tower

El Señor se puso la mano sobre los ojos, formando visera para mejor concentrar la visual, y dijo:

—Allí hay población. Pedro, tú que entiendes de náutica y geografía, ¿me sabrás decir qué ciudad es ésa?

San Pedro se relamió[45] con el piropo[46] y contestó:

—Maestro, esa ciudad es Ica.[47]

—¡Pues pica,[48] hombre, pica!

Y todos los apóstoles hincaron[49] con un huesecito el anca[50] de los rucios,[51] y a galope pollinesco[52] se encaminó la comitiva[53] al poblado.

Cerca ya de la ciudad se apearon[54] todos para hacer una mano de *toilette*. Se perfumaron las barbas con bálsamo de Judea, se ajustaron las sandalias, dieron un brochazo a la túnica y al manto, y siguieron la marcha, no sin prevenir antes el buen Jesús a su apóstol favorito:

—Cuidado, Pedro, con tener malas pulgas[55] y cortar orejas. Tus genialidades[56] nos ponen siempre en compromisos.[57]

El apóstol se sonrojó[58] hasta el blanco de los ojos; y nadie habría dicho, al ver su aire bonachón[59] y compungido,[60] que había sido un cortacaras.[61]

Los iqueños recibieron en palmas,[62] como se dice, a los ilustres huéspedes, y aunque a ellos les corriera prisa continuar su viaje, tan buenas trazas[63] se dieron los habitantes para detenerlos y fueron tales los agasajos[64] y festejos, que se pasaron ocho días como un suspiro.

Los vinos,[65] de Elías, Boza y Falconí, anduvieron a boca qué quieres.[66] En aquellos ocho días fue Ica un remedo[67] de la gloria. Los médicos no pelechaban,[68] ni los boticarios[69] vendían drogas. No hubo siquiera un dolor de muelas o un sarampión[70] vergonzante.

A los escribanos les crió moho la pluma[71] por no tener ni un mal testimonio de que dar fe. No ocurrió la menor pelotera[72] en los matrimonios, y, lo que es verdaderamente milagroso, se les endulzó la ponzoña[73] a las serpientes de cascabel que un naturalista llamó suegras y cuñadas.

Bien se conocía que en la ciudad moraba el Sumo Bien. En Ica se respiraba paz y alegría y dicha.

La amabilidad, gracia y belleza de las iqueñas[74] inspiraron a San Juan un soneto con estrambote,[75] que se publicó a la vez en el *Comercio, Nacional* y *Patria*. Los iqueños, entre copa y copa, comprometieron al apóstol-poeta para que escribiese el Apocalipsis:

---

[45]**se relamió** relished   [46]**piropo** compliment   [47]**Ica** Peruvian city   [48]**pues pica** spur on (a horse or mule)   [49]**hincaron** pricked   [50]**anca** rump   [51]**rucios** donkeys   [52]**pollinesco** donkey-like   [53]**la comitiva** the group   [54]**se apearon** got down   [55]**tener malas pulgas** bad-tempered   [56]**genialidades** genial deeds   [57]**en compromiso** in difficult situations   [58]**se sonrojó** blushed   [59]**bonachón** good-natured   [60]**compungido** sorrowful   [61]**cortacaras** fighter   [62]**en palmas** pleasingly   [63]**trazas** design   [64]**agasajos** reception   [65]**vinos** Ica is known for its wine production.   [66]**anduvieron … quieres** were consumed freely   [67]**un remedo** an imitation   [68]**no pelechaban** did not cure   [69]**boticarios** pharmacists   [70]**sarampión** measles   [71]**les crió moho la pluma** their pen grew moldy   [72]**pelotera** (*colloquial*) fight   [73]**ponzoña** venom   [74]**iqueñas** women from Ica   [75]**estrambote** added verses

pindárico[76] poema, inmortal obra
donde falta razón; mas genio sobra

como dijo un poeta amigo mío.

En éstas y las otras, terminaba el octavo día, cuando el Señor recibió un parte[77] telegráfico en que lo llamaban con urgencia a Jerusalén, para impedir que la samaritana le arrancase el moño[78] a la Magdalena,[79] y recelando que el cariño popular pusiera obstáculos al viaje, llamó al jefe de los apóstoles, se encerró con él y le dijo:

—Pedro, compone como puedas; pero es preciso que con el alba tomemos el tole;[80] sin que nos sienta alma viviente. Circunstancias hay en que tiene uno que despedirse a la francesa.[81]

La Municipalidad tenía dispuesto un albazo[82] para aquella madrugada; pero se quedó con los crespos hechos.[83] Los viajeros habían atravesado ya la laguna de Huacachina y perdídose en el horizonte.

Desde entonces las aguas de Huacachina adquirieron la virtud de curar todas las dolencias, exceptuando las mordeduras[84] de los monos bravos.

Cuando habían ya puesto algunas millas de por medio, el Señor volvió el rostro a la ciudad y dijo:

—¿Conque dices, Pedro, que esta tierra se llama Ica?

—Sí, señor, Ica.

—Pues, hombre, ¡qué tierra tan rica!

Y alzando la mano derecha, la bendijo en el nombre del Padre, del Hijo y del Espíritu Santo.

II

Como los corresponsales de los periódicos hubieran escrito a Lima describiendo larga, menuda y pomposamente los jolgorios[85] y comilonas, recibió el Diablo, por el primer vapor de la mala[86] de Europa, la noticia y pormenores transmitidos por todos nuestros órganos de publicidad.

Diz[87] que Cachano[88] se mordió de envidia el hocico,[89] ¡pícaro trompudo!,[90] y que exclamó:

—¡Caracoles![91] ¡Pues yo no he de ser menos que Él! No faltaba más[92]... A mí nadie me echa la pata encima.[93]

Y convocando incontinenti[94] a doce de sus cortesanos, los disfrazó con las

---

[76]**pindárico** refers to the highly admired Greek poet Pindar (518–438 B.C.)   [77]**un parte** a report   [78]**arrancase el moño** tear (Mary Magdalene's) hair out   [79]**Magdalena** Mary Magdalene, a sinner who was reformed through Jesus's intervention   [80]**tomemos el tole** that we leave   [81]**despedirse a la francesa** to leave without saying good-bye   [82]**albazo** morning serenade   [83]**con ... hechos** ready but unable to carry out a plan   [84]**mordeduras** bites   [85]**jolgorios** merrymaking   [86]**por el primer vapor de la mala** by mail   [87]**diz** dice   [88]**Cachano** the Devil   [89]**hocico** snout   [90]**pícaro trompudo!** thick-lipped rascal!   [91]**¡caracoles!** my goodness!   [92]**no faltaba más ...** I won't stand for it!   [93]**a mí ... encima** no one walks all over me   [94]**incontinenti** right away

caras de los apóstoles. Porque eso sí, Cucufo[95] sabe más que un cómico y que una coqueta en esto de adobar el rostro[96] y remedar fisonomías.

Pero como los corresponsales hubieran olvidado describir el traje de Cristo y el de sus discípulos, se imaginó el Maldito[97] que, para salir del atrenzo,[98] le bastaría consultar las estampas de cualquier álbum de viajes. Y sin más ni menos, él y sus camaradas se calzaron[99] botas granaderas y se echaron sobre los hombros capa de cuatro puntas, es decir, poncho.

Los iqueños, al divisar la comitiva, creyeron que era el Señor que regresaba con sus escogidos, y salieron a recibirlo, resueltos a echar esta vez la casa por la ventana,[100] para que no tuviese el Hombre-Dios motivo de aburrimiento y se decidiese a sentar para siempre sus reales[101] en la ciudad.

Los iqueños eran hasta entonces felices, muy felices, archifelices. No se ocupaban de política, pagaban sin chistar[102] la contribución,[103] y les importaba un pepino[104] que gobernase el preste Juan o el moro Muza. No había entre ellos chismes[105] ni quisquillas[106] de barrio a barrio y de casa a casa. No pensaban sino en cultivar los viñedos y hacerse todo el bien posible los unos a los otros. Rebosaban, en fin, tanta ventura y bienandanza,[107] que daban dentera[108] a las comarcas vecinas.

Pero Carrampempe,[109] que no puede mirar la dicha ajena[110] sin que le casteñeteen de rabia las mandíbulas,[111] se propuso desde el primer instante meter la cola[112] y llevarlo todo al barrisco.[113]

Llegó el Cornudo[114] a tiempo que se celebraba en Ica el matrimonio de un mozo como un carnero con una moza como una oveja. La pareja era como mandada hacer de encargo,[115] por la igualdad de condición y de caracteres entre los novios, y prometía vivir siempre en paz y en gracia de Dios.

—Ni llamado con campanilla podría haber venido yo en mejor oportunidad —pensó el *Demonio*—. ¡Por vida de Santa Tecla, abogada de los pianos roncos![116]

Pero desgraciadamente para él, los novios habían confesado y comulgado aquella mañana; por ende,[117] no tenían vigor sobre ellos las asechanzas[118] y tentaciones del Patudo.

A las primeras copas bebidas en obsequio de la dichosa pareja, todas las cabezas se trastornaron, no con aquella alegría del espíritu, noble, expansiva y sin malicia, que reinó en los banquetes que honrara el Señor con su presencia, sino con el delirio sensual e inmundo de la materia.

---

[95]**Cucufo** the Devil   [96]**adobar el rostro** to change a face   [97]**el Maldito** the Devil   [98]**atrenzo** difficult situation   [99]**se calzaron** they put on   [100]**echar ... ventana** to spare no expense   [101]**sentar ... reales** to remain forever   [102]**sin chistar (ni mistar)** without a word, complaints   [103]**contribución** taxes   [104]**les importaba un pepino** they did not care   [105]**chismes** gossip   [106]**quisquillas** pettiness   [107]**bienandanza** happiness   [108]**daban dentera** were cause of envy   [109]**Carrampempe** the Devil   [110]**dicha ajena** someone else's happiness   [111]**sin ... mandíbulas** without gnashing his teeth with anger   [112]**meter la cola** to do something stupid   [113]**llevarlo todo al barrisco** ruin everything   [114]**el Cornudo** the Devil   [115]**como ... encargo** made for each other   [116]**¡por vida de Santa Tecla ... roncos!** an appeal to Saint Key, protector of out-of-tune pianos. The author is making fun of the numerous invocations that are made to saints by Spanish speakers.   [117]**por ende** therefore   [118]**asechanzas** traps

Un mozalbete, especie de Don Juan Tenorio[119] en agraz,[120] principió[121] a dirigir palabras subversivas a la novia; y una jamona,[122] jubilada en el servicio, lanzó al novio miradas de codicia.[123] La vieja aquella era petróleo purito, y buscaba en el joven una chispa[124] de fosfórica correspondencia para producir un incendio que no bastasen a apagar la bomba Garibaldi[125] ni todas las compañías de bomberos. No paró aquí la cosa.

Los abogados y escribanos se concertaron[126] para embrollar pleitos; los médicos y boticarios celebraron acuerdo para subir el precio del *aqua fontis;*[127] las suegras se propusieron sacarles los ojos a los yernos; las mujeres se tornaron pedigüeñas[128] y antojadizas[129] de joyas y trajes de terciopelo; los hombres serios hablaron de club y de bochinche,[130] y para decirlo de una vez, hasta los municipales vociferaron sobre la necesidad de imponer al prójimo[131] contribución de diez centavos por cada estornudo.[132]

Aquello era la anarquía con todos sus horrores. Bien se ve que el Rabudo[133] andaba metido en la danza.

Y corrían las horas, y ya no se bebía por copas, sino por botellas, y los que antaño[134] se arreglaban pacíficas monas,[135] se arrimaron esa noche una mona tan brava... tan brava... que rayaba en[136] hidrofóbica.[137]

La pobre novia, que, como hemos dicho, estaba en gracia de Dios, se afligía e iba de un lado para otro, rogando a todos que pusiesen paz entre los guapos, que, armados de sendas estacas,[138] se estaban suavizando el cordobán a garrotazos.[139]

El diablo se les ha metido en el cuerpo: no puede ser por menos —pensaba para sí la infeliz, que no iba descaminada[140] en la presunción, y acercándose al Uñas largas[141] lo tomó del poncho, diciéndole:

—Pero, señor, vea usted que se matan...

—¿Y a mí qué me cuentas? —contestó con gran flema[142] el Tiñoso—.[143] Yo no soy de esta parroquia. ¡Que se maten enhoramala! Mejor para el cura y para mí, que le serviré de sacristán.

La muchacha, que no podía, por cierto, calcular todo el alcance de una frase vulgar, le contestó:

—¡Jesús! ¡Y qué malas entrañas había su merced tenido! La cruz le hago.

Y unió la acción a la palabra.

---

[119]**Don Juan Tenorio** character who seduced numerous women in Tirso de Molina's (1583?–1648) play *El burlador de Sevilla* [120]**en agraz** prematurely [121]**principió** started [122]**una jamona** an old fat woman [123]**miradas de codicia** enticing glances [124]**chispa** spark [125]**bomba Garibaldi** fire engine [126]**concertaron** arranged [127]***aqua fontis*** spring water [128]**pedigüeñas** persistent in asking [129]**antojadizas** capricious [130]**de ... bochinche** as if they were in a tavern, in a vulgar way [131]**al prójimo** unto others [132]**estornudo** sneeze [133]**el Rabudo** the Devil [134]**y los que antaño** and those that before [135]**monas** drunkenness [136]**que rayaba en** that bordered in [137]**hidrofóbica** fear of water [138]**estacas** stakes, spikes [139]**se estaban ... garrotazos** (two young men) were making their hide supple through beating one another in the same fashion that it is done with animal hide that is to be used in coats, shoes, etc. [140]**que no iba descaminada** who was not wrong [141]**Uñas largas** the Devil [142]**con gran flema** lazily [143]**el Tiñoso** the Devil

No bien vio el Maligno[144] los dedos de la chica formando las aspas de una cruz, cuando quiso escaparse como perro a quien ponen maza; pero, teniéndolo ella sujeto del poncho, no le quedó al Tunante[145] más recurso que sacar la cabeza por la abertura, dejando la capa de cuatro puntas en manos de la doncella.

El Patón[146] y sus acólitos se evaporaron, pero es fama que desde entonces viene, de vez en cuando, Su Majestad Infernal[147] a la ciudad de Ica en busca de su poncho. Cuando tal sucede, hay larga francachela[148] entre los monos bravos y...

> Pin-pin,
> San Agustín,
> Que aquí el cuento tiene fin.[149]

DESPUÉS DE LEER

1. ¿Cómo está estructurada esta *tradición*?

2. ¿Quién narra la *tradición*?

3. ¿Cómo es que el personaje de don Adeodato de la Mentirola sirve para fijar el momento histórico de la tradición?

4. ¿Qué libertades cronológico-históricas se toma Ricardo Palma?

5. ¿Quién llega a Ica y cómo son las celebraciones? ¿Por qué se tienen que ir?

6. ¿Por qué el Diablo va a Ica? ¿Por qué Ricardo Palma usa tantos nombres para referirse al Diablo? Comente algunos de ellos.

7. ¿Cómo emplea Palma el lenguaje popular en esta tradición? ¿Qué efecto logra con ello?

8. Explique el uso de la frase popular en la cual se basa esta tradición. Dé un ejemplo.

9. Describa la manera en que Palma emplea el humor en su narración.

10. ¿Crea Palma autenticidad en su *tradición*?

11. ¿Considera la presencia de Jesús una falta de respeto? ¿Considera que un relato semejante se hubiera podido escribir en los Estados Unidos en el siglo XIX? ¿Por qué?

---

[144]**el Maligno** the Devil   [145]**Tunante** the Devil   [146]**El Patón** the Devil   [147]**Su Majestad Infernal** the Devil   [148]**francachela** big party   [149]**Pin-Pin ... tiene fin** traditional way to end children's stories

—el elemento histórico de la tradición
—una comparación entre el lenguaje de esta tradición y el de las dos anteriores
—el reflejo de la sociedad virreinal limeña
—el sentido del honor
—el amor maternal

"Amor de madre" tiene lugar en el Perú virreinal. Narra la historia de Evangelina Zamora y expone cómo se sacrifica y salva a su marido de la muerte para preservar el honor de sus hijos.

Amor de madre

Crónica de la época del virrey "Brazo de plata"

A Juana Manuela Gorriti

უzgamos conveniente alterar los nombres de los principales personajes de esta tradición, pecado venial que hemos cometido en *La emplazada* y alguna otra. Poco significan los nombres si se cuida de no falsear la verdad histórica; y bien barruntará[1] el lector que razón, y muy poderosa, habremos tenido para desbautizar[2] prójimos.

I

En agosto de 1690 hizo su entrada en Lima el excelentísimo señor don Melchor Portocarrero Lazo de la Vega, conde de la Monclova, comendador[3] de Zarza en la Orden de Alcántara y vigésimo tercio virrey del Perú por su majestad don Carlos II. Además de su hija doña Josefa, y de su familia y servidumbre, acompañábanlo desde México, de cuyo gobierno fue trasladado a estos reinos, algunos soldados españoles. Distinguíase entre ellos, por su bizarro y marcial aspecto, don Fernando de Vergara, hijodalgo[4] extremeño,[5] capitán de gentileshombres lanzas[6] y contábase de él que entre las bellezas mexicanas no había dejado la reputación austera de monje benedictino. Pendenciero,[7] jugador[8] y amante de dar guerra a las mujeres, era más que difícil hacerle sentar la cabeza;[9] y el virrey, que le pro-

[1]**barruntará** will guess [2]**desbautizar** remove names [3]**comendador** knight commander [4]**hijodalgo** nobleman [5]**extremeño** from Extremadura, a region of Spain [6]**gentileshombres lanzas** a branch of the Spanish colonial army [7]**pendenciero** troublemaker [8]**jugador** gambler [9]**hacerle ... cabeza** to make him settle down

fesaba paternal afecto, se propuso en Lima casarlo de su mano,[10] por ver si resultaba verdad aquello de *estado muda costumbres.*

Evangelina Zamora, amén de su juventud y belleza, tenía prendas que la hacían el partido[11] más codiciable[12] de la ciudad de los Reyes. Su bisabuelo había sido, después de Jerónimo de Aliaga, del alcalde Ribera, de Martín de Alcántara y de Diego Maldonado el Rico, uno de los conquistadores más favorecidos por Pizarro con repartimientos[13] en el valle del Rimac.[14] El emperador le acordó el uso del *Don,* y algunos años después, los valiosos presentes que enviaba a la corona le alcanzaron la merced de un hábito de Santiago.[15] Con un siglo a cuestas,[16] rico y ennoblecido, pensó nuestro conquistador que no tenía ya misión sobre este valle de lágrimas, y en 1604 lió el petate[17] legando[18] al mayorazgo, en propiedades rústicas y urbanas, un caudal que se estimó entonces en un quinto de millón.

El abuelo y el padre de Evangelina acrecieron[19] la herencia; y la joven se halló huérfana a la edad de veinte años, bajo el amparo[20] de un tutor y envidiada por su riqueza.

Entre la modesta hija del conde de la Monclova y la opulenta limeña se estableció, en breve, la más cordial amistad. Evangelina tuvo así motivo para encontrarse frecuentemente en palacio en sociedad con el capitán de gentileshombres, que a fuer de galante no desperdició coyuntura[21] para hacer su corte a la doncella; la que al fin, sin confesar la inclinación amorosa que el hidalgo extremeño había sabido hacer brotar en su pecho, escuchó con secreta complacencia la propuesta de matrimonio con don Fernando. El intermediario era el virrey nada menos, y una joven bien doctrinada no podía inferir desaire a tan encumbrado padrino.[22]

Durante los cinco primeros años de matrimonio, el capitán Vergara olvidó su antigua vida de disipación. Su esposa y sus hijos constituían toda su felicidad: era, digámoslo así, un marido ejemplar.

Pero un día fatal hizo el diablo que don Fernando acompañase a su mujer a una fiesta de familia, y que en ella hubiera una sala, donde no sólo se jugaba la clásica *malilla* abarrotada,[23] sino que, alrededor de una mesa con tapete verde, se hallaban congregados muchos devotos de los cubículos. La pasión del juego estaba sólo adormecida en el alma del capitán, y no es extraño que a la vista de los dados[24] se despertase con mayor fuerza. Jugó, y con tan aviesa[25] fortuna, que perdió en esa noche veinte mil pesos.

Desde esa hora, el esposo modelo cambió por completo su manera de ser, y volvió a la febricitante[26] existencia del jugador. Mostrándosele la suerte cada día

---

[10]**casarlo de su mano** arrange his marriage   [11]**el partido** match   [12]**codiciable** desirable   [13]**repartimientos** land   [14]**valle del Rimac** the valley in which the city of Lima was founded by Pizarro   [15]**hábito de Santiago** the religious and military order of Santiago, founded in the XII century   [16]**a cuestas** on one's back   [17]**lió el petate** died   [18]**legando** leaving   [19]**acrecieron** increased   [20]**amparo** protection   [21]**no desperdició coyuntura** did not waste the opportunity   [22]**encumbrado padrino** distinguished sponsor   [23]*malilla* **abarrotada** a card game   [24]**dados** dice   [25]**aviesa** bad   [26]**febricitante** feverish

más rebelde, tuvo que mermar[27] la hacienda[28] de su mujer y de sus hijos para hacer frente a las pérdidas, y lanzarse en ese abismo sin fondo que se llama *el desquite*.[29]

Entre sus compañeros de vicio había un joven marqués a quien los dados favorecían con tenacidad, y don Fernando tomó a capricho luchar contra tan loca fortuna. Muchas noches lo llevaba a cenar a la casa de Evangelina y, terminada la cena, los dos amigos se encerraban en una habitación a *descamisarse,*[30] palabra que en el tecnicismo de los jugadores tiene una repugnante exactitud.

Decididamente, el jugador y el loco son una misma entidad. Si algo empequeñece, a mi juicio, la figura histórica del emperador Augusto es que, según Suetonio,[31] después de cenar jugaba a pares y nones.[32]

En vano Evangelina se esforzaba para apartar del precipicio al desenfrenado[33] jugador. Lágrimas y ternezas, enojos y reconciliaciones fueron inútiles. La mujer honrada no tiene otras armas que emplear sobre el corazón del hombre amado.

Una noche la infeliz esposa se encontraba ya recogida en su lecho, cuando la despertó don Fernando pidiéndole el anillo nupcial. Era éste un brillante de crecidísimo valor. Evangelina se sobresaltó; pero su marido calló su zozobra,[34] diciéndola que trataba sólo de satisfacer la curiosidad de unos amigos que dudaban del mérito de la preciosa alhaja.

¿Qué había pasado en la habitación donde se encontraban los rivales de tapete? Don Fernando perdía una gran suma, y no teniendo ya prenda que jugar, se acordó del espléndido anillo de su esposa.

La desgracia es inexorable. La valiosa alhaja lucía pocos minutos más tarde en el dedo anular del ganancioso marqués.

Don Fernando se estremeció de vergüenza y remordimiento.[35] Despidióse el marqués, y Vergara lo acompañaba a la sala; pero al llegar a ésta, volvió la cabeza hacia una mampara[36] que comunicaba al dormitorio de Evangelina y a través de los cristales vióla sollozando de rodillas ante una imagen de María.

Un vértigo horrible se apoderó del espíritu de don Fernando, y rápido como el tigre, se abalanzó sobre el marqués y le dio tres puñaladas[37] por la espalda.

El desventurado huyó hacia el dormitorio y cayó exánime delante del lecho de Evangelina.

II

El conde de la Monclova, muy joven a la sazón,[38] mandaba una compañía en la batalla de Arras, dada en 1654. Su denuedo[39] lo arrastró a lo más reñido de la pelea, y fue retirado del campo casi moribundo. Restablecióse al fin, pero con pérdida del brazo derecho, que hubo necesidad de amputarle. Él lo substituyó con

---

[27]**mermar** to deplete   [28]**la hacienda** fortune   [29]***el desquite*** revenge   [30]***descamisarse*** to ruin one another   [31]**Suetonio** (69–126?), Roman historian and author of *The Twelve Caesars*   [32]**pares y nones** a game of chance decided by number in an enclosed fist   [33]**desenfrenado** reckless   [34]**zozobra** anxiety, anguish   [35]**remordimiento** remorse   [36]**mampara** door   [37]**puñaladas** stabs   [38]**a la sazón** at the time   [39]**denuedo** courage

otro plateado, y de aquí vino el apodo[40] con que, en México y en Lima lo bautizaron.

El virrey *Brazo de plata,* en cuyo escudo de armas se leía este mote: *Ave María gratia plena,* sucedió en el gobierno del Perú al ilustre don Melchor de Navarra y Rocafull. "Con igual prestigio que su antecesor, aunque con menos dotes administrativas —dice Lorente—, de costumbres puras, religioso, conciliador y moderado, el conde de la Monclova, edificaba al pueblo con su ejemplo, y los necesitados le hallaron siempre pronto a dar de limosna sus sueldos y las rentas de su casa".

En los quince años y cuatro meses que duró el gobierno de *Brazo de plata,* período a que ni hasta entonces ni después llegó ningún virrey, disfrutó el país de completa paz; la administración fue ordenada, y se edificaron en Lima magníficas casas. Verdad que el tesoro público no anduvo muy floreciente: pero por causas extrañas a la política. Las procesiones y fiestas religiosas de entonces recordaban, por su magnificencia y lujo, los tiempos del conde de Lemos. Los portales, con sus ochenta y cinco arcos, cuya fábrica se hizo con gasto de veinticinco mil pesos, el Cabildo y la galería de palacio fueron obra de esa época.

En 1694 nació en Lima un monstruo con dos cabezas y rostros hermosos, dos corazones, cuatro brazos y dos pechos unidos por un cartílago. De la cintura a los pies poco tenía de fenomenal, y el enciclopédico limeño don Pedro de Peralta[41] escribió con el título de *Desvíos de la naturaleza* un curioso libro, en que, a la vez que hace una descripción anatómica del monstruo, se empeña en probar que estaba dotado de dos almas.

Muerto Carlos el Hechizado[42] en 1700, Felipe V, que lo sucedió, recompensó al conde de la Monclova haciéndolo grande de España.

Enfermo, octogenario y cansado del mando, el virrey *Brazo de plata* instaba a la corte para que se le reemplazase. Sin ver logrado este deseo, falleció el conde de la Monclova el 22 de septiembre de 1702, siendo sepultado en la Catedral; y su sucesor, el marqués de Casteldos Ruis, no llegó a Lima sino en julio de 1707.

Doña Josefa, la hija del conde de la Monclova, siguió habitando en palacio después de la muerte del virrey; mas una noche, concertada ya con su confesor, el padre Alonso Mesía, se descolgó por una ventana y tomó asilo en las monjas de Santa Catalina, profesando con el hábito de Santa Rosa, cuyo monasterio se hallaba en fábrica. En mayo de 1710 se trasladó doña Josefa Portocarrero Lazo de la Vega al nuevo convento, del que fue la primera abadesa.

---

[40]**apodo** nickname   [41]**Pedro de Peralta Barnuevo** (1664–1743), Peruvian intellectual who headed the University of San Marcos and authored more than fifty books, among which one finds *España vindicada* (1730) and *Lima fundada o la conquista del Perú* (1732)   [42]**Carlos el Hechizado** Charles II (1661–1700) of Spain. An inept king under whose reign Spain lost some French territory it controlled, Portugal, and Luxembourg. Unable to leave an heir to the throne, he was succeeded by Philip of Anjou, a grandson of Louis XIV.

III

Cuatro meses después de su prisión, la Real Audiencia condenaba a muerte a don Fernando de Vergara. Éste desde el primer momento había declarado que mató al marqués con alevosía,[43] en un arranque de desesperación de jugador arruinado. Ante tan franca confesión no quedaba al tribunal más que aplicar la pena.

Evangelina puso en juego todo resorte para libertar a su marido de una muerte infamante; y en tal desconsuelo, llegó el día designado para el suplicio del criminal. Entonces la abnegada y valerosa[44] Evangelina resolvió hacer, por amor al nombre de sus hijos, un sacrificio sin ejemplo.

Vestida de duelo se presentó en el salón de palacio en momentos de hallarse el virrey conde de la Monclova en acuerdo con los oidores,[45] y expuso: que don Fernando había asesinado al marqués, amparado por la ley; que ella era adúltera, y que, sorprendida por el esposo, huyó de sus iras, recibiendo su cómplice justa muerte del ultrajado[46] marido.

La frecuencia de las visitas del marqués a la casa de Evangelina, el anillo de ésta como gaje[47] de amor en la mano del cadáver, las heridas por la espalda, la circunstancia de habérsele hallado al muerto al pie del lecho de la señora, y otros pequeños detalles eran motivos bastantes para que el virrey, dando crédito a la revelación, mandase suspender la sentencia.

El juez de la causa se constituyó en la cárcel para que don Fernando ratificara la declaración de su esposa. Mas apenas terminó el escribano la lectura, cuando Vergara, presa del mil encontrados sentimientos, lanzó una espantosa carcajada.

¡El infeliz se había vuelto loco!

Pocos años después, la muerte cernía[48] sus alas sobre el casto[49] lecho de la noble esposa, y un austero sacerdote prodigaba[50] a la moribunda los consuelos de la religión.

Los cuatro hijos de Evangelina esperaban arrodillados[51] la postrera[52] bendición maternal. Entonces la abnegada víctima, forzada por su confesor, les reveló el tremendo secreto: —El mundo olvidará —les dijo— el nombre de la mujer que os dio la vida; pero habría sido implacable para con vosotros si vuestro padre hubiese subido los escalones del cadalso.[53] Dios, que lee en el cristal de mi conciencia, sabe que ante la sociedad perdí mi honra porque no os llamasen un día los hijos del ajusticiado.[54]

---

[43]**alevosía** treachery [44]**abnegada y valerosa** self-sacrificing and courageous [45]**oidores** judges [46]**ultrajado** offended [47]**gaje** reward [48]**cernía** hovered [49]**casto** chaste [50]**prodigaba** lavished [51]**arrodillados** kneeling down [52]**postrera** last [53]**cadalso** scaffold [54]**hijos del ajusticiado** children of an executed man

DESPUÉS DE LEER

1. ¿Qué elementos históricos están presentes en la tradición? ¿Cómo fue el gobierno del virrey "Brazo de plata"? ¿Cómo describiría la Lima del siglo XVII?

2. ¿Cómo cree que era la vida de la nobleza limeña? ¿Se compara ésta de alguna manera a la vida en las colonias británicas en Norteamérica?

3. ¿Quién era Evangelina Zamora? ¿Cuál era su ascendencia?

4. ¿Qué opina usted del sistema de repartimientos de tierras impuesto por Pizarro? ¿Qué consecuencias cree que tuvo?

5. ¿Qué reputación tenía el capitán Vergara antes de casarse? ¿Cómo lo describiría usted en general?

6. ¿Qué ocurrió con la fortuna heredada por Evangelina? ¿Por qué?

7. ¿Por qué mató el capitán Vergara al Marqués?

8. ¿Por qué le miente Evangelina al virrey "Brazo de plata"?

9. ¿Cuál fue el gran sacrificio de Evangelina? ¿Considera usted que ella debió de perder su honor para salvar el de sus hijos? ¿Qué opina de su acción?

10. ¿Ha encontrado diferencias de lenguaje entre las tres tradiciones que ha leído? Explique.

ALGUNOS ESTUDIOS DE INTERÉS

Bazán Montenegro, Dora. *La mujer en las Tradiciones peruanas*. Madrid, España: Maribel Artes Gráficas, 1967.

Bueno, Salvador. "Ricardo Palma siglo y medio después". *Casa de las Américas* 24:140 (1983): 120–126.

Caillet-Bois, Julio. "Problemas de lengua y estilo en las *Tradiciones peruanas*". *Revista de la Universidad de la Plata* 3 (1958): 69–79.

García-Borrón, Carlos, "La afirmación de la identidad cultural peruana en el Inca Garcilaso de la Vega y Ricardo Palma". *Boletín de la Biblioteca de Menéndez Pelayo* 66 (1990): 103–110.

González, Aníbal. "El periodismo en las *Tradiciones peruanas* de Ricardo Palma". *Torre* 2:5 (1988): 113–138

Martínez-Tolentino, Jaime. *Literatura hispánica e hispanoamericana: Tres autores reveladores: Ricardo Palma, Julián del Casal y Jacinto Benavente*. Kassel, Alemania: Reichenberger, 1992.

Núñez, Estuardo. "El género o especie 'Tradición' en el ámbito hispano-americano". *Memorias del XVII Congreso del Instituto Internacional de Literatura Iberoamericana. Crítica histórico-literaria hispanoamericana*. 3.º tomo. Madrid, España: Ediciones de Cultura Hispánica del Centro Iberoamericano de Cooperación, 1978.

Oviedo, José Miguel. *Genio y figura de Ricardo Palma*. Buenos Aires, Argentina: EUDEBA, 1965.

Romero, Marie A. "Visión de lo femenino y de la mujer en Ricardo Palma". *Ottawa Hispánica* 5 (1983): 1–16.

Tanner, Roy L. *The Humor of Irony and Satire in the* Tradiciones peruanas. Columbia: University of Missouri Press, 1986.

José Hernández

*(1834, Charca de Pueyrredón, Provincia de Buenos
Aires, Argentina–1886, Buenos Aires, Argentina)*

José Hernández es el autor de *Martín Fierro,*
poema considerado por muchos la culminación
de la literatura gauchesca. La primera parte,
La ida de Martín Fierro, se publicó en 1872;
la segunda, *La vuelta de Martín Fierro,* surgió
en 1879. El éxito de ambos libros fue
extraordinario. Según el autor, el poema fue
inspirado por el modo de vivir, las costumbres,
la música y la tradición oral gauchesca.

Hernández, en carta a un amigo, dice que se "esforzó en presentar un tipo que
personificara el carácter de nuestros gauchos, concentrando el modo de ser, de
sentir, de pensar y de expresarse que les es peculiar; dotándolo con todos los juegos
de su imaginación llena de imágenes y de colorido, con todos los arranques de su
altivez, inmoderados hasta el crimen, y con todos los impulsos y arrebatos, hijos
de una naturaleza que la educación no ha pulido y suavizado".

A través de las diferentes voces, la de Martín, la de sus dos hijos y la de Picardía,
Hernández evoca un tipo de vida y valores que estaban a punto de desaparecer.
En el poema se encontrarán las costumbres, la música y la tradición oral gauchesca
representadas en la figura del cantor o payador, cantidad de refranes, abundancia
de humor popular y el dialecto hablado por los gauchos. El lector observará como en
ese dialecto abundan las imágenes y metáforas, las omisiones frecuentes de palabras,
el desplazamiento del acento en muchos vocablos, la metátesis, la sustitución de un
sonido por otro y la omisión de la *d* final, por sólo nombrar algunas de las
características de su habla.

Las dos partes de *Martín Fierro,* aunque en distinto tono, señalan la posición
ideológica del autor quien, en la contienda entre la provincia de Buenos Aires y las
restantes de la nación, se colocó junto a las provincias que sufrían la hegemonía
económica y política de Buenos Aires. En la lucha entre federales y unitarios,
José Hernández se mantuvo siempre con el partido federal, y en su papel de
periodista y político defendió a los gauchos frente a la persecución y la explotación
que proponían los unitarios bajo el gobierno de Domingo Faustino Sarmiento
(1811–1888). *La ida de Martín Fierro* fue escrita durante la presidencia de Sarmiento
(1868–1874) y constituye un documento en defensa del gaucho. La segunda parte,
La vuelta de Martín Fierro, corresponde al tiempo en que fue presidente Nicolás
Avellaneda (1874–1880) y muestra un espíritu conciliador.

Entre los cultivadores de la poesía gauchesca deben mencionarse, entre otros, a los
siguientes autores: Bartolomé Hidalgo (1788–1822), conocido por sus "cielitos" y
diálogos gauchescos y patrióticos; Hilario Ascasubi (1807–1875), autor de *Santos
Vega* (1872), Estanislao del Campo (1834–1880), famoso por su humorístico *Fausto* y
Antonio D. Lussich (1848–1928), quien escribió *Los tres gauchos orientales* (1872).

AL LEER CONSIDERE LO SIGUIENTE:
—el uso del lenguaje
—los elementos románticos del poema
—la relación entre el gobierno, los gauchos y los nativos
—el mundo del gaucho

El gaucho Martín Fierro cuenta sus desventuras a través del canto. En los versos que aparecen a continuación vemos cómo el gobierno obliga a Martín Fierro a abandonar a su mujer y a sus hijos y lo alista en un regimiento del ejército para combatir a los nativos que se encuentran en la frontera. El coronel del ejército se sirve de él. En vez de darle armas para el combate, lo pone a trabajar en sus tierras sin pago alguno. El canto de Martín Fierro brinda además de su historia personal diferentes aspectos de la vida gauchesca.

El gaucho Martín Fierro

PRIMERA PARTE: LA IDA

Martín Fierro

I

Aquí me pongo a cantar
al compás de la vigüela,[1]
que el hombre que lo desvela[2]
una pena estrordinaria,
como la ave[3] solitaria
con el cantar se consuela.

Pido a los santos del Cielo
que ayuden mi pensamiento;
les pido en este momento
que voy a cantar mi historia
me refresquen la memoria
y aclaren mi entendimiento.[4]

Vengan santos milagrosos,
vengan todos en mi ayuda,
que la lengua se me añuda[5]

---

[1]**vigüela (vihuela)** string instrument that resembles a guitar [2]**que lo desvela** that is kept awake by it [3]**ave** bird [4]**entendimiento** mind [5]**se me añuda** gets knotted

y se me turba la vista;
pido a mi Dios que me asista
en una ocasión tan ruda.[6]

Yo he visto muchos cantores,
con famas bien otenidas,[7]
y que después de adquiridas
no las quieren sustentar:
parece que sin largar
se cansaron en partidas.[8]

Mas ande otro criollo pasa
Martín Fierro ha de pasar;
nada lo hace recular[9]
ni las fantasmas[10] lo espantan;[11]
y dende que todos cantan
yo también quiero cantar.

Cantando me he de morir,
cantando me han de enterrar,[12]
y cantando he de llegar
al pie del Eterno Padre:
dende el vientre de mi madre
vine a este mundo a cantar. [...]

Yo no soy cantor letrao,[13]
mas si me pongo a cantar
no tengo cuando acabar
y me envejezco[14] cantando:
las coplas[15] me van brotando
como agua de manantial.

Con la guitarra en la mano
ni las moscas se me arriman,[16]
naides[17] me pone el pie encima,[18]
y cuando el pecho se entona,[19]
hago gemir a la prima[20]
y llorar a la bordona.[21]

Yo soy toro en mi rodeo[22]
y torazo en rodeo ajeno;

---

[6]**ruda** hard   [7]**otenidas** *obtenidas*   [8]**partidas** activities carried out before a horse race in order to tire out the opponent's horse   [9]**recular** to back down   [10]**(los) fantasmas** ghosts   [11]**lo espantan** frighten him   [12]**enterrar** to bury   [13]**letrao (*letrado*)** learned   [14]**envejezco** I get old   [15]**coplas** ballads   [16]**se me arriman** get close   [17]**naides** *nadie*   [18]**me pone el pie encima** comes out ahead of me   [19]**se entona** sings a tune   [20]**prima** the thinnest string of the vihuela or the guitar   [21]**bordona** the thickest string of the vihuela or the guitar   [22]**rodeo** cattle that moves or rests together

siempre me tuve por güeno[23]
y si me quieren probar,
salgan otros a cantar
y veremos quién es menos.

No me hago al lao[24] de la güeya[25]
aunque vengan degollando,[26]
con los blandos yo soy blando
y soy duro con los duros,
y ninguno en un apuro
me ha visto andar tutubiando.[27]

En el peligro, ¡qué Cristos!
el corazón se me enancha,[28]
pues toda la tierra es cancha,[29]
y de esto naides se asombre:
el que se tiene por hombre
donde quiera hace pata ancha.[30]

Soy gaucho, y entiendaló[31]
como mi lengua lo esplica:
para mí la tierra es chica
y pudiera ser mayor;
ni la víbora me pica
ni quema mi frente el sol.

Nací como nace el peje[32]
en el fondo de la mar;
naides me puede quitar
aquello que Dios me dió:
lo que al mundo truje[33] yo
del mundo lo he de llevar.

Mi gloria es vivir tan libre
como el pájaro del cielo;
no hago nido en este suelo
ande hay tanto que sufrir,
y naides me ha de seguir
cuando yo remuento el vuelo.[34]

Yo no tengo en el amor
quien me venga con querellas,[35]

---

[23]**güeno** *bueno* (Fierro implies that he is a good balladeer)   [24]**lao** *lado*   [25]**güeya** (*huella*) path   [26]**degollando** decapitating   [27]**tutubiando** (*titubeando*) hesitating   [28]**enancha** (*ensancha*) expands   [29]**cancha** open space   [30]**hace pata ancha** confronts the enemy   [31]**entiendaló** *entiéndalo*   [32]**peje** fish   [33]**truje** *traje*   [34]**remuento el vuelo** (*remonto*) soar   [35]**querellas** complaints

como esas aves tan bellas
que saltan de rama en rama,
yo hago en el trébol[36] mi cama,
y me cubren las estrellas.

Y sepan cuantos escuchan
de mis penas el relato,
que nunca peleo ni mato
sino por necesidá,
y que a tanta alversidá
sólo me arrojó el mal trato.

Y atiendan la relación
que hace un gaucho perseguido,
que padre y marido ha sido
empeñoso[37] y diligente,
y sin embargo la gente
lo tiene por un bandido.

II

Ninguno me hable de penas,
porque yo penando[38] vivo,
y naides se muestre altivo
aunque en el estribo esté:[39]
que suele quedarse a pie
el gaucho más alvertido.[40]

Junta esperencia en la vida
hasta pa[41] dar y prestar
quien la tiene que pasar
entre sufrimiento y llanto,
porque nada enseña tanto
como el sufrir y el llorar.

Viene el hombre ciego al mundo,
cuartiándolo[42] la esperanza,
y a poco andar ya lo alcanzan
las desgracias a empujones,[43]
¡la pucha,[44] que trae liciones[45]
el tiempo con sus mudanzas!

Yo he conocido esta tierra
en que el paisano[46] vivía

---

[36]**trébol** clover   [37]**empeñoso** persevering   [38]**penando** with sorrow   [39]**en el estribo esté** in control or in good position   [40]**alvertido (*advertido*)** competent   [41]**pa** *para*   [42]**cuartiándolo** being helped by   [43]**a empujones** pushing their way through   [44]**pucha** (*vulgar*) expression of surprise   [45]**liciones** *lecciones*   [46]**paisano** peasant

y su ranchito tenía
y sus hijos y mujer ...
era una delicia el ver
cómo pasaba sus días.

Entonces ... cuando el lucero
brillaba en el cielo santo,
y los gallos con su canto
nos decían que el día llegaba,
a la cocina rumbiaba[47]
el gaucho ... que era un encanto.

Y sentao junto al jogón[48]
a esperar que venga el día,
al cimarrón[49] le prendía[50]
hasta ponerse rechoncho,
mientras su china[51] dormía
tapadita con su poncho.

Y apenas la madrugada
empezaba a coloriar,
los pájaros a cantar,
y las gallinas a apiarse,[52]
era cosa de largarse
cada cual a trabajar.

Éste se ata las espuelas,[53]
se sale el otro cantando,
uno busca un pellón[54] blando,
éste un lazo, otro un rebenque,[55]
y los pingos[56] relinchando[57]
los llaman dende el palenque.[58]

El que era pion[59] domador[60]
enderezaba al corral,
ande estaba el animal
bufidos[61] que se las pela[62] ...
y más malo que su agüela,
se hacía astillas[63] el bagual.[64]

---

[47]**rumbiaba** would go toward [48]**jogón** *fogón* [49]**al cimarrón** bitter mate. Mate is a tealike beverage drunk in South America. [50]**le prendía** would drink [51]**su china** his woman [52]**apiarse** (*apearse*) to get down [53]**se ata las espuelas** ties his spurs [54]**pellón** hide with wool that is placed on the saddle [55]**rebenque** whip [56]**pingos** fast horses [57]**relinchando** neighing [58]**palenque** hitching post [59]**pion** *peón* [60]**domador** horsebreaker [61]**bufidos** neighs [62]**que se las pela** with all his soul [63]**se hacía astillas** would turn to pieces [64]**bagual** wild horse

Y allí el gaucho inteligente,
en cuanto el potro enriendó,
los cueros[65] le acomodó
y se le sentó en seguida,
que el hombre muestra en la vida
la astucia que Dios le dió.

Y en las playas[66] corcoviando[67]
pedazos se hacía el sotreta[68]
mientras él por las paletas
le jugaba las lloronas,[69]
y al ruido de las caronas[70]
salía haciendo gambetas.[71]

¡Ah, tiempos! … ¡Si era un orgullo
ver jinetear un paisano!
Cuando era gaucho baquiano,[72]
aunque el potro se boliase,[73]
no había uno que no parase
con el cabresto[74] en la mano.

Y mientras domaban unos,
otros al campo salían,
y la hacienda recogían,
las manadas repuntaban,[75]
y ansí sin sentir pasaban
entretenidos el día.

Y verlos al cair la tarde
en la cocina riunidos,[76]
con el juego bien prendido
y mil cosas que contar,
platicar muy divertidos
hasta después de cenar.

Y con el buche[77] bien lleno
era cosa superior
irse en brazos del amor
a dormir como la gente,
pa empezar al día siguiente
las fainas[78] del día anterior.

---

[65]**cueros** refers to saddle   [66]**playas** portions of land with trees and thicket   [67]**corcoviando** (*corcoveando*) curveting (a type of leap)   [68]**sotreta** useless old horse. Here, as it is sometimes used, the word has the opposite meaning.   [69]**le jugaba las lloronas** would spur repeatedly   [70]**caronas** saddle padding   [71]**gambetas** prances   [72]**baquiano** expert   [73]**boliase** (*bolease*) would fall and roll over on its back   [74]**cabresto** rein   [75]**repuntaban** would gather   [76]**riunidos** *reunidos*   [77]**buche** stomach   [78]**fainas** (*faenas*) chores

Ricuerdo[79] ¡qué maravilla!
cómo andaba la gauchada
siempre alegre y bien montada
y dispuesta pa el trabajo …
pero hoy en el día … ¡barajo!
no se la ve de aporriada.[80]

El gaucho más infeliz
tenía tropilla de un pelo;[81]
no le faltaba un consuelo[82]
y andaba la gente lista …
Tendiendo al campo la vista,
sólo vía[83] hacienda y cielo.

Cuando llegaban las yerras,[84]
¡cosa que daba calor!
tanto gaucho pialador[85]
y tironiador sin yel.[86]
¡Ah, tiempos … pero si en él
se ha visto tanto primor![87] […]

Eran los días del apuro
y alboroto pa el hembraje,[88]
pa preparar los potajes[89]
y osequiar bien[90] a la gente,
y ansí, pues, muy grandemente,
pasaba siempre el gauchaje.

Venía la carne con cuero,
la sabrosa carbonada,[91]
mazamorra[92] bien pisada,
los pasteles y el güen vino …
pero ha querido el destino
que todo aquello acabara.

Estaba el gaucho en su pago
con toda siguridá,[93]
pero aura … ¡barbaridá!,
la cosa anda tan fruncida,[94]

---

[79]**ricuerdo** *recuerdo* [80]**aporriada (*aporreada*)** worn out [81]**de un pelo** of one color. Regarded as true luxury. [82]**un consuelo** a love [83]**vía** *veía* [84]**yerras (*hierras*)** branding of the cattle [85]**pialador** person capable of lassoing the front legs of a horse while it is running [86]**sin yel** tireless [87]**primor** skill [88]**hembraje** the women [89]**potajes** stewed vegetable dish [90]**osequiar bien (*obsequiar*)** to lavish attention [91]**carbonada** stew made with meat and vegetables [92]**mazamorra** soup made of corn [93]**siguridá** *seguridad* [94]**tan fruncida** so bad

que gasta el pobre la vida
en juir[95] de la autoridá.

Pues si usté pisa en su rancho
y si el alcalde lo sabe,
lo caza lo mesmo[96] que ave
aunque su mujer aborte …
¡No hay tiempo que no se acabe
ni tiento que no se corte!

Y al punto dése por muerto
si el alcalde lo bolea,[97]
pues ahí no más se le apea[98]
con una felpa[99] de palos;
y después dicen que es malo
el gaucho si los pelea.

Y el lomo[100] le hinchan[101] a golpes,
y le rompen la cabeza,
y luego con ligereza,
ansí lastimao[102] y todo,
lo amarran codo con codo
y pa el cepo[103] lo enderiezan.[104]

Ahí comienzan sus desgracias,
ahí principia el pericón,[105]
porque ya no hay salvación,
y que usté quiera o no quiera,
lo mandan a la frontera[106]
o lo echan a un batallón.

Ansí empezaron mis males
lo mesmo que los de tantos;
si gustan … en otros cantos
les diré lo que he sufrido:
Después que uno está perdido
no lo salvan ni los santos.

III

Tuve en mi pago[107] en un tiempo
hijos, hacienda y mujer;

---

[95]**juir** *huir*   [96]**mesmo** *mismo*   [97]**bolea** throws the *bolas* at you   [98]**se le apea** unloads   [99]**felpa** beating   [100]**lomo** back   [101]**le hinchan** swell   [102]**ansí lastimao** *así lastimado*   [103]**cepo** pillory [104]**enderiezan (enderezan)** they take him   [105]**pericón** popular dance from Argentina and Uruguay. In this poem the word is used as a synonym for *baile*; it implies that calamities are about to begin.   [106]**frontera** border marked by small forts protecting the land from the indigenous population   [107]**pago** place where someone was born or lives permanently

pero empecé a padecer,
me echaron a la frontera,
y ¡qué iba a hallar al volver!
Tan sólo hallé la tapera.[108]

Sosegao[109] vivía en mi rancho,
como el pájaro en su nido.[110]
Allí mis hijos queridos
iban creciendo a mi lao…
Sólo queda al desgraciao
lamentar el bien perdido.

Mi gala en las pulperías[111]
era cuando había más gente
ponerme medio caliente,
pues cuando puntiao[112] me encuentro
me salen coplas de adentro
como agua de la virtiente.[113]

Cantando estaba una vez
en una gran diversión,
y aprovechó la ocasión
como quiso el juez de paz:
se presentó y áhi no más
hizo una arriada en montón.[114]

Juyeron[115] los más matreros[116]
y lograron escapar.
Yo no quise disparar:[117]
soy manso y no había por qué.
Muy tranquilo me quedé
y ansí me dejé agarrar.

Allí un gringo[118] con un órgano
y una mona que bailaba
haciéndonos rair[119] estaba
cuando le tocó el arreo.[120]
¡Tan grande el gringo y tan feo!
¡Lo viera cómo lloraba!

Hasta un inglés sanjiador[121]
que decía en la última guerra

---

[108]**tapera** abandoned house   [109]**sosegao (*sosegado*)** peacefully   [110]**nido** nest   [111]**pulperías** stores; here, taverns   [112]**puntiao** having had some drinks   [113]**virtiente** *vertiente*   [114]**hizo una arriada en montón** he arrested them all   [115]**juyeron** *huyeron*   [116]**matreros** cunning or shrewd persons. This term was used to refer to outlaws.   [117]**disparar** to shoot   [118]**gringo** foreigner   [119]**rair** *reír*   [120]**el arreo** trappings, stuff   [121]**sanjiador (*zanjeador*)** ditch digger

que él era de Inca-la-perra
y que no quería servir,
tuvo también que juir
a guarecerse[122] en la sierra.

Ni los mirones salvaron
de esa arriada de mi flor;
fue acoyarao[123] el cantor
con el gringo de la mona;
a uno solo, por favor,
logró salvar la patrona.

Formaron un contingente
con los que en el baile arriaron;
con otros nos mesturaron,[124]
que habían agarrao[125] también.
Las cosas que aquí se ven
ni los diablos las pensaron.

A mí el juez me tomó entre ojos[126]
en la última votación.[127]
Me le había hecho el remolón[128]
y no me arrimé ese día,
y él dijo que yo servía
a los de la esposición.[129]

Y ansí sufrí ese castigo
tal vez por culpas ajenas.
Que sean malas o sean güenas
las listas, siempre me escondo.
Yo soy un gaucho redondo
y esas cosas no me enllenan.[130]

Al mandarnos nos hicieron
más promesas que a un altar.
El juez nos jue[131] a ploclamar
y nos dijo muchas veces:
—"Muchachos, a los seis meses
los van a ir a revelar".[132]

Yo llevé un moro[133] de número
¡sobresaliente el matucho!

Con él gané en Ayacucho
más plata que agua bendita.
Siempre el gaucho necesita
un pingo[134] pa fiarle un pucho.

　Y cargué sin dar más güeltas[135]
con las prendas que tenía.
Jergas,[136] poncho, cuanto había
en casa, tuito[137] lo alcé.
A mi china la dejé
media desnuda ese día.

　No me faltaba una guasca;[138]
esa ocasión eché el resto:
bozal,[139] maniador, cabresto,
lazo, bolas y manea[140]...
¡El que hoy tan pobre me vea
tal vez no crerá todo esto!

　Ansí en mi moro escarciando[141]
enderecé a la frontera.
¡Aparcero!,[142] si usté viera
lo que se llama cantón...
Ni envidia tengo al ratón
en aquella ratonera.

　De los pobres que allí había
a ninguno lo largaron;
los más viejos rezongaron,[143]
pero a uno que se quejó,
en seguida lo estaquiaron[144]
y la cosa se acabó.

　En la lista de la tarde
el jefe nos cantó el punto,
diciendo: —"Quinientos juntos
llevará el que se resierte;
lo haremos pitar del juerte;[145]
más bien dese por dijunto".[146]

　A naides le dieron armas,
pues toditas las que había
el coronel las tenía,

---

[134]**pingo** fast horse　[135]**güeltas** *vueltas*　[136]**jergas** coarse woolen cloth　[137]**tuito** *todito*
[138]**guasca** whip　[139]**bozal** muzzle　[140]**manea** hobbling strap (to hobble horses)　[141]**escarciando** curveting　[142]**aparcero** friend　[143]**rezongaron** complained　[144]**lo estaquiaron** was tied up at the stake　[145]**juerte** *fuerte*　[146]**dijunto** (*difunto*) dead, deceased

sigún dijo esa ocasión,
pa repartirlas el día
en que hubiera una invasión.

Al principio nos dejaron
de haraganes, criando sebo;
pero después … no me atrevo
a decir lo que pasaba…
¡Barajo!… si nos trataban
como se trata a malevos.

Porque todo era jugarle
por los lomos con la espada,
y aunque usté no hiciera nada,
lo mesmito[147] que en Palermo,
le daban cada cepiada
que lo dejaban enfermo.

Y ¡qué indios ni qué servicio!
¡Si allí no había ni cuartel![148]
Nos mandaba el coronel
a trabajar en sus chacras,[149]
y dejábamos las vacas
que las llevara el infiel.

Yo primero sembré trigo[150]
y después hice un corral;
corté adobe pa un tapial,
hice un quincho,[151] corté paja[152]…
¡La pucha que se trabaja
sin que le larguen ni un rial![153]

Y es lo pior de aquel enriedo[154]
que si uno anda hinchando el lomo
ya se le apean como plomo…
¡Quién aguanta aquel infierno!
Y eso es servir al Gobierno,
a mí no me gusta el cómo.[…]

---

[147]**mesmito (*mismito*)** same   [148]**cuartel** barracks   [149]**chacras** small farms   [150]**trigo** wheat
[151]**quincho** house with roof and wall made of rush   [152]**paja** hay   [153]**rial (*real*)** monetary
unit   [154]**enriedo** *enredo*

DESPUÉS DE LEER

I

1. ¿Por qué tiene necesidad de cantar Martín Fierro?
2. ¿A quién le pide ayuda Martín Fierro para inspirarse?
3. ¿Cómo se describe Martín Fierro a sí mismo?
4. ¿Cómo está expresado en el poema el concepto de libertad?
5. Describa la relación entre Martín Fierro y la naturaleza.

II

1. ¿Cómo describiría la filosofía de la vida de Martín Fierro?
2. ¿Cuáles eran las actividades de Martín Fierro y los gauchos? ¿Cree usted que hay nostalgia con respecto a las descripciones?
3. ¿Qué actitud expresa Martín Fierro hacia el gobierno? ¿Cómo trata el gobierno al gaucho?

III

1. ¿Cómo era la vida familiar de Martín Fierro? ¿Qué imágenes usa el gaucho para describirla?
2. Describa cómo se entretienen los gauchos.
3. ¿Qué ocurrió en la pulpería?
4. ¿Cuál era la actitud del gobierno hacia los gauchos y los indígenas?
5. ¿A dónde se lleva el gobierno a Martín Fierro? ¿Con qué propósito?
6. ¿Cuál es la realidad? ¿A qué lo obliga el coronel? ¿Cree usted que esa es una forma de corrupción?
7. ¿Qué ocurre con la familia de Martín Fierro?
8. ¿Qué características del lenguaje gauchesco aparecen en el poema?
9. Describa los elementos románticos del poema.

ALGUNOS ESTUDIOS DE INTERÉS

Alazraki, Jaime. "El género literario del *Martín Fierro*". *Revista Iberoamericana* 40 (1974): 433–458.

Albarracín-Sarmiento, Carlos. *Estructura del Martín Fierro*. Amsterdam, Holanda: John Benjamins Purdue University Monographs, 1981.

Ara, Guillermo. "Sarmiento y Hernández: divergencia y conciliación". *Revista Iberoamericana* 40 (1974): 245–257.

Borello, Rodolfo. "*El Martín Fierro* y la poesía gauchesca". *Boletín de la Academia Argentina de las Letras* 54:211–212 (1989): 97–129.

Borges, Jorge Luis, y Adolfo Bioy Casares. *Poesía gauchesca*. México, D.F.: Fondo de Cultura Económica, 1955.

Carilla, Emilio. *La creación del Martín Fierro*. Madrid, España: Gredos, 1973.

Chávez, Fermín. "*Martín Fierro*: Sus contenidos ideológicos y políticos". *Cuadernos Hispanoamericanos* 357 (1980): 525–540.

Goloboff, Gerardo M. "Algunos antecedentes de la narrativa aritiana". *Cuadernos Hispanoamericanos* 11 (1993): 47–51.

González Cruz, Luis F. "Martín Fierro: escritura y significado". *Círculo* 20 (1991): 137–145.

Halperín Donghi, Tulio. *José Hernández y sus mundos*. Buenos Aires, Argentina: Sudamericana, 1985.

Michelini, Dorando Juan. "Naturaleza y tierra en el poema de *Martín Fierro*". *Studi di Letteratura Ispano-Americana* 11 (1981): 5–15.

Verdugo, Iber. *Teoría aplicada del estudio literario: Análisis del Martín Fierro*. México, D.F.: UNAM, 1980.

Manuel González Prada

(1848–1918, Lima, Perú)

Manuel González Prada es considerado precursor del modernismo y más tarde participante de este movimiento literario hispanoamericano. En sus primeras composiciones poéticas publicadas en 1871 comienzan a perfilarse la innovación métrica, temática y rítmica que se destacarán también en su prosa más adelante.

El mayor legado que ha dejado González Prada se encuentra en el ámbito de las ideas. La victoria de Chile, en la llamada Guerra del Pacífico (1879–1883), constituyó para el escritor peruano, al igual que para otros intelectuales de su tiempo, una nueva y necesaria toma de conciencia sobre la realidad del país. De ahí surge el afán por encontrar la identidad y el desarrollo nacional así como la importancia de la integración e incorporación del indígena a la sociedad peruana. González Prada fue hasta su muerte una figura polémica, mentor de la juventud peruana. Entre los intelectuales peruanos que se formaron bajo su influencia se encuentra José Carlos Mariátegui (1895–1930), autor de *Siete ensayos de interpretación de la realidad peruana*.

Manuel González Prada es recordado por los ensayos que aparecieron en *Páginas libres* (1894) y *Horas de lucha* (1908). Sus artículos político-sociales fueron publicados póstumamente en los siguientes libros: *Bajo el oprobio* (1933), *Anarquía* (1936), *Nuevas páginas libres* (1937), *Figuras y figurones* (1938), *Propaganda y ataque* (1939), *Prosa menuda* (1941) y *El tonel de Diógenes* (1945). Su poesía figuró en *Minúsculas* (1901), *Presbiterianas* (1909) y *Exóticas* (1911). Algunos años después de su muerte surgieron los siguientes libros: *Libertarias* (1938), *Trozos de vida* (1933), *Baladas* (1939) y *Baladas peruanas* (1935).

AL LEER CONSIDERE LO SIGUIENTE:

—lo que es considerado moral
—la actitud del español y de la clase dirigente peruana hacia el indígena
—la situación del indio en el contexto de la república peruana
—las propuestas de González Prada para remediar la situación del Perú y del indio
—la función que ha de tener la comunidad autóctona dentro de la realidad peruana

En el ensayo "La educación del indio", escrito por González Prada poco después de la derrota del Perú por Chile, el autor examina la condición del indio peruano y cómo ésta llevó al país a la derrota. González Prada aboga por la integración del indígena a la sociedad peruana y la necesidad de educarlo y darle acceso a la propiedad.

La educación del indio

ৰু

ara cohonestar[1] la incuria[2] del gobierno y la inhumanidad de los expoliadores,[3] algunos pesimistas a lo Le Bon[4] marcan en la frente del indio un estigma infamatorio:[5] le acusan de refractario[6] a la civilización. Cualquiera se imaginaría que en todas nuestras poblaciones se levantan espléndidas escuelas donde bullen[7] eximios[8] profesores muy bien rentados[9] y que las aulas permanecen vacías porque los niños, obedeciendo las órdenes de sus padres, no acuden a recibir educación. Se imaginaría también que los indígenas no siguen los moralizadores ejemplos de las clases dirigentes o crucifican sin el menor escrúpulo a todos los predicadores[10] de ideas levantadas y generosas. El indio recibió lo que le dieron: fanatismo y aguardiente.[11]

Veamos, ¿qué se entiende por civilización? Sobre la industria y el arte, sobre la erudición y la ciencia, brilla la moral como punto luminoso en el vértice[12] de una gran pirámide. No la moral teológica fundada en una sanción póstuma, sino la moral humana, que no busca sanción ni la buscaría lejos de la tierra. El *summum* de la moralidad, tanto para los individuos como para las sociedades, consiste en haber transformado la lucha de hombre contra hombre en el acuerdo mutuo[13] para la vida. Donde no hay justicia, misericordia ni benevolencia, no hay civi-

---

[1]**cohonestar** to give an honest appearance   [2]**incuria** negligence   [3]**expoliadores** plunderers
[4]**Le Bon** Gustave Le Bon (1841–1931), French psychologist and sociologist follower of Positivism. This philosophical system, founded by August Comte, concerned itself with positive facts and phenomena and excluded speculation upon ultimate causes or origins.   [5]**infamatorio** defamatory   [6]**refractario** resistant   [7]**bullen** swarm   [8]**eximios** distinguished   [9]**rentados** paid   [10]**predicadores** preachers   [11]**aguardiente** liquor   [12]**vértice** vertex   [13]**acuerdo mutuo** mutual agreement

lización; donde se proclama ley social la *struggle for life,* reina la barbarie. ¿Qué vale adquirir el saber de un Aristóteles[14] cuando se guarda el corazón de un tigre? ¿Qué importa poseer el don artístico de un Miguel Ángel[15] cuando se lleva el alma de un cerdo? Más que pasar por el mundo derramando[16] la luz del arte o de la ciencia, vale ir destilando[17] la miel[18] de la bondad. Sociedades altamente civilizadas merecerían llamarse aquellas donde practicar el bien ha pasado de obligación a costumbre, donde el acto bondadoso se ha convertido en arranque instintivo. Los dominadores del Perú ¿han adquirido ese grado de moralización? ¿Tienen derecho de considerar al indio como un ser incapaz de civilizarse?

La organización política y social del antiguo imperio incaico admira hoy a reformadores y revolucionarios europeos. Verdad, Atahualpa[19] no sabía el padrenuestro ni Calcuchima[20] pensaba en el misterio de la Trinidad; pero el culto del Sol era quizá menos absurdo que la religión católica y el gran sacerdote de Pachacámac[21] no vencía tal vez en ferocidad al padre Valverde.[22] Si el súbdito[23] de Huaina-Cápac[24] admitía la civilización, no encontramos motivo para que el indio de la República la rechace, salvo[25] que toda la raza hubiera sufrido una irremediable decadencia fisiológica. Moralmente hablando, el indígena de la República se muestra inferior al indígena hallado[26] por los conquistadores; mas depresión moral a causa de servidumbre[27] política no equivale a imposibilidad absoluta para civilizarse por constitución orgánica. En todo caso ¿sobre quién gravitaría la culpa?

Los hechos desmienten[28] a los pesimistas. Siempre que el indio se instruye[29] en colegios o se educa por el simple contacto con personas civilizadas, adquiere el mismo grado de moral y cultura que el descendiente del español. A cada momento nos rozamos[30] con amarillos que visten, comen, viven y piensan como los melifluos[31] *caballeros* de Lima. Indios vemos en cámaras,[32] municipios, magistratura,[33] universidades y ateneos,[34] donde se manifiestan ni más venales[35] ni más ignorantes, que los de otras razas. Imposible deslindar[36] responsabilidades en el «tótum revolútum» de la política nacional para decir qué mal ocasionaron los mestizos, los mulatos, los indios y los blancos. Hay tal promiscuidad de sangres y colores, representa cada individuo tantas mezclas lícitas o ilícitas, que en presencia de muchísimos peruanos quedaríamos perplejos para determinar la dosis de negro y amarillo que encierran en sus organismos: nadie merece el calificativo de

---

[14]**Aristóteles** (384–322 B.C.), Greek philosopher, disciple of Plato, and teacher of Alexander the Great [15]**Miguel Ángel** Michelangelo Buonarroti (1475–1564), Italian sculptor, painter, architect, and poet [16]**derramando** spreading [17]**destilando** exuding [18]**miel** honey [19]**Atahualpa** emperor of Peru killed by Pizarro [20]**Calcuchima** a general in Atahualpa's army [21]**Pachacámac** supreme god in Inca deity. Son of the sun, Pachacámac was considered the maker of the world. [22]**Valverde** advisor to Pizarro and known for his cruelty towards the indigenous population [23]**súbdito** subject [24]**Huaina-Cápac** Peruvian emperor who shortly before the arrival of the Spanish *conquistadores* had divided his empire between his sons Huáscar and Atahualpa [25]**salvo** except [26]**hallado** found [27]**servidumbre** servitude [28]**desmienten** contradict [29]**se instruye** is taught [30]**nos rozamos** rub shoulders [31]**melifluos** mellifluous, honeyed [32]**cámaras** chambers [33]**magistratura** magistracy, judgeship [34]**ateneos** athenaeum (scientific or cultural society) [35]**venales** venal [36]**deslindar** define

blanco puro, aunque lleve azules los ojos y rubio el bigote. Sólo debemos recordar que el mandatario con mayor amplitud[37] de miras perteneció a la raza aborigen, se llamaba Santa Cruz.[38] Indios fueron cien más, ya valientes hasta el heroísmo como Cahuide, ya fieles hasta el martirio como Olaya.

Tiene razón Novicow[39] al afirmar que «las pretendidas incapacidades de los amarillos y los negros son quimeras de espíritus enfermos». Efectivamente, no hay acción generosa que no pueda ser realizada por algún negro ni por algún amarillo, como no hay acto infame que no pueda ser cometido por algún blanco. Durante la invasión de China en 1900, los amarillos del Japón dieron lecciones de humanidad a los blancos de Rusia y Alemania. No recordamos si los negros de África las dieron alguna vez a los boers[40] del Transvaal[41] o a los ingleses del Cabo; sabemos, sí, que el anglosajón Kitchener[42] se muestra tan feroz en el Sudán[43] como Behanzin[44] en el Dahomey. Si en vez de comparar una muchedumbre de piel blanca con otras muchedumbres de piel oscura, comparamos a un individuo con otro individuo, veremos que en medio de la civilización blanca abundan cafres[45] y pieles rojas por dentro. Como flores de raza u hombres representativos, nombremos al Rey de Inglaterra y al Emperador de Alemania: ¿Eduardo VII y Guillermo II merecen compararse con el indio Benito Juárez[46] y con el negro Booker Washington?[47] Los que antes de ocupar un trono vivieron en la taberna, el garito[48] y la mancebía,[49] los que desde la cima[50] de un imperio ordenan la matanza sin perdonar a niños, ancianos ni mujeres, llevan lo blanco en la piel mas esconden lo negro en el alma.

¿De sólo la ignorancia depende el abatimiento[51] de la raza indígena? Cierto, la ignorancia nacional parece una fábula cuando se piensa que en muchos pueblos del interior no existe un solo hombre capaz de leer ni de escribir; que durante la guerra del Pacífico[52] los indígenas miraban la lucha de las dos naciones como una contienda[53] civil entre el *general* Chile y el *general* Perú; que no hace mucho los emisarios de Chucuito[54] se dirigieron a Tacna figurándose encontrar ahí al Presidente de la República.

Algunos pedagogos (rivalizando con los vendedores de panaceas) se imaginan que sabiendo un hombre los afluentes[55] del Amazonas y la temperatura media de Berlín, ha recorrido la mitad del camino para resolver todas las cuestiones socia-

---

[37]**amplitud de miras** broad-mindedness   [38]**Santa Cruz** Andrés Santa Cruz (1792–1865), Peruvian general and president of Bolivia and of the Peruvian-Bolivian Confederation (1836) [39]**Novicow** Nicolai Novicow (1744–1818), Russian sociologist and writer   [40]**boers** a South African of Dutch or Juguenot descent, Afrikaner   [41]**Transvaal** NE republic of South Africa [42]**Kitchener** Lord Herbert Kitchener (1850–1916), English general who participated in military campaigns in Egypt and Transvaal   [43]**Sudán** country of NE Africa, south of Egypt [44]**Behanzin** (1844–1916), last king of Dahomey, known for his cruelty   [45]**cafres** cruel [46]**Benito Juárez** (1806–1872), Mexican politician and twice president of Mexico   [47]**Booker Washington** (1858–1915) American educator   [48]**garito** gambling den   [49]**mancebía** brothel   [50]**cima** zenith   [51]**abatimiento** dejection   [52]**la guerra del Pacífico** the War of the Pacific (1879–1884), in which Chile fought against Bolivia and Peru. Chile won the war and, as a result, Bolivia became land-locked and Peru lost the provinces of Tacna and Arica. [53]**contienda** conflict   [54]**Chucuito** province of Peru   [55]**afluentes** tributaries

les. Si por un fenómeno sobrehumano los analfabetos[56] nacionales amanecieran mañana, no sólo sabiendo leer y escribir sino con diplomas universitarios, el problema del indio no habría quedado resuelto: al proletariado de los ignorantes sucedería el de los bachilleres[57] y doctores. Médicos sin enfermos, abogados sin clientela, ingenieros sin obras, escritores sin público, artistas sin parroquianos,[58] profesores sin discípulos, abundan en las naciones más civilizadas formando el innumerable ejército de cerebros con luz y estómagos sin pan. Donde las haciendas de la costa suman cuatro o cinco mil fanegadas,[59] donde los latifundios[60] de la sierra miden treinta y hasta cincuenta leguas, la nación tiene que dividirse en señores y siervos.

Si la educación suele convertir al bruto impulsivo en un ser razonable y magnánimo, la instrucción le enseña y le ilumina el sendero que debe seguir para no extraviarse[61] en las encrucijadas[62] de la vida. Mas divisar[63] una senda no equivale a seguirla hasta el fin: se necesita firmeza en la voluntad y vigor[64] en los pies. Se requiere también poseer un ánimo de altivez[65] y rebeldía, no de sumisión y respeto como el soldado y el monje. La instrucción puede mantener al hombre en la bajeza[66] y la servidumbre: instruidos fueron los eunucos[67] y gramáticos de Bizancio. Ocupar en la tierra el puesto que le corresponde en vez de aceptar el que le designan; pedir y tomar su bocado;[68] reclamar su techo y su pedazo de terruño,[69] es el derecho de todo ser racional.

Nada cambia más pronto ni más radicalmente la psicología del hombre que la propiedad: al sacudir[70] la esclavitud del vientre, crece en cien palmos.[71] Con sólo adquirir algo, el individuo asciende algunos peldaños[72] en la escala social, porque las clases se reducen a grupos clasificados por el monto[73] de la riqueza. A la inversa del globo aerostático, sube más el que pesa más. Al que diga: *la escuela*, respóndasele: *la escuela y el pan*.

La cuestión del indio, más que pedagógica, es económica, es social. ¿Cómo resolverla? No hace mucho que un alemán concibió la idea de restaurar el imperio de los Incas: aprendió el quechua,[74] se introdujo en las indiadas del Cuzco, empezó a granjearse[75] partidarios[76] y tal vez habría intentado una sublevación, si la muerte no le hubiera sorprendido al regreso de un viaje por Europa. Pero ¿cabe hoy semejante restauración? Al intentarla, al querer realizarla, no se obtendría más que el empequeñecido[77] remedo de una grandeza pasada.

La condición del indígena puede mejorar de dos maneras: o el corazón de los opresores se conduele[78] al extremo de reconocer el derecho de los oprimidos,[79] o el ánimo de los oprimidos adquiere la virilidad suficiente para escarmentar[80] a los

---

[56]**analfabetos** illiterate [57]**bachilleres** holders of a General Certificate of Education or the U.S. equivalent of a high school diploma [58]**parroquianos** customers [59]**fanegadas** unit of measurement of approximately 6,600 square meters [60]**latifundios** large landed estates [61]**extraviarse** to get lost [62]**encrucijadas** crossroads [63]**divisar** to discern [64]**vigor** force [65]**altivez** pride [66]**bajeza** lowness [67]**eunucos** eunuchs [68]**bocado** mouthful [69]**terruño** land [70]**sacudir** to shake [71]**crece ... palmos** grows by leaps and bounds [72]**peldaños** steps [73]**monto** sum [74]**quechua** indigenous language spoken in the Andean region [75]**granjearse** to win [76]**partidarios** supporters [77]**empequeñecido remedo** disparaged imitation [78]**se conduele** feels pity [79]**oprimidos** oppressed [80]**escarmentar** to punish

opresores. Si el indio aprovechara[81] en rifles y cápsulas[82] todo el dinero que desperdicia[83] en alcohol y fiestas, si en un rincón de su choza[84] o en el agujero[85] de una peña[86] escondiera un arma, cambiaría de condición, haría respetar su propiedad y su vida. A la violencia respondería con la violencia, escarmentando al patrón que le arrebata[87] las lanas, al soldado que le recluta[88] en nombre del gobierno, al montonero[89] que le roba ganado y bestias de carga.

Al indio no se le predique[90] humildad y resignación sino orgullo y rebeldía. ¿Qué ha ganado con trescientos o cuatrocientos años de conformidad y paciencia? Mientras menos autoridades sufra, de mayores daños se liberta. Hay un hecho revelador:[91] reina mayor bienestar[92] en las comarcas[93] más distantes de las grandes haciendas, se disfruta de más orden y tranquilidad en los pueblos menos frecuentados por las autoridades.

En resumen: el indio se redimirá[94] merced a su esfuerzo propio, no por la humanización de sus opresores.

DESPUÉS DE LEER

1. ¿Cómo está definida la moral en el ensayo de Manuel González Prada?

2. ¿Cuál es la actitud de la clase dirigente con respecto al indígena?

3. ¿Qué comparaciones hace Manuel González Prada entre la comunidad autóctona que encontraron los conquistadores y la comunidad indígena de la República?

4. Según González Prada, ¿por qué la educación y el concepto de propiedad son tan importantes para el indígena?

5. ¿Cómo propone el autor peruano resolver el problema del indígena?

6. ¿Qué papel ha de tener el indígena en su propia redención?

7. Comente las propuestas del autor.

---

[81]**aprovechara** would put to good use   [82]**cápsulas** caps, bullets   [83]**desperdicia** wastes
[84]**choza** hut   [85]**agujero** hole   [86]**peña** rock   [87]**arrebata** snatches   [88]**le recluta** enlists him
[89]**montonero** mounted rebels   [90]**no se le predique** don't preach   [91]**hecho revelador** a revealing fact   [92]**bienestar** well-being   [93]**comarcas** regions   [94]**se redimirá** will be redeemed

ALGUNOS ESTUDIOS DE INTERÉS

Blanco Fombona, Rufino. *Crítica de la obra de González Prada.* Lima, Perú: Fondo de Cultura Popular, 1966.

Chang-Rodríguez, E. *La literatura política de González Prada, Mariátegui y Haya de la Torre.* México: Ediciones de Andrea, 1957.

Ferrari, Américo. "Manuel González Prada: Entre lo nuevo y lo viejo". *Revista Iberoamericana* 55:146–147 (1989): 307–325.

Kristal, Efraín. "Problemas filológicos e históricos en *Páginas libres* de González Prada". *Revista de Crítica Literaria Latinoamericana* 11:23 (1986): 141–150.

Hauser, Rex. "La poética de la artesanía y las claves sociales en la obra de José Martí y González Prada". *Revista Iberoamericana* 55:146–147 (1989): 223–233.

Stabb, Martin S. "The New Humanism and the Left". *In Quest of Identity. Patterns in the Spanish American Essay of Ideas, 1890–1960.* Chapel Hill: University of North Carolina Press, 1967.

Ward, Thomas Butler. "Manuel González Prada". *Inti* 28 (1988): 209–221.

Wise, David O. "La consagración de González Prada: Maestro y epígonos". *Cuadernos Americanos* 250:5 (1983): 136–172.

José Martí Pérez

(1853, La Habana, Cuba–1895, Dos Ríos, Oriente, Cuba)

José Martí es una de las grandes personalidades históricas y literarias de América. Escribió poesía, cuentos, novelas, obras teatrales, ensayos y numerosos artículos periodísticos. Además de su consagración a la literatura, Martí fundó el Partido Revolucionario Cubano, organizó la tercera guerra por la independencia de Cuba y murió luchando por su libertad.

Martí es considerado uno de los iniciadores del modernismo. Este movimiento muestra un gran interés por el estilo y la belleza. Los modernistas, como los parnasianos, rindieron culto a la belleza; como los simbolistas, dieron importancia al sonido, al ritmo y emplearon la sinestesia. Su literatura conserva preocupaciones y actitudes románticas con respecto a la melancolía, la muerte y el sentido de la vida. Sus exponentes buscaron inspiración en la Grecia antigua, el Oriente y los países nórdicos. Las imágenes que representaban los modernistas eran refinadas, delicadas y exóticas. Sin embargo, el modernismo va más allá de ser sólo un movimiento estético literario. En él los escritores hispano-americanos de esta corriente presentan una nueva actitud ante la vida. El poeta español Juan Ramón Jiménez (1881–1958) ha caracterizado la época en que se desarrolló el modernismo, que se extiende de 1880 a 1910, como momento en que existe una "aversión a lo predominante en el pasado inmediato". En algunos escritores se percibe un intento por emanciparse del dominio cultural español, mientras que en otros, como resultado de la guerra entre los Estados Unidos y España, propician un lazo más íntimo con España y una actitud antinorteamericana. Los escritores que tuvieron mayor influencia en este primer movimiento literario hispanoamericano fueron los franceses Charles Laconte de Lisle (1818–1894), Charles Baudelaire (1821–1867), Paul Verlaine (1844–1896), Arturo Rimbaud (1854–1891), Stéphane Mallarmé (1842–1898), el poeta español Gustavo Adolfo Bécquer (1836-1870), y los norteamericanos Walt Whitman (1819-1892) y Edgar Allan Poe (1809-1849).

El estilo y lenguaje de Martí es directo y claro. Busca constantemente la armonía entre la palabra y la idea, la cual es expresada con musicalidad, refinamiento y cromatismo. Martí consideró el arte como culto a la belleza. Para él la creación literaria debía de ser vista por su creador de la misma manera que un pintor mira su cuadro. Martí escribió: "El estilo tiene su plasticidad, y después de producirlo como poeta, se la debe juzgar como pintor; componer las distancias y valores, agrupar con concierto, concentrar los colores esenciales, desvanecer los que dañan la energía central".

En 1882 José Martí publicó *Ismaelillo,* dedicado a su hijo. A este poemario le siguió *Versos sencillos* (1891), en el cual se observan las vivencias del poeta así como su visión del mundo. *Versos libres* y *Flores del destierro* son obras póstumas. Como ensayista y periodista se recuerda a Martí principalmente por su ensayo "Nuestra América" y por "Crónicas norteamericanas". Estas últimas son testimonios de los acontecimientos más destacados que tuvieron lugar en los Estados Unidos de América entre 1880 y 1894. La mayoría de sus artículos periodísticos fueron publicados en el *New York Sun, La Opinión Nacional* de Caracas, *El Partido Liberal* de México, *La Opinión Pública* de Montevideo y *La Nación* de Buenos Aires. Escribió además *Amistad funesta* (1885), novela de amor y celos, y *La Edad de Oro* (1889), una colección de cuentos infantiles y referencias a hechos y personajes históricos de interés para los niños. José Martí también fue un gran orador. Entre sus discursos sobresalen los pronunciados en honor a Simón Bolívar el 28 de octubre de 1893, en Nueva York, y los pronunciados en Tampa los días 26 y 27 de noviembre de 1891 que sirvieron para unir a los cubanos y comenzar las tareas por alcanzar la independencia de la isla de Cuba.

Los temas que se destacan en la obra de José Martí son la amistad, la libertad, el respeto, la dignidad y la justicia del hombre. Su obra muestra asimismo la preocupación por los humildes y un espíritu americanista.

AL LEER CONSIDERE LO SIGUIENTE:

—los temas de la amistad, la libertad y la justicia
—las características de la poesía de José Martí

En los fragmentos de *Versos sencillos* que aparecen a continuación se recogen vivencias, sentimientos y la filosofía que inspira el pensamiento de José Martí. Los versos han sido escritos en octosílabos, es decir, versos de ocho sílabas.

Versos sencillos

I

Yo soy un hombre sincero
De donde crece la palma,
Y antes de morirme quiero
Echar[1] mis versos del alma.[2]

Yo vengo de todas partes,
Y hacia todas partes voy:
Arte soy entre las artes,
En los montes, monte soy.

Yo sé los nombres extraños
De las yerbas[3] y las flores,
Y de mortales[4] engaños,[5]
Y de sublimes dolores.

Yo he visto en la noche oscura
Llover sobre mi cabeza
Los rayos de lumbre[6] pura
De la divina belleza.

Alas[7] nacer vi en los hombros
De las mujeres hermosas:
Y salir de los escombros[8]
Volando las mariposas.[9]

---

[1]**echar** to cast [2]**alma** soul [3]**yerbas** grass [4]**mortales** fatal [5]**engaños** deceptions [6]**lumbre** fire [7]**alas** wings [8]**escombros** rubble, debris [9]**mariposas** butterflies

He visto vivir a un hombre
Con el puñal[10] al costado,[11]
Sin decir jamás el nombre
De aquella que lo ha matado.

Rápida, como un reflejo,
Dos veces vi el alma, dos:
Cuando murió el pobre viejo,
Cuando ella me dijo adiós.

Temblé una vez, en la reja,[12]
A la entrada de la viña,[13]
Cuando la bárbara abeja
Picó[14] en la frente a mi niña.

Gocé una vez, de tal suerte
Que gocé cual nunca: cuando
La sentencia de mi muerte
Leyó al alcaide[15] llorando.

Oigo un suspiro, a través
De las tierras y la mar,
Y no es un suspiro, es
Que mi hijo va a despertar.

Si dicen que del joyero[16]
Tome la joya mejor,
Tomo a un amigo sincero
Y pongo a un lado el amor.

Yo he visto al águila[17] herida
Volar al azul sereno,
Y morir en su guarida
La víbora[18] del veneno.

Yo sé bien que cuando el mundo
Cede,[19] lívido, al descanso,
Sobre el silencio profundo
Murmura el arroyo[20] manso.[21]

Yo he puesto la mano osada,[22]
De horror y júbilo[23] yerta,[24]
Sobre la estrella apagada
Que cayó frente a mi puerta.

---

[10]**puñal** dagger   [11]**al costado** on the side   [12]**reja** gate   [13]**viña** vineyard   [14]**picó** stung
[15]**alcaide** governor of a prison   [16]**joyero** jewel box   [17]**águila** eagle   [18]**víbora** viper   [19]**cede**
gives in   [20]**arroyo** creek   [21]**manso** gentle   [22]**osada** bold   [23]**júbilo** joy   [24]**yerta** rigid

Oculto en mi pecho bravo
La pena que me lo hiere:
El hijo de un pueblo esclavo[25]
Vive por él, calla, y muere.

Todo es hermoso y constante,
Todo es música y razón,
Y todo, como el diamante,
Antes que luz es carbón.[26]

Yo sé que el necio[27] se entierra[28]
Con gran lujo y con gran llanto,[29]
Y que no hay fruta en la tierra
Como la del camposanto.[30]

Callo, y entiendo, y me quito
La pompa del rimador:[31]
Cuelgo[32] de un árbol marchito[33]
Mi muceta de doctor.

DESPUÉS DE LEER

1. ¿Cómo se describe Martí a sí mismo?

2. ¿Qué importancia tiene la naturaleza en la poesía de Martí?

3. ¿Cómo está reflejada la filosofía martiana en *Versos sencillos*?

4. Una de las características del modernismo es el cromatismo o presencia de los colores en el poema. ¿Cómo está reflejado este elemento en los versos que ha leído?

5. ¿Cómo describiría el estilo poético de José Martí? ¿Qué dice Martí de su poesía?

---

[25]**pueblo esclavo** enslaved people   [26]**carbón** coal   [27]**necio** ignorant   [28]**se entierra** is buried   [29]**llanto** crying   [30]**camposanto** cemetery   [31]**rimador** poet known for creating rhymes   [32]**cuelgo** I hang   [33]**marchito** wilted

AL LEER CONSIDERE LO SIGUIENTE:

—el cromatismo
—el sentir hacia lo español
—el lenguaje

Este poema se destaca por la precisión descriptiva del baile de una bailarina
española y por el sentimiento emotivo y patriótico.

X

El alma trémula[1] y sola
Padece[2] al anochecer:
Hay baile; vamos a ver
La bailarina española.

Han hecho bien en quitar
El banderón[3] de la acera;
Porque si está la bandera,
No sé, yo no puedo entrar.

Ya llega la bailarina:
Soberbia[4] y pálida llega:
¿Cómo dicen que es gallega?
Pues dicen mal: es divina.

Lleva un sombrero torero
Y una capa carmesí:[5]
¡Lo mismo que un alelí[6]
Que se pusiese un sombrero!

Se ve, de paso, la ceja,
Ceja de mora[7] traidora:
Y la mirada, de mora:
Y como nieve la oreja.

Preludian, bajan la luz,
Y sale en bata[8] y mantón,[9]
La virgen de la Asunción
Bailando un baile andaluz.[10]

Alza,[11] retando,[12] la frente;
Crúzase al hombro la manta:
En arco el brazo levanta:
Mueve despacio el pie ardiente.

---

[1]**trémula** trembling [2]**padece** suffers [3]**banderón** banner [4]**soberbia** proud [5]**carmesí** crimson [6]**alelí** wallflower [7]**mora** Moorish woman [8]**bata** long, ruffled dress with a train [9]**mantón** shawl [10]**andaluz** from Andalusia, a province in southern Spain [11]**alza** raises [12]**retando** defiantly

Repica[13] con los tacones
El tablado zalamera,[14]
Como si la tabla fuera
Tablado de corazones.

Y va el convite[15] creciendo
En las llamas de los ojos,
Y el manto de flecos[16] rojos
Se va en el aire meciendo.[17]

Súbito,[18] de un salto arranca:
Húrtase,[19] se quiebra,[20] gira:[21]
Abre en dos la cachemira,
Ofrece la bata blanca.

El cuerpo cede[22] y ondea;
La boca abierta provoca;
Es una rosa la boca:
Lentamente taconea.[23]

Recoge, de un débil giro,
El manto de flecos rojos:
Se va, cerrando los ojos,
Se va, como en un suspiro …

Baila muy bien la española;
Es blanco y rojo el mantón:
¡Vuelve, fosca,[24] a su rincón
El alma trémula y sola!

DESPUÉS DE LEER

1. ¿Cuál es el estado de ánimo del poeta?
2. Describa el elemento de patriotismo que aparece en el poema.
3. ¿Cuál es la actitud del poeta hacia la bailarina española?
4. ¿Cómo está descrita la bailarina española?
5. Enumere los elementos modernistas que aparecen en el poema.
6. Analice el lenguaje poético.

---

[13]**repica** taps   [14]**zalamera** cajoling   [15]**convite** feast   [16]**flecos** fringes   [17]**meciendo** swaying
[18]**súbito** suddenly   [19]**húrtase** hides   [20]**se quiebra** bends   [21]**gira** turns   [22]**cede** yields
[23]**taconea** taps the heels   [24]**fosca** sullen

AL LEER CONSIDERE LO SIGUIENTE:

—el estilo y el vocabulario que emplea el autor
—las razones de los problemas políticos de Hispanoamérica
—la situación del indígena
—la solución que propone Martí
—el humanismo en Martí
—la actitud de Martí hacia los Estados Unidos
—la actualidad del ensayo
—el tono del ensayo

Cuando Martí escribió "Nuestra América", ensayo que se presenta a continuación, los países de Hispanoamérica pasaban por momentos difíciles de crisis política. El sueño de un continente compuesto de países democráticos estaba muy lejos de convertirse en realidad. Martí en este ensayo analiza la situación política que atravesaba la América hispana y señala la causa de los males que impedían el camino hacia el progreso y la democracia. A la vez que previene a los pueblos hispanoamericanos, advierte a sus gobernantes de los posibles peligros futuros.

Nuestra América

رؤ

... Ni ¿en qué patria puede tener un hombre más orgullo que en nuestras repúblicas dolorosas de América, levantadas entre las masas mudas de indios, al ruido de pelea del libro con el cirial,[1] sobre los brazos sangrientos de un centenar[2] de apóstoles? De factores tan descompuestos,[3] jamás, en menos tiempo histórico, se han creado naciones tan adelantadas[4] y compactas. Cree el soberbio[5] que la tierra fue hecha para servirle de pedestal, porque tiene la pluma fácil o la palabra de colores, y acusa de incapaz e irremediable[6] a su república nativa, porque no le dan sus selvas nuevas modo continuo de ir por el mundo de gamonal[7] famoso, guiando jacas[8] de Persia y derramando champaña.[9] La incapacidad no está en el país naciente, que pide formas que se le acomoden y grandeza útil, sino en los que quieren regir pueblos originales, de composición singular y violenta, con leyes heredadas de cuatro siglos de práctica libre en los Estados Unidos, de diecinueve siglos de monarquía en Francia. Con un decreto de Hamilton[10] no se

---

[1]**cirial** candle (reference to role of church)   [2]**centenar** one hundred   [3]**descompuestos** distorted   [4]**adelantadas** advanced   [5]**soberbio** arrogant   [6]**incapaz e irremediable** incapable and incurable   [7]**gamonal** large land owner   [8]**jacas** horses   [9]**champaña** champagne   [10]**Hamilton** reference to Alexander Hamilton (1755-1804), American statesman, believer of a strong central government and in a broad interpretation of the Constitution

le para la pechada al potro del llanero.[11] Con una frase de Sieyès[12] no se desestanca[13] la sangre cuajada de la raza india. A lo que es, allí donde se gobierna,
hay que atender para gobernar bien; y el buen gobernante en América no es el
que sabe cómo se gobierna el alemán o el francés, sino el que sabe con qué elementos está hecho su país, y cómo puede ir guiándolos en junto, para llegar, por
métodos e instituciones nacidas del país mismo, a aquel estado apetecible donde
cada hombre se conoce y ejerce, y disfrutan todos de la abundancia que la Naturaleza puso para todos en el pueblo que fecundan con su trabajo y defienden con
sus vidas. El gobierno ha de nacer del país. El espíritu del gobierno ha de ser del
país. La forma del gobierno ha de avenirse[14] a la constitución propia del país. El
gobierno no es más que el equilibrio de los elementos naturales del país.

Por eso el libro importado ha sido vencido en América por el hombre natural.
Los hombres naturales han vencido a los letrados artificiales. El mestizo autóc-
tono ha vencido al criollo exótico. No hay batalla entre la civilización y la barbarie, sino entre la falsa erudición y la naturaleza. El hombre natural es bueno, y
acata[15] y premia la inteligencia superior, mientras ésta no se vale de su sumisión[16]
para dañarle, o le ofende prescindiendo[17] de él, que es cosa que no perdona el
hombre natural, dispuesto a recobrar por la fuerza el respeto de quien le hiere la
susceptibilidad o le perjudica el interés. Por esta conformidad con los elementos
naturales desdeñados[18] han subido los tiranos de América al poder; y han caído
en cuanto les hicieron traición. Las Repúblicas han purgado en las tiranías su incapacidad para conocer los elementos verdaderos del país, derivar de ellos la
forma de gobierno y gobernar con ellos. Gobernante, en un pueblo nuevo,
quiere decir creador.

En pueblos compuestos de elementos cultos e incultos, los incultos gober-
narán, por su hábito de agredir[19] y resolver las dudas con la mano, allí donde los
cultos no aprendan el arte del gobierno. La masa inculta es perezosa, y tímida en
las cosas de la inteligencia, y quiere que la gobiernen bien; pero si el gobierno le
lastima, se lo sacude y gobierna ella. ¿Cómo han de salir de las Universidades los
gobernantes, si no hay Universidad en América donde se enseñe lo rudimentario
del arte del gobierno, que es el análisis de los elementos peculiares de los pueblos
de América? A adivinar[20] salen los jóvenes al mundo, con antiparras yankees o
francesas,[21] y aspiran a dirigir un pueblo que no conocen. En la carrera de la política habría de negarse la entrada a los que desconocen los rudimentos de la
política. El premio de los certámenes[22] no ha de ser para la mejor oda, sino para
el mejor estudio de los factores del país en que se vive. En el periódico, en la cátedra,[23] en la academia, debe llevarse adelante el estudio de los factores reales del

---

[11]**no se le para ... llanero** you can't bring to a halt the horse of the plainsman   [12]**Sieyès** Em-
manuel Joseph Sieyès (1748–1836), one of the founders of the Jacobinian Club, an extremist
revolutionary party involved in the French Revolution   [13]**desestanca** lets run   [14]**avenirse**
adjust   [15]**acata** respects   [16]**mientras que ... sumisión** as long as it doesn't take advantage
of its submission   [17]**prescindiendo** doing without   [18]**desdeñados** scorned   [19]**agredir** to
attack   [20]**adivinar** to guess   [21]**con antiparras yanquis o francesas** seeing the world from
the North American or French perspective   [22]**certámenes** contests   [23]**cátedra** lecture
room, classroom

país. Conocerlos basta, sin vendas ni ambajes;[24] porque el que pone de lado, por voluntad u olvido, una parte de la verdad, cae a la larga por la verdad que le faltó, que crece en la negligencia, y derriba[25] lo que se levanta sin ella. Resolver el problema después de conocer sus elementos, es más fácil que resolver el problema sin conocerlos. Viene el hombre natural, indignado[26] y fuerte, y derriba la justicia acumulada de los libros, porque no se la administra en acuerdo con las necesidades patentes del país. Conocer es resolver. Conocer el país, y gobernarlo conforme al conocimiento, es el único modo de librarlo de tiranías. La Universidad europea ha de ceder a la Universidad americana. La historia de América, de los incas[27] a acá, ha de enseñarse al dedillo,[28] aunque no se enseñe la de los arcontes[29] de Grecia. Nuestra Grecia es preferible a la Grecia que no es nuestra. Nos es más necesaria. Los políticos nacionales han de reemplazar a los políticos exóticos. Injértese en nuestras Repúblicas el mundo;[30] pero el tronco ha de ser el de nuestras Repúblicas. Y calle el pedante[31] vencido; que no hay patria en que pueda tener el hombre más orgullo que en nuestras dolorosas repúblicas americanas.

Con los pies en el rosario, la cabeza blanca y el cuerpo pinto de indio y criollo, vinimos, denodados,[32] al mundo de las naciones. Con el estandarte[33] de la Virgen salimos a la conquista de la libertad. Un cura, unos cuantos tenientes y una mujer alzan[34] en México la República en hombros de los indios. Un canónigo[35] español, a la sombra de su capa, instruye en la libertad francesa a unos cuantos bachilleres magníficos, que ponen de jefe de Centro América contra España al general de España. Con los hábitos monárquicos, y el Sol por pecho,[36] se echaron a levantar pueblos los venezolanos por el Norte y los argentinos por el Sur. Cuando los dos héroes chocaron, y el continente iba a temblar,[37] uno, que no fue el menos grande,[38] volvió riendas.[39] Y como el heroísmo en la paz es más escaso, porque es menos glorioso que el de la guerra; como al hombre le es más fácil morir con honra que pensar con orden; como gobernar con los sentimientos exaltados y unánimes es más hacedero que dirigir, después de la pelea, los pensamientos diversos, arrogantes, exóticos o ambiciosos; como los poderes arrollados[40] en la arremetida épica[41] zapaban,[42] con la cautela[43] felina de la especie y el peso de lo real, el edificio que había izado,[44] en las comarcas burdas[45] y singu-

---

[24]**sin vendas ni ambajes** without bandages or circumlocution   [25]**derriba** destroys   [26]**indignado** angry   [27]**incas** refers to the indigenous of South America who developed the Inca civilization   [28]**al dedillo** by heart   [29]**arcontes** Greek magistrate   [30]**injértese ... mundo** let the world enter our republics   [31]**pedante vencido** defeated pedant   [32]**denodado** boldly   [33]**estandarte** banner   [34]**alzan** raise   [35]**canónigo** priest   [36]**Sol por pecho** the sun as courage (*fig.*)   [37]**Cuando ... temblar** When the two heroes clashed and the continent was about to tremble (reference to the confrontation between Simón Bolívar and José de San Martín, the two great generals of Latin America's Wars of Independence, over the future of Spain's former colonies)   [38]**uno ... grande** one who was not the least important   [39]**volvió riendas** gave up control   [40]**poderes arrollados** crushed powers   [41]**arremetida épica** epic assault   [42]**zapaban** sapped   [43]**cautela** caution   [44]**izado** raised   [45]**comarcas burdas** rough region

lares de nuestra América mestiza, en los pueblos de pierna desnuda y casaca[46] de París, la bandera de los pueblos nutridos[47] de savia gobernante en la práctica continua de la razón y de la libertad; como la constitución jerárquica de las colonias resistía la organización democrática de la República, o las capitales de corbatín[48] dejaban en el zaguán[49] al campo de bota-de-potro, o los redentores bibliógenos no entendieron que la revolución que triunfó con el alma de la tierra, desatada[50] a la voz del salvador, con el alma de la tierra había de gobernar, y no contra ella ni sin ella, entró a padecer América, y padece, de la fatiga de acomodación entre los elementos discordantes y hostiles que heredó de un colonizador despótico y avieso, y las ideas y formas importadas que han venido retardando, por su falta de realidad local, el gobierno lógico. El continente descoyuntado[51] durante tres siglos por un mando que negaba el derecho del hombre al ejercicio de su razón, entró, desatendiendo[52] o desoyendo[53] a los ignorantes que lo habían ayudado a redimirse, en un gobierno que tenía por base la razón; la razón de todos en las cosas de todos, y no la razón universitaria de uno sobre la razón campestre de otros. El problema de la independencia no era el cambio de formas, sino el cambio de espíritu.

Con los oprimidos había que hacer causa común, para afianzar[54] el sistema opuesto a los intereses y hábitos de mando de los opresores. El tigre, espantado del fogonazo,[55] vuelve de noche al lugar de la presa.[56] Muere echando llamas por los ojos y con las zarpas[57] al aire. No se le oye venir, sino que viene con zarpas de terciopelo.[58] Cuando la presa despierta, tiene al tigre encima. La colonia continuó viviendo en la república; y nuestra América se está salvando de sus grandes yerros[59]—de la soberbia de las ciudades capitales, del triunfo ciego de los campesinos desdeñados, de la importación excesiva de las ideas y fórmulas ajenas, del desdén inicuo[60] e impolítico de la raza aborigen,—por la virtud superior, abonada con sangre necesaria, de la república que lucha contra la colonia. El tigre espera, detrás de cada árbol, acurrucado[61] en cada esquina. Morirá, con las zarpas al aire, echando llamas por los ojos.

Pero "estos países se salvarán", como anunció Rivadavia[62] el argentino, el que pecó de finura[63] en tiempos crudos;[64] al machete no le va vaina de seda,[65] ni en el país que se ganó con lanzón[66] se puede echar el lanzón atrás, porque se enoja, y se pone en la puerta del Congreso de Iturbide[67] "a que le hagan emperador al ru-

---

[46]**casaca** dress coat   [47]**nutridos** nourished   [48]**corbatín** bow tie   [49]**dejaban en el zaguán** left behind in the vestibule   [50]**desatada** unleashed   [51]**descoyuntado** dislocated   [52]**desatendiendo** not paying attention   [53]**desoyendo** not listening   [54]**afianzar** to strengthen   [55]**fogonazo** flash, blaze   [56]**presa** prey   [57]**zarpas** claws   [58]**terciopelo** velvet   [59]**yerros** errors   [60]**inicuo** wicked   [61]**acurrucado** huddled   [62]**Rivadavia** Bernardino Rivadavia (1780–1845), Argentinian general who defended Buenos Aires from the English and president of the first Argentinian Republic. Rivadavia had to resign the presidency and ended his days in exile. [63]**pecó de finura** guilty of refinement   [64]**tiempos crudos** rough times   [65]**al machete ... seda** a *machete* doesn't go well with a silk sheath   [66]**lanzón** spear   [67]**Iturbide (Agustín)** Iturbide (1783–1824), Mexican general and politician. He fought for the independence of Mexico and was crowned emperor of Mexico in 1822, but General Santa Ana made him abdicate the following year.

bio". Estos países se salvarán, porque, con el genio de la moderación que parece imperar, por la armonía serena de la Naturaleza, en el continente de la luz, y por el influjo[68] de la lectura crítica que ha sucedido en Europa a la lectura de tanteo[69] y falansterio en que se empapó[70] la generación anterior, le está naciendo a América, en estos tiempos reales, el hombre real.

Eramos una visión, con el pecho de atleta, las manos de petimetre[71] y la frente de niño. Eramos una máscara, con los calzones[72] de Inglaterra, el chaleco[73] parisiense, el chaquetón de Norte América y la montera[74] de España. El indio, mudo, nos daba vueltas alrededor, y se iba al monte, a la cumbre[75] del monte, a bautizar sus hijos. El negro, oteado,[76] cantaba en la noche la música de su corazón, solo y desconocido, entre las olas y las fieras. El campesino, el creador, se revolvía,[77] ciego de indignación, contra la ciudad desdeñosa, contra su criatura. Eramos charreteras y togas,[78] en países que venían al mundo con la alpargata[79] en los pies y la vincha[80] en la cabeza. El genio hubiera estado en hermanar, con la caridad del corazón y con el atrevimiento de los fundadores, la vincha y la toga; en desestancar[81] al indio; en ir haciendo lado[82] al negro suficiente; en ajustar la libertad al cuerpo de los que se alzaron y vencieron por ella. Nos quedó el oidor,[83] y el general, y el letrado, y el prebendado.[84] La juventud angélica, como de los brazos de un pulpo,[85] echaba al Cielo, para caer con gloria estéril, la cabeza coronada de nubes. El pueblo natural, con el empuje del instinto, arrollaba,[86] ciego del triunfo, los bastones de oro. Ni el libro europeo, ni el libro yankee, daban la clave del enigma hispanoamericano. Se probó el odio, y los países venían cada año a menos. Cansados del odio inútil, de la resistencia del libro contra la lanza, de la razón contra el cirial, de la ciudad contra el campo, del imperio imposible de las castas urbanas divididas sobre la nación natural, tempestuosas o inerte, se empieza, como sin saberlo, a probar el amor. Se ponen en pie los pueblos, y se saludan. "¿Cómo somos?" se preguntan; y unos a otros se van diciendo cómo son. Cuando aparece en Cojímar[87] un problema, no va a buscar la solución a Danzig.[88] Las levitas[89] son todavía de Francia, pero el pensamiento empieza a ser de América. Los jóvenes de América se ponen la camisa al codo, hunden[90] las manos en la masa y la levantan con la levadura[91] de su sudor. Entienden que se imita demasiado, y que la salvación está en crear. Crear es la palabra de pase de esta generación. El vino, de plátano; y si sale agrio,[92] ¡es nuestro vino! Se entiende que las formas de gobierno de un país han de acomodarse a sus elementos naturales; que las ideas absolutas, para no caer por un yerro de forma, han de ponerse en formas relativas; que la libertad, para ser viable, tiene que ser sincera y plena; que si la república no abre los brazos a todos y adelanta con todos, muere

---

[68]**influjo** influence   [69]**tanteo** feeling out one's way   [70]**se empapó** was saturated   [71]**petimetre** dandy   [72]**calzones** pants   [73]**chaleco** vest   [74]**montera** saddle   [75]**cumbre** top   [76]**oteado** observed   [77]**revolvía** upset   [78]**charreteras y togas** epaulets and gowns   [79]**alpargata** espadrille   [80]**vincha** hair band   [81]**desestancar** to bring out of stagnation   [82]**haciendo lado** making room   [83]**oidor** judge   [84]**prebendado** prebendary   [85]**pulpo** octopus   [86]**arrollaba** crushed   [87]**Cojímar** city in Cuba   [88]**Danzig** Dantzig, city and port in Poland   [89]**levitas** frock coats   [90]**hunden** bury   [91]**levadura** yeast   [92]**agrio** sour

la república. El tigre de adentro se entra por la hendija,[93] y el tigre de afuera. El general sujeta en la marcha la caballería al paso de los infantes. O si deja a la zaga[94] a los infantes, le envuelve el enemigo la caballería. Estrategia es política. Los pueblos han de vivir criticándose, porque la crítica es la salud; pero con un solo pecho y una sola mente. ¡Bajarse hasta los infelices y alzarlos en los brazos! ¡Con el fuego del corazón deshelar[95] la América coagulada! ¡Echar, bullendo[96] y rebotando[97] por las venas, la sangre natural del país! En pie, con los ojos alegres de los trabajadores, se saludan, de un pueblo a otro, los hombres nuevos americanos. Surgen los estadistas naturales del estudio directo de la Naturaleza. Leen para aplicar, pero no para copiar. Los economistas estudian la dificultad en sus orígenes. Los oradores empiezan a ser sobrios. Los dramaturgos traen los caracteres nativos a la escena. Las academias discuten temas viables. La poesía se corta la melena zorrillesca[98] y cuelga del árbol glorioso el chaleco colorado. La prosa, centelleante[99] y cernida,[100] va cargada de idea. Los gobernadores, en las repúblicas de indios, aprenden indio.

De todos sus peligros se va salvando América. Sobre algunas repúblicas está durmiendo el pulpo. Otras, por la ley del equilibrio, se echan a pie a la mar, a recobrar, con prisa loca y sublime, los siglos perdidos. Otras, olvidando que Juárez[101] paseaba en un coche de mulas, ponen coche de viento y de cochero a una pompa de jabón; el lujo venenoso, enemigo de la libertad, pudre[102] al hombre liviano y abre la puerta al extranjero. Otras acendran,[103] con el espíritu épico de la independencia amenazada, el carácter viril. Otras crían, en la guerra rapaz contra el vecino, la soldadesca que puede devorarlas. Pero otro peligro corre, acaso, nuestra América, que no le viene de sí, sino de la diferencia de orígenes, métodos e intereses entre los dos factores continentales, y es la hora próxima en que se le acerque,[104] demandando relaciones íntimas, un pueblo emprendedor y pujante que la desconoce[105] y la desdeña.[106] Y como los pueblos viriles, que se han hecho de sí propios, con la escopeta y la ley, aman, y sólo aman, a los pueblos viriles; como la hora del desenfreno y la ambición, de que acaso se libre, por el predominio de lo más puro de su sangre, la América del Norte, o en que pudieran lanzarla sus masas vengativas y sórdidas, la tradición de conquista y el interés de un caudillo hábil, no está tan cercana aún a los ojos del más espantadizo,[107] que no dé tiempo a la prueba de altivez,[108] continua y discreta, con que se la pudiera encarar[109] y desviarla;[110] como su decoro de república pone a la América del Norte, ante los pueblos atentos del Universo, un freno que no le ha de quitar la provo-

93**hendija** crack   94**zaga** for last   95**deshelar** defrost   96**bullendo** boiling, bubbling   97**rebotando** bouncing   98**melena zorrilesca** refers to the long hair of the Spanish romantic poet José Zorrilla (1817–1893)   99**centelleante** sparkling   100**cernida** sifted   101**Juárez** Benito Juárez (1806–1872), politician and twice re-elected president of Mexico. Juárez defended the legality of a republican form of government and carried out reforms.   102**pudre** rots   103**acendran** refine   104**acerque** gets near   105**un pueblo ... desconoce** an enterprising and powerful nation that does not know her   106**la desdeña** looks down on her   107**espantadizo** frightened person   108**altivez** arrogance, pride   109**encarar** to face   110**desviarla** to divert her

cación pueril[111] o la arrogancia ostentosa, o la discordia parricida de nuestra América, el deber urgente de nuestra América es enseñarse como es, una en alma e intento, vencedora veloz de un pasado sofocante, manchada sólo con la sangre de abono[112] que arranca a las manos la pelea con las ruinas, y la de las venas que nos dejaron picadas nuestros dueños. El desdén del vecino formidable, que no la conoce, es el peligro mayor de nuestra América; y urge, porque el día de la visita está próximo, que el vecino la conozca, la conozca pronto, para que no la desdeñe. Por ignorancia llegaría, tal vez, a poner en ella la codicia.[113] Por el respeto, luego que la conociese, sacaría de ella las manos. Se ha de tener fe en lo mejor del hombre y desconfiar de lo peor de él. Hay que dar ocasión a lo mejor para que se revele[114] y prevalezca[115] sobre lo peor. Si no, lo peor prevalece. Los pueblos han de tener una picota[116] para quien les azuza[117] a odios inútiles; y otra para quien no les dice a tiempo la verdad.

No hay odio de razas, porque no hay razas. Los pensadores canijos,[118] los pensadores de lámpara, enhebran[119] y recalientan las razas de librería, que el viajero justo y el observador cordial buscan en vano en la justicia de la Naturaleza, donde resalta, en el amor victorioso y el apetito turbulento, la identidad universal del hombre. El alma emana, igual y eterna, de los cuerpos diversos en forma y en color. Peca contra la Humanidad el que fomente y propague la oposición y el odio de las razas. Pero en el amasijo[120] de los pueblos se condensan, en la cercanía de otros pueblos diversos, caracteres peculiares y activos, de ideas y de hábitos, de ensanche y adquisición, de vanidad y de avaricia, que del estado latente de preocupaciones nacionales pudieran, en un período de desorden interno o de precipitación del carácter acumulado del país, trocarse en amenaza grave para las tierras vecinas, aisladas y débiles, que el país fuerte declara perecederas e inferiores. Pensar es servir. Ni ha de suponerse, por antipatía de aldea, una maldad ingénita[121] y fatal al pueblo rubio del continente, porque no habla nuestro idioma, ni ve la casa como nosotros la vemos, ni se nos parece en sus lacras políticas,[122] que son diferentes de las nuestras; ni tiene en mucho a los hombres biliosos y trigueños,[123] ni mira caritativo, desde su eminencia aún mal segura, a los que, con menos favor de la Historia, suben a tramos[124] heroicos la vía de las repúblicas; ni se han de esconder los datos patentes del problema que puede resolverse, para la paz de los siglos, con el estudio oportuno y la unión tácita y urgente del alma continental. ¡Porque ya suena el himno unánime; la generación actual lleva a cuestas,[125] por el camino abonado por los padres sublimes, la América trabajadora; del Bravo[126] a Magallanes,[127] sentado en el lomo del cóndor, regó[128] el Gran Semí, por las naciones románticas del continente y por las islas dolorosas del mar, la semilla de la América nueva!

---

[111]**pueril** childish   [112]**abono** fertilizer   [113]**codicia** greed   [114]**se revele** reveals itself   [115]**prevalezca** prevails   [116]**picota** pillory   [117]**azuza** incites, stirs up   [118]**canijos** weak   [119]**enhebran** string together   [120]**amasijo** mixture   [121]**ingénita** innate   [122]**lacras políticas** political flaws   [123]**trigueños** dark   [124]**tramos** stretches   [125]**lleva a cuestas** carries on its back   [126]**Bravo** river that separates the United States and Mexico, also known as Rio Grande   [127]**Magallanes** strait at the southern tip of the South American continent   [128]**regó** scattered

D E S P U É S   D E   L E E R

1. ¿Por qué, según Martí, los países de Hispanoamérica deben de sentirse orgullosos de sí mismos?

2. En opinión de Martí, ¿a qué se deben los problemas que existen en Hispanoamérica? ¿Cómo debería gobernar el buen gobernante hispanoamericano? ¿Qué significado tiene la cita "Gobernante, en un pueblo nuevo, quiere decir creador"? ¿Qué opina usted?

3. ¿Qué dice José Martí del hombre natural? ¿Cómo surgen los tiranos?

4. ¿Por qué critica Martí las universidades hispanoamericanas? ¿Qué es lo que propone Martí? ¿Está usted de acuerdo?

5. Explique la cita "Conocer es resolver. Conocer el país, y gobernarlo conforme al conocimiento, es el único modo de librarlo de tiranías". ¿Cree usted en esa premisa?

6. ¿Por qué dice José Martí que "El problema de la independencia no era el cambio de formas, sino el cambio de espíritu" y "La colonia continuó viviendo en la república"?

7. ¿Cree Martí que la América que habla español se salvará de sus peligros?

8. ¿Cuál es uno de esos peligros?

9. Según el ensayo, ¿cuál es la actitud de los Estados Unidos hacia la América del Sur? ¿Está usted de acuerdo?

10. ¿Cree usted que "Nuestra América" tiene vigencia hoy día? ¿Cómo y por qué?

11. ¿Cuáles son las imágenes que usa Martí para declarar sus sentimientos? ¿Cree que Martí logra expresar claramente sus intenciones a través de estas imágenes?

AL LEER CONSIDERE LO SIGUIENTE:

—el mundo de Piedad
—los valores de la niña y de los padres
—la importancia de lo visual en el relato

El cuento "La muñeca negra" de José Martí fue publicado en la revista *La Edad de Oro* (1889). En esta narración, Martí presenta a través de descripciones visuales el mundo de Piedad, niña que cumple ocho años, y los preparativos que se llevan a cabo en su hogar para celebrar la ocasión. Como regalo de cumpleaños, el padre de Piedad le regala una bella muñeca, pero la niña ha de tener otra preferencia.

La muñeca negra

De puntillas,[1] de puntillas, para no despertar a Piedad, entran en el cuarto de dormir el padre y la madre. Vienen riéndose, como dos muchachones. Vienen de la mano, como dos muchachos. El padre viene detrás, como si fuera a tropezar[2] con todo. La madre no tropieza; porque conoce el camino. ¡Trabaja mucho el padre, para comprar todo lo de la casa, y no puede ver a su hija cuando quiere! A veces, allá en el trabajo, se ríe solo, o se pone de repente como triste, o se le ve en la cara como una luz; y es que está pensando en su hija; se le cae la pluma de la mano cuando piensa así, pero en seguida empieza a escribir, y escribe tan de prisa, tan de prisa, que es como si la pluma fuera volando. Y le hace muchos rasgos[3] a la letra, y las *oes* le salen grandes como un sol, y las *ges* largas como un sable, y las *eles* están debajo de la línea, como si se fueran a clavar[4] en el papel, y las *eses* caen al fin de la palabra, como una hoja de palma; ¡tiene que ver lo que escribe el padre cuando ha pensado mucho en la niña! Él dice que siempre que le llega por la ventana el olor de las flores del jardín, piensa en ella. O a veces, cuando está trabajando cosas de números, o poniendo un libro sueco en español, la ve venir, venir despacio, como en una nube, y se le sienta al lado, le quita la pluma, para que repose un poco, le da un beso en la frente, le tira de la barba rubia, le esconde el tintero: es sueño no más, no más que sueño, como esos que se tienen sin dormir, en que ve uno vestidos muy bonitos, o un caballo vivo de cola muy larga, o un cochecito, con cuatro chivos blancos, o una sortija con la piedra azul; sueño es no más, pero dice el padre que es como si lo hubiera visto, y que después tiene más fuerza y escribe mejor. Y la niña se va, se va despacio por el aire, que parece de luz todo; se va como una nube.

Hoy el padre no trabajó mucho, porque tuvo que ir a una tienda; ¿a qué iría el

---

[1]**de puntillas** on tiptoe [2]**tropezar** to bump into [3]**rasgos** strokes [4]**clavar** to be nailed

padre a una tienda? y dicen que por la puerta de atrás entró una caja grande; ¿qué vendrá en la caja? ¡a saber lo que vendrá! Mañana hace ocho años que nació Piedad. La criada fué al jardín y se pinchó[5] el dedo por cierto, por querer coger, para un ramo que hizo, una flor muy hermosa. La madre a todo dice que sí, y se puso el vestido nuevo, y le abrió la jaula[6] al canario. El cocinero está haciendo un pastel, y recortando en figura de flores los nabos y las zanahorias, y le devolvió a la lavandera el gorro, porque tenía una mancha que no se veía apenas, pero, «¡hoy, hoy, señora lavandera, el gorro ha de estar sin mancha!» Piedad no sabía, no sabía. Ella sí vió que la casa estaba como el primer día de sol, cuando se va ya la nieve, y les salen las hojas a los árboles. Todos sus juguetes se los dieron aquella noche, todos. Y el padre llegó muy temprano del trabajo, a tiempo de ver a su hija dormida. La madre lo abrazó cuando lo vió entrar; ¡y lo abrazó de veras! Mañana cumple Piedad ocho años.

El cuarto está a media luz, una luz como la de las estrellas, que viene de la lámpara de velar, con su bombillo de color de ópalo. Pero se ve, hundida en la almohada, la cabecita rubia. Por la ventana entra la brisa, y parece que juegan, las mariposas que no se ven, con el cabello dorado. Le da en el cabello la luz. Y la madre y el padre vienen andando, de puntillas. ¡Al suelo, el tocador[7] de jugar! ¡Este padre ciego, que tropieza con todo! Pero la niña no se ha despertado. La luz le da en la mano ahora; parece una rosa la mano. A la cama no se puede llegar; porque están alrededor todos los juguetes, en mesas y sillas. En una silla está el baúl que le mandó en Pascuas la abuela, lleno de almendras y de mazapanes; boca abajo está el baúl, como si lo hubieran sacudido, a ver si caía alguna almendra de un rincón, o si andaban escondidas por la cerradura[8] algunas migajas[9] de mazapán; ¡eso es, de seguro, que las muñecas tenían hambre! En otra silla está la loza,[10] mucha loza y muy fina, y en cada plato una fruta pintada; un plato tiene una cereza, y otro un higo,[11] y otro una uva; da en el plato ahora la luz, en el plato del higo, y se ven como chispas de estrellas; ¿cómo habrá venido esta estrella a los platos? «¡Es azúcar!» dijo el pícaro padre. «¡Eso es de seguro!» dice la madre: «eso es que estuvieron las muñecas golosas comiéndose el azúcar.» El costurero[12] está en otra silla, y muy abierto, como de quien ha trabajado de verdad; el dedal[13] está machucado[14] ¡de tanto coser!; cortó la modista[15] mucho, porque del calicó que le dió la madre no queda más que un redondel[16] con el borde de picos, y el suelo está por allí lleno de recortes,[17] que le salieron mal a la modista, y allí está la chambra[18] empezada a coser, con la aguja clavada junto a una gota de sangre. Pero la sala, y el gran juego, está en el velador,[19] al lado de la cama. El rincón, allá contra la pared, es el cuarto de dormir de las muñequitas de loza, con su cama de la madre, de colcha de flores, y al lado una muñeca de traje rosado, en una silla roja; el tocador está entre la cama y la cuna, con su muñequita de

---

[5]**se pinchó** she pricked   [6]**jaula** cage   [7]**tocador** dressing table   [8]**cerradura** lock   [9]**migajas** crumbs   [10]**loza** china   [11]**higo** fig   [12]**costurero** sewing kit   [13]**dedal** thimble   [14]**machucado** dent   [15]**modista** dressmaker   [16]**redondel** circle   [17]**recortes** cuttings   [18]**chambra** camisole [19]**velador** bedside table

trapo,[20] tapada hasta la nariz, y el mosquitero encima; la mesa del tocador es una cajita de cartón castaño, y el espejo es de los buenos, de los que vende la señora pobre de la dulcería, a dos por un centavo. La sala está delante del velador, y tiene en medio una mesa, con el pie hecho de un carretel de hilo,[21] y lo de arriba de una concha de nácar,[22] con una jarra mexicana en medio, de las que traen los muñecos aguadores de México; y alrededor unos papelitos doblados, que son los libros. El piano es de madera, con las teclas pintadas; y no tiene banqueta de tornillo,[23] que eso es poco lujo, sino una de espaldar,[24] hecha de la caja de una sortija, con lo de abajo forrado de azul; y la tapa cosida por un lado, para la espalda, y forrada de rosa; y encima un encaje.[25] Hay visitas, por supuesto, y son de pelo de veras, con ropones de seda lila de cuartos blancos, y zapatos dorados; y se sientan sin doblarse, con los pies en el asiento; y la señora mayor, la que trae gorra color de oro, y está en el sofá, tiene su levantapiés,[26] porque del sofá se resbala; y el levantapiés es una cajita de paja japonesa, puesta boca abajo; en un sillón blanco están sentadas juntas, con los brazos muy tiesos, dos hermanas de loza. Hay un cuadro en la sala, que tiene detrás, para que no se caiga, un pomo de olor; y es una niña de sombrero colorado, que trae en los brazos un cordero. En el pilar de la cama, del lado del velador, está una medalla de bronce, de una fiesta que hubo con las cintas francesas; en su gran moña de los tres colores está adornando la sala el medallón, con el retrato de un francés[27] muy hermoso, que vino de Francia a pelear porque los hombres fueran libres, y otro retrato del que inventó el pararrayos,[28] con la cara de abuelo que tenía cuando pasó el mar para pedir a los reyes de Europa que lo ayudaran a hacer libre su tierra; ésa es la sala, y el gran juego de Piedad. Y en la almohada, durmiendo en su brazo, y con la boca desteñida[29] de los besos, está su muñeca negra.

Los pájaros del jardín la despertaron por la mañanita. Parece que se saludan los pájaros, y la convidan a volar. Un pájaro llama, y otro pájaro responde. En la casa hay algo, porque los pájaros se ponen así cuando el cocinero anda por la cocina saliendo y entrando, con el delantal volándole por las piernas, y la olla de plata en las dos manos, oliendo a leche quemada y a vino dulce. En la casa hay algo; porque si no, ¿para qué está ahí, al pie de la cama, su vestidito nuevo, el vestidito color de perla, y la cinta lila que compraron ayer, y las medias de encaje? «Yo te digo, Leonor, que aquí pasa algo. Dímelo tú, Leonor, tú que estuviste ayer en el cuarto de mamá, cuando yo fui a paseo. ¡Mamá mala, que no te dejó ir conmigo, porque dice que te he puesto muy fea con tantos besos, y que no tienes pelo, porque te he peinado mucho! La verdad, Leonor; tú no tienes mucho pelo; pero yo te quiero así, sin pelo. Leonor; tus ojos son los que quiero yo, porque

---

[20]**trapo** rag   [21]**carretel de hilo** spool of sewing thread   [22]**concha de nácar** conch of mother of pearl   [23]**banqueta de tornillo** piano stool   [24]**de espaldar** with a high back   [25]**encaje** lace   [26]**levantapiés** foot rest   [27]**francés** reference to the Marquis de La Fayette (1757–1834), a French general and politician who participated in the independence of the United States   [28]**pararrayos** lightning rods; reference to Benjamin Franklin (1706–1790)   [29]**desteñida** discolored

con los ojos me dices que me quieres; te quiero mucho, porque no te quieren: ¡a
ver! ¡sentada aquí en mis rodillas, que te quiero peinar!; las niñas buenas se
peinan en cuanto se levantan; ¡a ver, los zapatos, que ese lazo no está bien hecho!; y los dientes, déjame ver los dientes, las uñas; ¡Leonor! esas uñas no están
limpias. Vamos, Leonor, dime la verdad; oye, oye a los pájaros que parece que
tienen baile; dime, Leonor, ¿qué pasa en esta casa?» Y a Piedad se le cayó el peine
de la mano, cuando le tenía ya una trenza[30] hecha a Leonor; y la otra estaba toda
alborotada.[31] Lo que pasaba, allí lo veía ella. Por la puerta venía la procesión. La
primera era la criada con el delantal de rizos de los días de fiesta y la cofia[32] de
servir la mesa en los días de visita; traía el chocolate, el chocolate con crema, lo
mismo que el día de Año Nuevo, y los panes dulces en una cesta de plata; luego
venía la madre, con un ramo de flores blancas y azules; ¡ni una flor colorada en el
ramo, ni una flor amarilla!; y luego venía la lavandera, con el gorro blanco que el
cocinero no se quiso poner, y un estandarte que el cocinero le hizo, con un diario
y un bastón; y decía en el estandarte, debajo de una corona de pensamientos:
«¡Hoy cumple Piedad ocho años!» Y la besaron, y la vistieron con el traje color
de perla, y la llevaron, con el estandarte detrás, a la sala de los libros de su padre, que tenía muy peinada su barba rubia, como si se la hubieran peinado muy
despacio, y redondeándole las puntas, y poniendo cada hebra en su lugar. A cada
momento se asomaba a la puerta, a ver si Piedad venía; escribía, y se ponía a silbar; abría un libro, y se quedaba mirando a un retrato, a un retrato que tenía
siempre en su mesa, y era como Piedad, una Piedad de vestido largo. Y cuando
oyó ruido de pasos, y un vozarrón[33] que venía tocando música en un cucurucho
de papel, ¿quién sabe lo que sacó de una caja grande? y se fué a la puerta con una
mano en la espalda; y con el otro brazo cargó a su hija. Luego dijo que sintió
como que en el pecho se le abría una flor, y como que se le encendía en la cabeza
un palacio, con colgaduras azules de flecos de oro, y mucha gente con alas; luego
dijo todo eso, pero entonces, nada se le oyó decir. Hasta que Piedad dió un salto
en sus brazos, y se le quiso subir por el hombro, porque en un espejo había visto
lo que llevaba en la otra mano el padre. «¡Es como el sol el pelo, mamá, lo mismo
que el sol! ¡ya la ví, ya la ví, tiene el vestido rosado! ¡dile que me la dé, mamá! si
es de peto[34] verde, de peto de terciopelo, ¡como las mías son las medias, de encaje como las mías!» Y el padre se sentó con ella en el sillón, y le puso en los brazos la muñeca de seda y porcelana. Echó a correr Piedad, como si buscase a alguien. «¿Y yo me quedo hoy en casa por mi niña — le dijo su padre, — y mi niña
me deja solo?» Ella escondió la cabecita en el pecho de su padre bueno. Y en mucho, mucho tiempo, no la levantó, aunque ¡de veras! le picaba la barba.[35]

Hubo paseo por el jardín, y almuerzo con un vino de espuma debajo de la
parra,[36] y el padre estaba muy conversador, cogiéndole a cada momento la mano
a su mamá, y la madre estaba como más alta, y hablaba poco, y era como música

---

[30]**trenza** braid   [31]**alborotada** dishevelled   [32]**cofia** cap   [33]**vozarrón** powerful booming
voice   [34]**peto** bodice   [35]**le picaba la barba** his beard pricked her   [36]**parra** grapevine

todo lo que hablaba. Piedad le llevó al cocinero una dalia roja, y se la prendió en el pecho del delantal; y a la lavandera le hizo una corona de claveles;[37] y a la criada le llenó los bolsillos de flores de naranjo,[38] y le puso en el pelo una flor, con sus dos hojas verdes. Y luego, con mucho cuidado, hizo un ramo de *no me olvides.* «Para quién es ese ramo, Piedad?» «No sé, no sé para quién es; ¡quién sabe si es para alguien!» Y lo puso a la orilla de la acequia,[39] donde corría como un cristal el agua. Un secreto le dijo a su madre, y luego le dijo: «¡Déjame ir!» Pero le dijo «caprichosa» su madre; «¿y tu muñeca de seda, no te gusta?; mírale la cara, que es muy linda; y no le has visto los ojos azules.» Piedad sí los había visto, y la tuvo sentada en la mesa después de comer, mirándola sin reírse; y la estuvo enseñando a andar en el jardín. Los ojos era lo que miraba ella; y le tocaba en el lado del corazón: «¡Pero, muñeca, háblame, háblame!» Y la muñeca de seda no le hablaba. «¿Conque no te ha gustado la muñeca que te compré, con sus medias de encaje y su cara de porcelana y su pelo fino?» «Sí, mi papá, sí me ha gustado mucho. Vamos, señora muñeca, vamos a pasear. Usted querrá coches, y lacayos, y querrá dulce de castañas, señora muñeca. Vamos, vamos a pasear.» Pero en cuanto estuvo Piedad donde no la veían, dejó a la muñeca en un tronco, de cara contra el árbol. Y se sentó sola, a pensar, sin levantar la cabeza, con la cara entre las dos manecitas. De pronto echó a correr, de miedo de que se hubiese llevado el agua el ramo de *no me olvides.*

—¡Pero, criada, llévame pronto!

—¿Piedad, qué es eso de criada? ¡Tú nunca le dices criada así, como para ofenderla!

—No, mamá, no; es que tengo mucho sueño; estoy muerta de sueño. Mira, me parece que es un monte la barba de papá; y el pastel de la mesa me da vueltas, vueltas alrededor, y se están riendo de mí las banderitas; y me parece que están bailando en el aire las flores de la zanahoria; estoy muerta de sueño; ¡adiós, mi madre!; mañana me levanto muy tempranito; tú, papá, me despiertas antes de salir; yo te quiero ver siempre antes de que te vayas a trabajar; ¡oh, las zanahorias! ¡estoy muerta de sueño! ¡Ay, mamá, no me mates el ramo! ¡mira, ya me mataste mi flor!

—¿Conque se enoja mi hija porque le doy un abrazo?

—¡Pégame, mi mamá! ¡papá, pégame tú! es que tengo mucho sueño.

Y Piedad salió de la sala de los libros, con la criada que le llevaba la muñeca de seda.

—¡Qué de prisa va la niña, que se va a caer! ¿Quién espera a la niña?

—¡Quién sabe quién me espera!

Y no habló con la criada; no le dijo que le contase el cuento de la niña jorobadita[40] que se volvió una flor; un juguete no más le pidió, y lo puso a los pies de la cama; y le acarició a la criada la mano, y se quedó dormida. Encendió la criada la

---

[37]**claveles** carnations [38]**flores de naranjo** orange blossoms [39]**acequia** stream [40]**jorobadita** hunchbacked

lámpara de velar, con su bombillo de ópalo; salió de puntillas; cerró la puerta con mucho cuidado. Y en cuanto estuvo cerrada la puerta, relucieron dos ojitos, en el borde de la sábana; se alzó de repente la cubierta rubia; de rodillas en la cama, le dió toda la luz a la lámpara de velar; y se echó sobre el juguete que puso a los pies, sobre la muñeca negra. La besó, la abrazó, se la apretó contra el corazón: «Ven, pobrecita, ven, que esos malos te dejaron aquí sola; tú no estás fea, no, aunque no tengas más que una trenza; la fea es ésa, la que han traído hoy, la de los ojos que no hablan; dime, Leonor, dime, ¿tú pensaste en mí? mira el ramo que te traje, un ramo de *no me olvides,* de los más lindos del jardín; ¡así, en el pe-cho! ¡ésta es mi muñeca linda! ¿y no has llorado? ¡te dejaron tan sola! ¡no me mires así, porque voy a llorar yo! ¡no, tú no tienes frío! ¡aquí conmigo, en mi al-mohada, verás como te calientas! ¡y me quitaron, para que no me hiciera daño, el dulce que te traía! ¡así, así, bien arropadita![41] ¡a ver, mi beso, antes de dormirte! ¡ahora, la lámpara baja! ¡y a dormir, abrazadas las dos! ¡te quiero, porque no te quieren!»

DESPUÉS DE LEER

1. Describa el ambiente en el cual se desarrolla el cuento y señale los recursos narrativos empleados.

2. Haga un comentario referente a las características de la prosa de Martí en "La muñeca negra". ¿Cómo es el lenguaje del relato?

3. ¿Cómo son los padres de Piedad y en qué mundo se desenvuelven?

4. ¿Qué preparativos hacen los padres para celebrar el cumpleaños de Piedad? ¿Qué le regala el padre a su hija?

5. Compare la muñeca nueva y la muñeca negra, y haga un comentario sobre los sentimientos de Piedad hacia una y otra.

6. Dada la temática de la obra de José Martí, explique cómo este cuento se ajusta a ella. Describa la posición de Martí con respecto a los humildes.

---

[41]**arropadita** wrapped up

ALGUNOS ESTUDIOS DE INTERÉS

Agramonte, Roberto. *Martí y su concepción del mundo*. Puerto Rico: Editorial Universitaria, Universidad de Puerto Rico, 1971.

Baeza Flores, Alberto. *Vida de José Martí: el hombre íntimo y el hombre público*. Santo Domingo, República Dominicana: Nacional, 1986.

Bari de López, Camila, y Gloria Hintze de Molinari. "José Martí y los Estados Unidos". *Cuadernos Americanos* 2:1 (1988): 111–123.

Fernández Retamar, Roberto. *Introducción a José Martí*. La Habana, Cuba: Casa de las Américas, 1978.

Hauser, Rex. "La poética de la artesanía y las claves sociales en la obra de Martí y González Prada". *Revista Iberoamericana* 55 (1989): 146–147.

Mañach y Robato, Jorge. *Martí el apóstol*. Madrid, España: Espasa-Calpe, Colección Austral, 1933.

Perus, Françoise. "Martí y el modernismo". *Ideologías y literaturas* 3:11 (1979): 97–115.

Radamés de la Campa, Antonio. "En los cien años de los *Versos sencillos* de José Martí". *Círculo* 21 (1992): 13–21.

Santí, Enrico Mario. "*Ismaelillo*, Martí y el modernismo". *Revista Iberoamericana* 52 (1986): 811–840.

Schulman, Ivan. *Símbolo y color en la obra de José Martí*. Madrid, España: Gredos, 1970.

Torres-Rioseco, Arturo. *Precursores del modernismo*. New York: Las Américas, 1963.

Vázquez Vega, Miguel A. "Mística y poética en Martí: Lectura del poema V de *Versos sencillos*". *Kanina* 4:1 (1980): 49–54.

Vitier, Cintio. *Temas martianos*. Río Piedras, Puerto Rico: Huracán, 1981.

Manuel Gutiérrez Nájera

(1859–1895, Ciudad de México)

Manuel Gutiérrez Nájera figura entre los iniciadores del modernismo. Fundó la *Revista Azul* (1894), la cual sirvió de órgano de expresión de la nueva estética. Gutiérrez Nájera además de poeta fue periodista, crítico literario y también autor de cuentos y de cuadros de costumbres.

En su formación literaria se perciben variadas influencias. Se destacan entre ellas las ejercidas por Edgar Allan Poe, los parnasianos y simbolistas franceses al igual que Gustavo Adolfo Bécquer, el romántico español. Su poesía se distingue por su musicalidad y uso de colores. Gutiérrez Nájera es recordado también como prosista por sus *Cuentos frágiles* (1883) y por los que se encuentran en su obra póstuma *Cuentos de color de humo* (1898). En 1958 se editaron todos sus cuentos bajo el título de *Cuentos completos*. En ellos no faltan las imágenes, el cromatismo ni los objetos refinados y lujosos marcados con la sensualidad manifestada en la armonía del universo.

AL LEER CONSIDERE LO SIGUIENTE:

—la rima
—el tono conversacional del poema

Manuel Gutiérrez Nájera publicó sus artículos periodísticos bajo el seudónimo "el Duque Job". En el siguiente poema, Nájera, en un tono coloquial, nos describe a su amiga y hace hincapié en su belleza.

La Duquesa Job

A Manuel Puga y Acal

En dulce charla de sobremesa,[1]
mientras devoro fresa tras fresa
y abajo ronca tu perro Bob,
te haré el retrato de la duquesa
que adora a veces el Duque Job.

Mi duquesita, la que me adora,
no tiene humos[2] de gran señora:
es la griseta de Paul de Kock.[3]
No baila *Boston*,[4] y desconoce
de las carreras el alto goce,
y los placeres del *five o'clock*.[5]

Pero ni el sueño de algún poeta,
ni los querubes[6] que vio Jacob,[7]
fueron tan bellos cual la coqueta
de ojitos verdes, rubia griseta
que adora a veces el Duque Job.

Desde las puertas de la Sorpresa[8]
hasta la esquina del Jockey Club,
no hay española, yankee o francesa,
ni más bonita, ni más traviesa[9]
que la duquesa del Duque Job.

---

[1]**sobremesa** after dinner   [2]**no tiene humos** is not presumptuous   [3]**griseta de Paul de Kock** free-spirited working class girls who appeared in the romantic tales of Paul de Kock (1794–1871)   [4]***Boston*** Boston waltz or slow dance   [5]***five o'clock*** the five o'clock tea   [6]**querubes** cherubs   [7]**Jacob** son of Isaac and Rebekah   [8]**Sorpresa** well-known department store in Mexico City   [9]**traviesa** mischievous

Si alguien la alcanza, si la requiebra,[10]
ella, ligera como una cebra,
sigue camino del almacén,
pero ¡ay del tuno[11] si alarga el brazo!
Nadie le salva del sombrillazo
que le descarga sobre la sien![12]

¡No hay en el mundo mujer más linda!
Pie de andaluza, boca de guinda,
esprit rociado de Veuve Clicqot;[13]
talle de avispa, cutis[14] de ala,
ojos traviesos de colegiala
como los ojos de Luise Theó![15]

Ágil, nerviosa, blanca, delgada,
media de seda bien retirada,
gola de encaje, corsé de ¡crac!
nariz pequeña, garbosa,[16] cuca,
y palpitantes[17] sobre la nuca
rizos tan rubios como el cognac.

¡Y los domingos! … ¡Con qué alegría
oye en su lecho bullir el día
y hasta las nueve quieta se está!
¡Cuál se acurruca[18] la perezosa
bajo la colcha color de rosa
mientras a misa la criada va!

Toco; se viste; me abre; almorzamos;
con apetito los dos tomamos
un par de huevos y un buen beefsteak,
media botella de rico vino,
y en coche juntos, vamos camino
del pintoresco Chapultepec.[19]

Desde las puertas de la Sorpresa
hasta la esquina del Jockey Club,
no hay española, yankee o francesa,
ni más bonita ni más traviesa
que la duquesa del Duque Job!

---

[10]**requiebra** courts　[11]**tuno** rogue　[12]**sien** temple　[13]**Veuve Clicqot** French champagne　[14]**cutis** complexion　[15]**Luise Theó** French operetta singer　[16]**garbosa** graceful　[17]**palpitantes** throbbing　[18]**acurruca** curls up　[19]**Chapultepec** park in Mexico City

D E S P U É S   D E   L E E R

1. Describa el tono del poema.

2. ¿Quién es la Duquesa Job? ¿Por qué usa ese nombre Manuel Gutiérrez Nájera?

3. ¿Cómo se imagina usted a la Duquesa Job? ¿Con quién la compara?

4. ¿Qué elementos modernistas se observan en el poema?

AL LEER CONSIDERE LO SIGUIENTE:
—el deseo del poeta de morir joven
El poeta expresa sus sentimientos sobre cómo y cuándo desea morir.

Para entonces

&

Quiero morir cuando decline el día,
en alta mar y con la cara al cielo;
donde parezca un sueño la agonía,
y el alma, un ave que remonta[1] el vuelo.

No escuchar en los últimos instantes,
ya con el cielo y con la mar a solas,
más voces ni plegarias sollozantes[2]
que el majestuoso tumbo de las olas.

Morir cuando la luz triste retira
sus áureas redes[3] de la onda[4] verde,
y ser como ese sol que lento expira:
algo muy luminoso que se pierde.

Morir, y joven: antes que destruya
el tiempo aleve[5] la gentil corona;
cuando la vida dice aún: "soy tuya,"
¡aunque sepamos bien que nos traiciona!

DESPUÉS DE LEER

1. Compare el tono de "Para entonces" con el de "La Duquesa Job".

2. ¿Cómo quisiera el poeta que fuera el momento de su muerte?

3. ¿Por qué prefiere morir joven? ¿Qué opina usted?

4. Analice los dos últimos versos de la siguiente estrofa:

     Morir, y joven: antes que destruya
     el tiempo aleve la gentil corona;
     cuando la vida dice aún: "soy tuya,"
     ¡aunque sepamos bien que nos traiciona!

---

[1]**remonta** soars   [2]**sollozantes** sobbing   [3]**áureas redes** golden nets   [4]**onda** wave   [5]**aleve**
treacherous

—el uso del color blanco como estética del universo
—las matizaciones del blanco
—el uso de las imágenes para crear impresiones
—el refinamiento poético

Gutiérrez Nájera fue el primero entre los modernistas en mostrar devoción por el uso de los colores. En este poema el poeta presenta un mundo de imágenes blancas y, entre ellas, está la imagen de la amada.

De blanco

~~

¿Qué cosa más blanca que cándido lirio?[1]
¿Qué cosa más pura que místico cirio?[2]
¿Qué cosa más casta[3] que tierno azahar?[4]
¿Qué cosa más virgen que leve neblina?
¿Qué cosa más santa que el ara[5] divina de gótico altar?

De blancas palomas el aire se puebla,[6]
con túnica blanca, tejida[7] de niebla,
se envuelve a lo lejos feudal torreón;[8]
erguida en el huerto la trémula acacia[9]
al soplo del viento sacude con gracia su níveo pompón.[10]

¿No ves en el monte la nieve que albea?[11]
La torre muy blanca domina la aldea,
las tiernas ovejas triscando[12] se van,
de cisnes[13] intactos el lago se llena,
columpia[14] su copa la enhiesta azucena,[15]
y su ánfora inmensa levanta el volcán.

Entremos al templo: la hostia fulgura;[16]
de nieve parecen las canas del cura,
vestido con alba de lino sutil;
cien niñas hermosas ocupan las bancas,
y todas vestidas con túnicas blancas
en ramos ofrecen las flores de abril.

---

[1]**lirio** lily [2]**cirio** candle [3]**casta** pure [4]**azahar** orange blossoms [5]**ara** altar [6]**se puebla** fills [7]**tejida** woven [8]**torreón** large fortified tower [9]**acacia** locust tree [10]**níveo pompón** snowy flower [11]**albea** shines whitely [12]**triscando** frisking [13]**cisnes** swans [14]**columpia** swings [15]**azucena** lily [16]**fulgura** glows

Subamos al coro: la virgen propicia
escucha los rezos de casta novicia,
y el cristo de mármol expira en la cruz;
sin mancha se yerguen[17] las velas de cera;
de encaje[18] es la tenue cortina ligera
que ya transparenta del alba la luz.

Bajemos al campo: tumulto de plumas
parece el arroyo de blancas espumas
que quieren, cantando, correr y saltar;
la airosa mantilla de fresca neblina
terció la montaña; la vela latina
de barca ligera se pierde en el mar.

Ya salta del lecho[19] la joven hermosa,
y el agua refresca sus hombros de diosa,
sus brazos ebúrneos,[20] su cuello gentil;
cantando y risueña se ciñe la enagua,[21]
y trémulas brillan las gotas de agua
en su árabe peine de blanco marfil.[22]

¡Oh mármol! ¡Oh nieves! ¡Oh inmensa blancura
que esparces[23] doquiera tu casta hermosura!
¡Oh tímida virgen! ¡O casta vestal!
Tú estás en la estatua de eterna belleza;
de tu hábito blando nació la pureza,
¡al ángel das alas, sudario[24] al mortal!

Tú cubres al niño que llega a la vida,
coronas las sienes de fiel prometida,
al paje revistes de rico tisú.
¡Qué blancos son, reinas, los mantos de armiño!
¡Qué blanca es, ¡oh madres! la cuna del niño!
¡Qué blanca, mi amada, qué blanca eres tú!

En sueños ufanos[25] de amores contemplo
alzarse muy blancas las torres de un templo
y oculto entre lirios abrirse un hogar;
y el velo de novia prenderse[26] a tu frente,
cual nube de gasa[27] que cae lentamente,
y viene a tus hombros su encaje a posar.

---

[17]**se yerguen** rise   [18]**encaje** lace   [19]**lecho** bed   [20]**ebúrneos** ivory white   [21]**se ciñe la enagua** she puts on her underskirt   [22]**marfil** ivory   [23]**que esparces** you scatter   [24]**sudario** shroud   [25]**ufanos** proud   [26]**prenderse** to cling   [27]**gasa** gauze

DESPUÉS DE LEER

1. ¿Cuál es la función de las preguntas que hace el poeta en la primera estrofa dentro del contexto del poema?

2. Enumere algunas variaciones del blanco mencionadas en el poema.

3. ¿Qué elementos religiosos aparecen en el poema?

4. ¿Cómo está descrita la naturaleza? ¿Y la amada?

5. ¿Hay refinamiento en el lenguaje usado en el poema? Explique.

AL LEER CONSIDERE LO SIGUIENTE:

—el tono del poema
—las imágenes que crea el poeta

En este poema Gutiérrez Nájera personifica las tristezas. Éstas son compañías constantes del poeta y las únicas que no lo engañan.

Mis enlutadas[1]

Descienden taciturnas las tristezas
    al fondo de mi alma,
y entumecidas, haraposas brujas,[2]
    con uñas negras
    mi vida escarban.[3]

De sangre es el color de sus pupilas,
    de nieve son sus lágrimas;
hondo pavor[4] infunden … yo las amo
    por ser las solas
    que me acompañan.

Aguárdolas[5] ansioso si el trabajo
    de ellas me separa,
y búscolas en medio del bullicio,[6]
    y son constantes,
    y nunca tardan.

En las fiestas, a ratos se me pierden
    o se ponen la máscara,
pero luego las hallo, y así dicen:
    —¡Ven con nosotras!
    —¡Vamos a casa!

Suelen dejarme cuando sonriendo
    mis pobres esperanzas,
como enfermitas ya convalecientes,
    salen alegres
    a la ventana.

---

[1]**enlutadas** persons in mourning   [2]**entumecidas, haraposas brujas** benumbed, ragged old witches   [3]**escarban** scratch   [4]**pavor** fear   [5]**aguárdolas** I wait for them   [6]**bullicio** hubbub

Corridas huyen, pero vuelven luego
    y por la puerta falsa
entran trayendo como nuevo huésped
    alguna triste,
    lívida hermana.

Ábrese a recibirlas la infinita
    tiniebla[7] de mi alma,
y van prendiendo[8] en ella mis recuerdos
    cual tristes cirios[9]
    de cera pálida.

Entre esas luces, rígido, tendido,
    mi espíritu descansa;
y las tristezas, revolando[10] en torno,
    lentas salmodias[11]
    rezan y cantan.

Escudriñan[12] del húmedo aposento
    rincones y covachas,[13]
el escondrijo[14] do guardé cuitado[15]
    todas mis culpas,
    todas mis faltas.

Y urgando mudas, como hambrientas lobas,[16]
    las encuentran, las sacan,
y volviendo a mi lecho mortuorio[17]
    me las enseñan
    y dicen: habla.

En lo profundo de mi ser bucean,[18]
    pescadoras de lágrimas,
y vuelven mudas con las negras conchas
    en donde brillan
    gotas heladas.

A veces me revuelvo contra ellas
    y las muerdo con rabia
como la niña desvalida[19] y mártir
    muerde a la harpía[20]
    que la maltrata.

Pero en seguida, viéndose impotente,
    mi cólera se aplaca,

---

[7]**tiniebla** darkness   [8]**prendiendo** lightning   [9]**cirios** candles   [10]**revolando** fluttering   [11]**salmodias** monotonous songs   [12]**escudriñan** they examine   [13]**covachas** nooks   [14]**escondrijo** hiding place   [15]**cuitado** timidly   [16]**lobas** wolves   [17]**lecho mortuorio** deathbed   [18]**bucean** they search   [19]**desvalida** poor   [20]**harpía** old witch

¿qué culpa tienen, pobres hijas mías,
   si yo las hice
   con sangre y alma?

   Venid, tristezas de pupila turbia,
     venid, mis enlutadas,
las que viajáis por la infinita sombra,
     donde está todo
     lo que se ama.

   Vosotras no engañáis: venid, tristezas,
     ¡oh mis criaturas blancas
abandonadas por la madre impía,
     tan embustera,
     por la esperanza!

   Venid y habladme de las cosas idas,
     de las tumbas que callan,
de muertos buenos y de ingratos[21] vivos …
     voy con vosotras,
     vamos a casa.

DESPUÉS DE LEER

1. ¿Cómo es la imagen que crea el poeta de la tristeza?
2. ¿Por qué llama a *las enlutadas* cuando lo dejan?
3. ¿Cómo son los recuerdos del poeta?
4. ¿Qué tipos de símiles, imágenes y metáforas usa el poeta?
5. Analice las siguientes estrofas:
     Vosotras no engañáis: venid, tristezas,
       ¡oh mis criaturas blancas
     abandonadas por la madre impía,
       tan embustera,
       por la esperanza!

     Venid y habladme de las cosas idas,
       de las tumbas que callan,
     de muertos buenos y de ingratos vivos …
       voy con vosotras,
       vamos a casa.

6. Haga un comentario sobre el tono del poema y los elementos modernistas que están presentes en él.

---

[21]**ingratos** ingrate

AL LEER CONSIDERE LO SIGUIENTE:

—la perspectiva narrativa
—el elemento lírico del cuento
—la relación entre los personajes
—las diferentes manifestaciones del amor
—los elementos característicos de la prosa de Gutiérrez Nájera

Gutiérrez Nájera trata de crear en su narrativa imágenes delicadas como lo hizo en su poesía. Muchas de esas imágenes surgen a partir de hechos pedestres. El cuento a continuación, "Dame de Coeur", gira en torno al juego. El vicio de Pedro destruye su felicidad con Rosa-Té, quien por el amor incondicional hacia su marido, trata de salvarlo sacrificándose a sí misma.

Dame de Coeur[1]

A llá, bajo los altos árboles del Panteón Francés, duerme la pobrecita de cabellos rubios, a quien yo quise durante una semana... ¡todo un siglo!... y se casó con otro.

Muchas veces, cuando, cansado y aburrido del bullicio,[2] escojo para mis paseos vespertinos las calles pintorescas del Panteón, encuentro la delicada urna de mármol en que reposa la que nunca volverá. Ayer me sorprendió la noche en esos sitios. Comenzaba a llover, a un aire helado movía las flores del camposanto.[3] Buscando a toda prisa la salida, di con la tumba de la muertecita. Detúveme un instante, y al mirar las losas[4] humedecidas por la lluvia, dije, con profundísima tristeza:

—¡Pobrecita! ¡Qué frío tendrá en el mármol de su lecho!

Rosa-Té, en efecto, era tan friolenta[5] como una criolla de La Habana. ¡Cuántas veces me apresuré a echar sobre sus hombros blancos y desnudos, a la salida de algún baile, la capota[6] de pieles! ¡Cuántas veces la vi en un rincón del canapé, escondiendo los brazos, entumida,[7] bajar los pliegues[8] de un abrigo de lana! ¡Y ahora, allí está, bajo la lápida de mármol que la lluvia moja sin cesar! ¡Pobrecita!

Cuando Rosa-Té se casó, creyeron sus padres que iba a ser muy dichosa. Yo nunca lo creí, pero reservaba mis opiniones, temeroso de que lo achacaran al despecho.[9] La verdad es que cuando Rosa-Té se casó, yo había dejado de quererla, por lo menos con la viveza de los primeros días. Sin embargo, nunca nos

---

[1]**Dame de Coeur** Queen of Hearts [2]**bullicio** noise [3]**camposanto** cemetery [4]**losas** tombstones [5]**friolenta** sensitive to the cold [6]**capota** cape [7]**entumida** numb [8]**pliegues** folds [9]**de que ... despecho** that they would attribute it to spite

hace mucha gracia el casamiento de una antigua novia. Es como si nos sacaran una muela.

Sobre todo, lo que aumentaba mi disgusto era el convencimiento profundo de que iba a ser desgraciada. Me ponía como furia al escuchar las profecías risueñas[10] de su familia. ¡Cómo! ¿Que iba a ser Pedro un buen marido? ¿Pero, no saben estas gentes —decía yo para mí— que Pedro juega?[11] Atribuyen a la funesta ociosidad[12] tan serio vicio; creen que una vez casado va a enmendarse[13] … pero los jugadores no se enmiendan.

Y —en descargo de mi conciencia,[14] lo diré— yo habría visto, si no con alegría, con resignación a lo menos, el casamiento de Rosa-Té con un buen chico. Pero lo contrario de un pozo es una torre; lo contrario de un puente un acueducto; lo contrario de un buen marido, eso era Pedro. No porque le faltasen prendas personales, ni salud, ni dinero, ni cariño a la pobre Rosa-Té, pero sí porque aquel pícaro vicio[15] había de seguirlo eternamente, como un acreedor a quien nunca acaba de pagársele.

Rosa-Té no sabía que Pedro jugaba. En los primeros meses de matrimonio, fue, en efecto, lo más sumiso y obsequioso[16] que puede apetecerse[17] para la vida quieta del hogar. Pero ¡ay! a poco tiempo la pícara costumbre le arrastró al tapete verde.[18] Comenzaron entonces los pretextos para pasar las noches fuera de la casa, la acritud[19] de carácter, los ahogos y las súbitas desapariciones del dinero. Cierta vez, Rosa se preparaba para asistir a un baile. Pedro estaba ya de frac,[20] esperando en el gabinete[21] a su señora. Mas como estaba embebida aún en su *toilette,* y tardóse todavía muy largo rato, Pedro entornó la puerta del tocador y dijo a Rosa:

—Mira, mientras acabas de peinarte, voy a fumar al aire libre. Dentro de media hora volveré.

Eran las nueve y media. En punto de las diez Rosa estaba dispuesta para el baile. Sentóse en un silloncito y esperó. Sonó el cuarto, la media, los tres cuartos, y Pedro no volvía. Entonces comenzó a entrar en cuidado.[22] ¿Qué le habría sucedido? A cada instante se asomaba al balcón, estrujando[23] los guantes y el pañuelo. "¿Le habría atropellado[24] un coche? ¡Anda tan embobado!"[25] decía Rosa. "¿Habrá tenido riña[26] con alguno? ¡Nadie está libre de enemigos! Sobre todo, ¡hay tantos malhechores[27] en la calle!" Y adelantando los sucesos con la impaciente imaginación, se figuraba ver a su marido en angarillas[28] con una pierna rota o muerto acaso. Y cada vez era más aguda[29] su congoja,[30] tanto que al dar las once, mandó a un mozo a que fuera a buscarle por las calles, y luego a otro, en seguida a tres, hasta que el camarista[31] y el lacayo,[32] el cochero, el portero y cuantos hom-

---

[10]**risueñas** smiling   [11]**juega** gambles   [12]**funesta ociosidad** baneful idleness   [13]**enmendarse** to mend one's ways   [14]**en descargo de mi conciencia** for conscience's sake   [15]**pícaro vicio** despicable vice   [16]**obsequioso** obliging   [17]**apetecerse** to long for   [18]**tapete verde** gambling table   [19]**acritud** acrimony   [20]**frac** tails   [21]**gabinete** study   [22]**entrar en cuidado** to become worried   [23]**estrujando** wringing   [24]**le habría atropellado** had he been trampled   [25]**embobado** dazed   [26]**riña** fight   [27]**malhechores** evildoers   [28]**angarillas** stretchers   [29]**aguda** acute   [30]**congoja** anguish   [31]**camarista** valet   [32]**lacayo** footman

bres había en la servidumbre, se emplearon en buscarle por las calles y cafés; sin dejar punto de reunión por registrar, no detuvieron un instante sus pesquisas.[33]

Llegaban los sirvientes fatigados y sin noticia alguna de su amo; salían después con nuevas órdenes y siempre regresaban lo mismo que se iban. Por fin, pasada ya la medianoche, Rosa ordenó que se pusiera el coche. Iba a buscar a Pedro. A todo escape, los caballos partieron del zaguán.[34] Llamó Rosa a la puerta de muchas casas; apeábase[35] el lacayo presuroso, y después de conferenciar con los porteros, subía luego al pescante,[36] y el carruaje se lanzaba de nuevo por las calles con la mayor velocidad posible. A cosa de la una, pasó Rosa por una calle y vio abiertos e iluminados los balcones de una casa. Aquello debía ser un club o cosa así. ¿Estaría Pedro en ese lugar? Paróse el coche, y el lacayo, sin necesidad de llamar, porque estaba entornada[37] la puerta, entró al patio; subió las escaleras y, a poco rato, volvió a bajarlas más aprisa todavía. Llegó a la portezuela[38] del carruaje, por la que asomaba el semblante lívido de Rosa, y dijo, con la satisfacción del que trae una noticia largamente esperada:

—El amo está arriba: está jugando... Dice que no puede venir ... que irá luego a la casa.

Y, efectivamente, a las seis de la mañana Pedro se presentó en las habitaciones de la señora. La infeliz había pasado la noche en claro,[39] sentada allí en aquel sillón, viendo, con la mirada fija de una loca, las manecillas del reloj que giraban alrededor de la carátula,[40] vestida aún con su traje de baile, con flores en el cabello y en el pecho. Cada vez que sonaban pasos en la calle, Rosa-Té se asomaba al balcón. Pero eran los pasos del gendarme o de algún ebrio[41] que volvía tambaleando[42] a su casa. Y las estrellas fueron brillando menos y los gallos cantando más. De rato en rato, Rosa escuchaba el ruido de un carruaje; era el de alguna de sus amigas que volvía del baile. Poco a poco, la luz, primero tímida y blanquizca, se fue diseminando en todo el cielo. Pasó una diligencia por la esquina y se oyeron las campanas de la Profesa llamando a misa. Rosa no quiso entonces permanecer más tiempo en el balcón. ¿Qué dirían los que la vieran? Además, sus dientes chocaban unos con otros, y un desagradable escalofrío culebreaba[43] en su cuerpo. Rosa, tan débil, tan cobarde y tan friolenta, había pasado una buena parte de la madrugada en el balcón, y, lo que es peor, en traje de baile, con los hombros y la garganta descubierta.

Tan poseída de dolor estaba, que no observó la ligereza de su traje. Sólo cuando la luz, entrando brusca por las puertas emparejadas del balcón, fue a retratarla en el espejo del armario, Rosa se vio ataviada[44] para la fiesta y cubierta de flores, como una virgen a quien llevan a enterrar. Entonces, acurrucada[45] en el sillón y cubiertos los hombros por un tápalo,[46] soltó a llorar. ¡Había pensado en divertirse tanto en aquel baile! Porque Rosa era al fin y al cabo una chiquilla. ¡Se había puesto tan linda, no para cautivar a los demás, sino para que Pedro la lle-

---

[33]**pesquisas** search [34]**zaguán** carriage entrance [35]**apeábase** would get down [36]**pescante** coachman's seat [37]**entornada** ajar [38]**portezuela** door [39]**había ... claro** had spent a sleepless night [40]**carátula** face of a clock [41]**ebrio** drunkard [42]**tambaleando** staggering [43]**culebreaba** slithered [44]**ataviada** dressed [45]**acurrucada** nestled [46]**tápalo** shawl

vase con orgullo! Y en lugar de la fiesta, las congojas, la angustia, y luego… luego la certidumbre horrible de que su esposo, sin tener piedad de sus dolores, la dejaba a las puertas de una casa de juego, *donde probablemente se arruinaba*. Rosa lloraba como una niña, y poco a poco iba arrancando[47] de sus cabellos aquellas flores que tan primorosamente la adornaban. Y así pasó todavía una hora, oyendo el ruido de las escobas y las conversaciones de los barrenderos[48] que barrían la calle.

Por fin, conoció los pasos de Pedro. ¡Sí, era él! Secó sus lágrimas precipitadamente, tuvo vergüenza de haber llorado, la cólera venció en su ánimo al dolor y se dispuso a reñir, a desahogarse, a increpar con justicia a su marido. Pero… ¡en vano! La vista de Pedro la desarmó; venía lívido, derrengado,[49] con los ojos de un hombre que ha perdido la razón, desecho el lazo de la corbata blanca y erizado[50] el pelo del sombrero. Apenas pudo hablar.

—Tienes razón… soy un miserable… He perdido todo… tus coches, tus alhajas… mis caballos… ¡Nada tenemos! ¡Te he arruinado! ¡Te he arruinado! ¡Soy un canalla![51]

La cólera de Rosa-Té se disipó como las sombras cuando viene el alba.[52] Ante aquella desgracia inmensa, quiso recuperar su sangre fría. ¡Era tan buena! Una ternura inmensa reemplazó las frases duras con que se proponía recibir a su marido. Y abrazando su cuello, acercando la cabeza descompuesta[53] de Pedro a su seno, le atrajo a sí y lloraron juntos, largo rato, mientras la luz, indiferente a todo, saltaba alborozada y se veía en los espejos, en los muebles y vidrieras.

Rosa aceptó la pobreza con mucho valor. Tuvieron que buscar una casa humilde, quitar el coche, despedir a casi todos los criados, reemplazar el raso[54] de los muebles con cretona e indiana; vivir, en suma, como la familia de un pobre empleado que gana ochenta pesos cada mes. Pero Rosa ponía tal arte en todo con su vigilancia y su trabajo, era tan decidora y tan alegre, que Pedro sentía menos el terrible peso de la pobreza. Al principio, Pedro, avergonzado de sí mismo y orgulloso de su mujer, se dedicó con alma y vida a trabajar. Y Rosa estaba más contenta que antes, porque ya no se iba por las noches y porque siempre le veía a su lado.

Sin embargo, no fue muy duradera esta ventura.[55] Pedro volvió a juntarse con ciertos amigos que le arrastraron[56] nuevamente al juego. Ya no podía apostar grandes cantidades como antes; pero sí dos, cinco o diez pesos. Primero se excusaba a sí mismo, diciendo en su conciencia: "No hago mal. Ahora que nada tengo, es cuando debo jugar. Es preciso que busque a toda costa el medio de sacar a mi mujer de la situación precaria en que vivimos. El juego me debe toda mi fortuna. Voy por ella."

Y comenzó de nuevo a fingir ocupaciones perentorias, y a pasar buena parte de las noches fuera de su casa. No tardó Rosa en descubrir la verdad. Las exi-

---

[47]**arrancando** pulling [48]**barrenderos** sweepers [49]**derrengado** exhausted [50]**erizado** bristly [51]**canalla** swine [52]**alba** dawn [53]**descompuesta** slovenly [54]**raso** satin [55]**ventura** happiness [56]**le arrastraron** dragged him

guas[57] cantidades que ganaba Pedro —y eran antes suficientes para cubrir su reducido presupuesto— no lo fueron después. Convencida de que aquel vicio era incurable y radical en su marido, cayó en el más profundo abatimiento.[58] ¿A qué luchar? Sin atender a sus consejos, ni oír sus súplicas, ni apreciar sus cuidados y trabajos. Pedro la abandonaba por los naipes.[59]

Una terrible consunción se fue apoderando de ella.[60] Ya no reía, ya no cantaba; perdió los colores frescos de cutis, el brillo de sus ojos, la gracia de sus desembarazados[61] movimientos, y se fue adelgazando poco a poco. Al cabo de algunos meses cayó en cama.

Los médicos dijeron que no atinaban[62] con la cura de su mal; y con efecto, el único capaz de aliviarla era el marido. Éste, instintivamente comprendiendo que era la causa de la enfermedad, se enmendó en esos días, y buscando dinero a premio, pidiendo prestado a sus amigos, se allegó los recursos necesarios para atender a la enfermita. La llevaba a los mejores médicos y compraba todas las medicinas, por caras que fuesen. Un doctor dio en el clavo, al parecer (ahorro a mis lectores la descripción minuciosa de la enfermedad), y dijo: "Esto se cura nada más con tales y cuales medicinas."

Las compró Pedro, y, en efecto, Rosa-Té se mejoraba visiblemente. ¿Por qué empeoró después? He aquí lo que ni Pedro ni el doctor se explicaban. Las medicinas eran infalibles, y habían surtido al principio un efecto maravilloso. ¿De qué provenía, pues, la recaída? Sólo yo lo sé, y voy a contarlo. Rosita me lo dijo la noche en que murió, mientras yo la velaba,[63] porque habíamos vuelto a ser buenos amigos:

—No quiero aliviarme —me decía—. Tú sabes todo, las tristezas y las angustias que he pasado, la invencible fuerza de ese vicio que detesto y que domina a Pedro, mi amor a éste y mi despego[64] a la vida. ¡Estoy tan contenta así, enfermita! Pedro no juega, pasa los días a la cabecera de mi cama, y cuando estoy mala y cierro los ojos, fingiendo que duermo, oigo que solloza y siento la humedad de sus lágrimas en mi mano. Ahora me quiere, ahora no me abandona, ahora me cuida con las tiernas solicitudes de una madre. Si me alivio, volverá a escaparse, volverá a buscar, lejos de mí, las emociones del juego. Ya no le tendré a mi lado, ni sentiré sus labios en mi frente. Se irá, como se ha ido tantas veces, dejándome muy triste y solitaria. Si me muero, tal vez el recuerdo de la pobre víctima le aparte del camino por que va. No, no quiero aliviarme. Quiero estar enfermita mucho tiempo. Por eso, cuando me trae la medicina, recurro a algún pretexto para quedarme sola, ¡y derramo el elixir en el suelo…!

Allá, bajo los árboles del Panteón Francés, duerme la pobrecita de cabellos rubios a quien yo quise durante una semana… ¡todo un siglo!… y se casó con otro.

---

[57]**exiguas** small [58]**abatimiento** dejection [59]**naipes** playing cards [60]**se fue apoderando de ella** got hold of her [61]**desembarazados** unencumbered [62]**no atinaban** could not find [63]**mientras yo la velaba** while I watched over her [64]**despego** indifference

DESPUÉS DE LEER

1. ¿Quién es el narrador del cuento?
2. Explique las imágenes empleadas en el relato y explique lo que ellas representan.
3. ¿Cómo se caracteriza el elemento de refinamiento en el cuento?
4. ¿Cómo está manifestado el "amor" en "Dame de Coeur"?
5. Describa los sentimientos de Rosa-Té al descubrir que Pedro es jugador.
6. ¿Cuáles son las emociones de Pedro al regresar a la casa arruinado?
7. Describa el personaje de Rosa-Té.
8. Explique la relación entre el narrador del cuento y Rosa-Té.
9. ¿Cómo trata de salvar Rosa-Té a su marido? ¿Cuál es su sacrificio?
10. Comente la resolución de Rosa-Té al final del cuento.

ALGUNOS ESTUDIOS DE INTERÉS

Bondy, Liselotte. *El dolor en la poesía de Manuel Gutiérrez Nájera*. México, D. F.: Universidad Nacional Autónoma de México, 1962.

Carter, Boyd G. *Manuel Gutiérrez Nájera*. México, D. F.: Studium, 12, 1956.

Day, John F. "La exploración de lo irracional en los cuentos de Manuel Gutiérrez Nájera". *Revista Iberoamericana* 55:146–147 (1989): 251–272.

Dauster, Frank. "Los precursores". *Breve historia de la poesía mexicana*. México, D.F.: Ediciones de Andrea, 1956.

Fulk, Randal C. "Form and Style in the Short Stories of Manuel Gutiérrez Nájera". *Hispanic Journal* 10:1 (1988): 127–132.

Jiménez, José O. "Hacia la modernidad en la poesía modernista hispano-americana". *Cuadernos Hispanoamericanos* 425 (1985): 63–70.

Oberhelman, Harley D. "The Literary Generation of the *Revista Azul*". Catherine Vera y George R. McMurray, eds. *In Honor of Boyd G. Carter: A Collection of Essays*. Laramie: Department of Modern Languages, University of Wisconsin, 1981.

Ortega, Bertín. "Gutiérrez Nájera y sus contemporáneos: Afrancesamiento vs. nacionalismo". *Texto crítico* 14:38 (1988): 118–126.

Schulman, Ivan A. *Génesis del modernismo: Martí, Nájera, Silva, Casal*. México, D.F.: El Colegio de México, 1966.

José Asunción Silva

(1865–1896, Bogotá, Colombia)

José Asunción Silva comparte con José Martí (1853–1895), Julián del Casal (1863–1893), Manuel Gutiérrez Nájera (1859–1895), Rubén Darío (1867–1916) y Julio Herrera Reissig (1875–1910) la creación de una estética literaria conocida bajo el nombre de modernismo. Al igual que muchos de los poetas de ese movimiento, Silva se formó intelectualmente bajo la influencia de las corrientes dominantes de la lírica francesa (el parnasianismo y el simbolismo) y siguiendo de cerca a los grandes poetas de su tiempo: Heinrich Heine (1775–1856), Alfred Lord Tennyson (1809–1892), Edgar Allan Poe (1809–1894) y Gustavo Adolfo Bécquer (1836–1870).

José Asunción Silva fue hombre sensible, pero poco afortunado. A los dieciocho años perdió a su padre y poco después a su hermana Elvira, por la que sentía especial cariño y en quien se inspira al escribir su famoso "Nocturno". Seguidamente desapareció la mayor parte de su obra literaria inédita al naufragar el vapor *L'Amerique* que le conducía de vuelta a Colombia.

Como poeta, Silva es recordado por su "Nocturno". Este poema es considerado una de las expresiones líricas de mayor sentimiento y musicalidad escritas en lengua castellana. En sus versos están presentes sentimientos de tristeza y melancolía al igual que la ironía y la sátira social. Silva escribió también la novela *De sobremesa*.

—la importancia de la inclusión de un canto infantil en el poema
—el tema de la infancia
—los temores de la abuela

En este poema de aparente tema infantil, José Asunción Silva presenta a una abuela que juega y canta con su nieto a la vez que presagia los futuros desengaños que esperan al niño.

Los maderos de San Juan

… Y aserrín[1]
aserrán,[2]
los maderos[3]
de San Juan
piden queso,
piden pan;
los de Roque,
Alfandoque;
los de Rique,
Alfeñique;
los de Trique,
Triquitrán.
¡Triqui, triqui, triqui, tran!
¡Triqui, triqui, triqui, tran!…[4]

Y en las rodillas duras y firmes de la abuela
con movimiento rítmico se balancea[5] el niño,
y entrambos[6] agitados y trémulos están …
La abuela se sonríe con maternal cariño,
mas cruza por su espíritu como un temor extraño
por lo que en el futuro, de angustia y desengaño,[7]
los días ignorados del nieto guardarán …

Los maderos
de San Juan
piden queso,

---

[1]**aserrín** sawdust   [2]**aserrán** nonsense word that, used along with *aserrín,* suggests the sound of the saw cutting a log   [3]**maderos** logs   [4]**… Y aserrín … triqui, tran** popular children's song   [5]**se balancea** balances   [6]**entrambos** both   [7]**desengaño** disillusion

piden pan;
¡Triqui, triqui, triqui, tran!

¡Esas arrugas hondas[8] recuerdan una historia
de largos sufrimientos y silenciosa angustia!,
y sus cabellos blancos como la nieve están;
… de un gran dolor el sello[9] marcó la frente mustia,[10]
y son sus ojos turbios[11] espejos que empañaron[12]
los años, y que a tiempo las formas reflejaron
de seres y de cosas que nunca volverán …

… Los de Roque,
Alfandoque …
¡Triqui, triqui, triqui, tran!

Mañana, cuando duerma la abuela, yerta y muda,[13]
lejos del mundo vivo, bajo la oscura tierra,
donde otros, en la sombra, desde hace tiempo están,
del nieto a la memoria, con grave voz que encierra
todo el poema triste de la remota infancia,
pasando por las sombras del tiempo y la distancia,
de aquella voz querida las notas volverán …

… Los de Rique,
Alfeñique …
¡Triqui, triqui, triqui, tran!…

En tanto, en las rodillas cansadas de la abuela
con movimiento rítmico se balancea el niño,
y entrambos agitados y trémulos están …
La abuela se sonríe con maternal cariño,
mas cruza por su espíritu como un temor extraño
por lo que en el futuro, de angustia y desengaño,
los días ignorados del nieto guardarán …

… Los maderos
de San Juan
piden queso,
piden pan;
los de Roque,
Alfandoque;
los de Rique,
Alfeñique;
los de Trique,
Triquitrán,
¡Triqui, triqui, triqui, tran!

---

[8]**arrugas hondas** deep wrinkles   [9]**sello** seal   [10]**mustia** withered   [11]**turbios** clouded   [12]**empañaron** clouded   [13]**yerta y muda** rigid and silent

D E S P U É S   D E   L E E R

1. ¿A qué juega la abuela con su nieto?
2. ¿Qué temor siente la abuela?
3. ¿Cómo cree usted que ha sido la vida de la abuela?
4. Discuta el tono del poema y la inclusión del canto infantil.

—la estructura del poema
—la importancia de la naturaleza
—las imágenes
—el sentimiento de pérdida

El mundo literario se conmovió con la publicación de "Nocturno", poema en el que se destaca la innovación rítmica de los versos. El poema surge a raíz de la muerte de Elvira, hermana del poeta. José Asunción Silva rememora el tiempo pasado compartido con ella y lo relaciona con un presente trágico marcado por su ausencia.

Nocturno (III)

Una noche
una noche toda llena de murmullos,[1] de perfumes y de músicas de alas;
        una noche
en que ardían[2] en la sombra nupcial y húmeda las luciérnagas[3] fantásticas,
a mi lado lentamente, contra mí ceñida[4] toda, muda y pálida,
como si un presentimiento de amarguras infinitas
hasta el más secreto fondo de las fibras te agitara,[5]
por la senda[6] florecida que atraviesa la llanura
        caminabas;
        y la luna llena
por los cielos azulosos, infinitos y profundos esparcía[7] su luz blanca;
        y tu sombra
        fina y lánguida,
        y mi sombra,
    por los rayos de la luna proyectadas,
    sobre las arenas tristes
    de la senda se juntaban;
        y eran una,
            y eran una,
    y eran una sola sombra larga,
        y eran una sola sombra larga,
            y eran una sola sombra larga....

---

[1]**murmullos** whispers [2]**que ardían** that burnt [3]**luciérnagas** glowworms [4]**ceñida** close
[5]**te agitara** would disturb you [6]**senda** path [7]**esparcía** spread

Esta noche
　　solo; el alma
llena de las infinitas amarguras[8] y agonías de tu muerte,
separado de ti misma por el tiempo, por la tumba y la distancia,
　　　por el infinito negro
　　　donde nuestra voz no alcanza,[9]
　　　mudo y solo
　　　por la senda caminaba ...
Y se oían los ladridos[10] de los perros a la luna,
　　　a la luna pálida,
　　　y el chirrido[11]
　　　de las ranas ...
Sentí frío. Era el frío que tenían en tu alcoba
tus mejillas y tus sienes[12] y tus manos adoradas,
　　　entre las blancuras níveas[13]
　　　de las mortuorias sábanas.
Era el frío del sepulcro, era el hielo de la muerte,
　　　era el frío de la nada.
　　　Y mi sombra,
por los rayos de la luna proyectada,
　　　iba sola,
　　　iba sola,
iba sola por la estepa solitaria;
　　　y tu sombra esbelta y ágil,
　　　fina y lánguida,
como en esa noche tibia de la muerta primavera,
como en esa noche llena de murmullos, de perfumes y de músicas de alas,
　　　se acercó y marchó con ella,
　　　se acercó y marchó con ella,
se acercó y marchó con ella ... ¡Oh las sombras enlazadas!
¡Oh las sombras de los cuerpos que se juntan con las sombras de las almas!
¡Oh las sombras que se buscan en las noches de tristezas y de lágrimas!

---

[8]**amarguras** bitterness　　[9]**alcanza** reach　　[10]**ladridos** barking　　[11]**chirrido** chirping　　[12]**sienes** temples　　[13]**níveas** white as snow

D E S P U É S   D E   L E E R

1. ¿Cómo está descrita la noche del poema?

2. Describa la importancia de las sombras.

3. ¿Qué diferencias nota entre las descripciones de la naturaleza en la primera parte del poema y en la segunda? ¿Cuál cree que ha sido la intención del poeta?

4. ¿Qué elementos del poema marcan la presencia de la muerte?

5. Explique el siguiente verso: "se acercó y marchó con ella".

6. Haga un análisis de la estructura del poema.

7. ¿Le recuerda "Nocturno" algún poema del poeta y cuentista norteamericano Edgar Allan Poe?

Obra humana

En lo profundo de la selva añosa,[1]
donde una noche, al comenzar de mayo,
tocó en la vieja enredadera[2] hojosa
de la pálida luna el primer rayo,

pocos meses después la luz de aurora,
del gas en la estación, iluminaba
el paso de la audaz locomotora,
que en el carril[3] durísimo cruzaba.

Y en donde fuera en otro tiempo el nido,[4]
albergue muelle[5] del alado enjambre,
pasó por el espacio un escondido
telegrama de amor por el alambre.[6]

DESPUÉS DE LEER

1. ¿A qué cambios se refiere el poeta?

---

[1]**selva añosa** old jungle   [2]**enredadera** climbing plant   [3]**carril** rail   [4]**nido** nest   [5]**albergue muelle** soft refuge   [6]**alambre** wire

¿ ... ?

¿Por qué de los cálidos[1] besos,
de las dulces idolatradas[2]
en noches jamás olvidadas
nos matan los locos excesos?

¿Son sabios los místicos rezos[3]
y las humildes madrugadas[4]
en las celdas sólo adornadas
con una cruz y cuatro huesos?

¡No, soñadores de infinito!
De la carne el supremo grito
hondas vibraciones encierra;

dejadla gozar de la vida
antes de caer, corrompida,
en las negruras de la tierra.

DESPUÉS DE LEER

1. ¿Qué dice el poeta de la pasión?
2. ¿Cuál es la opinión del poeta con respecto a las prácticas místicas?
3. ¿Qué consejos brinda el poeta? ¿Qué opina usted?

---

[1]**cálidos** warm   [2]**idolatradas** idolized   [3]**rezos** prayers   [4]**madrugadas** dawns

—los elementos de la nueva poesía

En "Un poema" Silva explica cuales son los ingredientes necesarios para crear un poema. Una lectura detenida del poema mostrará que en él, José Asunción Silva enumera las características del modernismo.

Un poema

Soñaba en ese entonces en forjar[1] un poema,
de arte nervioso y nuevo, obra audaz y suprema.
Escogí entre un asunto grotesco y otro trágico,
llamé a todos los ritmos con un conjuro[2] mágico,
y los ritmos indóciles vinieron acercándose,
juntándose en las sombras, huyéndose[3] y buscándose,
ritmos sonoros, ritmos potentes,[4] ritmos graves,
unos cual choque[5] de armas, otros cual canto de aves;
de Oriente hasta Occidente, desde el Sur hasta el Norte
de metros y de formas se presentó la corte.
Complacido en mis versos, con orgullo de artista,
les di olor de heliotropos[6] y color de amatista ...
Le mostré mi poema a un crítico estupendo ...
Lo leyó cuatro veces, y me dijo ... ¡No entiendo!

DESPUÉS DE LEER

1. ¿Qué tipo de poesía quiere crear el poeta?
2. ¿Cuál ha de ser la temática de su poesía?
3. ¿Cómo ha de ser el nuevo verso?
4. Describa los sentimientos del poeta al completar su obra.
5. ¿Cuál fue la reacción del público?

---

[1]**forjar** forge   [2]**conjuro** plea   [3]**huyéndose** running away from one another   [4]**potentes** powerful   [5]**choque** clash   [6]**heliotropos** fragrant flowers that turn toward the sun

—el tono conversacional del poema
—la ironía

"Idilio" es un poema de tono conversacional que cuenta lo que les aconteció a dos amantes después que ella rompió las relaciones con él.

Idilio[1]

Ella lo idolatraba,[2] y él la adoraba.
—¿Se casaron al fin?
—¿No, señor: Ella se casó con otro.
—Y ¿murió de sufrir?
—No, señor: De un aborto.
—Y el pobre aquel infeliz
¿le puso a la vida fin?
No, señor: Se casó seis meses antes
del matrimonio de ella, y es feliz.

DESPUÉS DE LEER

1. Describa el tono del poema.

2. ¿Ve usted ironía en "Idilio"? ¿Considera el título apropiado?

3. Compare este poema a otros de Silva que haya leído.

---

[1]**idilio** romance   [2]**lo idolatraba** she worshipped him

ALGUNOS ESTUDIOS DE INTERÉS

Camacho Guizado, Eduardo. "José Asunción Silva". Luis Iñigo Madrigal, ed. *Del neoclasicismo al modernismo*. 2.º tomo de *Historia de la literatura hispanoamericana*. Madrid, España: Cátedra, 1987.

Escandón, Rafael. "Tiempo, vida y muerte en la poesía de José Asunción Silva". Jonathan Tittler, ed. *Violencia y literatura en Colombia*. Madrid, España: Orígenes, 1989.

Henríquez Ureña, Max. *Breve historia del modernismo*. México, D.F.: Fondo de Cultura Económica, 1978.

López, Ignacio Xavier. "Una descripción de la rima irregular en el 'Nocturno' de José Asunción Silva y de sus implicaciones estructurales". *Anales de la Literatura Hispanoamericana* 15 (1986): 83–93.

Picón Garfield, Evelyn. "*De sobremesa*: José Asunción Silva: el diario íntimo y la mujer prerrafaelita". Ivan A. Schulman, ed. *Nuevos asedios al modernismo*. Madrid, España: Taurus, 1987.

Pineda Botero, Álvaro. "La escritura especular de Silva en *De sobremesa*". *Texto y contexto* 19 (1992): 193–201.

Villanueva Collado, Alfredo. "Gender Ideology and Spanish Critical Practice: José Asunción Silva's Case". *Translations Perspectives* (1991): 113–125.

Rubén Darío

(1867, Metapa, Nicaragua–1916, León, Nicaragua)

Rubén Darío es considerado como la figura más representativa del modernismo. Su poesía y prosa contribuyeron a la renovación de la poesía y prosa castellanas de fines del siglo XIX y primeros años del XX. Continuó la obra iniciada por José Martí y Manuel Gutiérrez Nájera. Rubén Darío, al igual que los parnasianos, aspiró a la perfección de las formas y favoreció el concepto de "el arte por el arte". De los simbolistas incorporó la musicalidad del verso. Sin embargo, es en los cuentos de *Azul* (1888), más que en su poesía, donde comienza una estética caracterizada por la fantasía creadora, las imágenes exóticas, las referencias mitológicas y la frecuente presencia de personajes cortesanos. En *Prosas profanas* (1896) el lector aprecia la nueva estética al observar las innovaciones métricas, la armonía y musicalidad del verso, y una temática en la que se encuentran presentes: la fantasía, los ambientes refinados, lo exótico y el cosmopolitismo. En *Prosas profanas* no faltan tampoco los orientalismos ni la nostalgia por un pasado histórico ajeno a la realidad americana ni las evocaciones a la naturaleza, si bien vista desde un prisma francés. A *Prosas profanas* siguió *Cantos de vida y esperanza* (1905) considerado por la crítica su mejor libro. En este último, Rubén Darío continúa con las mismas preocupaciones estéticas de *Prosas profanas*. Debe señalarse, no obstante, que en *Cantos de vida y esperanza* el poeta se acerca más a la realidad que lo envuelve, al mundo social en que vive y al legado dejado por España en los pueblos de América. En él se trasluce igualmente una preocupación social que gira en torno a la política, a la desconfianza que se propaga por la América hispanohablante hacia Estados Unidos, así como también reflexiones sobre la vida y la muerte, el placer y el amor, y el tiempo y la religión. Tres libros siguieron a *Cantos de vida y esperanza*: *El canto errante* (1907), *Poema de otoño y otros poemas* (1910) y *Canto a la Argentina y otros poemas* (1914). Como prosista, Rubén Darío es autor de *Los raros* (1890), *Peregrinaciones* (1901), *La caravana pasa* (1902) y *Tierras solares* (1904).

AL LEER CONSIDERE LO SIGUIENTE:

—el lenguaje
—la musicalidad, el ritmo y la rima de los versos
—los símbolos y los temas escapistas
—las referencias mitológicas
—el ambiente refinado y palaciego

En este poema Rubén Darío crea un mundo que se aparta de la realidad en que vive. Darío expresa añoranza por un ambiente palaciego de marquesas y príncipes.

Era un aire suave

Era un aire suave, de pausados giros;
el hada[1] Armonía ritmaba sus vuelos;[2]
e iban frases vagas y tenues suspiros
entre los sollozos[3] de los violoncelos....
    La marquesa Eulalia risas y desvíos[4]
daba a un tiempo mismo para dos rivales:
el vizconde[5] rubio de los desafíos[6]
y el abate[7] joven de los madrigales.
    Cerca, coronado con hojas de viña,[8]
reía en su máscara Término[9] barbudo,
y, como un efebo que fuese una niña,
mostraba una Diana[10] su mármol desnudo....
    Al oír las quejas de sus caballeros
ríe, ríe, ríe la divina Eulalia,
pues son su tesoro las flechas de Eros,[11]
el cinto de Cipria,[12] la rueca[13] de Onfalia.[14]
    ¡Ay de quien sus mieles[15] y frases recoja!
¡Ay de quien del canto de su amor se fíe!
Con sus ojos lindos y su boca roja,
la divina Eulalia ríe, ríe, ríe.
    Tiene azules ojos, es maligna[16] y bella;
cuando mira vierte[17] viva luz extraña:

---

[1]**hada** fairy   [2]**vuelos** flights   [3]**sollozos** sobs   [4]**desvíos** indifferences   [5]**vizconde** viscount   [6]**desafíos** duels   [7]**abate** abbé (a French priest)   [8]**hojas de viña** grape leaves   [9]**Término** Roman god that protects boundaries   [10]**Diana** goddess of hunters, daughter of Jupiter   [11]**Eros** Greek god of love   [12]**Cipria** one of the names given to Venus, goddess of beauty   [13]**rueca** spinning wheel   [14]**Onfalia** wife of Hercules   [15]**mieles** honey   [16]**maligna** wicked   [17]**vierte** pours

se asoma a sus húmedas pupilas de estrella
el alma del rubio cristal de Champaña.

Es noche de fiesta, y el baile de trajes
ostenta su gloria de triunfos mundanos.[18]
La divina Eulalia, vestida de encajes,[19]
una flor destroza con sus tersas[20] manos.

El teclado[21] armónico de su risa fina
a la alegre música de un pájaro iguala,
con los staccati de una bailarina[22]
y las locas fugas[23] de una colegiala.

¡Amoroso pájaro que trinos[24] exhala
bajo el ala a veces ocultando el pico;
que desdenes rudos lanza bajo el ala,
bajo el ala aleve del leve abanico!

Cuando a medianoche sus notas arranque[25]
y en arpegios áureos gima Filomela,[26]
y el ebúrneo cisne,[27] sobre el quieto estanque
como blanca góndola imprima su estela,[28]

la marquesa alegre llegará al boscaje,[29]
boscaje que cubre la amable glorieta
donde han de estrecharla los brazos de un paje,[30]
que siendo su paje será su poeta.

Al compás[31] de un canto de artista de Italia
que en la brisa errante la orquesta deslíe,[32]
junto a los rivales la divina Eulalia,
la divina Eulalia ríe, ríe, ríe.

¿Fue acaso en el tiempo del rey Luis de Francia,[33]
sol con corte de astros, en campos de azur?
¿Cuando los alcázares[34] llenó de fragancia
la regia y pomposa rosa Pompadour?

¿Fue cuando la bella su falda cogía
con dedos de ninfa, bailando el minué,[35]
y de los compases el ritmo seguía
sobre el tacón rojo, lindo y leve el pie?

¿O cuando pastoras de floridos valles
ornaban[36] con cintas[37] sus albos corderos,[38]

---

[18]**mundanos** mundane [19]**encajes** laces [20]**tersas** smooth [21]**teclado** keyboard [22]**staccati de una bailarina** music produced by the shoes of a ballerina [23]**fugas** escapes [24]**trinos** warbles [25]**sus notas arranque** musical notes begin [26]**Filomela** daughter of the King of Athens, who according to Greek mythology became a nightingale [27]**ebúrneo cisne** ivory-like swan [28]**estela** trail, wake [29]**boscaje** grove, thicket [30]**paje** page [31]**compás** rhythm [32]**deslíe** dissolves [33]**Luis de Francia** reference to Louis the XIV (1638–1715), king of France [34]**alcázares** castles [35]**minué** minuet, French dance [36]**ornaban** decorated [37]**cintas** ribbons [38]**albos corderos** white lambs

y oían, divinas Tirsis[39] de Versalles,[40]
las declaraciones[41] de sus caballeros?

¿Fue en ese buen tiempo de duques pastores,
de amantes princesas y tiernos galanes,
cuando entre sonrisas y perlas y flores
iban las casacas de los chambelanes?[42]

¿Fue acaso en el Norte o en el Mediodía?
Yo el tiempo y el día y el país ignoro,
pero sé que Eulalia ríe todavía,
¡y es cruel y eterna su risa de oro!

DESPUÉS DE LEER

1. Describa cómo el poeta logra la musicalidad y el ritmo en el poema.

2. ¿Qué elementos escapistas y preciosistas ve usted en el poema?

3. ¿Qué palabras usa Darío para crear el mundo artificial del poema? ¿Cómo es el mundo que Darío presenta en este poema? ¿Cómo son los personajes? ¿Qué preocupaciones tienen?

4. Discuta la importancia de los colores en el poema.

5. ¿Cuál cree usted que fue la intención de Rubén Darío al escribir este poema?

---

[39]**Tirsis** many women in the palace of Versailles called themselves Tirsis after the shepherdess in Virgil's (70–19 B.C.) VII Eclogue   [40]**Versalles** palace located in Versailles and built under Louis XIV   [41]**declaraciones** proposals   [42]**chambelanes** chamberlains

AL LEER CONSIDERE LO SIGUIENTE:
—la incorporación de colores en el poema
—semejanzas entre "Sonatina" y "Era un aire suave"
—la estructura del poema

Darío vuelve al ambiente del poema anterior. La princesa, que está triste, espera al ser amado rodeada por un mundo palaciego.

Sonatina

La princesa está triste ... ¿qué tendrá la princesa?
Los suspiros se escapan de su boca de fresa,
que ha perdido la risa, que ha perdido el color.
La princesa está pálida en su silla de oro,
está mudo el teclado de su clave sonoro;
y en un vaso olvidada se desmaya[1] una flor.

El jardín puebla[2] el triunfo de los pavos reales.[3]
Parlanchina,[4] la dueña dice cosas banales,
y, vestido de rojo, piruetea[5] el bufón.
La princesa no ríe, la princesa no siente;
la princesa persigue por el cielo de Oriente
la libélula[6] vaga de una vaga ilusión.

¿Piensa acaso en el príncipe de Golconda[7] o de China,
o en el que ha detenido su carroza argentina[8]
para ver de sus ojos la dulzura de luz?
¿O en el rey de las Islas de las Rosas fragantes,
o en el que es soberano de los claros diamantes,
o en el dueño orgulloso de las perlas de Ormuz?[9]

¡Ay! La pobre princesa de la boca de rosa
quiere ser golondrina,[10] quiere ser mariposa,[11]
tener alas ligeras, bajo el cielo volar,
ir al sol por la escala luminosa de un rayo,
saludar a los lirios con los versos de mayo,
o perderse en el viento sobre el trueno[12] del mar.

---

[1]**desmaya** faints [2]**puebla** fills [3]**pavos reales** peacocks [4]**parlanchina** talkative [5]**piruetea el bufón** the jester pirouettes [6]**libélula** dragonfly [7]**Golconda** ancient rich city of India [8]**carroza argentina** silvery carriage [9]**Ormuz** island and port in the Persian Gulf famous for its pearls [10]**golondrina** swallow [11]**mariposa** butterfly [12]**trueno** thunder

Ya no quiere el palacio, ni la rueca de plata,[13]
ni el halcón[14] encantado, ni el bufón escarlata,
ni los cisnes unánimes en el lago de azur.
Y están tristes las flores por la flor de la corte;
los jazmines de Oriente, los nelumbos[15] del Norte,
de Occidente las dalias y las rosas del Sur.

¡Pobrecita princesa de los ojos azules!
Está presa en sus oros, está presa en sus tules,[16]
en la jaula de mármol del palacio real,
el palacio soberbio que vigilan los guardas,
que custodian cien negros con sus cien alabardas,[17]
un lebrel[18] que no duerme y un dragón colosal.

¡Oh quién fuera hipsipila que dejó la crisálida![19]
(La princesa está triste. La princesa está pálida.)
¡Oh visión adorada de oro, rosa y marfil![20]
¡Quién volara a la tierra donde un príncipe existe
(La princesa está pálida. La princesa está triste)
más brillante que el alba, más hermoso que abril!

—¡Calla, calla, princesa —dice el hada madrina—,
en caballo con alas, hacia acá se encamina,[21]
en el cinto la espada y en la mano el azor,[22]
el feliz caballero que te adora sin verte,
y que llega de lejos, vencedor de la Muerte,
a encenderte los labios con su beso de amor!

D E S P U É S   D E   L E E R

1. El uso de los colores es muy importante para los modernistas. ¿Cómo es que
   Darío emplea los colores para crear el ambiente del poema?

2. Explique por qué está triste la princesa. ¿Cómo es su mundo?

3. ¿Por qué desea la princesa ser golondrina, mariposa o "ir al sol por la escala
   luminosa de un rayo"?

4. ¿Quién puede liberar a la princesa del mundo en que vive? ¿Cómo cree usted
   que reaccionaría una feminista a la forma en que la princesa busca su
   liberación?

5. ¿Cuáles son los elementos modernistas del poema?

6. Compare este poema con "Era un aire suave".

---

[13]**rueca de plata** silver spinning wheel   [14]**halcón** falcon   [15]**nelumbos** Indian lotus   [16]**tules**
sheer net fabrics   [17]**alabardas** halberds (types of weapons)   [18]**lebrel** greyhound   [19]**crisálida** pupa   [20]**marfil** ivory   [21]**hacia ... encamina** heads this way   [22]**azor** a kind of hawk

—cómo emplea Darío la mitología
—el cisne como símbolo de una nueva estética
—la relación entre el cisne y la nueva poesía

En este poema Rubén Darío hace alusión al cisne, ave representativa del modernismo por su elegancia, aristocracia, belleza y majestuosidad. El cisne también fue considerado por los modernistas como símbolo erótico. Zeus, en forma de cisne, sedujo a Leda, madre de Helena de Troya.

El cisne

Fue en una hora divina para el género humano.
El Cisne antes cantaba sólo para morir.
Cuando se oyó el acento del Cisne wagneriano[1]
fue en medio de una aurora, fue para revivir.
 Sobre las tempestades del humano oceano[2]
se oye el canto del Cisne: no se cesa de oír,
dominando el martillo[3] del viejo Thor[4] germano
o las trompas que cantan la espada de Argantir.[5]

 ¡Oh Cisne! ¡Oh sacro[6] pájaro! Si antes la blanca Helena
del huevo azul de Leda brotó de gracia llena,
siendo de la Hermosura la princesa inmortal,
 bajo tus blancas alas la nueva Poesía
concibe en una gloria de luz y de armonía
la Helena eterna y pura que encarna[7] el ideal.

DESPUÉS DE LEER

1. ¿Por qué considera Darío que fue una "hora divina" para el ser humano que el cisne cantara para revivir y no para morir?
2. ¿Qué importancia tiene la mitología en este poema?
3. ¿Cuál es el significado del cisne en el poema?
4. ¿Qué características tiene la nueva poesía?
5. Según el poema, ¿quién encarna el ideal?

---

[1]**wagneriano** reference to Wagner who wrote *Lohengrin,* an opera presented in Paris in 1887. In the opera an artificial swan appears.   [2]**oceano** *océano*   [3]**martillo** hammer   [4]**Thor** god of thunder and war   [5]**Argantir** mythological warrior from Iceland who inherited the sword of his father   [6]**sacro** sacred   [7]**encarna** embodies

En "Yo soy aquel" presenciamos un recuento autobiográfico y literario en el cual el poeta traza su evolución personal y literaria. En el poema, Rubén Darío hace referencias al amor, la literatura, la mitología y la Biblia.

Yo soy aquel ...

Yo soy aquel que ayer no más decía
el verso azul y la canción profana,[1]
en cuya noche un ruiseñor[2] había
que era alondra[3] de luz por la mañana.

    El dueño fui de mi jardín de sueño,
lleno de rosas y de cisnes[4] vagos;
el dueño de las tórtolas,[5] el dueño
de góndolas y liras en los lagos;
    y muy siglo diez y ocho y muy antiguo
y muy moderno; audaz,[6] cosmopolita;
con Hugo[7] fuerte y con Verlaine[8] ambiguo,
y una sed de ilusiones infinita.

    Yo supe de dolor desde mi infancia;
mi juventud ... ¿fue juventud la mía?
Sus rosas aún me dejan la fragancia ...
una fragancia de melancolía ...

    Potro sin freno[9] se lanzó mi instinto,
mi juventud montó potro sin freno;
iba embriagada[10] y con puñal[11] al cinto;
si no cayó, fue porque Dios es bueno.

    En mi jardín se vio una estatua bella;
se juzgó mármol y era carne viva;

---

[1]**verso azul y canción profana** references to Darío's books *Azul* and *Prosas profanas* [2]**ruise-ñor** nightingale [3]**alondra** lark [4]**cisnes** swans [5]**tórtolas** turtledoves [6]**audaz** daring [7]**Hugo** Victor Hugo (1802–1885), French romantic writer [8]**Verlaine** Paul Verlaine (1844–1896), French symbolist poet [9]**potro sin freno** unbridled colt [10]**embriagada** intoxicated [11]**puñal** dagger

una alma joven habitaba en ella,
sentimental, sensible, sensitiva.

Y tímida ante el mundo, de manera
que encerrada en silencio no salía,
sino cuando en la dulce primavera
era la hora de la melodía ...

Hora de ocaso[12] y de discreto beso;
hora crepuscular[13] y de retiro;
hora de madrigal y de embeleso,[14]
de "te adoro," de "¡ay!" y de suspiro.

Y entonces era en la dulzaina[15] un juego
de misteriosas gamas[16] cristalinas,
un renovar[17] de notas del Pan[18] griego
y un desgranar[19] de músicas latinas.

Con aire tal y con ardor tan vivo,
que a la estatua nacían de repente
en el muslo[20] viril patas de chivo[21]
y dos cuernos de sátiro en la frente.

Como la Galatea gongorina
me encantó la marquesa verleniana,[22]
y así juntaba a la pasión divina
una sensual hiperestesia humana;

todo ansia, todo ardor, sensación pura
y vigor natural; y sin falsía,[23]
y sin comedia y sin literatura ...
si hay una alma sincera, ésa es la mía.

La torre de marfil tentó mi anhelo;
quise encerrarme dentro de mí mismo,
y tuve hambre de espacio y sed de cielo
desde las sombras de mi propio abismo.

Como la esponja que la sal satura
en el jugo del mar, fue el dulce y tierno
corazón mío, henchido de amargura
por el mundo, la carne y el infierno.

Mas, por gracia de Dios, en mi conciencia
el Bien supo elegir la mejor parte;
y si hubo áspera hiel[24] en mi existencia,
melificó[25] toda acritud[26] el Arte.

---

[12]**ocaso** sunset [13]**crepuscular** twilight [14]**embeleso** enchantment [15]**dulzaina** flageolet, popular folk instrument [16]**gamas** shades [17]**renovar** renewing [18]**Pan** Greek god of nature and of plenty who played the flute [19]**desgranar** reeling off [20]**muslo** thigh [21]**chivo** goat [22]**verleniana** word that comes from Verlaine. Paul Verlaine was a French symbolist poet. [23]**sin falsía** without falseness [24]**hiel** bile [25]**melificó** made honey [26]**acritud** bitterness

Mi intelecto libré de pensar bajo,
bañó el agua castalia[27] el alma mía,
peregrinó mi corazón y trajo
de la sagrada selva la armonía.

¡Oh, la selva sagrada! ¡Oh, la profunda
emanación del corazón divino
de la sagrada selva! ¡Oh, la fecunda
fuente cuya virtud vence al destino!

Bosque ideal que lo real complica,
allí el cuerpo arde y vive y Psiquis[28] vuela;
mientras abajo el sátiro fornica,
ebria de azul deslíe Filomela....

Vida, luz y verdad, tal triple llama
produce la interior llama infinita.
El Arte puro como Cristo exclama:
Ego sum lux et veritas et vita![29]

Y la vida es misterio, la luz ciega
y la verdad inaccesible asombra;
la adusta[30] perfección jamás se entrega,
y el secreto ideal duerme en la sombra.

Por eso ser sincero es ser potente;
de desnuda que está, brilla la estrella;
el agua dice el alma de la fuente
en la voz de cristal que fluye de ella.

Tal fue mi intento, hacer del alma pura
mía, una estrella, una fuente sonora,
con el horror de la literatura
y loco de crepúsculo[31] y de aurora.

Del crepúsculo azul que da la pauta
que los celestes éxtasis inspira,
bruma[32] y tono menor—¡toda la flauta!,
y Aurora, hija del Sol—¡toda la lira!

Pasó una piedra que lanzó una honda;[33]
pasó una flecha que aguzó un violento.
La piedra de la honda fue a la onda,
y la flecha del odio fuese al viento.

La virtud está en ser tranquilo y fuerte;
con el fuego interior todo se abrasa;[34]
se triunfa del rencor y de la muerte,
y hacia Belén[35] ... ¡la caravana pasa!

---

[27]**castalia** reference to water from Mt. Parnasus. Those who drank from this water received the gift of poetry.   [28]**Psiquis** Psyche, maiden of great beauty loved by Eros   [29]*Ego ... vita!* I am the light, truth, and life [St. John IX, 5; XIV, 6]   [30]**adusta** severe   [31]**crepúsculo** dawn   [32]**bruma** mist   [33]**honda** slingshot   [34]**se abrasa** burns   [35]**Belén** Bethlehem

DESPUÉS DE LEER

1. Explique la importancia de los siguientes versos:

   Yo soy aquel que ayer no más decía
   el verso azul y la canción profana

2. ¿Por qué Darío se refiere al mundo que intentó crear como un "jardín de sueño"? Describa las características de ese mundo.

3. ¿Cómo fue la juventud de Darío?

4. ¿A qué se refiere Darío cuando escribe "la torre de marfil tentó mi anhelo"?

5. ¿Cree que Darío intenta apartarse de la realidad que le circunda? ¿Lo logra?

6. Según el poema, ¿qué función tiene el arte en la trayectoria personal de Darío?

7. ¿Qué elementos religiosos se observan en el poema? ¿Cuál es la importancia de ello?

8. ¿Sigue la preocupación por la métrica en el poema?

9. ¿Cuál es el significado del título del poema?

10. ¿Qué dice el poeta de su propia poesía?

Canción de otoño en primavera

Juventud, divino tesoro,
¡ya te vas para no volver!
Cuando quiero llorar, no lloro,
y a veces lloro sin querer ...
    Plural ha sido la celeste
historia de mi corazón.
Era una dulce niña, en este
mundo de duelo y aflicción.
    Miraba como el alba pura;
sonreía como una flor.
Era su cabellera oscura
hecha de noche y de dolor.
    Yo era tímido como un niño.
Ella, naturalmente, fue,
para mi amor hecho de armiño,[1]
Herodías y Salomé[2] ...
    Juventud, divino tesoro,
¡ya te vas para no volver!
Cuando quiero llorar, no lloro,
y a veces lloro sin querer ...
    La otra fue más sensitiva
y más consoladora y más
halagadora[3] y expresiva,
cual no pensé encontrar jamás.

---

[1]**armiño** purity   [2]**Herodías y Salomé** Salome, daughter of Herodias, wife of King Herod, requested that John the Baptist be beheaded   [3]**halagadora** flattering

Pues a su continua ternura
una pasión violenta unía.
En un peplo de gasa pura
una bacante[4] se envolvía …

En brazos tomó mi ensueño[5]
y lo arrulló como a un bebé …
y lo mató, triste y pequeño,
falto de luz, falto de fe …

Juventud, divino tesoro,
¡te fuiste para no volver!
Cuando quiero llorar, no lloro,
y a veces lloro sin querer …

Otra juzgó que era mi boca
el estuche[6] de su pasión;
y que me roería,[7] loca,
con sus dientes el corazón,

poniendo en un amor de exceso
la mira de su voluntad,
mientras eran abrazo y beso
síntesis de la eternidad;

y de nuestra carne ligera
imaginar siempre un Edén,
sin pensar que la Primavera
y la carne acaban también …

Juventud, divino tesoro,
¡ya te vas para no volver!
Cuando quiero llorar, no lloro,
y a veces lloro sin querer …

¡Y las demás! En tantos climas,
en tantas tierras siempre son,
si no pretextos de mis rimas
fantasmas de mi corazón.

En vano busqué a la princesa
que estaba triste de esperar.
La vida es dura. Amarga y pesa.
¡Ya no hay princesa que cantar!

Mas a pesar del tiempo terco,[8]
mi sed de amor no tiene fin;
con el cabello gris, me acerco
a los rosales del jardín …

---

[4]**bacante** female follower of Bacchus, the Roman god of wine and revelry   [5]**ensueño** dream
[6]**estuche** case   [7]**y que me roería** and she would nibble   [8]**terco** stubborn

Juventud, divino tesoro,
¡ya te vas para no volver!
Cuando quiero llorar, no lloro,
y a veces lloro sin querer ...
   ¡Mas es mía el Alba de oro!

DESPUÉS DE LEER

1. ¿Cómo describe Darío su juventud?

2. ¿Hay nostalgia en este poema? Explique.

3. ¿Cómo evoca el amor? ¿Es importante el amor para Darío en su época de madurez?

4. ¿Qué opina Darío de la vida?

5. ¿En qué momento de su vida escribió Darío este poema?

6. Analice la estructura del poema.

—el tono pesimista del poeta
—las imágenes

Darío en este poema de tono filosófico cuestiona la existencia del ser humano al preguntarse de dónde viene y adónde va.

Lo fatal

Dichoso el árbol que es apenas sensitivo,
y más la piedra dura porque ésa ya no siente,
pues no hay dolor más grande que el dolor de ser vivo,
ni mayor pesadumbre[1] que la vida consciente.
    Ser, y no saber nada, y ser sin rumbo[2] cierto,
y el temor de haber sido y un futuro terror ...
Y el espanto[3] seguro de estar mañana muerto,
y sufrir por la vida y por la sombra y por
    lo que no conocemos y apenas sospechamos,
y la carne que tienta[4] con sus frescos racimos,
y la tumba que aguarda con sus fúnebres ramos,
¡y no saber adónde vamos,
ni de dónde venimos!...

DESPUÉS DE LEER

1. ¿Por qué considera Darío que el árbol y la piedra son dichosos?
2. ¿Qué cuestionamientos hace Darío con respecto a la existencia del hombre?
3. ¿Qué representa la vida para el poeta?
4. ¿Cuál es el tema del poema? ¿Cree usted que ha habido un cambio temático en la poesía de Darío? Explique.
5. Exprese su opinión respecto al poema.

---

[1]**pesadumbre** sorrow   [2]**sin rumbo** without direction   [3]**espanto** fright   [4]**tienta** tempts

A Roosevelt

Es con voz de la Biblia, o verso de Walt Whitman,[1]
que habría de llegar hasta ti, Cazador,[2]
primitivo y moderno, sencillo y complicado,
con un algo de Washington y cuatro de Nemrod.[3]
Eres los Estados Unidos,
eres el futuro invasor
de la América ingenua[4] que tiene sangre indígena,
que aún reza a Jesucristo y aún habla en español.

    Eres soberbio y fuerte ejemplar de su raza;
eres culto, eres hábil; te opones a Tolstoy.[5]
Y domando caballos, o asesinando tigres,
eres un Alejandro-Nabucodonosor.[6]
(Eres un profesor de Energía
como dicen los locos de hoy.)

    Crees que la vida es incendio,
que el progreso es erupción,
que en donde pones la bala
el porvenir pones.

                    No.

---

[1]**Walt Whitman** (1819–1892), North American poet and author of *Leaves of Grass* [2]**cazador**
hunter [3]**Nemrod** king of Chaldea who enjoyed hunting [4]**ingenua** naive [5]**Tolstoy** León
Tolstoi (1828–1910), Russian novelist and author of *War and Peace* [6]**Nabucodonosor** king
of Babylon and great conqueror

Los Estados Unidos son potentes y grandes.
Cuando ellos se estremecen[7] hay un hondo temblor
que pasa por las vértebras enormes de los Andes.[8]
Si clamáis, se oye como el rugir del león.
Ya Hugo[9] a Grant[10] lo dijo: Las estrellas son vuestras.
(Apenas brilla, alzándose, el argentino sol
y la estrella chilena se levanta ...) Sois ricos.
Juntáis al culto de Hércules[11] el culto de Mammón;[12]
y alumbrando el camino de la fácil conquista,
la Libertad levanta su antorcha en Nueva York

Mas la América nuestra, que tenía poetas
desde los viejos tiempos de Netzahualcoyotl,[13]
que ha guardado las huellas de los pies del gran Baco,[14]
que el alfabeto pánico en un tiempo aprendió;
que consultó los astros, que conoció la Atlántida
cuyo nombre nos llega resonando en Platón,[15]
que desde los remotos momentos de su vida
vive de luz, de fuego, de perfume, de amor,
la América del grande Moctezuma,[16] del Inca,[17]
la América fragante de Cristóbal Colón,
la América católica, la América española,
la América en que dijo el noble Guatemoc:[18]
«Yo no estoy en un lecho de rosas»; esa América
que tiembla de huracanes y que vive de amor,
hombres de ojos sajones y alma bárbara, vive.
Y sueña. Y ama, y vibra, y es la hija del Sol.
Tened cuidado. ¡Vive la América española!
Hay mil cachorros[19] sueltos del León Español.
Se necesitaría, Roosevelt, ser, por Dios mismo,
el Riflero[20] terrible y al fuerte Cazador,
para poder tenernos en vuestras férreas garras.[21]

Y, pues contáis con todo, falta una cosa: ¡Dios!

---

[7]**se estremecen** tremble   [8]**Andes** mountain range of South America   [9]**Hugo** Victor Hugo (1802–1885), French writer   [10]**Grant** Ulysses S. Grant (1822–1885), American general and eighteenth President of the U.S.   [11]**Hércules** symbol of strength   [12]**Mammón** symbol of wealth   [13]**Netzahualcoyotl** (1402–1472) Aztec king and poet   [14]**Baco** Bacchus, Roman god of wine and revelry   [15]**Platón** Plato (428–348 B.C.), Greek philosopher   [16]**Moctezuma** Aztec ruler at the time of the Spanish conquest   [17]**Inca** ruler of the Inca empire in Peru [18]**Guatemoc** nephew of Moctezuma and Aztec king. Guatemoc was tortured by the Spaniards to force him to reveal where the imperial treasures were hidden.   [19]**cachorros** cubs [20]**Riflero** rifleman   [21]**garras** claws

DESPUÉS DE LEER

1. ¿Por qué menciona Darío al poeta norteamericano Walt Whitman? ¿Qué sabe usted de él y su poesía?

2. ¿A quién se dirige Darío cuando dice *cazador*?

3. ¿Cómo describe Darío al presidente norteamericano Theodore Roosevelt?

4. ¿Cómo están descritos los Estados Unidos y los países de la América hispana?

5. ¿Considera usted que son una amenaza los Estados Unidos para Latinoamérica? ¿Tienen por qué temer los países latinoamericanos a los Estados Unidos?

6. ¿Cree usted que hay semejanza temática entre este poema de Darío y el ensayo "Nuestra América" de José Martí? Explique.

7. ¿Diría usted que el poema tiene un tono pesimista u optimista? ¿Por qué?

—las características del modernismo
—la influencia de lo oriental en el cuento
—la prosa modernista y el concepto de "el arte por el arte"

En "La muerte de la emperatriz de la China" Darío cuenta el idilio que existe entre los recién casados Suzette y Recadero, el cual queda interrumpido con la llegada de la emperatriz de la China.

La muerte de la emperatriz de la China

elicada y fina como una joya humana, vivía aquella muchachita de carne rosada, en la pequeña casa que tenía un saloncito con los tapices[1] de color azul desfalleciente. Era su estuche.[2]

¿Quién era el dueño de aquel delicioso pájaro alegre, de ojos negros y boca roja? ¿Para quién cantaba su canción divina, cuando la señorita Primavera mostraba en el triunfo del sol su bello rostro riente, y abría las flores del campo, y alborotaba la nidada?[3] Suzette se llamaba la avecita que había puesto en jaula de seda, peluches y encajes,[4] un soñador artista cazador, que la había cazado una mañana de mayo en que había mucha luz en el aire y muchas rosas abiertas.

Recaredo —capricho paternal, él no tenía la culpa de llamarse Recaredo— se había casado hacía año y medio. —¿Me amas? —Te amo. ¿Y tú? —Con toda el alma.

Hermoso el día dorado, después de lo del cura. Habían ido luego al campo nuevo, a gozar libres del gozo del amor. Murmuraban allá en sus ventanas de hojas verdes, las campanillas, y las violetas silvestres[5] que olían cerca del riachuelo,[6] cuando pasaban los dos amantes, el brazo de él en la cintura de ella, el brazo de ella en la cintura de él, los rojos labios en flor dejando escapar los besos. Después, fué la vuelta a la gran ciudad, al nido lleno de perfume, de juventud y de calor dichoso.

¿Dije ya que Recaredo era escultor? Pues si no lo he dicho, sabedlo.

Era escultor. En la pequeña casa tenía su taller,[7] con profusión de mármoles,

---

[1]**tapices** tapestries   [2]**estuche** case   [3]**alborotaba la nidada** upset the brood   [4]**peluches y encajes** plush and laces   [5]**campanillas, y las violetas silvestres** wild bellflowers and violets   [6]**riachuelo** brook   [7]**taller** workshop

yesos, broncos y terracotas.[8] A veces, los que pasaban oían a través de las rejas[9] y persianas[10] una voz que cantaba y un martilleo[11] vibrante y metálico. Suzette, Recaredo, la boca que emergía el cántico, y el golpe del cincel.[12]

Luego el incesante idilio nupcial. En puntillas,[13] llegar donde él trabajaba, e inundándole de cabellos la nuca,[14] besarle rápidamente. Quieto, quietecito, llegar donde ella duerme en su *chaise longue,* los piececitos calzados y con medias negras, uno sobre otro, el libro abierto sobre el regazo,[15] medio dormida; y allí el beso es en los labios, beso que sorbe[16] el aliento y hace que se abran los ojos inefablemente luminosos. Y a todo esto, las carcajadas del mirlo;[17] un mirlo enjaulado que cuando Suzette toca de Chopín, se pone triste y no canta. ¡Las carcajadas del mirlo! No era poca cosa. —¿Me quieres? —¿No lo sabes? —¿Me amas? —¡Te adoro! Ya estaba el animalucho echando toda la risa del pico.[18] Se le sacaba de la jaula, revolaba[19] por el saloncito azulado, se detenía en la cabeza de un Apolo[20] de yeso, o en la frámea[21] de un viejo germano de bronce oscuro. Tiiiiiirit … rrrrrrich … fiii … ¡Vaya que a veces era mal criado e insolente en su algarabía! Pero era lindo sobre la mano de Suzette que le mimaba,[22] le apretaba el pico entre sus dientes hasta hacerlo desesperar, y le decía a veces con una voz severa que temblaba de terneza: ¡Señor mirlo, es usted un picarón!

Cuando los dos amados estaban juntos, se arreglaban uno a otro el cabello. «Canta», decía él. Y ella cantaba lentamente; y aunque no eran sino pobres muchachos enamorados, se veían hermosos, gloriosos y reales; él la miraba como a una Elsa y ella le miraba como a un Lohengrin.[23] Porque el Amor, ¡oh jóvenes llenos de sangre y de sueños!, pone un azul de cristal ante los ojos, y da las infinitas alegrías.

¡Cómo se amaban! Él la contemplaba sobre las estrellas de Dios; su amor recorría toda la escala de la pasión, y era ya contenido, ya tempestuoso en su querer, a veces casi místico. En ocasiones dijérase aquel artista un teósofo[24] que veía en la amada mujer algo supremo y extra-humano como la Ayesha[25] de Rider Haggard, la aspiraba[26] como una flor, le sonreía como a un astro y se sentía soberbiamente vencedor al estrechar contra su pecho aquella adorable cabeza, que cuando estaba pensativa y quieta, era comparable al perfil hierático de la medalla de una emperatriz bizantina.

---

[8]**mármoles, yesos, broncos y terracotas** marble, plaster, bronze, and terra cotta   [9]**rejas** grilles of a window   [10]**persianas** blinds   [11]**martilleo** hammering   [12]**cincel** chisel   [13]**en puntillas** on tiptoe   [14]**inundándole de cabellos la nuca** covering his nape with her hair   [15]**regazo** lap   [16]**sorbe** absorbs   [17]**las carcajadas del mirlo** the laughter of the blackbird   [18]**pico** beak   [19]**revolaba** fluttered   [20]**Apolo** Greek god of sunlight, music, and poetry   [21]**frámea** javelin used by ancient Germans   [22]**que le mimaba** that pampered him   [23]**Lohengrin** reference to Wagner's opera by the same name   [24]**teósofo** theosophist. Followers of theosophy, a modern movement originating in the U.S. around 1875 that adhered chiefly to Buddhist and Brahmanic theories, especially those regarding pantheistic evolution and reincarnation.   [25]**Ayesha** character in the novel by the English writer Henry Rider Haggard (1856–1925)   [26]**aspiraba** he would inhale

Recaredo amaba su arte. Tenía pasión de la forma; hacía brotar del mármol gallardas[27] diosas desnudas de ojos blancos, serenos y sin pupilas; su taller estaba poblado de un pueblo de estatuas silenciosas, animales de metal, gárgolas terroríficas, grifos de largas colas vegetales, creaciones góticas quizá inspiradas por el ocultismo. ¡Y, sobre todo, la gran afición![28] Japonerías y chinerías.[29] Recaredo era en esto un original. No sé qué habría dado por hablar chino o japonés. Conocía los mejores albums; había leído buenos exotistas, adoraba a Loti[30] y a Judith Gautier,[31] y hacía sacrificios por adquirir trabajos legítimos, de Yokoama, de Nagasaki, de Kioto o de Nankin o Pekin,[32] los cuchillos, las pipas, las máscaras feas y misteriosas como las caras de los sueños hípnicos, los mandarinitos enanos con panzas de cucurbitáceos[33] y ojos circunflejos, los monstruos de grandes bocas de batracio,[34] abiertas y dentadas y diminutos soldados de Tartaria,[35] con faces foscas.[36]

—¡Oh —le decía Suzette—, aborrezco[37] tu casa de brujo, ese terrible taller, arca extraña que te roba a mis caricias!

Él sonreía, dejaba su lugar de labor, su templo de raras chucherías[38] y corría al pequeño salón azul, a ver y mimar su gracioso dije vivo, y oír cantar y reír al loco mirlo jovial.

Aquella mañana, cuando entró, vio que estaba su dulce Suzette, soñolienta y tendida, cerca de un tazón de rosas que sostenía un trípode. ¿Era la Bella durmiente del bosque? Medio dormida, el delicado cuerpo modelado bajo una bata blanca, la cabellera castaña apelotonada[39] sobre uno de los hombros, toda ella exhalando un suave olor femenino, era como una deliciosa figura de los amables cuentos que empiezan: «Éste era un rey …».

La despertó:

—¡Suzette; mi bella!

Traía la cara alegre; le brillaban los ojos negros bajo su fez rojo de labor; llevaba una carta en la mano.

—Carta de Robert, Suzette. ¡El bribonazo[40] está en China! «Hong Kong, 18 de enero …»—. Suzette, un tanto amodorrada,[41] se había sentado y le había quitado el papel. ¡Conque aquel andariego[42] había llegado tan lejos! «Hong Kong, 18 de enero …». Era gracioso. ¡Un excelente muchacho el tal Robert, con la manía de viajar! Llegaría al fin del mundo. ¡Robert, un grande amigo! Se veían como de la familia. Había partido hacía dos años para San Francisco de California. ¡Habríase visto loco igual!

Comenzó a leer.

---

[27]**gallardas** graceful   [28]**afición** love   [29]**japonerías y chinerías** objects from Japan and China   [30]**Loti** Pierre Loti (1850–1923), French novelist   [31]**Judith Gautier** (1846–1917), French novelist   [32]**Yokoama, Nagasaki, Kioto, Nankin, Pekin** cities in Japan and China   [33]**panzas de cucurbitáceos** cucurbitaceous bellies   [34]**batracio** batrachian   [35]**Tartaria** a republic of the former Soviet Union   [36]**faces foscas** sullen faces   [37]**aborrezco** I detest   [38]**chucherías** knick-knacks   [39]**apelotonada** gathered   [40]**bribonazo** scoundrel   [41]**amodorrada** sleepy   [42]**andariego** wanderer

«Hong Kong, 18 de enero de 1888.

«Mi buen Recaredo:

«Vine y ví. No he vencido aún.

«En San Francisco supe vuestro matrimonio y me alegré. Dí un salto y caí en la China. He venido como agente de una casa californiana, importadora de sedas, lacas, marfiles y demás chinerías. Junto con esta carta debes recibir un regalo mío que, dada tu afición por las cosas de este país amarillo, te llegará de perlas. Ponme a los pies de Suzette, y conserva el obsequio en memoria de tu

Robert».

Ni más, ni menos. Ambos soltaron la carcajada. El mirlo, a su vez, hizo estallar la jaula en una explosión de gritos musicales.

La caja había llegado, una caja de regular tamaño, llena de marchamos,[43] de números y de letras negras que decían y daban a entender que el contenido era muy frágil. Cuando la caja se abrió, apareció el misterio. Era un fino busto de porcelana, un admirable busto de mujer sonriente, pálido y encantador. En la base tenía tres inscripciones, una en caracteres chinescos, otra en inglés y otra en francés: *La emperatriz de la China*. ¡La emperatriz de la China! ¿Qué manos de artista asiático habían modelado aquellas formas atrayentes de misterio? Era una cabellera recogida y apretada, una faz enigmática, ojos bajos y extraños, de princesa celeste, sonrisa de esfinge, cuello erguido[44] sobre los hombros columbinos,[45] cubiertos por una honda de seda bordada de dragones, todo dando magia a la porcelana blanca, con tonos de cera, inmaculada y cándida. ¡La emperatriz de la China! Suzette pasaba sus dedos de rosa sobre los ojos de aquella graciosa soberana, un tanto inclinados, con sus curvos epicantus bajo los puros y nobles arcos de las cejas. Estaba contenta. Y Recaredo sentía orgullo de poseer su porcelana. Le haría un gabinete[46] especial, para que viviese y reinase sola, como en el Louvre[47] la Venus de Milo, triunfadora, cobijada imperialmente por el plafón de su recinto sagrado.

Así lo hizo. En un extremo del taller, formó un gabinete minúsculo, con biombos[48] cubiertos de arrozales y de grullas. Predominaba la nota amarilla. Toda la gama, oro, fuego, ocre de oriente, hoja de otoño hasta el pálido que agoniza fundido en la blancura. En el centro, sobre un pedestal dorado y negro, se alzaba riendo la exótica imperial. Alrededor de ella había colocado Recaredo todas sus japonerías y curiosidades chinas. La cubría un gran quitasol nipón,[49] pintado de camelias y de anchas rosas sangrientas. Era cosa de risa, cuando el artista soñador, después de dejar la pipa y los pinceles, llegaba frente a la emperatriz, con las manos cruzadas sobre el pecho, a hacer zalemas.[50] Una, dos, diez, veinte veces la visitaba. Era una pasión. En un plato de laca yokoamesa le ponía flores frescas todos los días. Tenía, en momentos, verdaderos arrobos[51] delante del busto

---

[43]**marchamos** duty stamps   [44]**erguido** erected   [45]**columbinos** dovelike   [46]**gabinete** cabinet   [47]**Louvre** French museum   [48]**biombos** folding screens   [49]**quitasol nipón** Japanese parasol   [50]**zalemas** oriental greetings, bows   [51]**arrobos** ecstasy

asiático que le conmovía en su deleitable e inmóvil majestad. Estudiaba sus menores detalles, el caracol[52] de la oreja, el arco del labio, la nariz pulida,[53] el epicantus del párpado. ¡Un ídolo, la famosa emperatriz! Suzette le llamaba de lejos:

—¡Recaredo!

—¡Voy! —y seguía en la contemplación de su obra de arte. Hasta que Suzette llegaba a llevárselo a rastras[54] y a besos.

Un día, las flores del plato de laca desaparecieron como por encanto.

—¿Quién ha quitado las flores? —gritó el artista, desde el taller.

—Yo —dijo una voz vibradora.

Era Suzette, que entreabría una cortina, toda sonrosada y haciendo relampaguear sus ojos negros.

Allá en lo hondo de su cerebro se decía el señor Recaredo, artista escultor:
—¿Qué tendrá mi mujercita? No comía casi. Aquellos buenos libros desflorados por su espátula de marfil, estaban en el pequeño estante negro, con sus hojas cerradas sufriendo la nostalgia de las blandas manos de rosa y del tibio regazo perfumado. El señor Recaredo la veía triste. ¿Qué tendrá mi mujercita? En las mesa no quería comer. Estaba seria. ¡Qué seria! La miraba a veces con el rabo del ojo,[55] y el marido veía aquellas pupilas oscuras, húmedas, como si quisieran llorar. Y ella al responder, hablaba como los niños a quienes se ha negado un dulce. ¿Qué tendrá mi mujercita? ¡Nada! Aquel «nada» lo decía ella con voz de queja, y entre sílaba y sílaba había lágrimas.

—¡Oh, señor Recaredo! Lo que tiene vuestra mujercita es que sois un hombre abominable. ¿No habéis notado que desde que esa buena de la emperatriz de la China ha llegado a vuestra casa, el saloncito azul se ha entristecido, y el mirlo no canta ni ríe con su risa perlada? Suzette despierta a Chopín, y lentamente hace brotar la melodía enferma y melancólica del negro piano sonoro. ¡Tiene celos, señor Recaredo! Tiene el mal de los celos, ahogador y quemante, como una serpiente encendida que aprieta el alma. —¡Celos! Quizá él lo comprendía, porque una tarde dijo a la muchachita de su corazón estas palabras, frente a frente, a través del humo de una taza de café:

—Eres demasiado injusta. ¿Acaso no te amo con toda mi alma? ¿Acaso no sabes leer en mis ojos lo que hay dentro de mi corazón?

Suzette rompió a llorar. ¡Que la amaba! No, ya no la amaba. Habían huído las buenas y radiantes horas, y los besos que chasqueaban[56] también eran idos, como pájaros en fuga. Ya no la quería. Y a ella, a la que él veía su religión, su delicia, su sueño, su rey, a ella, a Suzette, la había dejado por la otra.

¡La otra! Recaredo dió un salto. Estaba engañada. ¿Lo diría por la rubia Eulogia, a quien en un tiempo había dirigido madrigales?

Ella movió la cabeza: —No. ¿Por la ricachona Gabriela, de largos cabellos negros, blanca como un alabastro y cuyo busto había hecho? ¿O por aquella Luisa,

---

[52]**caracol** conch   [53]**pulida** polished   [54]**a rastras** dragging him   [55]**el rabo del ojo** the corner of the eye   [56]**chasqueaban** smacked

la danzarina, que tenía una cintura de avispa,[57] un seno de buena nodriza[58] y unos ojos incendiarios? ¿O por la viudita Andrea, que al reír sacaba la punta de la lengua, roja y felina, entre sus dientes brillantes y marfilados?

No, no era ninguna de esas. Recaredo se quedó con asombro. —Mira, chiquilla, dime la verdad. ¿Quién es ella? Sabes cuánto te adoro, mi Elsa, mi Julieta, amor mío.

Temblaba tanta verdad de amor en aquellas palabras entrecortadas[59] y trémulas, que Suzette, con los ojos enrojecidos, secos ya de lágrimas, se levantó irguiendo su linda cabeza heráldica.

—¿Me amas?

—¡Bien lo sabes!

—Deja, pues, que me vengue[60] de mi rival. Ella o yo, escoge. Si es cierto que me adoras, ¿querrás permitir que la aparte para siempre de tu camino, que quede yo sola, confiada en tu pasión?

—Sea —dijo Recaredo.

Y viendo irse a su avecita celosa y terca, prosiguió sorbiendo el café tan negro como la tinta.

No había tomado tres sorbos, cuando oyó un gran ruido de fracaso[61] en el recinto de su taller.

Fué: ¿Qué miraron sus ojos? El busto había desaparecido del pedestal de negro y oro, y entre minúsculos mandarines caídos y descolgados abanicos, se veían por el suelo pedazos de porcelana que crujían[62] bajo los pequeños zapatos de Suzette, quien toda encendida y con el cabello suelto, aguardando los besos, decía entre carcajadas argentinas[63] al maridito asustado: —Estoy vengada. ¡Ha muerto ya para ti la emperatriz de la China!

Y cuando comenzó la ardiente reconciliación de los labios, en el saloncito azul, todo lleno de regocijo, el mirlo, en su jaula, se moría de risa.

DESPUÉS DE LEER

1. Explique cómo el colorido y la musicalidad tienen importancia en las descripciones del salón.

2. Describa "lo bello" o "preciosista" en el cuento.

3. ¿Cómo es la relación entre Suzette y Recaredo?

4. ¿Qué regalo reciben los recién casados? Descríbalo.

5. ¿Qué emociones siente Suzette? ¿Son éstas justificadas?

6. Es aceptado que los escritores modernistas tomaron de los franceses el concepto de "el arte por el arte". ¿Diría usted que ese credo se manifiesta en el cuento?

---

[57]**avispa** wasp   [58]**nodriza** wet nurse   [59]**entrecortadas** broken, faltering   [60]**Deja ... vengue** let me avenge   [61]**ruido de fracaso** a crashing noise   [62]**que crujían** that were being crushed   [63]**carcajadas argentinas** clear, loud laughter

7. ¿Cómo se resuelve el problema de Suzette? ¿Qué opina de su actitud?

8. ¿Cómo describiría el estilo narrativo del cuento?

ALGUNOS ESTUDIOS DE INTERÉS

Acereda, Alberto. "La 'Sonatina' verso a verso". *ULULA* 5:6 (1989): 51–57.

Anderson Imbert, Enrique. *La originalidad de Rubén Darío.* Buenos Aires, Argentina: Centro Editor de América Latina, 1967.

Broad, Peter. "Darío entre dos textos: Una relectura ambidireccional de 'Lo fatal'". *Texto Crítico* 14:38 (1988): 59–99.

Henríquez Ureña, Max. *Breve historia del modernismo.* México, D.F.: Fondo de Cultura Económica, 1978.

Gutiérrez, Ernesto. *Los temas en la poesía de Rubén Darío.* Managua. Academia Nicaraguense de la Lengua, 1978.

Molloy, Sylvia. "Ser y decir en Darío: El poema liminar de *Cantos de vida y esperanza*". *Texto Crítico* 14:38 (1988): 30–42.

Pearsall, Priscilla. *An Art Alienated from Itself: Studies in Spanish American Modernism.* University, Mississippi: Romance Monographs, 1984.

Rama, Ángel. *Rubén Darío y el modernismo: circunstancias socio-económicas de un arte americano.* Caracas, Venezuela: Universidad Central de Venezuela, 1970.

Roggiano, Alfredo A. "Modernismo: origen de la palabra y evolución de un concepto". Ivan A. Schulman, ed. *Nuevos asedios al modernismo.* Madrid, España: Taurus, 1987.

Silva Castro, Raúl. *Darío a los veinte años.* Madrid, España: Editorial Gredos, 1956.

Van Meter, Dan A. "Rubén Darío and Vicente Huidobro: Two Views of Language as Impregnation". *Hispania* 75:2 (1992): 294–300.

José Enrique Rodó

(1872, Montevideo, Uruguay–1917, Palermo, Italia)

Desde la publicación de *Ariel* (1900), José Enrique Rodó es considerado padre espiritual de la juventud hispanoamericana. Se destacó como escritor, pensador, diputado y líder intelectual. Hombre de amplia cultura, conocedor de los clásicos grecorromanos y de los escritores modernos, destacó en sus trabajos la importancia de los valores del espíritu frente a las enseñanzas del positivismo que comenzaba a abrirse paso en Hispanoamérica con las doctrinas del filósofo francés Augusto Comte (1798–1857). Rodó, por su manera de pensar, su esteticismo y su estilo como prosista, es considerado entre las principales personalidades del modernismo. En su obra se aprecia la influencia parnasiana.

Ariel fue escrito después de la guerra hispano-americana, y la intervención de los Estados Unidos en Cuba y Puerto Rico en 1898. Rodó consideró nociva la excesiva imitación de las costumbres y cultura de los Estados Unidos de América. En su libro insiste en la importancia del espíritu y en los valores de los pueblos de la América de habla española. *Los motivos del Proteo,* escrito entre 1904 y 1907, es de estructura fragmentada. En él, Rodó usa en·forma alternativa parábolas, poemas en prosa, anécdotas, análisis y reflexiones para insistir en la importancia de la unidad del espíritu, los peligros de la mutilación del alma con especializaciones excluyentes y la importancia de la permanente renovación personal. En este libro Rodó se sirve de los personajes de *The Tempest* de William Shakespeare, Próspero, Ariel y Calibán y recurre al mito de Proteo.

—el uso de las imágenes
—la responsabilidad de la juventud
—la importancia del alma y el espíritu
—las consecuencias de la imitación
—la actitud de Rodó hacia los Estados Unidos
—el estilo narrativo

En los fragmentos que aparecen seguidamente, José Enrique Rodó se dirige a la juventud hispanoamericana y le advierte el peligro de la mutilación del espíritu y la importancia de la vida espiritual. Además previene a sus lectores del peligro de la *nordomanía* o imitación de lo norteamericano, lo que conduce a una América hispánica *deslatinizada*.

Ariel

જી

[…] La juventud que vivís es una fuerza de cuya aplicación sois los obreros y un tesoro de cuya inversión sois responsables. Amad ese tesoro y esa fuerza; haced que el altivo[1] sentimiento de su posesión permanezca ardiente y eficaz en vosotros. Yo os digo con Renán:[2] «La juventud es el descubrimiento de un horizonte inmenso, que es la Vida.» El descubrimiento que revela las tierras ignoradas necesita completarse con el esfuerzo viril que las sojuzga.[3] Y ningún otro espectáculo puede imaginarse más propio para cautivar a un tiempo el interés del pensador y el entusiasmo del artista, que el que presenta una generación humana que marcha al encuentro del futuro, vibrante con la impaciencia de la acción, alta la frente, en la sonrisa un altanero desdén del desengaño,[4] colmada[5] el alma por dulces y remotos mirajes que derraman en ella misteriosos estímulos, como las visiones de Cipango[6] y El Dorado[7] en las crónicas heroicas de los conquistadores. […]

La humanidad, renovando de generación en generación su activa esperanza y su ansiosa fe en un ideal, al través de la dura experiencia de los siglos, hacía pensar a Guyau[8] en la obsesión de aquella pobre enajenada[9] cuya extraña y conmovedora locura consistía en creer llegado, constantemente, el día de sus bodas. Juguete de su ensueño, ella ceñía[10] cada mañana a su frente pálida la corona de

---

[1]**altivo** proud [2]**Renán** reference to Ernest Renan (1823–1892), French historian [3]**que las sojuzga** that subdues them [4]**desengaño** disillusion [5]**colmada** full [6]**Cipango** Japan's ancient name [7]**El Dorado** reference to the vastly rich legendary country that the Spanish *conquistadores* believed to be located in America [8]**Guyau** reference to French philosopher Jean Marie Guyau (1854–1888) [9]**aquella pobre enajenada** that poor alienated woman [10]**ceñía** would fit (the crown) tightly

desposada[11] y suspendía de su cabeza el velo nupcial. Con una dulce sonrisa, disponíase luego a recibir al prometido ilusorio, hasta que las sombras de la tarde, tras el vano esperar, traían la decepción a su alma. Entonces tomaba un melancólico tinte[12] su locura. Pero su ingenua confianza reaparecía con la aurora siguiente; y ya sin el recuerdo del desencanto pasado, murmurando: *Es hoy cuando vendrá*, volvía a ceñirse la corona y el velo y a sonreír en espera del prometido.

Es así como, no bien la eficacia de un ideal ha muerto, la humanidad viste otra vez sus galas nupciales para esperar la realidad del ideal soñado con nueva fe, con tenaz y conmovedora locura. Provocar esa renovación, inalterable como un ritmo de la Naturaleza, es en todos los tiempos la función y la obra de la juventud. De las almas de cada primavera humana está tejido aquel tocado de novia. Cuando se trata de sofocar esta sublime terquedad[13] de la esperanza, que brota alada del seno de la decepción, todos los pesimismos son vanos. [...]

Hay veces en que, por una aparente alteración del ritmo triunfal, cruzan la historia humana generaciones destinadas a personificar, desde la cuna, la vacilación y el desaliento.[14] Pero ellas pasan —no sin haber tenido quizá su ideal como las otras, en forma negativa y con amor inconsciente—, y de nuevo se ilumina en el espíritu de la humanidad la esperanza en el Esposo anhelado, cuya imagen, dulce y radiosa como en los versos de marfil de los místicos, basta para mantener la animación y el contento de la vida, aun cuando nunca haya de encarnarse en la realidad. [...]

La divergencia de las vocaciones personales imprimirá diversos sentidos a vuestra actividad, y hará predominar una disposición, una aptitud determinada, en el espíritu de cada uno de vosotros. Los unos seréis hombres de ciencia; los otros seréis hombres de arte; los otros seréis hombres de acción. —Pero por encima de los afectos que hayan de vincularos individualmente a distintas aplicaciones y distintos modos de la vida, debe velar, en lo íntimo de vuestra alma, la conciencia de la unidad fundamental de nuestra naturaleza, que exige que cada individuo humano sea, ante todo y sobre toda otra cosa, un ejemplar no mutilado de la humanidad, en el que ninguna noble facultad del espíritu quede obliterada y ningún alto interés de todos pierda su virtud comunicativa. Antes que las modificaciones de profesión y de cultura está el cumplimiento del destino común de los seres racionales. «Hay una profesión universal, que es la de *hombre*», ha dicho admirablemente Guyau. Y Renán, recordando, a propósito de las civilizaciones desequilibradas y parciales, que el fin de la criatura humana no puede ser exclusivamente saber, ni sentir, ni imaginar, sino ser real y enteramente *humana,* define el ideal de perfección a que ella debe encaminar sus energías como la posibilidad de ofrecer en un tipo individual un cuadro abreviado de la especie.

Aspirad, pues, a desarrollar en lo posible, no un solo aspecto, sino la plenitud de vuestro ser. No os encojáis de hombros delante de ninguna noble y fecunda manifestación de la naturaleza humana, a pretexto de que vuestra organización

---

[11]**desposada** newlywed   [12]**tinte** tone   [13]**terquedad** obstinacy   [14]**desaliento** discouragement

individual os liga con preferencia a manifestaciones diferentes. Sed espectadores atentos allí donde no podáis ser actores. —Cuando cierto falsísimo y vulgarizado concepto de la educación, que la imagina subordinada exclusivamente al fin utilitario, se empeña en mutilar, por medio de ese utilitarismo[15] y de una especialización prematura, la integridad natural de los espíritus, y anhela proscribir[16] de la enseñanza todo elemento desinteresado e ideal, no repara suficientemente en el peligro de preparar para el porvenir espíritus estrechos, que, incapaces de considerar más que el único aspecto de la realidad con que están inmediatamente en contacto, vivirán separados por helados desiertos de los espíritus que, dentro de la misma sociedad, se hayan adherido a otras manifestaciones de la vida.

Lo necesario de la consagración particular de cada uno de nosotros a una actividad determinada, a un solo modo de cultura, no excluye, ciertamente, la tendencia a realizar, por la íntima armonía del espíritu, el destino común de los seres racionales. Esa actividad, esa cultura, serán sólo la nota fundamental de la armonía. —El verso célebre en que el esclavo de la escena antigua afirmó que, pues era hombre, no le era ajeno nada de lo humano,[17] forma parte de los gritos que, por su sentido inagotable, resonarán eternamente en la conciencia de la humanidad. Nuestra capacidad de comprender sólo debe tener por límite la imposibilidad de comprender a los espíritus estrechos. Ser incapaz de ver de la Naturaleza más que una faz;[18] de las ideas e intereses humanos más que uno solo, equivale a vivir envuelto en una sombra de sueño horadada[19] por un solo rayo de luz. La intolerancia, el exclusivismo, que cuando nacen de la tiránica absorción de un alto entusiasmo, del desborde de un desinteresado propósito ideal, pueden merecer justificación, y aun simpatía, se convierten en la más abominable de las inferioridades cuando, en el círculo de la vida vulgar, manifiestan la limitación de un cerebro incapacitado para reflejar más que una parcial apariencia de las cosas. […]

Yo os ruego que os defendáis, en la milicia de la vida, contra la mutilación de vuestro espíritu por la tiranía de un objetivo único e interesado. No entreguéis nunca a la utilidad o a la pasión, sino una parte de vosotros. Aun dentro de la esclavitud material, hay la posibilidad de salvar la libertad interior: la de la razón y el sentimiento. No tratéis, pues, de justificar, por la absorción del trabajo o el combate, la esclavitud de vuestro espíritu. […]

La concepción utilitaria, como idea del destino humano, y la igualdad en lo mediocre, como norma de la proporción social, componen, íntimamente relacionadas, la fórmula de lo que ha solido llamarse en Europa el espíritu de *americanismo*. Es imposible meditar sobre ambas inspiraciones de la conducta y la sociabilidad, y compararlas con las que les son opuestas, sin que la asociación traiga con insistencia a la mente la imagen de esa democracia formidable y fecunda que, allá en el Norte, ostenta las manifestaciones de su prosperidad y su poder como una deslumbradora prueba que abona en favor de la eficacia de sus instituciones y

---

[15]**utilitarismo** a doctrine that advocates that the determining consideration of right conduct should be the usefulness of its consequences   [16]**anhela proscribir** longs to banish   [17]**humano** reference to Terence's (194–159 B.C.) play *The Self-Tormentor*   [18]**faz** face   [19]**horadada** pierced

de la dirección de sus ideas. Si ha podido decirse del utilitarismo que es el verbo del espíritu inglés, los Estados Unidos pueden ser considerados la encarnación del verbo utilitario. Y el Evangelio de este verbo se difunde por todas partes a favor de los milagros materiales del triunfo. Hispanoamérica ya no es enteramente calificable,[20] con relación a él, de tierra de gentiles. La poderosa federación va realizando entre nosotros una suerte de conquista moral. La admiración por su grandeza y por su fuerza es un sentimiento que avanza a grandes pasos en el espíritu de nuestros hombres dirigentes, y aun más quizá en el de las muchedumbres, fascinables por la impresión de la victoria. Y de admirarla se pasa, por una transición facilísima, a imitarla. La admiración y la creencia son ya modos pasivos de imitación para el psicólogo. "La tendencia imitativa de nuestra naturaleza moral —decía Bagehot[21]— tiene su asiento en aquella parte del alma en que reside la credibilidad." El sentido y la experiencia vulgares serían suficientes para establecer por sí solos esa sencilla relación. Se imita a aquél en cuya superioridad o cuyo prestigio se cree. Es así como la visión de una América *deslatinizada*[22] por propia voluntad, sin la extorsión de la conquista y regenerada luego a imagen y semejanza del arquetipo del Norte, flota ya sobre los sueños de muchos sinceros interesados por nuestro porvenir, inspira la fruición con que ellos formulan a cada paso los más sugestivos paralelos y se manifiesta por constantes propósitos de innovación y de reforma. Tenemos nuestra *nordomanía*.[23] Es necesario oponerle los límites que la razón y el sentimiento señalan de consuno. […]

Comprendo bien que se aspire a rectificar, por la educación perseverante, aquellos trazos del carácter de una sociedad humana que necesiten concordar con nuevas exigencias de la civilización y nuevas oportunidades de la vida, equilibrando así, por medio de una influencia innovadora, las fuerzas de la herencia y la costumbre. Pero no veo la gloria ni en el propósito de desnaturalizar el carácter de los pueblos —su genio *personal*— para imponerles la identificación con un modelo extraño al que ellos sacrifiquen la originalidad irreemplazable de su espíritu, ni en la creencia ingenua de que eso pueda obtenerse alguna vez por procedimientos artificiales e improvisados de imitación. Ese irreflexivo traslado de lo que es natural y espontáneo en una sociedad al seno de otra, donde no tenga raíces ni en la naturaleza ni en la historia, equivalía para Michelet[24] a la tentativa de incorporar, por simple agregación, una cosa muerta a un organismo vivo. En sociabilidad, como en literatura, como en arte, la imitación inconsulta no hará nunca sino deformar las líneas del modelo. El engaño de los que piensan haber reproducido en lo esencial el carácter de una colectividad humana, las fuerzas vivas de su espíritu y, con ellos, el secreto de sus triunfos y su prosperidad, reproduciendo exactamente el mecanismo de sus instituciones y las formas exteriores de sus costumbres, hace pensar en la ilusión de los principiantes candorosos que

---

[20]**calificable** qualifiable   [21]**Bagehot** reference to Walter Bagehot (1826–1877), English economist whose books dealt with the relationship between natural and social sciences   [22]*deslatinizada* removal of that which belongs to its Latin culture   [23]*nordomanía* North American complex   [24]**Michelet** reference to the French historian Jules Michelet (1798–1874), author of *History of the French Revolution* and *History of France*

se imaginan haberse apoderado del genio del maestro cuando han copiado las formas de su estilo o sus procedimientos de composición.

En ese esfuerzo vano hay, además, no sé qué cosa de innoble. Género de *snobismo* político podría llamarse al afanoso remedo[25] de cuanto hacen los preponderantes y los fuertes, los vencedores y los afortunados; género de abdicación servil, como en la que en algunos de los *snobs* encadenados para siempre a la tortura de la sátira por el libro de Thackeray,[26] hace consumirse tristemente las energías de los ánimos no ayudados por la naturaleza o la fortuna, en la imitación impotente de los caprichos y las volubilidades[27] de los encumbrados de la sociedad.[28] El cuidado de la independencia *interior* —la de la personalidad, la del criterio— es una principalísima forma del respeto propio. Suele, en los tratados de ética, comentarse un precepto moral de Cicerón[29] según el cual forma parte de los deberes humanos el que cada uno de nosotros cuide y mantenga celosamente la originalidad de su carácter personal, lo que haya en él que lo diferencie y determine, respetando, en todo cuanto no sea inadecuado para el bien, el impulso primario de la Naturaleza, que ha fundado en la varia distribución de sus dones[30] el orden y el concierto del mundo. Y aun me parecería mayor el imperio del precepto si se le aplicase colectivamente al carácter de las sociedades humanas. Acaso oiréis decir que no hay un sello propio y definido por cuya permanencia, por cuya integridad, deba pugnarse en la organización actual de nuestros pueblos. Falta tal vez en nuestro carácter colectivo el contorno seguro de la "personalidad". Pero en ausencia de esa índole perfectamente diferenciada y autonómica tenemos —los americanos latinos— una herencia de raza, una gran tradición étnica que mantener, un vínculo sagrado que nos une a inmortales páginas de la historia, confiando a nuestro honor su continuación en lo futuro. El cosmopolitismo, que hemos de acatar[31] como una irresistible necesidad de nuestra formación, no excluye ni ese sentimiento de fidelidad a lo pasado ni la fuerza directriz plasmante con que debe el genio de la raza imponerse en la refundición de los elementos que constituirán al americano definitivo del futuro.

[...] América necesita mantener en el presente la dualidad original de su constitución, que convierte en realidad de su historia el mito clásico de las dos águilas soltadas[32] simultáneamente de uno y de otro polo del mundo para que llegasen a un tiempo al límite de sus dominios. Esta diferencia genial y emuladora no excluye, sino que tolera y aun favorece en muchísimos aspectos, la concordia de la solidaridad. Y si una concordia superior pudiera vislumbrarse[33] desde nuestros días como la fórmula de un porvenir lejano, ella no sería debida a la *imitación unilateral* —que diría Tarde[34]— de una raza por otra, sino la reciprocidad

---

[25]**afanoso remedo** enthusiastic imitation   [26]**Thackeray** reference to the British author William M. Thackeray (1811–1883), author of *Vanity Fair*   [27]**volubilidades** fickleness   [28]**encumbrados de la sociedad** of high social standing   [29]**Cicerón** Marcus Tullius Cicero (106–43 A.D.), Roman orator and statesman   [30]**dones** gifts   [31]**acatar** heed to   [32]**soltadas** released   [33]**pudiera vislumbrarse** could be seen   [34]**Tarde** Gabriel de Tarde (1843–1904), French sociologist whose studies on criminology were widely read in Latin America

de sus influencias y al atinado[35] concierto de los atributos en que se funda la gloria de las dos.

Por otra parte, en el estudio desapasionado de esa civilización que algunos nos ofrecen como único y absoluto modelo, hay razones no menos poderosas que las que se fundan en la indignidad y la inconveniencia de una renuncia a todo propósito de originalidad para templar los entusiasmos de los que nos exigen su consagración idolátrica. Y llego ahora a la relación que directamente tiene, con el sentido general de esta plática mía, el comentario de semejante espíritu de imitación.

Todo juicio severo que se formule de los americanos del Norte debe empezar por rendirles, como se haría con altos adversarios, la formalidad caballeresca de un saludo. Siento fácil mi espíritu para cumplirla. Desconocer sus defectos no me parecería tan insensato[36] como negar sus cualidades. Nacidos —para emplear la paradoja usada por Baudelaire[37] a otro respecto— con la *experiencia innata* de la libertad, ellos se han mantenido fieles a la ley de su origen y han desenvuelto, con la precisión y la seguridad de una progresión matemática, los principios fundamentales de su organización, dando a su historia una consecuente unidad que, si bien ha excluido las adquisiciones de aptitudes y méritos distintos, tiene la belleza intelectual de la lógica. La huella[38] de sus pasos no se borrará jamás en los anales del derecho humano, porque ellos han sido los primeros en hacer surgir nuestro moderno concepto de la libertad, de las inseguridades del ensayo y de las imaginaciones de la utopía para convertirla en bronce imperecedero[39] y realidad viviente; porque han demostrado con su ejemplo la posibilidad de extender a un inmenso organismo nacional la inconmovible autoridad de una república; porque con su organización federativa han revelado —según la feliz expresión de Tocqueville[40]— la manera como se pueden conciliar con el brillo y el poder de los estados grandes la felicidad y la paz de los pequeños. Suyos son algunos de los rasgos[41] más audaces con que ha de destacarse en la perspectiva del tiempo la obra de este siglo. Suya es la gloria de haber revelado plenamente —acentuando la más firme nota de belleza moral de nuestra civilización— la grandeza y el poder del trabajo, esa fuerza bendita que la antigüedad abandonaba a la abyección de la esclavitud y que hoy identificamos con la más alta experiencia de la dignidad humana, fundada en la conciencia y la actividad del propio mérito. Fuertes, tenaces, teniendo la inacción por oprobio,[42] ellos han puesto en manos del *mechanic* de sus talleres y el *farmer* de sus campos, la clava[43] hercúlea del mito, y han dado al genio humano una nueva e inesperada belleza ciñéndole el mandil de cuero[44] del forjador.[45] Cada uno de ellos avanza a conquistar la vida como el desierto los primitivos puritanos. Perseverantes devotos de ese culto de la energía individual

---

[35]**atinado** wise   [36]**insensato** senseless   [37]**Baudelaire** reference to the French poet Charles Baudelaire (1821–1867), author of *Les fleurs du mal*   [38]**huella** trace   [39]**imperecedero** immortal   [40]**Tocqueville** French historian Alexis Clerel de Tocqueville (1805–1859), author of *Democracy in America*   [41]**rasgos** characteristics   [42]**oprobio** ignominy, shame   [43]**clava** club   [44]**mandil de cuero** leather apron   [45]**forjador** forger

que hace de cada hombre el artífice de su destino,[46] ellos han modelado su sociabilidad en un conjunto imaginario de ejemplares de Robinson que después de
haber fortificado rudamente su personalidad en la práctica de la ayuda propia, en-
trarán a componer los filamentos de una urdimbre[47] firmísima. Sin sacrificarle esa
soberana concepción del individuo, han sabido hacer al mismo tiempo, del espíritu de asociación, el más admirable instrumento de su grandeza y de su imperio, y han obtenido de la suma de las fuerzas humanas, subordinada a los propósitos de la investigación, de la filantropía, de la industria, resultados tanto más
maravillosos por lo mismo que se consiguen con la más absoluta integridad de la
autonomía personal. Hay en ellos un instinto de curiosidad despierta e insaciable,
una impaciente avidez[48] de toda luz, y profesando el amor por la instrucción del
pueblo con la obsesión de una monomanía gloriosa y fecunda, han hecho de la
escuela el quicio[49] más seguro de su prosperidad y del alma del niño la más cui
dada entre las cosas leves y preciosas. Su cultura, que está lejos de ser refinada ni
espiritual, tiene una eficacia admirable siempre que se dirige prácticamente a realizar una finalidad inmediata. No han incorporado a las adquisiciones de la ciencia una sola ley general, un solo principio, pero la han hecho maga por las maravillas de sus aplicaciones, la han agigantado[50] en los dominios de la utilidad y han
dado al mundo, en la caldera de vapor[51] y en la dínamo eléctrica, billones de esclavos invisibles que centuplican,[52] para servir al Aladino[53] humano, el poder de
la lámpara maravillosa. El crecimiento de su grandeza y de su fuerza será objeto
de perdurables asombros para el porvenir. Han inventado, con su prodigiosa aptitud de improvisación, un acicate[54] para el tiempo, y al conjuro[55] de su voluntad
poderosa surge en un día, del seno[56] de la absoluta soledad, la suma de cultura
acumulable por la obra de los siglos. La libertad puritana, que les envía su luz
desde el pasado, unió a esta luz el calor de una piedad que aún dura. Junto a la
fábrica y la escuela, sus fuertes manos han alzado también los templos de donde
evaporan sus plegarias muchos millones de conciencias libres. Ellos han sabido
salvar, en el naufragio[57] de todas las idealidades, la idealidad más alta, guardando
viva la tradición de un sentimiento religioso que, si no levanta sus velos en alas de
un espiritualismo delicado y profundo, sostiene en parte, entre las asperezas[58] del
tumulto utilitario, la rienda[59] firme del sentido moral. Han sabido también
guardar, en medio de los refinamientos de la vida civilizada, el sello de cierta
primitividad robusta. Tienen el culto pagano de la salud, de la destreza, de la
fuerza; templan y afinan[60] en el músculo el instrumento precioso de la voluntad,
y obligados por su aspiración insaciable de domino a cultivar la energía de todas
las actividades humanas, modelan el torso del atleta para el corazón del hombre
libre. Y del concierto de su civilización, del acordado movimiento de su cultura,

---

[46]**artífice de su destino** forger of his destiny   [47]**urdimbre** warp   [48]**avidez** eagerness   [49]**quicio** frame   [50]**agigantado** increased considerably   [51]**caldera de vapor** caldron, steam boiler
[52]**centuplican** increase by hundredfold   [53]**Aladino** Aladdin, the main character of "Aladdin and the Magic Lamp", one of the short stories from *One Thousand and One Nights*   [54]**acicate** spur   [55]**conjuro** spell   [56]**seno** womb   [57]**naufragio** failure   [58]**asperezas** roughness
[59]**rienda** control, reins   [60]**templan y afinan** they tune

surge una dominante nota de optimismo, de confianza, de fe, que dilata[61] los corazones impulsándolos a porvenir bajo la sugestión de una esperanza terca[62] y arrogante; la nota del *Excelsior* y el *Salmo de la vida* con que sus poetas han señalado el infalible bálsamo contra toda amargura en la filosofía del esfuerzo y de la acción.

Su grandeza titánica se impone así aun a los más prevenidos por las enormes desproporciones de su carácter o por las violencias recientes de su historia. Y por mi parte ya véis que aunque no les amo, les admiro. [...]

DESPUÉS DE LEER

1. ¿Cuál es según Rodó la misión de la juventud?

2. Explique los consejos que da Rodó a la juventud con respecto al espíritu de cada uno de nosotros.

3. Explique la siguiente cita: "Yo os ruego que os defendáis, en la milicia de la vida, contra la mutilación de vuestro espíritu por la tiranía de un objetivo único e interesado. No entreguéis nunca a la utilidad o a la pasión, sino una parte de vosotros. Aun ante la esclavitud material, hay la posibilidad de salvar la libertad interior: la de la razón y el sentimiento. No tratéis, pues, de justificar, por la absorción del trabajo o el combate, la esclavitud de vuestro espíritu."

4. ¿Por qué le preocupan a Rodó la *deslatinización* de la América hispana y la *nordomanía* que va invadiendo los países de Latinoamérica?

5. ¿Cuáles son los valores que Rodó defiende?

6. ¿Cómo define Rodó a la América del Norte?

7. *Ariel,* al ser publicado, convirtió a Rodó en el padre espiritual y la conciencia de los países de Hispanoamérica. ¿Por qué considera usted que fue tan extensa la repercusión del mensaje de Rodó?

8. Describa cómo la estética del modernismo se encuentra presente en el pensamiento y el estilo de Rodó.

---

[61]**dilata** dilates, expands   [62]**terca** obstinate

ALGUNOS ESTUDIOS DE INTERÉS

Benedetti, Mario. *Genio y figura de José Enrique Rodó*. Buenos Aires, Argentina: EUDEBA, 1966.

Castillo-Feliu, Guillermo. "Renán, Rodó y Montaner: Tres 'tempestuosas' perspectivas sobre Ariel y Calibán". SECOLAS 22 (1991): 17–22.

Concha, Jaime. "El *Ariel* de Rodó, o juventud, 'humano tesoro'". *Nuevo Texto Crítico* 5:9–10 (1992): 121–124.

Ette, Ottmar. "'Así habló Próspero': Nietzsche, Rodó y la modernidad filosófica de *Ariel*". *Cuadernos Hispanoamericanos* 528 (1994): 49–62.

Foster, David William. "Proceso de literaturización en *Ariel*". *Explicación de Textos Literarios* 10:2 (1982): 5–14.

Rodríguez Monegal, Emir. *José E. Rodó en el Novecientos*. Montevideo, Uruguay: Ed. Número, 1950.

Sánchez Gey Venegas, Juana. "El modernismo filosófico en América". *Cuadernos Americanos* 7:41 (1993): 109–121.

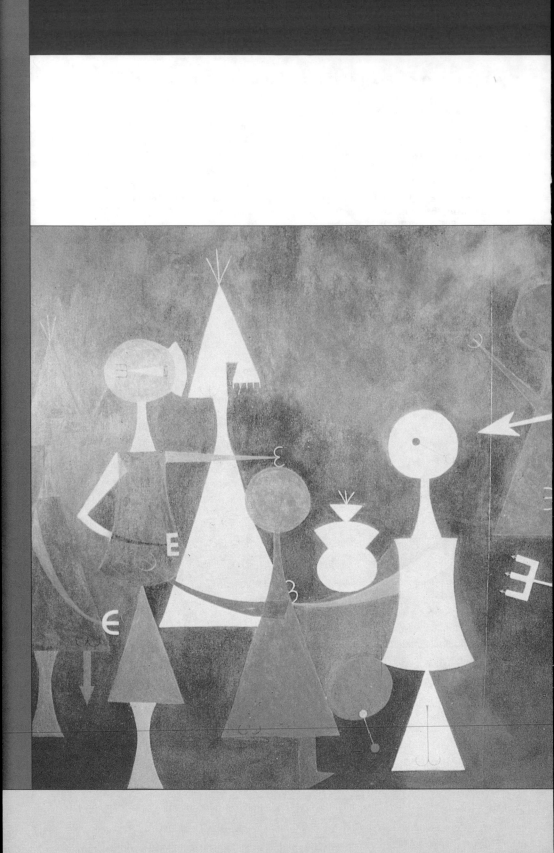

Precursores y contemporáneos

Mariano Azuela

(1873, Lagos de Moreno, Jalisco, México–1952, Ciudad de México)

Mariano Azuela es considerado como uno de los iniciadores del realismo social en Hispanoamérica y el novelista más importante de la Revolución mexicana. Su desilusión con ésta, a la cual apoyó en sus comienzos, se observa en el ciclo de las novelas que escribió sobre la Revolución. Entre ellas se mencionan: *Andrés Pérez, maderista* (1911), *Los caciques* (1917), *Los de abajo* y *Las tribulaciones de una familia decente* (1918). La novela *Los de abajo* le dio al autor lugar permanente en la literatura hispanoamericana. Fue publicada inicialmente por entregas en el periódico *El Paso del Norte* (octubre a diciembre, 1915) y años después en *El Universal Ilustrado* (1924). Gran parte de la novela fue escrita mientras acompañaba como médico al ejército de Pancho Villa. La novela, de estructura circular, comienza y termina en el Cañón de Juchipila, y relata la trayectoria revolucionaria del campesino Demetrio Macías acompañado de sus seguidores. La forma caótica y aparentemente desconectada de cuanto acontece no es más que una técnica de acercarse a las acciones que se sucedían y mostrar la falta de dirección de la lucha revolucionaria campesina. En los episodios predominan los diálogos que sirven para presentar a personajes arquetípicos. Éstos también son dados a conocer a través de las acciones que ejecutan y no por las descripciones que de ellos se ofrecen en la novela. *Los de abajo* permite conocer el mundo de violencia y corrupción que existe en el campo mexicano y la pobreza e ignorancia del campesino.

Otras obras de Azuela son *Impresiones de un estudiante* (1896), un libro de cuentos; *María Luisa* (1907), su primera novela; *Los fracasados* (1908) y *Mala yerba* (1909), de influencia naturalista. *La Malhora* (1923), *El desquite* (1925) y *La luciérnaga* (1927) son tres novelas de tipo experimental en las que Mariano Azuela, sin abandonar por completo sus preocupaciones naturalistas, pretende llevar a su narrativa las técnicas de la novela moderna.

—la técnica narrativa
—el papel del pueblo en la Revolución mexicana
—el concepto de traición

En este cuento Mariano Azuela presenta el personaje de Juan Pablo, revolucionario mexicano y víctima de la trampa que le tienden sus correligionarios al acusarlo de traición. El relato comienza y termina momentos antes de Juan Pablo ser fusilado cuando cuestiona su traición. Éste, al comprender quién ha sido traicionado, llora, a pesar de un consejo dado por su padre durante su niñez: "los hombres no lloran". Sus lágrimas tienen un valor y significado especial.

De cómo al fin lloró Juan Pablo

A la memoria del general
Leocadio Parra,
asesinado por el carrancismo.[1]

*J*uan Pablo está encapillado,[2] mañana, al rayar el alba,[3] será conducido de su celda, entre clangor de clarines[4] y batir de tambores, al fondo de las cuadras del cuartel, y allí, de espaldas a un angosto muro de adobes, ante todo el regimiento, se le formará el cuadro y será pasado por las armas.[5]

Así paga con su vida el feo delito de traición.

¡Traición! ¡Traición!

La palabreja pronunciada en el Consejo Extraordinario de Guerra de ayer se ha clavado en mitad del corazón de Juan Pablo como un dardo de alacrán.[6]

«Traición». Así dijo un oficialito, buen mozo, que guiñaba[7] los ojos y movía las manos como esas gentes de las comedias. Así dijo un oficialito encorseletado, relamido,[8] oloroso como las mujeres de la calle; un oficialito de tres galones[9] muy brillantes... galones vírgenes.

Y la palabreja da vueltas en el cerebro de Juan Pablo como la idea fija en la rueda sin fin del cerebro de un tifoso.[10]

«¡Traición!, ¡traición! ¿Pero traición a quién?»

---

[1]**carrancismo** reference to the actions of the followers of Venustiano Carranza (1859–1920), Mexican politician and president of Mexico from 1915 to 1920   [2]**encapillado** hood used to cover the head of prisoners that were to be executed   [3]**al rayar el alba** at dawn   [4]**clangor de clarines** vibrant sound of the trumpets   [5]**pasado por las armas** executed   [6]**dardo de alacrán** scorpion stinger   [7]**guiñaba** winked   [8]**relamido** prim   [9]**galones** stripes   [10]**tifoso** person who suffers from typhus

Juan Pablo ruge,[11] sin alzar la cabeza, removiendo la silla y haciendo rechinar[12] sus ferradas[13] botas en las baldosas.[14]

La guardia despierta:

«¡Centinela aaalerta![15]...»

«¡Centinela aaalerta!...»

Las voces se repiten alejándose, perdiéndose de patio en patio, hasta esfumarse[16] pavorosas[17] y escalofriantes[18] en un gemido del viento. Después ladra un perro en la calle. Ladrido agudo, largo, plañidero,[19] de una melancolía desgarradora,[20] casi humana.

El día que llegó a Hostotipaquillo[21] el periódico de México con la relación mentirosa de las hazañas del beodo[22] Huerta y su cafrería,[23] Pascual Bailón, hábil peluquero, acertado boticario y pulsador[24] a las veces de la séptima,[25] convocó a sus íntimos:

«Pos[26] será bueno acabar ya con los tiranos», respondió Juan Pablo que nunca hablaba.

Entonces Pascual Bailón, personaje de ascendiente,[27] empapado en las lecturas de don Juan A. Mateos,[28] y de don Ireneo Paz[29] y de otros afamados escritores, con gesto épico y alcanzando con su verbo las alturas del cóndor, dijo así:

«Compañeros, es de cobardes hablar en lenguas, cuando ya nuestros hermanos del Norte están hablando en pólvora».[30]

Juan Pablo fue el primero en salir a la calle.

Los conjurados,[31] en número de siete, no hablaron en pólvora porque no tenían ni pistolas de chispa,[32] tan bien hablaron en hierro, que dejaron mudos para siempre a los tiranos del pueblo, al alcaide[33] y los jenízaros[34] de la cárcel municipal, amén[35] de ponerle fuego a *La Simpatía*[36] *(abarrotes*[37] *y misceláneas)* de don Telésforo, el cacique principal.

Pascual Bailón y los suyos remontaron[38] a las barrancas[39] de Tequila.[40] Luego de su primera escaramuza[41] con los federales,[42] se verificó un movimiento jerárquico radical; Pascual Bailón, que procuraba ponerse siempre a respetable distancia de la línea de fuego, dijo que a eso él le llamaba, con la historia, prudencia; pero los demás, que ni leer sabían, en su caló[43] un tanto rudo, mas no desprovisto de color, dijeron que eso se llamaba simplemente, «argolla».[44] Entonces,

---

[11]**ruge** roars   [12]**rechinar** creak   [13]**ferradas** trimmed with iron   [14]**baldosas** tiles   [15]**aaalerta (***alerta***)** on guard   [16]**esfumarse** disappeared   [17]**pavorosas** frightening   [18]**escalofriante** bloodcurdling   [19]**plañidero** mournful   [20]**desgarradora** tearing   [21]**Hostotipaquillo** town in the Mexican state of Jalisco   [22]**beodo** drunkard   [23]**su cafrería** his barbarous followers   [24]**pulsador** person capable of making others act   [25]**a ... séptima** group composed of seven members   [26]**pos** *pues*   [27]**ascendiente** influence, lineage   [28]**Juan A. Mateos** (1831–1913), Mexican Romantic writer, author of several plays and the novel *Los dramas de México*   [29]**Ireneo Paz** (1836–1924), Mexican legal expert who authored historical works as well as novels and books of poetry   [30]**pólvora** gunpowder. Here, it refers to armed fighting.   [31]**conjurados** conspirators   [32]**pistolas de chispa** cap guns   [33]**alcaide** warden   [34]**jenízaros** mestizo   [35]**amén** besides   [36]***La Simpatía*** name of a store   [37]**abarrotes** groceries   [38]**remontaron** went back   [39]**barrancas** ravines   [40]**Tequila** name of a town in the state of Jalisco   [41]**escaramuza** skirmish   [42]**federales** reference to the government troops   [43]**caló** dialect   [44]**argolla** cowardice

por unanimidad de pareceres,[45] tomó la jefatura de la facción Juan Pablo, que en el pueblo sólo se había distinguido por su retraimiento hosco[46] y por su habilidad muy relativa para calzar una reja, aguzar[47] un barretón[48] o sacarle filo[49] a un machete. Valor temerario[50] y serenidad fueron para Juan Pablo como para el aguilucho[51] desplegar las alas[52] y hender[53] los aires.

Al triunfo de la Revolución podía ostentar, sin mengua[54] de la vergüenza y del pudor,[55] sus insignias de general.

Las parejas de enamorados que gustan de ver el follaje del jardín Santiago Tlaltelolco tinto en el oro vaporoso del sol naciente tropezaron a menudo con un recio mocetón, tendido a la bartola[56] en una banca, en mangas de camisa, desnudo el velloso[57] pecho; a veces contemplando embebecido[58] un costado mohoso[59] y carcomido[60] de la iglesia; sus vetustas[61] torrecillas desiguales que recortan claros zafirinos,[62] débilmente rosados por la hora; otras veces con un número[63] de *El Pueblo*, a deletrea que deletrea.[64]

Juan Pablo, de guarnición[65] en la capital, poco sabe de periódicos, desde que Pascual Bailón, nuevo Cincinato,[66] después de salvar a la patria, se ha retirado a la vida privada a cuidar sus intereses (una hacienda en Michoacán[67] y un ferrocarrilito muy regularmente equipado); pero cuando el título del periódico viene en letras rojas y con la enésima[68] noticia de que «Doroteo Arango[69] ha sido muerto» o que «el Gobierno ha rehusado el ofrecimiento de quinientos millones de dólares que le ofrecen los banqueros norteamericanos», o bien como ahora que «ya el pueblo está sintiendo los inmensos beneficios de la Revolución», entonces compra el diario. Excusado[70] decir que Juan Pablo prohija[71] la opinión de *El Pueblo* de hoy: su chaleco está desabrochado porque no le cierra más; la punta de su nariz se empurpura[72] y comienzan a culebrear por ella venillas muy erectas, y a su lado juguetea una linda adolescente vestida de tul blanco floreado, con un listón[73] muy encendido en la nuca, otro más grande y abierto como mariposa de fuego al extremo de la trenza[74] que cae pesada en medio de unas caderas que comienzan apenas a ensanchar.

Juan Pablo acaba rendido[75] la lectura de «los Inmensos Beneficios que la Revolución le ha traído al Pueblo» a la sazón[76] que sus ojos reparan[77] en el centenar

---

[45]**pareceres** opinions   [46]**retraimiento hosco** surly reserve   [47]**aguzar** sharpen   [48]**barretón** pickaxe   [49]**sacarle filo** to sharpen   [50]**temerario** bold   [51]**aguilucho** eaglet   [52]**desplegar las alas** spread out their wings   [53]**hender** to cut through   [54]**sin mengua** without decreasing   [55]**pudor** modesty   [56]**tendido a la bartola** lying down carelessly   [57]**velloso** hairy   [58]**embebecido** transfixed   [59]**mohoso** moldy   [60]**carcomido** worm-eaten   [61]**vetustas** very old   [62]**zafirinos** sapphirine   [63]**un número** an issue   [64]**a deletrea que deletrea** reading trying to understand what is being read   [65]**guarnición** garrison   [66]**Cincinato** reference to Cincinatus, a Roman patriot, general, counsel, and dictator who lived in the fifth century before Christ Cincinatus was known for his simplicity and austerity. After conquering the enemies of Rome, he gave up power and retired to his farm.   [67]**Michoacán** Mexican state   [68]**enésima** for the umpteenth time   [69]**Doroteo Arango** (1878–1923), Mexican revolutionary leader also known as Pancho Villa   [70]**Excusado** it is not necessary   [71]**prohija** adopts   [72]**empurpura** turns purple   [73]**listón** ribbon   [74]**trenza** braid   [75]**rendido** exhausted   [76]**a la sazón** at the same time   [77]**reparan** notice

de mugrientos,[78] piojosos[79] y cadavéricos que están haciendo cola[80] a lo largo de la duodécima calle del Factor, en espera de que abra sus puertas un molino[81] de nixtamal.[82] Juan Pablo frunce[83] el ala izquierda de su nariz y se inclina a rascarse[84] un tobillo. No es que Juan Pablo, herido por la coincidencia, haya reflexionado. No. Juan Pablo ordinariamente no piensa. Lo que ocurre en las reconditeces[85] de su subconciencia suele exteriorizarse así: un fruncir de nariz, un sordo escozor,[86] algo así como si se le paseara una pulga[87] por las pantorrillas.[88] Eso es todo.

Y bien, es ésta la tercera vez que Juan Pablo está encapillado. Una por haberle desbaratado[89] la cara a un barbilindo[90] de la Secretaría de Guerra; otra por haber alojado en la cabeza de un pagador una bala de revólver. Todo por nada, por minucias de servicio. Porque en la lógica de mezquite[91] de Juan Pablo no cabrá jamás eso de que después del triunfo de la revolución del pueblo sigan como siempre unos esclavizados a los otros. En su regimiento, en efecto, jamás se observó más línea de conducta que ésta: «No volverle jamás la espalda al enemigo». El resto avéngaselo cada cual como mejor le cuadre.[92] Se comprende qué hombres llevaría consigo Juan Pablo. Se comprende cómo lo adoraría su gente. Y se comprende también que por justos resquemores[93] de esa gente el Gobierno haya puesto dos veces en libertad a Juan Pablo.

Sólo que la segunda salió de la prisión a encontrarse con una novedad: su regimiento disuelto, sus soldados incorporados a cuerpos remotísimos: unos en Sonora, otros en Chihuahua, otros en Tampico y unos cuantos en Morelos.[94]

Juan Pablo, general en depósito sin más capital que su magnífica *Colt* izquierda, sintió entonces la nostalgia del terruño[95] lejano, de sus camaradas de pelea, de su libertad más mermada[96] hoy que cuando majaba[97] el hierro, sin más tiranos en la cabeza que el pobre diablo de la *Simpatía (abarrotes y misceláneas)* y los tres o cuatro «gatos»[98] que fungían[99] de gendarmes municipales, excelentes personas por lo demás, si uno no se mete con ellos. Juan Pablo así lo reconoce ahora, suspirando y vueltas las narices al occidente.

Una noche, cierto individuo que de días viene ocupando el sitio frontero a Juan Pablo en el restaurante se rasca la cabeza, suspira y rumora: «Los civilistas[100] nos roban».

Juan Pablo, cejijunto, mira a su interlocutor, come y calla.

Al día siguiente: «Los civilistas se han apoderado de nuestra cosecha; nosotros sembramos la tierra, nosotros la regamos con nuestra propia sangre».

---

[78]**mugrientos** filthy   [79]**piojosos** infested with lice   [80]**haciendo cola** standing in line   [81]**molino** mill   [82]**nixtamal** corn partially cooked in lime water and used to make *tortillas*   [83]**frunce** purses   [84]**rascarse** to scratch   [85]**reconditeces** hidden places   [86]**escozor** smarting   [87]**pulga** flea   [88]**pantorrillas** calves   [89]**desbaratado** ruined   [90]**barbilindo** pretty boy   [91]**mezquite** a kind of tree. Here, it means wooden.   [92]**avéngaselo ... cuadre** let each one do as he will   [93]**resquemores** resentments   [94]**Sonora ... Morelos** Sonora, Chihuahua, and Morelos are states of Mexico; Tampico is a city in the state of Tamaulipas   [95]**terruño** native soil   [96]**mermada** reduced   [97]**majaba** worked   [98]**«gatos»** guys   [99]**fungían** served as   [100]**civilistas** followers of Carranza

Juan Pablo deja el platillo un instante, pliega el ala izquierda de la nariz, se inclina y se rasca un tobillo. Luego come y calla.

Otro día: «Los civilistas ya no son las moscas,[101] ahora se han sentado a la mesa y a nosotros nos arrojan, como al perro, las sobras[102] del banquete».

Juan Pablo, impaciente al fin, pregunta: «¿Por eso, pues, quiénes jijos[103] de un... son esos tales civilistas?»

«Los que nos han echado de nuestro campo... los catrines[104]...»

La luz se hace en el cerebro de Juan Pablo.

Al día siguiente es él quien habla: «Sería bueno acabar con los tiranos».

Su amigo lo lleva por la noche a una junta secreta por un arrabal[105] siniestro. Allí están reunidos ya los conjurados. Uno, el más respetable, diserta con sombrío acento sobre el tema ya es tiempo de que al pueblo le demos patria.

Alelado,[106] Juan Pablo no siente cuando las puertas y ventanas contiguas se cuajan[107] de brillantes cañones de fusil.

Un vozarrón: «¡Arriba las manos!»

Todo el mundo las levanta. Juan Pablo también las levanta; mejor dicho alza la derecha empuñando vigorosamente la *Colt* izquierda.

«¡Ríndase o hago fuego!, ruge una voz tan cerca de él que le hace dar un salto de fiera hacia atrás. Y Juan Pablo responde vaciando la carga de su revólver.

En medio de la blanca humareda, entre el vivo fulgor de los fogonazos, bajo la turbia penumbra de un farol grasiento, Juan Pablo, crispada la melena, blancos los dientes, sonríe en su apoteosis.

Cuando los tiros se agotan y no queda figura humana en los oscuros huecos de puertas y ventanas, caen sobre él como un rayo los mismos conjurados.

Agarrotado[108] de pies y manos, Juan Pablo sigue sonriendo.

No hay jactancia[109] alguna, pues, en que Juan Pablo diga que tantas veces se ha encontrado frente a frente con la muerte que ya aprendió a verla de cara sin que le tiemblen las corvas.[110]

Si hoy lleva seis horas enclavado en una silla de tule,[111] la vigorosa cabeza hundida entre sus manos nervudas y requemadas, es porque algo más cruel que la muerte lo destroza. Juan Pablo oye todavía: «¡Traición... traición...!», cuando una a una caen lentas y pausadas las campanadas del alba.

«¿Pero traición a quién, Madre mía del Refugio?»

Sin abrir los ojos está mirando el altarcito en uno de los muros del cuartucho; una estampa de Nuestra Señora del Refugio, dos manojos[112] de flores ya marchitas[113] y una lamparita de aceite que derrama su luz amarillenta y funeraria. Entonces dos lagrimones[114] se precipitan a sus ojos.

«¡Imposible! —Juan Pablo da un salto de león herido—... ¡Imposible!...»

---

[101]**moscas** flies. Here, it refers to bothersome, insignificant people.   [102]**sobras** leftovers
[103]**jijos** *hijos*   [104]**catrines** name used by the masses to refer to the upper class   [105]**arrabal**
slum   [106]**alelado** dumbfounded   [107]**se cuajan** are filled   [108]**agarrotado** bound   [109]**jactancia** boastfulness   [110]**corvas** back of the knees   [111]**tule** fiber made from bullrushes   [112]**manojos** handfuls   [113]**marchitas** wilted   [114]**lagrimones** big tears

Clarividencias[115] de moribundo le traen viva la escena de su infancia, ruidos covachón,[116] negro de hollín,[117] gran fuego en el hogar, y un niño de manos inseguras que no saben tener la tenaza[118] y escapar el hierro candente[119]... Luego un grito y los ojos que se llenan de lágrimas... Al extremo de la fragua[120] se yergue un viejo semidesnudo, reseco,[121] como corteza de roble,[122] barbado en grandes madejas como ixtle[123] chamuscado.[124]

«¿Qué es eso, Juan Pablo?... Los hombres no lloran!»

En huecas[125] frases revestidas de hipocresía reporteril, la prensa dice que el ajusticiado[126] murió con gran serenidad. Agregan los reporteros que las últimas palabras del reo[127] fueron éstas: «No me tire a la cara», y que con tal acento las pronunció, que más parecía dictar una orden que implorar una gracia.[128]

Parece que la escolta estuvo irreprochable. Juan Pablo dio un salto adelante, resbaló y cayó tendido de cara a las estrellas, sin contraer más una sola de sus líneas.

Eso fue todo lo que vieron los reporteros.

Yo vi más. Vi cómo en los ojos vitrificados de Juan Pablo asomaron tímidamente dos gotitas de diamantes que crecían, crecían, que se dilataban, que parecían querer desprenderse, que parecían querer subir al cielo... sí, dos estrellas...

DESPUÉS DE LEER

1. ¿De qué ha sido acusado Juan Pablo? ¿Comprende Juan Pablo la acusación?

2. ¿Quién es y qué representa el personaje de Juan Bailón en el cuento?

3. ¿Por qué Juan Bailón no fue el líder del grupo? ¿Qué hace?

4. ¿Cómo llegó Juan Pablo a ser el jefe de su grupo de revolucionarios? ¿Qué tipo de líder fue Juan Pablo?

5. ¿Cuál fue la reacción de Juan Pablo al leer sobre "los inmensos beneficios que la Revolución le ha traído al pueblo" y al enterarse de la muerte de Pancho Villa?

6. ¿Qué descubre Juan Pablo al salir de la cárcel? ¿Por qué decide volver a su pueblo?

7. ¿Cómo le tendieron sus correligionarios una trampa a Juan Pablo?

8. ¿Cuál fue la orden que les dio Juan Pablo a los hombres que lo iban a fusilar? ¿La cumplieron?

9. ¿Cuál es el significado de las lágrimas?

10. ¿Cuál diría usted que fue la verdadera traición?

---

[115]**clarividencias** clairvoyance   [116]**covachón** shanty   [117]**hollín** soot   [118]**tenaza** coal tongs [119]**candente** burning   [120]**fragua** forge   [121]**reseco** dried   [122]**corteza de un roble** the trunk of an oak tree   [123]**ixtle** fiber of a plant found in Mexico   [124]**chamuscado** burnt   [125]**huecas** hollow   [126]**ajusticiado** executed person   [127]**reo** accused   [128]**una gracia** a favor

11. Explique la técnica narrativa de Azuela haciendo referencia a la forma episódica del cuento y la importancia de las diferentes voces narrativas.

12. ¿Qué comentarios haría usted sobre la actitud del autor hacia la Revolución mexicana?

A L G U N O S   E S T U D I O S   D E   I N T E R É S

Andino, Alberto. "Los juegos políticos clasistas y étnicos en las novelas de Mariano Azuela sobre la Revolución Mexicana". *Cuadernos Hispanoamericanos* 370 (1981): 144–150.

Bradley, D. "Patterns of Myth in *Los de abajo*". *Modern Language Review* 75 (1980): 94–104.

Dessau, Adalbertk. "*Los de abajo*: una valoración objetiva". Rogelio Rodríguez Coronel, ed. *Recopilación de textos sobre la novela de la Revolución mexicana*. La Habana, Cuba: Casa de las Américas, 1975.

García Manzano, Consuelo. Una nota sobre Sacrilegio: Otra profanación confesional en *Los de abajo* de Mariano Azuela. *Cuadernos de Investigación Filológica* 17:1-2 (1991): 233–237.

Griffen, Clive. "The Structure of *Los de abajo*". *Revista Canadiense de Estudios Hispánicos* 6:1 (1981): 25–41.

Leal, Luis. "Mariano Azuela: Precursor de los nuevos novelistas", *Revista Iberoamericana* 55:148–149 (1989): 859–867.

Lorente-Myrphy, Sylvia. "La Revolución mexicana en la novela". *Revista Iberoamericana* 55:148 149 (1989): 847–857.

Martínez, Eliud. *The art of Mariano Azuela: Modernism in* La malhora, El desquite, La luciérnaga. Introduction by Luis Leal. Pittsburgh, Pennsylvania: Latin American Literary Review Press, 1980.

Menton, Seymour. "La estructura épica de *Los de abajo* y un prólogo especulativo". *Hispania* 50 (1967): 1001–1011.

Ramos Escandon, Carmen. "¿El texto como historia o la historia como texto?" *Dactylus* 10 (1990): 29–30.

Ruffinelli, Jorge. *Literatura e ideología: El primer Mariano Azuela, 1896–1918*. México, D. F.: Premia, 1982.

Horacio Quiroga

(1878, Salto, Uruguay–1937, Buenos Aires, Argentina)

Horacio Quiroga es considerado maestro de la narrativa breve hispanoamericana. Con él, el género del cuento llegó a su madurez. En los primeros cuentos de Quiroga publicados en la colección de poemas y cuentos titulada *Los arrecifes de coral* (1901) se observa la influencia modernista. Quiroga es un escritor realista, y en su obra el lector encuentra las influencias de autores como Edgar Allan Poe, Guy de Maupassant, Fedor Dostoievsky, Anton Chejov y Rudyard Kipling, así como también sus trágicas experiencias personales. Los relatos realistas y de expresión dramática aparecen en *Cuentos de amor, de locura y de muerte* (1917), *Cuentos de la selva* (1918), *Anaconda* (1921), *La gallina degollada y otros cuentos* (1925), *Los desterrados* (1926) y *Más allá* (1935). En muchos de estos cuentos se observa la influencia, fascinación y terror que inspira la selva y la indiferencia de ésta hacia el hombre. Los cuentos de Quiroga están cargados de expresión dramática.

—la técnica y el estilo narrativo
—el elemento dramático de la narración
—el uso de las descripciones
—el juego psicológico entre los padres
—el impacto que el final del cuento causa en el lector

En este cuento Horacio Quiroga presenta las tensiones que existen en el matrimonio Mazzini-Ferraz, consecuencia del hecho de que cuatro de sus cinco hijos son idiotas. Sólo la hija menor, a quien es entregado todo el cariño y atención de los padres, es normal. Por un descuido, Bertita se convierte en víctima de los hermanos.

La gallina degollada[1]

๛

Todo el día sentados en el patio, en un banco, estaban los cuatro hijos idiotas del matrimonio Mazzini-Ferraz. Tenían la lengua entre los labios, los ojos estúpidos y volvían la cabeza con la boca abierta.

El patio era de tierra, cerrado al Oeste por un cerco[2] de ladrillos.[3] El banco quedaba paralelo a él, a cinco metros, y allí se mantenían inmóviles, fijos los ojos en los ladrillos. Como el sol se ocultaba tras el cerco al declinar, los idiotas tenían fiesta. La luz enceguecedora[4] llamaba su atención al principio; poco a poco sus ojos se animaban; se reían al fin estrepitosamente, congestionados por la misma hilaridad ansiosa, mirando el sol con alegría bestial, como si fuera comida.

Otras veces, alineados en el banco,[5] zumbaban[6] horas enteras imitando al tranvía[7] eléctrico. Los ruidos fuertes sacudían asimismo su inercia, y corrían entonces, mordiéndose la lengua y mugiendo,[8] alrededor del patio. Pero casi siempre estaban apagados en un sombrío letargo de idiotismo, y pasaban todo el día sentados en su banco, con las piernas colgantes y quietas, empapando[9] de glutinosa saliva el pantalón.

El mayor tenía doce y el menor ocho. En todo su aspecto sucio y desvalido[10] se notaba la falta absoluta de un poco de cuidado maternal.

Esos cuatro idiotas, sin embargo, habían sido un día el encanto de sus padres. A los tres meses de casados, Mazzini y Berta orientaron su estrecho amor de marido y mujer y mujer y marido hacia un porvenir mucho más vital: un hijo. ¿Qué mayor dicha para dos enamorados que esa honrada consagración de su ca-

---

[1]**degollada** decapitated [2]**cerco** fence, wall [3]**ladrillos** bricks [4]**enceguedora** blinding [5]**alineados en el banco** sitting in a straight line on the bench [6]**zumbaban** buzzed [7]**tranvía** streetcar [8]**mugiendo** bellowing [9]**empapando** soaking [10]**desvalido** helpless

riño, libertado ya del vil egoísmo de un mutuo amor sin fin ninguno y, lo que es peor para el amor mismo, sin esperanzas posibles de renovación?

Así lo sintieron Mazzini y Berta, y cuando el hijo llegó, a los catorce meses de matrimonio, creyeron cumplida su felicidad. La criatura creció bella y radiante hasta que tuvo año y medio. Pero en el vigésimo mes sacudiéronlo una noche convulsiones terribles y a la mañana siguiente no conocía más a sus padres. El médico lo examinó con esa atención profesional que está visiblemente buscando la causa del mal en las enfermedades de los padres.

Después de algunos días los miembros paralizados recobraron el movimiento; pero la inteligencia, el alma, aun el instinto, se habían ido del todo; había quedado profundamente idiota, baboso,[11] colgante, muerto para siempre sobre las rodillas de su madre.

—¡Hijo, mi hijo querido! —sollozaba ésta sobre aquella espantosa ruina de su primogénito.

El padre, desolado, acompañó al médico afuera.

—A usted se le puede decir: creo que es un caso perdido. Podrá mejorar, educarse en todo lo que le permita su idiotismo, pero no más allá.

—¡Sí!…, ¡sí!… —asentía Mazzini—. Pero dígame: ¿Usted cree que es herencia, que…?

—En cuanto a la herencia paterna, ya le dije lo que creí cuando vi a su hijo. Respecto a la madre, hay un pulmón que no sopla bien. No veo nada más, pero hay un soplo un poco rudo. Hágala examinar bien.

Con el alma destrozada de remordimiento,[12] Mazzini redobló el amor a su hijo, el pequeño idiota que pagaba los excesos del abuelo. Tuvo asimismo que consolar, sostener sin tregua a Berta, herida en lo más profundo por aquel fracaso de su joven maternidad.

Como es natural, el matrimonio puso todo su amor en la esperanza de otro hijo. Nació éste, y su salud y limpidez de risa reencendieron el porvenir extinguido. Pero a los diez y ocho meses las convulsiones del primogénito se repetían, y al día siguiente amanecía idiota.

Esta vez los padres cayeron en honda desesperación. ¡Luego su sangre, su amor estaban malditos! ¡Su amor, sobre todo! Veintiocho años él, veintidós ella, y toda su apasionada ternura no alcanzaba a crear un átomo de vida normal. Ya no pedían más belleza e inteligencia, como en el primogénito; ¡pero un hijo, un hijo como todos!

Del nuevo desastre brotaron[13] nuevas llamaradas de dolorido amor, un loco anhelo[14] de redimir de una vez para siempre la santidad de su ternura. Sobrevinieron mellizos,[15] y punto por punto repitióse el proceso de los dos mayores.

Mas por encima de su inmensa amargura[16] quedaba a Mazzini y Berta gran compasión por sus cuatro hijos. Hubo que arrancar del limbo de la más honda animalidad no ya sus almas, sino el instinto mismo, abolido. No sabían deglutir,[17]

---

[11]**baboso** drooling   [12]**remordimiento** remorse   [13]**brotaron** surfaced   [14]**anhelo** desire
[15]**mellizos** twins   [16]**amargura** bitterness   [17]**deglutir** to swallow

cambiar de sitio, ni aun sentarse. Aprendieron al fin a caminar, pero chocaban[18] contra todo, por no darse cuenta de los obstáculos. Cuando los lavaban mugían hasta inyectarse de sangre el rostro. Animábanse sólo al comer o cuando veían colores brillantes u oían truenos. Se reían entonces, echando afuera lengua y ríos de baba, radiantes de frenesí bestial. Tenían, en cambio, cierta facultad imitativa; pero no se pudo obtener nada más.

Con los mellizos pareció haber concluido la aterradora descendencia.[19] Pero pasados tres años desearon de nuevo ardientemente otro hijo, confiando en que el largo tiempo transcurrido hubiera aplacado[20] a la fatalidad.

No satisfacían sus esperanzas. Y en ese ardiente anhelo que se exasperaba en razón de su infructuosidad, se agriaron.[21] Hasta ese momento cada cual había tomado sobre sí la parte que le correspondía en la miseria de sus hijos; pero la desesperanza de redención ante las cuatro bestias que habían nacido de ellos echó afuera esa imperiosa necesidad de culpar[22] a los otros, que es patrimonio específico de los corazones inferiores.

Iniciáronse con el cambio de pronombre: *tus* hijos. Y como a más del insulto había la insidia,[23] la atmósfera se cargaba.

—Me parece —díjole una noche Mazzini, que acababa de entrar y se lavaba las manos— que podrías tener más limpios a los muchachos.

Berta continuó leyendo como si no hubiera oído.

—Es la primera vez —repuso al rato— que te veo inquietarte por el estado de tus hijos.

Mazzini volvió un poco la cara a ella con una sonrisa forzada:

—De nuestros hijos, ¿me parece?

—Bueno, de nuestros hijos, ¿te gusta así? —alzó ella los ojos.

Esta vez Mazzini se expresó claramente:

—¿Creo que no vas a decir que yo tenga la culpa, no?

—¡Ah, no! —se sonrió Berta, muy pálida—: ¡pero yo tampoco, supongo!... ¡No faltaba más!... —murmuró.

—¿Que no faltaba más?

—¡Que si alguien tiene la culpa no soy yo, entiéndelo bien! Esto es lo que te quería decir.

Su marido la miró un momento, con brutal deseo de insultarla.

—¡Dejemos! —articuló, secándose por fin las manos.

—Como quieras; pero si quieres decir.

—¡Berta!

—¡Como quieras!

Éste fue el primer choque, y le sucedieron otros. Pero en las inevitables reconciliaciones sus almas se unían con doble arrebato[24] y locura por otro hijo.

Nació así una niña. Vivieron dos años con la angustia a flor de alma, esperando siempre otro desastre.

---

[18]**chocaban** crashed [19]**aterradora descendencia** frightful descendants [20]**aplacado** appeased [21]**se agriaron** became embittered [22]**culpar** to blame [23]**insidia** malice [24]**arrebato** ecstasy

Nada acaeció,[25] sin embargo, y los padres pusieron en ella toda su complacencia, que la pequeña llevaba a los más extremos límites del mimo y la mala crianza.

Si aun en los últimos tiempos Berta cuidaba siempre de sus hijos, al nacer Bertita olvidóse casi del todo de los otros. Su solo recuerdo la horrorizaba como algo atroz que la hubieran obligado a cometer. A Mazzini, bien que en menor grado, pasábale lo mismo. No por eso la paz había llegado a sus almas. La menor indisposición de su hija echaba afuera, con el terror de perderla, los rencores de su descendencia podrida.[26] Habían acumulado hiel[27] sobrado tiempo para que el vaso no quedara distendido, y al menor contacto el veneno se vertía afuera. Desde el primer disgusto emponzoñado[28] habíanse perdido el respeto; y si hay algo a que el hombre se siente arrastrado con cruel fruición es, cuando ya se comenzó, a humillar del todo a una persona. Antes se contenían por la mutua falta de éxito; ahora que éste había llegado, cada cual, atribuyéndolo a sí mismo, sentía mayor la infamia de los cuatro engendros[29] que el otro habíale forzado a crear.

Con estos sentimientos, no hubo ya para los cuatro hijos mayor afecto posible. La sirvienta los vestía, les daba de comer, los acostaba, con visible brutalidad. No los lavaba casi nunca. Pasaban casi todo el día sentados frente al cerco, abandonados de toda remota caricia.

De este modo Bertita cumplió cuatro años, y esa noche, resultado de las golosinas[30] que era a los padres absolutamente imposible negarle, la criatura tuvo algún escalofrío y fiebre. Y el temor a verla morir o quedar idiota tornó a reabrir la eterna llaga.

Hacía tres horas que no hablaban, y el motivo fue, como casi siempre, los fuertes pasos de Mazzini.

—¡Mi Dios! ¿No puedes caminar más despacio? ¿Cuántas veces…?

—Bueno, es que me olvido; ¡se acabó! No lo hago a propósito.

Ella se sonrió, desdeñosa:

—¡No, no te creo tanto!

—Ni yo jamás te hubiera creído tanto a ti…, ¡tisiquilla![31]

—¡Qué! ¿Qué dijiste?

—¡Nada!

—¡Sí, te oí algo! Mira: ¡no sé lo que dijiste; pero te juro que prefiero cualquier cosa a tener un padre como el que has tenido tú!

Mazzini se puso pálido.

—¡Al fin! —murmuró con los dientes apretados—. ¡Al fin, víbora, has dicho lo que querías!

—¡Sí, víbora, sí! Pero yo he tenido padres sanos, ¿oyes? ¡Mi padre no ha muerto de delirio! ¡Yo hubiera tenido hijos como los de todo el mundo! ¡Esos son hijos tuyos, los cuatro tuyos!

Mazzini explotó a su vez.

—¡Víbora tísica! ¡Eso es lo que te dije, lo que te quiero decir! ¡Pregúntale al

---

[25]**acaeció** happened   [26]**podrida** rotten   [27]**hiel** bile   [28]**emponzoñado** poisoned   [29]**engendros** monsters, freaks   [30]**golosinas** sweets   [31]**tisiquilla** consumptive, sickly

médico quién tiene la mayor culpa de la meningitis de tus hijos: mi padre o tu pulmón picado, víbora!

Continuaron cada vez con mayor violencia, hasta que un gemido de Bertita selló instantáneamente sus bocas. A la una de la mañana la ligera indigestión había desaparecido y, como pasa fatalmente con todos los matrimonios jóvenes que se han amado intensamente una vez siquiera, la reconciliación llegó, tanto más efusiva cuanto hirientes fueran los agravios.

Amaneció un espléndido día, y mientras Berta se levantaba escupió[32] sangre. Las emociones y mala noche pasada tenían, sin duda, gran culpa. Mazzini la retuvo abrazada largo rato y ella lloró desesperadamente, pero sin que ninguno se atreviera a decir una palabra.

A las diez decidieron salir, después de almorzar. Como apenas tenían tiempo, ordenaron a la sirvienta que matara una gallina.

El día, radiante, había arrancado a los idiotas de su banco. De modo que mientras la sirvienta degollaba en la cocina al animal, desangrándolo con parsimonia (Berta había aprendido de su madre este buen modo de conservar frescura a la carne), creyó sentir algo como respiración tras ella. Volvióse, y vio a los cuatro idiotas, con los hombros pegados uno a otro, mirando estupefactos la operación. Rojo…, rojo…

—¡Señora! Los niños están aquí en la cocina.

Berta llegó; no quería que jamás pisaran allí. ¡Y ni aun en esas horas de pleno perdón, olvido y felicidad reconquistada podía evitarse esa horrible visión! Porque, naturalmente, cuanto más intensos eran los raptos de amor a su marido e hija, más irritado era su humor con los monstruos.

—¡Que salgan, María! ¡Échelos! ¡Échelos, le digo!

Las cuatro pobres bestias, sacudidas, brutalmente empujadas, fueron a dar a su banco.

Después de almorzar salieron todos. La sirvienta fue a Buenos Aires y el matrimonio a pasear por las quintas.[33] Al bajar el sol volvieron; pero Berta quiso saludar un momento a sus vecinas de enfrente. Su hija escapóse en seguida a casa.

Entretanto los idiotas no se habían movido en todo el día de su banco. El sol había traspuesto ya el cerco, comenzaba a hundirse, y ellos continuaban mirando los ladrillos, más inertes que nunca.

De pronto algo se interpuso entre su mirada y el cerco. Su hermana, cansada de cinco horas paternales, quería observar por su cuenta. Detenida al pie del cerco, miraba pensativa la cresta. Quería trepar, eso no ofrecía duda. Al fin decidióse por una silla desfondada, pero no alcanzaba.[34] Recurrió entonces a un cajón de kerosene, y su instinto topográfico hízole colocar vertical el mueble, con lo cual triunfó.

Los cuatro idiotas, la mirada indiferente, vieron cómo su hermana lograba pacientemente dominar el equilibrio y cómo en puntas de pie apoyaba la garganta

---

[32]**escupió** spit   [33]**quintas** country houses   [34]**no alcanzaba** could not reach

sobre la cresta del cerro, entre sus manos tirantes. Viéronla mirar a todos lados y buscar apoyo con el pie para alzarse más.

Pero la mirada de los idiotas se había animado; una misma luz insistente estaba fija en sus pupilas. No apartaban los ojos de su hermana, mientras creciente sensación de gula[35] bestial iba cambiando cada línea de sus rostros. Lentamente avanzaron hacia el cerco. La pequeña, que habiendo logrado calzar el pie iba ya a montar a horcajadas[36] y a caerse del otro lado, seguramente, sintióse cogida[37] de la pierna. Debajo de ella, los ocho ojos clavados en los suyos le dieron miedo.

—¡Soltáme!, ¡dejáme! —gritó sacudiendo la pierna. Pero fue atraída.

—¡Mamá! ¡Ay, mamá! ¡Mamá, papá! —lloró imperiosamente. Trató aún de sujetarse del borde, pero sintióse arrancada y cayó.

—¡Mamá! ¡Ay, ma…! —No pudo gritar más. Uno de ellos le apretó[38] el cuello, apartando los bucles[39] como si fueran plumas, y los otros la arrastraron de una sola pierna hasta la cocina, donde esa mañana se había desangrado a la gallina, bien sujeta, arrancándole la vida segundo por segundo.

Mazzini, en la casa de enfrente, creyó oír la voz de su hija.

—Me parece que te llama —le dijo a Berta.

Prestaron oído, inquietos, pero no oyeron más. Con todo, un momento después se despidieron, y mientras Berta iba a dejar su sombrero, Mazzini avanzó en el patio:

—¡Bertita!

Nadie respondió.

—¡Bertita! —alzó más la voz, ya alterada.

Y el silencio fue tan fúnebre para su corazón siempre aterrado, que la espalda se le heló de horrible presentimiento.

—¡Mi hija, mi hija! —corrió ya desesperado hacia el fondo. Pero al pasar frente a la cocina vio en el piso un mar de sangre. Empujó violentamente la puerta, entornada, y lanzó un grito de horror.

Berta, que ya se había lanzado corriendo a su vez al oír el angustioso llamado del padre, oyó el grito y respondió con otro. Pero al precipitarse en la cocina, Mazzini, lívido[40] como la muerte, se interpuso, conteniéndola:

—¡No entres! ¡No entres!

Berta alcanzó a ver el piso inundado[41] de sangre. Sólo pudo echar sus brazos sobre la cabeza y hundirse a lo largo de él con un ronco suspiro.

---

[35]**gula** gluttony [36]**horcajadas** astride [37]**cogida** grabbed [38]**apretó** pressed [39]**bucles** curls [40]**lívido** pale [41]**inundado** inundated

DESPUÉS DE LEER

1. Explique el vínculo entre el primer párrafo del cuento y el último.

2. ¿Qué problema tienen los hijos del matrimonio Mazzini al cumplir más o menos dos años?

3. ¿En qué se diferencia Bertita de los hermanos?

4. Describa la actitud de los padres con respecto a los hijos. ¿Cree que son justos? ¿Cuál es su opinión personal con respecto al matrimonio Mazzini?

5. ¿Cómo cambia la relación que existe entre el matrimonio Mazzini a lo largo del cuento? ¿Qué armas usan para atacarse mutuamente?

6. ¿Qué prefiguraciones (*foreshadowing*) ve en el cuento?

7. Describa la impresión que causa en el lector el final del cuento.

A L   L E E R   C O N S I D E R E   L O   S I G U I E N T E :

—la contraposición entre el mundo bucólico que ofrece la naturaleza y la violencia
de la muerte
—la relación entre el padre y el hijo
—la importancia del presagio en el relato
—cómo el autor crea la tensión

En este cuento vemos dos temas que aparecen con frecuencia en la narrativa de
Horacio Quiroga: la locura y la muerte. Un padre que tiene como única compañía
a su hijo le permite a éste ir de caza con la promesa que tendrá cuidado y que
volverá temprano. El padre, que vive atemorizado de perder al hijo, presagia
su muerte. Al no volver el niño, sale a buscarlo temeroso de la realidad que tendrá
que enfrentar. Las alucinaciones del padre le ayudarán a enfrentarse con la realidad.

El hijo

Es un poderoso día de verano en Misiones, con todo el sol, el calor y la
calma que puede deparar[1] la estación. La naturaleza, plenamente abierta,
se siente satisfecha de sí.

Como el sol, el calor y la calma ambiente, el padre abre también su corazón a
la naturaleza.

—Ten cuidado, chiquito —dice a su hijo abreviando en esa frase todas las observaciones del caso y que su hijo comprende perfectamente.

—Sí, papá —responde la criatura, mientras coge la escopeta[2] y carga de cartuchos[3] los bolsillos de su camisa, que cierra con cuidado.

—Vuelve a la hora de almorzar —observa aún el padre.

—Sí, papá —repite el chico.

Equilibra la escopeta en la mano, sonríe a su padre, lo besa en la cabeza y
parte.[4]

Su padre lo sigue un rato con los ojos y vuelve a su quehacer[5] de ese día, feliz
con la alegría de su pequeño.

Sabe que su hijo, educado desde su más tierna infancia en el hábito y la precaución del peligro, puede manejar un fusil[6] y cazar no importa qué. Aunque es
muy alto para su edad, no tiene sino trece años. Y parecería tener menos, a juzgar
por la pureza de sus ojos azules, frescos aún de sorpresa infantil.

No necesita el padre levantar los ojos de su quehacer para seguir con la mente

---

[1]**deparar** provide   [2]**escopeta** shotgun, rifle   [3]**cartuchos** shells   [4]**parte** leaves   [5]**quehacer**
work   [6]**fusil** rifle

la marcha de su hijo: Ha cruzado la picada roja[7] y se encamina[8] rectamente al monte a través del abra de espartillo.[9]

Para cazar en el monte —caza de pelo— se requiere más paciencia de la que su cachorro[10] puede rendir.[11] Después de atravesar esa isla de monte, su hijo costeará la linde[12] de cactus hasta el bañado,[13] en procura de palomas,[14] tucanes o tal cual casal de garzas,[15] como las que su amigo Juan ha descubierto días anteriores.

Sólo ahora, el padre esboza una sonrisa al recuerdo de la pasión cinegética[16] de las dos criaturas. Cazan sólo a veces un yacútoro,[17] un surucuá[18] —menos aún— y regresan triunfales, Juan a su rancho con el fusil de nueve milímetros que él le ha regalado, y su hijo a la meseta,[19] con la gran escopeta Saint-Etienne, calibre 16, cuádruple cierre[20] y pólvora blanca.

Él fue lo mismo.[21] A los trece años hubiera dado la vida por poseer una escopeta. Su hijo, de aquella edad, la posee ahora; —y el padre sonríe.

No es fácil, sin embargo, para un padre viudo, sin otra fe ni esperanza que la vida de su hijo, educarlo como lo ha hecho él, libre en su corto radio[22] de acción, seguro de sus pequeños pies y manos desde que tenía cuatro años, consciente de la inmensidad de ciertos peligros y de la escasez de sus propias fuerzas.

Ese padre ha debido luchar fuertemente contra lo que él considera su egoísmo. ¡Tan fácilmente una criatura calcula mal, sienta un pie en el vacío y se pierde un hijo!

El peligro subsiste[23] siempre para el hombre en cualquier edad; pero su amenaza amengua[24] si desde pequeño se acostumbra a no contar sino con sus propias fuerzas.

De este modo ha educado el padre a su hijo. Y para conseguirlo ha debido resistir no sólo a su corazón, sino a sus tormentos morales; porque ese padre, de estómago y vista débiles, sufre desde hace un tiempo de alucinaciones.

Ha visto, concretados en dolorosísima ilusión, recuerdos de una felicidad que no debía surgir más de la nada en que se recluyó. La imagen de su propio hijo no ha escapado a este tormento. Lo ha visto una vez rodar envuelto en sangre[25] cuando el chico percutía en la morsa[26] del taller una bala[27] de parabellum, siendo así que lo que hacía era limar la hebilla de su cinturón de caza.

Horribles cosas... Pero hoy, con el ardiente y vital día de verano, cuyo amor su hijo parece haber heredado, el padre se siente feliz, tranquilo y seguro del porvenir.

En ese instante, no muy lejos, suena un estampido.[28]

—La Saint-Etienne... —piensa el padre al reconocer la detonación. Dos palomas menos en el monte...

---

[7]**picada roja** red path   [8]**se encamina** heads towards   [9]**abra de espartillo** opening in the sparto grass   [10]**cachorro** young son   [11]**puede rendir** can give   [12]**linde** edge of the cactus growth   [13]**bañado** marsh   [14]**en procura de palomas** looking for doves   [15]**garzas** herons   [16]**cinegética** hunting   [17]**yacútoro** tropical bird   [18]**surucuá** tropical bird   [19]**meseta** plateau   [20]**cuádruple cierre** four-lock shotgun   [21]**Él fue lo mismo.** He had been just the same.   [22]**corto radio** short range   [23]**subsiste** continues to exist   [24]**su amenaza amengua** there is less of a threat   [25]**rodar ... sangre** tumble covered with blood   [26]**percutía en la morsa** struck the forge   [27]**bala** bullet   [28]**estampido** shot

Sin prestar más atención al nimio[29] acontecimiento, el hombre se abstrae de nuevo en su tarea.

El sol, ya muy alto, continúa ascendiendo.[30] A dondequiera que se mire —piedras, tierra, árboles—, el aire, enrarecido[31] como en un horno, vibra con el calor. Un profundo zumbido[32] que llena el ser entero e impregna el ámbito[33] hasta donde la vista alcanza, concentra a esa hora toda la vida tropical.

El padre echa una ojeada a su muñeca: las doce. Y levanta los ojos al monte.

Su hijo debía estar ya de vuelta. En la mutua confianza que depositan el uno en el otro —el padre de sienes plateadas[34] y la criatura de trece años—, no se engañan jamás. Cuando su hijo responde: —Sí, papá, hará lo que dice. Dijo que volvería antes de las doce, y el padre ha sonreído al verlo partir.

Y no ha vuelto.

El hombre torna a su quehacer, esforzándose en concentrar la atención en su tarea. ¡Es tan fácil, tan fácil perder la noción de la hora dentro del monte, y sentarse un rato en el suelo mientras se descansa inmóvil![35]…

Bruscamente, la luz meridiana, el zumbido tropical y el corazón de padre se detienen a compás de lo que acaba de pensar: su hijo descansa inmóvil…

El tiempo ha pasado; son las doce y media. El padre sale de su taller, y al apoyar la mano en el banco de mecánica sube del fondo de su memoria el estallido[36] de una bala de parabellum, e instantáneamente, por primera vez en las tres horas transcurridas, piensa que tras el estampido de la Saint-Etienne no ha oído nada más. No ha oído rodar el pedregullo[37] bajo un paso conocido. Su hijo no ha vuelto, y naturaleza se halla detenida a la vera[38] del bosque, esperándolo…

¡Oh! No son suficientes un carácter templado y una ciega confianza en la educación de un hijo para ahuyentar[39] el espectro de la fatalidad que un padre de vista enferma ve alzarse desde la línea del monte. Distracción, olvido, demora[40] fortuita: ninguno de estos nimios motivos que pueden retardar[41] la llegada de su hijo, hallan cabida en aquel corazón.

Un tiro, un solo tiro ha sonado, y hace ya mucho. Tras él el padre no ha oído un ruido, no ha visto un pájaro, no ha cruzado el abra una sola persona a anunciarle que al cruzar un alambrado,[42] una gran desgracia…

La cabeza al aire y sin machete, el padre va. Corta el abra de espartillo, entra en el monte, costea[43] la línea de cactus sin hallar el menor rastro[44] de su hijo.

Pero la naturaleza prosigue detenida. Y cuando el padre ha recorrido las sendas de caza conocidas y ha explorado el bañado en vano, adquiere la seguridad de que cada paso que da en adelante lo lleva, fatal e inexorablemente, al cadáver de su hijo.

Ni un reproche que hacerse, el lamentable. Sólo la realidad fría, terrible y consumada: Ha muerto su hijo al cruzar un…

---

[29]**nimio** insignificant   [30]**ascendiendo** rising   [31]**enrarecido** rarefied   [32]**zumbido** humming   [33]**ámbito** environment   [34]**sienes plateadas** silver-haired temples   [35]**descansa inmóvil** rests motionless   [36]**estallido** shot   [37]**pedregullo** stony ground   [38]**vera** edge   [39]**ahuyentar** to drive away   [40]**demora** delay   [41]**retardar** delay   [42]**alambrado** wire fence   [43]**costea** skirts   [44]**rastro** trace

¡Pero dónde, en qué parte! ¡Hay tantos alambrados allí, y es tan, tan sucio el monte!... ¡Oh, muy sucio!... Por poco que no se tenga cuidado al cruzar los hilos con la escopeta en la mano...

El padre sofoca[45] un grito. Ha visto levantarse en el aire... ¡Oh, no es su hijo, no!... Y vuelve a otro lado, y a otro y a otro...

Nada se ganaría con ver el color de su tez[46] y la angustia de sus ojos. Ese hombre aún no ha llamado a su hijo. Aunque su corazón clama[47] por él a gritos, su boca continúa muda. Sabe bien que el solo acto de pronunciar su nombre, de llamarlo en voz alta, será la confesión de su muerte...

—¡Chiquito! —se escapa de pronto. Y si la voz de un hombre de carácter es capaz de llorar, tapémonos de misericordia los oídos ante la angustia que clama en aquella voz.

Nadie ni nada ha respondido. Por las picadas rojas de sol, envejecido en diez años, va el padre buscando a su hijo que acaba de morir.

—¡Hijito mío!... ¡Chiquito mío!... —clama en un diminutivo que se alza del fondo de sus entrañas.[48]

Ya antes, en plena dicha y paz, ese padre ha sufrido la alucinación de su hijo rodando con la frente abierta por una bala al cromo níquel. Ahora, en cada rincón sombrío[49] del bosque ve centelleos[50] de alambre: y al pie de un poste, con la escopeta descargada al lado, ve a su...

—¡Chiquito!... ¡Mi hijo!...

Las fuerzas que permiten entregar un pobre padre alucinado a la más atroz pesadilla[51] tienen también un límite. Y el nuestro siente que las suyas se le escapan, cuando ve bruscamente desembocar de un pique lateral[52] a su hijo.

A un chico de trece años bástale ver desde cincuenta metros la expresión de su padre sin machete dentro del monte, para apresurar el paso con los ojos húmedos.

—Chiquito... —murmura el hombre. Y, exhausto, se deja caer sentado en la arena albeante,[53] rodeando con los brazos las piernas de su hijo.

La criatura, así ceñida,[54] queda de pie; y como comprende el dolor de su padre, le acaricia despacio la cabeza:

—Pobre papá...

En fin, el tiempo ha pasado. Ya van a ser las tres. Juntos, ahora padre e hijo emprenden el regreso a la casa.

—¿Cómo no te fijaste en[55] el sol para saber la hora?... — murmura aún el primero.

—Me fijé, papá... Pero cuando iba a volver vi las garzas de Juan y las seguí...

—¡Lo que me has hecho pasar, chiquito!...

—Piapiá... —murmura también el chico.

Después un largo silencio:

---

[45]**sofoca** suppresses [46]**tez** skin [47]**clama** cries out [48]**entrañas** entrails [49]**sombrío** somber [50]**centelleos** flashings [51]**pesadilla** nightmare [52]**pique lateral** side steep path [53]**arena albeante** white sand [54]**ceñida** tightly held [55]**fijaste en** pay attention to

—Y las garzas, ¿las mataste? —pregunta el padre.

—No…

Nimio detalle, después de todo. Bajo el cielo y el aire candentes[56] a la descubierta por el abra de espartillo, el hombre vuelve a casa con su hijo, sobre cuyos hombros casi del alto de los suyos, lleva pasado su feliz brazo de padre. Regresa empapado[57] de sudor, y aunque quebrantado[58] de cuerpo y alma, sonríe de felicidad…

………………………………………………………………………………………………………

………………………………………………………………………………………………………

Sonríe de alucinada felicidad… Pues ese padre va solo. A nadie ha encontrado, y su brazo se apoya en el vacío. Porque tras él, al pie de un poste y con las piernas en alto, enredadas[59] en el alambre de púa, su hijo bien amado yace al sol, muerto desde las diez de la mañana.

DESPUÉS DE LEER

1. ¿Cómo se describe la naturaleza en el cuento?

2. Explique la relación que existe entre el padre y el hijo. ¿Cuántos años tiene el niño?

3. ¿Qué temores siente el padre con respecto al hijo? ¿Cómo se manifiestan esos temores? ¿Cree usted que tienen validez?

4. ¿De qué sufre el padre? ¿Cómo está entrelazada la dolencia del padre en la narrativa?

5. Describa cómo usa Quiroga el transcurso del tiempo para crear tensión dramática.

6. ¿Qué presagios siente el padre cuando se da cuenta de que sólo ha escuchado un tiro de escopeta?

7. ¿Cuáles son los sentimientos del padre al ver que el hijo no regresa?

8. ¿Cómo interpreta el final del cuento?

---

[56]**candentes** burning   [57]**empapado** bathed, soaked   [58]**quebrantado** destroyed, broken
[59]**enredadas** tangled

—la relación que existe entre Kassim y María
—cómo crea Quiroga el ambiente del cuento
—el desenlace inesperado del cuento
—la estructura del relato

Kassim, joyero de piedras preciosas, está casado con la ambiciosa y dominante María, quien se queja constantemente del marido por darle éste, según ella, menos de lo que se merece. Kassim por fin le entrega el solitario que ella ansía de la forma menos esperada.

El solitario[1]

Kassim era un hombre enfermizo, joyero de profesión, bien que no[2] tuviera tienda establecida. Trabajaba para las grandes casas, siendo su especialidad el montaje[3] de piedras preciosas. Pocas manos como las suyas para los engarces[4] delicados. Con más arranque[5] y habilidad comercial, hubiera sido rico. Pero a los treinta y cinco años proseguía en su pieza, aderezada en taller[6] bajo la ventana.

Kassim, de cuerpo mezquino,[7] rostro exangüe[8] sombreado por rala[9] barba negra, tenía una mujer hermosa y fuertemente apasionada. La joven, de origen callejero,[10] había aspirado con su hermosura a un más alto enlace.[11] Esperó hasta los veinte años, provocando a los hombres, y a sus vecinas con su cuerpo. Temerosa al fin, aceptó nerviosamente a Kassim.

No más sueños de lujo, sin embargo. Su marido, hábil —artista aún—, carecía completamente de carácter para hacer una fortuna. Por lo cual, mientras el joyero trabajaba doblado sobre[12] sus pinzas,[13] ella, de codos,[14] sostenía sobre su marido una lenta y pesada mirada, para arrancarse luego bruscamente y seguir con la vista tras los vidrios al transeúnte[15] de posición que podía haber sido su marido.

Cuanto ganaba[16] Kassim, no obstante, era para ella. Los domingos trabajaba también a fin de poderle ofrecer un suplemento. Cuando María deseaba una joya —¡y con cuánta pasión deseaba ella!— trabajaba de noche. Después había tos y puntadas al costado;[17] pero María tenía sus chispas de brillante.[18] Poco a poco el

---

[1]**solitario** diamond solitaire [2]**bien que no** even though (he) did not [3]**montaje** setting [4]**engarces** mountings [5]**arranque** drive [6]**aderezada en taller** set up as a workshop [7]**cuerpo mezquino** small bodied [8]**exangüe** bloodless [9]**rala** sparse [10]**callejero** of the streets [11]**enlace** union [12]**doblado sobre** bent over [13]**pinzas** tweezers [14]**de codos** leaning on her elbows [15]**transeúnte** passerby [16]**cuanto ganaba** whatever he earned [17]**puntadas al costado** sharp pains on his side [18]**chispas de brillante** diamond sparks

trato diario con las gemas[19] llegó a hacerle amar la tarea del artífice,[20] y seguía con ardor las íntimas delicadezas del engarce. Pero cuando la joya estaba concluida —debía partir, no era para ella— caía más hondamente en la decepción de su matrimonio. Se probaba la alhaja,[21] deteniéndose ante el espejo. Al fin la dejaba por ahí, y se iba a su cuarto. Kassim se levantaba a oír sus sollozos, y la hallaba en la cama, sin querer escucharlo.

—Hago, sin embargo, cuanto puedo por ti —decía él al fin tristemente.

Los sollozos subían con esto, y el joyero se reinstalaba[22] lentamente en su banco.

Estas cosas se repitieron tanto que Kassim no se levantaba ya a consolarla. ¡Consolarla! ¿De qué? Lo cual no obstaba para que Kassim prolongara más sus veladas a fin de un mayor suplemento.

Era un hombre indeciso, irresoluto y callado. Las miradas de su mujer se detenían ahora con más pesada fijeza sobre aquella muda tranquilidad.

—¡Y eres un hombre, tú! —murmuraba.

Kassim, sobre sus engarces, no cesaba de mover los dedos.

—No eres feliz conmigo, María —expresaba al rato.

—¡Feliz! ¡Y tienes el valor de decirlo! ¿Quién puede ser feliz contigo?… ¡Ni la última de las mujeres!… ¡Pobre diablo! —concluía con risa nerviosa, yéndose.

Kassim trabajaba esa noche hasta las tres de la mañana, y su mujer tenía luego nuevas chispas que ella consideraba un instante con los labios apretados.

—Sí … ¡no es una diadema sorprendente!… ¿cuándo la hiciste?

—Desde el martes —mirábala él con descolorida ternura—; mientras dormías, de noche …

—¡Oh, podías haberte acostado!… ¡Inmensos los brillantes!

Porque su pasión eran las voluminosas piedras que Kassim montaba. Seguía el trabajo con loca hambre de que concluyera de una vez, y apenas aderezada la alhaja, corría con ella al espejo. Luego, un ataque de sollozos:

—¡Todos, cualquier marido, el último, haría un sacrificio para halagar[23] a su mujer! Y tú… y tú… ¡ni un miserable vestido que ponerme, tengo!

Cuando se franquea[24] cierto límite de respeto al varón, la mujer puede llegar a decir a su marido cosas increíbles.

La mujer de Kassim franqueó ese límite con una pasión igual por lo menos a la que sentía por los brillantes. Una tarde, al guardar sus joyas, Kassim notó la falta de un prendedor[25] —cinco mil pesos en dos solitarios. Buscó en sus cajones de nuevo.

—¿No has visto el prendedor, María? Lo dejé aquí.

—Sí, lo he visto.

—¿Dónde está? —se volvió extrañado.

—¡Aquí!

---

[19]**gemas** gems   [20]**artífice** craftsman   [21]**alhaja** jewel   [22]**se reinstalaba** would go back
[23]**halagar** to please   [24]**franquea** goes beyond   [25]**prendedor** brooch

Su mujer, los ojos encendidos y la boca burlona, se erguía[26] con el prendedor puesto.

—Te queda muy bien —dijo Kassim al rato—. Guardémoslo.

María se rió.

—¡Oh, no!, es mío.

—¿Broma?...

—¡Sí, es broma! ¡Es broma, sí! ¡Cómo te duele pensar que podría ser mío!... Mañana te lo doy. Hoy voy al teatro con él.

Kassim se demudó.[27]

—Haces mal... podrían verte. Perderían toda confianza en mí.

—¡Oh! —cerró ella con rabioso fastidio,[28] golpeando violentamente la puerta.

Vuelta del teatro, colocó la joya sobre el velador.[29] Kassim se levantó y la guardó en su taller bajo llave. Al volver, su mujer estaba sentada en la cama.

—¡Es decir, que temes que te la robe! ¡Que soy una ladrona!

—No mires así... Has sido imprudente nada más.

—¡Ah! ¡Y a ti te lo confían! ¡A ti, a ti! ¡Y cuando tu mujer te pide un poco de halago, y quiere... me llamas ladrona a mí! ¡Infame!

Se durmió al fin. Pero Kassim no durmió.

Entregaron luego a Kassim para montar, un solitario, el brillante más admirable que hubiera pasado por sus manos.

—Mira, María, qué piedra. No he visto otra igual.

Su mujer no dijo nada; pero Kassim la sintió respirar hondamente[30] sobre el solitario.

—Un agua admirable... —prosiguió él—; costará nueve o diez mil pesos.

—¡Un anillo![31] —murmuró María al fin.

—No, es de hombre... un alfiler.[32]

A compás del montaje del solitario, Kassim recibió sobre su espalda trabajadora cuanto ardía de rencor y coraje[33] frustrado en su mujer. Diez veces por día interrumpía a su marido para ir con el brillante ante el espejo. Después se lo probaba con diferentes vestidos.

—Si quieres hacerlo después... —se atrevió Kassim un día—. Es un trabajo urgente.

Esperó respuesta en vano; su mujer abría el balcón.

—¡María, te pueden ver!

—¡Toma! ¡ahí está tu piedra!

El solitario, violentamente arrancado,[34] rodó por el piso.

Kassim, lívido,[35] lo recogió examinándolo, y alzó luego desde el suelo la mirada a su mujer.

---

[26]**se erguía** would straighten   [27]**demudó** turned pale   [28]**rabioso fastidio** furious annoyance   [29]**velador** pedestal table   [30]**respirar hondamente** breathing deeply   [31]**anillo** ring   [32]**alfiler** pin   [33]**rencor y coraje** resentment and anger   [34]**arrancado** pulled   [35]**lívido** pale

—Y bueno, ¿por qué me miras así? ¿Se hizo algo tu piedra?

—No —repuso Kassim. Y reanudó[36] en seguida su tarea, aunque las manos le temblaban hasta dar lástima.

Tuvo que levantarse al fin a ver a su mujer en el dormitorio, en plena crisis de nervios. La cabellera se había soltado[37] y los ojos le salían de las órbitas.

—¡Dame el brillante! —clamó—. ¡Dámelo! ¡Nos escaparemos! ¡Para mí! ¡Dámelo!

—María… —tartamudeó Kassim, tratando de desasirse.[38]

—¡Ah! —rugió su mujer, enloquecida[39]—. ¡Tú eres el ladrón, el miserable! ¡Me has robado mi vida, ladrón, ladrón! ¡Y creías que no me iba a desquitar[40]… cornudo![41] ¡Ajá! —y se llevó las dos manos a la garganta ahogada. Pero cuando Kassim se iba, saltó de la cama y cayó, alcanzando a cogerle de un botín.[42]

—¡No importa! ¡El brillante, dámelo! ¡No quiero más que eso! ¡Es mío, Kassim, miserable!

Kassim la ayudó a levantarse, lívido.

—Estás enferma, María. Después hablaremos… acuéstate.

—¡Mi brillante!

—Bueno, veremos si es posible… acuéstate.

—Dámelo.

La crisis de nervios retornó.

Kassim volvió a trabajar en su solitario. Como sus manos tenían una seguridad matemática, faltaban pocas horas ya para concluirlo.

María se levantó a comer, y Kassim tuvo la solicitud[43] de siempre con ella. Al final de la cena su mujer lo miró de frente.

—Es mentira, Kassim —le dijo.

—¡Oh! —repuso Kassim, sonriendo— no es nada.

—¡Te juro que es mentira! —insistió ella.

Kassim sonrió de nuevo, tocándole con torpe[44] caricia la mano y se levantó para proseguir su tarea. Su mujer, con la cara entre las manos, lo siguió con la vista.

—Y no me dices más que eso… —murmuró. Y con una honda náusea por aquello pegajoso,[45] fofo[46] e inerte que era su marido, se fue a su cuarto.

No durmió bien. Despertó, tarde ya, y vio luz en el taller; su marido continuaba trabajando. Una hora después Kassim oyó un alarido.[47]

—¡Dámelo!

—Sí, es para ti; falta poco, María —repuso presuroso, levantándose. Pero su mujer, tras ese grito de pesadilla, dormía de nuevo.

A las dos de la mañana Kassim pudo dar por terminada su tarea; el brillante resplandecía firme y varonil en su engarce. Con paso silencioso fue al dormitorio y encendió la veladora. María dormía de espaldas, en la blancura helada de su camisón y de la sábana.

---

[36]**reanudó** started once again   [37]**cabellera se había soltado** her hair had come down [38]**desasirse** to break loose   [39]**enloquecida** mad   [40]**desquitar** to get even   [41]**cornudo** cuckold (deceived husband)   [42]**botín** boot   [43]**solicitud** care   [44]**torpe** awkward   [45]**pegajoso** sticky   [46]**fofo** soft   [47]**alarido** shriek

Fue al taller y volvió de nuevo. Contempló un rato el seno[48] casi descubierto y con una descolorida sonrisa apartó un poco más el camisón desprendido.

Su mujer no lo sintió.

No había mucha luz. El rostro de Kassim adquirió de pronto una dureza de piedra y suspendiendo un instante la joya a flor del seno desnudo, hundió firme y perpendicular como un clavo,[49] el alfiler entero en el corazón de su mujer.

Hubo una brusca apertura de ojos, seguida de una lenta caída de párpados. Los dedos se arquearon, y nada más.

La joya, sacudida[50] por la convulsión del ganglio herido,[51] tembló un instante desequilibrada. Kassim esperó un momento; y cuando el solitario quedó por fin perfectamente inmóvil, se retiró, cerrando tras de sí la puerta sin hacer ruido.

DESPUÉS DE LEER

1. ¿Cuál es la profesión de Kassim?

2. ¿Cómo describiría las personalidades de Kassim y María?

3. ¿Qué opina usted de la acusación que hace María a Kassim de no darle nada?

4. ¿Qué representa Kassim para María? ¿Ha existido amor entre ellos?

5. Describa la forma en que se manifiesta la avaricia de María.

6. Kassim complace a María y le da el solitario que tanto deseaba. ¿Le sorprende la forma en que lo hace?

7. ¿Cómo explica usted la acción final de Kassim?

ALGUNOS ESTUDIOS DE INTERÉS

Alazraki, Jaime. "Relectura de Horacio Quiroga". Enrique Pupo-Walker, ed. *El cuento hispanoamericano ante la crítica*. Madrid, España: Castalia, 1973.

Ekstrom, Margaret V. "La tierra indiferente en los cuentos de Quiroga y de Rulfo". *Cuadernos de Aldeeu* 1:2-3 (1983): 211-218.

Jitirik, Noé. *Horacio Quiroga*. Buenos Aires, Argentina: Centro Editor de América Latina, 1967.

Leante, César. "Horacio Quiroga: El juicio futuro". *Cuadernos Hispanoamericanos* 383 (1982): 367 380.

Martínez Estrada, Ezequiel. *El hermano Quiroga*. Montevideo, Uruguay: Instituto Nacional de Investigaciones y Archivos, 1957.

Paoli, Roberto. "El perfecto cuentista: Comentario a tres textos de Horacio Quiroga". *Revista Iberoamericana* 58:160-161 (1992): 953-974.

Pearson, Lon. "Horacio Quiroga's Obsessions with Abnormal Psychology and Medicine as Reflected in *La gallina degollada*". *Literature and Psychology* 32:2 (1986): 32-46.

Rodríguez Monegal, Emir. *El desterrado. Vida y obra de Horacio Quiroga*. Buenos Aires, Argentina: Losada, 1968.

Scari, Roberto M. "Horacio Quiroga y los fenómenos parapsicológicos". *Cuadernos Hispanoamericanos* 397 (1983): 123-132.

---

[48]**seno** breast [49]**clavo** nail [50]**sacudida** shaken, jolted [51]**herido** wounded

Gabriela Mistral
(Lucila Godoy Alcayaga)

(1889, Vicuña, Chile–1957, Roslyn, Nueva York)

Escritora chilena de fama internacional.
A ella correspondió el primer Premio Nobel
de Literatura (1945) otorgado a un escritor
hispanoamericano. Se dio a conocer como
poetisa con "Los sonetos de la muerte"
(1914), los que obtuvieron el primer premio
en los Juegos Florales de la Sociedad de
Artistas de Santiago. La temática de su
poesía es amplia. En ella sobresalen
la religiosidad, la naturaleza, la ternura,
la maternidad frustrada y el amor. Éste se
manifiesta a través del amor al hombre
amado, los niños, la muerte, los humildes
y los desafortunados. Una recopilación
de poemas sueltos apareció en *Desolación*
(1922), su primer libro. Otros poemarios son
Ternura (1924), *Tala* (1938), *Lagar* (1954) y
Poema de Chile (1967), obra póstuma.

Además de su reconocida y admirada
contribución poética, Gabriela Mistral
participó en el proceso de reforma de
la educación en México y colaboró en la
creación de bibliotecas populares en ese país.
Representó a Chile en la Organización de las
Naciones Unidas hasta su muerte.

AL LEER CONSIDERE LO SIGUIENTE:

—el amor
—los celos
—el sentimiento religioso
—la muerte

En la trilogía "Los sonetos de la muerte" encontramos ya los temas fundamentales de la poética de Gabriela Mistral. Estudiosos de su obra consideran que la clave de estos sonetos se encuentra en el suicidio de Romelio Ureta a quien la poetisa había conocido en 1907. Cuando esa tragedia acontece ya había terminado la relación entre ellos. Los sentimientos hacia el amado se manifiestan al expresar la voz poética que lo prefiere muerto antes de que sea de otra mujer. Según Mistral, sólo Dios, el Señor, será capaz de juzgar sus profundos sentimientos porque es el único que la comprende.

Los sonetos de la muerte

1

Del nicho[1] helado en que los hombres te pusieron,
te bajaré a la tierra humilde y soleada.
Que he de dormirme en ella los hombres no supieron,
y que hemos de soñar sobre la misma almohada.

Te acostaré en la tierra soleada con una
dulcedumbre[2] de madre para el hijo dormido,
y la tierra ha de hacerse suavidades de cuna[3]
al recibir tu cuerpo de niño dolorido.

Luego iré espolvoreando tierra y polvo de rosas,
y en la azulada y leve polvareda de luna,
los despojos[4] livianos irán quedando presos.

Me alejaré cantando mis venganzas hermosas,
¡porque a ese hondor recóndito[5] la mano de ninguna
bajará a disputarme tu puñado de huesos!

2

Este largo cansancio se hará mayor un día,
y el alma dirá al cuerpo que no quiere seguir

---

[1]**nicho** niche [2]**dulcedumbre** softness, sweetness [3]**cuna** cradle [4]**despojos** remains
[5]**hondor recóndito** hidden depth

arrastrando[6] su masa por la rosada vía,
por donde van los hombres, contentos de vivir...

Sentirás que a tu lado cavan[7] briosamente,[8]
que otra dormida llega a la quieta ciudad.
Esperaré que me hayan cubierto totalmente...
¡y después hablaremos por una eternidad!

Sólo entonces sabrás el porqué, no madura
para las hondas huesas[9] tu carne todavía,
tuviste que bajar, sin fatiga, a dormir.

Se hará luz en la zona de los sinos,[10] oscura;
sabrás que en nuestra alianza[11] signo de astros había
y, roto el pacto enorme, tenías que morir...

3

Malas manos tomaron tu vida desde el día
en que, a una señal de astros, dejara su plantel
nevado de azucenas. En gozo florecía.
Malas manos entraron trágicamente en él...

Y yo dije al Señor: "Por las sendas[12] mortales
le llevan. ¡Sombra amada que no saben guiar!
¡Arráncalo,[13] Señor, a esas manos fatales
o le hundes[14] en el largo sueño que sabes dar!

¡No le puedo gritar, no le puedo seguir!
Su barca empuja un negro viento de tempestad.
Retórnalo a mis brazos o le siegas en flor".

Se detuvo la barca rosa de su vivir...
¿Que no sé del amor, que no tuve piedad?
¡Tú, que vas a juzgarme, lo comprendes, Señor!

---

[6]**arrastrando** dragging [7]**cavan** dig [8]**briosamente** energetically [9]**hondas huesas** deep
graves [10]**los sinos** destiny [11]**alianza** pact [12]**sendas** paths [13]**arráncalo** snatch him away
[14]**le hundes** submerge him

DESPUÉS DE LEER

1. ¿A quién se dirige la voz poética al usar el *tú* en los sonetos?
2. ¿Cómo está descrita la tierra y cuál ha de ser la función de ésta hacia el amado?
3. ¿Cuáles son los elementos maternales que se evidencian en el primer soneto?
4. ¿Cómo se representan los celos en los sonetos?
5. ¿Qué anticipa el *yo* del poema al morir?
6. ¿Cómo se justifica la muerte del amado?
7. Explique el papel de los astros en el poema.
8. ¿Qué implora el *yo* del poema?
9. ¿Cuál es el significado de "Retórnalo a mis brazos o le siegas en flor"?
10. ¿Cómo describiría usted los sentimientos expresados en el poema?
11. Analice uno de los sonetos.

AL LEER CONSIDERE LO SIGUIENTE:

—la maestra como ser que sufre
—la importancia de la maestra en la formación espiritual e intelectual de los niños
—los elementos religiosos presentes en el poema

En este poema Gabriela Mistral retrata a la maestra rural, mujer que se entrega totalmente a la formación espiritual e intelectual de los niños y sólo recibe como recompensa a su esfuerzo el menosprecio y falta de comprensión de parte de los padres. En este poema, como en muchos otros de Mistral, se destacan los elementos religiosos.

La maestra rural

A Federico de Onís.

La maestra era pura. «Los suaves hortelanos»,[1]
decía, «de este predio,[2] que es predio de Jesús,
han de conservar puros los ojos y las manos,
guardar claros sus óleos,[3] para dar clara luz».

La maestra era pobre. Su reino no es humano.
(Así en el doloroso sembrador[4] de Israel.)
Vestía sayas pardas,[5] no enjoyaba[6] su mano
¡y era todo su espíritu un inmenso joyel!

La maestra era alegre. ¡Pobre mujer herida!
Su sonrisa fue un modo de llorar con bondad.
Por sobre la sandalia rota y enrojecida,
era ella la insigne flor de su santidad.

¡Dulce ser! En su río de mieles, caudaloso,[7]
largamente abrevaba[8] sus tigres el dolor.
Los hierros que le abrieron el pecho generoso
¡más anchas le dejaron las cuencas[9] del amor!

¡Oh labriego,[10] cuyo hijo de su labio aprendía
el himno y la plegaria,[11] nunca viste el fulgor[12]

---

[1]**hortelanos** vegetable growers   [2]**predio** land   [3]**óleos** sacred oil used in religious services
[4]**sembrador** sower   [5]**sayas pardas** dark skirts   [6]**no enjoyaba** did not embellish with jewels
[7]**caudaloso** abundant   [8]**abrevaba** quenched the thirst   [9]**cuencas** basins   [10]**labriego** peasant   [11]**plegaria** prayer   [12]**fulgor** brilliance, spark

del lucero cautivo que en sus carnes ardía:
pasaste sin besar su corazón en flor!

Campesina, ¿recuerdas que alguna vez prendiste
su nombre a un comentario brutal o baladí?[13]
Cien veces la miraste, ninguna vez la viste
¡y en el solar de tu hijo,[14] de ella hay más que de ti!

Pasó por él su fina, su delicada esteva,[15]
abriendo surcos[16] donde alojar[17] perfección.
La albada de virtudes de que lento se nieva
es suya. Campesina, ¿no le pides perdón?

Daba sombra por una selva su encina[18] hendida[19]
el día en que la muerte la convidó a partir.
Pensando en que su madre la esperaba dormida,
a La de Ojos Profundos se dio sin resistir.

Y en su Dios se ha dormido, como en cojín[20] de luna;
almohada de sus sienes,[21] una constelación;
canta el Padre para ella sus canciones de cuna
¡y la paz llueve largo sobre su corazón!

Como un henchido[22] vaso, traía el alma hecha
para dar ambrosía de toda eternidad;
y era su vida humana la dilatada brecha
que suele abrirse el Padre para echar claridad.

Por eso aún el polvo de sus huesos sustenta
púrpura de rosales de violento llamear.[23]
¡Y el cuidador de tumbas, como aroma, me cuenta,
las plantas del que huella[24] sus huesos, al pasar!

DESPUÉS DE LEER

1. Describa a la maestra rural.

2. ¿Cómo se comportó la comunidad rural con la maestra? Explique.

3. ¿Qué críticas se la hacen a ella? ¿Son justificadas?

4. Según el poema, ¿quién tiene mayor influencia en la vida del niño, la maestra o la madre?

5. Señale los elementos religiosos del poema.

6. ¿Por qué la poetisa emplea los verbos en pasado al referirse a la maestra?

---

[13]**baladí** insignificant   [14]**solar de tu hijo** that which makes your son what he is   [15]**esteva** plow handle   [16]**surcos** furrows   [17]**alojar** to house   [18]**encina** evergreen oak (symbol of strength)   [19]**hendida** split   [20]**cojín** cushion   [21]**sienes** temples   [22]**henchido** full   [23]**llamear** flame   [24]**huella** leave traces

AL LEER CONSIDERE LO SIGUIENTE:

—la importancia de los autores y de los libros mencionados
—las referencias religiosas
—la estructura poética del poema

En "Mis libros", Gabriela Mistral menciona los libros que han tenido influencia en su vida.

Mis libros

Libros, callados libros de las estanterías,
vivos en su silencio, ardientes en su calma;
libros, los que consuelan, terciopelos[1] del alma,
y que siendo tan tristes nos hacen la alegría!

Mis manos en el día de afanes[2] se rindieron;[3]
pero al llegar la noche los buscaron, amantes
en el hueco[4] del muro donde como semblantes[5]
me miran confortándome aquellos que vivieron.

¡Biblia, mi noble Biblia, panorama estupendo,
en donde se quedaron mis ojos largamente,
tienes sobre los Salmos[6] las lavas más ardientes
y en su río de fuego mi corazón enciendo!

Sustentaste[7] a mis gentes con tu robusto vino
y los erguiste[8] recios[9] en medio de los hombres,
y a mí me yergue[10] de ímpetu sólo el decir tu nombre;
porque yo de ti vengo he quebrado al Destino.

Después de ti, tan sólo me traspasó los huesos
con su ancho alarido,[11] el sumo Florentino.[12]
A su voz todavía como un junco[13] me inclino;
por su rojez[14] de infierno fantástica atravieso.

---

[1]**terciopelos** velvet   [2]**afanes** hard work   [3]**se rindieron** surrendered   [4]**hueco** hollow   [5]**semblantes** faces   [6]**Salmos** Psalms, a book of the Bible composed of 150 songs, hymns, and prayers   [7]**sustentaste** nourished   [8]**erguiste** raised   [9]**recios** strong   [10]**me yergue** lifts me up   [11]**alarido** shriek   [12]**el sumo Florentino** reference to Dante Alighieri (1265–1321), Italian poet born in Florence, Italy, and author of the *Divine Comedy*   [13]**junco** rush, cane   [14]**rojez** reddish

Y para refrescar en musgos[15] con rocío[16]
la boca, requemada en las llamas dantescas,[17]
busqué las Florecillas de Asís,[18] las siempre frescas
¡y en esas felpas dulces se quedó el pecho mío!

Yo vi a Francisco,[19] a Aquel fino como las rosas,
pasar por su campiña[20] más leve que un aliento,
besando el lirio abierto y el pecho purulento,[21]
por besar al Señor que duerme entre las cosas.

¡Poema de Mistral,[22] olor a surco[23] abierto
que huele en las mañanas, yo te aspiré embriagada![24]
Vi a Mireya[25] exprimir la fruta ensangrentada
del amor y correr por el atroz desierto.

Te recuerdo también, deshecha de dulzuras,
versos de Amado Nervo,[26] con pecho de paloma,
que me hiciste más suave la línea de la loma,
cuando yo te leía en mis mañanas puras.

Nobles libros antiguos, de hojas amarillentas,
sois labios no rendidos de endulzar a los tristes,
sois la vieja amargura[27] que nuevo manto viste:
¡desde Job[28] hasta Kempis[29] la misma voz doliente!

Los que cual Cristo hicieron la Vía-Dolorosa,[30]
apretaron el verso contra su roja herida,
y es lienzo[31] de Verónica[32] la estrofa dolorida;
¡todo libro es purpúreo como sangrienta rosa!

¡Os amo, os amo, bocas de los poetas idos,
que deshechas en polvo me seguís consolando,
y que al llegar la noche estáis conmigo hablando,
junto a la dulce lámpara, con dulzor de gemidos!

---

[15]**musgos** moss   [16]**rocío** dew   [17]**llamas dantescas** reference to hell as it appears in Dante's *Divine Comedy*   [18]**Asís** reference to a town in central Italy where Saint Francis of Assisi was born   [19]**Francisco** reference to St. Francis of Assisi (1182–1226), founder of the Franciscan order   [20]**campiña** countryside   [21]**purulento** purulent   [22]**Mistral** reference to Fréderic Mistral (1830–1914), Provençal poet and novelist, winner of the Nobel Prize in Literature in 1904 and greatly admired by Gabriela Mistral. As a tribute to him and the Italian Gabriele d'Annunzio (1893–1938), Gabriela Mistral chose her pseudonym.   [23]**surco** furrow   [24]**embriagada** enraptured   [25]**Mireya** character in the poem by the same name written by F. Mistral   [26]**Amado Nervo** (1870–1919), Mexican modernist poet   [27]**amargura** bitterness   [28]**Job** Biblical character known for his resignation and patience   [29]**Kempis** reference to Thomas à Kempis (1379?–1471), German ecclesiastic and author of *Imitation of Christ*   [30]**Vía-Dolorosa** Way of the Cross   [31]**lienzo** linen   [32]**Verónica** reference to St. Veronica who, according to legend, wiped Jesus's face on his way to Calvary. It is believed by some that Jesus's imprint was left on the cloth she used.

De la página abierta aparto la mirada,
¡oh muertos!, y mi ensueño va tejiéndoos[33] semblantes:
las pupilas febriles, los labios anhelantes
que lentos se deshacen en la tierra apretada.

DESPUÉS DE LEER

1. ¿Cómo están personificados los libros?
2. ¿Qué función tienen los libros?
3. ¿Cuál es la importancia que tiene la Biblia para la poetisa?
4. Explique la referencia al "sumo Florentino".
5. ¿Cómo está creada la contraposición entre "las llamas dantescas" y "las Florecillas de Asís"? Explique.
6. ¿Qué poetas representan las emociones creadas por la autora? ¿Cómo son consideradas en el poema?
7. Explique cómo está presentado el dolor en el poema.
8. ¿Según el poema, cómo es posible el consuelo? ¿Lee usted para hallar consuelo?

---

[33]**tejiéndoos** weaving you

—la importancia del pan en la vida del ser humano
—la referencia a la geografía hispanoamericana
—cómo a través del pan surge el recuerdo

Al ver un pan pellizcado y abandonado sobre una mesa, la poetisa recuerda su pasado y a los amigos, muchos de ellos ya muertos, que con ella lo compartieron. Como en otros poemas de Gabriela Mistral, el lector apreciará los elementos religiosos en "Pan".

Pan

Dejaron un pan en la mesa,
mitad quemado, mitad blanco,
pellizcado[1] encima y abierto
en unos migajones[2] de ampo.[3]

Me parece nuevo o como no visto,
y otra cosa que él no me ha alimentado,
pero volteando su miga, sonámbula,
tacto y olor se me olvidaron.

Huele a mi madre cuando dió su leche,
huele a tres valles por donde he pasado:
a Aconcagua,[4] a Pátzcuaro,[5] a Elqui,[6]
y a mis entrañas[7] cuando yo canto.

Otros olores no hay en la estancia[8]
y por eso él así me ha llamado;
y no hay nadie tampoco en la casa
sino este pan abierto en un plato,
que con su cuerpo me reconoce
y con el mío yo reconozco.

Se ha comido en todos los climas
el mismo pan en cien hermanos:

---

[1]**pellizcado** pinched　[2]**migajones** crumbs　[3]**de ampo** white　[4]**Aconcagua** highest mountain in the Andes. It is in Argentina, near Chile; the nearby valley was visited by the poet.　[5]**Pátzcuaro** valley located in Mexico and visited by the poet　[6]**Elqui** valley in Chile. The poet was born in this region.　[7]**entrañas** core (*fig.* being)　[8]**estancia** room

pan de Coquimbo,[9] pan de Oaxaca,[10]
pan de Santa Ana[11] y de Santiago.[12]

En mis infancias yo le sabía
forma de sol, de pez o de halo,
y sabía mi mano su miga
y el calor de pichón[13] emplumado[14]...

Después le olvidé, hasta este día
en que los dos nos encontramos,
yo con mi cuerpo de Sara[15] vieja
y él con el suyo de cinco años.

Amigos muertos con que comíalo
en otros valles, sientan el vaho[16]
de un pan en septiembre molido[17]
y en agosto en Castilla segado.

Es otro y es el que comimos
en tierras donde se acostaron.
Abro la miga y les doy su calor;
lo volteo y les pongo su hálito.[18]

La mano tengo de él rebosada[19]
y la mirada puesta en mi mano;
entrego un llanto arrepentido[20]
por el olvido de tantos años,
y la cara se me envejece
o me renace en este hallazgo.

Como se halla vacía la casa,
estemos juntos los reencontrados,
sobre esta mesa sin carne y fruta,
los dos en este silencio humano,
hasta que seamos otra vez uno
y nuestro día haya acabado...

---

[9]**Coquimbo** city and province of Chile   [10]**Oaxaca** state in Mexico   [11]**Santa Ana** Peruvian city situated near Cuzco   [12]**Santiago** capital of Chile   [13]**pichón** young pigeon   [14]**emplumado** feathered   [15]**Sara** according to the Bible, Sarah, wife of Abraham, gave birth as an old woman   [16]**vaho** vapor, steam   [17]**molido** ground   [18]**hálito** breath   [19]**rebosada** overflowing   [20]**arrepentido** repentant

D E S P U É S   D E   L E E R

1. ¿Qué simboliza el pan?

2. ¿Cómo es el pan que ha quedado abandonado?

3. Explique el sentido del verso "Me parece nuevo o como no visto" al referirse al pan.

4. ¿Cuál es la importancia de los olores en el poema?

5. ¿De qué forma trata la poetisa de abarcar toda la América hispana en su poema?

6. ¿Cómo suscita el pan sobre la mesa recuerdos a la poetisa?

7. Al "redescubrir" el pan, ¿qué descubre Gabriela Mistral acerca de sí misma?

AL LEER CONSIDERE LO SIGUIENTE:

—la metáfora del muro
—las referencias a la naturaleza
—el tono del poema

En "Muro", Gabriela Mistral emplea la metáfora del muro para aludir a la falta de comunicación que existe entre los seres.

Muro[1]

Muro fácil y extraordinario,
muro sin peso y sin color:
un poco de aire en el aire.

Pasan los pájaros de un sesgo,[2]
pasa el columpio[3] de la luz,
pasa el filo[4] de los inviernos
como el resuello[5] del verano;
pasan las hojas en las ráfagas[6]
y las sombras incorporadas.

¡Pero no pasan los alientos,[7]
pero el brazo no va a los brazos
y el pecho al pecho nunca alcanza!

DESPUÉS DE LEER

1. ¿Cómo es el muro? ¿Es tangible? Explique.
2. Describa la función que tiene la naturaleza en este poema.
3. Explique el significado de los tres últimos versos del poema.

---

[1]**muro** wall [2]**sesgo** slant [3]**columpio** swing [4]**filo** edge [5]**resuello** breathing [6]**ráfagas** gusts [7]**alientos** breath

ALGUNOS ESTUDIOS DE INTERÉS

Alegría, Fernando. "Notes Toward a Definition of Gabriela Mistral's Ideology". E. Beth Miller, ed. *Women in Hispanic Literature: Icons and Fallen Idols.* Berkeley: University of California Press, 1983.

Cuneo, Ana María. "Hacia la determinación del 'arte poética' de Gabriela Mistral". *Revista Chilena de Literatura* 26 (1985): 19–36.

Gómez Hoyos, Rafael. "Gabriela Mistral, poetisa cristiana". *Boletín de la Academia Colombiana* 40:168 (1990): 34–45.

Hamilton, Carlos O. "Raíces bíblicas en la poesía de Gabriela Mistral". *Cuadernos Americanos* (1961): 201–210.

Magini González, Shirley. "Mitología y cosmología en Gabriela Mistral y Pablo Neruda". *Discurso Literario: Revista de Temas Literarios* 2:2 (1985): 439–455.

Ostria González, Mauricio. "Gabriela Mistral y César Vallejo: La americanidad como desgarramiento". *Revista Chilena de Literatura* 42 (1993): 193–199.

Silva Castro, Raúl. "Notas sobre 'Los sonetos de la muerte' de Gabriela Mistral". *Hispanic Review* 33 (1965): 57–62.

Taylor, Martin. *Gabriela Mistral's Religious Sensitivity.* Berkeley: University of California Press, 1968.

Urzúa, María. *Gabriela Mistral. Genio y figura.* Santiago, Chile: Editorial del Pacífico, 1981.

César Vallejo

(1892, Santiago de Chuco, Perú–1938, París, Francia)

César Vallejo es uno de los poetas latinoamericanos más destacados de la primera mitad del siglo XX. La poesía de este autor peruano refleja tanto su sufrimiento personal como el de su pueblo, Perú, y el de la humanidad en general.

De niño, Vallejo fue criado en un hogar en el cual la religión tenía gran importancia; de joven, estudió derecho en la Universidad de Trujillo. En 1918 fue a Lima, donde conoció a José Carlos Mariátegui (1895–1930) y a otros colaboradores de la revista *Amauta* (1925–1930), órgano de difusión de ideas vanguardistas y del pensamiento marxista. De adulto se familiarizó con el marxismo y presenció los horrores de la Guerra Civil en España. Estas experiencias conjuntamente con sus raíces indígenas y españolas constituyen el fundamento de su poesía. Su primer libro *Los heraldos negros* fue publicado en 1918. En él se aprecia la influencia del modernismo literario en el vocabulario y ritmo de los versos. El poema que origina el título del libro presenta los temas que sobresalen en su obra. *Trilce*, publicado en 1922, se escribe bajo el predominio de los movimientos literarios de vanguardia. La visión del mundo que Vallejo presenta está marcada por la ruptura con la realidad y por el absurdo. Algunos años después aparece *España, aparta de mí este cáliz,* publicado con *Poemas en prosa,* en la colección *Poemas humanos* en 1939.

Los temas fundamentales de la lírica de Vallejo son el amor erótico o el hogareño, el sufrimiento, la enajenación del indígena, la orfandad del ser humano, la soledad, la muerte, el destino del hombre, la inquietud metafísica y la preocupación social.

—el sufrimiento humano
—la relación entre Dios y el hombre
—la estructura del poema

Este poema escrito bajo la influencia del modernismo contiene los temas fundamentales de la obra de César Vallejo. El ambiente religioso que rodeó a Vallejo en sus años de crecimiento explica que en su poesía sean frecuentes las referencias a Dios y a las imágenes de la religión católica. En "Los heraldos negros" el poeta cuestiona si en los sufrimientos del hombre interviene la voluntad de Dios.

Los heraldos[1] negros

Hay golpes en la vida, tan fuertes... Yo no sé!
Golpes como del odio de Dios; como si ante ellos,
la resaca[2] de todo lo sufrido
se empozara[3] en el alma... Yo no sé!

Son pocos, pero son... Abren zanjas[4] oscuras
en el rostro[5] más fiero[6] y en el lomo[7] más fuerte.
Serán tal vez los potros[8] de bárbaros atilas;[9]
o los heraldos negros que nos manda la Muerte.

Son las caídas hondas de los Cristos del alma,
de alguna fe adorable que el Destino blasfema.
Esos golpes sangrientos son las crepitaciones[10]
de algún pan que en la puerta del horno se nos quema.

Y el hombre... Pobre... pobre! Vuelve los ojos, como
cuando por sobre el hombro nos llama una palmada;[11]
vuelve los ojos locos, y todo lo vivido
se empoza, como charco[12] de culpa, en la mirada.

Hay golpes en la vida, tan fuertes... Yo no sé!

---

[1]**heraldos** messengers [2]**resaca** undercurrent [3]**se empozara** became stagnant [4]**zanjas** ditches [5]**rostro** face [6]**fiero** fierce [7]**lomo** back [8]**potros** horses [9]**atilas** pertinent to Attila the Hun (432–453), whose army conquered kingdoms to the East and West [10]**crepitaciones** cracklings [11]**como ... palmada** like when someone taps you on the back unexpectedly [12]**charco** puddle

DESPUÉS DE LEER

1. ¿A qué se refiere el poeta cuando habla de "golpes" en este poema? ¿Quién causa esos golpes?

2. ¿Cómo describiría la relación que existe entre Dios y el hombre?

3. ¿Qué importancia tiene la repetición de la frase "Yo no sé"?

4. ¿Cómo están descritos los golpes? ¿Cómo afectan al ser humano?

5. Explique los elementos religiosos que aparecen en el poema.

6. Haga un análisis estilístico de "Los heraldos negros".

—las referencias religiosas
—el sufrimiento humano

En este poema el poeta cuestiona el haber nacido. La cena miserable es una metáfora de la vida humana, cargada de dolores y sufrimientos.

La cena miserable

Hasta cuándo estaremos esperando lo que
no se nos debe... Y en qué recodo[1] estiraremos[2]
nuestra pobre rodilla para siempre! Hasta cuándo
la cruz que nos alienta[3] no detendrá sus remos![4]

Hasta cuándo la Duda nos brindará blasones[5]
por haber padecido![6]...
                  Ya nos hemos sentado
mucho a la mesa, con la amargura de un niño
que a media noche, llora de hambre, desvelado[7]...

Y cuándo nos veremos con los demás, al borde
de una mañana eterna, desayunados todos!
Hasta cuándo este valle de lágrimas, a donde
yo nunca dije que me trajeran.
                  De codos
todo bañado en llanto, repito cabizbajo
y vencido· hasta cuándo la cena durará!

Hay alguien que ha bebido mucho, y se burla,[8]
y acerca y aleja de nosotros, como negra cuchara
de amarga esencia humana, la tumba...
                  Y menos sabe
ese oscuro hasta cuándo la cena durará!

---

[1]**recodo** bend   [2]**estiraremos** will we stretch out   [3]**nos alienta** gives us encouragement   [4]**remos** oars   [5]**blasones** honor, glory   [6]**padecido** suffered   [7]**desvelado** sleepless   [8]**se burla** makes fun of

DESPUÉS DE LEER

1. ¿Cómo interpreta el título del poema?
2. ¿Qué impresión crea en el lector el uso de la anáfora (repetición de palabras o frases) "hasta cuándo"?
3. ¿Cuál es la actitud del poeta hacia la vida?
4. ¿Qué palabras usa el poeta a través del poema para describir el sufrimiento humano?

AL LEER CONSIDERE LO SIGUIENTE:

—la importancia del título
—el uso de imágenes
—las referencias al hambre para describir la condición humana

De nuevo, Vallejo usa imágenes del cristianismo y más específicamente de la religión católica para mostrar el sufrimiento del pobre y la desigualdad que existe en la distribución de las riquezas.

El pan nuestro

Se bebe el desayuno... Húmeda tierra
de cementerio huele a sangre amada.
Ciudad de invierno... La mordaz cruzada[1]
de una carreta[2] que arrastrar parece[3]
una emoción de ayuno[4] encadenada![5]

Se quisiera tocar todas las puertas,
y preguntar por no sé quién; y luego
ver a los pobres, y, llorando quedos,[6]
dar pedacitos de pan fresco a todos.
Y saquear[7] a los ricos sus viñedos[8]
con las dos manos santas
que a un golpe de luz
volaron desclavadas[9] de la Cruz!

Pestaña matinal, no os levantéis!
¡El pan nuestro de cada día dánoslo,
Señor...!

Todos mis huesos son ajenos;[10]
yo tal vez los robé!
Yo vine a darme lo que acaso estuvo
asignado para otro;
y pienso que, si no hubiera nacido,
otro pobre tomara este café!
Yo soy un mal ladrón... A dónde iré!

---

[1]**mordaz cruzada** harsh passing   [2]**carreta** cart   [3]**que arrastrar parece** that seems to drag
[4]**ayuno** fasting   [5]**encadenada** chained   [6]**quedos** quietly   [7]**saquear** to plunder   [8]**viñedos** vineyards   [9]**desclavadas** unnailed   [10]**ajenos** belonging to someone else

Y en esta hora fría, en que la tierra
trasciende a[11] polvo humano y es tan triste,
quisiera yo tocar todas las puertas,
y suplicar a no sé quién, perdón,
y hacerle pedacitos de pan fresco
aquí, en el horno de mi corazón...!

DESPUÉS DE LEER

1. ¿Qué querrá decir el poeta al referirse a "una emoción de ayuno encadenada"?

2. ¿Qué es lo que quisiera hacer el poeta con los pobres? ¿Cuál es su actitud hacia los ricos?

3. ¿Cómo expresa Vallejo el sentimiento de que él es la causa del sufrimiento de otros?

4. Enumere los elementos cristianos que aparecen en el poema.

5. Explique la importancia del título.

---

[11]**trasciende a** reeks of

AL LEER CONSIDERE LO SIGUIENTE:
—el sufrimiento
—la importancia del hogar
—la soledad

El hogar de la infancia del poeta se encuentra vacío. De él se han marchado todos los hermanos. Vallejo se considera ser la causa del sufrimiento de los padres.

Los pasos lejanos

Mi padre duerme. Su semblante[1] augusto
figura un apacible[2] corazón;
está ahora tan dulce...
si hay algo en él de amargo, seré yo.

Hay soledad en el hogar; se reza;
y no hay noticias de los hijos hoy.
Mi padre se despierta, ausculta[3]
la huida a Egipto,[4] el restañante[5] adiós.
Está ahora tan cerca;
si hay algo en él de lejos, seré yo.

Y mi madre pasea allá en los huertos,
saboreando un sabor ya sin sabor.
Está ahora tan suave,
tan ala,[6] tan salida, tan amor.

Hay soledad en el hogar sin bulla,[7]
sin noticias, sin verde, sin niñez.
Y si hay algo quebrado[8] en esta tarde,
y que baja y que cruje,[9]
son dos viejos caminos blancos, curvos.[10]
Por ellos va mi corazón a pie.

---

[1]**semblante** countenance, face [2]**apacible** peaceful [3]**ausculta** listens for [4]**la huida a Egipto** reference to the flight of Joseph, Mary and Jesus following the massacre of the innocents [5]**restañante** stanching [6]**tan ala** so protective [7]**sin bulla** without noise [8]**quebrado** broken [9]**cruje** rustles [10]**curvos** bent

DESPUÉS DE LEER

1. ¿Cómo describe el poeta a sus padres y su relación con ellos?
2. ¿En qué condiciones se encuentra el hogar y con qué lo compara Vallejo?
3. Explique los versos siguientes:

    "son dos viejos caminos blancos, curvos.
    Por ellos va mi corazón a pie".

—las imágenes usadas por el poeta
—la relación entre Dios y el hombre

El poeta vuelve al tema del sufrimiento en este poema. Vallejo considera que Dios ha abandonado al hombre y es incapaz de comprender su sufrimiento porque no sabe lo que es sufrir.

Los dados¹ eternos

Para Manuel González Prada,
esta emoción bravía y selecta,
una de las que, con más entusiasmo,
me ha aplaudido el gran maestro.

Dios mío, estoy llorando el ser que vivo;
me pesa haber tomádote tu pan;
pero este pobre barro² pensativo
no es costra³ fermentada en tu costado:⁴
tú no tienes Marías que se van!

Dios mío, si tú hubieras sido hombre,
hoy supieras ser Dios;
pero tú, que estuviste siempre bien,
no sientes nada de tu creación.
Y el hombre sí te sufre: el Dios es él!

Hoy que en mis ojos brujos hay candelas,⁵
como en un condenado,
Dios mío, prenderás⁶ todas tus velas,
y jugaremos con el viejo dado...
Tal vez ¡oh jugador! al dar la suerte
del universo todo,
surgirán las ojeras⁷ de la Muerte,
como dos ases⁸ fúnebres de lodo.⁹

---

¹**dados** dice   ²**barro** mud   ³**costra** crust   ⁴**costado** side   ⁵**candelas** fire   ⁶**prenderás** you will light   ⁷**ojeras** circles under one's eyes   ⁸**ases** aces   ⁹**lodo** mud

Dios mío, y esta noche sorda,[10] oscura,
ya no podrás jugar, porque la Tierra
es un dado roído[11] y ya redondo
a fuerza de rodar[12] a la aventura,[13]
que no puede parar sino en un hueco,[14]
en el hueco de inmensa sepultura.

DESPUÉS DE LEER

1. ¿Por qué dice el poeta "estoy llorando el ser que vivo"?

2. Señale los elementos religiosos que aparecen en el poema.

3. ¿Qué querrá decir el poeta al dar a entender que Dios no sabe ser Dios?

4. ¿Cómo presenta el poeta el sufrimiento en el poema?

5. ¿Qué juego quiere jugar el poeta con Dios?

6. ¿Por qué no puede jugar?

7. ¿Cuál es el destino de la humanidad?

---

[10]**sorda** deaf   [11]**roído** gnawed   [12]**a fuerza de rodar** from so much rolling   [13]**a la aventura** at random   [14]**hueco** hole

AL LEER CONSIDERE LO SIGUIENTE:

—los contrastes entre las imágenes usadas en este poema y las de los poemas anteriores
—el tema de la solidaridad humana
—el significado del título

Vallejo, en su libro *España, aparta de mí este cáliz,* constata el impacto de la Guerra Civil española y este poema proporciona un ejemplo de ello. "Masa" revela el concepto de hermandad y solidaridad que aparece en la cosmovisión del poeta.

Masa

Al fin de la batalla,
y muerto el combatiente, vino hacia él un hombre
y le dijo: "¡No mueras, te amo tanto!"
Pero el cadáver ¡ay! siguió muriendo.

Se le acercaron dos y repitiéronle:
"¡No nos dejes! ¡Valor! ¡Vuelve a la vida!"
Pero el cadáver ¡ay! siguió muriendo.

Acudieron a él veinte, cien, mil, quinientos mil,
clamando,[1] "¡Tanto amor y no poder nada contra la muerte!"
Pero el cadáver ¡ay! siguió muriendo.

Le rodearon[2] millones de individuos,
con un ruego común: "¡Quédate hermano!"
Pero el cadáver ¡ay! siguió muriendo.

Entonces, todos los hombres de la tierra
le rodearon; les vio el cadáver triste, emocionado;
incorporóse[3] lentamente,
abrazó al primer hombre; echóse a andar...

DESPUÉS DE LEER

1. ¿Cómo describe el poeta las consecuencias de la Guerra Civil española?
2. ¿Cómo está representada la solidaridad en el poema?

---

[1]**clamando** clamoring   [2]**le rodearon** he was surrounded by   [3]**incorporóse** lifted himself up

ALGUNOS ESTUDIOS DE INTERÉS

Ballón Aguirre, Enrique. *Vallejo como paradigma. Un caso especial de escritura.* Lima, Perú: Instituto Nacional de Cultura, 1974.

Barry, Leslie. "Politics, Aesthetics, and the Question of Meaning in Vallejo". *Hispania* 75:5 (1992): 1147–1153.

Franco, Jean. *César Vallejo. The Dialectics of Poetry and Silence.* Cambridge, Inglaterra: Cambridge University Press, 1976.

"Homenaje a César Vallejo". *Revista Iberoamericana* 36 (1970).

Jrade, Cathy L. "Cesar Vallejo y el barroco". *Insula* 44:508 (1989): 22–23.

Larrea, Juan. *César Vallejo y el surrealismo.* Madrid, España: Alberto Corazón, ed., 1976.

McDuffie, Keith. "Beyond Dialectics: Language and Being in *Poemas humanos*". *Co-textes* 10 (1985): 59–100.

Oviedo, José M. "Contextos de *Los heraldos negros*". *Cuadernos hispanoamericanos* 454–455 (1988): 247–256.

Paoli, Roberto. *Mapas anatómicos de César Vallejo.* Messina-Firenze, Italia: Casa Editrice D'Anna, 1981.

Jorge Luis Borges

(1899, Buenos Aires, Argentina–1986, Ginebra, Suiza)

Jorge Luis Borges es considerado como uno de los grandes escritores hispanoamericanos del siglo XX. La crítica europea lo sitúa entre los grandes cuentistas contemporáneos. Escribió poesía, ensayos y obras de ficción. Tanto en su poesía como en sus ensayos y cuentos están presentes los temas claves de la cultura universal. La narrativa de Borges se distingue por sus innovaciones técnicas y estilísticas. En su obra se aprecia el conocimiento que tenía de distintas religiones y sistemas filosóficos de Oriente y Occidente. En sus escritos se destaca el intento y el fracaso del ser humano por conocer el universo que habita y comprender el esquema divino a través de la metafísica o la teología.

En los cuentos de Borges hay un juego entre la realidad y la irrealidad así como entre la realidad y los sueños. En sus relatos el tiempo cronológico es a veces abolido o representado como un tiempo con múltiples posibilidades, laberíntico, como la condición humana. El elemento fantástico de los cuentos de Borges serviría de norma a los cuentistas hispanoamericanos posteriores. Sus libros de cuentos son: *Historia universal de la infamia* (1935), *El jardín de los senderos que se bifurcan* (1941), *Ficciones* (1944), *El Aleph* (1949), *El informe de Brodie* (1970), *El libro de arena* (1975), *Rosa y azul* (1977), *Veinticinco de agosto de 1983 y otros cuentos* (1983).

En su poesía aparecen temas argentinos, como calles, campos y hechos históricos, que son llevados a un plano metafísico. Su primer poemario fue *Fervor de Buenos Aires* (1923). A éste le siguieron *Luna de enfrente* (1925), *Cuaderno San Martín* (1929), *Poemas* (1943, 1958), *El oro de los tigres* (1972), *La cifra* (1981) y *Los conjurados* (1985). Sus ensayos han sido recopilados en *Inquisiciones* (1925), *El idioma de los argentinos* (1928), *Historia de la eternidad* (1936), *Nueve ensayos dantescos* (1982) y *Textos cautivos* (1986). Sus conferencias se encuentran en *Borges oral* (1979) y *Siete noches* (1980).

Borges desempeñó el cargo de director de la Biblioteca Nacional de su país y fue miembro de la Academia Argentina de Letras. Durante su vida se le otorgaron numerosos premios nacionales e internacionales. Un premio que lo eludió fue el Premio Nobel de Literatura. Algunos atribuyen esta omisión a su conservadurismo político.

AL LEER CONSIDERE LO SIGUIENTE:
—el uso de metáforas
—el elemento mítico y la realidad histórica
—las referencias geográficas
—la personalización
—el concepto del tiempo

En "Fundación mítica de Buenos Aires", Borges inventa los orígenes de la capital argentina, ciudad natal del poeta. En el poema, publicado en *Cuaderno de San Martín*, el lector nota la personalización.

Fundación mítica de Buenos Aires

¿Y fue por este río de sueñera[1] y de barro
que las proas[2] vinieron a fundarme la patria?
Irían a los tumbos[3] los barquitos pintados
entre los camalotes[4] de la corriente zaina.[5]

Pensando bien la cosa, supondremos que el río
era azulejo[6] entonces como oriundo[7] del cielo
con su estrellita roja para marcar el sitio
en que ayunó Juan Díaz[8] y los indios comieron.

Lo cierto es que mil hombres y otros mil arribaron
por un mar que tenía cinco lunas de anchura
y aun estaba poblado de sirenas[9] y endriagos[10]
y de piedras imanes[11] que enloquecen la brújula.[12]

Prendieron unos ranchos trémulos en la costa,
durmieron extrañados. Dicen que en el Riachuelo,[13]
pero son embelecos fraguados[14] en la Boca.[15]
Fue una manzana entera y en mi barrio: en Palermo.[16]

---

[1]**sueñera** sleepiness   [2]**proas** prows   [3]**a ... tumbos** lurching   [4]**camalotes** water plant found in Argentina that creates floating islands in rivers   [5]**zaina** chestnut-colored   [6]**azulejo** bluish   [7]**oriundo** originating   [8]**Juan Díaz** reference to Juan Díaz de Solís, who explored the Yucatán region in 1508 and discovered the River Plate, where he was killed in 1516   [9]**sirenas** mermaids   [10]**endriagos** dragons   [11]**imanes** magnets   [12]**brújula** compass   [13]**Riachuelo** river that flows into the River Plate. The poem refers to the first founding of Buenos Aires by the Spanish conqueror Pedro de Mendoza (1487?–1537) in 1534.   [14]**embelecos fraguados** forged deceptions   [15]**Boca** neighborhood in Buenos Aires located on the shores of the river Riachuelo   [16]**Palermo** residential neighborhood in Buenos Aires

Una manzana entera pero en mitá del campo
expuesta a las auroras y lluvias y suestadas.[17]
La manzana pareja que persiste en mi barrio:
Guatemala, Serrano, Paraguay, Gurruchaga.[18]

Un almacén rosado como revés de naipe
brilló y en la trastienda conversaron un truco;[19]
el almacén rosado floreció en un compadre,[20]
ya patrón de la esquina, ya resentido y duro.

El primer organito salvaba el horizonte
con su achacoso porte, su habanera[21] y su gringo.[22]
El corralón seguro ya opinaba YRIGOYEN,[23]
algún piano mandaba tangos de Saborido.[24]

Una cigarrería sahumó[25] como una rosa
el desierto. La tarde se había ahondado en ayeres,
los hombres compartieron un pasado ilusorio.
Sólo faltó una cosa: la vereda[26] de enfrente.

A mí se me hace cuento que empezó Buenos Aires:
La juzgo tan eterna como el agua y el aire.

DESPUÉS DE LEER

1. Explique cómo se manifiesta en el poema la personalización.

2. Señale los elementos míticos del poema.

3. ¿Cómo entrelaza Borges el elemento mítico con la realidad?

4. Describa la fundación de Buenos Aires, según el poema.

5. Analice los versos siguientes:

> … La tarde se había ahondado en ayeres,
> los hombres compartieron un pasado ilusorio.
> Sólo faltó una cosa: la vereda de enfrente.
>
> A mí se me hace cuento que empezó Buenos Aires:
> La juzgo tan eterna como el agua y el aire.

---

[17]**suestadas** colloquial pronunciation of *sudestada,* which refers to a strong southeast wind
[18]**Guatemala … Gurruchaga** street names in Palermo   [19]**conversaron un truco** phrases made up during a popular Argentinian card game in order to give warning   [20]**compadre** here, a show-off   [21]**habanera** society music and dance that originated in Havana, Cuba [22]**gringo** word used to refer to a foreigner. Here, it refers to an Italian.   [23]**YRIGOYEN** reference to Hipólito Irigoyen (1850–1933), elected twice to the presidency of Argentina   [24]**Saborido** author of popular tangos   [25]**sahumó** perfumed   [26]**vereda** path

AL LEER CONSIDERE LO SIGUIENTE:
—la importancia del tiempo
—el uso de imágenes y metáforas
—la presencia de lo cotidiano
—el elemento personal
—los dos Borges

En "Límites", Borges alude, tanto a la incertidumbre y las paradojas de la vida como a los límites que desafían al hombre. En el poema se manifiestan constantes de la obra de Borges: sueños, laberintos, el tiempo y el espacio.

Límites

De estas calles que ahondan[1] el poniente,[2]
una habrá (no sé cuál) que he recorrido
ya por última vez, indiferente
y sin adivinarlo, sometido

a Quién prefija omnipotentes normas
y una secreta y rígida medida
a las sombras, los sueños y las formas
que destejen y tejen[3] esta vida.

Si para todo hay término y hay tasa[4]
y última vez y nunca más y olvido,
¿Quién nos dirá de quién, en esta casa,
sin saberlo, nos hemos despedido?

Tras el cristal ya gris la noche cesa
y del alto de libros que una trunca[5]
sombra dilatan[6] por la vaga mesa,
alguno habrá que no leeremos nunca.

Hay en el Sur más de un portón[7] gastado
con sus jarrones de mampostería[8]
y tunas, que a mi paso está vedado
como si fuera una litografía.

---

[1]**ahondan** explore   [2]**poniente** west   [3]**destejen y tejen** unravel and weave   [4]**tasa** limit
[5]**trunca** truncated   [6]**dilatan** extend   [7]**portón** large door   [8]**jarrones de mampostería** urns
made of rubblework

Para siempre cerraste alguna puerta
y hay un espejo que te aguarda en vano;
la encrucijada[9] te parece abierta
y la vigila un cuadrifronte Jano.[10]

Hay, entre todas tus memorias, una
que se ha perdido irreparablemente;
no te verán bajar a aquella fuente
ni el blanco sol ni la amarilla luna.

No volverá tu voz a lo que el persa
dijo en su lengua de aves y de rosas,
cuando al ocaso, ante la luz dispersa,
quieras decir inolvidables cosas.

¿Y el incesante Ródano[11] y el lago,
todo ese ayer sobre el cual hoy me inclino
Tan perdido estará como Cartago[12]
que con fuego y con sal borró el latino.[13]

Creo en el alba oír un atareado
rumor de multitudes que se alejan;
son lo que me ha querido y olvidado;
espacio y tiempo y Borges ya me dejan.

DESPUÉS DE LEER

1. Explique el significado de los siguientes versos:

   Si para todo hay término y hay tasa
   y última vez y nunca más y olvido,
   ¿Quién nos dirá de quién, en esta casa,
   sin saberlo, nos hemos despedido?

2. ¿Cómo describe el poeta las encrucijadas de la vida?

3. Explique cómo presenta el poeta lo transitorio.

4. Discuta la importancia del tiempo y del espacio en el poema.

5. ¿Cuál es el significado de "espacio, tiempo y Borges ya me dejan"?

---

[9]**encrucijada** crossroads   [10]**Jano** Janus, Roman God of beginnings, usually depicted with two heads placed back to back, enabling him to see the past and the future at the same time [11]**Ródano** the Rhône River   [12]**Cartago** Carthage, ancient city founded in 825 B.C. by the powerful Phoenicians. It stood where present-day Tunis is situated.   [13]**latino** reference to the wars Carthage sustained against its rival Rome. These wars, known as the Punic Wars, led to the ultimate defeat of Carthage in 416, when the city was destroyed by the Roman army.

AL LEER CONSIDERE LO SIGUIENTE:
—el elemento autobiográfico
—el tema del otro
—lo irónico

En "Poema de los dones" Borges se refiere a la ironía de Dios en darle la oportunidad de ser director de la Biblioteca Nacional de Buenos Aires siendo ciego y se compara al rey griego que muere de hambre y sed en medio de la abundancia. En este poema se observa el tema de "el otro", Groussac/Borges, ya que como él, Groussac fue ciego y director de la misma biblioteca.

Poema de los dones

Nadie rebaje a lágrima o reproche
esta declaración de la maestría
de Dios, que con magnífica ironía
me dio a la vez los libros y la noche.

De esta ciudad de libros hizo dueños
a unos ojos sin luz, que sólo pueden
leer en las bibliotecas de los sueños
los insensatos párrafos que ceden

las albas a su afán.[1] En vano el día
les prodiga sus libros infinitos,
arduos como los arduos manuscritos
que perecieron en Alejandría.[2]

De hambre y sed (narra una historia griega)
muere un rey entre fuentes y jardines;
yo fatigo sin rumbo los confines
de esta alta y honda biblioteca ciega.

Enciclopedias, atlas, el Oriente
y el Occidente, siglos, dinastías,
símbolos, cosmos y cosmogonías
brindan los muros, pero inútilmente.

---

[1]**afán** desire [2]**Alejandría** reference to the notable library in Alexandria, a port city in Egypt. At one time Alexandria was considered to be a center of learning. The library was first burned down by Caesar's soldiers, then again in 390 and, according to legend, for a third time ir 641 by the Caliph Omar.

Lento en mi sombra, la penumbra hueca
exploro con el báculo[3] indeciso,
yo, que me figuraba el Paraíso
bajo la especie de una biblioteca.

Algo, que ciertamente no se nombra
con la palabra *azar*,[4] rige estas cosas;
otro ya recibió en otras borrosas
tardes los muchos libros y la sombra.

Al errar por las lentas galerías
suelo sentir con vago horror sagrado
que soy el otro, el muerto, que habrá dado
los mismos pasos en los mismos días.

¿Cuál de los dos escribe este poema
de un yo plural y de una sola sombra?
¿Qué importa la palabra que me nombra
si es indiviso y uno el anatema?

Groussac[5] o Borges, miro este querido
mundo que se deforma y que se apaga
en una pálida ceniza vaga
que se parece al sueño y al olvido.

DESPUÉS DE LEER

1. ¿Cómo concibe Borges la ironía de Dios?

2. ¿Qué metáforas usa el poeta al referirse a la ceguera?

3. ¿A qué se refiere Borges cuando usa la palabra *azar*?

4. ¿Cómo está presentado el tema del doble en el poema?

5. Explique el título del poema.

---

[3]**báculo** staff   [4]***azar*** chance   [5]**Groussac** reference to Paul Groussac (1848–1929), French-born historian, critic, and novelist who, like Borges, directed the Biblioteca Nacional de Buenos Aires from 1885 to 1929. Groussac was a naturalized Argentinean.

—cómo cambia Borges un antiguo mito griego
—la perspectiva del minotauro
—las alusiones a "el otro" (el doble)
—el laberinto como la repetición del infinito
—las características del minotauro

Este cuento está basado en el mito griego del minotauro Asterión, según aparece en *Biblioteca, III, 1,* del historiador griego Apolodoro. El mito cuenta la historia de Asterión, hijo de la esposa de Minos, rey de Creta, y un toro de quien ella se había enamorado. Minos, avergonzado del minotauro, un monstruo con cuerpo de hombre y cabeza de toro, lo encierra en un laberinto. El sustento del minotauro consistirá en nueve jóvenes que serán suministrados por Atenas, pueblo conquistado por Minos. Teseo, con la ayuda de Ariadna, mata al minotauro liberando a su pueblo del sacrificio. Borges da al mito un giro diferente.

La casa de Asterión

&

A Marta Mosquera Eastman

Y la reina dio a luz un hijo que se llamó Asterión.
Apolodoro:[1] *Biblioteca, III, 1.*

Sé que me acusan de soberbia, y tal vez de misantropía, y tal vez de locura. Tales acusaciones (que castigaré a su debido tiempo) son irrisorias.[2] Es verdad que no salgo de mi casa, pero también es verdad que sus puertas (cuyo número es infinito)[3] están abiertas día y noche a los hombres y también a los animales. Que entre el que quiera. No hallará pompas mujeriles[4] aquí ni el bizarro aparato[5] de los palacios pero sí la quietud y la soledad. Asimismo hallará una casa como no hay otra en la faz de la tierra.[6] (Mienten los que declaran que en Egipto hay una parecida.) Hasta mis detractores admiten que no hay un solo mueble en la casa. Otra especie ridícula es que yo, Asterión, soy un prisionero. ¿Repetiré que no hay una puerta cerrada, añadiré[7] que no hay una cerradura? Por lo demás, algún atardecer he pisado la calle;[8] si antes de la noche volví, lo hice por el temor que me infundieron[9] las caras de la plebe,[10] caras descoloridas y aplanadas,[11] como la mano abierta. Ya se había puesto el sol, pero el desvalido[12] llanto de un

---

[1]**Apolodoro** Greek historian from the second century   [2]**irrisorias** ridiculous   [3]**infinito** the original reads *catorce,* but it can be inferred that the numeral adjective is equal to infinity   [4]**pompas mujeriles** woman-like comforts   [5]**aparato** pomp   [6]**faz de la tierra** face of the earth   [7]**añadiré** I will add   [8]**he ... calle** I have stepped out   [9]**me infundieron** instilled by   [10]**plebe** commoners   [11]**descoloridas y aplanadas** colorless and flat   [12]**desvalido** helpless

niño y las toscas plegarias de la grey[13] dijeron que me habían reconocido. La gente oraba, huía, se prosternaba;[14] unos se encaramaban[15] al estilóbato[16] del templo de las Hachas, otros juntaban piedras. Alguno, creo, se ocultó bajo[17] el mar. No en vano fue una reina mi madre; no puedo confundirme con el vulgo,[18] aunque mi modestia lo quiera.

El hecho es que soy único. No me interesa lo que un hombre pueda trasmitir a otros hombres; como el filósofo, pienso que nada es comunicable por el arte de la escritura. Las enojosas[19] y triviales minucias no tienen cabida en mi espíritu, que está capacitado para lo grande; jamás he retenido la diferencia entre una letra y otra. Cierta impaciencia generosa no ha consentido que yo aprendiera a leer. A veces lo deploro, porque las noches y los días son largos.

Claro que no me faltan distracciones. Semejante al carnero[20] que va a embestir,[21] corro por las galerías de piedra hasta rodar[22] al suelo, mareado.[23] Me agazapo[24] a la sombra de un aljibe[25] o a la vuelta de un corredor y juego a que me buscan. Hay azoteas[26] desde las que me dejo caer, hasta ensangrentarme. A cualquier hora puedo jugar a estar dormido, con los ojos cerrados y la respiración poderosa. (A veces me duermo realmente, a veces ha cambiado el color del día cuando he abierto los ojos.) Pero de tantos juegos el que prefiero es el de otro Asterión. Finjo[27] que viene a visitarme y que yo le muestro la casa. Con grandes reverencias le digo: *Ahora volvemos a la encrucijada*[28] *anterior* o *Ahora desembocamos*[29] *en otro patio* o *Bien decía yo que te gustaría la canaleta*[30] o *Ahora verás una cisterna que se llenó de arena* o *Ya verás como el sótano se bifurca.*[31] A veces me equivoco y nos reímos buenamente los dos.

No sólo he imaginado esos juegos; también he meditado sobre la casa. Todas las partes de la casa están muchas veces, cualquier lugar es otro lugar. No hay un aljibe, un patio, un abrevadero,[32] un pesebre;[33] son catorce (son infinitos) los pesebres, abrevaderos, patios, aljibes. La casa es del tamaño del mundo; mejor dicho, es el mundo. Sin embargo, a fuerza de fatigar patios con un aljibe y polvorientas[34] galerías de piedra gris he alcanzado la calle y he visto el templo de las Hachas y el mar. Eso no lo entendí hasta que una visión de la noche me reveló que también son catorce (son infinitos) los mares y los templos. Todo está muchas veces, catorce veces, pero dos cosas hay en el mundo que parecen estar una sola vez: arriba, el intrincado sol; abajo, Asterión. Quizá yo he creado las estrellas y el sol y la enorme casa, pero ya no me acuerdo.

Cada nueve años entran en la casa nueve hombres para que yo los libere de todo mal. Oigo sus pasos o su voz en el fondo de las galerías de piedra y corro alegremente a buscarlos. La ceremonia dura pocos minutos. Uno tras otro caen

---

[13]**toscas ... grey** rude supplications of the faithful   [14]**se prosternaba** prostrated themselves   [15]**se encaramaban** climbed   [16]**estilóbato** pedestal in which a series of columns rests   [17]**ocultó** hid   [18]**el vulgo** the masses   [19]**enojosas** bothersome   [20]**carnero** ram   [21]**embestir** attack   [22]**rodar** to fall down rolling   [23]**mareado** dizzy   [24]**me agazapo** I crouch   [25]**aljibe** pool   [26]**azoteas** rooftops   [27]**finjo** I pretend   [28]**encrucijada** intersection   [29]**desembocamos** run into   [30]**canaleta** drain   [31]**se bifurca** forks off, branches   [32]**abrevadero** watering place   [33]**pesebre** manger   [34]**polvorientas** dusty

sin que yo me ensangrente las manos. Donde cayeron, quedan, y los cadáveres ayudan a distinguir una galería de las otras. Ignoro quiénes son, pero sé que uno de ellos profetizó, en la hora de su muerte, que alguna vez llegaría mi redentor.[35] Desde entonces no me duele la soledad, porque sé que vive mi redentor y al fin se levantará sobre el polvo. Si mi oído alcanzara todos los rumores del mundo, yo percibiría sus pasos. Ojalá me lleve a un lugar con menos galerías y menos puertas. ¿Cómo será mi redentor?, me pregunto. ¿Será un toro o un hombre? ¿Será tal vez un toro con cara de hombre? ¿O será como yo?

El sol de la mañana reverberó en la espada de bronce. Ya no quedaba ni un vestigio[36] de sangre.

—¿Lo creerás, Ariadna?[37] —dijo Teseo[38]—. El minotauro apenas se defendió.

DESPUÉS DE LEER

1. ¿De qué acusan a Asterión? ¿Está él de acuerdo con esas acusaciones?
2. ¿Cómo es la casa de Asterión?
3. ¿Por qué dicen los detractores de Asterión que él es un prisionero? ¿Qué opina Asterión?
4. ¿Qué ocurre cuando Asterión sale a la calle? ¿Cómo describe Asterión a las personas que encuentra en la calle? ¿Por qué?
5. ¿Cómo reaccionan las personas al ver a Asterión? ¿Cómo interpreta Asterión esas reacciones?
6. Según Asterión, ¿por qué él es único? ¿Quién es él?
7. Describa la vida de Asterión. ¿Cómo se entretiene el minotauro? ¿Cuáles son sus juegos?
8. ¿Quiénes visitan la casa de Asterión cada nueve años? ¿Qué ocurre? ¿Se da cuenta Asterión de la realidad?
9. ¿A quién espera Asterión? ¿Cómo interpreta usted eso?
10. ¿Por qué Asterión no se defendió de Teseo?
11. Al terminar de leer el cuento, ¿qué sentimientos tiene usted hacia Asterión?
12. Describa cómo se presentan el tema del doble y del laberinto, y la importancia de ellos en el cuento.
13. ¿Qué representa el laberinto?
14. ¿Cómo coexiste en una misma realidad lo fantástico y lo histórico?

---

[35]**redentor** redeemer   [36]**vestigio** vestige, trace   [37]**Ariadna** daughter of Minos   [38]**Teseo** Athenian hero who killed the minotaur

AL LEER CONSIDERE LO SIGUIENTE:

—la importancia de la literatura y la erudición en los cuentos de Borges
—las diferentes manifestaciones del tiempo
—las alusiones a los laberintos físicos y mentales
—la convergencia entre la realidad y el sueño
—el estilo narrativo

En "El milagro secreto" de Jorge Luis Borges aparecen técnicas narrativas y temas que son constantes en sus cuentos. En este cuento el tiempo es suspendido al igual que la relación ambigua entre realidad y sueño. Se hace, además, alusión a la búsqueda de Dios y la espera de una señal que pruebe su existencia. El laberinto mental, consecuencia de la condición humana y sus múltiples posibilidades, también está manifestado. El protagonista, Jaromir Hladík, quien ha sido condenado a muerte, le pide a Dios que le conceda tiempo suficiente para continuar su obra inconclusa.

El milagro secreto

> *Y Dios lo hizo morir durante cien años*
> *y luego lo animó y le dijo:*
> *—¿Cuánto tiempo has estado aquí?*
> *—Un día o parte de un día, respondió.*
> *Alcorán,[1] II 261.*

La noche del catorce de marzo de 1939, en un departamento de la Zeltnergasse de Praga,[2] Jaromir Hladík, autor de la inconclusa tragedia *Los enemigos*, de una *Vindicación[3] de la eternidad* y de un examen de las indirectas fuentes judías de Jakob Boehme,[4] soñó con un largo ajedrez.[5] No lo disputaban dos individuos sino dos familias ilustres; la partida había sido entablada[6] hace muchos siglos; nadie era capaz de nombrar el olvidado premio, pero se murmuraba que era enorme y quizá infinito; las piezas y el tablero[7] estaban en una torre secreta; Jaromir (en el sueño) era el primogénito[8] de una de las familias hostiles; en los relojes resonaba la hora de la impostergable[9] jugada; el soñador corría por las arenas de un desierto lluvioso y no lograba recordar las figuras ni las leyes del ajedrez. En ese punto, se despertó. Cesaron los estruendos[10] de la lluvia y de los terribles relojes. Un ruido acompasado[11] y unánime, cortado por algunas vo-

---

[1]**Alcorán** the Koran, the sacred book of Islam [2]**Praga** Prague, the capital city of the Czech Republic, formerly known as Czechoslovakia [3]**vindicación** revenge [4]**Jakob Boehme** (1575–1624) German religious mystic [5]**ajedrez** (game of) chess [6]**entablada** started [7]**tablero** board [8]**primogénito** first-born [9]**impostergable** not able to be postponed [10]**estruendos** noises [11]**acompasado** rhythmic

ces de mando, subía de la Zeltnergasse. Era el amanecer; las blindadas vanguardias[12] del Tercer Reich[13] entraban en Praga.

El diecinueve, las autoridades recibieron una denuncia; el mismo diecinueve, al atardecer, Jaromir Hladík fue arrestado. Lo condujeron a un cuartel aséptico y blanco, en la ribera opuesta del Moldau.[14] No pudo levantar uno solo de los cargos de la Gestapo:[15] su apellido materno era Jaroslavski, su sangre era judía, su estudio sobre Boehme era judaizante,[16] su firma dilataba el censo final de una protesta contra el Anschluss.[17] En 1928, había traducido el *Sepher Yezirah*[18] para la editorial Hermann Barsdorf; el efusivo catálogo de esa casa había exagerado comercialmente el renombre del traductor; ese catálogo fue hojeado[19] por Julius Rothe, uno de los jefes en cuyas manos estaba la suerte de Hladík. No hay hombre que, fuera de su especialidad, no sea crédulo; dos o tres adjetivos en letra gótica[20] bastaron para que Julius Rothe admitiera la preeminencia de Hladík y dispusiera que lo condenaran a muerte, *pour encourager les autres*.[21] Se fijó el día veintinueve de marzo, a las nueve a.m. Esa demora (cuya importancia apreciará después el lector) se debía al deseo administrativo de obrar impersonal y pausadamente, como los vegetales y los planetas.

El primer sentimiento de Hladík fue de mero terror. Pensó que no lo hubieran arredrado[22] la horca,[23] la decapitación o el degüello,[24] pero que morir fusilado[25] era intolerable. En vano se redijo[26] que el acto puro y general de morir era lo temible, no las circunstancias concretas. No se cansaba de imaginar esas circunstancias: absurdamente procuraba agotar[27] todas las variaciones. Anticipaba infinitamente el proceso, desde el insomne[28] amanecer hasta la misteriosa descarga. Antes del día prefijado por Julius Rothe, murió centenares de muertes, en patios cuyas formas y cuyos ángulos fatigaban la geometría, ametrallado[29] por soldados variables, en número cambiante, que a veces lo ultimaban desde lejos; otras, desde muy cerca. Afrontaba con verdadero temor (quizá con verdadero coraje) esas ejecuciones imaginarias; cada simulacro duraba unos pocos segundos; cerrado el círculo, Jaromir interminablemente volvía a las trémulas[30] vísperas de su muerte. Luego reflexionó que la realidad no suele coincidir con las previsiones; con lógica perversa infirió que prever un detalle circunstancial es impedir que éste suceda. Fiel a esa débil magia, inventaba, *para que no sucedieran,* rasgos[31] atroces; naturalmente, acabó por temer que esos rasgos fueran proféticos. Miserable en la

---

[12]**blindadas vanguardias** reference to Hitler's armored vanguard which spearheaded the invasion of Czechoslovakia in 1938   [13]**Tercer Reich** Germany under the Nazi regime (1933–1945)   [14]**Moldau** longest river in the Czech Republic   [15]**Gestapo** Germany's secret police during the Nazi regime. It was organized in 1933 and was notorious for its brutal methods of operation.   [16]**judaizante** written from a Jewish point of view   [17]**Anschluss** German term meaning "junction." Applied to the annexation of Austria to Germany by Hitler in 1938.   [18]***Sepher Yezirah*** the Book of Creation, a major source of cabalistic thought   [19]**hojeado** looked through   [20]**letra gótica** Gothic characters   [21]***pour ... autres*** to encourage the others. Reference to Voltaire's *Candide* (Chapter XXIII). Borges uses Voltaire's ironic usage implying "to terrify others."   [22]**arredrado** frighten   [23]**horca** gallows   [24]**degüello** throat-cutting   [25]**fusilado** executed by firing squad   [26]**se redijo** told himself over again   [27]**agotar** exhaust   [28]**insomne** sleepless   [29]**ametrallado** gunned down   [30]**trémulas** trembling   [31]**rasgos** deeds

noche, procuraba afirmarse de algún modo en la sustancia fugitiva del tiempo. Sabía que éste se precipitaba hacia el alba del día veintinueve; razonaba en voz alta: *Ahora estoy en la noche del veintidós; mientras dure esta noche (y seis noches más) soy, invulnerable, inmortal.* Pensaba que las noches de sueño eran piletas[32] hondas y oscuras en las que podía sumergirse. A veces anhelaba con impaciencia la definitiva descarga, que lo redimiría, mal o bien, de su vana tarea de imaginar. El veintiocho, cuando el último ocaso reverberaba[33] en los altos barrotes,[34] lo desvió de esas consideraciones abyectas la imagen de su drama *Los enemigos.*

Hladík había rebasado[35] los cuarenta años. Fuera de algunas amistades y de muchas costumbres, el problemático ejercicio de la literatura constituía su vida; como todo escritor, medía las virtudes de los otros por lo ejecutado por ellos y pedía que los otros lo midieran por lo que vislumbraba[36] o planeaba. Todos los libros que había dado a la estampa le infundían un complejo arrepentimiento. En sus exámenes de la obra de Boehme, de Abenesra[37] y de Fludd,[38] había intervenido esencialmente la mera aplicación; en su traducción del *Sepher Yezirah,* la negligencia, la fatiga y la conjetura. Juzgaba menos deficiente, tal vez, la *Vindicación de la eternidad:* el primer volumen historia las diversas eternidades que han ideado[39] los hombres, desde el inmóvil Ser de Parménides[40] hasta el pasado modificable de Hinton; el segundo niega (con Francis Bradley[41]) que todos los hechos del universo integran una serie temporal. Arguye que no es infinita la cifra[42] de las posibles experiencias del hombre y que basta una sola "repetición" para demostrar que el tiempo es una falacia... Desdichadamente,[43] no son menos falaces los argumentos que demuestran esa falacia; Hladík solía recorrerlos[44] con cierta desdeñosa perplejidad. También había redactado una serie de poemas expresionistas;[45] éstos, para confusión del poeta, figuraron en una antología de 1924 y no hubo antología posterior que no los heredara. De todo ese pasado equívoco y lánguido[46] quería redimirse Hladík con el drama en verso *Los enemigos.* (Hladík preconizaba[47] el verso, porque impide que los espectadores olviden la irrealidad, que es condición del arte.)

Este drama observaba las unidades de tiempo, de lugar y de acción; transcurría en Hradcany,[48] en la biblioteca del barón de Roemerstadt, en una de las últimas tardes del siglo diecinueve. En la primera escena del primer acto, un desconocido

[32]**piletas** pools [33]**reverberaba** reverberated [34]**barrotes** crosspieces [35]**rebasado** surpassed [36]**vislumbraba** glimpsed [37]**Abenesra** reference to Abraham Ibn Ezra (1098–1164), Jewish grammarian, poet, philosopher, and astronomer. Abenesra served as the model for Robert Browning's poem "Rabbi Ben Ezra." [38]**Fludd** reference to Robert Fludd (1574–1637), English mystic and philosopher [39]**ideado** conceived [40]**inmóvil ser de Parménides** Parménides (ca. 514 B.C.), Greek philosopher of the Eleatic school. Argued that *being*, the only true reality, is permanent and immobile. Change was considered illusory. [41]**Francis Bradley** English philosopher (1864–1924) whose works greatly influenced Borges [42]**cifra** number [43]**desdichadamente** unfortunately [44]**solía recorrerlos** would go over them [45]**expresionistas** reference to Expressionism, a twentieth-century artistic movement. In literature it was manifested by the distortion of objects and events in order to represent them as they are perceived by a character in a literary work. [46]**lánguido** feeble [47]**preconizaba** recommended [48]**Hradcany** the royal residence on the west bank of the Moldau River in Prague

visita a Roemerstadt. (Un reloj da las siete, una vehemencia de último sol exalta los cristales, el aire trae una apasionada y reconocible música húngara.) A esta visita siguen otras; Roemerstadt no conoce las personas que lo importunan,[49] pero tiene la incómoda impresión de haberlos visto ya, tal vez en un sueño. Todos exageradamente lo halagan,[50] pero es notorio —primero para los espectadores del drama, luego para el mismo barón— que son enemigos secretos, conjurados[51] para perderlo. Roemerstadt logra detener o burlar[52] sus complejas intrigas; en el diálogo, aluden a su novia, Julia de Weidenau, y a un tal Jaroslav Kubin, que alguna vez la importunó con su amor. Éste, ahora, se ha enloquecido y cree ser Roemerstadt... Los peligros arrecian,[53] Roemerstadt, al cabo del segundo acto, se ve en la obligación de matar a un conspirador. Empieza el tercer acto, el último. Crecen gradualmente las incoherencias: vuelven actores que parecían descartados ya de la trama,[54] vuelve, por un instante, el hombre matado por Roemerstadt. Alguien hace notar que no ha atardecido: el reloj da las siete, en los altos cristales reverbera el sol occidental, el aire trae una apasionada música húngara. Aparece el primer interlocutor y repite las palabras que pronunció en la primera escena del primer acto. Roemerstadt le habla sin asombro,[55] el espectador entiende que Roemerstadt es el miserable Jaroslav Kubin. El drama no ha ocurrido: es el delirio circular que interminablemente vive y revive Kubin.

Nunca se había preguntado Hladík si esa tragicomedia de errores era baladí[56] o admirable, rigurosa o casual. En el argumento que he bosquejado[57] intuía la invención más apta para disimular sus defectos y para ejercitar sus felicidades, la posibilidad de rescatar (de manera simbólica) lo fundamental de su vida. Había terminado ya el primer acto y alguna escena del tercero; el carácter métrico de la obra le permitía examinarla continuamente, rectificando los hexámetros,[58] sin el manuscrito a la vista. Pensó que aun le faltaban dos actos y que muy pronto iba a morir. Habló con Dios en la oscuridad. *Si de algún modo existo, si no soy una de tus repeticiones y erratas,*[59] *existo como autor de* Los enemigos. *Para llevar a término ese drama, que puede justificarme y justificarte, requiero un año más. Otórgame*[60] *esos días, Tú de quien son los siglos y el tiempo.* Era la última noche, la más atroz,[61] pero diez minutos después el sueño lo anegó[62] como un agua oscura.

Hacia el alba, soñó que se había ocultado en una de las naves[63] de la biblioteca del Clementinum. Un bibliotecario de gafas negras le preguntó: *¿Qué busca?* Hladík le replicó: *Busco a Dios.* El bibliotecario le dijo: *Dios está en una de las letras de una de las páginas de uno de los cuatrocientos mil tomos del Clementinum. Mis padres y los padres de mis padres han buscado esa letra; yo me he quedado ciego*[64] *buscándola.* Se quitó las gafas y Hladík vio los ojos, que estaban muertos. Un lector entró a devolver un atlas. *Este atlas es inútil,* dijo, y se lo dio a Hladík. Éste lo

---

[49]**lo importunan** bothered him   [50]**lo halagan** praise him   [51]**conjurados** plotting   [52]**burlar** mock   [53]**arrecian** get worse   [54]**trama** plot   [55]**asombro** amazement   [56]**baladí** insignificant, trivial   [57]**bosquejado** outlined   [58]**hexámetros** hexameter, any line of verse in six feet   [59]**erratas** errata, errors   [60]**otórgame** grant me   [61]**atroz** atrocious   [62]**lo anegó** drowned him   [63]**naves** naves, aisles   [64]**me he quedado ciego** I have gone blind

abrió al azar.[65] Vio un mapa de la India, vertiginoso. Bruscamente seguro, tocó una de las mínimas[66] letras. Una voz ubicua le dijo: *El tiempo de tu labor ha sido otorgado.* Aquí Hladík se despertó.

Recordó que los sueños de los hombres pertenecen a Dios y que Maimónides[67] ha escrito que son divinas las palabras de un sueño, cuando son distintas y claras y no se puede ver quién las dijo. Se vistió; dos soldados entraron en la celda y le ordenaron que los siguiera.

Del otro lado de la puerta, Hladík había previsto un laberinto de galerías, escaleras y pabellones. La realidad fue menos rica: bajaron a un traspatio[68] por una sola escalera de fierro.[69] Varios soldados —alguno de uniforme desabrochado[70]— revisaban una motocicleta y la discutían. El sargento miró el reloj: eran las ocho y cuarenta y cuatro minutos. Había que esperar que dieran las nueve. Hladík, más insignificante que desdichado,[71] se sentó en un montón[72] de leña. Advirtió que los ojos de los soldados rehuían[73] los suyos. Para aliviar la espera, el sargento le entregó un cigarrillo. Hladík no fumaba; lo aceptó por cortesía o por humildad. Al encenderlo, vio que le temblaban[74] las manos. El día se nubló; los soldados hablaban en voz baja como si él ya estuviera muerto. Vanamente,[75] procuró recordar a la mujer cuyo símbolo era Julia de Weidenau...

El piquete[76] se formó, se cuadró.[77] Hladík, de pie contra la pared del cuartel, esperó la descarga. Alguien temió que la pared quedara maculada de sangre;[78] entonces le ordenaron al reo[79] que avanzara unos pasos. Hladík, absurdamente, recordó las vacilaciones preliminares de los fotógrafos. Una pesada gota de lluvia rozó[80] una de las sienes[81] de Hladík y rodó lentamente por su mejilla; el sargento vociferó la orden final.

El universo físico se detuvo.

Las armas convergían sobre Hladík, pero los hombres que iban a matarlo estaban inmóviles. El brazo del sargento eternizaba un ademán inconcluso.[82] En una baldosa[83] del patio una abeja proyectaba una sombra fija. El viento había cesado, como en un cuadro. Hladík ensayó[84] un grito, una sílaba, la torsión de una mano. Comprendió que estaba paralizado. No le llegaba ni el más tenue rumor del impedido mundo.[85] Pensó *estoy en el infierno,*[86] *estoy muerto.* Pensó *estoy loco.* Pensó *el tiempo se ha detenido.* Luego reflexionó que en tal caso, también se hubiera detenido su pensamiento. Quiso ponerlo a prueba: repitió (sin mover los labios) la misteriosa cuarta égloga de Virgilio.[87] Imaginó que los ya remotos sol-

---

[65]**al azar** at random　　[66]**mínimas** minute　　[67]**Maimónides** Moses Maimonides (1135–1204), Spanish rabbi, physician, philosopher, and scholar. Known for his *Guide to the Aperplexed* in which the principle of creation, a proof of God's existence, and other metaphysical problems are discussed.　　[68]**traspatio** courtyard located behind the main courtyard　　[69]**fierro** iron　　[70]**desabrochado** unbuttoned　　[71]**desdichado** unhappy　　[72]**montón** pile　　[73]**rehuían** avoided　　[74]**temblaban** were trembling　　[75]**vanamente** vaguely　　[76]**piquete** firing squad　　[77]**se cuadró** squared off　　[78]**maculada de sangre** blood-stained　　[79]**reo** prisoner　　[80]**rozó** skimmed　　[81]**sienes** temples　　[82]**ademán inconcluso** incomplete gesture　　[83]**baldosa** tile　　[84]**ensayó** attempted　　[85]**impedido mundo** world brought to a halt　　[86]**infierno** hell　　[87]**cuarta égloga de Virgilio** reference to the Roman poet Publius Vergilius Maro (70–19 B.C.), author of *The Aeneid.* Borges's story refers to the fourth eclogue, which prophesied the birth of a child that would bring about a new golden age.

dados compartían su angustia; anheló comunicarse con ellos. Le asombró no sentir ninguna fatiga, ni siquiera el vértigo de su larga inmovilidad. Durmió, al cabo de un plazo indeterminado. Al despertar, el mundo seguía inmóvil y sordo. En su mejilla perduraba la gota de agua; en el patio, la sombra de la abeja; el humo del cigarrillo que había tirado no acababa nunca de dispersarse. Otro "día" pasó, antes que Hladík entendiera.

Un año entero había solicitado de Dios para terminar su labor: un año le otorgaba su omnipotencia. Dios operaba para él un milagro secreto: lo mataría el plomo germánico,[88] en la hora determinada, pero en su mente un año transcurriría entre la orden y la ejecución de la orden. De la perplejidad pasó al estupor, del estupor a la resignación, de la resignación a la súbita gratitud.

No disponía de otro documento que la memoria; el aprendizaje de cada hexámetro que agregaba[89] le impuso un afortunado rigor que no sospechan quienes aventuran y olvidan párrafos interinos y vagos. No trabajó para la posteridad ni aun para Dios, de cuyas preferencias literarias poco sabía. Minucioso, inmóvil, secreto, urdió en el tiempo su alto laberinto invisible. Rehízo el tercer acto dos veces. Borró[90] algún símbolo demasiado evidente: las repetidas campanadas,[91] la música. Ninguna circunstancia lo importunaba. Omitió, abrevió, amplificó; en algún caso, optó por la versión primitiva. Llegó a querer el patio, el cuartel;[92] uno de los rostros[93] que lo enfrentaban modificó su concepción del carácter de Roemerstadt. Descubrió que las arduas cacofonías que alarmaron tanto a Flaubert son meras supersticiones visuales: debilidades y molestias de la palabra escrita, no de la palabra sonora… Dio término a su drama: no le faltaba ya resolver sino un solo epíteto. Lo encontró; la gota de agua resbaló en su mejilla. Inició un grito enloquecido, movió la cara, la cuádruple descarga lo derribó.

Jaromir Hladík murió el veintinueve de marzo, a las nueve y dos minutos de la mañana.

DESPUÉS DE LEER

1. ¿Durante qué momento histórico se desarrolla el cuento?
2. Describa el sueño de Hladík y cómo lo interpreta.
3. ¿Por qué es arrestado Hladík?
4. ¿Cómo anticipa Hladík su propio fusilamiento? ¿Cree Hladík que puede controlar la forma de su muerte?
5. ¿Cómo describiría a Hladík?
6. Describa las lecturas de Hladík.
7. ¿Cuál es la importancia de los sueños en el cuento? ¿Cuántos sueños hay en la narración?
8. ¿Qué tipos de laberintos y repeticiones aparecen en el cuento?

---

[88]**plomo germánico** Germanic bullet   [89]**que agregaba** that he added   [90]**borró** erased
[91]**campanadas** ringing of the bells   [92]**cuartel** barracks   [93]**rostros** faces

9. Explique la importancia de la búsqueda de Dios en el sueño de la biblioteca de Clementinum.

10. Describa *Los enemigos*. ¿Hay incoherencias en la trama de la obra?

11. ¿Por qué es tan importante la obra *Los enemigos* para el protagonista?

12. ¿Qué le pide Hladík a Dios? ¿Se le concede su deseo?

13. ¿Qué técnica emplea Borges al final del cuento para dar la sensación de un tiempo suspendido?

14. Analice la importancia del tiempo en el cuento.

ALGUNOS ESTUDIOS DE INTERÉS

Aizenberg, Edna, ed. *Borges and His Successors: The Borgesian Impact on Literature and the Arts.* Columbia: University of Missouri, 1990.

Alazraki, Jaime. "Jorge Luis Borges". *Narrativa y crítica de nuestra América.* Joaquín Roy, ed. Madrid, España: Castalia, 1978.

———, ed. *Critical Essays on Jorge Luis Borges.* Boston: G. K. Hall, 1987.

Balderstom, Daniel. *Out of Context: Historical Reference and the Representation of Reality in Borges.* Durham, North Carolina: Duke University Press, 1993.

Bell-Villada, Gene H. *Borges and His Fiction: A Guide to His Mind and Art.* Chapel Hill: University of North Carolina Press, 1981.

Bloom, Harold, ed. *Jorge Luis Borges.* New Haven, Connecticut: Chelsea House, 1986.

Botton Burla, Flora. *Los juegos fantásticos: Estudio de los elementos fantásticos en cuentos de tres narradores hispanoamericanos.* México, D. F.: Universidad Nacional Autónoma de México, 1983.

Carrilla, Emilio. *Jorge Luis Borges, autor de "Pierre Renard", y otros estudios borgesianos.* Bogotá, Colombia: Instituto Caro y Cuervo, 1989.

Cédola, Estela. *Borges, o la conciencia de los opuestos.* Buenos Aires, Argentina: Universitaria de Buenos Aires, 1987.

Echevarría, Arturo. *Lengua y literatura de Borges.* Barcelona, España: Ariel, 1983.

Kapschutschenko, Ludmila. *El laberinto en la narrativa hispanoamericana contemporánea.* Londres: Támasis, 1981.

Oviedo, Antonio. "Borges: El arte del precursor". *Mundi* 5:10 (1992): 37–45.

Río, Carmen. *Jorge Luis Borges y la ficción: El conocimiento como invención.* Miami: Universal, 1983.

Rodríguez Luis, Julio. "Nota adicional sobre Borges y el *Quijote*". *Nueva Revista de Filología Hispánica* 39:2 (1991): 1067–1070.

Rodríguez Monegal, Emir. *Borges por él mismo.* Caracas, Venezuela: Monte Avila, 1980.

Sosnowski, Saúl. *Borges y la Cábala: La búsqueda del verbo.* Buenos Aires, Argentina: Hispamérica, 1976.

Stabb, Martin. *Jorge Luis Borges.* New York: Twayne, 1970.

Wheelock, Carter. *The Mythmaker: A Study of Motif and Symbol in the Short Stories of Jorge Luis Borges.* Austin: University of Texas, 1969.

Nicolás Guillén

(1902, Camagüey, Cuba–1989, La Habana, Cuba)

La obra literaria de Nicolás Guillén es considerada por la crítica hispanoamericana en lugar destacado. Su poesía se asocia con la poesía afrocubana, también conocida como afroantillana, afroamericana, afrohispana o negrista. Esta poesía intenta presentar al negro en su realidad cotidiana con sus conflictos, sufrimientos, creencias y aspiraciones. El poeta cultivador de esta poesía capta la forma peculiar del habla popular al integrar en la voz poética aféresis, apócopes y contracciones. Además incluye referencias a dioses, ritos y voces de origen africano.

Nicolás Guillén es considerado como el poeta cubano más logrado entre los cultivadores de la poesía afroantillana. Su primer libro, *Motivos de son* (1930), es un conjunto de poemas que tienen como estructura el son cubano, una mezcla de música y baile con ritmo africano y letra del romance castellano. A este libro siguieron: *Sóngoro cosongo: poemas mulatos* (1931), *West Indies, Ltd.* (1934), *Cantos para soldados y sones para turistas* (1937), *El son entero* (1947), *La paloma de vuelo popular* (1958), *Tengo* (1964), *La rueda dentada* (1972) y *El diario que a diario* (1972). Con motivo de la guerra civil española Guillén escribió *España, poema en cuatro angustias y una esperanza* en 1937. En general, se puede calificar la poesía de Guillén como una poesía de carácter social.

Otros cultivadores del género afroantillano son Luis Palés Matos (1898–1959, Puerto Rico), Evaristo Rivera Chevremont (1898–1959, Puerto Rico), Manuel del Cabral (1907–, República Dominicana), Ramón Girao (1908–1949, Cuba), José Zacarías Tallet (1893–1962, Cuba), Emilio Ballagas (1908–1954, Cuba) y Nancy Morejón (1944–, Cuba).

AL LEER CONSIDERE LO SIGUIENTE:

—el uso del lenguaje
—el tono del poema
—la musicalidad en el poema

En "Mulata", la voz poética es la de un hombre negro dirigiéndose a una mulata que fue su amante, y le dice que poco le importa lo que ella diga de él, pues él tiene a su negra, alguien aún mejor.

Mulata

Ya yo me enteré, mulata,
mulata, ya sé que dice
que yo tengo la narice[1]
como nudo de corbata.[2]

Fíjate bien que tú
no ere tan adelantá,[3]
porque tu boca e bien grande,
y tu pasa,[4] colorá.[5]

Tanto tren con tu cuerpo
tanto tren,
tanto tren con tu boca,
tanto tren;
tanto tren con tu sojo,[6]
tanto tren …

Si tú supiera, mulata,
la verdá:
¡que yo con mi negra tengo,
y no te quiero pa na![7]

DESPUÉS DE LEER

1. Describa la relación entre la voz poética y la mulata.

2. ¿Qué ritmo ha creado Guillén en el poema? ¿Cómo lo logra?

---

[1]**narice** *nariz*   [2]**nudo de corbata** knot of a tie   [3]**adelantá** (*adelantada*) refers to a light-skinned mulatto woman   [4]**pasa** in Cuba, term used to refer to texture of hair of someone of African descent   [5]**colorá** *colorada*   [6]**tu sojo** *tus ojos*   [7]**pa na** (*para nada*) not at all

AL LEER CONSIDERE LO SIGUIENTE:

—el uso del lenguaje popular
—el comentario social

En "Búcate plata" la mujer le dice a su pareja que se busque plata para cubrir los gastos si es que él quiere que ella permanezca con él, pues está cansada de pasar hambre.

Búcate plata[1]

   Búcate plata,
búcate plata,
porque no doy un paso má:[2]
etoy[3] a arró[4] con galleta
na má.[5]

   Yo bien sé cómo etá to,[6]
pero viejo, hay que comer:
búcate plata,
búcate plata,
porque me voy a correr.

   Depué[7] dirán que soy mala,
y no me querrán tratar,
pero amor con hambre, viejo,
¡qué va![8]
Con tanto zapato nuevo,
¡qué va!
Con tanto reló,[9] compadre,[10]
¡qué va!
Con tanto lujo, mi negro,
¡qué va!

---

[1]**búcate plata** *búscate plata*   [2]**no doy un paso má** (*má-más*) I can't go on   [3]**etoy** *estoy*   [4]**arró**
arroz   [5]**ná má** *nada más*   [6]**etá to** *está todo*   [7]**depué** *después*   [8]**¡qué va!** no way!   [9]**reló** *reloj*
[10]**compadre** pal

DESPUÉS DE LEER

1. ¿Qué tipo de lenguaje está presentado en el poema?

2. ¿De quién es la voz que se escucha en "Búcate plata"? ¿Cómo se refiere la voz poética al hombre?

3. ¿Cuál es la queja de la mujer?

4. Comente el ritmo del poema.

Tú no sabe inglé

Con tanto inglé[1] que tú sabía,[2]
Vito Manué,[3]
con tanto inglé, no sabe[4] ahora
decir: ye.[5]

La mericana[6] te busca,
y tú le tiene[7] que huir:
tu inglé era detrái guan,
detrái guan y guan tu tri[8]…

Vito Manué, tú no sabe inglé,
tú no sabe inglé,
tú no sabe inglé.

No te namore[9] más nunca,
Vito Manué,
si no sabe inglé,
si no sabe inglé!

DESPUÉS DE LEER

1. ¿Sabía inglés Víctor Manuel?
2. ¿Quién se ha enamorado de Víctor Manuel?
3. ¿Cuál es el problema?
4. ¿Qué consejos se le dan a Víctor Manuel?
5. Comente la función de las palabras en inglés en "Tú no sabe inglé".

---

[1]**inglé** *inglés*   [2]**sabía** *sabías*   [3]**Vito Manué** *Víctor Manuel*   [4]**sabe** *sabes*   [5]**ye** *yes*   [6]**la mericana**
la americana   [7]**le tiene** *le tienes*   [8]**"tu inglé era … tri"** your knowledge of English consisted of
strike one, and *one, two, three*. In other words, he only knows English terms used in baseball.
[9]**namore** *enamores*

AL LEER CONSIDERE LO SIGUIENTE:
—el elemento social
—la presencia yanqui

La caña es el producto agrícola principal de los países del Caribe. En este poema Guillén muestra las diferentes relaciones del negro y del yanqui con respecto a la caña.

Caña

El negro
junto al cañaveral.[1]

El yanqui
sobre el cañaveral.

La tierra
bajo el cañaveral.

¡Sangre
que se nos va!

DESPUÉS DE LEER

1. ¿Qué relación existe entre el negro, el yanqui y la tierra con respecto al cañaveral?

2. ¿Cómo interpreta esa relación?

---

[1]**cañaveral** sugar cane plantation

AL LEER CONSIDERE LO SIGUIENTE:

—el uso de jitanjáforas (palabras inventadas que se emplean por su musicalidad)
—el uso de onomatopeyas (palabras que imitan el sonido de la cosa que significan)
—la importancia del uso de la repetición de ciertos versos
—el elemento ritualístico
—la influencia de la cultura africana en la cultura hispanoamericana

En este poema Guillén persigue captar, a través del uso de jitanjáforas y onomatopeyas, el canto empleado para matar una culebra según el rito de una religión afrocubana.

Sensemayá[1]

&

(Canto para matar a una culebra[2])

¡Mayombe[3]—bombe—mayombé!
¡Mayombe—bombe—mayombé!
¡Mayombe—bombe—mayombé!

La culebra tiene los ojos de vidrio;[4]
la culebra viene y se enreda[5] en un palo;
con sus ojos de vidrio, en un palo,
con sus ojos de vidrio.
La culebra camina sin patas;[6]
la culebra se esconde en la yerba;[7]
caminando se esconde en la yerba,
caminando sin patas.

¡Mayombe—bombe—mayombé!
¡Mayombe—bombe—mayombé!
¡Mayombe—bombe—mayombé!

Tú le das con el hacha,[8] y se muere:
¡dale ya!
¡No le des con el pie, que te muerde,[9]
no le des con el pie, que se va!

---

[1]**Sensemayá** also Sensamaya, goddess depicted by a serpent in one of the Afro-Cuban religions   [2]**culebra** snake   [3]**mayombé** reference to Afro-Cuban religion that worshipped several African gods as well as the spirits of the dead   [4]**vidrio** glass   [5]**se enreda** gets tangled   [6]**patas** legs (of animals)   [7]**yerba** grass   [8]**hacha** ax   [9]**te muerde** will bite you

Sensemayá, la culebra,
sensemayá.
Sensemayá, con sus ojos,
sensemayá.
Sensemayá, con su lengua,
sensemayá.
Sensemayá, con su boca,
sensemayá...

¡La culebra muerta no puede comer;
la culebra muerta no puede silbar;[10]
no puede caminar,
no puede correr!
¡La culebra muerta no puede mirar;
la culebra muerta no puede beber;
no puede respirar,
no puede morder!

¡Mayombe—bombe—mayombé!
Sensemayá, la culebra...
¡Mayombe—bombe—mayombé!
Sensemayá, no se mueve...
¡Mayombe—bombe—mayombé!
Sensemayá, la culebra...
¡Mayombe—bombe—mayombé!
¡Sensemayá, se murió!

DESPUÉS DE LEER

1. Explique cómo crea Guillén un elemento ritualista en el poema.

2. ¿Por qué usa Guillén las repeticiones?

3. El verso "¡Mayombe—bombe—mayombé!" y la palabra "sensemayá" se repiten a lo largo del poema para unirse alternativamente en la última estrofa. ¿Qué efecto crea Guillén al hacer eso?

4. Analice la estructura del poema.

---

[10]**silbar** whistle

Dos niños

ೢ

Dos niños, ramas de un mismo árbol de miseria,
juntos en un portal[1] bajo la noche calurosa,
dos niños pordioseros[2] llenos de pústulas,
comen de un mismo plato como perros hambrientos
la comida lanzada por la pleamar de los manteles.[3]
Dos niños: uno negro, otro blanco.

Sus cabezas unidas están sembradas de piojos;[4]
sus pies muy juntos y descalzos;[5]
las bocas incansables[6] en un mismo frenesí[7] de mandíbulas,[8]
y sobre la comida grasienta[9] y agria,[10]
dos manos: una negra, otra blanca.

¡Qué unión sincera y fuerte!
Están sujetos por los estómagos y por las noches foscas,[11]
y por las tardes melancólicas en los paseos brillantes,
y por las mañanas explosivas,
cuando despierta el día con sus ojos alcohólicos.
Están unidos como dos buenos perros...
Juntos así como dos buenos perros,
uno negro, otro blanco,
cuando llegue la hora de la marcha
¿querrán marchar como dos buenos hombres,
uno negro, otro blanco?

Dos niños, ramas de un mismo árbol de miseria,
comen en un portal, bajo la noche calurosa.

---

[1]**portal** porch [2]**pordioseros** beggars [3]**pleamar de los manteles** high tide of the table-cloths [4]**sembradas de piojos** imbedded with lice [5]**descalzos** barefooted [6]**incansables** tireless [7]**frenesí** frenzy [8]**mandíbulas** jaws [9]**grasienta** greasy [10]**agria** sour [11]**foscas** surly

DESPUÉS DE LEER

1. ¿Cuál es la condición social y económica de los dos niños?
2. ¿Cómo están descritos?
3. ¿Es importante para los niños el color de la piel del otro?
4. ¿Cuál es la preocupación que vemos de parte de la voz poética?
5. Describa las imágenes presentadas en el poema.

AL LEER CONSIDERE LO SIGUIENTE:

—el uso de versos de diferente número de sílabas para crear ritmo en el poema
—la influencia norteamericana en Puerto Rico y las consecuencias de esa influencia
—el tono irónico del poema
—el bilingüismo y el juego de palabras
—la crítica social y política

De colonia perteneciente a España, Puerto Rico pasó a ser territorio norteamericano. Luego se convirtió en Estado Libre Asociado de los Estados Unidos. Al puertorriqueño se le considera ciudadano norteamericano y por lo tanto sirve en el ejército estadounidense. Sin embargo, carece del derecho a elegir al presidente de Estados Unidos. La presencia norteamericana en Puerto Rico creó un desajuste cultural que se manifestó en el lenguaje. En este poema, Guillén se refiere a la relación entre Estados Unidos y Puerto Rico durante la década de los años cincuenta.

Canción puertorriqueña

¿Cómo estás, Puerto Rico,
tú de socio asociado en sociedad?
Al pie de cocoteros[1] y guitarras,
bajo la luna y junto al mar,
¡qué suave honor andar del brazo,[2]
brazo con brazo, del Tío Sam!
¿En qué lengua me entiendes,
en qué lengua por fin te podré hablar,
si en yes,
si en sí,
si en bien,
si en well,
si en mal,
si en bad, si en very bad?

Juran los que te matan[3]
que eres feliz... ¿Será verdad?
Arde[4] tu frente pálida,
la anemia en tu mirada logra[5] un brillo fatal;

---

[1]**al pie de cocoteros** at the base of coconut trees   [2]**andar ... brazo** walking arm in arm   [3]**juran ... matan** those who kill you swear   [4]**arde** burns   [5]**logra** takes on

masticas[6] una jerigonza[7]
medio española, medio *slang;*
de un empujón[8] te hundieron en Corea,
sin que supieras por quién ibas a pelear,
si en yes,
si en sí,
si en bien,
si en well,
si en mal,
si en bad, si en very bad!

Ay, yo bien conozco a tu enemigo,
el mismo que tenemos por acá,
socio en la sangre y el azúcar,
socio asociado en sociedad;
United States and Puerto Rico,
es decir New York City with San Juan,
Manhattan y Borinquén,[9] soga[10] y cuello,
apenas nada más...
No yes,
no sí
no bien,
no well,
sí mal,
sí bad, sí very bad!

DESPUÉS DE LEER

1. ¿Cuál es el juego de palabras que usa el poeta al decir: "tú de socio asociado en sociedad"?

2. ¿Qué significa la referencia a "andar del brazo,/ brazo con brazo, del Tío Sam!"?

3. Explique la influencia del idioma inglés en Puerto Rico. ¿Cómo se manifiesta en el poema?

4. ¿A qué guerra se refiere el poeta? ¿Cuál fue la participación del puertorriqueño en la guerra? ¿Estaba Puerto Rico en guerra con ese país? ¿Por qué tiene que pelear el soldado puertorriqueño? ¿Tenía el puertorriqueño conciencia política de lo que significaba la guerra?

5. Cuando la voz poética dice: "Ay, yo bien conozco a tu enemigo,/ el mismo que tenemos por acá", ¿a quién se refiere?

---

[6]**masticas** chews   [7]**jerigonza** jargon, slang   [8]**empujón** shove   [9]**Borinquén** indigenous name of Puerto Rico   [10]**soga** rope

6. Explique los siguientes versos: "socio en la sangre y el azúcar,/ socio asociado en sociedad".

7. ¿Qué otros emparejamientos hace el poeta?

8. ¿Cuál es el tono del poema? ¿Qué tipo de crítica hace Guillén?

ALGUNOS ESTUDIOS DE INTERÉS

Augier, Angel. *Nicolás Guillén; notas para un estudio biográfico-crítico*. 2.ª ed. rev. La Habana, Cuba: Universidad Central de las Villas, 1964–1965. 2 vols.

Cabrera Infante, Guillermo. "Un poeta de vuelo popular: Nicolás Guillén". *Suplemento Literario La Nación* (Buenos Aires, 1990): 1–2.

Ellis, Keith. *Cuba's Nicolás Guillén: Poetry and Ideology*. Toronto, Canadá: University of Toronto Press, 1983.

Espinosa, Mónica. "Nicolás Guillén's Poetry of Synthesis and Revolution". *Crítica* 2:2 (1990): 113–125.

González-Echeverría, Roberto. "Guillén as Baroque: Meaning in *Motivos de son*". *Callaloo* 10:2 (1987): 302–317.

Márquez, Roberto. "Introducción a Guillén". *Casa de las Américas* 65–66 (1971): 136–142.

Williams, Lorna V. *Self and Society in the Poetry of Nicolás Guillén*. Baltimore, Maryland: Johns Hopkins University Press, 1982.

Alejo Carpentier

(1904, La Habana, Cuba–1980, París, Francia)

Alejo Carpentier es uno de los primeros escritores hispanoamericanos que percibe la realidad del continente americano como un mundo donde hechos extraordinarios, maravillosos y mágicos constituyen su realidad. Esta forma de percibir las cosas se conoce en la literatura como realismo mágico o "lo real maravilloso", término empleado por el autor en el prólogo a su novela *El reino de este mundo* (1949).

La cultura de Alejo Carpentier se manifiesta en su obra al integrar en su narrativa acontecimientos históricos y elementos procedentes de la música y las artes plásticas. Carpentier estudió arquitectura, pero se vio obligado a abandonar la carrera por razones económicas y se dedicó al periodismo. En 1927 se opuso al gobierno de Gerardo Machado y fue encarcelado. En prisión, comenzó a escribir su primera novela, *¡Ecue-yamba-O!* (1933). Al salir de la prisión fue a París, donde vivió durante once años. En París conoció a las personalidades más destacadas del surrealismo. Sus viajes a Haití y al interior de Venezuela tuvieron extraordinaria importancia en su narrativa como se observa en *El reino de este mundo* y *Los pasos perdidos* (1953). En ambas novelas hay un rechazo a la cultura europea y una búsqueda por lo auténticamente americano. En *Los pasos perdidos* el autor intenta, además, presentar la angustia existencial del hombre contemporáneo.

El interés de Carpentier por la historia política de Cuba y la cultura e historia de la América hispana se observa en *El acoso* (1956), *El siglo de las luces* (1962), *El recurso del método* (1974), *Concierto barroco* (1974) y *La consagración de la primavera* (1978). Su última novela *El arpa y la sombra* (1979) presenta una desmitificación de Cristóbal Colón. Los ensayos de Carpentier fueron publicados en *Tientos y diferencias* (1964) y *La novela latinoamericana en vísperas de un nuevo siglo* (1981).

AL LEER CONSIDERE LO SIGUIENTE:

—la importancia del tiempo
—el uso de las imágenes
—el elemento histórico
—la voz narrativa
—la yuxtaposición de lo mágico con la realidad
—la técnica narrativa

"Viaje a la semilla" de Alejo Carpentier es un ejemplo del realismo mágico propio de la literatura hispanoamericana. En este cuento la realidad se entremezcla con lo maravilloso y mágico, el presente con el pasado, y el tiempo verdadero fluye hacia el pasado.

Viaje a la semilla

A Lilia
este primer cuento de un libro
que te será dedicado, como todos
los que habrán de seguirle.

A. C.

I

—¿Qué quieres, viejo?…

Varias veces cayó la pregunta de lo alto de los andamios.[1] Pero el viejo no respondía. Andaba de un lugar a otro, fisgoneando,[2] sacándose de la garganta un largo monólogo de frases incomprensibles. Ya habían descendido las tejas,[3] cubriendo los canteros[4] muertos con su mosaico de barro cocido.[5] Arriba, los picos[6] desprendían piedras de mampostería,[7] haciéndolas rodar por canales de madera, con gran revuelo[8] de cales[9] y de yesos.[10] Y por las almenas[11] sucesivas que iban desdentando las murallas aparecían —despojados[12] de su secreto— cielos rasos[13] ovales o cuadrados, cornisas,[14] guirnaldas,[15] dentículos,[16] astrágalos,[17] y papeles encolados[18] que colgaban de los testeros[19] como viejas pieles de serpiente en muda. Presenciando[20] la demolición, una Ceres[21] con la nariz rota y el peplo

---

[1]**andamios** scaffolds   [2]**fisgoneando** snooping   [3]**tejas** tiles   [4]**canteros** flower beds   [5]**barro cocido** baked earth   [6]**picos** peaks   [7]**mampostería** rubblework   [8]**revuelo** commotion   [9]**cales** lime   [10]**yesos** plaster   [11]**almenas** merlons   [12]**despojados** stripped   [13]**cielos rasos** ceilings   [14]**cornisas** cornices   [15]**guirnaldas** garlands   [16]**dentículos** dentils (projecting rectangular blocks)   [17]**astrágalos** astragals (narrow molding)   [18]**encolados** glued   [19]**testeros** front walls   [20]**presenciando** witnessing   [21]**Ceres** goddess of agriculture

desvaído,[22] veteado[23] de negro él tocado de mieses,[24] se erguía[25] en el traspatio, sobre fuentes de mascarones borrosos.[26] Visitados por el sol en horas de sombra,[27] los peces grises del estanque bostezaban[28] en agua musgosa[29] y tibia, mirando con el ojo redondo aquellos obreros, negros sobre claro de cielo, que iban rebajando la altura secular de la casa. El viejo se había sentado, con el cayado[30] apuntalándole[31] la barba, al pie de la estatua. Miraba el subir y bajar de cubos en que viajaban restos apreciables. Oíanse, en sordina,[32] los rumores de la calle mientras, arriba, las poleas[33] concertaban, sobre ritmos de hierro[34] con piedra, sus gorjeos[35] de aves desagradables y pechugonas.[36]

Dieron las cinco. Las cornisas y entablamentos[37] se despoblaron.[38] Sólo quedaron escaleras de mano, preparando el asalto del día siguiente. El aire se hizo más fresco, aligerado de sudores, blasfemias, chirridos de cuerdas,[39] ejes[40] que pedían alcuzas[41] y palmadas[42] en torsos pringosos.[43] Para la casa mondada[44] el crepúsculo[45] llegaba más pronto. Se vestía de sombras en horas en que su ya caída balaustrada superior solía regalar a las fachadas algún relumbre[46] de sol. La Ceres apretaba los labios. Por primera vez las habitaciones dormirían sin persianas,[47] abiertas sobre paisaje de escombros.[48]

Contrariando sus apetencias,[49] varios capiteles[50] yacían[51] entre las hierbas. Las hojas de acanto descubrían su condición vegetal. Una enredadera[52] aventuró sus tentáculos hacia la voluta jónica,[53] atraída por un aire de familia. Cuando cayó la noche, la casa estaba más cerca de la tierra. Un marco de puerta se erguía aún, en lo alto, con tablas de sombra suspendidas de sus bisagras[54] desorientadas.

II

Entonces el negro viejo, que no se había movido, hizo gestos extraños, volteando su cayado sobre un cementerio de baldosas.[55]

Los cuadrados de mármol, blancos y negros, volaron a los pisos, vistiendo la tierra. Las piedras, con saltos certeros, fueron a cerrar los boquetes[56] de las murallas. Hojas de nogal[57] claveteadas[58] se encajaron[59] en sus marcos,[60] mientras los tornillos[61] de las charnelas[62] volvían a hundirse en sus hoyos, con rápida rotación. En los canteros muertos, levantadas por el esfuerzo de las flores, las tejas juntaron sus fragmentos, alzando sonoro torbellino[63] de barro, para caer en lluvia sobre la armadura[64] del techo. La casa creció, traída nuevamente a sus proporciones ha-

---

[22]**desvaído** faded   [23]**veteado** streaked   [24]**tocado de mieses** headdress of grains (symbolic of Ceres)   [25]**erguía** rose   [26]**mascarones borrosos** large blurred masks   [27]**horas de sombra** hours in which it was necessary to take cover from the sun   [28]**bostezaban** yawned   [29]**musgosa** mossy   [30]**cayado** staff   [31]**apuntalándole** propping up   [32]**sordina** muted   [33]**poleas** pulleys   [34]**hierro** iron   [35]**gorjeos** chirping   [36]**pechugonas** big-breasted   [37]**entablamentos** entablatures   [38]**se despoblaron** were cleared   [39]**chirridos de cuerdas** ropes creaking   [40]**ejes** axles   [41]**alcuzas** oil   [42]**palmadas** slaps   [43]**pringosos** grease-stained   [44]**mondada** stripped   [45]**crepúsculo** sunset   [46]**relumbre** gleam   [47]**persianas** blinds   [48]**escombros** rubble   [49]**apetencias** longings   [50]**capiteles** capitals (of a column)   [51]**yacían** laid   [52]**enredadera** climbing plant   [53]**voluta jónica** Ionian volute or scroll   [54]**bisagras** hinges   [55]**baldosas** floor tiles   [56]**boquetes** holes   [57]**nogal** walnut   [58]**claveteadas** nailed   [59]**se encajaron** fitted   [60]**marcos** frames   [61]**tornillos** screws   [62]**charnelas** hinges   [63]**torbellino** swirl   [64]**armadura** frame

bituales, pudorosa y vestida. La Ceres fue menos gris. Hubo más peces en la fuente. Y el murmullo del agua llamó begonias olvidadas.

El viejo introdujo una llave en la cerradura de la puerta principal, y comenzó a abrir ventanas. Sus tacones sonaban a hueco.[65] Cuando encendió los velones,[66] un estremecimiento[67] amarillo corrió por el óleo de los retratos de familia, y gentes vestidas de negro murmuraron en todas las galerías, al compás de cucharas movidas en jícaras[68] de chocolate.

Don Marcial, Marqués de Capellanías, yacía en su lecho de muerte, el pecho acorazado[69] de medallas, escoltado por cuatro cirios[70] con largas barbas de cera derretida.

III

Los cirios crecieron lentamente, perdiendo sudores. Cuando recobraron su tamaño, los apagó la monja apartando una lumbre.[71] Las mechas[72] blanquearon, arrojando el pabilo.[73] La casa se vació de visitantes y los carruajes[74] partieron en la noche. Don Marcial pulsó un teclado invisible y abrió los ojos.

Confusas y revueltas, las vigas del techo se iban colocando en su lugar. Los pomos de medicinas, las borlas[75] de damasco, el escapulario de la cabecera, los daguerrotipos, las palmas de la reja,[76] salieron de sus nieblas.[77] Cuando el médico movió la cabeza con desconsuelo profesional, el enfermo se sintió mejor. Durmió algunas horas y despertó bajo la mirada negra y cejuda[78] del Padre Anastasio. De franca, detallada, poblada de pecados, la confesión se hizo reticente, penosa, llena de escondrijos.[79] ¿Y qué derecho tenía, en el fondo, aquel carmelita, a entrometerse en su vida? Don Marcial se encontró, de pronto, tirado en medio del aposento.[80] Aligerado de un peso en las sienes, se levantó con sorprendente celeridad.[81] La mujer desnuda que se desperezaba[82] sobre el brocado del lecho buscó enaguas y corpiños,[83] llevándose, poco después, sus rumores de seda estrujada[84] y su perfume. Abajo, en el coche cerrado, cubriendo tachuelas[85] del asiento, había un sobre con monedas de oro.

Don Marcial no se sentía bien. Al arreglarse la corbata frente a la luna de la consola se vio congestionado. Bajó al despacho donde lo esperaban hombres de justicia, abogados y escribientes, para disponer la venta pública de la casa. Todo había sido inútil. Sus pertenencias se irían a manos del mejor postor,[86] al compás de martillo golpeando una tabla. Saludó y le dejaron solo. Pensaba en los misterios de la letra escrita, en esas hebras[87] negras que se enlazan[88] y desenlazan sobre

---

[65]**hueco** hollow [66]**velones** candles [67]**estremecimiento** shuddering [68]**jícaras** cups [69]**acorazado** armoured [70]**cirios** long candles [71]**lumbre** light [72]**mechas** wicks [73]**pabilo** charred part of a candlewick [74]**carruajes** carriages [75]**borlas** tassels [76]**las ... rejas** the grating's palm-leaf motif [77]**salieron ... nieblas** appeared from under their clouds [78]**cejuda** bushy-browed [79]**escondrijos** hideouts [80]**aposento** room [81]**celeridad** speed [82]**que se desperezaba** waking up [83]**enaguas y corpiños** petticoat and bodice [84]**seda estrujada** wrinkled silk [85]**tachuelas** tacks [86]**postor** bidder [87]**hebras** threads [88]**enlazan** connect

anchas hojas filigranadas de balanzas, enlazando y desenlazando compromisos,[89] juramentos, alianzas, testimonios, declaraciones, apellidos, títulos, fechas, tierras, árboles y piedras; maraña de hilos,[90] sacada del tintero,[91] en que se enredaban[92] las piernas del hombre, vedándole[93] caminos desestimados por la Ley; cordón al cuello, que apretaba su sordina al percibir el sonido temible de las palabras en libertad. Su firma lo había traicionado, yendo a complicarse en nudo y enredos de legajos. Atado por ella, el hombre de carne se hacía hombre de papel.

Era el amanecer. El reloj del comedor acababa de dar las seis de la tarde.

IV

Transcurrieron meses de luto,[94] ensombrecidos por un remordimiento[95] cada vez mayor. Al principio, la idea de traer una mujer a aquel aposento se le hacía casi razonable. Pero, poco a poco, las apetencias de un cuerpo nuevo fueron desplazadas por escrúpulos crecientes, que llegaron al flagelo.[96] Cierta noche, Don Marcial se ensangrentó las carnes con una correa,[97] sintiendo luego un deseo mayor, pero de corta duración. Fue entonces cuando la Marquesa volvió, una tarde, de su paseo a las orillas del Almendares.[98] Los caballos de la calesa[99] no traían en las crines[100] más humedad que la del propio sudor. Pero, durante todo el resto del día, dispararon coces[101] a las tablas de la cuadra,[102] irritados, al parecer, por la inmovilidad de nubes bajas.

Al crepúsculo, una tinaja[103] llena de agua se rompió en el baño de la Marquesa. Luego, las lluvias de mayo rebosaron[104] el estanque. Y aquella negra vieja, con tacha de cimarrona[105] y palomas debajo de la cama, que andaba por el patio murmurando: "¡Desconfía[106] de los ríos, niña; desconfía de lo verde que corre!" No había día en que el agua no revelara su presencia. Pero esa presencia acabó por no ser más que una jícara derramada sobre vestido traído de París, al regreso del baile aniversario dado por el Capitán General de la Colonia.

Reaparecieron muchos parientes. Volvieron muchos amigos. Ya brillaban, muy claras, las arañas[107] del gran salón. Las grietas[108] de la fachada se iban cerrando. El piano regresó al clavicordio. Las palmas perdían anillos. Las enredaderas soltaban la primera cornisa. Blanquearon las ojeras de la Ceres y los capiteles parecieron recién tallados.[109] Más fogoso,[110] Marcial solía pasarse tardes enteras abrazando a la Marquesa. Borrábanse patas de gallinas,[111] ceños[112] y papadas,[113] y las carnes tornaban a su dureza. Un día, un olor de pintura fresca llenó la casa.

---

[89]**compromisos** engagements [90]**maraña de hilos** a tangle of threads [91]**tintero** inkwell [92]**se enredaban** became tangled [93]**vedándole** prohibiting [94]**luto** mourning [95]**remordimiento** remorse [96]**flagelo** lashing [97]**correa** belt [98]**Almendares** river in Havana [99]**calesa** carriage [100]**crines** mane [101]**coces** kicks [102]**cuadra** stables [103]**tinaja** large earthen jar [104]**rebosaron** overflowed [105]**tacha de cimarrona** with the looks of a runaway slave [106]**desconfía** don't trust [107]**arañas** chandeliers [108]**grietas** cracks [109]**tallados** chiseled [110]**fogoso** spirited [111]**patas de gallinas** wrinkles around the eyes (crow's feet) [112]**ceños** frowns [113]**papadas** double chins

V

Los rubores eran sinceros. Cada noche se abrían un poco más las hojas de los biombos,[114] las faldas caían en rincones menos alumbrados y eran nuevas barreras de encajes. Al fin la Marquesa sopló las lámparas. Sólo él habló en la oscuridad.

Partieron para el ingenio,[115] en gran tren de calesas —relumbrante de grupas alazanas,[116] bocados de plata[117] y charoles al sol. Pero, a la sombra de las flores de Pascua que enrojecían el soportal[118] interior de la vivienda, advirtieron que se conocían apenas. Marcial autorizó danzas y tambores de Nación, para distraerse un poco en aquellos días olientes a perfumes de Colonia, baños de benjuí,[119] cabelleras esparcidas, y sábanas sacadas de armarios que, al abrirse, dejaban caer sobre las losas un mazo[120] de vetiver. El vaho[121] del guarapo[122] giraba en la brisa con el toque de oración. Volando bajo, las auras anunciaban lluvias reticentes, cuyas primeras gotas, anchas y sonoras, eran sorbidas[123] por tejas tan secas que tenían diapasón[124] de cobre. Después de un amanecer alargado por un abrazo deslucido, aliviados de desconciertos y cerrada la herida, ambos regresaron a la ciudad. La Marquesa trocó su vestido de viaje por traje de novia, y, como era costumbre, los esposos fueron a la iglesia para recobrar su libertad. Se devolvieron presentes a parientes y amigos, y, con revuelo de bronces y alardes[125] de jaeces,[126] cada cual tomó la calle de su morada.[127] Marcial siguió visitando a María de las Mercedes por algún tiempo, hasta el día en que los anillos fueron llevados al taller del orfebre[128] para ser desgrabados.[129] Comenzaba, para Marcial, una vida nueva. En la casa de altas rejas, la Ceres fue sustituida por una Venus italiana, y los mascarones de la fuente adelantaron casi imperceptiblemente el relieve al ver todavía encendidas, pintada ya el alba, las luces de los velones.

VI

Una noche, después de mucho beber y marearse con tufos[130] de tabaco frío, dejados por sus amigos, Marcial tuvo la sensación extraña de que los relojes de la casa daban las cinco, luego las cuatro y media, luego las cuatro, luego las tres y media… Era como la percepción remota de otras posibilidades. Como cuando se piensa, en enervamiento de vigilia, que puede andarse sobre el cielo raso con el piso por cielo raso, entre muebles firmemente asentados entre las vigas del techo. Fue una impresión fugaz,[131] que no dejó la menor huella en su espíritu, poco llevado, ahora, a la meditación.

Y hubo un gran sarao,[132] en el salón de música, el día en que alcanzó la minoría de edad. Estaba alegre, al pensar que su firma había dejado de tener un valor legal, y que los registros y escribanías, con sus polillas,[133] se borraban de su mundo. Llegaba al punto en que los tribunales dejan de ser temibles para quienes

---

[114]**biombos** folding screens   [115]**ingenio** sugar cane plantation   [116]**grupas alazanas** chestnut cruppers (leather loop passing under a horse's tail and buckled to the saddle)   [117]**bocados de plata** silver bits   [118]**soportal** portico, porch   [119]**benjuí** benzoin (frankincense)   [120]**mazo** bunch   [121]**vaho** fumes   [122]**guarapo** sugar-cane juice   [123]**sorbidas** absorbed   [124]**diapasón** range (in musical scale)   [125]**alardes** displays   [126]**jaeces** trappings   [127]**morada** dwelling   [128]**orfebre** goldsmith   [129]**desgrabados** not engraved   [130]**tufos** smell   [131]**fugaz** fleeting   [132]**sarao** soirée, evening party   [133]**polillas** moths

tienen una carne desestimada por los códigos. Luego de achisparse[134] con vinos generosos, los jóvenes descolgaron de la pared una guitarra incrustada de nácar,[135] un salterio[136] y un serpentón. Alguien dio cuerda al reloj que tocaba la Tirolesa de las Vacas y la Balada de los Lagos de Escocia.[137] Otro embocó[138] un cuerno de caza que dormía, enroscado en su cobre, sobre los fieltros[139] encarnados de la vitrina,[140] al lado de la flauta traversera traída de Aranjuez.[141] Marcial, que estaba requebrando[142] atrevidamente[143] a la de Campoflorido, se sumó al guirigay,[144] buscando en el teclado,[145] sobre bajos falsos, la melodía del Trípili-Trápala.[146] Y subieron todos al desván, de pronto, recordando que allá, bajo vigas[147] que iban recobrando el repello,[148] se guardaban los trajes y libreas[149] de la Casa de Capellanías. En entrepaños[150] escarchados de alcanfor[151] descansaban los vestidos de corte, un espadín[152] de Embajador, varias guerreras[153] emplastronadas, el manto[154] de un Príncipe de la Iglesia, y largas casacas, con botones de damasco y difuminos[155] de humedad en los pliegues.[156] Matizáronse las penumbras[157] con cintas de amaranto,[158] miriñaques[159] amarillos, túnicas marchitas y flores de terciopelo. Un traje de chispero[160] con redecilla[161] de borlas, nacido en una mascarada de carnaval levantó aplausos. La de Campoflorido redondeó los hombros empolvados bajo un rebozo de color de carne criolla, que sirviera a cierta abuela, en noche de grandes decisiones familiares, para avivar[162] los amansados fuegos de un rico Síndico de Clarisas.

Disfrazados regresaron los jóvenes al salón de música. Tocado con un tricornio de regidor, Marcial pegó tres bastonazos en el piso, y se dio comienzo a la danza de la valse, que las madres hallaban terriblemente impropio de señoritas, con eso de dejarse enlazar por la cintura,[163] recibiendo manos de hombre sobre las ballenas[164] del corset que todas se habían hecho según el reciente patrón de "El Jardín de las Modas". Las puertas se oscurecieron de fámulas,[165] cuadrerizos, sirvientes, que venían de sus lejanas dependencias y de los entresuelos[166] sofocantes, para admirarse ante fiesta de tanto alboroto.[167] Luego, se jugó a la gallina ciega[168] y al escondite.[169] Marcial, oculto con la de Campoflorido detrás de un biombo chino, le estampó un beso[170] en la nuca,[171] recibiendo en respuesta un pañuelo perfumado, cuyos encajes de Bruselas guardaban suaves tibiezas de escote.[172] Y cuando las muchachas se alejaron en las luces del crepúsculo, hacia las atalayas[173] y torreones que se pintaban en grisnegro sobre el mar, los mozos

---

[134]**achisparse** to get tipsy   [135]**nácar** mother of pearl   [136]**salterio** psaltery   [137]**Tirolesa ... Escocia** eighteenth-century popular songs   [138]**embocó** put to the lips   [139]**fieltros** felt   [140]**vitrina** glass cabinet   [141]**Aranjuez** Spanish city located by the Tajo River   [142]**requebrando** courting   [143]**atrevidamente** daringly   [144]**guirigay** hubbub   [145]**teclado** keyboard   [146]**Trípili-Trápala** famous eighteenth-century musical   [147]**vigas** beams   [148]**repello** plaster   [149]**libreas** liveries   [150]**entrepaños** shelves   [151]**escarchados de alcanfor** frosted with camphor   [152]**espadín** ceremonial sword   [153]**guerreras** military tunics   [154]**manto** cloak   [155]**difuminos** stumping   [156]**pliegues** folds   [157]**Matizáronse las penumbras** the shadows were tinged   [158]**amaranto** amaranth   [159]**miriñaques** crinolines   [160]**chispero** sparkles   [161]**redecilla** net   [162]**avivar** to poke   [163]**enlazar por la cintura** to be held by the waist   [164]**ballenas** stays   [165]**fámulas** servants   [166]**entresuelos** mezzanines   [167]**alboroto** uproar   [168]**gallina ciega** blindman's bluff   [169]**escondite** hide-and-seek   [170]**le estampó un beso** planted a kiss   [171]**nuca** nape   [172]**escote** low neck   [173]**atalayas** observation towers

fueron a la Casa de Baile, donde tan sabrosamente se contoneaban[174] las mulatas de grandes ajorcas,[175] sin perder nunca —así fuera de movida una guaracha[176]— sus zapatillas de alto tacón. Y como se estaba en carnavales, los del Cabildo Arará Tres Ojos levantaban un trueno de tambores tras de la pared medianera, en un patio sembrado de granados. Subidos en mesas y taburetes, Marcial y sus amigos alabaron[177] el garbo[178] de una negra de pasas entrecanas,[179] que volvía a ser hermosa, casi deseable, cuando miraba por sobre el hombro, bailando con altivo mohín de reto.[180]

VII

Las visitas de Don Abundio, notario y albacea[181] de la familia, eran más frecuentes. Se sentaba gravemente a la cabecera de la cama de Marcial, dejando caer al suelo su bastón de ácana[182] para despertarlo antes de tiempo. Al abrirse, los ojos tropezaban con una levita[183] de alpaca, cubierta de caspa,[184] cuyas mangas lustrosas recogían títulos y rentas. Al fin sólo quedó una pensión razonable, calculada para poner coto[185] a toda locura. Fue entonces cuando Marcial quiso ingresar en el Real Seminario de San Carlos.

Después de mediocres exámenes, frecuentó los claustros, comprendiendo cada vez menos las explicaciones de los dómines. El mundo de las ideas se iba despoblando. Lo que había sido, al principio, una ecuménica asamblea de peplos,[186] jubones,[187] golas[188] y pelucas,[189] controversistas[190] y ergotantes,[191] cobraba la inmovilidad de un museo de figuras de cera. Marcial se contentaba ahora con una exposición escolástica de los sistemas, aceptando por bueno lo que se dijera en cualquier texto. "León", "Avestruz", "Ballena", "Jaguar", léase sobre los grabados en cobre de la Historia Natural. Del mismo modo, "Aristóteles", "Santo Tomás", "Bacon", "Descartes", encabezaban páginas negras, en que se catalogaban aburridamente las interpretaciones del universo, al margen de una capitular espesa. Poco a poco, Marcial dejó de estudiarlas, encontrándose librado de un gran peso. Su mente se hizo alegre y ligera, admitiendo tan sólo un concepto instintivo de las cosas. ¿Para qué pensar en el prisma, cuando la luz clara de invierno daba mayores detalles a las fortalezas del puerto? Una manzana que cae del árbol sólo es incitación para los dientes. Un pie en una bañadera no pasa de ser un pie en una bañadera.[192] El día que abandonó el Seminario, olvidó los libros. El gnomon recobró su categoría de duende;[193] el espectro fue sinónimo de fantasma; el octandro era bicho[194] acorazado, con púas en el lomo.

Varias veces, andando pronto, inquieto el corazón, había ido a visitar a las mujeres que cuchicheaban,[195] detrás de puertas azules, al pie de las murallas. El re-

---

[174]**contoneaban** swayed   [175]**ajorcas** bracelets   [176]**guaracha** Antillean song and dance   [177]**alabaron** praised   [178]**garbo** charm, gracefulness   [179]**entrecanas** graying hair   [180]**mohín de reto** defiant face   [181]**albacea** executor   [182]**ácana** wood from the acana tree   [183]**levita** frock   [184]**caspa** dandruff   [185]**poner coto** put an end   [186]**peplos** peplum   [187]**jubones** doublets   [188]**golas** ruffs   [189]**pelucas** wigs   [190]**controversistas** disputants   [191]**ergotantes** quibblers   [192]**Un pie ... bañadera** reference to the laws of gravity and refraction   [193]**duende** goblin   [194]**bicho** bug   [195]**cuchicheaban** whispered

cuerdo de la que llevaba zapatillas bordadas y hojas de albahaca[196] en la oreja lo perseguía, en tardes de calor, como un dolor de muelas. Pero, un día, la cólera y las amenazas de un confesor le hicieron llorar de espanto. Cayó por última vez en las sábanas del infierno, renunciando para siempre a sus rodeos por calles poco concurridas, a sus cobardías de última hora que le hacían regresar con rabia a su casa, luego de dejar a sus espaldas cierta acera rajada —señal, cuando andaba con la vista baja, de la media vuelta que debía darse para hollar[197] el umbral[198] de los perfumes.

Ahora vivía su crisis mística, poblada de detentes, corderos pascuales, palomas de porcelana, Vírgenes de manto azul celeste, estrellas de papel dorado, Reyes Magos, ángeles con alas de cisne, el Asno, el Buey, y un terrible San Dionisio que se le aparecía en sueños, con un gran vacío entre los hombros y el andar vacilante de quien busca un objeto perdido. Tropezaba[199] con la cama y Marcial despertaba sobresaltado, echando mano al rosario de cuentas sordas. Las mechas, en su pocillos de aceite, daban luz triste a imágenes que recobraban su color primero.

VIII

Los muebles crecían. Se hacía más difícil sostener los antebrazos sobre el borde de la mesa del comedor. Los armarios de cornisas labradas ensanchaban el frontis. Alargando el torso, los moros de la escalera acercaban sus antorchas[200] a los balaustres del rellano.[201] Las butacas eran más hondas y los sillones de mecedora[202] tenían tendencia a irse para atrás. No había ya que doblar las piernas al recostarse en el fondo de la bañadera con anillas de mármol.

Una mañana en que leía un libro licencioso, Marcial tuvo ganas, súbitamente, de jugar con los soldados de plomo que dormían en sus cajas de madera. Volvió a ocultar el tomo bajo la jofaina[203] del lavabo, y abrió una gaveta sellada por las telarañas.[204] La mesa de estudio era demasiado exigua[205] para dar cabida a tanta gente. Por ello, Marcial se sentó en el piso. Dispuso los granaderos por filas de ocho. Luego, los oficiales a caballo, rodeando al abanderado. Detrás, los artilleros, con sus cañones, escobillones[206] y botafuegos.[207] Cerrando la marcha, pífanos[208] y timbales,[209] con escolta de redoblantes. Los morteros estaban dotados de un resorte que permitía lanzar bolas de vidrio a más de un metro de distancia.

—¡Pum! ... ¡Pum! ... ¡Pum! ...

Caían caballos, caían abanderados, caían tambores. Hubo de ser llamado tres veces por el negro Eligio, para decidirse a lavarse las manos y bajar al comedor.

Desde ese día, Marcial conservó el hábito de sentarse en el enlosado. Cuando percibió las ventajas de esa costumbre, se sorprendió por no haberlo pensado

---

[196]**albahaca** sweet basil   [197]**hollar** to tread on   [198]**umbral** threshold   [199]**Tropezaba con** he bumped into   [200]**antorchas** torches   [201]**rellano** landing   [202]**mecedora** rocking chair   [203]**jofaina** washbasin   [204]**telarañas** cobwebs   [205]**exigua** small   [206]**escobillones** swabs   [207]**botafuegos** linstocks (device for holding a lighted match for firing cannon)   [208]**pífanos** fifes   [209]**timbales** kettledrums

antes. Afectas al terciopelo de los cojines,[210] las personas mayores sudan demasiado. Algunas huelen a notario —como Don Abundio— por no conocer, con el cuerpo echado, la frialdad del mármol en todo tiempo. Sólo desde el suelo pueden abarcarse totalmente los ángulos y perspectivas de una habitación. Hay bellezas de la madera, misteriosos caminos de insectos, rincones de sombra, que se ignoran a altura de hombre. Cuando llovía, Marcial se ocultaba debajo del clavicordio. Cada trueno hacía temblar la caja de resonancia, poniendo todas las notas a cantar. Del cielo caían los rayos para construir aquella bóveda de calderones —órgano, pinar al viento, mandolina de grillos.

IX

Aquella mañana lo encerraron en su cuarto. Oyó murmullos en toda la casa y el almuerzo que le sirvieron fue demasiado suculento para un día de semana. Había seis pasteles de la confitería de la Alameda —cuando sólo dos podían comerse, los domingos, después de misa. Se entretuvo mirando estampas de viajes, hasta que el abejeo creciente, entrando por debajo de las puertas, lo hizo mirar entre persianas. Llegaban hombres vestidos de negro, portando una caja con agarraderas[211] de bronce. Tuvo ganas de llorar, pero en ese momento apareció el calesero Melchor, luciendo sonrisa de dientes en lo alto de sus botas sonoras. Comenzaron a jugar al ajedrez. Melchor era caballo. Él, era Rey. Tomando las losas del piso por tablero, podía avanzar de una en una, mientras Melchor debía saltar una de frente y dos de lado, o viceversa. El juego se prolongó hasta más allá del crepúsculo, cuando pasaron los Bomberos del Comercio.

Al levantarse, fue a besar la mano de su padre que yacía en su cama de enfermo. El Marqués se sentía mejor, y habló a su hijo con el empaque[212] y los ejemplos usuales. Los "Sí, padre" y los "No, padre", se encajaban entre cuenta y cuenta del rosario de preguntas, como las respuestas del ayudante en una misa. Marcial respetaba al Marqués, pero era por razones que nadie hubiera acertado a suponer. Lo respetaba porque era de elevada estatura y salía, en noches de baile, con el pecho rutilante[213] de condecoraciones; porque le envidiaba el sable y los entorchados de oficial de milicias; porque, en Pascuas, había comido un pavo entero, relleno de almendras y pasas, ganando una apuesta; porque, cierta vez, sin duda con el ánimo de azotarla, agarró a una de las mulatas que barrían la rotonda, llevándola en brazos a su habitación. Marcial, oculto detrás de una cortina, la vio salir poco después, llorosa y desabrochada,[214] alegrándose del castigo, pues era la que siempre vaciaba las fuentes de compota devueltas a la alacena.

El padre era un ser terrible y magnánimo al que debía amarse después de Dios. Para Marcial era más Dios que Dios, porque sus dones[215] eran cotidianos y tangibles. Pero prefería el Dios del cielo, porque fastidiaba menos.

---

[210]**cojines** cushions   [211]**agarraderas** handles   [212]**empaque** gravity   [213]**rutilante** shining
[214]**desabrochada** with her clothes unfastened   [215]**dones** gifts, talents

X

Cuando los muebles crecieron un poco más y Marcial supo como nadie lo que había debajo de las camas, armarios y vargueños, ocultó a todos un gran secreto: la vida no tenía encanto fuera de la presencia del calesero Melchor. Ni Dios, ni su padre, ni el obispo dorado de las procesiones del Corpus, eran tan importantes como Melchor.

Melchor venía de muy lejos. Era nieto de príncipes vencidos. En su reino había elefantes, hipopótamos, tigres y jirafas. Ahí los hombres no trabajaban, como Don Abundio, en habitaciones oscuras, llenas de legajos. Vivían de ser más astutos que los animales. Uno de ellos sacó el gran cocodrilo del lago azul, ensartándolo[216] con una pica oculta en los cuerpos apretados de doce ocas[217] asadas. Melchor sabía canciones fáciles de aprender, porque las palabras no tenían significado y se repetían mucho. Robaba dulces en las cocinas; se escapaba, de noche, por la puerta de los cuadrerizos, y, cierta vez, había apedreado[218] a los de la guardia civil, desapareciendo luego en las sombras de la calle de la Amargura.

En días de lluvia, sus botas se ponían a secar junto al fogón de la cocina. Marcial hubiese querido tener pies que llenaran tales botas. La derecha se llamaba *Calambín*. La izquierda, *Calambán*. Aquel hombre que dominaba los caballos cerreros con solo encajarles dos dedos en los belfos;[219] aquel señor de terciopelos y espuelas, que lucía chisteras tan altas, sabía también lo fresco que era un suelo de mármol en verano, y ocultaba debajo de los muebles una fruta o un pastel arrebatados[220] a las bandejas destinadas al Gran Salón. Marcial y Melchor tenían en común un depósito secreto de grageas y almendras, que llamaban el "Urí, urí, urá", con entendidas carcajadas. Ambos habían explorado la casa de arriba abajo, siendo los únicos en saber que existía un pequeño sótano lleno de frascos holandeses, debajo de las cuadras, y que en desván inútil, encima de los cuartos de criadas, doce mariposas polvorientas acababan de perder las alas en caja de cristales rotos.

XI

Cuando Marcial adquirió el hábito de romper cosas, olvidó a Melchor para acercarse a los perros. Había varios en la casa. El atigrado[221] grande; el podenco[222] que arrastraba las tetas; el galgo,[223] demasiado viejo para jugar; el lanudo[224] que los demás perseguían en épocas determinadas, y que las camareras tenían que encerrar. Marcial prefería a Canelo porque sacaba zapatos de las habitaciones y desenterraba los rosales del patio. Siempre negro de carbón o cubierto de tierra roja, devoraba la comida de los demás, chillaba[225] sin motivo, y ocultaba huesos robados al pie de la fuente. De vez en cuando, también vaciaba un huevo acabado de poner, arrojando la gallina al aire con brusco palancazo del hocico.[226]

---

[216]**ensartándolo** piercing it [217]**ocas** geese [218]**apedreado** stoned [219]**belfos** lips (of a quadruped) [220]**arrebatados** snatched [221]**atigrado** tigerlike [222]**podenco** spaniel [223]**galgo** greyhound [224]**el lanudo** the wooly one [225]**chillaba** howled [226]**hocico** snout

Todos daban de patadas al Canelo. Pero Marcial se enfermaba cuando se lo llevaban. Y el perro volvía triunfante, moviendo la cola, después de haber sido abandonado más allá de la Casa de Beneficencia, recobrando un puesto que los demás, con sus habilidades en la caza o desvelos en la guardia, nunca ocuparían.

Canelo y Marcial orinaban juntos. A veces escogían la alfombra persa del
salón, para dibujar en su lana formas de nubes pardas que se ensanchaban lentamente. Esto costaba castigo de cintarazos. Pero los cintarazos no dolían tanto
como creían las personas mayores. Resultaban, en cambio, pretexto admirable
para armar concertantes de aullidos, y provocar la compasión de los vecinos.
Cuando la bizca del tejadillo calificaba a su padre de "bárbaro", Marcial miraba a
Canelo, riendo con los ojos. Lloraban un poco más para ganarse un bizcocho,[227]
y todo quedaba olvidado. Ambos comían tierra, se revolcaban[228] al sol, bebían en
la fuente de los peces, buscaban sombra y perfume al pie de las albahacas. En horas de calor, los canteros húmedos se llenaban de gente. Ahí estaba la gansa gris,
con bolsa colgante entre las patas zambas; el gallo viejo del culo pelado; la lagar-
tija que decía, "urí, urá", sacándose del cuello una corbata rosada; el triste
jubo,[229] nacido en ciudad sin hembras; el ratón que tapiaba su agujero con una
semilla de carey. Un día, señalaron el perro a Marcial.

—¡Guau, guau! —dijo.

Hablaba su propio idioma. Había logrado la suprema libertad. Ya quería alcanzar, con sus manos, objetos que estaban fuera del alcance de sus manos.

XII

Hambre, sed, calor, dolor, frío. Apenas Marcial redujo su percepción a la de estas
realidades esenciales, renunció a la luz que ya le era accesoria. Ignoraba su nombre. Retirado el bautismo, con su sal desagradable, no quiso ya el olfato, ni el
oído, ni siquiera la vista. Sus manos rozaban[230] formas placenteras. Era un ser totalmente sensible y táctil. El universo le entraba por todos los poros. Entonces
cerró los ojos que sólo divisaban gigantes nebulosos y penetró en un cuerpo caliente, húmedo, lleno de tinieblas, que moría. El cuerpo, al sentirlo arrebozado[231] con su propia sustancia, resbaló[232] hacia la vida.

Pero ahora el tiempo corrió más pronto, adelgazando sus últimas horas. Los
minutos sonaban a glissando de naipes bajo pulgar de jugador.

Las aves volvieron al huevo en torbellino de plumas. Los peces cuajaron[233] la
hueva, dejando nevada de escamas en el fondo del estanque. Las palmas doblaron
las pencas,[234] desapareciendo en la tierra como abanicos cerrados. Los tallos sor-
bían sus hojas y el suelo tiraba de todo lo que le perteneciera. El trueno retum-
baba en los corredores. Crecían pelos en la gamuza de los guantes. Las mantas de
lana se destejían,[235] redondeando el vellón[236] de carneros distantes. Los armarios, los vargueños, las camas, los crucifijos, las mesas, las persianas, salieron

---

[227]**bizcocho** biscuit   [228]**se revolcaban** rolled about   [229]**jubo** small Cuban non-poisonous
snake   [230]**rozaban** rubbed   [231]**arrebozado** wrapped   [232]**resbaló** slid   [233]**cuajaron** covered   [234]**pencas** leaves   [235]**destejían** unraveled   [236]**vellón** fleece

volando en la noche, buscando sus antiguas raíces al pie de las selvas. Todo lo que tuviera clavos se desmoronaba. Un bergantín,[237] anclado[238] no se sabía dónde, llevó presurosamente a Italia los mármoles del piso y de la fuente. Las panoplias,[239] los herrajes,[240] las llaves, las cazuelas de cobre, los bocados de las cuadras, se derretían, engrosando un río de metal que galerías sin techo canalizaban hacia la tierra. Todo se metamorfoseaba, regresando a la condición primera. El barro volvió al barro, dejando un yermo en lugar de la casa.

XIII

Cuando los obreros vinieron con el día para proseguir la demolición, encontraron el trabajo acabado. Alguien se había llevado la estatua de Ceres, vendida la víspera a un anticuario. Después de quejarse al Sindicato,[241] los hombres fueron a sentarse en los bancos de un parque municipal. Uno recordó entonces la historia, muy difuminada,[242] de una Marquesa de Capellanías, ahogada, en tarde de mayo, entre las malangas[243] del Almendares. Pero nadie prestaba atención al relato, porque el sol viajaba de oriente a occidente, y las horas que crecen a la derecha de los relojes deben alargarse por la pereza, ya que son las que más seguramente llevan a la muerte.

DESPUÉS DE LEER

1. Explique la importancia de la casa en el relato.

2. ¿Quién es el viejo del cayado? ¿Qué hace? ¿Cuál es su importancia?

3. ¿Cómo emplea Carpentier las imágenes para representar el transcurso del tiempo hacia el pasado?

4. ¿En qué épocas se desarrolla el relato? ¿Cómo ha llegado usted a esa conclusión?

5. ¿Quiénes son don Marcial, la Marquesa, la de Campoflorido, don Abundio y Melchor?

6. Explique la estructura del cuento.

7. ¿Quién narra "Viaje a la semilla"?

8. Discuta la importancia del título del relato.

---

[237]**bergantín** brig   [238]**anclado** anchored   [239]**panoplias** collections of arms   [240]**herrajes** iron fittings   [241]**Sindicato** Union   [242]**difuminada** stumped   [243]**malangas** a kind of plant

ALGUNOS ESTUDIOS DE INTERÉS

Cervera Salinas, Vicente. "El 'Diario' de Colón y Carpentier: Cara y cruz de la utopía americana". *Revista Signos* 25:31–32 (1992): 35–43.

Dorfman, Ariel. "El sentido de la historia en la obra de Alejo Carpentier". *Imaginación y violencia en América*. Santiago de Chile: Editorial Universitaria, 1970.

Durán, Manuel. "'Viaje a la semilla': El cómo y el por qué de una pequeña obra maestra". Ángel Flores, ed. *El realismo mágico en el cuento hispanoamericano*. Tlahuapán, México: Premia, 1985.

González-Echeverría, Roberto. *Alejo Carpentier: The Pilgrim at Home*. Ithaca, New York: Cornell University Press, 1977.

Luis, William. "Historia, naturaleza y memoria en 'Viaje a la semilla'". *Revista Iberoamericana* 57:154 (1991): 151–160.

Müller-Bergh, Klaus, ed. *Asedios a Carpentier. Once ensayos críticos sobre el novelista cubano*. Santiago de Chile: Editorial Universitaria, 1972.

Pablo Neruda
(Neftalí Ricardo Reyes y
Basoalto)

(1904, Parral, Chile–1973, Santiago, Chile)

Pablo Neruda es considerado uno de los grandes poetas de Hispanoamérica por la calidad y extensión de su producción literaria. Fue ganador de numerosos premios literarios, entre ellos el Premio Nacional de Literatura (1945), El Premio Stalin (1953) y el premio Nobel (1971). En sus primeros libros no están ausentes las manifestaciones neo-románticas y modernistas. A este período pertenecen *La canción de la fiesta* (1921), *Crepusculario* (1923) y su conocido libro *Veinte poemas de amor y una canción desesperada* (1924). En estos libros poéticos, Neruda canta al amor y expresa, además, sentimientos de soledad, melancolía y dolor. El tema de la soledad continúa en *Tentativa del hombre infinito* (1925), en *Residencia en la tierra* I (1925–1931) y *Residencia en la tierra* II (1931–1935) publicados en 1933 y 1935 respectivamente. Estos poemas de índole surrealista muestran, a través de imágenes oníricas, el aislamiento y la angustia existencial sufridos durante su residencia en Asia como representante de Chile. Hay en ellos también crítica social.

España en el corazón (1937) fue el resultado de su enfrentamiento con la guerra civil española y es un ataque al fascismo. El compromiso político de Neruda se manifiesta además en *Tercera residencia* (1947), *Las uvas y el viento* (1954) y *Canto general* (1950), poema épico en que el autor ofrece su interpretación personal de la historia del continente americano. Estos tres últimos libros fueron escritos durante el período de su participación activa en el Partido Comunista chileno.

Con *Odas elementales* (1954) y *Nuevas odas elementales* (1955) Neruda le da un nuevo impulso y dirección a su poesía orientándola al mundo material de las cosas sensibles y pequeñas, de los objetos inanimados y elementales que parecen no tener importancia. Después de estos libros regresa al tema del amor en *Los versos del capitán* (1952) y *Cien sonetos de amor* (1959). *Memorial de Isla Negra* (1964) refleja la trayectoria personal de su juventud y su compromiso político. Póstumamente se publicaron *Jardín de invierno* (1974) y sus memorias, *Confieso que he vivido* (1974).

—cómo el poeta expresa sus sentimientos de amor y pérdida de la amada
—el elemento de nostalgia
—las imágenes

Este poema pertenece al libro *Veinte poemas de amor y una canción desesperada,* el cual contiene bellos poemas de amor a dos mujeres, una de Santiago de Chile, la otra de Temuco, e identificadas por el poeta en sus memorias como Marisombra y Marisol. En el "Poema 20" Neruda expresa a través del recuerdo y la nostalgia los sentimientos que siente al dar fin a una relación amorosa.

Poema 20

Puedo escribir los versos más tristes esta noche.
Escribir, por ejemplo: «La noche está estrellada,
y tiritan,[1] azules, los astros, a lo lejos.»
El viento de la noche gira[2] en el cielo y canta.
Puedo escribir los versos más tristes esta noche.
Yo la quise, y a veces ella también me quiso.
En las noches como ésta la tuve entre mis brazos.
La besé tantas veces bajo el cielo infinito.
Ella me quiso, a veces yo también la quería.
¡Cómo no haber amado sus grandes ojos fijos!
Puedo escribir los versos más tristes esta noche.
Pensar que no la tengo. Sentir que la he perdido.
Oír la noche inmensa, más inmensa sin ella.
Y el verso cae al alma[3] como al pasto[4] el rocío.[5]
¡Qué importa que mi amor no pudiera guardarla![6]
La noche está estrellada y ella no está conmigo.
Eso es todo. A lo lejos alguien canta. A lo lejos.
Mi alma no se contenta[7] con haberla perdido.
Como para acercarla mi mirada la busca.
Mi corazón la busca, y ella no está conmigo.
La misma noche que hace blanquear[8] los mismos árboles.
Nosotros, los de entonces, ya no somos los mismos.
Ya no la quiero, es cierto, pero cuánto la quise.

---

[1]**tiritan** shiver, shake   [2]**gira** turns   [3]**alma** soul   [4]**pasto** pasture   [5]**rocío** dew   [6]**guardarla** to keep her   [7]**no se contenta** is not satisfied   [8]**blanquear** to whiten

Mi voz buscaba al viento para tocar su oído.
De otro. Será de otro. Como antes de mis besos.
Su voz, su cuerpo claro. Sus ojos infinitos.
Ya no la quiero, es cierto, pero tal vez la quiero.
Es tan corto el amor, y es tan largo el olvido.
Porque en noches como ésta la tuve entre mis brazos,
mi alma no se contenta con haberla perdido.
Aunque éste sea el último dolor que ella me causa,
y éstos sean los últimos versos que yo le escribo.

DESPUÉS DE LEER

1. Describa el estado de ánimo del poeta.

2. ¿Cómo está descrita la noche? ¿Qué representa una noche así para el poeta?

3. Explique cómo se manifiesta la nostalgia en el poema.

4. ¿A qué cambios se refiere Neruda cuando escribe "Nosotros, los de entonces, ya no somos los mismos"? ¿Cuáles son los sentimientos del poeta? ¿Se siente seguro de ellos?

5. Comente el verso "Es tan corto el amor, y es tan largo el olvido". ¿Está de acuerdo con el poeta?

—cómo el poeta enaltece lo cotidiano
—el uso de la personificación

Con gran sentido de humor, Neruda usa la personificación para presentar la
alcachofa y otros vegetales que se encuentran en un mercado. La trayectoria de
la alcachofa va desde que queda colocada entre los otros vegetales en el mercado
hasta el momento en que María la compra y la tira descuidadamente en su
bolsa y la lleva a casa para cocinarla y comérsela.

Oda a la alcachofa

La alcachofa[1]
de tierno corazón ·
se vistió de guerrero,
erecta, construyó
una pequeña cúpula,[2]
se mantuvo
impermeable
bajo
sus escamas,[3]
a su lado
los vegetales locos
se encresparon,[4]
se hicieron
zarcillos,[5] espadañas,[6]
bulbos conmovedores,
en el subsuelo[7]
durmió la zanahoria
de bigotes rojos,
la viña[8]
resecó[9] los sarmientos[10]
por donde sube el vino,
la col[11]
se dedicó
a probarse las faldas,

---

[1]**alcachofa** artichoke   [2]**cúpula** dome   [3]**escamas** scales   [4]**encresparon** curled   [5]**zarcillos**
tendrils   [6]**espadañas** belfries   [7]**subsuelo** underground   [8]**viña** vineyard   [9]**reseco** dried up
[10]**sarmientos** vine shoots   [11]**col** cabbage

el orégano
a perfumar el mundo,
y la dulce
alcachofa
allí en el huerto,[12]
vestida de guerrero,
bruñida[13]
como una granada,[14]
orgullosa;
y un día
una con otra
en grandes cestos[15]
de mimbre,[16] caminó
por el mercado
a realizar su sueño:
la milicia.
En hileras[17]
nunca fue tan marcial
como en la feria,
los hombres
entre las legumbres
con sus camisas blancas
eran
mariscales[18]
de las alcachofas,
las filas[19] apretadas,[20]
las voces de comando,
y la detonación
de una caja que cae;
pero
entonces
viene
María
con su cesto,
escoge
una alcachofa,
no le teme,
la examina, la observa
contra la luz como si fuera un huevo,
la compra,
la confunde

---

[12]**huerto** vegetable or fruit garden   [13]**bruñida** burnishing   [14]**granada** pomegranate   [15]**cestos** baskets   [16]**mimbre** straw; wicker   [17]**hileras** lines   [18]**mariscales** marshals   [19]**filas** lines
[20]**apretadas** tight

en su bolsa
con un par de zapatos,
con un repollo y una
botella
de vinagre
hasta
que entrando a la cocina
la sumerge en la olla.[21]

　　Así termina
en paz
esta carrera
del vegetal armado
que se llama alcachofa,
luego
escama por escama,
desvestimos
la delicia
y comemos
la pacífica pasta
de su corazón verde.

DESPUÉS DE LEER

1. ¿Cómo describe Neruda a la alcachofa? ¿Considera que la descripción que hace se asemeja a la realidad?

2. ¿Con qué compara Neruda a la alcachofa?

3. ¿Qué efecto tiene en el lector la descripción de la alcachofa entre un par de zapatos, un repollo y una botella de vinagre?

4. ¿Considera que Neruda ha sabido enaltecer lo elemental y cotidiano?

---

[21]**olla** kettle, pot

AL LEER CONSIDERE LO SIGUIENTE:
—la importancia histórica de Cortés
—la perspectiva a través de la cual se presenta a Cortés
—el elemento de traición

Neruda contrasta la belleza de México con la brutalidad de la acción de Hernán Cortés y compara la generosidad de Moctezuma II con la avaricia del conquistador español.

Cortés

Cortés[1] no tiene pueblo, es rayo[2] frío,
corazón muerto en la armadura.[3]
"Feraces[4] tierras, mi Señor y Rey,
templos en que el oro, cuajado[5]
está por manos del indio".[6]

Ya avanza hundiendo[7] puñales, golpeando
las tierras bajas, las piafantes[8]
cordilleras de los perfumes,
parando su tropa entre orquídeas
y coronaciones de pinos,
atropellando los jazmines,
hasta las puertas de Tlaxcala.[9]

(Hermano aterrado,[10] no tomes
como amigo al buitre[11] rosado.
desde el musgo[12] te hablo, desde
las raíces de nuestro reino.
Va a llover sangre mañana,
las lágrimas serán capaces
de formar niebla, vapor, ríos,
hasta que derritas[13] los ojos.)

---

[1]**Cortés** Hernán Cortés (1485–1547), conqueror of Mexico [2]**rayo** lightning [3]**armadura** armor [4]**feraces** fertile [5]**cuajado** adorned (*fig.*) [6]**"Feraces ... indio".** quoted from a letter that Cortés wrote to Charles V relating what he had found in Nueva España, later to be known as Mexico [7]**hundiendo** sinking [8]**piafantes** stampeding [9]**Tlaxcala** Mexican state located north of Mexico City. The Tlaxcala Indians were considered to be enemies of the Aztecs, who ruled the region. When the Spaniards arrived, the Tlaxcala joined Cortés to fight Moctezuma's army. [10]**aterrado** terrified [11]**buitre** vulture (refers to the Spaniards) [12]**musgo** moss [13]**derritas** melt

Cortés recibe una paloma,
recibe un faisán, una cítara[14]
de los músicos del monarca,
pero quiere la cámara del oro,
quiere otro paso, y todo cae
en las arcas[15] de los voraces.
El rey[16] se asoma a los balcones:
«Es mi hermano», dice. Las piedras
del pueblo vuelan contestando,[17]
y Cortés afila[18] puñales[19]
sobre los besos traicionados.

Vuelve a Tlaxcala, el viento ha traído
un sordo[20] rumor de dolores.

DESPUÉS DE LEER

1. ¿Qué efecto tiene en el lector el fragmento de la carta de Cortés al rey Carlos V?

2. Explique el significado de "corazón muerto en la armadura" al referirse el poeta a Cortés.

3. ¿Cree que existe un contraste entre la descripción de la acción de Cortés durante la conquista y la descripción de la naturaleza americana?

4. ¿Quién habla y a quién se refiere el poeta en la tercera estrofa? ¿Por qué se escribieron los versos entre paréntesis?

5. ¿Qué metáforas usa el poeta al referirse a Moctezuma y a Cortés?

6. ¿Cómo se evoca la traición en el poema?

---

[14]**cítara** zither   [15]**arcas** chests   [16]**rey** refers to Moctezuma II (1466–1520), emperor of the Aztecs at the time of the arrival of the Spanish conquerors   [17]**piedras vuelan contestando** reference to the stoning of Moctezuma by the Aztecs for having trusted the Spaniards [18]**afila** sharpens   [19]**puñales** daggers   [20]**sordo** deaf

—la presencia de compañías norteamericanas en Latinoamérica

—el poder económico de las compañías norteamericanas y sus influencias en los gobiernos latinoamericanos

"La Standard Oil Co." es una fuerte crítica a la explotación de los recursos naturales latinoamericanos por parte de compañías norteamericanas. A la vez, es una crítica a los dictadores locales que se venden y traicionan a sus pueblos.

La Standard Oil Co.

Cuando el barreno[1] se abrió paso
hacia las simas[2] pedregales[3]
y hundió su intestino implacable
en las haciendas subterráneas,
y los años muertos, los ojos
de las edades, las raíces
de las plantas encarceladas[4]
y los sistemas escamosos[5]
se hicieron estratas del agua,
subió por los tubos el fuego
convertido en líquido frío,
en la aduana de las alturas
a la salida de su mundo
de profundidad tenebrosa,[6]
encontró un pálido ingeniero
y un título de propietario.

Aunque se enreden[7] los caminos
del petróleo, aunque las napas
cambien su sitio silencioso
y muevan su soberanía
entre los vientres[8] de la tierra,
cuando sacude el surtidor
su ramaje[9] de parafina,
antes llegó la Standard Oil

---

[1]**barreno** drill   [2]**simas** abyss   [3]**pedregales** stony   [4]**encarceladas** embedded   [5]**escamosos** made of scales   [6]**tenebrosa** dark, murky   [7]**se enreden** become snarled   [8]**vientres** wombs [9]**ramaje** branches

con sus letrados[10] y sus botas,
con sus cheques y sus fusiles,
con sus gobiernos y sus presos.

Sus obesos emperadores
viven en New York, son suaves
y sonrientes asesinos,
que compran seda, nylon, puros,[11]
tiranuelos[12] y dictadores.

Compran países, pueblos, mares,
policías, diputaciones,
lejanas comarcas[13] en donde
los pobres guardan su maíz
como los avaros[14] el oro:
la Standard Oil los despierta,
los uniforma, les designa
cuál es el hermano enemigo,
y el paraguayo hace su guerra
y el boliviano se deshace
con su ametralladora[15] en la selva.

Un presidente asesinado
por una gota de petróleo,
una hipoteca[16] de millones
de hectáreas, un fusilamiento
rápido en una mañana
mortal de luz, petrificada,
un nuevo campo de presos
subversivos, en Patagonia,[17]
una traición,[18] un tiroteo[19]
bajo la luna petrolada,
un cambio sutil de ministros
en la capital, un rumor
como una marea[20] de aceite,
y luego el zarpazo,[21] y verás
cómo brillan, sobre las nubes,
sobre los mares, en tu casa,
las letras de la Standard Oil
iluminando sus dominios.[22]

---

[10]**letrados** learned   [11]**puros** cigars   [12]**tiranuelos** tyrants   [13]**comarcas** districts   [14]**avaros** greedy   [15]**ametralladora** machine gun   [16]**hipoteca** mortgage   [17]**Patagonia** southern region of South America comprising the south of Chile and Argentina and extending from the Andes to the Atlantic   [18]**traición** treason   [19]**tiroteo** shooting   [20]**marea** tide   [21]**zarpazo** lash of a claw   [22]**dominios** domains

DESPUÉS DE LEER

1. Considera que existe un tono sarcástico de parte del poeta al decir que cuando el barreno se abre paso por la tierra y sube "el fuego / convertido en líquido frío" el "pálido ingeniero" también encuentra un "título de propietario". Explique. ¿A qué se refiere "líquido frío"?

2. Según Neruda, ¿cómo es que la Standard Oil Company se hace dueña de los recursos naturales?

3. ¿Cuál es la actitud de Neruda hacia los gobernantes hispanoamericanos? ¿Y hacia los inversionistas norteamericanos?

4. ¿Existe, en opinión de Neruda, relación entre la corrupción política hispanoamericana y los intereses económicos extranjeros? ¿Qué opina usted?

AL LEER CONSIDERE LO SIGUIENTE:

—la naturaleza
—el amor como renovación

En "Pido silencio" Neruda expresa su deseo de renacer para revivir lo vivido y para
sentir nuevas experiencias. Ello se debe a los sentimientos que el amor de su esposa,
Matilde Urrutia, a quien menciona en el poema, ha despertado en él. De interés en
el poema es también la relación que existe entre los sentimientos del poeta y la
naturaleza.

Pido silencio

Ahora me dejen tranquilo.
Ahora se acostumbren sin mí.

Yo voy a cerrar los ojos.

Y sólo quiero cinco cosas,
cinco raíces preferidas.

Una es el amor sin fin.

Lo segundo es ver el otoño.
No puedo ser sin que las hojas
Vuelen y vuelvan a la tierra.

Lo tercero es el grave invierno,
la lluvia que amé, la caricia[1]
del fuego en el frío silvestre.[2]

En cuarto lugar el verano
redondo como una sandía.[3]

La quinta cosa son tus ojos.
Matilde mía, bienamada,
no quiero dormir sin tus ojos,
no quiero ser sin que me mires:
yo cambio la primavera
por que tú me sigas mirando.

Amigos, eso es cuanto quiero.
Es casi nada y casi todo.

---

[1]**caricia** caress   [2]**silvestre** wild   [3]**sandía** watermelon

Ahora si quieren se vayan.

He vivido tanto que un día
tendrán que olvidarme por fuerza,
borrándome de la pizarra:
mi corazón fue interminable.

Pero porque pido silencio
no crean que voy a morirme:
me pasa todo lo contrario:
sucede que voy a vivirme.

Sucede que soy y que sigo.

No será pues sino que adentro
de mí crecerán cereales,
primero los granos que rompen
la tierra para ver la luz,
pero la madre tierra es oscura:
y dentro de mí soy oscuro:
soy como un pozo[4] en cuyas aguas
la noche deja sus estrellas
y sigue sola por el campo.

Se trata de que tanto he vivido
que quiero vivir otro tanto.

Nunca me sentí tan sonoro,[5]
nunca he tenido tantos besos.

Ahora, como siempre, es temprano.
Vuela la luz con sus abejas.

Déjenme solo con el día.
Pido permiso para nacer.

D E S P U É S　D E　L E E R

1. ¿Por qué pide silencio Neruda?
2. ¿Cuáles son las cinco cosas que pide el poeta?
3. ¿Qué representa la primavera y por qué dice el poeta "cambio la primavera / por que tú me sigas mirando"?
4. Explique los versos "sucede que voy a vivirme" y "Sucede que soy y que sigo".
5. ¿Por qué pide permiso para renacer el poeta?

---

[4]**pozo** well　　[5]**sonoro** resonant

ALGUNOS ESTUDIOS DE INTERÉS

Alazraki, Jaime. *Poética y poesía de Pablo Neruda*. New York: Las Américas, 1965.

Alonso, Amado. *Poesía y estilo de Pablo Neruda: Interpretación de una poesía hermética*. Buenos Aires, Argentina: Editorial Sudamericana, 1977.

Bellini, Guiseppe. "Pablo Neruda, intérprete de nuestro siglo". *Revista de Occidente* 86–87 (1988): 95–104.

Concha, Jaime. *Tres ensayos sobre Pablo Neruda*. Columbia: University of South Carolina Press, 1974.

Durán, Manuel. "La huella del modernismo en la poesía de Pablo Neruda". Ivan A. Schulman, ed. *Nuevos asedios al modernismo*. Madrid, España: Taurus, 1987.

Melis, Antonio. "Poesía y política en: *Las uvas y el viento*". *Revista de Crítica Literaria Latinoamericana* 19:38 (1993): 123–130.

Perriam, Christopher. "Metaphorical machismo: Neruda's Love Poetry". *Forum for Modern Language Studies* 24:1 (1988): 58–77.

Prenz, Juan Octavio. "Poética y práctica en Pablo Neruda". *Verba Hispánica* 1 (1991): 9–18.

Rodríguez Monegal, Emir. *El viajero inmóvil*. Caracas, Venezuela: Monte Ávila, 1977.

Sánchez, Luis Alberto. "Pablo Neruda". *Cuadernos Americanos* 21:2 (1962): 235–247.

Santí, Enrico Mario. *Pablo Neruda: The Poetics of Prophecy*. Ithaca, New York: Cornell University Press, 1982.

Sicard, Alain. *El pensamiento poético de Pablo Neruda*. Madrid, España: Gredos, 1981.

José María Arguedas

(1911, Andahuaylas, Perú–1969, Lima, Perú)

Las comunidades autóctonas peruanas alcanzan con José María Arguedas una nueva dimensión en la narrativa hispanoamericana al superar las concepciones estéticas y propósitos de las novelas indianistas e indigenistas tradicionales. Arguedas ofrece una nueva visión del hombre de los Andes. Su narrativa muestra un conocimiento íntimo del ser andino debido a sus experiencias personales. De niño, Arguedas fue criado por servidumbre indígena en la hacienda de su madrastra; de adulto, convivió con el campesino de la sierra peruana mientras hacía investigaciones y estudios folklóricos, antropológicos y etnológicos.

En los cuentos y novelas de Arguedas no sólo se presenta con realismo el mundo de la población autóctona y su vida en las haciendas, sino que también se expone su mundo interior y experiencia vital. Su visión animista del universo es presentada en líricas descripciones narrativas. La belleza, musicalidad y contenido poético del quechua se trasladan al castellano a través de modificaciones sintácticas, empleos de diminutivos y el uso de sufijos para mencionar sólo algunos rasgos de la creación lingüística del novelista. En los relatos de Arguedas aparece también el serrano que se traslada a la ciudad y el consecuente choque cultural que experimenta y sufre. La obra de Arguedas tuvo como propósito principal dar a conocer el mundo andino a un público que lo desconoce. Entre las novelas de Arguedas se encuentran *Yawar fiesta* (1940), su primera novela, *Los ríos profundos* (1958), *El Sexto* (1961), *Todas las sangres* (1964) y *El zorro de arriba y el zorro de abajo* (1971). Sus relatos han sido publicados bajo el título de *Amor mundo y todos los cuentos* (1967). En 1972 apareció una colección de poemas titulada *Temblar/Katatay*.

Entre narradores que han dedicado su atención sobre las comunidades nativas de los Andes, bien como indianistas, o bien como indigenistas, se citan a: Juan León Mera (1832–1894), autor de *Cumandá;* Clorinda Matto de Turner (1854–1909), a quien se debe *Aves sin nido;* Alcides Arguedas (1879–1946), conocido por *Raza de bronce;* Jorge Icaza (1906–1978), autor de *Huasipungo* y Ciro Alegría (1909–1967), escritor de *Los perros hambrientos* y *El mundo es ancho y ajeno*.

AL LEER CONSIDERE LO SIGUIENTE:

—la recuperación del pasado por medio del recuerdo
—el lenguaje poético de las descripciones
—la coexistencia de dos culturas, dos razas, dos lenguas
—la humanización de la naturaleza
—la relación entre el hacendado y el indígena

Los ríos profundos es una novela de rescate en la que Ernesto, el protagonista, recupera el pasado por medio del recuerdo. Para Ernesto los recuerdos son un escape del mundo del internado de Abancay donde lo ha dejado su padre. A pesar de pertenecer al ambiente social de la mayoría de los estudiantes del internado, el protagonista se siente fuera de ambiente. Su mundo es el de la comunidad indígena de la sierra peruana que lo crió y le enseñó a tener la visión animista del mundo que le servirá de sustento en momentos de desolación. La situación social del hombre de los Andes de hacienda es también una constante en la novela.

El capítulo que aparece a continuación, titulado "El Viejo", recoge los recuerdos de la llegada de Ernesto y su padre al Cuzco. El lector tiene la oportunidad de apreciar la coexistencia de la cultura española e incaica, la situación del pongo de hacienda con relación al hacendado y la visión animista del mundo que tiene Ernesto.
El lirismo del capítulo marca las pautas que se desarrollarán a lo largo de la novela.

Los ríos profundos
«El Viejo»

ɔ⁊

nfundía respeto,[1] a pesar de su anticuada[2] y sucia apariencia. Las personas principales del Cuzco lo saludaban seriamente. Llevaba siempre un bastón con puño de oro;[3] su sombrero, de angosta ala, le daba un poco de sombra sobre la frente. Era incómodo acompañarlo, porque se arrodillaba frente a todas las iglesias y capillas y se quitaba el sombrero en forma llamativa cuando saludaba a los frailes.

Mi padre lo odiaba. Había trabajado como escribiente[4] en las haciendas del Viejo. "Desde las cumbres[5] grita, con voz de condenado, advirtiendo a sus indios que él está en todas partes. Almacena[6] las frutas de las huertas, y las deja pudrir;[7] cree que valen muy poco para traerlas a vender al Cuzco o llevarlas a Abancay y que cuestan demasiado para dejárselas a los colonos.° ¡Irá al infierno!", decía de él mi padre.

°Indios que pertenecen a las haciendas.

---

[1]**infundía respeto** inspired respect   [2]**anticuada** old-fashioned   [3]**puño de oro** gold-headed cane   [4]**escribiente** clerk   [5]**cumbres** mountain tops   [6]**almacena** stores up   [7]**pudrir** to rot

Eran parientes, y se odiaban. Sin embargo, un extraño proyecto concibió mi padre, pensando en este hombre. Y aunque me dijo que viajábamos a Abancay, nos dirigimos al Cuzco, desde un lejanísimo pueblo. Según mi padre, íbamos de paso. Yo vine anhelante,[8] por llegar a la gran ciudad. Y conocí al Viejo en una ocasión inolvidable.

Entramos al Cuzco de noche. La estación del ferrocarril y la ancha avenida por la que avanzábamos[9] lentamente, a pie, me sorprendieron. El alumbrado eléctrico era más débil que el de algunos pueblos pequeños que conocía. Verjas[10] de madera o de acero defendían jardines y casas modernas. El Cuzco de mi padre, el que me había descrito quizá mil veces, no podía ser ése.

Mi padre iba escondiéndose junto a las paredes, en la sombra. El Cuzco era su ciudad nativa y no quería que lo reconocieran. Debíamos de tener apariencia de fugitivos, pero no veníamos derrotados[11] sino a realizar un gran proyecto.

—Lo obligaré. ¡Puedo hundirlo![12] —había dicho mi padre.

Se refería al Viejo.

Cuando llegamos a las calles angostas, mi padre marchó detrás de mí y de los cargadores[13] que llevaban nuestro equipaje.

Aparecieron los balcones tallados, las portadas[14] imponentes y armoniosas, la perspectiva de las calles, ondulantes,[15] en la ladera de la montaña. Pero ¡ni un muro antiguo!

Esos balcones salientes, las portadas de piedra y los zaguanes tallados,[16] los grandes patios con arcos, los conocía. Los había visto bajo el sol de Huamanga. Yo escudriñaba[17] las calles buscando muros incaicos.

—¡Mira al frente! —me dijo mi padre—. Fue el palacio de un inca.[18]

Cuando mi padre señaló el muro, me detuve. Era oscuro, áspero; atraía con su faz recostada. La pared blanca del segundo piso empezaba en línea recta sobre el muro.

—Lo verás, tranquilo, más tarde. Alcancemos al Viejo —me dijo.

Habíamos llegado a la casa del Viejo. Estaba en la calle del muro inca.

Entramos al primer patio. Lo rodeaba un corredor de columnas y arcos de piedra que sostenían el segundo piso, también de arcos, pero más delgados. Focos opacos[19] dejaban ver las formas del patio, todo silencioso. Llamó mi padre. Bajó del segundo piso un mestizo, y después un indio. La escalinata[20] no era ancha, para la vastedad del patio y de los corredores.

El mestizo llevaba una lámpara y nos guió al segundo patio. No tenía arcos ni segundo piso, sólo un corredor de columnas de madera. Estaba oscuro; no había allí alumbrado eléctrico. Vimos lámparas en el interior de algunos cuartos. Conversaban en voz alta en las habitaciones. Debían ser piezas de alquiler. El Viejo

---

[8]**anhelante** eager [9]**avanzábamos** proceeded [10]**verjas** fences [11]**derrotados** defeated [12]**puedo hundirlo** I can ruin him [13]**cargadores** men who carry things [14]**portadas** façades [15]**ondulantes** winding [16]**zaguanes tallados** chiseled porticos [17]**escudriñaba** scrutinized [18]**inca** name given to the ruler of what was to be known as the Inca empire [19]**focos opacos** dim light bulbs [20]**escalinata** stairs

residía en la más grande de sus haciendas del Apurímac; venía a la ciudad de vez en cuando, por sus negocios o para las fiestas. Algunos inquilinos[21] salieron a vernos pasar.

Un árbol de cedrón[22] perfumaba el patio, a pesar de que era bajo y de ramas escuálidas. El pequeño árbol mostraba trozos blancos en el tallo;[23] los niños debían de martirizarlo.

El indio cargó los bultos de mi padre y el mío. Yo lo había examinado atentamente porque suponía que era el pongo.[24] El pantalón, muy ceñido,[25] sólo le abrigaba hasta las rodillas. Estaba descalzo;[26] sus piernas desnudas mostraban los músculos en paquetes duros que brillaban. "El Viejo lo obligará a que se lave, en el Cuzco", pensé. Su figura tenía apariencia frágil; era espigado, no alto. Se veía, por los bordes, la armazón de paja de su montera. No nos miró. Bajo el ala de la montera[27] pude observar su nariz aguileña,[28] sus ojos hundidos, los tendones resaltantes[29] del cuello. La expresión del mestizo era, en cambio, casi insolente. Vestía de montar.

Nos llevaron al tercer patio, que ya no tenía corredores.

Sentí olor a muladar[30] allí. Pero la imagen del muro incaico y el olor a cedrón seguían animándome.

—¿Aquí? —preguntó mi padre.

—El caballero ha dicho. Él ha escogido —contestó el mestizo.

Abrió con el pie una puerta. Mi padre pagó a los cargadores y los despidió.

Dile al caballero que voy, que iré a su dormitorio en seguida. ¡Es urgente! —ordenó mi padre al mestizo.

Éste puso la lámpara sobre un poyo,[31] en el cuarto. Iba a decir algo, pero mi padre lo miró con expresión autoritaria, y el hombre obedeció. Nos quedamos solos.

—¡Es una cocina! ¡Estamos en el patio de las bestias! —exclamó mi padre.

Me tomó del brazo.

—Es la cocina de los arrieros[32] —me dijo—. Nos iremos mañana mismo, hacia Abancay. No vayas a llorar. ¡Yo no he de condenarme por exprimir[33] a un maldito!

Sentí que su voz se ahogaba,[34] y lo abracé.

—¡Estamos en el Cuzco! —le dije.

—¡Por eso, por eso!

Salió. Lo seguí hasta la puerta.

—Espérame, o anda a ver el muro —me dijo—. Tengo que hablar con el Viejo, ahora mismo.

Cruzó el patio, muy rápido, como si hubiera luz.

Era una cocina para indios el cuarto que nos dieron. Manchas de hollín[35] su-

---

[21]**inquilinos** tenants   [22]**cedrón** lemon verbena. Its leaves are used for tea.   [23]**tallo** trunk   [24]**pongo** native servant who worked for free during specific shifts at the landlord's house in a *hacienda*   [25]**ceñido** tight   [26]**descalzo** barefooted   [27]**ala de la montera** brim of hat   [28]**aguileña** aquiline   [29]**resaltantes** standing out   [30]**muladar** trash   [31]**poyo** adobe seat   [32]**arrieros** mule drivers   [33]**exprimir** to squeeze   [34]**su voz se ahogaba** his voice was breaking   [35]**hollín** soot

bían al techo desde la esquina donde había una *tullpa* indígena, un fogón[36] de piedras. Poyos de adobes rodeaban la habitación. Un catre[37] de madera tallada, con una especie de techo, de tela roja, perturbaba la humildad de la cocina. La manta de seda verde, sin mancha, que cubría la cama, exaltaba el contraste. "¡El Viejo! —pensé—. ¡Así nos recibe!".

Yo no me sentía mal en esa habitación. Era muy parecida a la cocina en que me obligaron a vivir en mi infancia; al cuarto oscuro donde recibí los cuidados, la música, los cantos y el dulcísimo hablar de las sirvientas indias y de los "concertados".[38] Pero ese catre tallado ¿qué significaba? La escandalosa alma del Viejo, su locura por ofender al recién llegado, al pariente trotamundos[39] que se atrevía a regresar. Nosotros no lo necesitábamos. ¿Por qué mi padre venía donde él? ¿Por qué pretendía hundirlo? Habría sido mejor dejarlo que siguiera pudriéndose a causa de sus pecados.[40]

Ya prevenido, el Viejo eligió una forma certera de ofender a mi padre. ¡Nos iríamos a la madrugada! Por la pampa de Anta. Estaba previsto. Corrí a ver el muro.

Formaba esquina. Avanzaba a lo largo de una calle ancha y continuaba en otra angosta y más oscura, que olía a orines. Esa angosta calle escalaba la ladera. Caminé frente al muro,[41] piedra tras piedra. Me alejaba unos pasos, lo contemplaba y volvía a acercarme. Toqué las piedras con mis manos; seguí la línea ondulante, imprevisible, como la de los ríos, en que se juntan los bloques de roca. En la oscura calle, en el silencio, el muro parecía vivo; sobre la palma de mis manos llameaba[42] la juntura de las piedras que había tocado.

No pasó nadie por esa calle, durante largo rato. Pero cuando miraba, agachado,[43] una de las piedras, apareció un hombre por la bocacalle[44] de arriba. Me puse de pie. Enfrente había una alta pared de adobes, semiderruida.[45] Me arrimé[46] a ella. El hombre orinó, en media calle, y después siguió caminando. "Ha de desaparecer —pensé—. Ha de hundirse". No porque orinara, sino porque contuvo el paso y parecía que luchaba contra la sombra del muro; aguardaba instantes, completamente oculto en la oscuridad que brotaba[47] de las piedras. Me alcanzó y siguió de largo, siempre con esfuerzo. Llegó a la esquina iluminada y volteó. Debió de ser un borracho.

No perturbó su paso el examen que hacía del muro, la corriente que entre él y yo iba formándose.[48] Mi padre me había hablado de su ciudad nativa, de los palacios y templos, y de las plazas, durante los viajes que hicimos, cruzando el Perú de los Andes, de oriente a occidente y de sur a norte. Yo había crecido en esos viajes.

Cuando mi padre hacía frente a sus enemigos, y más, cuando contemplaba de pie las montañas, desde las plazas de los pueblos, y parecía que de sus ojos azules

---

[36]**fogón** hearth 　[37]**catre** small bed 　[38]**certados** laborers 　[39]**trotamundos** globetrotting 　[40]**pecados** sins 　[41]**frente al muro** along the wall 　[42]**llameaba** burned 　[43]**agachado** stooping 　[44]**bocacalle** intersection 　[45]**semiderruida** half-ruined 　[46]**me arrimé** I leaned 　[47]**brotaba** flowed 　[48]**la corriente … formándose** the rapport that was developing between it and me

iban a brotar ríos de lágrimas que él contenía siempre, como con una máscara, yo
meditaba en el Cuzco. Sabía que al fin llegaríamos a la gran ciudad. "¡Será para
un bien eterno!", exclamó mi padre una tarde, en Pampas, donde estuvimos cercados[49] por el odio.

Eran más grandes y extrañas de cuanto había imaginado las piedras del muro
incaico; bullían[50] bajo el segundo piso encalado,[51] que por el lado de la calle angosta, era ciego. Me acordé, entonces, de las canciones quechuas que repiten una
frase patética constante: *"yawar mayu"*, río de sangre; *"yawar unu"*, agua sangrienta; *"puk-tik' yawar k'ocha"*, lago de sangre que hierve; *"yawar wek'e"*, lágrimas de sangre. ¿Acaso no podría decirse *"yawar rumi"*, piedra de sangre o,
"puk'tik' yawar rumi", piedra de sangre hirviente? Era estático[52] el muro, pero
hervía por todas sus líneas y la superficie era cambiante, como la de los ríos en el
verano, que tienen una cima así, hacia el centro del caudal,[53] que es la zona temible, la más poderosa. Los indios llaman *"yawar mayu"* a esos ríos turbios,[54]
porque muestran con el sol un brillo en movimiento, semejante al de la sangre.
También llaman *"yawar mayu"* al tiempo violento de las danzas guerreras, al momento en que los bailarines luchan.

—*¡Puk'tik, yawar rumi!* —exclamé frente al muro, en voz alta.

Y como la calle seguía en silencio, repetí la frase varias veces.

Mi padre llegó en ese instante a la esquina. Oyó mi voz y avanzó por la calle
angosta.

—El Viejo ha clamado[55] y me ha pedido perdón —dijo—. Pero sé que es un
cocodrilo. Nos iremos mañana. Dice que todas las habitaciones del primer patio
están llenas de muebles, de costales[56] y de cachivaches,[57] que ha hecho bajar para
mí la gran cuja[58] de su padre. Son cuentos. Pero yo soy cristiano, y tendremos
que oír misa, al amanecer, con el Viejo, en la catedral. Nos iremos en seguida. No
veníamos al Cuzco; estamos de paso a Abancay. Seguiremos viaje. Éste es el palacio de Inca Roca.[59] La Plaza de Armas[60] está cerca. Vamos despacio. Iremos también a ver el templo de Acllahuasi.[61] El Cuzco está igual. Siguen orinando aquí
los borrachos y los transeúntes.[62] Más tarde habrá aquí otras fetideces[63]… Mejor
es el recuerdo. Vamos.

—Dejemos que el Viejo se condene —le dije—. ¿Alguien vive en este palacio
de Inca Roca?

—Desde la Conquista.

—¿Viven?

—¿No has visto los balcones?

La construcción colonial, suspendida sobre la muralla,[64] tenía la apariencia de

---

[49]**cercados** surrounded   [50]**bullían** they bubbled   [51]**encalado** whitewashed   [52]**estático** sta-
tionary   [53]**caudal** current   [54]**turbios** muddy   [55]**clamado** pleaded   [56]**costales** bags   [57]**cachivaches** junk   [58]**cuja** bedstead   [59]**Inca Roca** an Inca ruler   [60]**Plaza de Armas** main
square   [61]**templo de Acllahuasi** temple of chosen women from the upper class who dedi-
cated themselves to religious services or the emperor. The words *aclla* and *huasi* mean "chosen women" and "house" respectively.   [62]**transeúntes** passersby   [63]**fetideces** filth   [64]**suspendida sobre la muralla** Spaniards used remains of Inca walls as foundations to construct
houses and churches

un segundo piso. Me había olvidado de ella. En la calle angosta, la pared española, blanqueada, no parecía servir sino para dar luz al muro.

—Papá —le dije—. Cada piedra habla. Esperemos un instante.

—No oiremos nada. No es que hablan. Estás confundido. Se trasladan a tu mente y desde allí te inquietan.

—Cada piedra es diferente. No están cortadas. Se están moviendo.

Me tomó del brazo.

—Dan la impresión de moverse porque son desiguales,[65] más que las piedras de los campos. Es que los incas convertían en barro[66] la piedra. Te lo dije muchas veces.

—Papá, parece que caminan, que se revuelven,[67] y están quietas.

Abracé a mi padre. Apoyándome en su pecho contemplé nuevamente el muro.

—¿Viven adentro del palacio? —volví a preguntarle.

—Una familia noble.

—¿Como el Viejo?

—No. Son nobles, pero también avaros,[68] aunque no como el Viejo. ¡Como el Viejo no! Todos los señores del Cuzco son avaros.

—¿Lo permite el Inca?

—Los incas están muertos.

—Pero no este muro. ¿Por qué no lo devora, si el dueño es avaro? Este muro puede caminar; podría elevarse a los cielos o avanzar hacia el fin del mundo y volver. ¿No temen quienes viven adentro?

—Hijo, la catedral está cerca. El Viejo nos ha trastornado.[69] Vamos a rezar.

—Dondequiera que vaya, las piedras que mandó formar Inca Roca me acompañarán. Quisiera hacer aquí un juramento.

—¿Un juramento? Estás alterado,[70] hijo. Vamos a la catedral. Aquí hay mucha oscuridad.

Me besó en la frente. Sus manos temblaban, pero tenían calor.

Pasamos la calle; cruzamos otra, muy ancha, recorrimos una calle angosta. Y vimos las cúpulas de la catedral. Desembocamos en la Plaza de Armas. Mi padre me llevaba del brazo. Aparecieron los portales de arcos blancos. Nosotros estábamos a la sombra del templo.

—Ya no hay nadie en la plaza —dijo mi padre.

Era la más extensa de cuantas había visto. Los arcos aparecían como en el confín[71] de una silente pampa de las regiones heladas. ¡Si hubiera graznado[72] allí un *yanawiku,* el pato que merodeaba en las aguadas de esas pampas!

Ingresamos a la plaza. Los pequeños árboles que habían plantado en el parque, y los arcos, parecían intencionalmente empequeñecidos, ante la catedral y las torres de la iglesia de la Compañía

—No habrán podido crecer los árboles —dije—. Frente a la catedral, no han podido.

---

[65]**desiguales** not even [66]**barro** mud [67]**se revuelven** move about [68]**avaros** greedy [69]**trastornado** upset [70]**alterado** excited [71]**confín** distance [72]**graznado** quacking

Mi padre me llevó al atrio. Subimos las gradas. Se descubrió cerca de la gran puerta central. Demoramos mucho en cruzar el atrio. Nuestras pisadas resonaban sobre la piedra. Mi padre iba rezando; no repetía las oraciones rutinarias; le hablaba a Dios, libremente. Estábamos a la sombra de la fachada. No me dijo que rezara; permanecí con la cabeza cubierta, rendido. Era una inmensa fachada; parecía ser tan ancha como la base de las montañas que se elevan desde las orillas de algunos lagos de altura. En el silencio, las torres y el atrio repetían la menor resonancia, igual que las montañas de roca que orillan los lagos helados. La roca devuelve profundamente el grito de los patos o la voz humana. Ese eco es difuso y parece que naciera del propio pecho del viajero, atento, oprimido por el silencio.

Cruzamos, de regreso, el atrio; bajamos las gradas[73] y entramos al parque.

—Fue la plaza de celebraciones de los incas —dijo mi padre—. Mírala bien, hijo. No es cuadrada sino larga, de sur a norte.

La iglesia de la Compañía, y la ancha catedral, ambas con una fila de pequeños arcos que continuaban la línea de los muros, nos rodeaban. La catedral enfrente y el templo de los jesuitas a un costado. ¿Adónde ir? Deseaba arrodillarme. En los portales caminaban algunos transeúntes; vi luces en pocas tiendas. Nadie cruzó la plaza.

—Papá —le dije—. La catedral parece más grande cuanto de más lejos la veo. ¿Quién la hizo?

—El español, con la piedra incaica y las manos de los indios.

—La Compañía es más alta.

—No. Es angosta.

—Y no tiene atrio, sale del suelo.

—No es catedral, hijo.

Se veía un costado de las cúpulas, en la oscuridad de la noche.

—¿Llueve sobre la catedral? —pregunté a mi padre—. ¿Cae la lluvia sobre la catedral?

—¿Por qué preguntas?

—El cielo la alumbra;[74] está bien. Pero ni el rayo[75] ni la lluvia la tocarán.

—La lluvia sí; jamás el rayo. Con la lluvia, fuerte o delgada, la catedral parece más grande.

Una mancha de árboles apareció en la falda de la montaña.

—¿Eucaliptos? —le pregunté.

—Deben de ser. No existían antes. Atrás está la fortaleza, el Sacsayhuaman. ¡No lo podrás ver! Nos vamos temprano. De noche no es posible ir. Las murallas son peligrosas. Dicen que devoran a los niños. Pero las piedras son como las del palacio de Inca Roca, aunque cada una es más alta que la cima[76] del palacio.

—¿Cantan de noche las piedras?

—Es posible.

—Como las más grandes de los ríos o de los precipicios. Los incas tendrían la

---

[73]**gradas** steps   [74]**la alumbra** lights it   [75]**rayo** lightning   [76]**la cima** the top

historia de todas las piedras con "encanto"[77] y las harían llevar para construir la fortaleza. ¿Y éstas con que levantaron la catedral?

—Los españoles las cincelaron.[78] Mira el filo[79] de la esquina de la torre.

Aun en la penumbra[80] se veía el filo; la cal[81] que unía cada piedra labrada lo hacía resaltar.

—Golpeándolas con cinceles les quitarían el "encanto". Pero las cúpulas de las torres deben guardar, quizás, el resplandor que dicen que hay en la gloria. ¡Mira, papá! Están brillando.

—Sí, hijo. Tú ves, como niño, algunas cosas que los mayores no vemos. La armonía de Dios existe en la tierra. Perdonemos al Viejo, ya que por él conociste el Cuzco. Vendremos a la catedral mañana.

—Esta plaza, ¿es española?

—No. La plaza, no. Los arcos, los templos. La plaza, no. La hizo Pachakutek', el Inca renovador de la tierra. ¿No es distinta de los cientos de plazas que has visto?

—Será por eso que guarda el resplandor del cielo. Nos alumbra desde la fachada de las torres. Papá; ¡amanezcamos[82] aquí!

—Puede que Dios viva mejor en esta plaza, porque es el centro del mundo, elegida por el Inca. No es cierto que la tierra sea redonda. Es larga; acuérdate, hijo, que hemos andado siempre a lo ancho o a lo largo del mundo.

Nos acercamos a la Compañía. No era imponente, recreaba. Quise cantar junto a su única puerta. No deseaba rezar. La catedral era demasiado grande, como la fachada de la gloria para los que han padecido hasta su muerte. Frente a la portada de la Compañía, que mis ojos podían ver completa, me asaltó el propósito de entonar[83] algún himno, distinto de los cantos que había oído corear[84] en quechua a los indios, mientras lloraban, en las pequeñas iglesias de los pueblos. ¡No, ningún canto con lágrimas!

A paso marcial nos encaminamos al Amaru Cancha,[85] el palacio de Huayna Capac,[86] y al templo de las Acllas.

—¿La Compañía también la hicieron con las piedras de los incas? —pregunté a mi padre.

—Hijo, los españoles, ¿qué otras piedras hubieran labrado en el Cuzco? ¡Ahora verás!

Los muros del palacio y del templo incaicos formaban una calle angosta que desembocaba en la plaza.

—No hay ninguna puerta en esta calle —dijo mi padre—. Está igual que cuando los incas. Sólo sirve para que pase la gente. ¡Acércate! Avancemos.[87]

Parecía cortada en la roca viva. Llamamos roca viva, siempre a la bárbara, cubierta de parásitos o de líquenes[88] rojos. Como esa calle hay paredes que labraron los ríos, y por donde nadie más que el agua camina, tranquila o violenta.[89]

---

[77]**con "encanto"** enchanted [78]**las cincelaron** carved them [79]**filo** edge [80]**penumbra** twilight [81]**cal** lime [82]**amanezcamos aquí** let's wait here until dawn [83]**entonar** to sing [84]**corear** chorusing [85]**Amaru Cancha** the name of the palace is "Snake Enclosure" [86]**Huayna Capac** an Indian emperor [87]**avancemos** let's go on [88]**líquenes** lichen [89]**paredes ... violenta** example of personification of nature, common in Indian thought

—Se llama Loreto Quijllu —dijo mi padre.

—¿Quijllu, papá?

Se da ese nombre, en quechua, a las rajaduras[90] de las rocas. No a las de las piedras comunes sino de las enormes, o de las interminables vetas[91] que cruzan las cordilleras, caminando irregularmente, formando el cimiento de los nevados que ciegan con su luz a los viajeros.

—Aquí están las ruinas del templo de Acllahuasi, y de Amaru Cancha —exclamó mi padre.

Eran serenos los muros, de piedras perfectas. El de Acllahuasi era altísimo, y bajo el otro, con serpientes esculpidas en el dintel[92] de la puerta.

—¿No vive nadie adentro? —pregunté.

—Sólo en Acllahuasi; las monjas de Santa Catalina, lejos. Son enclaustradas.[93] No salen nunca.

El Amaru Cancha, palacio de Huayna Capac, era una ruina, desmoronándose[94] por la cima. El desnivel[95] de altura que había entre sus muros y los del templo permitía entrar la luz a la calle y contener, mejor, a la sombra.

La calle era lúcida,[96] no rígida. Si no hubiera sido tan angosta, las piedras rectas se habrían, quizá, desdibujado. Así estaban cerca; no bullían, no hablaban, no tenían la energía de las que jugaban en el muro del palacio de Inca Roca; era el muro quien imponía silencio; y si alguien hubiera cantado con hermosa voz, allí, las piedras habrían repetido con tono perfecto, idéntico, la música.

Estábamos juntos; recordando yo las descripciones que en los viajes hizo mi padre, del Cuzco. Oí entonces un canto.

—¡La María Angola! —le dije.

—Sí. Quédate quieto. Son las nueve. En la pampa de Anta, a cinco leguas, se le oye. Los viajeros se detienen y se persignan.

La tierra debía convertirse en oro en ese instante; yo también, no sólo los muros y la ciudad, las torres, el atrio y las fachadas que había visto.

La voz de la campana resurgía.[97] Y me pareció ver, frente a mí, la imagen de mis protectores, los alcaldes indios: don Maywa y don Víctor Pusa, rezando arrodillados delante de la fachada de la iglesia de adobes, blanqueada, de mi aldea, mientras la luz del crepúsculo no resplandecía sino cantaba. En los molles,[98] las águilas, los *wamanchas*[99] tan temidos por carnívoros, elevaban la cabeza, bebían la luz, ahogándose.

Yo sabía que la voz de la campana llegaba a cinco leguas de distancia. Creí que estallaría[100] en la plaza. Pero surgía lentamente, a intervalos suficientes; y el canto se acrecentaba, atravesaba los elementos; y todo se convertía en esa música cuzqueña, que abría las puertas de la memoria.

En los grandes lagos, especialmente en los que tienen islas y bosques de to-

---

[90]**rajaduras** clefts   [91]**vetas** bands   [92]**dintel** doorpost   [93]**enclaustradas** cloistered   [94]**desmoronándose** crumbling   [95]**desnivel** unevenness   [96]**lúcida** luminous   [97]**resurgía** welled out again   [98]**molles** pepper trees   [99]***wamanchas*** (quechua) sparrow hawk   [100]**estallaría** would explode

tora,[101] hay campanas que tocan a la medianoche. A su canto triste salen del agua toros de fuego, o de oro, arrastrando cadenas; suben a las cumbres y mugen[102] en la helada;[103] porque en el Perú los lagos están en la altura. Pensé que esas campanas debían de ser *illas*,[104] reflejos de la "María Angola", que convertiría a los *amarus*[105] en toros. Desde el centro del mundo, la voz de la campana, hundiéndose en los lagos, habría transformado a las antiguas criaturas.

—Papá —le dije, cuando cesó de tocar la campana—. ¿No me decías que llegaríamos al Cuzco para ser eternamente felices?

—¡El Viejo está aquí! —dijo—. ¡El Anticristo!

—Ya mañana nos vamos. Él también se irá a sus haciendas. Las campanas que hay en los lagos que hemos visto en las punas,[106] ¿no serán *illas* de la "María Angola"?

—Quizás, hijo. Tú piensas todavía como un niño.

—He visto a don Maywa, cuando tocaba la campana.

—Así es. Su voz aviva el recuerdo. ¡Vámonos!

En la penumbra, las serpientes esculpidas sobre la puerta del palacio de Huayna Capac caminaban. Era lo único que se movía en ese *kijllu* acerado. Nos siguieron, vibrando, hasta la casa.

El pongo esperaba en la puerta. Se quitó la montera, y así descubierto, nos siguió hasta el tercer patio. Venía sin hacer ruido, con los cabellos revueltos, levantados. Le hablé en quechua. Me miró extrañado.

—¿No sabe hablar? —le pregunté a mi padre.

—No se atreve —me dijo—. A pesar de que nos acompaña a la cocina.

En ninguno de los centenares de pueblos donde había vivido con mi padre, hay pongos.

— *Tayta*[107] —le dije en quechua al indio—. ¿Tú eres cuzqueño?

—*Mánan*[108] —contestó—. De la hacienda.

Tenía un poncho raído,[109] muy corto. Se inclinó y pidió licencia[110] para irse. Se inclinó como un gusano[111] que pidiera ser aplastado.[112]

Abracé a mi padre, cuando prendió la luz de la lámpara. El perfume del cedrón llegaba hasta nosotros. No pude contener el llanto. Lloré como al borde de un gran lago desconocido.

---

[101]**bosques de totora** cattail reeds [102]**mugen** bellow [103]**helada** frost [104]***illas*** Arguedas, in chapter six, entitled *Zumbayllu*, describes the word *illa* in the following manner: "*Illa* is the name used for a certain kind of light, also for monsters with birth defects caused by moonbeams. *Illa* is a two-headed child or a headless calf, or a giant pinnacle, all black and shining, with a surface crossed by a wide streak of white rock, of opaque light. An ear of corn with rows of kernels that cross or form whorls is also *illa*; *illas* are the mythical bulls that live at the bottom of solitary lakes, of highland ponds ringed with cattail reeds, where black ducks dwell. All *illas* bring good or bad luck, always to the nth degree. To touch an *illa*, and to either die or be resurrected, is possible. The term *illa* has a phonetic relationship and, to a certain extent, shares a common meaning with the suffix *yllu*". (José María Arguedas, *Deep Rivers*. Frances Horming Barraclough, trans. Austin: University of Texas Press, 1978, p. 64.) [105]***amarus*** snakes [106]**punas** highlands [107]***Tayta*** (quechua) father. Also used as an affectionate and respectful form of address. [108]***Mánam*** (quechua) no [109]**raído** ragged [110]**licencia** permission [111]**gusano** worm [112]**aplastado** crushed

—¡Es el Cuzco! —me dijo mi padre—. Así agarra[113] a los hijos de los cuz-
queños ausentes. También debe ser el canto de la "María Angola".

No quiso acostarse en la cuja del Viejo.

—Hagamos nuestras camas —dijo.

Como en los corredores[114] de las casas en que nos alojaban[115] en los pueblos,
tendimos nuestras camas sobre la tierra. Yo tenía los ojos nublados. Veía al indio
de hacienda, su rostro extrañado; las pequeñas serpientes del Amaru Cancha, los
lagos moviéndose ante la voz de la campana. ¡Estarían marchando los toros a esa
hora, buscando las cumbres!

Rezamos en voz alta. Mi padre pidió a Dios que no oyera las oraciones que
con su boca inmunda[116] entonaba el Viejo en todas las iglesias, y aun en las calles.

Me despertó al día siguiente, llamándome:

—Está amaneciendo. Van a tocar la campana.

Tenía en las manos su reloj de oro, de tres tapas. Nunca lo vendió. Era un recuerdo de su padre. A veces se le veía como a un fanático, dándole cuerda a ese
reloj fastuoso, mientras su ropa aparecía vieja, y él permanecía sin afeitarse, por el
abatimiento.[117] En aquel pueblo de los niños asesinos de pájaros, donde nos
sitiaron de hambre, mi padre salía al corredor, y frente al bosque de hierbas ve-
nenosas que crecían en el patio, acariciaba su reloj, lo hacía brillar al sol, y esa luz
lo fortalecía.

—Nos levantaremos después que la campana toque, a las cinco —dijo.

—El oro que doña María Angola entregó para que fundieran la campana
¿fueron joyas? —le pregunté.

—Sabemos que entregó un quintal[118] de oro. Ese metal era del tiempo de los
incas. Fueron, quizá, trozos del Sol de Inti Cancha[119] o de las paredes del templo,
o de los ídolos. Trozos, solamente; o joyas grandes hechas de ese oro. Pero no
fue un quintal, sino mucho más, el oro que fundieron para la campana. María
Angola, ella sola, llevó un quintal. ¡El oro, hijo, suena como para que la voz de
las campanas se eleve hasta el cielo, y vuelva con el canto de los ángeles a la tierra!

—¿Y las campanas feas de los pueblos que no tenían oro?

—Son pueblos olvidados. Las oirá Dios, pero ¿a qué ángel han de hacer bajar
esos ruidos? El hombre también tiene poder. Lo que has visto anoche no lo olvi-
darás.

—Vi, papá, a don Pablo Maywa, arrodillado frente a la capilla de su pueblo.

—Pero ¡recuerda, hijo! Las campanitas de ese pueblo tenían oro. Fue pueblo
de mineros.

Comenzó, en ese instante, el primer golpe de la "María Angola". Nuestra
habitación, cubierta de hollín hasta el techo, empezó a vibrar con las ondas lentas
del canto. La vibración era triste, la mancha de hollín se mecía[120] como un trapo

---

[113]**así agarra** that is what it does   [114]**corredores** porches   [115]**nos alojaban** we were lodged
[116]**inmunda** filthy   [117]**abatimiento** depressed   [118]**un quintal** one hundred pounds   [119]**Sol
de Inti Cancha** golden disk that hung on the wall of the Temple of the Sun in Cuzco. The
word *inti* means "sun" in Quechua.   [120]**se mecía** swayed

negro. Nos arrodillamos para rezar. Las ondas finales se percibían todavía en el aire, apagándose, cuando llegó el segundo golpe, aún más triste.

Yo tenía catorce años; había pasado mi niñez en una casa ajena, vigilado siempre por crueles personas. El señor de la casa, el padre, tenía ojos de párpados enrojecidos y cejas espesas; le placía hacer sufrir a los que dependían de él, sirvientes y animales. Después, cuando mi padre me rescató y vagué con él por los pueblos, encontré que en todas partes la gente sufría. La "María Angola" lloraba, quizás, por todos ellos, desde el Cuzco. A nadie había visto más humillado que a ese pongo del Viejo. A cada golpe, la campana entristecía más y se hundía en todas las cosas.

—¡Papá! ¿Quién la hizo? —le pregunté, después del último toque.

—Campaneros del Cuzco. No sabemos más.

—No sería un español.

—¿Por qué no? Eran los mejores, los maestros.

—¿El español también sufría?

—Creía en Dios, hijo. Se humillaba ante Él cuanto más grande era. Y se mataron también entre ellos. Pero tenemos que apurarnos en arreglar nuestras cosas.

La luz del sol debía estar ya próxima. La cuja tallada del Viejo se exhibía nítidamente en medio del cuarto. Su techo absurdo y la tela de seda que la cubría, me causaban irritación. Las manchas de hollín le daban un fondo humillante. Derribada habría quedado bien.

Volvimos a empacar el colchón de mi padre, los tres pellejos de carnero[121] sobre los que yo dormía, y nuestras frazadas.[122]

Salimos. Nos miraron sorprendidos los inquilinos del segundo patio. Muchos de ellos rodeaban una pila de agua,[123] llevando baldes[124] y ollas. El árbol de cedrón había sido plantado al centro del patio, sobre la tierra más seca y endurecida.[125] Tenía algunas flores en las ramas altas. Su tronco aparecía descascarado[126] casi por completo, en su parte recta, hasta donde empezaba a ramificarse.[127]

Las paredes de ese patio no habían sido pintadas quizá desde hacía cien años; dibujos hechos con carbón por los niños, o simples rayas,[128] las cruzaban. El patio olía mal, a orines, a aguas podridas. Pero el más desdichado de todos los que vivían allí debía ser el árbol de cedrón. "Si se muriera, si se secara, el patio parecería un infierno", dije en voz baja, "Sin embargo, lo han de matar; lo descascararán".

Encontramos limpio y silencioso el primer patio, el del dueño. Junto a una columna del segundo piso estaba el pongo, con la cabeza descubierta. Desapareció. Cuando subimos al corredor alto lo encontramos recostado en la pared del fondo.

Nos saludó, inclinándose; se acercó a mi padre y le besó las manos.

—¡Niño, niñito! —me dijo a mí, y vino detrás, gimoteando.[129]

---

[121]**pellejos de carnero** sheepskin   [122]**frazadas** blankets   [123]**pila de agua** water fountain   [124]**baldes** buckets   [125]**endurecida** hard   [126]**descascarado** peeled off   [127]**a ramificarse** to branch   [128]**rayas** lines   [129]**gimoteando** whimpering

El mestizo hacía guardia, de pie, junto a una puerta tallada.

—El caballero lo está esperando —dijo, y abrió la puerta.

Yo entré rápido, tras de mi padre.

El Viejo estaba sentado en un sofá. Era una sala muy grande, como no había visto otra; todo el piso cubierto por una alfombra. Espejos de anchos marcos, de oro opaco, adornaban las paredes; una araña de cristales[130] pendía del centro del techo artesonado. Los muebles eran altos, tapizados[131] de rojo. No se puso de pie el Viejo. Avanzamos hacia él. Mi padre no le dio la mano. Me presentó.

—Tu tío, el dueño de las cuatro haciendas —dijo.

Me miró el Viejo, como intentando hundirme en la alfombra. Percibí que su saco estaba casi deshilachado[132] por la solapa,[133] y que brillaba desagradable-mente. Yo había sido amigo de un sastre, en Huamanga, y con él nos habíamos reído a carcajadas[134] de los antiguos sacos de algunos señorones avaros que man-daban hacer zurcidos.[135] "Este espejo no sirve —exclamaba el sastre, en que-chua—. Aquí sólo se mira la cara el diablo que hace guardia junto al señor para llevárselo a los infiernos".

Me agaché y le di la mano al Viejo. El salón me había desconcertado;[136] lo atravesé asustado, sin haber cómo andar. Pero el lustre sucio[137] que observé en el saco del Viejo me dio tranquilidad. El Viejo siguió mirándome. Nunca vi ojos más pequeños ni más brillantes. ¡Pretendía rendirme![138] Se enfrentó a mí. ¿Por qué? Sus labios delgadísimos los tuvo apretados. Miró en seguida a mi padre. Él era arrebatado[139] y generoso; había preferido andar solo, entre indios y mestizos, por los pueblos.

—¿Cómo te llamas? —me preguntó el Viejo, volviendo a mirarme.

Yo estaba prevenido. Había visto el Cuzco. Sabía que tras los muros de los palacios de los incas vivían avaros "Tú", pensé, mirándolo también detenida-mente. La voz extensa de la gran campana, los *amarus* del palacio de Huayna Ca-pac, me acompañaban aún. Estábamos en el centro del mundo.

—Me llamo como mi abuelo, señor —le dije.

—¿Señor? ¿No soy tu tío?

Yo sabía que en los conventos, los frailes preparaban veladas[140] para recibirlo; que lo saludaban en las calles los canónigos.[141] Pero nos había hecho llevar a la cocina de su casa; había mandado armar allí esa cuja tallada, frente a la pared de hollín. No podía ser este hombre más perverso[142] ni tener más poder que mi ceji-junto[143] guardador que también me hacía dormir en la cocina.

—Es usted mi tío. Ahora ya nos vamos, señor —le contesté.

Vi que mi padre se regocijaba, aunque permanecía en actitud casi solemne.

Se levantó el Viejo, sonriendo, sin mirarme. Descubrí entonces que su rostro

---

[130]**araña de cristales** chandelier   [131]**tapizados** upholstered   [132]**deshilachado** frayed   [133]**solapa** lapel   [134]**carcajadas** guffaws   [135]**zurcidos** mended   [136]**me había desconcertado** had confused me   [137]**lustre sucio** grimy sheen   [138]**rendirme** to give in   [139]**arrebatado** im-petuoso   [140]**veladas** receptions   [141]**canónigos** clergy   [142]**perverso** wicked   [143]**cejijunto** person whose eyebrows meet

era ceniciento,[144] de piel dura, aparentemente descarnada de los huesos.[145] Se acercó a un mueble del que pendían muchos bastones, todos con puño de oro.

La puerta del salón había quedado abierta y pude ver al pongo, vestido de harapos,[146] de espaldas a las verjas del corredor. A la distancia se podía percibir el esfuerzo que hacía por apenas parecer vivo, el invisible peso que oprimía su respiración.

El Viejo le alcanzó a mi padre un bastón negro; el mango de oro figuraba la cabeza y cuello de un águila. Insistió para que lo recibiera y lo llevara. No me miraron. Mi padre tomó el bastón y se apoyó en él; el Viejo eligió uno más grueso, con puño simple, como una vara de alcalde.

Cuando pasó por mi lado comprobé que el Viejo era muy bajo, casi un enano;[147] caminaba, sin embargo, con aire imponente, y así se le veía aun de espaldas.

Salimos al corredor. Repicaron las campanas. La voz de todas se recortaba sobre el fondo de los golpes muy espaciados de la "María Angola".

El pongo pretendió acercarse a nosotros, el Viejo lo ahuyentó[148] con un movimiento del bastón.

Hacía frío en la calle. Pero las campanas regocijaban la ciudad. Yo esperaba la voz de la "María Angola". Sobre sus ondas que abrazaban al mundo, repicaba la voz de las otras, las de todas las iglesias. Al canto grave de la campana se animaba en mí la imagen humillada del pongo, sus ojos hundidos, los huesos de su nariz, que era lo único enérgico de su figura; su cabeza descubierta en que los pelos parecían premeditadamente revueltos, cubiertos de inmundicia.[149] "No tiene padre ni madre, sólo su sombra", iba repitiendo, recordando la letra de un *huayno,*[150] mientras aguardaba, a cada paso, un nuevo toque de la inmensa campana.

Cesó el repique,[151] la llamada a misa, y tuve libertad para mirar mejor la ciudad a la luz del día. Nos iríamos dentro de una hora, o menos. El Viejo hablaba.

—Inca Roca lo edificó. Muestra el caos de los gentiles, de las mentes primitivas.

Era aguda su voz y no parecía la de un viejo, cenizo por la edad, y tan recio.

Las líneas del muro jugaban con el sol; las piedras no tenían ángulos ni líneas rectas; cada cual era como una bestia que se agitaba a la luz; transmitían el deseo de celebrar, de correr por alguna pampa, lanzando gritos de júbilo. Yo lo hubiera hecho; pero el Viejo seguía predicando, con palabras selectas, como tratando de abrumar[152] a mi padre.

Cuando llegamos a la esquina de la Plaza de Armas, el Viejo se postró sobre ambas rodillas, se descubrió, agachó la cabeza y se persignó lentamente. Lo reconocieron muchos y no se echaron a reír; algunos muchachos se acercaron. Mi padre se apoyó en el bastón, algo lejos de él. Yo esperé que apareciera un *huay-*

---

[144]**ceniciento** ashen   [145]**descarnada de los huesos** falling from the bones   [146]**harapos** rags
[147]**enano** dwarf   [148]**ahuyentó** shooed away   [149]**inmundicia** filth   [150]*huayno* a folk song and dance of Inca origin   [151]**repique** ringing of the bells   [152]**abrumar** overwhelm

ronk'o y le escupiera[153] sangre en la frente, porque estos insectos voladores[154] son mensajeros del demonio o de la maldición[155] de los santos. Se levantó el Viejo y apuró el paso.[156] No se puso el sombrero; avanzó con la cabeza canosa descubierta. En un instante llegamos a la puerta de la catedral. Mi padre lo seguía comedidamente. El Viejo era imperioso;[157] pero yo le hubiera sacudido[158] por la espalda. Y tal vez no habría caído, porque parecía pesar mucho, como si fuera de acero; andaba con gran energía.

Ingresamos al templo, y el Viejo se arrodilló sobre las baldosas.[159] Entre las columnas y los arcos, rodeados del brillo del oro, sentí que las bóvedas altísimas me rendían. Oí rezar desde lo alto, con voz de moscardones,[160] a un coro de hombres. Había poca gente en el templo. Indias con mantas de colores sobre la cabeza, lloraban. La catedral no resplandecía tanto. La luz filtrada por el alabastro de las ventanas era distinta de la del sol. Parecía que habíamos caído, como en las leyendas, a alguna ciudad escondida en el centro de una montaña, debajo de los mantos de hielo inapagables que nos enviaban luz a través de las rocas. Un alto coro de madera lustrada[161] se elevaba en medio del templo. Se levantó el Viejo y nos guió hacia la nave derecha.

—El Señor de los Temblores[162] —dijo, mostrando un retablo[163] que alcanzaba la cima de la bóveda. Me miró, como si no fuera yo un niño.

Me arrodillé junto a él y mi padre al otro lado.

Un bosque de ceras ardía delante del Señor. El Cristo aparecía detrás del humo, sobre el fondo del retablo dorado, entre columnas y arcos en que habían tallado figuras de ángeles, de frutos y de animales.

Yo sabía que cuando el trono de ese Crucificado aparecía en la puerta de la catedral, todos los indios del Cuzco lanzaban un alarido[164] que hacía estremecer[165] la ciudad, y cubrían, después, las andas del Señor y las calles y caminos, de flores de *ñujchu,* que es roja y débil.

El rostro del Crucificado era casi negro, desencajado,[166] como el del pongo. Durante las procesiones, con sus brazos extendidos, las heridas profundas, y sus cabellos caídos a un lado, como una mancha negra, a la luz de la plaza, con la catedral, las montañas o las calles ondulantes, detrás, avanzaría ahondando las aflicciones de los sufrientes, mostrándose como el que más padece, sin cesar. Ahora, tras el humo y esa luz agitada de la mañana y de las velas, aparecía sobre el altar hirviente de oro, como al fondo de un crepúsculo del mar, de la zona tórrida, en que el oro es suave o brillante, y no pesado y en llamas como el de las nubes de la sierra alta, o de la helada, donde el sol del crepúsculo se rasga[167] en mantos temibles.

Renegrido, padeciendo, el Señor tenía un silencio que no apaciguaba.[168] Hacía sufrir; en la catedral tan vasta, entre las llamas de las velas y el resplandor

---

[153]**escupiera** would spit   [154]**voladores** flying   [155]**maldición** curse   [156]**apuró el paso** he hurried off   [157]**imperioso** arrogant   [158]**sacudido** shaken   [159]**baldosas** tiles   [160]**moscardones** bumblebees   [161]**lustrada** polished   [162]**Temblores** Earthquakes   [163]**retablo** altarpiece   [164]**alarido** howl   [165]**estremecer** tremble   [166]**desencajado** gaunt   [167]**rasga** tears   [168]**no apaciguaba** did not make one feel at ease

del día que llegaba tan atenuado,[169] el rostro del Cristo creaba sufrimiento, lo extendía a las paredes, a las bóvedas y columnas. Yo esperaba que de ellas brotaran lágrimas. Pero estaba allí el Viejo, rezando apresuradamente con su voz metálica. Las arrugas de su frente resaltaron a la luz de las velas; eran esos surcos los que daban la impresión de que su piel se había descarnado de los huesos.

—No hay tiempo para más —dijo.

No oímos misa. Salimos del templo. Regresamos a paso ligero. El Viejo nos guiaba.

No entramos a la iglesia de la Compañía; no pude siquiera contemplar nuevamente su fachada; sólo vi la sombra de sus torres sobre la plaza.

Encontramos un camión en la puerta de la casa. El mestizo de botas hablaba con el chofer. Habían subido nuestros atados[170] a la plataforma. No necesitaríamos ya entrar al patio.

—Todo está listo, señor —dijo el mestizo.

Mi padre entregó el bastón al Viejo.

Yo corrí hasta el segundo patio. Me despedí del pequeño árbol. Frente a él, mirando sus ramas escuálidas, las flores moradas, tan escasas, que temblaban en lo alto, temí al Cuzco. El rostro del Cristo, la voz de la gran campana, el espanto que siempre había en la expresión del pongo, ¡y el Viejo!, de rodillas en la catedral, aun el silencio de Loreto Kijllu, me oprimían. En ningún sitio debía sufrir más la criatura humana. La sombra de la catedral y la voz de la "María Angola" al amanecer, renacían, me alcanzaban. Salí. Ya nos íbamos.

El Viejo me dio la mano.

—Nos veremos —me dijo.

Lo vi feliz. Un poco lejos, el pongo estaba de pie, apoyándose en la pared. Las roturas de su camisa dejaban ver partes del pecho y del brazo. Mi padre ya había subido al camión. Me acerqué al pongo y me despedí de él. No se asombró tanto. Lo abracé sin estrecharlo. Iba a sonreír, pero gimoteó, exclamando en quechua: "¡Niñito, ya te vas; ya te estás yendo! ¡Ya te estás yendo!"

Corrí al camión. El Viejo levantó los dos bastones en ademán de despedida.

—¡Debimos ir a la iglesia de la Compañía! —me dijo mi padre, cuando el camión se puso en marcha—. Hay unos balcones cerca del altar mayor; sí, hijo, unos balcones tallados, con celosías[171] doradas que esconden a quienes oyen misa desde ese sitio. Eran para las enclaustradas.[172] Pero sé que allí bajan, al amanecer, los ángeles más pequeños, y revolotean, cantando bajo la cúpula, a la misma hora en que tocan la "María Angola". Su alegría reina después en el templo durante el resto del día.

Había olvidado al Viejo, tan apurado en despacharnos,[173] aún la misa no oída; recordaba sólo la ciudad, su Cuzco amado y los templos.

—Papá, la catedral hace sufrir —le dije.

—Por eso los jesuitas hicieron la Compañía. Representan el mundo y la salvación.

---

[169]**atenuado** dim   [170]**atados** bundles   [171]**celosías** lattices   [172]**las enclaustradas** cloistered nuns   [173]**despacharnos** to send us off

Ya en el tren, mientras veía crecer la ciudad, al fuego del sol que caía sobre los tejados y las cúpulas de cal y canto,[174] descubrí el Sacsayhuaman, la fortaleza, tras el monte en el que habían plantado eucaliptos.

En filas quebradas,[175] las murallas se asentaban[176] sobre la ladera,[177] entre el gris del pasto. Unas aves negras, no tan grandes como los cóndores, daban vueltas, o se lanzaban desde el fondo del cielo sobre las filas de muros. Mi padre vio que contemplaba las ruinas y no me dijo nada. Más arriba, cuando el Sacsayhuaman se mostró, rodeando la montaña, y podía distinguirse el perfil redondo, no filudo, de los ángulos de las murallas, me dijo:

—Son como las piedras de Inca Roca. Dicen que permanecerán hasta el juicio final; que allí tocará su trompeta el arcángel.

Le pregunté entonces por las aves que daban vueltas sobre la fortaleza.

—Siempre están —me dijo. ¿No recuerdas que *huaman* significa águila? *Sacsay huaman* quiere decir "Águila repleta".

—¿Repleta? Se llenarán con el aire.

—No, hijo. No comen. Son águilas de la fortaleza. No necesitan comer; juegan sobre ella. No mueren. Llegarán al juicio final.

—El Viejo se presentará ese día peor de lo que es, más ceniciento.

—No se presentará. El juicio final no es para los demonios.

Pasamos la cumbre. Llegamos a Isuchaca. Allí alquilamos caballos para seguir viaje a Abancay. Iríamos por la pampa de Anta.

Mientras trotábamos en la llanura inmensa, yo veía el Cuzco; las cúpulas de los templos a la luz del sol, la plaza larga en donde los árboles no podían crecer. ¿Cómo se habían desarrollado, entonces, los eucaliptos, en las laderas del Sacsayhuaman? Los señores avaros habrían envenenado[178] quizá, con su aliento, la tierra de la ciudad. Residían en los antiguos solares desde los tiempos de la conquista. Recordé la imagen del pequeño cedrón de la casa del Viejo.

Mi padre iba tranquilo. En sus ojos azules reinaba el regocijo que sentía al iniciar cada viaje largo. Su gran proyecto se había frustrado, pero estábamos trotando.[179] El olor de los caballos nos daba alegría.

En la tarde llegamos a la cima de las cordilleras que cercan al Apurímac. "Dios que habla" significa el nombre de este río.

El forastero[180] lo descubre casi de repente, teniendo ante sus ojos una cadena sin fin de montañas negras y nevados, que se alternan. El sonido del Apurímac alcanza las cumbres,[181] difusamente, desde el abismo, como un rumor del espacio.

El río corre entre bosques negruzcos y mantos de cañaverales[182] que sólo crecen en las tierras quemantes.[183] Los cañaverales reptan[184] las escarpadas[185] laderas o aparecen suspendidos en los precipicios.[186] El aire transparente de la altura va tornándose denso hacia el fondo del valle.

---

[174]**cal y canto** stone and lime   [175]**quebradas** broken   [176]**se asentaban** settled   [177]**ladera** slope   [178]**envenenado** poisoned   [179]**trotando** at a trot   [180]**el forastero** the stranger   [181]**cumbres** summits   [182]**cañaverales** canebreakers   [183]**quemantes** burning   [184]**reptan** snake along   [185]**escarpadas** steep   [186]**precipicios** cliffs

El viajero entra a la quebrada[187] bruscamente. La voz del río y la hondura[188] del abismo polvoriento,[189] el juego de la nieve lejana[190] y las rocas que brillan como espejos, despiertan en su memoria los primitivos recuerdos, los más antiguos sueños.

A medida que baja al fondo del valle, el recién llegado se siente transparente, como un cristal en que el mundo vibrara. Insectos zumbadores aparecen en la región cálida; nubes de mosquitos venenosos se clavan[191] en el rostro. El viajero oriundo de las tierras frías se acerca al río, aturdido,[192] febril, con las venas hinchadas.[193] La voz del río aumenta; no ensordece,[194] exalta. A los niños los cautiva, les infunde presentimientos de mundos desconocidos. Los penachos[195] de los bosques de carrizo[196] se agitan junto al río. La corriente marcha como a paso de caballos, de grandes caballos cerriles.[197]

—¡*Apurímac mayu! ¡Apurímac mayu!* —repiten los niños de habla quechua, con ternura y algo de espanto.

DESPUÉS DE LEER

1. ¿Quién es el Viejo? ¿Qué relación existe entre el Viejo y el padre de Ernesto? ¿Cómo trata el Viejo a Ernesto y a su padre? Explique.

2. Describa la experiencia de Ernesto ante el muro incaico.

3. ¿Cuál es la importancia de la "María Angola"?

4. ¿Cómo considera la coexistencia de la cultura andina y española en este capítulo?

5. ¿Por qué presenta Arguedas el elemento religioso contrapuesto con la actitud del Viejo?

6. ¿Cuál es la importancia del uso de vocablos quechuas en la narrativa? ¿Cree que estas palabras traducidas al español lograrían el mismo propósito?

7. Explique la presencia y situación del pongo así como la actitud de Ernesto hacia él.

8. Comente el tono y el estilo del capítulo.

---

[187]**quebrada** gorge   [188]**hondura** depth   [189]**polvoriento** dusty   [190]**lejana** distant   [191]**se clavan** prick   [192]**aturdido** confused   [193]**hinchadas** swollen   [194]**ensordece** deafen   [195]**penachos** plumes   [196]**carrizo** reeds   [197]**caballos cerriles** wild horse

ALGUNOS ESTUDIOS DE INTERÉS

Bellini, Giuseppe. "Función y símbolo en *Los ríos profundos* de José María Arguedas". *Anthropos* 128 (1992): 53–56.

Beyersdorff, Margo. "Voice of Runa: Quechua Substratum in the Narrative of José María Arguedas". *Latin American Indian Journal* 2:1 (1986): 28–48.

Castro-Klaren, Sara. *El mundo mágico de José María Arguedas*. Lima, Perú: Instituto de Estudios Peruanos, 1973.

Cornejo Polar, Antonio. *Los universos narrativos de José María Arguedas*. Buenos Aires, Argentina: Losada, 1973.

Cruz Leal, Petra Iradies. "Problemas de bilingüismo en José María Arguedas". *Lenguas Modernas* 16 (1989): 91–96.

Lévano, César. *Arguedas: Un sentimiento trágico de la vida*. Lima, Perú: Labor, 1969.

Locket, Lucia. "Peruvian Social Realities in José María Arguedas". *Michigan Academician* 19:2 (1987): 243–251.

Muñoz, Silveiro. *José María Arguedas y el mito de la salvación por la cultura*. Lima, Perú: Horizonte, 1987.

Ortega, Julio. "Arguedas: la ambigüedad racial". *Mundo Nuevo* 14 (1967): 71–73.

Puente-Baldoceda, Blas. "La narrativa indigenista en el Perú". *Beyond Indigenous Voices*. (LAILA/ALILA) 11th International Symposium on Latin American Indian Literatures [1994]). Mary H. Preuss, ed. Lancaster, California: Labyrinthos, 1996.

Rowe, William. *Mito e ideología en la obra de José María Arguedas*. Lima, Perú: Instituto Nacional de Cultura, 1979.

Spina, Vincent. *El modo épico en José María Arguedas*. Madrid, España: Editorial Pliegos, 1986.

Vargas Llosa, Mario. "Ensoñación y magia en *Los ríos profundos*". *Anthropos* 128 (1992): 71–73.

Juan Rulfo

*(1918, Sayula, Jalisco, México—1986,
Ciudad de México)*

A pesar de que Rulfo publicó sólo dos libros
durante su vida—*El llano en llamas* (1953) y
Pedro Páramo (1955)—su nombre ha quedado
entre los escritores más destacados de la
literatura mexicana e hispanoamericana del
siglo veinte. La obra de Rulfo, con toda su
intensidad dramática y lírica, se convierte en
conciencia y voz del pueblo mexicano. En su
narrativa, el autor se identifica con la tierra
y el campesino. Los temas de sus cuentos
y única novela ofrecen una visión universal de
la existencia humana. En ellos se registran los
sentimientos de angustia, remordimiento y
violencia que acosan al ser humano.

Los personajes de Rulfo se desenvuelven
en escenarios donde la pobreza es un factor
determinante en su destino. A veces, las
narraciones tienen lugar en aldeas
fantasmales, como es el caso en el cuento
"Luvina" y en *Pedro Páramo*. En *Pedro Páramo*,
los habitantes de Comala son almas en pena,
que representan figuras arquetípicas de
la sociedad mexicana. La segunda novela
de Rulfo, *La cordillera,* no se publicó.

Es que somos muy pobres

Aquí todo va de mal en peor. La semana pasada se murió mi tía Jacinta, y el
sábado, cuando ya la habíamos enterrado y comenzaba a bajársenos la tristeza, comenzó a llover como nunca. A mi papá eso le dio coraje,[1] porque
toda la cosecha[2] de cebada[3] estaba asoleándose[4] en el solar. Y el aguacero[5] llegó
de repente, en grandes olas de agua, sin darnos tiempo ni siquiera a esconder
aunque fuera un manojo; lo único que pudimos hacer, todos los de mi casa, fue
estarnos arrimados[6] debajo del tejabán,[7] viendo cómo el agua fría que caía del
cielo quemaba aquella cebada amarilla tan recién cortada.

Y apenas ayer, cuando mi hermana Tacha acababa de cumplir doce años, supimos que la vaca que mi papá le regaló para el día de su santo se la había llevado el
río.

El río comenzó a crecer hace tres noches, a eso de la madrugada.[8] Yo estaba
muy dormido y, sin embargo, el estruendo[9] que traía el río al arrastrarse me hizo
despertar en seguida y pegar el brinco de la cama con mi cobija[10] en la mano,
como si hubiera creído que se estaba derrumbando[11] el techo de mi casa. Pero
después me volví a dormir, porque reconocí el sonido del río y porque ese sonido
se fue haciendo igual hasta traerme otra vez el sueño.

Cuando me levanté, la mañana estaba llena de nublazones[12] y parecía que
había seguido lloviendo sin parar. Se notaba en que el ruido del río era más fuerte
y se oía más cerca. Se olía, como se huele una quemazón,[13] el olor a podrido del
agua revuelta.

---

[1]**le dio coraje** made him angry   [2]**cosecha** crop   [3]**cebada** barley   [4]**asoleándose** out in the
sun   [5]**aguacero** heavy rain shower   [6]**arrimados** close together   [7]**tejabán** roof   [8]**madrugada** dawn   [9]**estruendo** uproar   [10]**cobija** blanket   [11]**derrumbando** collapsing   [12]**nublazones** clouds   [13]**quemazón** brush fire

A la hora en que me fui a asomar,[14] el río ya había perdido sus orillas. Iba subiendo poco a poco por la calle real, y estaba metiéndose a toda prisa en la casa de esa mujer que le dicen *la Tambora*. El chapaleo[15] del agua se oía al entrar por el corral y al salir en grandes chorros[16] por la puerta. *La Tambora* iba y venía caminando por lo que era ya un pedazo de río, echando a la calle sus gallinas para que se fueran a esconder a algún lugar donde no les llegara la corriente.

Y por el otro lado, por donde está el recodo, el río se debía de haber llevado, quién sabe desde cuándo, el tamarindo que estaba en el solar de mi tía Jacinta, porque ahora ya no se ve ningún tamarindo. Era el único que había en el pueblo, y por eso nomás[17] la gente se da cuenta de que la creciente esta que vemos es la más grande de todas las que ha bajado el río en muchos años.

Mi hermana y yo volvimos a ir por la tarde a mirar aquel amontonadero[18] de agua que cada vez se hace más espesa y oscura y que pasa ya muy por encima de donde debe estar el puente. Allí nos estuvimos horas y horas sin cansarnos viendo la cosa aquella. Después nos subimos por la barranca,[19] porque queríamos oir bien lo que decía la gente, pues abajo, junto al río, hay un gran ruidazal[20] y sólo se ven las bocas de muchos que se abren y se cierran y como que quieren decir algo; pero no se oye nada. Por eso nos subimos por la barranca, donde también hay gente mirando el río y contando los perjuicios[21] que ha hecho. Allí fue donde supimos que el río se había llevado a *la Serpentina*, la vaca esa que era de mi hermana Tacha porque mi papá se la regaló para el día de su cumpleaños y que tenía una oreja blanca y otra colorada y muy bonitos ojos.

No acabo de saber por qué se le ocurriría a *la Serpentina* pasar el río este, cuando sabía que no era el mismo río que ella conocía de a diario. *La Serpentina* nunca fue tan atarantada.[22] Lo más seguro es que ha de haber venido dormida para dejarse matar así nomás por nomás.[23] A mí muchas veces me tocó despertarla cuando le abría la puerta del corral, porque si no, de su cuenta, allí se hubiera estado el día entero con los ojos cerrados, bien quieta y suspirando, como se oye suspirar a las vacas cuando duermen.

Y aquí ha de haber sucedido eso de que se durmió. Tal vez se le ocurrió despertar al sentir que el agua pesada le golpeaba las costillas. Tal vez entonces se asustó y trató de regresar; pero al volverse se encontró entreverada y acalambrada[24] entre aquella agua negra y dura como tierra corrediza. Tal vez bramó[25] pidiendo que le ayudaran. Bramó como sólo Dios sabe cómo.

Yo le pregunté a un señor que vio cuando la arrastraba el río si no había visto también al becerrito[26] que andaba con ella. Pero el hombre dijo que no sabía si lo había visto. Sólo dijo que la vaca manchada pasó patas arriba[27] muy cerquita de donde él estaba y que allí dio una voltereta[28] y luego no volvió a ver ni los cuernos ni las patas ni ninguna señal de vaca. Por el río rodaban muchos troncos de

---

[14]**me fui a asomar** I went to look   [15]**chapaleo** splashing   [16]**chorros** jets   [17]**por eso nomás** from that alone   [18]**amontonadero** heap   [19]**barranca** side of ravine   [20]**ruidazal** noise   [21]**perjuicios** damages   [22]**atarantada** flighty   [23]**así nomás por nomás** just like that   [24]**entreverada y acalambrada** trapped and with a cramp   [25]**bramó** roared   [26]**becerrito** calf   [27]**patas arriba** feet up   [28]**voltereta** a turn

árboles con todo y raíces y él estaba muy ocupado en sacar leña, de modo que no podía fijarse si eran animales o troncos[29] los que arrastraba.[30]

Nomás por eso, no sabemos si el becerro está vivo, o si se fue detrás de su madre río abajo. Si así fue, que Dios los ampare[31] a los dos.

La apuración[32] que tienen en mi casa es lo que pueda suceder el día de mañana, ahora que mi hermana Tacha se quedó sin nada. Porque mi papá con muchos trabajos había conseguido a *la Serpentina,* desde que era una vaquilla,[33] para dársela a mi hermana, con el fin de que ella tuviera un capitalito y no se fuera a ir de piruja[34] como lo hicieron mis otras dos hermanas las más grandes.

Según mi papá, ellas se habían echado a perder[35] porque éramos muy pobres en mi casa y ellas eran muy retobadas.[36] Desde chiquillas ya eran rezongonas.[37] Y tan luego que[38] crecieron les dio por andar con hombres de lo peor,[39] que les enseñaron cosas malas. Ellas aprendieron pronto y entendían muy bien los chiflidos,[40] cuando las llamaban a altas horas[41] de la noche. Después salían hasta de día. Iban cada rato por agua al río y a veces, cuando uno menos se lo esperaba, allí estaban en el corral, revolcándose en el suelo,[42] todas encueradas[43] y cada una con un hombre trepado encima.[44]

Entonces mi papá las corrió[45] a las dos. Primero les aguantó[46] todo lo que pudo; pero más tarde ya no pudo aguantarlas más y les dio carrera para la calle. Ellas se fueron para Ayutla o no sé para donde; pero andan de pirujas.

Por eso le entra la mortificación a mi papá, ahora por la Tacha, que no quiere vaya a resultar[47] como sus otras dos hermanas, al sentir que se quedó muy pobre viendo la falta de su vaca, viendo que ya no va a tener con qué entretenerse mientras le da por crecer y pueda casarse con un hombre bueno, que la pueda querer para siempre. Y eso ahora va a estar difícil. Con la vaca era distinto, pues no hubiera faltado quien se hiciera el ánimo[48] de casarse con ella, sólo por llevarse también aquella vaca tan bonita.

La única esperanza que nos queda es que el becerro esté todavía vivo. Ojalá no se le haya ocurrido pasar el río detrás de su madre. Porque si así fue, mi hermana Tacha está tantito así de retirado[49] de hacerse piruja. Y mamá no quiere.

Mi mamá no sabe por qué Dios la ha castigado tanto al darle unas hijas de ese modo, cuando en su familia, desde su abuela para acá,[50] nunca ha habido gente mala. Todos fueron criados en el temor de Dios y eran muy obedientes y no le cometían irreverencias a nadie. Todos fueron por el estilo.[51] Quién sabe de dónde les vendría a ese par de hijas suyas aquel mal ejemplo. Ella no se acuerda. Le da vuelta a todos sus recuerdos y no ve claro dónde estuvo su mal o el pecado

---

[29]**troncos** logs   [30]**arrastraba** dragged   [31]**ampare** protect   [32]**apuración** anguish   [33]**vaquilla** calf   [34]**piruja** prostitute   [35]**ellas ... perder** had turned bad   [36]**retobadas** unruly   [37]**rezongonas** sassy   [38]**y tan luego que** as soon as   [39]**de lo peor** the worst kind   [40]**chiflidos** whistles   [41]**altas horas** late at night   [42]**revolcándose en el suelo** rolling on the ground   [43]**encueradas** naked   [44]**trepado encima** on top of her   [45]**las corrió** threw them out   [46]**aguantó** put up with   [47]**que vaya a resultar** turn out to be   [48]**quien se hiciera del ánimo** who would want   [49]**así tantito de retirado** just a short distance away   [50]**desde su abuela para acá** from her grandmother down   [51]**por el estilo** about the same

de nacerle una hija tras otra con la misma mala costumbre. No se acuerda. Y cada vez que piensa en ellas, llora y dice: "Que Dios las ampare a las dos."

Pero mi papá alega que aquello ya no tiene remedio. La peligrosa es la que queda aquí, la Tacha, que va como palo de ocote[52] crece y crece y que ya tiene unos comienzos de senos que prometen ser como los de sus hermanas: puntiagudos y altos y medio alborotados para llamar la atención.

—Sí —dice—, le llenará los ojos a cualquiera donde quiera que la vean. Y acabará mal; como que estoy viendo que acabará mal.

Ésa es la mortificación de mi papá.

Y Tacha llora al sentir que su vaca no volverá porque se la ha matado el río. Está aquí, a mi lado, con su vestido color de rosa, mirando el río desde la barranca y sin dejar de llorar. Por su cara corren chorretes de agua sucia como si el río se hubiera metido dentro de ella.

Yo la abrazo tratando de consolarla, pero ella no entiende. Llora con más ganas. De su boca sale un ruido semejante al que se arrastra por las orillas del río, que la hace temblar y sacudirse[53] todita, y, mientras, la creciente sigue subiendo. El sabor a podrido que viene de allá salpica la cara mojada de Tacha y los dos pechitos de ella se mueven de arriba abajo, sin parar, como si de repente comenzaran a hincharse[54] para empezar a trabajar por su perdición.

DESPUÉS DE LEER

1. Comente la importancia que tiene la naturaleza en la vida de los personajes del cuento.

2. ¿Qué representa *la Serpentina* para Tacha?

3. ¿Qué ha ocurrido con las hermanas mayores? ¿Cómo interpreta la madre su actitud?

4. ¿Puede Tacha escapar a su destino? ¿Qué actitud hacia la vida se refleja en el cuento?

5. Explique el paralelismo que existe entre Tacha y el río.

6. ¿Considera que el título del cuento es apropiado?

7. ¿Quién narra el cuento? ¿Qué efecto tiene esta voz narrativa? ¿Cómo es el lenguaje que usa?

---

[52]**ocote** pine tree   [53]**sacudirse** shake   [54]**hincharse** swell

AL LEER CONSIDERE LO SIGUIENTE:

—la presencia de la angustia y el remordimiento
—el concepto de religiosidad
—la comparación de la técnica narrativa empleada en este cuento con la de los
  cuentos anteriores

En el siguiente cuento Rulfo nos presenta personajes angustiados por el
remordimiento. Natalia, Tanilo y el narrador van a Talpa con el propósito de
buscarle cura al mal de Tanilo. La realidad es que para Natalia y el narrador la ida
a Talpa representa la muerte segura de Tanilo, lo cual les traerá la libertad que ellos
desean para no tener que amarse a escondidas.

Talpa

Natalia se metió entre los brazos de su madre y lloró largamente allí con un
llanto quedito.[1] Era un llanto aguantado[2] por muchos días, guardado
hasta ahora que regresamos a Zenzontla y vio a su madre y comenzó a sentirse con ganas de consuelo.

Sin embargo, antes, entre los trabajos de tantos días difíciles, cuando tuvimos
que enterrar[3] a Tanilo en un pozo[4] de la tierra de Talpa, sin que nadie nos ayudara, cuando ella y yo, los dos solos, juntamos nuestras fuerzas y nos pusimos a
escarbar[5] la sepultura desenterrando los terrones[6] con nuestras manos —dándonos prisa para esconder pronto a Tanilo dentro del pozo y que no siguiera espantando[7] ya a nadie con el olor de su aire lleno de muerte—, entonces no lloró.

Ni después, al regreso, cuando nos vinimos caminando de noche sin conocer
el sosiego,[8] andando a tientas[9] como dormidos y pisando con pasos que parecían
golpes sobre la sepultura de Tanilo. En ese entonces, Natalia parecía estar endurecida[10] y traer el corazón apretado para no sentirlo bullir[11] dentro de ella.
Pero de sus ojos no salió ninguna lágrima.

Vino a llorar hasta aquí, arrimada[12] a su madre; sólo para acongojarla[13] y que
supiera que sufría, acongojándonos de paso a todos, porque yo también sentí ese
llanto de ella dentro de mí como si estuviera exprimiendo el trapo[14] de nuestros
pecados.

Porque la cosa es que a Tanilo Santos entre Natalia y yo lo matamos. Lo lleva-

---

[1]**quedito** quiet   [2]**aguantado** held back   [3]**enterrar** to bury   [4]**pozo** well   [5]**escarbar** digging
[6]**terrones** clods of earth   [7]**espantando** frightened   [8]**sosiego** calm   [9]**andando a tientas**
feeling our way   [10]**endurecida** hardened   [11]**bullir** boiling   [12]**arrimada a** resting against
[13]**acongojarla** upset her   [14]**exprimiendo el trapo** wringing the rag

mos a Talpa para que se muriera. Y se murió. Sabíamos que no aguantaría[15] tanto camino; pero, así y todo, lo llevamos empujándolo[16] entre los dos, pensando acabar con él para siempre. Eso hicimos.

La idea de ir a Talpa salió de mi hermano Tanilo. A él se le ocurrió primero que a nadie. Desde hacía años que estaba pidiendo que lo llevaran. Desde hacía años. Desde aquel día en que amaneció con unas ampollas[17] moradas repartidas en los brazos y las piernas. Cuando después las ampollas se le convirtieron en llagas[18] por donde no salía nada de sangre y sí una cosa amarilla como goma de copal que destilaba agua espesa.[19] Desde entonces me acuerdo muy bien que nos dijo cuánto miedo sentía de no tener ya remedio. Para eso quería ir a ver a la Virgen de Talpa; para que Ella con su mirada le curara sus llagas. Aunque sabía que Talpa estaba lejos y que tendríamos que caminar mucho debajo del sol de los días y del frío de las noches de marzo, así y todo quería ir. La Virgencita le daría el remedio para aliviarse[20] de aquellas cosas que nunca se secaban. Ella sabía hacer eso: lavar las cosas, ponerlo todo nuevo de nueva cuenta, como un campo recién llovido. Ya allí, frente a Ella, se acabarían sus males; nada le dolería ni le volvería a doler más. Eso pensaba él.

Y de eso nos agarramos[21] Natalia y yo para llevarlo. Yo tenía que acompañar a Tanilo porque era mi hermano. Natalia tendría que ir también, de todos modos, porque era su mujer. Tenía que ayudarlo llevándolo del brazo, sopesándolo[22] a la ida y tal vez a la vuelta sobre sus hombros, mientras él arrastrara[23] su esperanza.

Yo ya sabía desde antes lo que había dentro de Natalia. Conocía algo de ella. Sabía, por ejemplo, que sus piernas redondas, duras y calientes como piedras al sol del mediodía, estaban solas desde hacía tiempo. Ya conocía yo eso. Habíamos estado juntos muchas veces; pero siempre la sombra de Tanilo nos separaba: sentíamos que sus manos ampolladas se metían entre nosotros y se llevaban a Natalia para que lo siguiera cuidando. Y así sería siempre mientras él estuviera vivo.

Yo sé ahora que Natalia está arrepentida[24] de lo que pasó. Y yo también lo estoy; pero eso no nos salvará[25] del remordimiento[26] ni nos dará ninguna paz ya nunca. No podrá tranquilizarnos saber que Tanilo se hubiera muerto de todos modos porque ya le tocaba,[27] y que de nada había servido ir a Talpa, tan allá tan lejos; pues casi es seguro de que se hubiera muerto igual allá que aquí, o quizás tantito después aquí que allá, porque todo lo que se mortificó[28] por el camino, y la sangre que perdió de más,[29] y el coraje y todo, todas esas cosas juntas fueron las que lo mataron más pronto. Lo malo está en que Natalia y yo lo llevamos a empujones, cuando él ya no quería seguir, cuando sintió que era inútil seguir y nos pidió que lo regresáramos. A estirones[30] lo levantábamos del suelo para que siguiera caminando, diciéndole que ya no podíamos volver atrás.

---

[15]**no aguantaría** could not take   [16]**empujándolo** pushing him   [17]**ampollas** blisters   [18]**llagas** sores   [19]**espesa** thick   [20]**aliviarse** to heal   [21]**nos agarramos** we latched on to   [22]**sopesándolo** carrying him   [23]**arrastrara** would drag   [24]**está arrepentida** regrets   [25]**no nos salvará** will not save us   [26]**remordimiento** remorse   [27]**ya le tocaba** his time had come   [28]**se mortificó** suffered   [29]**de más** excessively   [30]**a estirones** pulling

"Está ya más cerca Talpa que Zenzontla." Eso le decíamos. Pero entonces Talpa estaba todavía lejos; más allá de muchos días.

Lo que queríamos era que se muriera. No está por demás decir que eso era lo que queríamos desde antes de salir de Zenzontla y en cada una de las noches que pasamos en el camino de Talpa. Es algo que no podemos entender ahora; pero entonces era lo que queríamos. Me acuerdo muy bien.

Me acuerdo muy bien de esas noches. Primero nos alumbrábamos con ocotes.[31] Después dejábamos que la ceniza[32] oscureciera la lumbrada[33] y luego buscábamos Natalia y yo la sombra de algo para escondernos de la luz del cielo. Así nos arrimábamos a la soledad del campo, fuera de los ojos de Tanilo y desaparecidos en la noche. Y la soledad aquella nos empujaba uno al otro. A mí me ponía entre los brazos el cuerpo de Natalia y a ella eso le servía de remedio. Sentía como si descansara; se olvidaba de muchas cosas y luego se quedaba adormecida y con el cuerpo sumido en un gran alivio.

Siempre sucedía que la tierra sobre la que dormíamos estaba caliente. Y la carne de Natalia, la esposa de mi hermano Tanilo, se calentaba en seguida con el calor de la tierra. Luego aquellos dos calores juntos quemaban y lo hacían a uno despertar de su sueño. Entonces mis manos iban detrás de ella; iban y venían por encima de ese como rescoldo[34] que era ella; primero suavemente, pero después la apretaban como si quisieran exprimirle la sangre. Así una y otra vez, noche tras noche, hasta que llegaba la madrugada y el viento frío apagaba la lumbre[35] de nuestros cuerpos. Eso hacíamos Natalia y yo a un lado del camino de Talpa, cuando llevamos a Tanilo para que la Virgen lo aliviara.

Ahora todo ha pasado. Tanilo se alivió[36] hasta de vivir. Ya no podrá decir nada del trabajo tan grande que le costaba vivir, teniendo aquel cuerpo como emponzoñado,[37] lleno por dentro de agua podrida[38] que le salía por cada rajadura[39] de sus piernas o de sus brazos. Unas llagas así de grandes, que se abrían despacito, muy despacito, para luego dejar salir a borbotones[40] un aire como de cosa echada a perder[41] que a todos nos tenía asustados.

Pero ahora que está muerto la cosa se ve de otro modo. Ahora Natalia llora por él, tal vez para que él vea, desde donde está, todo el gran remordimiento que lleva encima de su alma. Ella dice que ha sentido la cara de Tanilo estos últimos días. Era lo único que servía de él para ella; la cara de Tanilo, humedecida siempre por el sudor en que lo dejaba el esfuerzo para aguantar sus dolores. La sintió acercándose hasta su boca, escondiéndose entre sus cabellos, pidiéndole, con una voz apenitas,[42] que lo ayudara. Dice que le dijo que ya se había curado por fin; que ya no le molestaba ningún dolor. "Ya puedo estar contigo, Natalia. Ayúdame a estar contigo", dizque eso le dijo.

Acabábamos de salir de Talpa, de dejarlo allí enterrado bien hondo en aquel como surco[43] profundo que hicimos para sepultarlo.

---

[31]**nos alumbrábamos con ocotes** we had light from the fire of okote   [32]**ceniza** ashes   [33]**lumbrada** light   [34]**rescoldo** hot embers   [35]**lumbre** fire   [36]**se alivió** found relief   [37]**emponzoñado** poisoned   [38]**podrida** rotten   [39]**rajadura** crack   [40]**a borbotones** gushing   [41]**echada a perder** rotting   [42]**apenitas** barely   [43]**surco** ditch

Y Natalia se olvidó de mí desde entonces. Yo sé como le brillaban antes los ojos como si fueran charcos[44] alumbrados por la luna. Pero de pronto se destiñeron,[45] se le borró la mirada como si la hubiera revolcado[46] en la tierra. Y pareció no ver ya nada. Todo lo que existía para ella era el Tanilo de ella, que ella había cuidado mientras estuvo vivo y lo había enterrado cuando tuvo que morirse.

Tardamos veinte días en encontrar el camino real[47] de Talpa. Hasta entonces habíamos venido los tres solos. Desde allí comenzamos a juntarnos con gente que salía de todas partes; que había desembocado[48] como nosotros en aquel camino ancho parecido a la corriente de un río, que nos hacía andar a rastras,[49] empujados por todos lados como si nos llevaran amarrados con hebras[50] de polvo. Porque de la tierra se levantaba, con el bullir de la gente, un polvo blanco como tamo de maíz[51] que subía muy alto y volvía a caer; pero los pies al caminar lo devolvían y lo hacían subir de nuevo; así a todas horas estaba aquel polvo por encima y debajo de nosotros. Y arriba de esta tierra estaba el cielo vacío, sin nubes, sólo el polvo; pero el polvo no da ninguna sombra.

Teníamos que esperar a la noche para descansar del sol y de aquella luz blanca del camino.

Luego los días fueron haciéndose más largos. Habíamos salido de Zenzontla a mediados de febrero, y ahora que comenzaba marzo amanecía muy pronto. Apenas si cerrábamos los ojos al oscurecer, cuando nos volvía a despertar el sol, el mismo sol que parecía acabarse de poner hacía un rato.

Y yo nunca había sentido que fuera más lenta y violenta la vida como caminar entre un amontonadero[52] de gente; igual que si fuéramos un hervidero[53] de gusanos apelotonados[54] bajo el sol, retorciéndonos entre la cerrazón[55] del polvo que nos encerraba a todos en la misma vereda y nos llevaba como acorralados. Los ojos seguían la polvareda;[56] daban en el polvo como si tropezaran contra algo que no se podía traspasar. Y el cielo siempre gris, como una mancha gris y pesada que nos aplastaba a todos desde arriba. Sólo a veces, cuando cruzábamos algún río, el polvo era más alto y más claro. Zambullíamos[57] la cabeza acalenturada[58] y renegrida[59] en el agua verde, y por un momento de todos nosotros salía un humo azul, parecido al vapor que sale de la boca con el frío. Pero poquito después desaparecíamos otra vez entreverados[60] en el polvo, cobijándonos[61] unos a otros del sol, de aquel calor del sol repartido entre todos.

Algún día llegará la noche. En eso pensábamos. Llegará la noche y nos pondremos a descansar. Ahora se trata de cruzar el día, de atravesarlo como sea para correr del calor y del sol. Después nos detendremos. Después. Lo que tenemos que hacer por lo pronto es esfuerzo tras esfuerzo para ir de prisa detrás de tantos

---

[44]**charcos** puddles   [45]**se destiñeron** they faded   [46]**revolcado** stamped into the earth   [47]**camino real** main road   [48]**desembocado ... en** had come out onto   [49]**a rastras** dragging   [50]**amarrados con hebras** tied with threads   [51]**tamo de maíz** corn fuzz   [52]**amontonadero** crowd   [53]**hervidero** swarm   [54]**apelotonado** balled together   [55]**la cerrazón** darkened sky   [56]**polvareda** dust cloud   [57]**zambullíamos** we would plunge   [58]**acalenturada** feverish   [59]**renegrida** darkened   [60]**entreverados** mixed in   [61]**cobijándonos** sheltering each other

como nosotros y delante de otros muchos. De eso se trata. Ya descansaremos bien a bien[62] cuando estemos muertos.

En eso pensábamos Natalia y yo y quizá también Tanilo, cuando íbamos por el camino real de Talpa, entre la procesión; queriendo llegar los primeros hasta la Virgen, antes que se le acabaran los milagros.

Pero Tanilo comenzó a ponerse más malo. Llegó un rato en que ya no quería seguir. La carne de sus pies se había reventado y por la reventazón[63] aquella empezó a salírsele la sangre. Lo cuidamos hasta que se puso bueno. Pero, así y todo, ya no quería seguir:

"Me quedaré aquí sentado un día o dos y luego me volveré a Zenzontla." Eso nos dijo.

Pero Natalia y yo no quisimos. Había algo dentro de nosotros que no nos dejaba sentir ninguna lástima por ningún Tanilo. Queríamos llegar con él a Talpa, porque a esas alturas,[64] así como estaba, todavía le sobraba vida.[65] Por eso mientras Natalia le enjuagaba[66] los pies con aguardiente[67] para que se le deshincharan,[68] le daba ánimos.[69] Le decía que sólo la Virgen de Talpa lo curaría. Ella era la única que podía hacer que él se aliviara para siempre. Ella nada más. Había otras muchas Vírgenes; pero sólo la de Talpa era la buena. Eso le decía Natalia.

Y entonces Tanilo se ponía a llorar con lágrimas que hacían surco entre el sudor de su cara y después se maldecía por haber sido malo. Natalia le limpiaba los chorretes[70] de lágrimas con su rebozo, y entre ella y yo lo levantábamos del suelo para que caminara otro rato más, antes que llegara la noche.

Así, a tirones,[71] fué como llegamos con él a Talpa.

Ya en los últimos días también nosotros nos sentíamos cansados. Natalia y yo sentíamos que se nos iba doblando el cuerpo entre más y más. Era como si algo nos detuviera y cargara un pesado bulto[72] sobre nosotros. Tanilo se nos caía más seguido y teníamos que levantarlo y a veces llevarlo sobre los hombros. Tal vez de eso estábamos como estábamos: con el cuerpo flojo[73] y lleno de flojera para caminar. Pero la gente que iba allí junto a nosotros hacía andar más aprisa.

Por las noches, aquel mundo desbocado[74] se calmaba. Desperdigadas[75] por todas partes brillaban las fogatas[76] y en derredor de la lumbre la gente de la peregrinación rezaba el rosario, con los brazos en cruz, mirando hacia el cielo de Talpa. Y se oía cómo el viento llevaba y traía aquel rumor, revolviéndolo, hasta hacer de él un solo mugido.[77] Poco después todo se quedaba quieto. A eso de la medianoche podía oírse que alguien cantaba muy lejos de nosotros. Luego se cerraban los ojos y se esperaba sin dormir a que amaneciera.

Entramos en Talpa cantando el Alabado.[78]

Habíamos salido a mediados de febrero y llegamos a Talpa en los últimos días

---

[62]**bien a bien** very well   [63]**reventazón** rupture   [64]**a esas alturas** at that point   [65]**le sobraba vida** he had life left in him   [66]**enjuagaba** rinsed   [67]**aguardiente** strong alcohol   [68]**para que se deshincharan** to make the swelling go down   [69]**le daba ánimos** encouraged him   [70]**chorretes** streams   [71]**a tirones** dragging   [72]**bulto** bundle   [73]**flojo** weak   [74]**desbocado** frantic   [75]**desperdigadas** scattered   [76]**fogatas** bonfires   [77]**mugido** roar   [78]**Alabado** Praise be to God

de marzo, cuando ya mucha gente venía de regreso. Todo se debió a que Tanilo se puso a hacer penitencia. En cuanto se vio rodeado de hombres que llevaban pencas de nopal[79] colgadas como escapulario, él también pensó en llevar las suyas. Dio en amarrarse[80] los pies uno con otro con las mangas de su camisa para que sus pasos se hicieran más desesperados. Después quiso llevar una corona de espinas.[81] Tantito después se vendó los ojos, y más tarde, en los últimos trechos[82] del camino, se hincó[83] en la tierra, y así, andando sobre los huesos de sus rodillas y con las manos cruzadas hacia atrás, llegó a Talpa aquella cosa que era mi hermano Tanilo Santos; aquella cosa tan llena de cataplasmas[84] y de hilos oscuros de sangre que dejaba en el aire, al pasar, un olor agrio como de animal muerto.

Y cuando menos acordamos lo vimos metido entre las danzas. Apenas si nos dimos cuenta y ya estaba allí, con la larga sonaja[85] en la mano, dando duros golpes en el suelo con sus pies amoratados[86] y descalzos. Parecía todo enfurecido, como si estuviera sacudiendo el coraje que llevaba encima desde hacía tiempo; o como si estuviera haciendo un último esfuerzo por conseguir vivir un poco más.

Tal vez al ver las danzas se acordó de cuando iba todos los años a Tolimán, en el novenario del Señor, y bailaba la noche entera hasta que sus huesos se aflojaban, pero sin cansarse. Tal vez de eso se acordó y quiso revivir su antigua fuerza.

Natalia y yo lo vimos así por un momento. En seguida lo vimos alzar los brazos y azotar[87] su cuerpo contra el suelo, todavía con la sonaja repicando[88] entre sus manos salpicadas[89] de sangre. Lo sacamos a rastras, esperando defenderlo de los pisotones[90] de los danzantes; de entre la furia de aquellos pies que rodaban sobre las piedras y brincaban aplastando[91] la tierra sin saber que algo se había caído en medio de ellos.

A horcajadas,[92] como si estuviera tullido,[93] entramos con él en la iglesia. Natalia lo arrodilló junto a ella, enfrentito de aquella figurita dorada que era la Virgen de Talpa. Y Tanilo comenzó a rezar y dejó que se le cayera una lágrima grande, salida de muy adentro, apagándole la vela que Natalia le había puesto entre sus manos. Pero no se dio cuenta de esto; la luminaria de tantas velas prendidas que allí había le cortó esa cosa con la que uno se sabe dar cuenta de lo que pasa junto a uno. Siguió rezando con su vela apagada. Rezando a gritos para oír que rezaba.

Pero no le valió. Se murió de todos modos.

"...desde nuestros corazones sale para Ella una súplica igual, envuelta en el dolor. Muchas lamentaciones revueltas con esperanza. No se ensordece su ternura ni ante los lamentos ni las lágrimas, pues Ella sufre con nosotros. Ella sabe borrar esa mancha y dejar que el corazón se haga blandito y puro para recibir su misericordia y su caridad. La Virgen nuestra, nuestra madre, que no quiere saber

---

[79]**pencas de nopal** cactus leaves   [80]**amarrarse** tie   [81]**corona de espinas** crown of thorns   [82]**últimos trechos** last stretches   [83]**se hincó** he knelt   [84]**cataplasmas** poultices   [85]**sonaja** rattle   [86]**amoratados** bruised   [87]**azotar** whip   [88]**repicando** sounding   [89]**salpicadas** splattered   [90]**pisotones** stomping   [91]**aplastando** crushing   [92]**horcajadas** holding him on our shoulders   [93]**tullido** crippled

nada de nuestros pecados; que se echa la culpa de nuestros pecados; la que quisiera llevarnos en sus brazos para que no nos lastime la vida, está aquí junto a nosotros, aliviándonos el cansancio y las enfermedades del alma y de nuestro cuerpo ahuatado,[94] herido y suplicante. Ella sabe que cada día nuestra fe es mejor porque está hecha de sacrificios…"

Eso decía el señor cura desde allá arriba del púlpito. Y después que dejó de hablar, la gente se soltó rezando toda al mismo tiempo, con un ruido igual al de muchas avispas[95] espantadas por el humo.

Pero Tanilo ya no oyó lo que había dicho el señor cura. Se había quedado quieto, con la cabeza recargada[96] en sus rodillas. Y cuando Natalia lo movió para que se levantara ya estaba muerto.

Afuera se oía el ruido de las danzas; los tambores y la chirimía;[97] el repique[98] de las campanas. Y entonces fue cuando me dio a mí tristeza. Ver tantas cosas vivas; ver a la Virgen allí, mero[99] enfrente de nosotros dándonos su sonrisa, y ver por el otro lado a Tanilo, como si fuera un estorbo. Me dio tristeza.

Pero nosotros lo llevamos allí para que se muriera, eso es lo que no se me olvida.

Ahora estamos los dos en Zenzontla. Hemos vuelto sin él. Y la madre de Natalia no me ha preguntado nada; ni qué hice con mi hermano Tanilo, ni nada. Natalia se ha puesto a llorar sobre sus hombros y le ha contado de esa manera todo lo que pasó.

Y yo comienzo a sentir como si no hubiéramos llegado a ninguna parte; que estamos aquí de paso, para descansar, y que luego seguiremos caminando. No sé para dónde; pero tendremos que seguir, porque aquí estamos muy cerca del remordimiento y del recuerdo de Tanilo.

Quizá hasta empecemos a tenernos miedo uno al otro. Esa cosa de no decirnos nada desde que salimos de Talpa tal vez quiera decir eso. Tal vez los dos tenemos muy cerca el cuerpo de Tanilo, tendido en el petate[100] enrollado;[101] lleno por dentro y por fuera de un hervidero de moscas azules que zumbaban[102] como si fuera un gran ronquido[103] que saliera de la boca de él; de aquella boca que no pudo cerrarse a pesar de los esfuerzos de Natalia y míos, y que parecía querer respirar todavía sin encontrar resuello.[104] De aquel Tanilo a quien ya nada le dolía, pero que estaba como adolorido, con las manos y los pies engarruñados[105] y los ojos muy abiertos como mirando su propia muerte. Y por aquí y por allá todas sus llagas goteando un agua amarilla, llena de aquel olor que se derramaba por todos lados y se sentía en la boca, como si se estuviera saboreando una miel espesa y amarga que se derretía[106] en la sangre de uno a cada bocanada[107] de aire.

---

[94]**ahuatado** filled with thorns   [95]**avispas** wasps   [96]**recargada** resting   [97]**chirimía** a kind of flute   [98]**repique** ringing   [99]**allí mero** right there   [100]**petate** sleeping mat   [101]**enrollado** rolled up   [102]**zumbaban** buzzed   [103]**ronquido** snore   [104]**resuello** breathing   [105]**engarruñados** contracted   [106]**derretía** melted   [107]**bocanada** mouthful

Es de eso de lo que quizá nos acordemos aquí más seguido: de aquel Tanilo que nosotros enterramos en el camposanto de Talpa; al que Natalia y yo echamos tierra y piedras encima para que no lo fueran a desenterrar los animales del cerro.[108]

DESPUÉS DE LEER

1. Explique la relación entre Natalia, Tanilo y el narrador.

2. ¿En qué condiciones físicas se encontraba Tanilo? ¿Podía en realidad hacer el viaje?

3. El viaje a Talpa tenía diferentes significados para Tanilo, Natalia y el narrador. Explique lo que significaba el viaje para cada uno de ellos.

4. Describa los sentimientos de Natalia tras la muerte de Tanilo. ¿Con quién puede desahogar sus emociones? ¿Por qué?

5. ¿Cree que el remordimiento que sienten el narrador y Natalia afectará su relación? ¿Cree que pueden ser felices?

6. ¿Cómo está visto el elemento religioso en el cuento?

7. ¿Cómo está descrita la naturaleza?

ALGUNOS ESTUDIOS DE INTERÉS

Campbell, Ysla. "La ideología en 'Es que somos muy pobres' de Juan Rulfo". *La palabra y el hombre* 78 (1991): 280–286.

Durán, Manuel. "Los cuentos de Juan Rulfo o la realidad trascendida". Enrico Pupo-Walker, ed. *El cuento hispano-americano*. Madrid, España: Castalia, 1973.

Giacoman, Helmy, ed. *Homenaje a Juan Rulfo: variaciones interpretativas en torno a su obra*. New York: Las Américas, 1974.

Harss, Luis y Bárbara Dohmann. *Into the Mainstream. Conversations with Latin American Writers*. New York: Harper & Row, 1967.

Lagmanovich, David. "Voz y verbo en 'Es que somos muy pobres', cuento de Juan Rulfo". *Hispamérica* 14:41 (1985): 3–15.

Minc, Rose. "La contra-dicción como ley: notas sobre 'Es que somos muy pobres'". *Inti* 13–14 (1981): 83–91.

---

[108]**cerro** hill

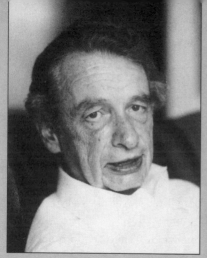

Sergio Vodanovic

(1926, Split, Yugoslavia—)

Sergio Vodanovic nació en Yugoslavia—de
madre chilena—y se trasladó con su familia
a Chile a la edad de tres meses. Ha ejercido
la profesión de abogado, profesor, periodista
y dramaturgo. Hay en su teatro, a través de
la ironía, el humor y la sátira, un constante
cuestionar de los valores tradicionales y una
fuerte crítica a la corrupción gubernamental,
a la hipocresía humana y a los conflictos
de clases sociales.

　　Vodanovic publicó su primera pieza teatral
a los veinte años. En 1959 se le otorgó el
Premio Municipal de Drama de Chile por
su obra *Deja que los perros ladren,* la cual fue
publicada en 1959 y llevada al cine más
tarde. Otras obras dramáticas de Vodanovic
incluyen *El senador no es honorable* (1952),
Mi mujer necesita marido (1953), *La cigüeña
también espera* (1955), *Viña: tres comedias en
traje de baño* (1964), *Los fugitivos* (1965),
Perdón… ¡estamos en guerra! (1966), *Nos
tomamos la universidad* (1971) y *Teatro* (1978).

—el comentario social del drama
—la relación entre la patrona y la empleada
—el elemento del juego
—las apariencias

En *El delantal blanco*, Vodanovic presenta la relación que existe entre una señora y su empleada, así como también las ilusiones y desengaños que ambas tienen y sufren. Un cambio de ropa provoca una inversión de papeles que desencadena un mundo de frustraciones y resentimientos.

El delantal[1] blanco

Personajes
　LA SEÑORA
　LA EMPLEADA
　DOS JÓVENES
　LA JOVENCITA
　EL CABALLERO DISTINGUIDO

La playa.
Al fondo, una carpa.
Frente a ella, sentadas a su sombra, la SEÑORA *y la* EMPLEADA.
La SEÑORA *está en traje de baño y, sobre él, usa un blusón[2] de toalla blanca que le cubre hasta las caderas.[3] Su tez[4] está tostada[5] por un largo veraneo.[6] La* EMPLEADA *viste su uniforme blanco. La* SEÑORA *es una mujer de treinta años, pelo claro, rostro[7] atrayente aunque algo duro. La* EMPLEADA *tiene veinte años, tez blanca, pelo negro, rostro plácido[8] y agradable.*

LA SEÑORA　　(*Gritando[9] hacia su pequeño hijo, a quien no ve y que se supone está a la orilla del mar, justamente, al borde del escenario.*) ¡Alvarito! ¡Alvarito! ¡No le tire arena a la niñita! ¡Métase al agua! Está rica[10] ... ¡Alvarito, no! ¡No le deshaga[11] el castillo a la niñita! Juegue con ella ... Sí, mi hijito ... juegue ...

LA EMPLEADA　Es tan peleador[12] ...

---

[1]**delantal** apron, maid's uniform　[2]**blusón** loose shirt　[3]**caderas** hips　[4]**tez** complexion　[5]**tostada** sunburned　[6]**veraneo** summer vacation　[7]**rostro** face　[8]**plácido** serene　[9]**gritando** shouting　[10]**Está rica** It's great　[11]**deshaga** destroy　[12]**peleador** fighter

LA SEÑORA	Salió al padre[13] … Es inútil corregirlo. Tiene una personalidad dominante que le viene de su padre, de su abuelo, de su abuela … ¡sobre todo de su abuela!
LA EMPLEADA	¿Vendrá el caballero[14] mañana?
LA SEÑORA	(*Se encoge de hombros*[15] *con desgano.*[16]) ¡No sé! Ya estamos en marzo, todas mis amigas han regresado y Álvaro me tiene todavía aburriéndome[17] en la playa. Él dice que quiere que el niño aproveche las vacaciones, pero para mí que es él quien está aprovechando. (*Se saca el blusón y se tiende*[18] *a tomar sol.*) ¡Sol! ¡Sol! Tres meses tomando sol. Estoy intoxicada de sol. (*Mirando inspectivamente*[19] *a la* EMPLEADA.) ¿Qué haces tú para no quemarte?
LA EMPLEADA	He salido tan poco de la casa…
LA SEÑORA	¿Y qué querías? Viniste a trabajar, no a veranear. Estás recibiendo sueldo, ¿no?
LA EMPLEADA	Sí, señora. Yo sólo contestaba su pregunta…

La SEÑORA *permanece tendida recibiendo el sol. La* EMPLEADA *saca de una bolsa de género*[20] *una revista de historietas fotografiadas*[21] *y principia a*[22] *leer.*

LA SEÑORA	¿Qué haces?
LA EMPLEADA	Leo esta revista.
LA SEÑORA	¿La compraste tú?
LA EMPLEADA	Sí, señora.
LA SEÑORA	No se te paga tan mal, entonces, si puedes comprarte tus revistas, ¿eh?

La EMPLEADA *no contesta y vuelve a mirar la revista.*

LA SEÑORA	¡Claro! Tú leyendo y que Alvarito reviente,[23] que se ahogue[24]…
LA EMPLEADA	Pero si está jugando con la niñita…
LA SEÑORA	Si te traje a la playa es para que vigilaras[25] a Alvarito y no para que te pusieras a leer.

La EMPLEADA *deja la revista y se incorpora*[26] *para ir donde está Alvarito.*

LA SEÑORA	¡No! Lo puedes vigilar desde aquí. Quédate a mi lado, pero observa al niño. ¿Sabes? Me gusta venir contigo a la playa.

---

[13]**Salió al padre** He is just like his father   [14]**caballero** gentleman (reference to the lady's husband)   [15]**Se encoge de hombros** She shrugs her shoulders   [16]**con desgano** reluctantly   [17]**aburriéndome** being bored   [18]**se tiende** lies down   [19]**inspectivamente** inspecting   [20]**género** cloth   [21]**historietas fotografiadas** cheap love magazines consisting of stories similar to soap operas told through photographs and dialogues   [22]**principia a** starts to   [23]**y que Alvarito reviente** who cares what happens to Alvarito   [24]**que se ahogue** let him drown   [25]**para que vigilaras** for you to watch   [26]**se incorpora** sits up

LA EMPLEADA	¿Por qué?
LA SEÑORA	Bueno... no sé... Será por lo mismo que me gusta venir en el auto, aunque la casa esté a dos cuadras. Me gusta que vean el auto. Todos los días, hay alguien que se para al lado de él y lo mira y comenta. No cualquiera tiene un auto como el de nosotros... Claro, tú no te das cuenta de la diferencia. Estás demasiado acostumbrada a lo bueno... Dime... ¿Cómo es tu casa?
LA EMPLEADA	Yo no tengo casa.
LA SEÑORA	No habrás nacido empleada, supongo. Tienes que haberte criado en alguna parte, debes haber tenido padres... ¿Eres del campo?
LA EMPLEADA	Sí.
LA SEÑORA	Y tuviste ganas de conocer la ciudad, ¿ah?
LA EMPLEADA	No. Me gustaba allá.
LA SEÑORA	¿Por qué te viniste, entonces?
LA EMPLEADA	Tenía que trabajar.
LA SEÑORA	No me vengas con ese cuento. Conozco la vida de los inquilinos[27] en el campo. Lo pasan bien. Les regalan[28] una cuadra[29] para que cultiven. Tienen alimentos gratis y hasta les sobra[30] para vender. Algunos tienen hasta sus vaquitas... ¿Tus padres tenían vacas?
LA EMPLEADA	Sí, señora. Una.
LA SEÑORA	¿Ves? ¿Qué más quieren? ¡Alvarito! ¡No se meta tan allá que puede venir una ola! ¿Qué edad tienes?
LA EMPLEADA	¿Yo?
LA SEÑORA	A ti te estoy hablando. No estoy loca para hablar sola.
LA EMPLEADA	Ando en[31] los veintiuno...
LA SEÑORA	¡Veintiuno! A los veintiuno yo me casé. ¿No has pensado en casarte?

La EMPLEADA *baja la vista y no contesta.*

LA SEÑORA	¡Las cosas que se me ocurre preguntar! ¿Para qué querrías casarte? En la casa tienes de todo: comida, una buena pieza, delantales limpios... Y si te casaras... ¿Qué es lo que tendrías? Te llenarías de chiquillos, no más.
LA EMPLEADA	(*Como para sí.*) Me gustaría casarme...

---

[27]**inquilinos** in Chile, peasants   [28]**les regalan** they give them   [29]**cuadra** plot of land   [30]**les sobra** they have leftovers   [31]**ando en** around

LA SEÑORA   ¡Tonterías! Cosas que se te ocurren por leer historias de amor en las revistas baratas… Acuérdate de esto: Los príncipes azules[32] ya no existen. No es el color lo que importa, sino el bolsillo. Cuando mis padres no me aceptaban un pololo[33] porque no tenía plata,[34] yo me indignaba, pero llegó Álvaro con sus industrias y sus fundos[35] y no quedaron contentos hasta que lo casaron conmigo.[36] A mí no me gustaba porque era gordo y tenía la costumbre de sorberse los mocos,[37] pero después en el matrimonio, uno se acostumbra a todo. Y llega a la conclusión que todo da lo mismo,[38] salvo la plata. Sin la plata no somos nada. Yo tengo plata, tú no tienes. Ésa es toda la diferencia entre nosotras. ¿No te parece?

LA EMPLEADA   Sí, pero…

LA SEÑORA   ¡Ah! Lo crees ¿eh? Pero es mentira. Hay algo que es más importante que la plata: la clase. Eso no se compra. Se tiene o no se tiene. Álvaro no tiene clase. Yo sí la tengo. Y podría vivir en una pocilga[39] y todos se darían cuenta de que soy alguien. No una cualquiera. Alguien. Te das cuenta ¿verdad?

LA EMPLEADA   Sí, señora.

LA SEÑORA   A ver… Pásame esa revista. (*La* EMPLEADA *lo hace. La Señora la hojea.[40] Mira algo y lanza una carcajada.[41]*) ¿Y esto lees tú?

LA EMPLEADA   Me entretengo, señora.

LA SEÑORA   ¡Qué ridículo! ¡Qué ridículo! Mira a este roto[42] vestido de smoking. Cualquiera se da cuenta que está tan incómodo en él como un hipopótamo con faja[43]… (*Vuelve a mirar en la revista.*) ¡Y es el conde de Lamarquina! ¡El conde de Lamarquina! A ver… ¿Qué es lo que dice el conde? (*Leyendo.*) «Hija mía, no permitiré jamás que te cases con Roberto. Él es un plebeyo. Recuerda que por nuestras venas corre sangre azul». ¿Y ésta es la hija del conde?

LA EMPLEADA   Sí. Se llama María. Es una niña sencilla y buena. Está enamorada de Roberto, que es el jardinero del castillo. El conde no lo permite. Pero… ¿sabe? Yo creo que todo va a terminar bien. Porque en el número anterior Roberto le dijo a María que no había conocido a sus padres y cuando no se conoce a los padres, es seguro que ellos son gente rica y aristócrata que perdieron al niño de chico o lo secuestraron[44]…

---

[32]**Los príncipes azules** Prince Charmings   [33]**pololo** boyfriend   [34]**plata** money   [35]**fundos** lands   [36]**hasta que lo casaron conmigo** until they married us   [37]**sorberse los mocos** sniffle   [38]**todo da lo mismo** it is all the same   [39]**pocilga** pigsty   [40]**la hojea** she turns the pages   [41]**lanza una carcajada** with an outburst of laughter   [42]**roto** in Chile, word that refers to a member of the poor urban class   [43]**faja** sash   [44]**secuestraron** was kidnapped

LA SEÑORA	¿Y tú crees todo eso?
LA EMPLEADA	Es bonito, señora.
LA SEÑORA	¿Qué es tan bonito?
LA EMPLEADA	Que lleguen a pasar cosas así. Que un día cualquiera, uno sepa que es otra persona, que en vez de ser pobre, se es rica; que en vez de ser nadie se es alguien, así como dice Ud…
LA SEÑORA	Pero no te das cuenta que no puede ser… Mira a la hija… ¿Me has visto a mí alguna vez usando unos aros[45] así? ¿Has visto a alguna de mis amigas con una cosa tan espantosa? ¿Y el peinado?[46] Es detestable. ¿No te das cuenta que una mujer así no puede ser aristócrata?… ¿A ver? Sale fotografiado aquí el jardinero…
LA EMPLEADA	Sí. En los cuadros del final. (*Le muestra en la revista. La* SEÑORA *ríe encantada.*)
LA SEÑORA	¿Y éste crees tú que puede ser un hijo de aristócrata? ¿Con esa nariz? ¿Con ese pelo? Mira… Imagínate que mañana me rapten a Alvarito. ¿Crees tú que va a dejar por eso de tener su aire de distinción?
LA EMPLEADA	¡Mire, señora! Alvarito le botó el castillo de arena a la niñita de una patada.[47]
LA SEÑORA	¿Ves? Tiene cuatro años y ya sabe lo que es mandar, lo que es no importarle los demás.[48] Eso no se aprende. Viene en la sangre.
LA EMPLEADA	(*Incorporándose.*) Voy a ir a buscarlo.
LA SEÑORA	Déjalo. Se está divirtiendo.

La EMPLEADA *se desabrocha[49] el primer botón de su delantal y hace un gesto en el que muestra estar acalorada.[50]*

LA SEÑORA	¿Tienes calor?
LA EMPLEADA	El sol está picando fuerte.[51]
LA SEÑORA	¿No tienes traje de baño?
LA EMPLEADA	No.
LA SEÑORA	¿No te has puesto nunca traje de baño?
LA EMPLEADA	¡Ah, sí!
LA SEÑORA	¿Cuándo?
LA EMPLEADA	Antes de emplearme. A veces, los domingos, hacíamos excursiones a la playa en el camión del tío de una amiga.

---

[45]**aros** earrings　[46]**peinado** hairstyle　[47]**de una patada** with a kick　[48]**no importarle los demás** not to care for others　[49]**se desabrocha** she unfastens　[50]**acalorada** hot　[51]**El sol está picando fuerte.** The sun is burning hot.

LA SEÑORA	¿Y se bañaban?
LA EMPLEADA	En la playa grande de Cartagena. Arrendábamos[52] trajes de baño y pasábamos todo el día en la playa. Llevábamos de comer y…
LA SEÑORA	(*Divertida.*) ¿Arrendaban trajes de baño?
LA EMPLEADA	Sí. Hay una señora que arrienda en la misma playa.
LA SEÑORA	Una vez con Álvaro, nos detuvimos en Cartagena a echar bencina[53] al auto y miramos a la playa. ¡Era tan gracioso! ¡Y esos trajes de baño arrendados! Unos eran tan grandes que hacía bolsas[54] por todos los lados y otros quedaban tan chicos que las mujeres andaban con el traste afuera.[55] ¿De cuáles arrendabas tú? ¿De los grandes o de los chicos?

La EMPLEADA *mira al suelo taimada.*[56]

LA SEÑORA	Debe ser curioso… Mirar el mundo desde un traje de baño arrendado o envuelta en un vestido barato… o con uniforme de empleada como el que usas tú… Algo parecido le debe suceder a esta gente que se fotografía para estas historietas: se ponen smoking o un traje de baile y debe ser diferente la forma como miran a los demás, como se sienten ellos mismos… Cuando yo me puse mi primer par de medias, el mundo entero cambió para mí. Los demás eran diferentes; yo era diferente y el único cambio efectivo era que tenía puesto un par de medias… Dime… ¿Cómo se ve el mundo cuando se está vestida con un delantal blanco?
LA EMPLEADA	(*Tímidamente.*) Igual… La arena tiene el mismo color… las nubes son iguales… Supongo.
LA SEÑORA	Pero no… Es diferente. Mira. Yo con este traje de baño, con este blusón de toalla, tendida sobre la arena, sé que estoy en «mi lugar», que esto me pertenece… En cambio tú, vestida como empleada sabes que la playa no es tu lugar, que eres diferente… Y eso, eso te debe hacer ver todo distinto.
LA EMPLEADA	No sé.
LA SEÑORA	Mira. Se me ha ocurrido algo. Préstame tu delantal.
LA EMPLEADA	¿Cómo?
LA SEÑORA	Préstame tu delantal.
LA EMPLEADA	Pero… ¿Para qué?
LA SEÑORA	Quiero ver cómo se ve el mundo, qué apariencia tiene la playa cuando se la ve encerrada en un delantal de empleada.

---

[52]**arrendábamos** we would rent   [53]**bencina** in Chile, gas   [54]**hacían bolsas** they bagged out
[55]**con el traste afuera** with their behinds showing   [56]**taimada** in Chile, sullen

LA EMPLEADA	¿Ahora?
LA SEÑORA	Sí, ahora.
LA EMPLEADA	Pero es que… No tengo un vestido debajo.
LA SEÑORA	(*Tirándole el blusón.*) Toma… Ponte esto.
LA EMPLEADA	Voy a quedar en calzones…[57]
LA SEÑORA	Es lo suficientemente largo como para cubrirte. Y en todo caso vas a mostrar menos que lo que mostrabas con los trajes de baño que arrendabas en Cartagena. (*Se levanta y obliga a levantarse a la* EMPLEADA.) Ya. Métete en la carpa[58] y cámbiate. (*Prácticamente obliga a la* EMPLEADA *a entrar a la carpa y luego lanza al interior de ella el blusón de toalla. Se dirige al primer plano y le habla a su hijo.*)
LA SEÑORA	Alvarito, métase un poco al agua. Mójese[59] las patitas siquiera… No sea tan de rulo[60]… ¡Eso es! ¿Ves que es rica el agüita? (*Se vuelve hacia la carpa y habla hacia dentro de ella.*) ¿Estás lista? (*Entra a la carpa.*)

Después de un instante, sale la EMPLEADA *vestida con el blusón de toalla. Se ha prendido el pelo hacia atrás[61] y su aspecto ya difiere algo de la tímida muchacha que conocemos. Con delicadeza se tiende de bruces[62] sobre la arena. Sale la* SEÑORA *abotonándose aún su delantal blanco. Se va a sentar delante de la* EMPLEADA, *pero vuelve un poco más atrás.*

LA SEÑORA	No. Adelante no. Una empleada en la playa se sienta siempre un poco más atrás que su patrona. (*Se sienta sobre sus pantorrillas[63] y mira, divertida, en todas direcciones.*)

La EMPLEADA *cambia de postura con displicencia.[64] La* SEÑORA *toma la revista de la* EMPLEADA *y principia a leerla. Al principio, hay una sonrisa irónica en sus labios que desaparece luego al interesarse por la lectura. Al leer mueve los labios. La* EMPLEADA, *con naturalidad, toma de la bolsa de playa de la* SEÑORA *un frasco de aceite bronceador y principia a extenderlo con lentitud por sus piernas. La* SEÑORA *la ve. Intenta una reacción reprobatoria,[65] pero queda desconcertada.*

LA SEÑORA	¿Qué haces?

La EMPLEADA *no contesta. La* SEÑORA *opta por seguir la lectura. Vigilando[66] de vez en vez con la vista lo que hace la* EMPLEADA. *Ésta ahora se ha sentado y se mira detenidamente las uñas.*

LA SEÑORA	¿Por qué te miras las uñas?

---

[57]**calzones** panties   [58]**carpa** tent   [59]**mójese** get wet   [60]**No sea tan de rulo** (*fig.*) don't be so afraid (of the water)   [61]**Se ha prendido el pelo hacia atrás** She has tied her hair back   [62]**de bruces** facing down   [63]**pantorrillas** calves   [64]**displicencia** indifference   [65]**reprobatoria** reproachful   [66]**vigilando** keeping an eye

LA EMPLEADA	Tengo que arreglármelas.
LA SEÑORA	Nunca te había visto antes mirarte las uñas.
LA EMPLEADA	No se me había ocurrido.
LA SEÑORA	Este delantal acalora.[67]
LA EMPLEADA	Son los mejores y los más durables.
LA SEÑORA	Lo sé. Yo los compré.
LA EMPLEADA	Le queda bien.
LA SEÑORA	(*Divertida.*) Y tú no te vas nada de mal[68] con esa tenida.[69] (*Se ríe.*) Cualquiera se equivocaría.[70] Más de un jovencito te podría hacer la corte[71]... ¡Sería como para contarlo![72]
LA EMPLEADA	Alvarito se está metiendo muy adentro.[73] Vaya a vigilarlo.
LA SEÑORA	(*Se levanta inmediatamente y se adelanta.*) ¡Alvarito! ¡Alvarito! No se vaya tan adentro... Puede venir una ola. (*Recapacita de pronto y se vuelve desconcertada hacia la* EMPLEADA.)
LA SEÑORA	¿Por qué no fuiste tú?
LA EMPLEADA	¿Adónde?
LA SEÑORA	¿Por qué me dijiste que yo fuera a vigilar a Alvarito?
LA EMPLEADA	(*Con naturalidad.*) Ud. lleva el delantal blanco.
LA SEÑORA	Te gusta el juego, ¿ah?

Una pelota de goma,[74] impulsada por un niño que juega cerca, ha caído a los pies de la EMPLEADA. *Ella la mira y no hace ningún movimiento. Luego mira a la* SEÑORA. *Ésta, instintivamente, se dirige a la pelota y la tira en la dirección en que vino. La* EMPLEADA *busca en la bolsa de playa de la* SEÑORA *y se pone sus anteojos para el sol.*

LA SEÑORA	(*Molesta.*[75]) ¿Quién te ha autorizado para que uses mis anteojos?
LA EMPLEADA	¿Cómo se ve la playa vestida con un delantal blanco?
LA SEÑORA	Es gracioso. ¿Y tú? ¿Cómo ves la playa ahora?
LA EMPLEADA	Es gracioso.
LA SEÑORA	(*Molesta.*) ¿Dónde está la gracia?
LA EMPLEADA	En que no hay diferencia.
LA SEÑORA	¿Cómo?
LA EMPLEADA	Ud. con el delantal blanco es la empleada; yo con este blusón y los anteojos oscuros soy la señora.

---

[67]**acalora** makes me hot   [68]**no te ves nada mal** you don't look bad at all   [69]**tenida** outfit   [70]**se equivocaría** could make a mistake   [71]**hacer la corte** to court   [72]**como para contarlo** worth seeing   [73]**se está metiendo muy adentro** he is going out too far   [74]**pelota de goma** a rubber ball   [75]**molesta** annoyed

LA SEÑORA	¿Cómo?... ¿Cómo te atreves[76] a decir eso?
LA EMPLEADA	¿Se habría molestado en recoger la pelota si no estuviese vestida de empleada?
LA SEÑORA	Estamos jugando.
LA EMPLEADA	¿Cuándo?
LA SEÑORA	Ahora.
LA EMPLEADA	¿Y antes?
LA SEÑORA	¿Antes?
LA EMPLEADA	Sí. Cuando yo estaba vestida de empleada...
LA SEÑORA	Eso no es juego. Es la realidad.
LA EMPLEADA	¿Por qué?
LA SEÑORA	Porque sí.
LA EMPLEADA	Un juego... un juego más largo... como el «paco-ladrón».[77] A unos les corresponde ser «pacos», a otros «ladrones».
LA SEÑORA	(*Indignada.*) ¡Ud. se está insolentando![78]
LA EMPLEADA	¡No me grites! ¡La insolente eres tú!
LA SEÑORA	¿Qué significa eso? ¿Ud. me está tuteando?
LA EMPLEADA	¿Y acaso tú no me tratas de tú?
LA SEÑORA	¿Yo?
LA EMPLEADA	Sí.
LA SEÑORA	¡Basta ya![79] ¡Se acabó este juego!
LA EMPLEADA	¡A mí me gusta!
LA SEÑORA	¡Se acabó! (*Se acerca violentamente a la* EMPLEADA.)
LA EMPLEADA	(*Firme.*) ¡Retírese!

La SEÑORA *se detiene sorprendida.*

LA SEÑORA	¿Te has vuelto loca?
LA EMPLEADA	Me he vuelto señora.
LA SEÑORA	Te puedo despedir[80] en cualquier momento.
LA EMPLEADA	(*Explota en grandes carcajadas, como si lo que hubiera oído fuera el chiste más gracioso que jamás ha escuchado.*)
LA SEÑORA	¿Pero de qué te ríes?
LA EMPLEADA	(*Sin dejar de reír.*) ¡Es tan ridículo!
LA SEÑORA	¿Qué? ¿Qué es tan ridículo?

---

[76]**¿Cómo te atreves ...?** How dare you ...?   [77]**"paco-ladrón"** cops and robbers   [78]**¡Ud. se está insolentando!** You are becoming insolent!   [79]**¡Basta ya!** Enough!   [80]**despedir** fire

LA EMPLEADA	Que me despida… ¡Vestida así! ¿Dónde se ha visto a una empleada despedir a su patrona?
LA SEÑORA	¡Sácate esos anteojos! ¡Sácate el blusón! ¡Son míos!
LA EMPLEADA	¡Vaya a ver al niño!
LA SEÑORA	Se acabó el juego, te he dicho. O me devuelves mis cosas o te las saco.
LA EMPLEADA	¡Cuidado! No estamos solas en la playa.
LA SEÑORA	¿Y qué hay con eso?[81] ¿Crees que por estar vestida con un uniforme blanco no van a reconocer quién es la empleada y quién la señora?
LA EMPLEADA	(*Serena.*) No me levante la voz.

La SEÑORA exasperada se lanza sobre la EMPLEADA y trata de sacarle el blusón a viva fuerza.[82]

| LA SEÑORA | (*Mientras forcejea.[83]*) ¡China![84] ¡Ya te voy a enseñar quién soy! ¿Qué te has creído?[85] ¡Te voy a meter presa![86] |

Un grupo de bañistas han acudido al ver la riña.[87] Dos JÓVENES, una MUCHACHA y un SEÑOR de edad madura y de apariencia muy distinguida. Antes que puedan intervenir la EMPLEADA ya ha dominado la situación manteniendo bien sujeta a la SEÑORA contra la arena. Ésta sigue gritando ad libitum[88] expresiones como: «rota cochina»… «ya te la vas a ver con mi marido»[89]… «te voy a mandar presa»… «esto es el colmo»,[90] etc., etc.

UN JOVEN	¿Qué sucede?
EL OTRO JOVEN	¿Es un ataque?
LA JOVENCITA	Se volvió loca.
UN JOVEN	Puede que sea efecto de una insolación.[91]
EL OTRO JOVEN	¿Podemos ayudarla?
LA EMPLEADA	Sí. Por favor. Llévensela. Hay una posta[92] por aquí cerca…
EL OTRO JOVEN	Yo soy estudiante de Medicina. Le pondremos una inyección para que se duerma por un buen tiempo.
LA SEÑORA	¡Imbéciles! ¡Yo soy la patrona! Me llamo Patricia Hurtado, mi marido es Álvaro Jiménez, el político…
LA JOVENCITA	(*Riéndose.*) Cree ser la señora.
UN JOVEN	Está loca.

---

[81]**¿Y qué hay con eso?** So what?   [82]**a viva fuerza** by sheer force   [83]**forcejea** wrestles, struggles   [84]**¡China!** term used in Chile to refer to a servant   [85]**¿Qué te has creído?** Who do you think you are?   [86]**¡Te voy a meter presa!** I am going to send you to jail!   [87]**riña** fight   [88]*ad libitum* Latin term meaning freely   [89]**"ya te las vas a ver con mi marido"** you'll have to answer to my husband   [90]**"esto es el colmo"** this tops it all   [91]**insolación** sunstroke   [92]**posta** station

El Otro Joven	Un ataque de histeria.
Un Joven	Llevémosla.
La Empleada	Yo no los acompaño… Tengo que cuidar a mi hijito… Está ahí, bañándose…
La Señora	¡Es una mentirosa! ¡Nos cambiamos de vestido sólo por jugar! ¡Ni siquiera tiene traje de baño! ¡Debajo del blusón está en calzones! ¡Mírenla!
El Otro Joven	(*Haciéndole un gesto al* Joven.) ¡Vamos! Tú la tomas por los pies y yo por los brazos.
La Jovencita	¡Qué risa! ¡Dice que está en calzones!

Los dos Jóvenes *toman a la* Señora *y se la llevan, mientras ésta se resiste y sigue gritando.*

La Señora	¡Suéltenme![93] ¡Yo no estoy loca! ¡Es ella! ¡Llamen a Alvarito! ¡Él me reconocerá!

Mutis[94] de los dos Jóvenes *llevando en peso[95] a la* Señora. *La* Empleada *se tiende sobre la arena, como si nada hubiera sucedido, aprontándose[96] para un prolongado baño del sol.*

El Caballero Distinguido	¿Está Ud. bien, señora? ¿Puedo serle útil en algo?
La Empleada	(*Mira inspectivamente al* Señor Distinguido *y sonríe con amabilidad.*) Gracias. Estoy bien.
El Caballero Distinguido	Es el símbolo de nuestro tiempo. Nadie parece darse cuenta, pero a cada rato, en cada momento sucede algo así.
La Empleada	¿Qué?
El Caballero Distinguido	La subversión del orden establecido. Los viejos quieren ser jóvenes; los jóvenes quieren ser viejos; los pobres quieren ser ricos y los ricos quieren ser pobres. Sí, señora. Asómbrese Ud. También hay ricos que quieren ser pobres. Mi nuera[97] va todas tardes a tejer[98] con mujeres de poblaciones callampas.[99] ¡Y le gusta hacerlo! (*Transición.*) ¿Hace mucho tiempo que está con Ud.?
La Empleada	¿Quién?
El Caballero Distinguido	(*Haciendo un gesto hacia la dirección en que se llevaron a la* Señora.) Su empleada.
La Empleada	(*Dudando. Haciendo memoria.[100]*) Poco más de un año.

---

[93]**¡Suéltenme!** Let me go!   [94]**Mutis** Exit   [95]**llevando en peso** carrying off bodily   [96]**aprontándose** preparing herself   [97]**nuera** daughter-in-law   [98]**a tejer** to knit   [99]**poblaciones callampas** urban slums   [100]**Haciendo memoria.** Trying to remember.

EL CABALLERO DISTINGUIDO	¡Y así le paga a Ud.! ¡Queriéndose hacer pasar por una señora! ¡Como si no se reconociera a primera vista quién es quién! (*Transición.*) ¿Sabe Ud. por qué suceden estas cosas?
LA EMPLEADA	¿Por qué?
EL CABALLERO DISTINGUIDO	(*Con aire misterioso.*) El comunismo…
LA EMPLEADA	¡Ah!
EL CABALLERO DISTINGUIDO	(*Tranquilizador.*) Pero no nos inquietemos.[101] El orden está restablecido. Al final, siempre el orden se restablece… Es un hecho… Sobre eso no hay discusión… (*Transición.*) Ahora, con permiso señora. Voy a hacer mi footing diario.[102] Es muy conveniente a mi edad. Para la circulación ¿sabe? Y Ud. quede tranquila. El sol es el mejor sedante. (*Ceremoniosamente.*) A sus órdenes, señora. (*Inicia el mutis. Se vuelve.*) Y no sea muy dura con su empleada, después que se haya tranquilizado… Después de todo… Tal vez tengamos algo de culpa nosotros mismos… ¿Quién puede decirlo? (*El CABALLERO DISTINGUIDO hace mutis.*)

La EMPLEADA cambia de posición. Se tiende de espaldas para recibir el sol en la cara. De pronto se acuerda de Alvarito. Mira hacia donde él está.

LA EMPLEADA	¡Alvarito! ¡Cuidado con sentarse en esa roca! Se puede hacer una nana en el pie[103]… Eso es, corra por la arenita… Eso es, mi hijito… (*Y mientras la EMPLEADA mira con ternura y delectación[104] maternal cómo Alvarito juega a la orilla del mar se cierra lentamente el Telón.*)

DESPUÉS DE LEER

1. Describa a las dos mujeres.
2. ¿Cuál es la actitud de la señora con respecto a la empleada y su vida?
3. ¿Cómo está descrita en la obra de teatro la clase social a la cual pertenece la señora?
4. ¿Cambia la perspectiva de las mujeres al cambiar la ropa?
5. ¿Qué ocurre cuando la empleada no quiere terminar el juego?
6. ¿Cómo queda destruida la teoría de la señora con respecto al "tener clase"?
7. ¿Por qué hay ironía en las palabras del caballero distinguido?
8. Explique el comentario social en la obra.

---

[101]**no nos inquietemos** let's not worry   [102]**mi footing diario** my daily jog or walk   [103]**Se puede hacer una nana en el pie** You can hurt your foot   [104]**delectación** pleasure

ALGUNOS ESTUDIOS DE INTERÉS

Andrade, Elba. "Discurso político y axiología social-cristiana en *Nos tomamos la universidad". Gestos* 4:8 (1989): 99–108.

Hill, W. Nick. "Signos de la modernidad como autorreflexión crítica en el teatro chileno contemporáneo". *Alba de América* 14–15 (1990): 245–251.

Labinger, Andrea G. "The Cruciform Farce in Latin America: Two Plays". James Redmond, ed. *Farce.* Cambridge, Inglaterra: Cambridge University Press, 1988.

Sharim, Sarah. "El diálogo dramático y la unidad interaccional". *Lenguas Modernas* 20 (1993): 165–184.

Vidal, Herman. "Una relectura del teatro demócratacristiano inicial: Vodanovic y Wolff, el problema de nuestra ética colectivista". *Ideologies and Literature* 1:1–2 (1985): 31–80.

Julio Cortázar

(1914, Bruselas, Bélgica–1984, París, Francia)

Julio Cortázar es considerado entre los innovadores de la novela y el cuento hispanoamericanos del siglo veinte. Comenzó a escribir bajo la influencia de las corrientes de la vanguardia europea y el surrealismo francés. En su obra se observa además la influencia de Borges. Los cuentos de Cortázar tienen elementos cosmopolitas y cotidianos que se entrelazan con el plano de lo fantástico. En ellos se observan transformaciones de personajes, ruptura del tiempo cronológico, así como también superposición de planos espaciales y temporales. En algunas de sus obras apreciamos un humor poco frecuente en la narrativa hispanoamericana.

Cortázar publicó bajo el seudónimo de Julio Denís una colección de poemas titulada *Presencia* (1938). Con su nombre publicó el poema dramático *Los reyes* (1949), el cual es una reinterpretación del mito del minotauro. Su primer libro de cuentos, *Bestiario* (1951), le dio reputación como cuentista. A éste siguieron *Final del juego* (1956, 1964), *Las armas secretas* (1958), *Historias de cronopios y de famas* (1962), *Todos los fuegos el fuego* (1966), *Octaedro* (1974), *Alguien anda por ahí* (1977), *Queremos tanto a Glenda* (1980), y *Deshoras* (1982).

La primera novela de Cortázar en ser publicada fue *Los premios* (1960). La publicación de *Rayuela* (1963), su segunda novela, le acreditó como novelista y le dio fama internacional. Con *Rayuela,* Cortázar rompe la noción convencional de la novela como estructura lineal y cronológica. El autor invita al lector a participar en la creación de la novela al ofrecerle múltiples alternativas en su lectura. *Rayuela* puede leerse de corrido de principio a fin, según la costumbre; pero el lector puede leerla saltando de un capítulo a otro conforme las indicaciones del autor. Otra forma de leer la obra es sin seguir indicación alguna, escogiendo los capítulos al azar. Posteriormente a *Rayuela,* Cortázar escribió *62: modelo para armar* (1968), *Libro de Manuel* (1973), *La vuelta al día en ochenta mundos* (1967), *Último Round* (1969), *Un tal Lucas* (1982), *Nicaragua tan violentamente dulce* (1983) y *Los autonautas de la cosmopista* (1983). Los dos últimos libros, escritos con la colaboración de su compañera Carol Dunlop, recogen numerosos ensayos, viñetas, fotografías, cuentos y poemas. Su novela póstuma, *El diario de Andrés Faba,* se publicó en 1995.

A pesar de que Cortázar pasó gran parte de su vida en París y trabajó en la UNESCO como traductor, escribió su obra literaria en español, el idioma de sus padres, quienes eran argentinos.

AL LEER CONSIDERE LO SIGUIENTE:

—la importancia de la casa para los hermanos
—la relación entre los hermanos
—la actitud de los hermanos hacia los acontecimientos en la casa
—la mezcla de lo cotidiano y lo fantástico

"Casa tomada" cuenta la historia de dos hermanos que viven en la casa que han heredado de sus padres. Llevan una vida monótona hasta que un día comienzan a escuchar ruidos desconocidos que se apoderan de la casa.

Casa tomada

os gustaba la casa porque aparte de espaciosa y antigua (hoy que las casas antiguas sucumben a la más ventajosa liquidación[1] de sus materiales) guardaba los recuerdos de nuestros bisabuelos, el abuelo paterno, nuestros padres y toda la infancia.

Nos habituamos[2] Irene y yo a persistir solos en ella, lo que era una locura pues en esa casa podían vivir ocho personas sin estorbarse.[3] Hacíamos la limpieza por la mañana, levantándonos a las siete, y a eso de las once yo le dejaba a Irene las últimas habitaciones por repasar y me iba a la cocina. Almorzábamos a mediodía, siempre puntuales; ya no quedaba nada por hacer fuera de unos pocos platos sucios. Nos resultaba grato almorzar pensando en la casa profunda y silenciosa y cómo nos bastábamos[4] para mantenerla limpia. A veces llegamos a creer que era ella la que no nos dejó casarnos. Irene rechazó dos pretendientes[5] sin mayor motivo,[6] a mí se me murió María Esther antes que llegáramos a comprometernos.[7] Entramos en los cuarenta años con la inexpresada idea de que el nuestro, simple y silencioso matrimonio de hermanos, era necesaria clausura de la genealogía asentada por los bisabuelos en nuestra casa. Nos moriríamos allí algún día, vagos y esquivos[8] primos se quedarían con la casa y la echarían al suelo para enriquecerse con el terreno y los ladrillos, o mejor, nosotros mismos la voltearíamos[9] justicieramente antes de que fuese demasiado tarde.

Irene era una chica nacida para no molestar a nadie. Aparte de su actividad matinal[10] se pasaba el resto del día tejiendo[11] en el sofá de su dormitorio. No sé por qué tejía tanto, yo creo que las mujeres tejen cuando han encontrado en esa

---

[1]**ventajosa liquidación** advantageous sale   [2]**nos habituamos** we became used to   [3]**sin estorbarse** without getting in each other's way   [4]**nos bastábamos** the two of us were sufficient   [5]**pretendientes** suitors   [6]**sin mayor motivo** for no particular reason   [7]**antes de que llegáramos a comprometernos** before we became engaged   [8]**esquivos** disdainful   [9]**la voltearíamos** we would demolish it   [10]**actividad matinal** morning routine   [11]**tejiendo** knitting

labor el gran pretexto para no hacer nada. Irene no era así, tejía cosas siempre necesarias, tricotas[12] para el invierno, medias para mí, mañanitas[13] y chalecos[14] para ella. A veces tejía un chaleco y después lo destejía en un momento porque algo no le agradaba; era gracioso ver en la canastilla el montón de lana encrespada[15] resistiéndose a perder su forma de algunas horas. Los sábados iba yo al centro a comprarle lana; Irene tenía fe en mi gusto, se complacía con los colores y nunca tuve que devolver madejas.[16] Yo aprovechaba esas salidas para dar una vuelta por las librerías y preguntar vanamente si había novedades en literatura francesa. Desde 1939 no llegaba nada valioso a la Argentina.

Pero es de la casa que me interesa hablar, de la casa y de Irene, porque yo no tengo importancia. Me pregunto qué hubiera hecho Irene sin el tejido. Uno puede releer un libro, pero cuando un pulóver está terminado no se puede repetirlo sin escándalo. Un día encontré el cajón de abajo de la cómoda de alcanfor[17] lleno de pañoletas[18] blancas, verdes, lila. Estaban con naftalina,[19] apiladas como en una mercería;[20] no tuve valor de preguntarle a Irene qué pensaba hacer con ellas. No necesitábamos ganarnos la vida; todos los meses llegaba la plata[21] de los campos y el dinero aumentaba. Pero a Irene solamente la entretenía el tejido, mostraba una destreza maravillosa y a mí se me iban las horas viéndole las manos como erizos plateados,[22] agujas yendo y viniendo y una o dos canastillas en el suelo donde se agitaban constantemente los ovillos.[23] Era hermoso.

Cómo no acordarme de la distribución de la casa. El comedor, una sala con gobelinos,[24] la biblioteca y tres dormitorios grandes quedaban en la parte más retirada,[25] la que mira hacia Rodríguez Peña.[26] Solamente un pasillo con su maciza[27] puerta de roble aislaba esa parte del ala[28] delantera donde había un baño, la cocina, nuestros dormitorios y el living central, al cual comunicaban los dormitorios y el pasillo. Se entraba a la casa por un zaguán con mayólica,[29] y la puerta cancel[30] daba al living. De manera que uno entraba por el zaguán, abría la cancel y pasaba al living; tenía a los lados las puertas de nuestros dormitorios, y al frente el pasillo que conducía a la parte más retirada; avanzando por el pasillo se franqueaba[31] la puerta de roble y más allá empezaba el otro lado de la casa, o bien se podía girar a la izquierda justamente antes de la puerta y seguir por un pasillo más estrecho que llevaba a la cocina y al baño. Cuando la puerta estaba abierta advertía uno que la casa era muy grande; si no, daba la impresión de un departamento de los que se edifican ahora, apenas para moverse; Irene y yo vivíamos siempre en esta parte de la casa, casi nunca íbamos más allá de la puerta de roble, salvo para hacer la limpieza, pues es increíble cómo se junta tierra[32] en los muebles. Buenos Aires será una ciudad limpia, pero eso lo debe a sus habitantes y no a otra cosa.

---

[12]**tricotas** sweaters   [13]**mañanitas** bed jackets   [14]**chalecos** vests   [15]**lana encrespada** curled wool   [16]**madejas** skeins   [17]**alcanfor** camphor   [18]**pañoletas** shawls   [19]**naftalina** moth repellent   [20]**mercería** dry-goods store   [21]**plata** money, income   [22]**erizos plateados** silvered sea urchins   [23]**ovillos** balls of wool   [24]**gobelinos** hand-woven wall tapestries   [25]**retirada** remote   [26]**Rodríguez Peña** a quiet street near downtown Buenos Aires   [27]**maciza** solid   [28]**ala** wing   [29]**zaguán con mayólica** an entrance hall with plaster wall decorations   [30]**puerta cancel** inner door   [31]**se franqueaba** one passed through   [32]**cómo se junta tierra** how dust accumulates

Hay demasiada tierra en el aire, apenas sopla una ráfaga[33] se palpa el polvo en los mármoles de las consolas[34] y entre los rombos de las carpetas de macramé;[35] da trabajo sacarlo bien con plumero,[36] vuela y se suspende en el aire, un momento después se deposita de nuevo en los muebles y los pianos.

Lo recordaré siempre con claridad porque fue simple y sin circunstancias inútiles. Irene estaba tejiendo en su dormitorio, eran las ocho de la noche y de repente se me ocurrió poner al fuego la pavita del mate.[37] Fui por el pasillo hasta enfrentar la entornada[38] puerta de roble, y daba la vuelta al codo[39] que llevaba a la cocina cuando escuché algo en el comedor o la biblioteca. El sonido venía impreciso y sordo, como un volcarse[40] de silla sobre la alfombra o un ahogado susurro de conversación. También lo oí, al mismo tiempo o un segundo después, en el fondo del pasillo que traía[41] desde aquellas piezas hasta la puerta. Me tiré contra la puerta antes de que fuera demasiado tarde, la cerré de golpe apoyando el cuerpo; felizmente la llave estaba puesta de nuestro lado y además corrí el gran cerrojo[42] para más seguridad.

Fui a la cocina, calenté la pavita, y cuando estuve de vuelta con la bandeja del mate le dije a Irene:

—Tuve que cerrar la puerta del pasillo. Han tomado la parte del fondo.

Dejó caer el tejido y me miró con sus graves ojos cansados.

—¿Estás seguro?

Asentí.[43]

—Entonces —dijo recogiendo las agujas— tendremos que vivir en este lado.

Yo cebaba[44] el mate con mucho cuidado, pero ella tardó un rato en reanudar[45] su labor. Me acuerdo que tejía un chaleco gris; a mí me gustaba ese chaleco.

Los primeros días nos pareció penoso porque ambos habíamos dejado en la parte tomada muchas cosas que queríamos. Mis libros de literatura francesa, por ejemplo, estaban todos en la biblioteca. Irene extrañaba unas carpetas, un par de pantuflas[46] que tanto la abrigaban en invierno. Yo sentía mi pipa de enebro[47] y creo que Irene pensó en una botella de Hesperidina[48] de muchos años. Con frecuencia (pero esto solamente sucedió los primeros días) cerrábamos algún cajón de las cómodas y nos mirábamos con tristeza.

—No está aquí.

Y era una cosa más de todo lo que habíamos perdido al otro lado de la casa.

Pero también tuvimos ventajas. La limpieza se simplificó tanto que aun levantándose tardísimo, a las nueve y media por ejemplo, no daban las once y ya estábamos de brazos cruzados.[49] Irene se acostumbró a ir conmigo a la cocina y ayudarme a preparar el almuerzo. Lo pensamos bien, y se decidió esto: mientras yo preparaba el almuerzo, Irene cocinaría platos para comer fríos de noche. Nos

---

[33]**ráfaga** gust   [34]**consolas** console table   [35]**los rombos de las carpetas de macramé** the diamonds of the macramé table covers   [36]**plumero** feather duster   [37]**pavita del mate** kettle to heat water for mate (mate is a beverage, similar to tea, that is very popular en Argentina)   [38]**entornada** half-closed   [39]**codo** turn, bend   [40]**volcarse** a knocking over   [41]**que traía** which led   [42]**cerrojo** bolt   [43]**asentí** I nodded   [44]**cebaba** brewed   [45]**reanudar** start again   [46]**pantuflas** slippers   [47]**enebro** juniper   [48]**Hesperidina** a popular medicinal tonic   [49]**de brazos cruzados** with nothing to do

alegramos porque siempre resulta molesto[50] tener que abandonar los dormitorios al atardecer y ponerse a cocinar. Ahora nos bastaba con la mesa en el dormitorio de Irene y las fuentes de comida fiambre.[51]

Irene estaba contenta porque le quedaba más tiempo para tejer. Yo andaba un poco perdido a causa de los libros, pero por no afligir a mi hermana me puse a revisar la colección de estampillas de papá, y eso me sirvió para matar el tiempo. Nos divertíamos mucho, cada uno en sus cosas, casi siempre reunidos en el dormitorio de Irene que era más cómodo. A veces Irene decía:

—Fíjate este punto[52] que se me ha ocurrido. ¿No da un dibujo de trébol?[53]

Un rato después era yo el que la ponía ante los ojos un cuadradito de papel para que viese el mérito de algún sello de Eupen y Malmédy.[54] Estábamos bien, y poco a poco empezábamos a no pensar. Se puede vivir sin pensar.

(Cuando Irene soñaba en alta voz yo me desvelaba[55] en seguida. Nunca pude habituarme[56] a esa voz de estatua o papagayo,[57] voz que viene de los sueños y no de la garganta. Irene decía que mis sueños consistían en grandes sacudones[58] que a veces hacían caer el cobertor.[59] Nuestros dormitorios tenían el living de por medio, pero de noche se escuchaba cualquier cosa en la casa. Nos oíamos respirar, toser, presentíamos el ademán que conduce a la llave del velador,[60] los mutuos y frecuentes insomnios.

Aparte de eso todo estaba callado en la casa. De día eran los rumores domésticos, el roce metálico de las agujas de tejer, un crujido al pasar las hojas del álbum filatélico. La puerta de roble, creo haberlo dicho, era maciza. En la cocina y el baño, que quedaban tocando la parte tomada, nos poníamos a hablar en voz más alta o Irene cantaba canciones de cuna.[61] En una cocina hay demasiado ruido de loza[62] y vidrios para que otros sonidos irrumpan en ella. Muy pocas veces permitíamos allí el silencio, pero cuando tornábamos a los dormitorios y al living, entonces la casa se ponía callada y a media luz, hasta pisábamos más despacio para no molestarnos. Yo creo que era por eso que de noche, cuando Irene empezaba a soñar en alta voz, me desvelaba en seguida.)

Es casi repetir lo mismo salvo las consecuencias. De noche siento sed, y antes de acostarnos le dije a Irene que iba hasta la cocina a servirme un vaso de agua. Desde la puerta del dormitorio (ella tejía) oí ruido en la cocina; tal vez en la cocina o tal vez en el baño porque el codo del pasillo apagaba[63] el sonido. A Irene le llamó la atención mi brusca manera de detenerme, y vino a mi lado sin decir palabra. Nos quedamos escuchando los ruidos, notando claramente que eran de este lado de la puerta de roble, en la cocina y el baño, o en el pasillo mismo donde empezaba el codo casi al lado nuestro.

No nos miramos siquiera. Apreté el brazo de Irene y la hice correr conmigo

---

[50]**resulta molesto** it is bothersome [51]**fiambre** cold cuts, cold food [52]**punto** stitch [53]**trébol** clover [54]**Eupen y Malmédy** two districts of Belgium joined in 1920 [55]**me desvelaba** I was unable to sleep [56]**habituarme** get used to [57]**papagayo** parrot [58]**sacudones** brusque movements [59]**cobertor** blanket [60]**velador** bedside lamp switch [61]**canciones de cuna** cradle songs [62]**loza** dishes [63]**apagaba** muffled

hasta la puerta cancel, sin volvernos hacia atrás. Los ruidos se oían más fuerte pero siempre sordos, a espaldas nuestras. Cerré de un golpe la cancel y nos quedamos en el zaguán. Ahora no se oía nada.

—Han tomado esta parte —dijo Irene. El tejido le colgaba de las manos y las hebras[64] iban hasta la cancel y se perdían debajo. Cuando vio que los ovillos habían quedado del otro lado, soltó el tejido sin mirarlo.

—¿Tuviste tiempo de traer alguna cosa? —le pregunté inútilmente.

—No, nada.

Estábamos con lo puesto.[65] Me acordé de los quince mil pesos en el armario de mi dormitorio. Ya era tarde ahora.

Como me quedaba el reloj pulsera, vi que eran las once de la noche. Rodeé con mi brazo[66] la cintura de Irene (yo creo que ella estaba llorando) y salimos así a la calle. Antes de alejarnos tuve lástima, cerré bien la puerta de entrada y tiré la llave a la alcantarilla.[67] No fuese que a algún pobre diablo se le ocurriera robar y se metiera[68] en la casa, a esa hora y con la casa tomada.

DESPUÉS DE LEER

1. ¿Cómo era la casa en que vivían los hermanos?

2. ¿Qué importancia ha tenido la casa en la vida de los hermanos?

3. ¿Cómo se imagina que son los personajes del cuento? ¿A qué se dedican?

4. ¿Cómo reaccionan los hermanos ante los ruidos que oyen? ¿Ante el silencio?

5. ¿Cómo interpretaría usted la decisión final de los hermanos de abandonar la casa?

6. ¿Cree usted que los ruidos son reales o imaginarios?

7. Explique cómo Cortázar entrelaza lo cotidiano con lo fantástico.

---

[64]**hebras** threads   [65]**con lo puesto** with what we were wearing   [66]**rodeé ... brazo** I put my arm around   [67]**alcantarilla** sewer   [68]**se metiera** would enter

—la fusión entre sueño y realidad
—los diferentes planos narrativos
—la ruptura del tiempo cronológico
—el tema del doble

La narración en "La noche boca arriba" se desenvuelve en dos tiempos cronológicos que se entrecruzan. El protagonista vive su presente y a la vez se siente partícipe de la guerra florida al ser perseguido por los aztecas para ser capturado y sacrificado a sus dioses. El accidente de la moto crea el eslabón que enlaza los dos tiempos.

La noche boca arriba

꒰

> *Y salían en ciertas épocas a cazar enemigos;*
> *le llamaban la guerra florida.*[1]

A mitad del largo zaguán[2] del hotel pensó que debía ser tarde, y se apuró[3] a salir a la calle y sacar la motocicleta del rincón donde el portero de al lado le permitía guardarla. En la joyería de la esquina vio que eran las nueve menos diez; llegaría con tiempo sobrado[4] adonde iba. El sol se filtraba entre los altos edificios del centro, y él —porque para sí mismo, para ir pensando, no tenía nombre— montó en la máquina saboreando[5] el paseo. La moto ronroneaba[6] entre sus piernas, y un viento fresco le chicoteaba[7] los pantalones.

Dejó pasar los ministerios[8] (el rosa, el blanco) y la serie de comercios con brillantes vitrinas de la calle Central. Ahora entraba en la parte más agradable del trayecto,[9] el verdadero paseo: una calle larga, bordeada[10] de árboles, con poco tráfico y amplias villas que dejaban venir los jardines hasta las aceras,[11] apenas demarcadas por setos bajos.[12] Quizá algo distraído, pero corriendo sobre la derecha como correspondía, se dejó llevar por la tersura,[13] por la leve crispación de ese día apenas empezado. Tal vez su involuntario relajamiento le impidió prevenir[14] el accidente. Cuando vio que la mujer parada en la esquina se lanzaba a la calzada[15] a pesar de las luces verdes, ya era tarde para las soluciones fáciles. Frenó con el pie

---

[1]**la guerra florida** refers to *xochiyaoyotl*, a war carried out by the Aztecs with the purpose of capturing victims for sacrificial purposes   [2]**zaguán** hall   [3]**se apuró** he hurried   [4]**tiempo sobrado** time to spare   [5]**saboreando** enjoying   [6]**ronroneaba** purred   [7]**chicoteaba** whipped   [8]**ministerios** reference to different buildings where different government ministries are located   [9]**trayecto** stretch, distance   [10]**bordeada** skirted   [11]**aceras** sidewalks   [12]**setos bajos** low hedges   [13]**tersura** smoothness   [14]**le impidió prevenir** prevented him from avoiding   [15]**se lanzaba a la calzada** rushed into the road

y la mano, desviándose[16] a la izquierda; oyó el grito de la mujer, y junto con el choque perdió la visión. Fue como dormirse de golpe.

Volvió bruscamente del desmayo.[17] Cuatro o cinco hombres jóvenes lo estaban sacando de debajo de la moto. Sentía gusto a sal y sangre, le dolía una rodilla, y cuando lo alzaron[18] gritó, porque no podía soportar[19] la presión en el brazo derecho. Voces que no parecían pertenecer a las caras suspendidas sobre él, lo alentaban[20] con bromas y seguridades. Su único alivio[21] fue oír la confirmación de que había estado en su derecho al cruzar la esquina. Preguntó por la mujer, tratando de dominar la náusea que le ganaba la garganta. Mientras lo llevaban boca arriba hasta una farmacia próxima, supo que la causante del accidente no tenía más que rasguños[22] en las piernas. "Usté la agarró apenas, pero el golpe le hizo saltar la máquina de costado..." Opiniones, recuerdos, despacio, éntrenlo de espaldas, así va bien, y alguien con guardapolvo[23] dándole a beber un trago que lo alivió en la penumbra[24] de una pequeña farmacia de barrio.

La ambulancia policial llegó a los cinco minutos, y lo subieron a una camilla[25] blanda donde pudo tenderse[26] a gusto. Con toda lucidez, pero sabiendo que estaba bajo los efectos de un shock terrible, dio sus señas al policía que lo acompañaba. El brazo casi no le dolía; de una cortadura[27] en la ceja goteaba sangre por toda la cara. Una o dos veces se lamió los labios[28] para beberla. Se sentía bien, era un accidente, mala suerte; unas semanas quieto y nada más. El vigilante le dijo que la motocicleta no parecía muy estropeada.[29] "Natural", dijo él. "Como que me la ligué encima[30]..." Los dos se rieron, y el vigilante le dio la mano al llegar al hospital y le deseó buena suerte. Ya la náusea volvía poco a poco; mientras lo llevaban en una camilla de ruedas hasta un pabellón del fondo, pasando bajo árboles llenos de pájaros, cerró los ojos y deseó estar dormido o cloroformado. Pero lo tuvieron largo rato en una pieza con olor a hospital, llenando una ficha,[31] quitándole la ropa y vistiéndolo con una camisa grisácea y dura. Le movían cuidadosamente el brazo, sin que le doliera. Las enfermeras bromeaban todo el tiempo, y si no hubiera sido por las contracciones del estómago se habría sentido muy bien, casi contento.

Lo llevaron a la sala de radio,[32] y veinte minutos después, con la placa todavía húmeda puesta sobre el pecho como una lápida[33] negra, pasó a la sala de operaciones. Alguien de blanco, alto y delgado, se le acercó y se puso a mirar la radiografía. Manos de mujer le acomodaban la cabeza, sintió que lo pasaban de una camilla a otra. El hombre de blanco se le acercó otra vez, sonriendo, con algo que le brillaba en la mano derecha. Le palmeó la mejilla e hizo una seña a alguien parado atrás.

---

[16]**desviándose** steering   [17]**desmayo** unconsciousness   [18]**lo alzaron** lifted him   [19]**soportar** put up with   [20]**lo alentaban** encouraged him   [21]**alivio** relief   [22]**rasguños** scratches   [23]**guardapolvo** dustcoat, overall   [24]**penumbra** semi-darkness   [25]**camilla** stretcher   [26]**tenderse** lie down   [27]**cortadura** cut   [28]**se lamió los labios** he licked his lips   [29]**estropeada** damaged   [30]**me la ligué encima** it landed on me   [31]**ficha** hospital records   [32]**radio** X-rays   [33]**lápida** stone

Como sueño era curioso porque estaba lleno de olores y él nunca soñaba olores. Primero un olor a pantano,[34] ya que a la izquierda de la calzada empezaban las marismas,[35] los tembladerales[36] de donde no volvía nadie. Pero el olor cesó, y en cambio vino una fragancia compuesta y oscura como la noche en que se movía huyendo de los aztecas. Y todo era tan natural, tenía que huir de los aztecas que andaban a caza de hombre,[37] y su única probabilidad era la de esconderse en lo más denso de la selva, cuidando de no apartarse de la estrecha calzada que sólo ellos, los motecas,[38] conocían.

Lo que más lo torturaba era el olor, como si aun en la absoluta aceptación del sueño algo se rebelara contra eso que no era habitual, que hasta entonces no había participado del juego. "Huele a guerra",[39] pensó, tocando instintivamente el puñal[40] de piedra atravesado en su ceñidor[41] de lana tejida. Un sonido inesperado lo hizo agacharse[42] y quedar inmóvil, temblando. Tener miedo no era extraño, en sus sueños abundaba el miedo. Esperó, tapado[43] por las ramas de un arbusto[44] y la noche sin estrellas. Muy lejos, probablemente del otro lado del gran lago, debían estar ardiendo fuegos de vivac;[45] un resplandor rojizo teñía esa parte del cielo. El sonido no se repitió. Había sido como una rama quebrada. Tal vez un animal que escapaba como él del olor de la guerra. Se enderezó despacio, venteando. No se oía nada, pero el miedo seguía allí como el olor, ese incienso dulzón[46] de la guerra florida. Había que seguir, llegar al corazón de la selva evitando las ciénagas.[47] A tientas, agachándose a cada instante para tocar el suelo más duro de la calzada, dio algunos pasos. Hubiera querido echar a correr, pero los tembladerales palpitaban[48] a su lado. En el sendero en tinieblas,[49] buscó el rumbo.[50] Entonces sintió una bocanada[51] horrible del olor que más temía, y saltó desesperado hacia adelante.

—Se va a caer de la cama —dijo el enfermo de al lado—. No brinque[52] tanto, amigazo.[53]

Abrió los ojos y era de tarde, con el sol ya bajo en los ventanales de la larga sala. Mientras trataba de sonreír a su vecino, se despegó[54] casi físicamente de la última visión de la pesadilla.[55] El brazo, enyesado,[56] colgaba de un aparato con pesas[57] y poleas.[58] Sintió sed, como si hubiera estado corriendo kilómetros, pero no querían darle mucha agua, apenas para mojarse los labios y hacer un buche. La fiebre lo iba ganando despacio y hubiera podido dormirse otra vez, pero saboreaba el placer de quedarse despierto, entornados[59] los ojos, escuchando el diálogo de los otros enfermos, respondiendo de cuando en cuando a alguna pregunta. Vio llegar un carrito blanco que pusieron al lado de su cama, una

---

[34]**pantano** swamp   [35]**marismas** salt marshes   [36]**tembladerales** moving bogs   [37]**andaban a caza de hombre** were carrying out their manhunt   [38]**motecas** Mexican natives   [39]**Huele a guerra** It smells of war   [40]**puñal** dagger   [41]**ceñidor** belt   [42]**agacharse** squat   [43]**tapado** covered   [44]**arbusto** bush   [45]**fuegos de vivac** camp fires   [46]**incienso dulzón** sweet incense   [47]**ciénagas** marshes   [48]**palpitaban** throbbed   [49]**sendero en tinieblas** dark path   [50]**buscó el rumbo** he found his way   [51]**bocanada** whiff   [52]**brinque** jump   [53]**amigazo** pal   [54]**se despegó** broke away from   [55]**pesadilla** nightmare   [56]**enyesado** in a plaster cast   [57]**pesas** weight   [58]**poleas** pulley   [59]**entornados** half-closed

enfermera rubia le frotó[60] con alcohol la cara anterior del muslo y le clavó[61] una gruesa aguja[62] conectada con un tubo que subía hasta un frasco[63] lleno de líquido opalino. Un médico joven vino con un aparato de metal y cuero que le ajustó al brazo sano[64] para verificar alguna cosa. Caía la noche, y la fiebre lo iba arrastrando[65] blandamente a un estado donde las cosas tenían un relieve como de gemelos de teatro,[66] eran reales y dulces y a la vez ligeramente repugnantes; como estar viendo una película aburrida y pensar que sin embargo en la calle es peor; y quedarse.

Vino una taza de maravilloso caldo[67] de oro oliendo a puerro,[68] a apio,[69] a perejil.[70] Un trocito[71] de pan, más precioso que todo un banquete, se fue desmigajando[72] poco a poco. El brazo no le dolía nada y solamente en la ceja, donde lo habían suturado, chirriaba a veces una punzada caliente y rápida.[73] Cuando los ventanales de enfrente viraron[74] a manchas de un azul oscuro, pensó que no le iba a ser difícil dormirse. Un poco incómodo, de espaldas, pero al pasarse la lengua por los labios resecos y calientes sintió el sabor del caldo, y suspiró de felicidad, abandonándose.

Primero fue una confusión, un atraer hacia sí todas las sensaciones por un instante embotadas[75] o confundidas. Comprendía que estaba corriendo en plena oscuridad, aunque arriba el cielo cruzado de copas de árboles[76] era menos negro que el resto. "La calzada", pensó. "Me salí de la calzada." Sus pies se hundían en un colchón de hojas y barro, y ya no podía dar un paso sin que las ramas de los arbustos le azotaran[77] el torso y las piernas. Jadeante,[78] sabiéndose acorralado[79] a pesar de la oscuridad y el silencio, se agachó para escuchar. Tal vez la calzada estaba cerca, con la primera luz del día iba a verla otra vez. Nada podía ayudarlo ahora a encontrarla. La mano que sin saberlo él aferraba[80] el mango del puñal, subió como el escorpión de los pantanos hasta su cuello, donde colgaba el amuleto protector.[81] Moviendo apenas los labios musitó la plegaria del maíz[82] que trae las lunas felices, y la súplica a la Muy Alta, a la dispensadora de los bienes motecas. Pero sentía al mismo tiempo que los tobillos se le estaban hundiendo despacio en el barro, y la espera en la oscuridad del chaparral[83] desconocido se le hacía insoportable. La guerra florida había empezado con la luna y llevaba ya tres días y tres noches. Si conseguía refugiarse en lo profundo de la selva, abandonando la calzada más allá de la región de las ciénagas, quizá los guerreros no le siguieran el rastro.[84] Pensó en los muchos prisioneros que ya habrían hecho. Pero la cantidad no contaba, sino el tiempo sagrado. La caza continuaría hasta que los sacerdotes dieran la señal del regreso. Todo tenía su número y su fin, y él estaba dentro del tiempo sagrado, del otro lado de los cazadores.

---

[60]**le frotó** rubbed him   [61]**le clavó** stuck him   [62]**aguja** needle   [63]**frasco** small bottle   [64]**sano** healthy   [65]**arrastrando** dragging him   [66]**gemelos de teatro** opera glasses   [67]**caldo** broth   [68]**puerro** leek   [69]**apio** celery   [70]**perejil** parsley   [71]**trocito** small piece   [72]**desmigajando** crumbling   [73]**chirriaba ... rápida** at times a hot, quick pain sizzled   [74]**viraron** changed   [75]**embotadas** blocked up   [76]**copas de árboles** tops of trees   [77]**le azotaran** would whip   [78]**jadeante** gasping   [79]**acorralado** cornered   [80]**aferraba** grasped   [81]**amuleto protector** protective charm   [82]**plegaria del maíz** corn prayer   [83]**chaparral** oak grove   [84]**rastro** trace

Oyó los gritos y se enderezó[85] de un salto, puñal en mano. Como si el cielo se incendiara[86] en el horizonte, vio antorchas[87] moviéndose entre las ramas, muy cerca. El olor a guerra era insoportable, y cuando el primer enemigo le saltó al cuello casi sintió placer en hundirle la hoja de piedra[88] en pleno pecho. Ya lo rodeaban las luces, los gritos alegres. Alcanzó a cortar el aire una o dos veces, y entonces una soga[89] lo atrapó desde atrás.

—Es la fiebre —dijo el de la cama de al lado—. A mí me pasaba igual cuando me operé del duodeno. Tome agua y va a ver que duerme bien.

Al lado de la noche de donde volvía, la penumbra tibia de la sala le pareció deliciosa. Una lámpara violeta velaba en lo alto de la pared del fondo como un ojo protector. Se oía toser, respirar fuerte, a veces un diálogo en voz baja. Todo era grato y seguro, sin ese acoso,[90] sin… Pero no quería seguir pensando en la pesadilla. Había tantas cosas en que entretenerse. Se puso a mirar el yeso del brazo, las poleas que tan cómodamente se lo sostenían en el aire. Le habían puesto una botella de agua mineral en la mesa de noche. Bebió del gollete, golosamente.[91] Distinguía ahora las formas de la sala, las treinta camas, los armarios con vitrinas. Ya no debía tener tanta fiebre, sentía fresca la cara. La ceja le dolía apenas, como un recuerdo. Se vio otra vez saliendo del hotel, sacando la moto. ¿Quién hubiera pensado que la cosa iba a acabar así? Trataba de fijar el momento del accidente, y le dio rabia advertir que había ahí como un hueco,[92] un vacío que no alcanzaba a rellenar. Entre el choque y el momento en que lo habían levantado del suelo, un desmayo o lo que fuera[93] no le dejaba ver nada. Y al mismo tiempo tenía la sensación de que ese hueco, esa nada, había durado una eternidad. No, ni siquiera tiempo, más bien como si en ese hueco él hubiera pasado a través de algo o recorrido distancias inmensas. El choque, el golpe brutal contra el pavimento. De todas maneras al salir del pozo[94] negro había sentido casi un alivio mientras los hombres lo alzaban del suelo. Con el dolor del brazo roto, la sangre de la ceja partida, la contusión en la rodilla; con todo eso, un alivio al volver al día y sentirse sostenido y auxiliado. Y era raro. Le preguntaría alguna vez al médico de la oficina. Ahora volvía a ganarlo el sueño,[95] a tirarlo despacio hacia abajo. La almohada era tan blanda, y en su garganta afiebrada la frescura del agua mineral. Quizá pudiera descansar de veras, sin las malditas pesadillas. La luz violeta de la lámpara en lo alto se iba apagando poco a poco.

Como dormía de espaldas, no lo sorprendió la posición en que volvía a reconocerse, pero en cambio el olor a humedad, a piedra rezumante de filtraciones,[96] le cerró la garganta y lo obligó a comprender. Inútil abrir los ojos y mirar en todas direcciones; lo envolvía una oscuridad absoluta. Quizo enderezarse y sintió las sogas en las muñecas y los tobillos. Estaba estaqueado[97] en el suelo, en

---

[85]**se enderezó** straightened up   [86]**como ... incendiara** as if the sky were burning up   [87]**antorchas** torches   [88]**en ... piedra** in digging the stone blade   [89]**soga** rope   [90]**acoso** hunting down   [91]**Bebió ... golosamente.** He drank from the neck of the bottle, avidly.   [92]**hueco** emptiness   [93]**o lo que fuera** or whatever it was   [94]**pozo** well   [95]**volvía ... sueño** sleep started to take over again   [96]**rezumante de filtraciones** oozing with water   [97]**estaqueado** thrashed

un piso de lajas[98] helado y húmedo. El frío le ganaba la espalda desnuda, las piernas. Con el mentón buscó torpemente el contacto con su amuleto, y supo que se lo habían arrancado. Ahora estaba perdido, ninguna plegaria podía salvarlo del final. Lejanamente, como filtrándose entre las piedras del calabozo,[99] oyó los atabales[100] de la fiesta. Lo habían traído al teocalli;[101] estaba en las mazmorras[102] del templo a la espera de su turno.

Oyó gritar, un grito ronco[103] que rebotaba[104] en las paredes. Otro grito, acabando en un quejido.[105] Era él que gritaba en las tinieblas, gritaba porque estaba vivo, todo su cuerpo se defendía con el grito de lo que iba a venir, del final inevitable. Pensó en sus compañeros que llenarían otras mazmorras, y en los que ascendían ya los peldaños[106] del sacrificio. Gritó de nuevo sofocadamente, casi no podía abrir la boca, tenía las mandíbulas agarrotadas[107] y a la vez como si fueran de goma[108] y se abrieran lentamente, con un esfuerzo interminable. El chirriar de los cerrojos[109] lo sacudió como un látigo. Convulso, retorciéndose,[110] luchó por zafarse[111] de las cuerdas que se le hundían en la carne. Su brazo derecho, el más fuerte, tiraba hasta que el dolor se hizo intolerable y tuvo que ceder.[112] Vio abrirse la doble puerta, y el olor de las antorchas le llegó antes que la luz. Apenas ceñidos con el taparrabos[113] de la ceremonia, los acólitos[114] de los sacerdotes se le acercaron mirándolo con desprecio.[115] Las luces se reflejaban en los torsos sudados, en el pelo negro lleno de plumas. Cedieron las sogas, y en su lugar lo aferraron[116] manos calientes, duras como bronce; se sintió alzado,[117] siempre boca arriba, tironeado[118] por los cuatro acólitos que lo llevaban por el pasadizo.[119] Los portadores de antorchas iban adelante, alumbrando vagamente el corredor de paredes mojadas y techo tan bajo que los acólitos debían agachar[120] la cabeza. Ahora lo llevaban, lo llevaban, era el final. Boca arriba, a un metro del techo de roca viva que por momentos se iluminaba con un reflejo de antorcha. Cuando en vez del techo nacieran las estrellas y se alzara frente a él la escalinata incendiada de gritos y danzas, sería el fin. El pasadizo no acababa nunca, pero ya iba a acabar, de repente olería el aire libre lleno de estrellas, pero todavía no, andaban llevándolo sin fin en la penumbra roja, tironeándolo brutalmente, y él no quería, pero cómo impedirlo si le habían arrancado el amuleto que era su verdadero corazón, el centro de la vida.

Salió de un brinco[121] a la noche del hospital, al alto cielo raso[122] dulce, a la sombra blanda que lo rodeaba. Pensó que debía haber gritado, pero sus vecinos dormían callados. En la mesa de noche, la botella de agua tenía algo de burbuja,[123] de imagen traslúcida contra la sombra azulada de los ventanales. Jadeó, buscando el alivio de los pulmones, el olvido de esas imágenes que seguían pe-

---

[98]**lajas** slabs   [99]**calabozo** prison, cell   [100]**atabales** kettledrums   [101]**teocalli** main temple   [102]**mazmorras** dungeon   [103]**ronco** coarse   [104]**rebotaba** bounced   [105]**quejido** moan   [106]**peldaños** steps   [107]**agarrotadas** tightly bound   [108]**goma** rubber   [109]**cerrojos** bolts   [110]**retorciéndose** twisting   [111]**zafarse** to free himself   [112]**tuvo que ceder** had to let go   [113]**taparrabos** loincloth   [114]**acólitos** acolytes   [115]**desprecio** disdain   [116]**aferraron** grabbed   [117]**alzado** raised   [118]**tironeado** pulled   [119]**pasadizo** corridor   [120]**agachar** lower   [121]**de un brinco** in no time at all   [122]**cielo raso** ceiling   [123]**burbuja** bubbles

gadas a sus párpados. Cada vez que cerraba los ojos las veía formarse instantáneamente, y se enderezaba aterrado[124] pero gozando a la vez del saber que ahora estaba despierto, que la vigilia lo protegía, que pronto iba a amanecer,[125] con el buen sueño profundo que se tiene a esa hora, sin imágenes, sin nada... Le costaba mantener los ojos abiertos, la modorra[126] era más fuerte que él. Hizo un último esfuerzo, con la mano sana esbozó un gesto[127] hacia la botella de agua; no llegó a tomarla, sus dedos se cerraron en un vacío otra vez negro, y el pasadizo seguía interminable, roca tras roca, con súbitas fulguraciones rojizas, y él boca arriba gimió apagadamente porque el techo iba a acabarse,[128] subía, abriéndose como una boca de sombra, y los acólitos se enderezaban y de la altura una luna menguante le cayo en la cara donde los ojos no querían verla, desesperadamente se cerraban y abrían buscando pasar al otro lado, descubrir de nuevo el cielo raso protector de la sala. Y cada vez que se abrían era la noche y la luna mientras lo subían por la escalinata, ahora con la cabeza colgando hacia abajo, y en lo alto estaban las hogueras,[129] las rojas columnas de humo perfumado, y de golpe vio la piedra roja,[130] brillante de sangre que chorreaba,[131] y el vaivén de los pies del sacrificado que arrastraban para tirarlo rodando por las escalinatas del norte. Con una última esperanza apretó los párpados, gimiendo[132] por despertar. Durante un segundo creyó que lo lograría, porque otra vez estaba inmóvil en la cama, a salvo del balanceo cabeza abajo. Pero olía la muerte, y cuando abrió los ojos vio la figura ensangrentada[133] del sacrificador que venía hacia él con el cuchillo de piedra en la mano. Alcanzó a cerrar otra vez los párpados, aunque ahora sabía que no iba a despertarse, que estaba despierto, que el sueño maravilloso había sido el otro, absurdo como todos los sueños; un sueño en el que había andado por extrañas avenidas de una ciudad asombrosa, con luces verdes y rojas que ardían sin llama ni humo, con un enorme insecto de metal que zumbaba[134] bajo sus piernas. En la mentira infinita de ese sueño también lo habían alzado del suelo, también alguien se le había acercado con un cuchillo en la mano, a él tendido boca arriba, a él boca arriba con los ojos cerrados entre las hogueras.

DESPUÉS DE LEER

1. ¿Cómo comienza el día del protagonista?

2. ¿Qué sueña el protagonista?

3. ¿A qué plano temporal entra el protagonista a través del sueño?

4. ¿Cómo está relacionado lo que le acontece al protagonista en el presente y lo que acontece en un tiempo anterior? ¿Ve usted algunos paralelismos?

---

[124]**aterrado** terrified   [125]**iba a amanecer** it would be dawn   [126]**modorra** drowsiness   [127]**esbozó un gesto** made a gesture   [128]**el techo iba a acabarse** the roof was about to end (he was about to be sacrificed)   [129]**hogueras** bonfires   [130]**la piedra roja** the sacrificial stone   [131]**chorreaba** dripped   [132]**gimiendo** moaning   [133]**ensangrentada** stained with blood   [134]**zumbaba** buzzed

5. Describe la guerra florida. ¿Capturan al protagonista?

6. Interprete las oraciones finales del cuento comenzando con "…ahora sabía que no iba a despertarse, que estaba despierto, que el sueño maravilloso había sido el otro, absurdo como todos los sueños…".

7. Explique la importancia del sueño en este cuento de Cortázar.

ALGUNOS ESTUDIOS DE INTERÉS

Alazraki, Jaime. "Voz narrativa en la ficción de Julio Cortázar". *Inti* 10–11 (1979–1980): 145–152.

—— e Ivar Ivask, eds. *The Final Island: The Fiction of Julio Cortázar.* Norman. University of Oklahoma Press, 1978.

García, Erica y Dorine Nieuwenhuijsen. "Revolución en 'La noche boca arriba'". *Nueva Revista de Filología Hispánica* 36:2 (1988): 1277–1300.

Filer, Malva E. *Los mundos de Julio Cortázar.* Long Island City, New York: Las Américas Publishing Co., 1970.

Franco, Jean. "Julio Cortázar: Utopia of Everyday Life". *Inti* 10–11 (1979–1980): 110–118.

Giacomen, Helmy. *Homenaje a Julio Cortázar: variaciones interpretativas en torno a su obra.* New York: Las Américas, 1972.

Lagmanovich, David, ed. *Estudios sobre los cuentos de Julio Cortázar.* Barcelona, España: Ediciones Hispam, 1975.

Mora Válcarcel, Carmen de. *Teoría y práctica del cuento en los relatos de Julio Cortázar.* Sevilla, España: Escuela de Estudios Hispano-Americanos, 1982.

Morello-Frosch, Martha. "El personaje y su doble en las ficciones de Cortázar". *Revista Iberoamericana* 34 (1968): 323–330.

Picón Garfield, Evelyn. *Cortázar por Cortázar.* Xalapa, México: Universidad Veracruzana, 1978.

Rama, Angel. "Julio Cortázar, constructor del futuro". *Texto Crítico* 7:20 (1981): 14–23.

Sosnowski, Saúl. *Julio Cortázar: Una búsqueda mítica.* Buenos Aires, Argentina: Noé, 1973.

Tyler, Joseph. "Tales of Repression and 'desaparecidos' in Valenzuela and Cortázar". *Romance Languages Annual* 3 (1991): 602–606.

Yurkievich, Saúl. "Julio Cortázar: Al calor de su sombra". *Revista Iberoamericana* 51:130–131 (1985): 7–20.

Octavio Paz

(1914, Ciudad de México–)

Hombre de gran cultura, ensayista y poeta, Octavio Paz es hoy uno de los grandes exponentes de la literatura hispanoamericana contemporánea. Recibió el Premio Nobel de Literatura en 1990 por la variedad, extensión y calidad de su obra.

Muchos son los temas y problemas sobre los que discurre Paz. Entre ellos, hay dos que no dejan de estar presentes en su obra: la búsqueda del carácter mexicano y la soledad. *El laberinto de la soledad* (1950, 1959, 1993) es un ensayo histórico-sociológico en el que el autor reflexiona sobre el carácter del pueblo mexicano. En él, Paz repasa la historia de México en busca de su identidad. El escritor ha dicho que *El laberinto de la soledad* es "Una tentativa por desenterrarme, y viéndome, ver el rostro de mi país, de mis semejantes". Además de *El laberinto de la soledad* pueden citarse los siguientes libros de ensayos: *El arco y la lira* (1956, 1967), *Corriente alterna* (1969), *Las peras del olmo* (1957), *Cuadrivio* (1965), *Puertas al campo* (1966), *Los hijos del limo* (1974), *Sor Juana Inés de la Cruz o las trampas de la fe* (1982), *Los signos en rotación y otros ensayos* (1983), *La otra voz. Poesía y fin de siglo* (1990), *Al paso* (1992) y *La llama doble. Amor y erotismo* (1993), los cuales giran en torno a la crítica literaria. En el campo del arte y la antropología ha publicado *Marcel Duchamp o El castillo de la pureza* (1968), libro que fue ampliado en *Apariencia desnuda. La obra de Marcel Duchamp* (1973) y *Claude-Lévi Strauss o El nuevo festín de Esopo* (1967). Paz aborda los temas de la historia y la política en *El ogro filantrópico* (1979), *Tiempo nublado* (1984), *Hombres en su siglo y otros ensayos* (1984) y *Pequeña crónica de grandes días* (1990).

Octavio Paz comenzó a dedicarse a la poesía a los catorce años, y a los diecinueve publicó su primer poemario, *Luna silvestre* (1933). En su poesía hay un esfuerzo por encontrar de nuevo "la palabra original". Para él, la función del poeta no es otra que la de salvar al hombre de su soledad y aislamiento, y establecer una comunicación que permita la salvación del hombre integral. La poesía de Octavio Paz no es ajena al movimiento impulsado por André Breton conocido como surrealismo, en el que figura la importancia del automatismo, del subconsciente y de los sueños. Tampoco están ausentes en su obra el sentido de la vida y la filosofía del hombre precolombino y oriental. Con esta última se familiarizó Paz al ser embajador de México en la India. Entre sus libros de poesía se encuentran: *Libertad bajo palabra: Obra poética, 1935–1957* (1960), *Salamandra 1958–1961* (1962), *Ladera este 1962–1968* (1969), *La centena. Poemas 1935–1968* (1969), *Pasado en claro* (1975), *Vuelta* (1976) y *Árbol adentro* (1987).

AL LEER CONSIDERE LO SIGUIENTE:
—cómo se resume una vida

En este epitafio el poeta, a través de términos contrarios, define su vida.

Epitafio para un poeta

Quiso cantar, cantar
para olvidar
su vida verdadera de mentiras
y recordar
su mentirosa vida de verdades.

DESPUÉS DE LEER

1. ¿Por qué canta el poeta?

2. Comente el verso "su vida verdadera de mentiras".

3. ¿Qué desea recordar y olvidar el poeta?

Dos cuerpos

Dos cuerpos frente a frente
son a veces dos olas[1]
y la noche es océano.

Dos cuerpos frente a frente
son a veces dos piedras
y la noche desierto.

Dos cuerpos frente a frente
son a veces raíces
en la noche enlazadas.

Dos cuerpos frente a frente
son a veces navajas[2]
y la noche relámpago.[3]

Dos cuerpos frente a frente
son dos astros que caen
en un cielo vacío.

DESPUÉS DE LEER

1. ¿Qué metáforas usa Paz en este poema? Explique su significado.

2. Analice la siguiente estrofa:

    Dos cuerpos frente a frente
    son dos astros que caen
    en un cielo vacío.

---

[1]**olas** waves   [2]**navajas** razors   [3]**relámpago** lightning

AL LEER CONSIDERE LO SIGUIENTE:

—la soledad del individuo
—la relación con la amada
—la visión de la naturaleza
—la importancia del sol

"Un día de tantos" presenta al individuo contemporáneo en su existencia cotidiana, regida por la soledad, no obstante estar rodeado de otros seres. Inclusive la comunicación con la amada es limitada.

Un día de tantos

Diluvio[1] de soles
no vemos nada pero vemos todo
Cuerpos sin peso[2] suelo sin espesor[3]
¿subimos o bajamos?

Tu cuerpo es un diamante
¿dónde estás?
Te has perdido en tu cuerpo

Esta hora es un relámpago quieto y sin garras[4]
al fin todos somos hermanos
hoy podríamos decirnos buenas tardes
hasta los mexicanos somos felices
y también los extraños

Los automóviles tienen nostalgia de hierba
Andan las torres
         el tiempo se ha parado
Un par de ojos no me deja
son una playa ágata en el sur calcinado[5]
son el mar entre las rocas color de ira
son la furia de junio y su manto de abejas

Sol león del cielo
tú que la miras
         mírame

---

[1]**diluvio** flood   [2]**sin peso** weightless   [3]**espesor** thickness   [4]**garras** claws   [5]**calcinado** burnt

Idolo que a nadie miras
                    míranos
El cielo gira[6] y cambia y es idéntico
¿dónde estás?
Yo estoy solo frente al sol y la gente
tú eras cuerpo fuiste luz no eres nada
Un día te encontraré en otro sol
Baja la tarde
                    crecen las montañas
Hoy nadie lee los periódicos
en las oficinas con las piernas entreabiertas
las muchachas toman café y platican
Abro mi escritorio
                    está lleno de alas verdes
está lleno de élitros[7] amarillos
Las máquinas de escribir marchan solas
escriben sin descanso la misma ardiente[8] sílaba
La noche acecha[9] tras los rascacielos[10]
es la hora de los abrazos caníbales
Noche de largas uñas
¡cuánta rabia en unos ojos recordados!
Antes de irse
el sol incendia las presencias

DESPUÉS DE LEER

1. Explique el significado del sol en el poema.

2. ¿Cómo interpreta usted el verso "Cuerpos sin peso suelo sin espesor"?

3. ¿A quién se refiere el poeta al decir "Tu cuerpo es un diamante"?

4. Indique los versos en los cuales el poeta se refiere a la amada.

5. ¿Qué busca el poeta?

6. ¿Hay elementos surrealistas en este poema?

---

[6]**gira** turns   [7]**élitros** elytrons (forewings of some insects such as beetles)   [8]**ardiente** burning
[9]**acecha** spies   [10]**rascacielos** skyscrapers

—la comparación que hace el poeta entre el acto de amor y el acto de escribir un poema
—las metáforas que usa el poeta para definir la poesía
—cómo logra el poeta la unión con el universo
—la importancia del amor

El poeta examina el acto de creación poético y la búsqueda de su ser por medio de la poesía y el amor.

Proema[1]

A veces la poesía es el vértigo de los cuerpos y el vértigo de la dicha y el
    vértigo de la muerte;
el paseo con los ojos cerrados al borde[2] del despeñadero[3] y la verbena[4] en los
    jardines submarinos;
la risa que incendia los preceptos y los santos mandamientos;
el descenso de las palabras paracaídas[5] sobre los arenales[6] de la página;
la desesperación que se embarca[7] en un barco de papel y atraviesa,
durante cuarenta noches y cuarenta días, el mar de la angustia nocturna y
    el pedregal[8] de la angustia diurna;
la idolatría al yo y la execración al yo y la disipación del yo;
la degollación[9] de los epítetos, el entierro[10] de los espejos;
la recolección de los pronombres acabados de cortar en el jardín de Epicuro[11]
    y en el de Netzahualcóyotl;[12]
el solo de flauta en la terraza de la memoria y el baile de llamas en la cueva
    del pensamiento;
las migraciones de miríadas de verbos, alas y garras, semillas y manos;
los substantivos óseos[13] y llenos de raíces, plantados en las ondulaciones
    del lenguaje;
el amor a lo nunca visto y el amor a lo nunca oído y el amor a lo nunca dicho:
    el amor al amor.

---

[1]**proema** word made up from *prosa* and *poema*   [2]**al borde de** at the edge of   [3]**despeñadero** cliff   [4]**verbena** herbs   [5]**paracaídas** parachute   [6]**arenales** large expanses of sand   [7]**que se embarca** that sets sail   [8]**pedregal** stony ground   [9]**degollación** beheading   [10]**entierro** burial   [11]**Epicuro** Epicurus (341–270 B.C.), Greek philosopher who considered that freedom from pain and peace of mind constitute the highest good, to be gained by self-control and the pursuit of virtue   [12]**Netzahualcóyotl** (1401–1472), king and poet of the ancient kingdom of Mexicas   [13]**óseos** bony

DESPUÉS DE LEER

1. Según Paz, ¿cómo es la experiencia de la creación poética?
2. Explique el verso "la idolatría al yo y la execración al yo y la disipación del yo".
3. ¿Qué imágenes usa el poeta para referirse a lo recóndito de su ser?
4. ¿Cuál es la importancia del lenguaje? ¿Cómo juega el poeta con el lenguaje?
5. ¿Qué importancia tiene el amor?

AL LEER CONSIDERE LO SIGUIENTE:

—el hermetismo del mexicano
—la relación del individuo con el mundo que lo rodea
—el concepto de la vida del mexicano

En *El laberinto de la soledad*, Octavio Paz analiza el ser mexicano y busca la esencia de lo que constituye la mexicanidad. En el ensayo "Máscaras mexicanas" contenido en dicha obra, Paz explica a partir de la imagen de "máscaras" lo enigmático del mexicano y su sociedad, así como también la manifestación de éste a través del hermetismo, la disimulación y la soledad.

El laberinto de la soledad
«Máscaras mexicanas»

Corazón apasionado
disimula[1] tu tristeza.
(Canción popular)

Viejo o adolescente, criollo o mestizo, general, obrero o licenciado, el mexicano se me aparece como un ser que se encierra y se preserva: máscara el rostro y máscara la sonrisa. Plantado en su arisca[2] soledad, espinoso[3] y cortés a un tiempo, todo le sirve para defenderse: el silencio y la palabra, la cortesía y el desprecio, la ironía y la resignación. Tan celoso de su intimidad como de la ajena,[4] ni siquiera se atreve a rozar con los ojos al vecino: una mirada puede desencadenar[5] la cólera de esas almas cargadas de electricidad. Atraviesa la vida como desollado; todo puede herirle, palabras y sospecha de palabras. Su lenguaje está lleno de reticencias, de figuras y alusiones, de puntos suspensivos; en su silencio hay repliegues,[6] matices,[7] nubarrones,[8] arcoíris súbitos,[9] amenazas indescifrables. Aun en la disputa prefiere la expresión velada a la injuria:[10] "al buen entendedor pocas palabras". En suma, entre la realidad y su persona establece una muralla, no por invisible menos infranqueable,[11] de impasibilidad y lejanía. El mexicano siempre está lejos, lejos del mundo y de los demás. Lejos, también de sí mismo.

El lenguaje popular refleja hasta qué punto nos defendemos del exterior: el ideal de la "hombría" consiste en no "rajarse"[12] nunca. Los que se "abren" son cobardes. Para nosotros, contrariamente a lo que ocurre con otros pueblos, abrirse es una debilidad o una traición. El mexicano puede doblarse, humillarse,

---

[1]**disimula** hide [2]**arisca** unfriendly [3]**espinoso** thorny [4]**ajena** that of others [5]**desencadenar** let loose, unchain [6]**repliegues** withdrawals [7]**matices** nuances [8]**nubarrones** large storm clouds [9]**arcoíris súbitos** sudden rainbows [10]**injuria** insult [11]**infranqueable** impassable [12]**no "rajarse"** not being intimidated

"agacharse",[13] pero no "rajarse", esto es, permitir que el mundo exterior penetre en su intimidad. El "rajado" es de poco fiar,[14] un traidor o un hombre de dudosa fidelidad, que cuenta los secretos y es incapaz de afrontar[15] los peligros como se debe. Las mujeres son seres inferiores porque, al entregarse, se abren. Su inferioridad es constitucional y radica en su sexo, en su "rajada", herida que jamás cicatriza.[16]

El hermetismo es un recurso de nuestro recelo y desconfianza. Muestra que instintivamente consideramos peligroso al medio que nos rodea. Esta reacción se justifica si se piensa en lo que ha sido nuestra historia y en el carácter de la sociedad que hemos creado. La dureza y hostilidad del ambiente —y esa amenaza, escondida e indefinible, que siempre flota en el aire— nos obligan a cerrarnos al exterior, como esas plantas de la meseta que acumulan sus jugos tras una cáscara[17] espinosa. Pero esta conducta, legítima en su origen, se ha convertido en un mecanismo que funciona solo, automáticamente. Ante la simpatía y la dulzura nuestra respuesta es la reserva, pues no sabemos si esos sentimientos son verdaderos o simulados. Y además, nuestra integridad masculina corre tanto peligro ante la benevolencia como ante la hostilidad. Toda abertura de nuestro ser entraña[18] una dimisión de nuestra hombría.

Nuestras relaciones con los otros hombres también están teñidas[19] de recelo. Cada vez que el mexicano se confía a un amigo o a un conocido, cada vez que se "abre", abdica. Y teme que el desprecio del confidente siga a su entrega. Por eso la confidencia deshonra[20] y es tan peligrosa para el que la hace como para el que la escucha; no nos ahogamos en la fuente que nos refleja, como Narciso, sino que la cegamos. Nuestra cólera no se nutre[21] nada más del temor de ser utilizados por nuestros confidentes —temor general a todos los hombres— sino de la vergüenza de haber renunciado a nuestra soledad. El que se confía, se enajena;[22] "me he vendido con Fulano", decimos cuando nos confiamos a alguien que no lo merece. Esto es, nos hemos "rajado", alguien ha penetrado en el castillo fuerte. La distancia entre hombre y hombre, creadora del mutuo respeto y la mutua seguridad, ha desaparecido. No solamente estamos a merced del intruso,[23] sino que hemos abdicado.

Todas estas expresiones revelan que el mexicano considera la vida como lucha, concepción que no lo distingue del resto de los hombres modernos. El ideal de hombría para otros pueblos consiste en una abierta y agresiva disposición al combate; nosotros acentuamos el carácter defensivo, listos a repetir el ataque. El "macho" es un ser hermético, encerrado en sí mismo, capaz de guardarse y guardar lo que se le confía. La hombría se mide por la invulnerabilidad ante las armas enemigas o ante los impactos del mundo exterior. El estoicismo[24] es la más alta de nuestras virtudes guerreras y políticas. Nuestra historia está llena de frases y episodios que revelan la indiferencia de nuestros héroes ante el dolor o el peligro.

[13]**"agacharse"** grin and bear it   [14]**de poco fiar** not trustworthy   [15]**de afrontar** of confronting   [16]**que jamás cicatriza** that never heals   [17]**cáscara** shell, skin   [18]**entraña** involves   [19]**teñidas** tinted   [20]**deshonra** disgraces   [21]**no se nutre** is not fed   [22]**se enajena** becomes alienated   [23]**intruso** intruder   [24]**estoicismo** indifference to pleasure or pain

Desde niños nos enseñan a sufrir con dignidad las derrotas,[25] concepción que no carece[26] de grandeza. Y si no todos somos estoicos e impasibles —como Juárez[27] y Cuauhtémoc[28]— al menos procuramos ser resignados, pacientes y sufridos. La resignación es una de nuestras virtudes populares. Más que el brillo de la victoria nos conmueve la entereza ante la adversidad.

La preeminencia de lo cerrado frente a lo abierto no se manifiesta sólo como impasibilidad y desconfianza, ironía y recelo, sino como amor a la Forma. Esta contiene y encierra a la intimidad, impide sus excesos, reprime sus explosiones, la separa y aísla, la preserva. La doble influencia indígena y española se conjugan en nuestra predilección por la ceremonia, las fórmulas y el orden. El mexicano, contra lo que supone una superficial interpretación de nuestra historia, aspira a crear un mundo ordenado conforme a principios claros. La agitación y encono[29] de nuestras luchas políticas prueba hasta qué punto las nociones jurídicas juegan un papel importante en nuestra vida pública. Y en la de todos los días el mexicano es un hombre que se esfuerza por ser formal y que muy fácilmente se convierte en un formulista. Y es explicable. El orden —jurídico, social, religioso o artístico— constituye una esfera segura y estable. En su ámbito[30] basta con ajustarse a los modelos y principios que regulan la vida; nadie, para manifestarse, necesita recurrir a la continua invención que exige una sociedad libre. Quizá nuestro tradicionalismo —que es una de las constantes de nuestro ser y lo que da coherencia y antigüedad a nuestro pueblo— parte del amor que profesamos a la Forma.

Las complicaciones rituales de la cortesía, la persistencia del humanismo clásico, el gusto por las formas cerradas en la poesía (el soneto y la décima, por ejemplo), nuestro amor por la geometría en las artes decorativas, por el dibujo y la composición en la pintura, la pobreza de nuestro Romanticismo frente a la excelencia de nuestro arte barroco, el formalismo de nuestras instituciones políticas y, en fin, la peligrosa inclinación que mostramos por las fórmulas —sociales, morales y burocráticas—, son otras tantas expresiones de esta tendencia de nuestro carácter. El mexicano no sólo no se abre; tampoco se derrama.

A veces las formas nos ahogan.[31] Durante el siglo pasado los liberales vanamente intentaron someter la realidad del país a la camisa de fuerza[32] de la Constitución de 1857.[33] Los resultados fueron la Dictadura de Porfirio Díaz[34] y la Revolución de 1910. En cierto sentido la historia de México, como la de cada mexicano, consiste en una lucha contra las formas y fórmulas en que se pretende encerrar a nuestro ser y las explosiones con que nuestra espontaneidad se venga.

---

[25]**derrotas** defeats   [26]**carece** lacks   [27]**Juárez** Benito Juárez (1806–1872), a Zapotec native, governor of the state of Oaxaca and president of Mexico from 1861 until his death. During his presidency the power and privileges of the Roman Catholic church were curtailed. [28]**Cuauhtémoc** (1495–1525), last emperor of the Aztec empire. Even though Cuauhtémoc was defeated by Hernán Cortés, he is considered a national Mexican hero.   [29]**encono** fierceness   [30]**ámbito** world   [31]**nos ahogan** suffocate us   [32]**camisa de fuerza** straitjacket [33]**Constitución de 1857** Mexican President Ignacio Comonfort summoned in 1857 a constitutional assembly to formulate a new constitution that went into effect in 1917.   [34]**Porfirio Díaz** (1830–1915), Mexican general and politician. Díaz fought against Mexico's French intervention and twice became president of his country (1877–1880 and 1884–1911).

Pocas veces la Forma ha sido una creación original, un equilibrio alcanzado no a expensas sino gracias a la expresión de nuestros instintos y quereres. Nuestras formas jurídicas y morales, por el contrario, mutilan con frecuencia a nuestro ser, nos impiden expresarnos y niegan satisfacción a nuestros apetitos vitales.

La preferencia por la Forma, inclusive vacía de contenido, se manifiesta a lo largo de la historia de nuestro arte, desde la época precortesiana hasta nuestros días. Antonio Castro Leal,[35] en su excelente estudio sobre Juan Ruiz de Alarcón,[36] muestra cómo la reserva frente al romanticismo —que es, por definición, expansivo y abierto— se expresa ya en el siglo XVII, esto es, antes de que siquiera tuviésemos conciencia de nacionalidad. Tenían razón los contemporáneos de Juan Ruiz de Alarcón al acusarlo de entrometido,[37] aunque más bien hablasen de la deformidad de su cuerpo que de la singularidad de su obra. En efecto, la porción más característica de su teatro niega al de sus contemporáneos españoles. Y su negación contiene, en cifra, la que México ha opuesto siempre a España. El teatro de Alarcón es una respuesta a la vitalidad española, afirmativa y deslumbrante en esa época, y que se expresa a través de un gran Sí a la historia y a las pasiones. Lope[38] exalta el amor, lo heroico, lo sobrehumano, lo increíble; Alarcón opone a estas virtudes desmesuradas[39] otras más sutiles y burguesas: la dignidad, la cortesía, un estoicismo melancólico; un pudor[40] sonriente. Los problemas morales interesan poco a Lope, que ama la acción, como todos sus contemporáneos. Más tarde Calderón[41] mostrará el mismo desdén por la psicología; los conflictos morales y las oscilaciones, caídas y cambios del alma humana sólo son metáforas que transparentan un drama teológico cuyos dos personajes son el pecado original y la Gracia divina. En las comedias más representativas de Alarcón, en cambio, el cielo cuenta poco, tan poco como el viento pasional que arrebata a los personajes lopescos. El hombre, nos dice el mexicano, es un compuesto, y el mal y el bien se mezclan sutilmente en su alma. En lugar de proceder por síntesis, utiliza el análisis: el héroe se vuelve problema. En varias comedias se plantea la cuestión de la mentira: ¿hasta qué punto el mentiroso de veras miente, de veras se propone engañar?;[42] ¿no es él la primera víctima de sus engaños y no es a sí mismo a quien engaña? El mentiroso se miente a sí mismo: tiene miedo de sí. Al plantearse el problema de la autenticidad, Alarcón anticipa uno de los temas constantes de reflexión del mexicano, que más tarde recogerá Rodolfo Usigli[43] en *El gesticulador*.

---

[35]**Antonio Castro Leal** (1896–1981), Mexican essayist, diplomat, and author of *Juan Ruiz de Alarcón, su vida y su obra* (1943)   [36]**Juan Ruiz de Alarcón** (1580–1639), Mexican playwright who resided most of his life in Spain. His most important works are *Las paredes oyen* (1628) and *No hay mal que por bien no venga* (1653).   [37]**entrometido** meddler   [38]**Lope** reference to Lope de Vega (1562–1635), prolific Spanish playwright of the Golden Age. His works include *Peribáñez y el comendador de Ocaña* (1605–1608?), *Fuenteovejuna* (1612–1614?), and *El caballero de Olmedo* (1620–1622?).   [39]**desmesuradas** excessive   [40]**pudor** modesty   [41]**Calderón** Pedro Calderón de la Barca (1600–1681), Spanish playwright who authored, among other plays, *La vida es sueño* (1635) and *El alcalde de Zalamea* (1638)   [42]**engañar** to deceive   [43]**Rodolfo Usigli** Mexican playwright (1905–1980) known mainly for *El gesticulador* (1947), *Corona de sombra* (1947), *Corona de fuego* (1960), and *Corona de luz* (1965)

En el mundo de Alarcón no triunfan la pasión ni la Gracia; todo se subordina a lo razonable; sus arquetipos son los de la moral que sonríe y perdona. Al sustituir los valores vitales y románticos de Lope por los abstractos de una moral universal y razonable, ¿no se evade, no nos escamotea[44] su propio ser? Su negación, como la de México, no afirma nuestra singularidad frente a la de los españoles. Los valores que postula Alarcón pertenecen a todos los hombres y son una herencia grecorromana tanto como una profecía de la moral que impondrá el mundo burgués. No expresan nuestra espontaneidad, ni resuelven nuestros conflictos; son Formas que no hemos creado ni sufrido, máscaras. Sólo hasta nuestros días hemos sido capaces de enfrentar al Sí español un Sí mexicano y no una afirmación intelectual, vacía de nuestras particularidades. La Revolución mexicana, al descubrir las artes populares, dio origen a la pintura moderna; al descubrir el lenguaje de los mexicanos, creó la nueva poesía.

Si en la política y el arte el mexicano aspira a crear mundos cerrados, en la esfera de las relaciones cotidianas procura que imperen el pudor, el recato[45] y la reserva ceremoniosa. El pudor, que nace de la vergüenza ante la desnudez[46] propia o ajena, es un reflejo casi físico entre nosotros. Nada más alejado de esta actitud que el miedo al cuerpo, característico de la vida norteamericana. No nos da miedo ni vergüenza nuestro cuerpo; lo afrontamos con naturalidad y lo vivimos con cierta plenitud —a la inversa de lo que ocurre con los puritanos. Para nosotros el cuerpo existe; da gravedad y límites a nuestro ser. Lo sufrimos y gozamos; no es un traje que estamos acostumbrados a habitar, ni algo ajeno a nosotros: somos nuestro cuerpo. Pero las miradas extrañas nos sobresaltan, porque el cuerpo no ve la intimidad, sino la descubre. El pudor, así, tiene un carácter defensivo, como la muralla china de la cortesía o las cercas de órganos y cactos que separan en el campo a los jacales de los campesinos. Y por eso la virtud que más estimamos en las mujeres es el recato, como en los hombres la reserva. Ellas también deben defender su intimidad.

DESPUÉS DE LEER

1. ¿Por qué es tan importante la intimidad para el mexicano?

2. Octavio Paz escribe: "Para nosotros, contrariamente a lo que ocurre con otros pueblos, abrirse es una debilidad o una traición". Comente el significado de esa frase.

3. Según Octavio Paz, ¿cuál es la función del hermetismo?

4. ¿Qué significa la vida para el mexicano?

5. Para el autor, ¿cómo se traslada el proceso histórico de México al ámbito personal del mexicano?

6. ¿Qué opina Octavio Paz sobre el pudor?

7. Explique el significado del título de este ensayo de *El laberinto de la soledad.*

---

[44]**escamotea** take away   [45]**recato** discretion   [46]**desnudez** nakedness

ALGUNOS ESTUDIOS DE INTERÉS

Chiles, Frances. *Octavio Paz. The Mythic Dimension*. New York: Peter Lang, 1987.

Edwards, Jorge. "El vértigo continuo". *Antipods* (1992): 207–213.

Espina, Eduardo. "Entre las horas y el lenguaje: Octavio Paz y la temporalidad". *Antipods* (1992): 229–243.

Fein, John. *Toward Octavio Paz: A Reading of His Major Poems, 1957–1976*. Lexington: University of Kentucky Press, 1986.

Flores, Angel, ed. *Aproximaciones a Octavio Paz*. México, D.F.: Joaquín Mortiz, 1974.

Gnutzmann, Rita. "Obra poética (1935–1988) de Octavio Paz: Apuntes y conjeturas". *Antipods* (1992): 245–250.

Leal, Luis. "Octavio Paz and the Chicano". *Latin American Review* 5:10 (1977): 115–123.

Sucre, Guillermo. *La máscara, la transparencia. Ensayos sobre poesía hispanoamericana*. Caracas, Venezuela: Monte Avila, 1975.

Usigli, Rodolfo. "Poeta en libertad". *Cuadernos Americanos* 49:1 (1950): 293–300.

Wilson, Jason. *Octavio Paz*. Boston: Twayne, 1986.

Xirau, Ramón. *Octavio Paz: el sentido de la palabra*. México, D.F.: Joaquín Mortiz, 1970.

Emilio Carballido

(1925, Córdoba, México–)

Emilio Carballido es considerado uno de los dramaturgos más destacados del teatro mexicano e hispanoamericano de hoy, con una obra de más de setenta piezas. Varias de ellas se han traducido al inglés y a otros idiomas; algunas han sido presentadas en Estados Unidos, Latinoamérica y Europa. Carballido también ha escrito novelas, cuentos y guiones cinematográficos.

La técnica que emplea Carballido en sus obras teatrales es amplia. Lo mismo puede decirse de su temática. Algunas de sus piezas teatrales son de tipo experimental o fantásticas; otras son realistas. En el teatro de Carballido se observan diferentes prototipos del pueblo mexicano, tanto de la provincia como de la capital, presentados con humor, ironía, burla y sarcasmo. Las piezas teatrales de Carballido tratan asuntos relacionados con el acontecer diario del mexicano, así como también puntos pertinentes a la deshumanización de la sociedad contemporánea. Los temas que aborda transcienden lo nacional. Con frecuencia, Carballido experimenta con la música como manifestación de una realidad que existe más allá de la realidad aparente.

Emilio Carballido publicó en 1948 *La zona intermedia, El triángulo sutil* y *La triple porfía,* y en 1950 *Rosalba y los llaveros,* pieza de crítica social en la que contrasta por medio del humor y la ironía a una joven de la ciudad con sus primos provincianos. Esta pieza de Carballido es considerada una de sus mejores obras. Otras piezas dramáticas del autor son *Felicidad* (1955), *La danza que sueña la tortuga* (1955) y *La hebra de oro* (1956) en las que se encuentran elementos surrealistas. La antología *El teatro de Emilio Carballido* (1960) contiene una colección de piezas en un acto que han logrado gran popularidad. Carballido además ha escrito: *Teseo* (1962), *Un pequeño día de ira* (1960), *El día que se soltaron los leones* (1963), *¡Silencio, pollos pelones, ya les van a echar su maíz!* (1963), *Yo también hablo de la rosa* (1965), *El almanaque de Juárez* (1968), *Conversación entre las ruinas* (1969), *Acapulco, los lunes* (1969), *Te juro, Juana, que tengo ganas* (1970), *Un vals sin fin sobre el planeta* (1970), *José Guadalupe (las glorias de posada)* (1976), *Fotografía en la playa* (1977), *Nahui Ollín* (1977), *Tiempo de ladrones* (1983), *Ceremonia en el templo del tigre* (1986) y *Rosa de dos aromas* (1986). Entre sus novelas se encuentran: *La veleta oxidada* (1954), *El norte* (1958), *El sol* (1970), *Las visitaciones del diablo* (1965) y *Los zapatos de fierro* (1983). *La caja vacía* (1962) es una colección de cuentos.

AL LEER CONSIDERE LO SIGUIENTE:

—las relaciones humanas
—la contraposición entre lo espiritual y lo material
—el tema de la soledad
—la universalidad de la obra

Silvia, al conocer a Evaristo tres días antes de su boda, descubre que lo que ella creía ser felicidad era en realidad un vacío existencial.

El solitario en octubre

৵

Personajes
   EVARISTO
   SILVIA
   UN PERIODIQUERO[1]
   UNA VIEJA
   UNA MUJER DE ASPECTO DECENTE
   ELOY

En la Alameda Central. Otoño de 1961.

La fuente de Venus. Último sol de la tarde. Los árboles amarillean, gorgotea[2] la fuente, suenan las hojas, lucen las flores. Llueven hojas doradas sobre las bancas y el agua y la gente que va pasando: el niño PERIODIQUERO; *la* VIEJA, *que lleva un morral[3] lleno; la* MUJER DE ASPECTO DECENTE, *que lleva un morral vacío y delantal,[4]* EVARISTO, *que viste pantalón de pana[5] y suéter grueso. Se oye lejos un organillero,[6] tocando un vals. Ruidos urbanos.*

PERIODIQUERO   (*Pregona.[7]*) El Gráfico… La Extra de las noticias… La Extra…
                        (*Sale.*)

EVARISTO *observa el lugar, lo encuentra bello. Va a un árbol tierno,[8] lo toca, acaricia[9] una hoja. Parece que dijera algo (tal vez versos), pues mueve los labios. Retira la mano.*

El sol se va. La MUJER DE ASPECTO DECENTE *observa a* EVARISTO *y sale. La* VIEJA *del morral parece buscar algo en el suelo.*

---

[1]**periodiquero** newspaper vendor   [2]**gorgotea** gurgles   [3]**morral** bag   [4]**delantal** apron
[5]**pantalón de pana** corduroy pants   [6]**organillero** organ grinder   [7]**pregona** shouts   [8]**tierno** young   [9]**acaricia** caresses

VIEJA Ks, ks, ks.[10] (*Descubrió un perro, que está un poco alejado, a la izquierda.*) Ks, ks, ks. (*Toda dulzura.*) Anda, tonto, ven. ¿Tú no me conoces? Toma. (*Le tira pan y huesos, que saca del morral.*) No seas desconfiado, anda. Ven. ¡Jesús, qué hambre tienes! Pero no tragues todo entero, ¿eh? Toma. (*Le tira más.*)

EVARISTO se ha acercado hasta estar junto a ella.

EVARISTO Tiene hambre.

VIEJA Sí, pobrecito. Ven, anda. Es que éste no me conoce todavía.

EVARISTO Ks, ks, ks.

Pasa SILVIA, despacio y a gusto,[11] viendo en torno.[12] Los observa un momento.

VIEJA (*Enojada.*) Me lo va a espantar,[13] no lo llame usted.

EVARISTO Ah. (*Se aleja un poco.*)

Va saliendo SILVIA, despacio.

VIEJA (*Seria y profunda como una bruja.[14]*) Es que los maltratan tanto. Aquél, en cambio, ya me conoce. Va a ver cómo viene. ¡Muñeco! ¡Muñeco! Es el Muñeco, y entiende por su nombre. En cuanto me ve, viene corriendo. ¡Muñeco! Es muy inteligente. Toma, Muñeco. Ks, ks, ks. ¡Vaya! ¡Se fue! (*Ve a EVARISTO. Muy agria.*) Pues claro, usted los está espantando.

Vuelve el papelero, mientras ella levanta su morral. EVARISTO se aleja.

PERIODIQUERO (*A la VIEJA.*) La Extra, joven, la Extra. ¿No le sobra un panecito[15] por ahí?

VIEJA No me sobra nada. (*Sale.*)

EVARISTO Dame la Extra. (*Paga.*) Quédate con el cambio.[16] ¿Qué tal has vendido ahora?

PERIODIQUERO Mal. (*Se va.*)

EVARISTO ¿Y no vas a la...? (*Calla, se sienta.*)

Vuelve la MUJER DE ASPECTO DECENTE. Se le aproxima, lo ve. Le hace un guiño[17] obsceno.

MUJER ¿Vamos?

EVARISTO (*Desprevenido.[18]*) ¿Adónde? Ah. (*Se da cuenta.*) ¿Vas de compras?

---

[10]**ks, ks, ks** sound used to call a dog [11]**a gusto** with ease [12]**viendo en torno** looking around [13]**espantar** to make (him) go away [14]**bruja** witch [15]**no le sobra un panecito** don't you have any bread left [16]**quédate con el cambio** keep the change [17]**guiño** wink [18]**desprevenido** off guard

MUJER	No, es que andan llevándonos.[19] Con esto, pues se disimula. ¿Vamos? Aquí nomás, ahí atrasito.[20]
EVARISTO	¿Se han llevado a tus compañeras?
MUJER	Sí. O si tienes coche… ¿Tienes?
EVARISTO	No, no tengo. ¿Cómo te llamas? Siéntate.
MUJER	(*Observación técnica:*) Tú lo que quieres es platicar, ¿verdad? Nos vemos.[21] (*Sale.*)

EVARISTO, solo, sube los pies a la banca. Se abraza las rodillas. Otra lluvia de hojas y él recibe varias en la mano. Las examina.

Entra SILVIA. La luz ha enrojecido. Ella camina como sin objeto, respirando hondo, viendo al cielo, a las ramas, meneando con indolencia[22] su bolsa de mano. Descubre el mismo árbol que acarició EVARISTO. Toca las hojas y de pronto abraza el tronco y le da un beso. Suspira. Al dar la vuelta descubre a EVARISTO, viéndola.

SILVIA	Ay. (*Pronuncia siempre un «ay» muy corto, sobresaltado.[23]*)

Ella quisiera disimular su gesto impulsivo. Va a irse, de prisa.

EVARISTO	No se apure,[24] por poco hago lo mismo.[25]
SILVIA	(*Advierte que se dirige a ella. No sabe si contestar. Al fin.*) ¿Hace qué?
EVARISTO	Besar el árbol.
SILVIA	(*Va a salir. Se ríe un poco.*) Qué tontería, ¿verdad? (*Da un paso más, pero la fuerza de la tarde y las ganas de hablar con alguien triunfan. Dice, sin ver el otro.*) Ay, es que está tan lindo, mírelo. Como niño de los árboles, o… como si se hubiera equivocado de estación… Pero qué ridícula soy, y qué cosas estoy diciendo. (*Ve en torno.*)
EVARISTO	(*Se levanta. Sin verla. Viendo en torno.*) No. Es… El otoño. Es la estación de México. El aire recién lavado por el verano, ni calor, ni frío, no hay polvo… Y los colores… (*Señala varios.*) ¿Ve?
SILVIA	¿Qué? (*Busca donde él señala.*)
EVARISTO	Tan… nítidos.[26] Tan… primarios. (*Busca la palabra.*) Tan… adánicos.
SILVIA	¿Tan qué?
EVARISTO	Tan… (*Señala en torno.*) Tan así.

---

[19]**es que andan llevándonos** they (the police) are rounding us up   [20]**atrasito** back in there   [21]**nos vemos** I'll see you   [22]**meneando con indolencia** swinging with apathy   [23]**sobresaltado** startled   [24]**no se apure** don't worry   [25]**por poco hago lo mismo** I almost did the same   [26]**nítidos** clear

Ambos se sonríen. Vuelve el vals del organillo, lo escuchan y caminan unos pasos, casi como si de un momento a otro fueran a bailarlo.

SILVIA   (*Se sienta de pronto.*) Voy a casarme dentro de dos días. Hoy fui a trabajar por última vez. Conseguimos ya un departamento... ¡chulísimo![27]

EVARISTO   ¿Qué hace él?

SILVIA   Trabaja en una compañía de seguros.[28] (*Ve el reloj.*) Ya se le hizo muy tarde.[29]

EVARISTO   Mi divorcio lo fallaron[30] antier.[31] Como ella va a casarse, no tengo que pasarle pensión.[32] (*Se sienta.*)

SILVIA   Ay. (*Lo ve. Luego, con mucha tristeza.*) Aaaaaay. (*Pausa.*) ¿La quería?

EVARISTO   (*Feliz, se levanta y subraya cada palabra con un gran gesto.*) ¡Nada! ¡Nada! ¡Nada!

SILVIA   (*Horrorizada.*) ¿Nada?

EVARISTO   ¡Na da! (*Vuelve a sentarse, muy contento.*)

SILVIA   ¿Y nunca la quiso?

EVARISTO   Sí, creo que sí. Hace mucho tiempo. Antes de casarnos.

SILVIA   ¿Nada más mientras fueron novios?

EVARISTO   No éramos novios. Bueno, no éramos nada más novios.

SILVIA   Ay. (*Se sienta muy derecha.*)

EVARISTO   (*Evoca.*) Magdalena. Muy... (*Hace un gesto vago y opulento.*) Muy... No podía nadie dejar de verla en la calle. Muy...

SILVIA   Sí. Entiendo.

EVARISTO   Funcionaba todo... muy bien. (*Ve la cara de ella.*) Digo, nuestras... relaciones. Por eso nos casamos.

SILVIA   (*Muy derecha, calla. Gana la curiosidad.[33]*) ¿Y qué pasó?

EVARISTO   (*Busca los términos. Luego.*) ¿Sabe lo que hacen con el empleado nuevo en las dulcerías?

SILVIA   ¿Qué?

EVARISTO   Le dicen: "Come cuanto quieras". Y el empleado nuevo come y come y come... Durante algunos días. Después ya no se le antojan[34] los dulces.

SILVIA   (*Ofendida.*) Usted es muy poco espiritual.

---

[27]**chulísimo** really pretty   [28]**seguros** insurance   [29]**ya se le hizo tarde** he is already late   [30]**lo fallaron** was decreed   [31]**antier (*anteayer*)** the day before yesterday   [32]**pensión** alimony   [33]**gana la curiosidad** curiosity takes over   [34]**no se le antojan** he doesn't feel like having

EVARISTO	Al contrario, soy… (*muy convencido:*) *muy* espiritual.
SILVIA	(*Nerviosa.*) Pues Eloy…, se llama Eloy, mi novio. Y somos *novios* desde hace tres años. *Novios.* Ahora ya lo ascendieron,[35] es jefe de su oficina, y ha comprado tantas cosas tan lindas.
EVARISTO	(*Se levanta.*) ¡Eso! ¡Eso les encanta a ustedes! El refrigerador. La licuadora. Los cubiertos. La televisión. ¿Ya tienen televisión?
SILVIA	¡Claro! Preciosa. ¡Grande!
EVARISTO	(*Sombrío.*) Nosotros tuvimos una. Chica.
SILVIA	¿Quién se quedó con ella?
EVARISTO	Nadie. La rompí yo a patadas.[36]
SILVIA	Ay.
EVARISTO	Así empezó todo. Digo, el divorcio.
SILVIA	¿Y los niños?
EVARISTO	No tuvimos.

Pasa un avión. Ambos lo ven perderse. Ella suspira.

EVARISTO	Era un jet.
SILVIA	¿Cuántos años duraron casados?
EVARISTO	Un año. Seis meses vivimos juntos, y seis tardó el divorcio.
SILVIA	¿Y antes de casarse?
EVARISTO	Dos años.
SILVIA	¡Dos años! ¿Y por qué… no vivían juntos?
EVARISTO	Magdalena ayudaba a su familia… Y yo no ganaba lo bastante para comprar… "cosas tan lindas".
SILVIA	Usted *no es* espiritual.
EVARISTO	¿Y usted?
SILVIA	(*Alarmada.*) ¿Yo? ¡Yo sí!
EVARISTO	Debería ser también realista.
SILVIA	¿Yo? Sí soy. (*Convencida.*) Espiritual y realista.
EVARISTO	Bah, aah ahh. (*Hace ruidos variados y despectivos.*[37])
SILVIA	(*Ofendida.*) ¿Qué quiere decir con esos… ruidos?
EVARISTO	Realista usted. Tres años de novios, ¿no?
SILVIA	Sí.
EVARISTO	Bueno. Sea sincera. No nos conocemos. Está oscureciendo. Se encienden las luces de la avenida Juárez. Ya no nos vemos bien

---

[35]**lo ascendieron** he had a promotion   [36]**a patadas** kicked it   [37]**despectivos** disparaging

las caras. ¿Cuándo volveremos a encontrarnos? Así es que puede ser sincera. Sea sincera. En tres años..., ¿nunca nada... de nada?

SILVIA   ¡Claro que nunca!

EVARISTO   ¿Y se besaban?

SILVIA   Pues sí, claro. Si somos novios. *Novios.*

EVARISTO   Mm. (*Calla.*)

Una pausa.

SILVIA   Mm, ¿qué?

EVARISTO   Que andan muy mal las cosas. Tres años de besarse... y nada. Cuando se casen... (*Calla.*)

SILVIA   ¡Pues para eso se casa uno! Ya me voy. (*Se levanta.*) ¡No! ¡Váyase usted! Yo tengo que esperarlo aquí. A mi Eloy.

EVARISTO   Bueno. Adiós. (*Se levanta.*)

SILVIA   Adiós. (*Se sienta.*)

EVARISTO   Magdalena y yo empezamos de novios, como todo el mundo. Pero nos besábamos y... (*Silba.*[38]) Bueno, adiós.

SILVIA   Eloy es guapísimo. Me encanta.

EVARISTO   Sí, ¿verdad? (*Saluda con la mano. Va a irse.*)

SILVIA   (*Furiosa.*) ¿Cree que no lo vi platicando con esa vieja? Está solo como perro, y amargado,[39] buscaba usted su pedazo de pan de compañía, y por eso me quiere estropear[40] mi tarde. Mi tarde tan preciosa... (*Parece que fuera a llorar.*)

EVARISTO   Que usted disfrutaba más... por lo mismo que yo..., porque estaba sola. Él no llegó a tiempo... y usted se puso feliz, a platicar intimidades con un desconocido.

SILVIA   Está usted solo y es malo.

EVARISTO   (*Pausa reflexiva.*) Al menos... estoy solo. Sí. (*Suspira.*) Sí estoy solo. (*Se enoja.*) Ahora usted quiere amargarme la tarde.

SILVIA   Ya la tiene amargada desde antes. Y en su casa no lo espera nadie, por eso anda así, de aquí para allá.

EVARISTO   (*Calla. Luego.*) Bueno, adiós. (*Empieza a irse. Patea un objeto.*)

SILVIA   Adiós. (*Pausa.*) ¿De veras nadie lo espera?

EVARISTO   (*Trata de sonar casual.*) No, nadie. Pero... (*Calla. Se detiene.*)

SILVIA   ¡Ya váyase! (*Pausa.*) ¿Cómo se llama usted?

EVARISTO   Evaristo. ¿Y usted?

---

[38]**silba** whistles   [39]**amargado** bitter   [40]**estropear** to spoil

SILVIA   Silvia. (*Se echa a llorar.*)

EVARISTO se acerca. La ve.

EVARISTO   Oiga: yo no la hice llorar. Oiga: ¿por qué llora? Silvia, no llore. (*Se acerca más.*) Silvia. (*Se sienta junto a ella.*) Silvia.

La abraza y la besa.

SILVIA   (*En el colmo de la indignación.*[41]) ¡Cómo se atreve!

Se abrazan y se besan furiosamente.

EVARISTO   ¿Vas a empezar una vida de rutina con un hombre que te ha besado tres años sin que pase nada? ¡Es un imbécil!

Se besan furiosamente.

SILVIA   (*Sofocada.*) Sí, ¿verdad? Es… horrible.

EVARISTO   ¿Eloy?

SILVIA   Sí. No. Esto. Ay, yo no sé qué pasa. Yo no sé por qué están pasando estas cosas. ¿Cómo dices que te llamas? Evaristo, ¿verdad? (*Lo besa.*) ¿Evaristo qué?

EVARISTO   Evaristo Marrón.

Se besan.

SILVIA   ¡Vámonos, porque va a llegar Eloy! (*Lo besa.*)

EVARISTO   Vámonos. (*La besa.*)

Van a salir a la carrera.

SILVIA   (*Se para en seco.*[42]) Te vas a casar conmigo, ¿verdad?

EVARISTO   ¿Yo? ¿Cómo que a casarme? ¡Si me dieron el divorcio hace dos días!

SILVIA   ¿Y no puedes casarte?

EVARISTO   ¡No quiero! (*La abraza y la besa.*) ¡Vámonos!

SILVIA   ¿Pero qué clase de mujer crees que soy? ¿Cómo te atreves? (*Empieza a llorar.*) Y Eloy me tiene mi casa tan linda, y me ha comprado tantas cosas, y es tan bueno… ¡Tan bueno! ¿Por qué me haces esto? ¿Por qué?

EVARISTO   ¿Pero no te das cuenta? ¿No has visto este día? ¡Octubre! ¡Sol! ¡Hojas doradas! ¡Ocaso! ¡Aviones! ¡Oye la fuente! ¡Oye el ruido de la ciudad! (*Gran descubrimiento.*) ¡Mira la luna! ¡Torcida, enrojecida! ¡Siente el aire! ¡Mira las hojas! ¿Y quieres encerrarte conmigo durante años en un departamento, a ver televisión?

---

[41]**en el colmo de la indignación** truly angry   [42]**en seco** suddenly

> SILVIA ¡Yo quiero casarme! ¡Yo soy decente! ¿Qué te has creído que soy? ¡Vete de aquí! ¡Vete! ¡Vete! (*Llora y aúlla.*[43])

EVARISTO está irritado, perplejo. Va a decir algo. Opta por irse. Se detiene. Quiere explicarse.

> EVARISTO Silvia… Yo estoy solo, pero…
>
> SILVIA (*Sin dejar de llorar.*) ¿Qué?
>
> EVARISTO Lo siento mucho, pero…
>
> SILVIA (*Furiosa.*) ¡No entiendo nada!
>
> EVARISTO (*Medita.*) Yo tampoco. Es… el mes. El día. Lo siento, pero…
>
> SILVIA ¿Pero qué?
>
> EVARISTO (*Sin poder remediar su dicha.*) ¡Adiós! (*Sale corriendo.*)
>
> SILVIA ¡Evaristo! ¡Evaristo!

Se sienta llorando en la banca. Se suena. Llora más. Entra ELOY, cargado de paquetes. Casi los tira de sobresalto, al verla llorar.

> ELOY ¡Vidita! ¡Mi vida! No pasaban coches, las tiendas estaban llenas, y yo quería comprar todo esto, ¡para la casa!, ¡para nosotros! Perdóname, mi amor. Perdóname.

SILVIA llora más. Él la abraza.

> ELOY Estás enojada conmigo, ¿verdad? Si esto pasó por querer sorprenderte. Verás qué cosas compré. ¿Qué crees? Perdón, mi amor.

La besa. Ella deja de llorar para examinarlo: lo escruta[44] de pies a cabeza.

> ELOY ¿Me perdonas?
>
> SILVIA (*Sin dejar de analizarlo.*) Bésame.
>
> ELOY (*Feliz por el perdón.*) ¡Sí mi vida! (*La besa.*) Nunca más te haré llorar.

Ella examina en su mente el beso recibido. Vuelve a observar al novio.

> SILVIA Bésame otra vez.

Él la besa muy largamente. Se separan. Ella rompe a llorar de nuevo, peor que antes, casi a gritos.

> ELOY (*Angustiadísimo.*) ¡Pero, vida, no llores ya! ¡Jamás volveré a llegar tarde! ¡Si vamos a ser tan felices!

Mientras él la mima,[45] ella no cesa de llorar.

TELÓN

---

[43]**aúlla** howls   [44]**lo escruta** examines him   [45]**la mima** he coddles her

DESPUÉS DE LEER

1. Describa la escenificación. ¿Considera que ésta sirve para descubrir el mundo interior de Evaristo y Silvia? Explique.

2. ¿Cómo son los personajes que aparecen en la escena? Describa a cada uno de ellos y explique la importancia que tienen en la obra.

3. ¿Hay semejanzas entre Silvia y Evaristo? Explique.

4. ¿Qué descubre Silvia de sí misma al conocer a Evaristo?

5. ¿Cómo es Eloy? ¿Qué comparaciones haría usted entre Evaristo y Eloy? ¿Cree que Silvia los compara?

6. ¿Por qué Silvia llora inconsolablemente al final de la obra? ¿Cree que se casará con Eloy? ¿De qué se ha dado cuenta?

7. Comente los valores que considere que una pareja debe tener en común en una relación duradera.

ALGUNOS ESTUDIOS DE INTERÉS

Bixler, Jacqueline Eyring. "Historia, mito e imaginación constructiva en los dramas históricos de Emilio Carballido". *Literatura Mexicana* 2:2 (1991): 353–368.

Boling, Becky. "Espacio femenino en dos montajes de *Rosa de dos aromas* de Emilio Carballido". *Literatura Mexicana* 2:1 (1991): 165–171.

Castellanos, Rosario. *Juicios sumarios.* Xalapa, México: Universidad Veracruzana, 1966.

Cypress, Sandra Messinger. "I, Too, Speak: 'Female' Discourse in Carballido's Plays". *Latin American Theater Review* 18:1 (1984): 45–52.

Dauster, Frank. "Carballido y el teatro de la liberación". *Alba de América* 7:12–13 (1989): 205–220.

Penden, Margaret Sayers. *Emilio Carballido.* Boston: Twayne, 1980.

Solórzano, Carlos. "El teatro de la posguerra en México". *Hispania* 47 (1964): 693–697.

Vázquez Amaral, Mary. *El teatro de Emilio Carballido: 1950–1965.* México, D. F.: B. Costa-Amic, 1974.

Gabriel García Márquez

(1928, Aracataca, Colombia–)

Gabriel García Márquez adquirió fama internacional con la publicación de la novela *Cien años de soledad* (1967). Este escritor colombiano nació en un pueblo costero del departamento de Magdalena que vivía alimentado con leyendas motivadas tanto por la guerra civil y los conflictos que devastaron a Colombia en el siglo XIX como por los recuerdos de una ilusoria prosperidad al extender la United Fruit Company a ese país su imperio bananero a principios del siglo XX. Las leyendas y los recuerdos, que los abuelos le contaban al niño Gabriel, le permitieron más tarde al escritor elaborar el mundo ficticio de Macondo y desarrollar en él a sus entes de ficción.

García Márquez comenzó la carrera de derecho, pero la abandonó para dedicarse al periodismo. Como corresponsal del diario *El espectador* fue enviado a Roma, donde tuvo la oportunidad de estudiar dirección cinematográfica en el Centro Sperimentale de Cinematografia. Posteriormente ha continuado ejerciendo el periodismo, y al mismo tiempo su creación de obras de ficción y de cine.

Con las primeras novelas de García Márquez, *La hojarasca* (1957), *La mala hora* (1957), *El coronel no tiene quien le escriba* (1961) y el libro de cuentos *Los funerales de la Mamá Grande* (1962), comienza a forjarse el mundo ficticio de Macondo, el cual logrará su plenitud en *Cien años de soledad.* En esta novela el escritor logra entrelazar elementos bíblicos e históricos con legendarios y mágicos, mezcla lo real con lo irreal o fantástico, y produce lo que en la narrativa hispanoamericana se conoce con el nombre de realismo mágico.

Otras obras de este escritor colombiano son *La increíble y triste historia de la cándida Eréndida y de su abuela desalmada* (1972), sobre la cual se ha basado una película; *El otoño del patriarca* (1975), obra que presenta la psicología del dictador; *Crónica de una muerte anunciada* (1981), una parodia del género policíaco; *El amor en los tiempos del cólera* (1985), novela que describe el amor en diferentes etapas de la vida; *El general en su laberinto* (1989), la cual recuenta los últimos meses de vida de Simón Bolívar; *Del amor y otros demonios* (1994), que narra la historia de Sierva María y el papel del Santo Oficio en la América hispana durante el período colonial y *Noticia de un secuestro* (1996), su última novela. Actualmente García Márquez es considerado entre los grandes novelistas de América en el siglo XX. En 1982 se le otorgó el Premio Nobel de Literatura.

A L   L E E R   C O N S I D E R E   L O   S I G U I E N T E :
—las descripciones del ambiente
—la relación de la madre con sus hijos
—el orgullo y la pobreza
—la crítica social

Una mujer acompañada de su hija llega al pueblo donde su hijo, acusado de robo, ha sido asesinado. Ellas van a la casa cural para que les permitan visitar su tumba situada en el cementerio parroquial.

La siesta del martes

$\approx$

El tren salió del trepidante[1] corredor de rocas bermejas,[2] penetró en las plantaciones de banano, simétricas e interminables, y el aire se hizo húmedo y no se volvió a sentir la brisa del mar. Una humareda[3] sofocante entró por la ventanilla del vagón. En el estrecho camino paralelo a la vía férrea[4] había carretas de bueyes[5] cargadas de racimos[6] verdes. Al otro lado del camino, en intempestivos[7] espacios sin sembrar, había oficinas con ventiladores eléctricos, campamentos de ladrillos rojos y residencias con sillas y mesitas blancas en las terrazas, entre palmeras y rosales polvorientos. Eran las once de la mañana y aún no había empezado el calor.

—Es mejor que subas el vidrio —dijo la mujer—. El pelo se te va a llenar de carbón.

La niña trató de hacerlo pero la persiana[8] estaba bloqueada por óxido.[9]

Eran los únicos pasajeros en el escueto[10] vagón de tercera clase. Como el humo de la locomotora siguió entrando por la ventanilla, la niña abandonó el puesto y puso en su lugar los únicos objetos que llevaban: una bolsa de material plástico con cosas de comer y un ramo de flores envuelto en papel de periódicos. Se sentó en el asiento opuesto, alejada de[11] la ventanilla, de frente a su madre. Ambas guardaban un luto riguroso y pobre.[12]

La niña tenía doce años y era la primera vez que viajaba. La mujer parecía demasiado vieja para ser su madre, a causa de las venas azules en los párpados y del cuerpo pequeño, blando y sin formas, en un traje cortado como una sotana.[13] Viajaba con la columna vertebral firmemente apoyada contra el espaldar[14] del

---

[1]**trepidante** vibrating   [2]**bermejas** reddish   [3]**humareda** cloud of smoke   [4]**vía férrea** railroad track   [5]**carreta de bueyes** oxcart   [6]**racimos** bunches, clusters   [7]**intempestivos** inopportune   [8]**persiana** blind   [9]**óxido** rust   [10]**escueto** plain   [11]**alejada de** far away from   [12]**luto riguroso y pobre** rigorous and poor mourning   [13]**sotana** cassock   [14]**espaldar** back rest

asiento, sosteniendo en el regazo[15] con ambas manos una cartera de charol[16] desconconchado.[17] Tenía la serenidad escrupulosa de la gente acostumbrada a la pobreza.

A las doce había empezado el calor. El tren se detuvo diez minutos en una estación sin pueblo para abastecerse[18] de agua. Afuera, en el misterioso silencio de las plantaciones, la sombra tenía un aspecto limpio. Pero el aire estancado[19] dentro del vagón olía a cuero sin curtir.[20] El tren no volvió a acelerar. Se detuvo en dos pueblos iguales, con casas de madera pintadas de colores vivos. La mujer inclinó la cabeza y se hundió en el sopor. La niña se quitó los zapatos. Después fue a los servicios sanitarios a poner en agua el ramo de flores muertas.

Cuando volvió al asiento la madre la esperaba para comer. Le dio un pedazo de queso, medio bollo[21] de maíz y una galleta dulce, y sacó para ella de la bolsa de material plástico una ración igual. Mientras comían, el tren atravesó muy despacio un puente de hierro[22] y pasó de largo por un pueblo igual a los anteriores, sólo que en éste había una multitud en la plaza. Una banda de músicos tocaban una pieza alegre bajo el sol aplastante. Al otro lado del pueblo, en una llanura cuarteada por la aridez,[23] terminaban las plantaciones.

La mujer dejó de comer.

—Ponte los zapatos —dijo.

La niña miró hacia el exterior. No vio nada más que la llanura desierta por donde el tren empezaba a correr de nuevo, pero metió en la bolsa el último pedazo de galleta y se puso rápidamente los zapatos. La mujer le dio la peineta.[24]

— Péinate —dijo.

El tren empezó a pitar[25] mientras la niña se peinaba. La mujer se secó el sudor[26] del cuello y se limpió la grasa de la cara con los dedos. Cuando la niña acabó de peinarse el tren pasó frente a las primeras casas de un pueblo más grande pero más triste que los anteriores.

—Si tienes ganas de hacer algo, hazlo ahora —dijo la mujer—. Después, aunque te estés muriendo de sed no tomes agua en ninguna parte. Sobre todo, no vayas a llorar.

La niña aprobó con la cabeza. Por la ventanilla entraba un viento ardiente[27] y seco, mezclado con el pito de la locomotora y el estrépito[28] de los viejos vagones. La mujer enrolló la bolsa con el resto de los alimentos y la metió en la cartera. Por un instante, la imagen total del pueblo, en el luminoso martes de agosto, resplandeció[29] en la ventanilla. La niña envolvió las flores en los periódicos empapados,[30] se apartó un poco más de la ventanilla y miró fijamente a su madre. Ella le devolvió una expresión apacible.[31] El tren acabó de pitar y disminuyó la marcha. Un momento después se detuvo.

---

[15]**regazo** lap [16]**charol** patent leather [17]**desconchado** peeling [18]**abastecerse** to supply itself [19]**estancado** stagnant [20]**cuero sin curtir** rawhide [21]**bollo** bun [22]**hierro** iron [23]**cuarteada por la aridez** cracked due to dryness [24]**peineta** ornamental comb [25]**pitar** to blow a whistle [26]**sudor** perspiration [27]**ardiente** burning [28]**estrépito** racket [29]**resplandeció** shone [30]**empapados** soaked [31]**apacible** peaceful

No había nadie en la estación. Del otro lado de la calle, en la acera sombreada por los almendros,[32] sólo estaba abierto el salón del billar.[33] El pueblo flotaba en el calor. La mujer y la niña descendieron del tren, atravesaron la estación abandonada cuyas baldosas[34] empezaban a cuartearse[35] por la presión de la hierba, y cruzaron la calle hasta la acera de sombra.

Eran casi las dos. A esa hora, agobiado[36] por el sopor,[37] el pueblo hacía la siesta. Los almacenes, las oficinas públicas, la escuela municipal, se cerraban desde las once y no volvían a abrirse hasta un poco antes de las cuatro, cuando pasaba el tren de regreso. Sólo permanecían abiertos el hotel frente a la estación, su cantina y su salón de billar, y la oficina del telégrafo a un lado de la plaza. Las casas, en su mayoría construidas sobre el modelo de la compañía bananera, tenían las puertas cerradas por dentro y las persianas bajas. En algunas hacía tanto calor que sus habitantes almorzaban en el patio. Otros recostaban[38] un asiento a la sombra de los almendros y hacían la siesta sentados en plena calle.

Buscando siempre la protección de los almendros la mujer y la niña penetraron en el pueblo sin perturbar la siesta. Fueron directamente a la casa cural.[39] La mujer raspó[40] con la uña la red metálica[41] de la puerta, esperó un instante y volvió a llamar. En el interior zumbaba un ventilador eléctrico. No se oyeron los pasos. Se oyó apenas el leve crujido[42] de una puerta y en seguida una voz cautelosa[43] muy cerca de la red metálica: "¿Quién es?" La mujer trató de ver a través de la red metálica.

—Necesito al padre —dijo.

—Ahora está durmiendo.

—Es urgente —insistió la mujer.

Su voz tenía una tenacidad reposada.

La puerta se entreabrió sin ruido y apareció una mujer madura y regordeta,[44] de cutis[45] muy pálido y cabellos color de hierro. Los ojos parecían demasiado pequeños detrás de los gruesos cristales de los lentes.

—Sigan —dijo, y acabó de abrir la puerta.

Entraron en una sala impregnada de un viejo olor de flores. La mujer de la casa los condujo hasta un escaño[46] de madera y les hizo señas de que se sentaran. La niña lo hizo, pero su madre permaneció de pie, absorta, con la cartera apretada en las dos manos. No se percibía ningún ruido detrás del ventilador eléctrico.

La mujer de la casa apareció en la puerta del fondo.

—Dice que vuelvan después de las tres —dijo en voz muy baja—. Se acostó hace cinco minutos.

—El tren se va a las tres y media —dijo la mujer.

---

[32]**almendros** almond trees [33]**salón de billar** pool hall [34]**baldosas** tiles [35]**cuartearse** crack [36]**agobiado** overwhelmed [37]**sopor** sleepiness [38]**recostaban** rested [39]**casa cural** parish house [40]**raspó** scratched [41]**red metálica** metallic screen [42]**crujido** creaking [43]**cautelosa** cautious [44]**regordeta** heavy [45]**cutis** complexion [46]**escaño** bench

Fue una réplica[47] breve y segura, pero la voz seguía siendo apacible, con muchos matices. La mujer de la casa sonrió por primera vez.

—Bueno —dijo.

Cuando la puerta del fondo volvió a cerrarse la mujer se sentó junto a su hija. La angosta sala de espera era pobre, ordenada y limpia. Al otro lado de una baranda[48] de madera que dividía la habitación, había una mesa de trabajo, sencilla, con un tapete de hule,[49] encima de la mesa una máquina de escribir primitiva junto a un vaso con flores. Detrás estaban los archivos parroquiales. Se notaba que era un despacho arreglado por una mujer soltera.

La puerta del fondo se abrió y esta vez apareció el sacerdote limpiando los lentes con un pañuelo. Sólo cuando se los puso pareció evidente que era hermano de la mujer que había abierto la puerta.

—¿Qué se le ofrece? —preguntó.

—Las llaves del cementerio —dijo la mujer.

La niña estaba sentada con las flores en el regazo y los pies cruzados bajo el escaño. El sacerdote la miró, después miró a la mujer y después, a través de la red metálica de la ventana, el cielo brillante y sin nubes.

—Con este calor —dijo—. Han podido esperar a que bajara el sol.

La mujer movió la cabeza en silencio. El sacerdote pasó del otro lado de la baranda, extrajo del armario un cuaderno forrado[50] de hule, un plumero de palo y un tintero,[51] y se sentó a la mesa. El pelo que le faltaba en la cabeza le sobraba en las manos.

—¿Qué tumba van a visitar? —preguntó.

—La de Carlos Centeno —dijo la mujer.

—¿Quién?

—Carlos Centeno —repitió la mujer.

El padre siguió sin entender.

—Es el ladrón que mataron aquí la semana pasada —dijo la mujer en el mismo tono—. Yo soy su madre.

El sacerdote la escrutó.[52] Ella lo miró fijamente, con un dominio reposado, y el padre se ruborizó.[53] Bajó la cabeza para escribir. A medida que llenaba la hoja pedía a la mujer los datos de su identidad, y ella respondía sin vacilación, con detalles precisos, como si estuviera leyendo. El padre empezó a sudar. La niña se desabotonó la trabilla[54] del zapato izquierdo, se descalzó el talón y lo apoyó en el contrafuerte.[55] Hizo lo mismo con el derecho.

Todo había empezado el lunes de la semana anterior, a las tres de la madrugada y a pocas cuadras[56] de allí. La señora Rebeca, una viuda solitaria que vivía en una casa llena de cachivaches,[57] sintió a través del rumor de la llovizna[58] que alguien trataba de forzar desde afuera la puerta de la calle. Se levantó, buscó a tien

---

[47]**réplica** reply [48]**baranda** railing [49]**hule** oilcloth [50]**forrado** covered [51]**tintero** inkwell [52]**la escrutó** scrutinized [53]**se ruborizó** blushed [54]**trabilla** strap [55]**contrafuerte** heel of shoe [56]**a pocas cuadras** a few blocks away [57]**cachivaches** knick-knacks [58]**llovizna** drizzle

tas en el ropero un revólver arcaico que nadie había disparado desde los tiempos del coronel Aureliano Buendía, y fue a la sala sin encender las luces. Orientándose no tanto por el ruido de la cerradura como por un terror desarrollado en ella por 28 años de soledad, localizó en la imaginación no sólo el sitio donde estaba la puerta sino la altura exacta de la cerradura.[59] Agarró el arma con las dos manos, cerró los ojos y apretó el gatillo.[60] Era la primera vez en su vida que disparaba un revólver. Inmediatamente después de la detonación no sintió nada más que el murmullo de la llovizna en el techo de cinc. Después percibió un golpecito metálico en el andén[61] de cemento y una voz muy baja, apacible, pero terriblemente fatigada: "Ay, mi madre". El hombre que amaneció muerto frente a la casa, con la nariz despedazada,[62] vestía una franela a rayas de colores, un pantalón ordinario con una soga[63] en lugar de cinturón, y estaba descalzo.[64] Nadie lo conocía en el pueblo.

—De manera que se llamaba Carlos Centeno —murmuró el padre cuando acabó de escribir.

—Centeno Ayala —dijo la mujer—. Era el único varón.

El sacerdote volvió al armario. Colgadas de un clavo en el interior de la puerta había dos llaves grandes y oxidadas,[65] como la niña imaginaba y como imaginaba la madre cuando era niña y como debió imaginar el propio sacerdote alguna vez que eran las llaves de San Pedro. Las descolgó,[66] las puso en el cuaderno abierto sobre la baranda y mostró con el índice un lugar en la página escrita, mirando a la mujer.

—Firme aquí.

La mujer garabateó[67] su nombre, sosteniendo la cartera bajo la axila.[68] La niña recogió las flores, se dirigió a la baranda arrastrando los zapatos y observó atentamente a su madre.

El párroco suspiró.

—¿Nunca trató de hacerlo entrar por el buen camino?

La mujer contestó cuando acabó de firmar.

—Era un hombre muy bueno.

El sacerdote miró alternativamente a la mujer y a la niña y comprobó con una especie de piadoso[69] estupor que no estaban a punto de llorar. La mujer continuó inalterable:

—Yo le decía que nunca robara nada que le hiciera falta a alguien para comer, y él me hacía caso.[70] En cambio, antes, cuando boxeaba, pasaba hasta tres días en la cama postrado por los golpes.

—Se tuvo que sacar todos los dientes —intervino la niña.

—Así es —confirmó la mujer—. Cada bocado[71] que me comía en ese tiempo me sabía a los porrazos[72] que le daban a mi hijo los sábados a la noche.

—La voluntad de Dios es inescrutable —dijo el padre.

---

[59]**cerradura** lock   [60]**gatillo** trigger   [61]**andén** platform   [62]**despedazada** torn to pieces
[63]**soga** rope   [64]**descalzo** barefooted   [65]**oxidadas** rusted   [66]**las descolgó** took them down
[67]**garabateó** scribbled   [68]**axila** armpit   [69]**piadoso** kind   [70]**me hacía caso** he listened to me
[71]**bocado** mouthful   [72]**porrazos** blows

Pero lo dijo sin mucha convicción, en parte porque la experiencia lo había vuelto un poco escéptico, y en parte por el calor. Les recomendó que se protegieran la cabeza para evitar la insolación. Les indicó bostezando[73] y ya casi completamente dormido, cómo debían hacer para encontrar la tumba de Carlos Centeno. Al regreso no tenían que tocar. Debían meter la llave por debajo de la puerta, y poner allí mismo, si tenían, una limosna[74] para la Iglesia. La mujer escuchó las explicaciones con mucha atención, pero dio las gracias sin sonreír.

Desde antes de abrir la puerta de la calle el padre se dio cuenta de que había alguien mirando hacia adentro, las narices aplastadas[75] contra la red metálica. Era un grupo de niños. Cuando la puerta se abrió por completo los niños se dispersaron. A esa hora, de ordinario, no había nadie en la calle. Había grupos bajo los almendros. El padre examinó la calle distorsionada por la reverberación, y entonces comprendió. Suavemente volvió a cerrar la puerta.

—Esperen un minuto —dijo, sin mirar a la mujer.

Su hermana apareció en la puerta del fondo, con una chaqueta negra sobre la camisa de dormir y el cabello suelto en los hombros. Miró al padre en silencio.

—¿Qué fue? —preguntó él.

—La gente se ha dado cuenta —murmuró su hermana.

—Es mejor que salgan por la puerta del patio —dijo el padre.

—Es lo mismo —dijo su hermana—. Todo el mundo está en las ventanas.

La mujer parecía no haber comprendido hasta entonces. Trató de ver la calle a través de la red metálica. Luego le quitó el ramo de flores a la niña y empezó a moverse hacia la puerta. La niña la siguió.

—Esperen a que baje el sol —dijo el padre.

—Se van a derretir[76] —dijo su hermana, inmóvil en el fondo de la sala—. Espérense y les presto una sombrilla.

—Gracias —replicó la mujer—. Así vamos bien. —Tomó a la niña de la mano y salió a la calle.

DESPUÉS DE LEER

1. ¿Cómo se imagina usted el pueblo al que llegan la mujer y su hija?

2. ¿Qué tipos de consejos le da la madre a la hija? ¿Qué nos revelan esos consejos de la personalidad de la madre?

3. ¿A qué clase social pertenece la mujer? ¿Qué detalles da el autor para que usted considere la clase social?

4. ¿Cómo son recibidas la mujer y la niña? ¿Cómo se ve la determinación de la mujer?

5. ¿Qué opinión tendrá el pueblo del hijo de la mujer? ¿Qué opina la mujer de su hijo? ¿Qué opina usted de los consejos que la madre le dio a su hijo?

6. ¿Por qué le presta García Márquez tanta importancia al clima?

---

[73]**bostezando** yawning   [74]**limosna** alms   [75]**aplastadas** flattened   [76]**derretir** melt

AL LEER CONSIDERE LO SIGUIENTE:
—la violencia
—la situación política

Aurelio Escovar, dentista sin título, se niega a sacarle la muela al alcalde por tener al pueblo aterrorizado. Por fin accede sabiendo que le hará pagar su injusticia.

Un día de estos

El lunes amaneció tibio y sin lluvia. Don Aurelio Escovar, dentista sin título y buen madrugador,[1] abrió su gabinete[2] a las seis. Sacó de la vidriera una dentadura postiza[3] montada aún en el molde de yeso[4] y puso sobre la mesa un puñado[5] de instrumentos que ordenó de mayor a menor, como en una exposición. Llevaba una camisa a rayas,[6] sin cuello, cerrada arriba con un botón dorado, y los pantalones sostenidos con cargadores elásticos.[7] Era rígido, enjuto,[8] con una mirada que raras veces correspondía a la situación, como la mirada de los sordos.

Cuando tuvo las cosas dispuestas sobre la mesa rodó la fresa[9] hacia el sillón de resortes[10] y se sentó a pulir[11] la dentadura postiza. Parecía no pensar en lo que hacía, pero trabajaba con obstinación, pedaleando[12] en la fresa incluso cuando no se servía de ella.

Después de las ocho hizo una pausa para mirar el cielo por la ventana y vio dos gallinazos[13] pensativos que se secaban al sol en el cabellete[14] de la casa vecina. Siguió trabajando con la idea de que antes del almuerzo volvería a llover. La voz destemplada[15] de su hijo de once años lo sacó de su abstracción.

—Papá.

—Qué.

—Dice el alcalde que si le sacas una muela.

—Dile que no estoy aquí.

Estaba puliendo un diente de oro. Lo retiró a la distancia del brazo y lo examinó con los ojos a medio cerrar. En la salita de espera volvió a gritar su hijo.

—Dice que sí estás porque te está oyendo.

El dentista siguió examinando el diente. Sólo cuando lo puso en la mesa con los trabajos terminados, dijo:

---

[1]**madrugador** early riser   [2]**gabinete** office   [3]**dentadura postiza** false teeth   [4]**yeso** plaster   [5]**un puñado** a fistful   [6]**a rayas** striped   [7]**cargadores elásticos** suspenders   [8]**enjuto** skinny   [9]**fresa** dentist's drill   [10]**sillón de resortes** dentist's chair   [11]**pulir** to polish   [12]**pedaleando** pumping   [13]**gallinazos** buzzards   [14]**caballete** ridgepole   [15]**destemplada** cracking voice

—Mejor.

Volvió a operar la fresa. De una cajita de cartón donde guardaba las cosas por hacer, sacó un puente de varias piezas y empezó a pulir el oro.

—Papá.

—Qué.

Aún no había cambiado de expresión.

—Dice que si no le sacas la muela te pega un tiro.[16]

Sin apresurarse,[17] con un movimiento extremadamente tranquilo, dejó de pedalear en la fresa, la retiró del sillón y abrió por completo la gaveta[18] inferior de la mesa. Allí estaba el revólver.

—Bueno —dijo—. Dile que venga a pegármelo.

Hizo girar[19] el sillón hasta quedar de frente a la puerta, la mano apoyada[20] en el borde de la gaveta. El alcalde apareció en el umbral.[21] Se había afeitado la mejilla izquierda, pero en la otra, hinchada[22] y dolorida, tenía una barba de cinco días. El dentista vio en sus ojos marchitos[23] muchas noches de desesperación. Cerró la gaveta con la punta de[24] los dedos y dijo suavemente:

—Siéntese.

—Buenos días —dijo el alcalde.

—Buenos —dijo el dentista.

Mientras hervían[25] los instrumentos, el alcalde apoyó el cráneo en el cabezal[26] de la silla y se sintió mejor. Respiraba un olor glacial. Era un gabinete pobre: una vieja silla de madera, la fresa de pedal, y una vidriera con pomos de loza.[27] Frente a la silla, una ventana con un cancel de tela[28] hasta la altura de un hombre. Cuando sintió que el dentista se acercaba, el alcalde afirmó los talones[29] y abrió la boca.

Don Aurelio Escovar le movió la cara hacia la luz. Después de observar la muela dañada, ajustó la mandíbula con una cautelosa presión de los dedos.

—Tiene que ser sin anestesia —dijo.

—¿Por qué?

—Porque tiene un absceso.

El alcalde lo miró en los ojos.

—Está bien —dijo, y trató de sonreír. El dentista no le correspondió. Llevó a la mesa de trabajo la cacerola con los instrumentos hervidos y los sacó del agua con unas pinzas[30] frías, todavía sin apresurarse. Después rodó la escupidera[31] con la punta del zapato y fue a lavarse las manos en el aguamanil.[32] Hizo todo sin mirar al alcalde. Pero el alcalde no lo perdió de vista.

Era una cordal[33] inferior. El dentista abrió las piernas y apretó la muela con el gatillo[34] caliente. El alcalde se aferró[35] a las barras de la silla,[36] descargó toda su

---

[16]**te pega un tiro** he'll shoot you   [17]**sin apresurarse** without hurrying   [18]**gaveta** drawer   [19]**hizo girar** he turned   [20]**apoyada** resting   [21]**umbral** threshold   [22]**hinchada** swollen   [23]**marchitos** wilted   [24]**con la punta de** with the tips of   [25]**hervían** boiled   [26]**cabezal** headrest   [27]**pomos de loza** porcelain bottles   [28]**cancel de tela** cloth curtain   [29]**afirmó los talones** dug in his heels   [30]**pinzas** tweezers   [31]**escupidera** spittoon   [32]**aguamanil** wash basin   [33]**cordal** wisdom tooth   [34]**gatillo** forceps   [35]**se aferró** held on   [36]**barras de la silla** arms of chair

fuerza en los pies y sintió un vacío helado en los riñones,[37] pero no soltó un suspiro. El dentista sólo movió la muñeca. Sin rencor, más bien con una amarga ternura, dijo:

—Aquí nos paga veinte muertos, teniente.

El alcalde sintió un crujido[38] de huesos en la mandíbula y sus ojos se llenaron de lágrimas. Pero no suspiró hasta que no sintió salir la muela. Entonces la vio a través de las lágrimas. Le pareció tan extraña a[39] su dolor, que no pudo entender la tortura de sus cinco noches anteriores. Inclinado sobre la escupidera, sudoroso, jadeante,[40] se desabotonó la guerrera[41] y buscó a tientas[42] el pañuelo en el bolsillo del pantalón. El dentista le dio un trapo[43] limpio.

—Séquese las lágrimas —dijo.

El alcalde lo hizo. Estaba temblando. Mientras el dentista se lavaba las manos, vio el cielorraso desfondado[44] y una telaraña[45] polvorienta con huevos de araña e insectos muertos. El dentista regresó secándose las manos. "Acuéstese —dijo— y haga buches[46] de agua de sal." El alcalde se puso de pie, se despidió con un displicente[47] saludo militar, y se dirigió a la puerta estirando las piernas, sin abotonarse la guerrera.

—Me pasa la cuenta —dijo.

—¿A usted o al municipio?

El alcalde no lo miró. Cerró la puerta, y dijo, a través de la red metálica.

—Es la misma vaina.[48]

DESPUÉS DE LEER

1. ¿Qué significa que Escovar sea un dentista sin título? ¿Qué muestra ello de la sociedad donde vive?

2. ¿Quién va a ver a Escovar? ¿Por qué? ¿Cómo reacciona el dentista?

3. ¿Por qué tiene Escovar un revólver en la gaveta? ¿Cómo interpreta ese hecho? ¿Qué dice ello del ambiente en que se desarrolla el cuento?

4. Interprete la frase: "Aquí nos paga veinte muertos, teniente".

5. ¿Cómo castiga Escovar al alcalde? ¿Qué opina Ud. de su acción?

6. ¿A quién le debe de pasar la cuenta el dentista? ¿Qué sugiere ese hecho?

7. Comente la actitud del alcalde al decir al final del cuento "Es la misma vaina".

---

[37]**riñones** kidneys [38]**crujido** crunch [39]**extraña a** foreign to [40]**jadeante** panting [41]**guerrera** military uniform [42]**buscó a tientas** feeling his way [43]**trapo** rag [44]**cielorraso desfondado** crumbling ceiling [45]**telaraña** spiderweb [46]**haga buches** gargle [47]**displicente** casual [48]**Es la misma vaina.** It's all the same.

ALGUNOS ESTUDIOS DE INTERÉS

Alfaro, Gustavo. *Constante de la historia de Latinoamérica en García Márquez.* Cali, Colombia: Biblioteca Banco Popular, 1979.

Arnau, Carmen. *El mundo mítico de Gabriel García Márquez.* Barcelona, España: Península, 1971.

Bell-Villada, Gene H. *García Márquez: The Man and His Work.* Chapel Hill: University of North Carolina Press, 1990.

Benedetti, Mario, et al. *Nueve asedios a García Márquez.* Santiago de Chile: Editorial Universitaria, 1972.

Campra, Rosalba. "Las técnicas del sentido en los cuentos de Gabriel García Márquez". *Revista Iberoamericana* 50 (1984): 937–955.

Earle, Peter, ed. *Gabriel García Márquez.* Madrid, España: Taurus, 1982.

Eyzaguirre, Luis. "Rito y sacrificio en *Crónica de una muerte anunciada*". *Revista Chilena de Literatura* 42 (1993): 81–87.

Haberly, David T. "Bags of Bones: A Source for *Cien años de soledad*". *MLN* 105:2 (1990): 393–394.

Higgins, James. "Gabriel García Márquez: *Cien años de soledad*". Philip Swanson, ed. *Landmarks in Modern Latin American Fiction.* Londres: Routledge Press, 1990.

Ortega, Julio, ed. *García Márquez and the Powers of Fiction.* Austin: University of Texas, 1988.

Vargas Llosa, Mario. *Gabriel García Márquez. Historia de un deicidio.* Barcelona, España: Seix Barral, 1971.

Mario Vargas Llosa

(1936, Arequipa, Perú–)

Mario Vargas Llosa, perteneciente al *boom* literario hispanoamericano, es uno de los escritores contemporáneos más destacados de la lengua española. Sus experiencias personales y su interés político han servido de fondo a su ficción. Sus años de adolescente en el Colegio Militar Leoncio Prado le sirven de fuente principal para escribir *La ciudad y los perros* (1962), novela que le dio fama internacional. Su estadía en Piura le proporciona el fondo para *La casa verde* (1965). A estas novelas les siguieron *Los cachorros* (1967) y *La tía Julia y el escribidor* (1977). Ambas, al igual que *La ciudad y los perros,* giran en torno a los recuerdos de la adolescencia. En *La tía Julia y el escribidor* el autor muestra su capacidad humorística. La novela fue inspirada por el matrimonio de Vargas Llosa a los diecinueve años de edad con una parienta divorciada. En esta novela se plantea el tema de qué se entiende por literatura y cuál es la función del escritor.

Otras novelas escritas por Vargas Llosa son *Conversación en la Catedral* (1969), de tema político, *Pantaleón y las visitadoras* (1973), novela de gran sentido del humor, *La guerra del fin del mundo* (1981), *Historia de Mayta* (1984), *¿Quién mató a Palomino Moldero?* (1986), *Elogio de la madrastra* (1989) y *Lituma en los Andes* (1993). Entre sus obras teatrales se encuentran *La señorita de Tacna* (1981), *Kathy y el hipopótamo* (1983) y *El loco de los balcones* (1993).

Vargas Llosa ha escrito extensa crítica literaria. Entre sus obras de crítica se mencionan *Historia de un deicidio* (1971), su tesis doctoral sobre el escritor colombiano Gabriel García Márquez, *García Márquez y la problemática de la novela* (1973), escrita junto con Ángel Rama, y *La orgía perpetua: Flaubert y Madame Bovary* (1975). Los últimos escritos de Vargas Llosa son *Contra viento y marea* (1990), *El pez en el agua: Memorias* (1993) y *Desafíos a la libertad* (1994).

El interés de Vargas Llosa en la política peruana lo llevó a postularse para presidente del Perú en 1990. Derrotado en las elecciones nacionales, Vargas Llosa se estableció en España, país que le concedió la ciudadanía, le otorgó el Premio Miguel de Cervantes en 1994 y le hizo miembro de la Real Academia de la Lengua.

AL LEER CONSIDERE LO SIGUIENTE:

—la relación entre los colegiales
—la lucha por el liderazgo
—la disciplina
—la técnica y el estilo narrativo
—el lenguaje

En "Los jefes", Mario Vargas Llosa trata un tema propio de la adolescencia. Narra la lucha por el liderazgo estudiantil y la oposición de los estudiantes mayores a la decisión del profesorado de darles exámenes finales sin horarios.

Los jefes

I

Javier se adelantó por un segundo:

—¡Pito![1] —gritó, ya de pie.

La tensión se quebró,[2] violentamente, como una explosión. Todos estábamos parados: el doctor Abásalo tenía la boca abierta. Enrojecía, apretando los puños.[3] Cuando, recobrándose, levantaba una mano y parecía a punto de lanzar[4] un sermón, el pito sonó de verdad. Salimos corriendo con estrépito,[5] enloquecidos, azuzados[6] por el graznido[7] de cuervo[8] de Amaya, que avanzaba volteando carpetas.[9]

El patio estaba sacudido por los gritos. Los de cuarto y tercero habían salido antes, formaban un gran círculo que se mecía bajo el polvo. Casi con nosotros, entraron los de primero y segundo, traían nuevas frases agresivas, más odio. El círculo creció. La indignación era unánime en la media. (La primera tenía un patio pequeño, de mosaicos[10] azules, en el ala[11] opuesta del colegio).

—Quiere fregarnos,[12] el serrano.

—Sí. Maldito sea.

Nadie hablaba de los exámenes finales. El fulgor[13] de las pupilas, las vociferaciones,[14] el escándalo indicaban que había llegado el momento de enfrentar al director. De pronto, dejé de hacer esfuerzos por contenerme y comencé a recorrer febrilmente los grupos: "¿nos friega y nos callamos?". "Hay que hacer algo". "Hay que *hacerle* algo".

---

[1]**pito** the whistle　[2]**se quebró** broke　[3]**puños** fists　[4]**lanzar** launch　[5]**con estrépito** noisily　[6]**azuzados** incited　[7]**graznido** squawking　[8]**cuervo** crow　[9]**volteando carpetas** turning folders upside down　[10]**mosaicos** tiles　[11]**ala** wing　[12]**fregarnos** annoy us　[13]**fulgor** sparkle　[14]**vociferaciones** shouting

Una mano férrea[15] me extrajo del centro del círculo.

—Tú no —dijo Javier—. No te metas.[16] Te expulsan. Ya lo sabes.

—Ahora no me importa. Me las va a pagar todas. Es mi oportunidad, ¿ves? Hagamos que formen.

En voz baja fuimos repitiendo por el patio, de oído en oído: "formen filas",[17] "a formar, rápido".

—¡Formemos las filas! —El vozarrón[18] de Raygada vibró en el aire sofocante de la mañana.

Muchos, a la vez, corearon:[19]

—¡A formar! ¡A formar!

Los inspectores Gallardo y Romero vieron entonces, sorprendidos, que de pronto decaía el bullicio y se organizaban las filas antes de concluir el recreo. Estaban apoyados[20] en la pared, junto a la sala de profesores, frente a nosotros, y nos miraban nerviosamente. Luego se miraron entre ellos. En la puerta habían aparecido algunos profesores; también estaban extrañados.[21]

El inspector Gallardo se aproximó:

—¡Oigan! —gritó desconcertado—. Todavía no…

—Calla —repuso alguien, desde atrás—. ¡Calla, Gallardo, maricón![22]

Gallardo se puso pálido. A grandes pasos, con gesto amenazador,[23] invadió las filas. A su espalda, varios gritaban: "¡Gallardo, maricón!"

—Marchemos —dije—. Demos vueltas al patio. Primero los de quinto.

Comenzamos a marchar. Taconeábamos con fuerza, hasta dolernos los pies. A la segunda vuelta —formábamos un rectángulo perfecto, ajustado a las dimensiones del patio[24]— Javier, Raygada, León y yo principiamos:[25]

—Ho-ra-rio; ho-ra-rio; ho-ra-rio…

El coro se hizo general.

—¡Más fuerte! —prorrumpió[26] la voz de alguien que yo odiaba: Lu—. ¡Griten!

De inmediato, el vocerío aumentó hasta ensordecer.

—Ho-ra-rio; ho-ra-rio; ho-ra-rio…

Los profesores, cautamente,[27] habían desaparecido cerrando tras ellos la puerta de la Sala. Al pasar los de quinto junto al rincón donde Teobaldo vendía fruta sobre un madero, dijo algo que no oímos. Movía las manos, como alentándonos.[28] "Puerco", pensé.

Los gritos arreciaban.[29] Pero, ni el compás de la marcha, ni el estímulo de los chillidos,[30] bastaban para disimular que estábamos asustados. Aquella espera era angustiosa. ¿Por qué tardaba en salir? Aparentando valor aún, repetíamos la frase,

---

[15]**férrea** iron   [16]**no te metas** don't get involved   [17]**formen filas** line up   [18]**vozarrón** booming voice   [19]**corearon** chorused   [20]**apoyados** leaning   [21]**extrañados** surprised   [22]**maricón** (*vulg.*) queer   [23]**amenazador** threatening   [24]**ajustado a las dimensiones del patio** according to the dimensions of the courtyard   [25]**principiamos** we started   [26]**prorrumpió** shouted   [27]**cautamente** cautiously   [28]**alentándonos** encouraging us   [29]**arreciaban** got stronger   [30]**chillido** screaming

mas habían comenzado a mirarse unos a otros y se escuchaban, de cuando en cuando, agudas[31] risitas forzadas. "No debo pensar en nada, me decía. Ahora no". Ya me costaba trabajo gritar: estaba ronco[32] y me ardía la garganta.[33] De pronto, casi sin saberlo, miraba el cielo: perseguía a un gallinazo[34] que planeaba suavemente sobre el colegio, bajo una bóveda[35] azul, límpida y profunda, alumbrada por un disco amarillo, en un costado, como un lunar. Bajé la cabeza, rápidamente.

Pequeño, amoratado, Ferrufino había aparecido al final del pasillo que desembocaba[36] en el patio de recreo. Los pasitos breves y chuecos, como de pato, que lo acercaban interrumpían abusivamente el silencio que había reinado de improviso, sorprendiéndome. (La puerta de la sala de profesores se abre: asoma un rostro diminuto, cómico. Estrada quiere espiarnos: ve al director a unos pasos: velozmente,[37] se hunde; su mano infantil cierra la puerta.) Ferrufino estaba frente a nosotros: recorría desorbitado[38] los grupos de estudiantes enmudecidos. Se habían deshecho las filas: algunos corrieron a los baños, otros rodeaban desesperadamente la cantina de Teobaldo. Javier, Raygada, León y yo quedamos inmóviles.

—No tengan miedo —dije, pero nadie me oyó porque simultáneamente había dicho el director:

—Toque el pito, Gallardo.

De nuevo se organizaron las hileras, esta vez con lentitud. El calor no era todavía excesivo, pero ya padecíamos cierto sopor,[39] una especie de aburrimiento. "Se cansaron —murmuró Javier—. Malo". Y advirtió, furioso:

—¡Cuidado con hablar!

Otros propagaron el aviso.

—No —dije—. Espera. Se pondrán como fieras apenas hable Ferrufino.

Pasaron algunos segundos de silencio, de sospechosa gravedad, antes de que fuéramos levantando la vista, uno por uno, hacia aquel hombrecito vestido de gris. Estaba con las manos enlazadas sobre el vientre, los pies juntos, quieto.

—No quiero saber quién inició este tumulto —recitaba. Un actor: el tono de su voz, pausado, suave, las palabras casi cordiales, su postura de estatua, eran cuidadosamente afectadas. ¿Habría estado ensayándose solo, en su despacho?—. Actos como éste son una vergüenza para ustedes, para el colegio y para mí. He tenido mucha paciencia, demasiada, óiganlo bien, con el promotor de estos desórdenes, pero ha llegado al límite...

¿Yo o Lu? Una interminable y ávida lengua de fuego lamía[40] mi espalda, mi cuello, mis mejillas a medida que los ojos de toda la Media iban girando hasta encontrarme. ¿Me miraba Lu? ¿Tenía envidia? ¿Me miraban los coyotes? Desde atrás, alguien palmeó[41] mi brazo dos veces, alentándome. El director habló larga-

---

[31]**agudas** shrilling   [32]**ronco** hoarse   [33]**me ardía la garganta** my throat was burning   [34]**gallinazo** buzzard   [35]**bóveda** vault   [36]**desembocaba** ran into   [37]**velozmente** quickly   [38]**desorbitado** wide-eyed   [39]**sopor** drowsiness   [40]**lamía** licked   [41]**palmeó** tapped

mente sobre Dios, la disciplina y los valores supremos del espíritu. Dijo que las puertas de la dirección estaban siempre abiertas, que los valientes de verdad debían dar la cara.[42]

—Dar la cara —repitió: ahora era autoritario—, es decir, hablar de frente, hablarme a mí.

—¡No seas imbécil! —dije, rápido—. ¡No seas imbécil!

Pero Raygada ya había levantado su mano al mismo tiempo que daba un paso a la izquierda, abandonando la formación. Una sonrisa complaciente cruzó la boca de Ferrufino, y desapareció de inmediato.

—Escucho, Raygada... —dijo.

A medida que éste hablaba, sus palabras le inyectaban valor. Llegó incluso, en un momento, a agitar sus brazos, dramáticamente. Afirmó que no éramos malos y que amábamos el colegio y a nuestros maestros; recordó que la juventud era impulsiva. En nombre de todos, pidió disculpas. Luego tartamudeó,[43] pero siguió adelante.

—Nosotros le pedimos, señor director, que ponga horarios de exámenes como en años anteriores... —Se calló, asustado.

—Anote, Gallardo —dijo Ferrufino—. El alumno Raygada vendrá a estudiar la próxima semana, todos los días, hasta las nueve de la noche. —Hizo una pausa—. El motivo figurará en la libreta: por rebelarse contra una disposición pedagógica.

Señor director... —Raygada estaba lívido.

—Me parece justo —susurró Javier—. Por bruto.

II

Un rayo de sol atravesaba el sucio tragaluz[44] y venía a acariciar mi frente y mis ojos, me invadía de paz. Sin embargo, mi corazón estaba algo agitado y a ratos sentía ahogos.[45] Faltaba media hora para la salida; la impaciencia de los muchachos había decaído[46] un poco. ¿Responderían, después de todo?

—Siéntese, Montes —dijo el profesor Zambrano—. Es usted un asno.[47]

—Nadie lo duda —afirmó Javier, a mi costado. —Es un asno.

¿Habría llegado la consigna a todos los años? No quería martirizar de nuevo mi cerebro con suposiciones pesimistas, pero a cada momento veía a Lu, a pocos metros de mi carpeta, y sentía desasosiego[48] y duda, porque sabía que en el fondo iba a decidirse, no el horario de exámenes, ni siquiera una cuestión de honor, sino una venganza personal. ¿Cómo descuidar esta ocasión feliz para atacar al enemigo que había bajado la guardia?

—Toma —dijo a mi lado, alguien—. Es de Lu.

"Acepto tomar el mando, contigo y Raygada". Lu había firmado dos veces. Entre sus nombres, como un pequeño borrón,[49] aparecía con la tinta brillante aún, un signo que todos respetábamos: la letra C, en mayúscula, encerrada en un cír-

---

[42]**dar la cara** face up [43]**tartamudeó** stuttered [44]**tragaluz** transom, skylight [45]**ahogos** suffocated [46]**decaído** decreased [47]**asno** ass [48]**desasosiego** uneasiness [49]**borrón** smudge

culo negro. Lo miré: su frente y su boca eran estrechas; tenía los ojos rasgados,[50] la piel hundida en las mejillas y la mandíbula pronunciada y firme. Me observaba seriamente: acaso pensaba que la situación le exigía ser cordial.

En el mismo papel respondí: *"Con Javier"*. Leyó sin inmutarse[51] y movió la cabeza afirmativamente.

—Javier —dije.

—Ya sé —respondió—. Está bien. Le haremos pasar un mal rato.

¿Al director o a Lu? Iba a preguntárselo pero me distrajo el silbato que anunciaba la salida. Simultáneamente se elevó el griterío[52] sobre nuestras cabezas, mezclado con el ruido de las carpetas removidas. Alguien —¿Córdoba, quizá?— silbaba con fuerza, como queriendo destacar.

—¿Ya saben? —dijo Raygada, en la fila—. Al Malecón.

—¡Qué vivo! —exclamó uno— Está enterado hasta Ferrufino.

Salíamos por la puerta de atrás, un cuarto de hora después que la primaria. Otros lo habían hecho ya, y la mayoría de alumnos se había detenido en la calzada,[53] formando pequeños grupos. Discutían, bromeaban, se empujaban.

—Que nadie se quede por aquí —dije.

—¡Conmigo los coyotes! —gritó Lu, orgulloso.

Veinte muchachos lo rodearon.

—Al Malecón —ordenó—, todos al Malecón.

Tomados de los brazos, en una línea que unía las dos aceras,[54] cerramos la marcha los de quinto, obligando a apresurarse a los menos entusiastas, a codazos.[55]

Una brisa tibia que no lograba agitar los secos algarrobos,[56] ni nuestros cabellos, llevaba de un lado a otro la arena que cubría a pedazos el suelo calcinado[57] del Malecón. Habían respondido. Ante nosotros —Lu, Javier, Raygada y yo—, que dábamos la espalda a la baranda y a los interminables arenales que comenzaban en la orilla contraria del cauce,[58] una muchedumbre compacta, extendida a lo largo de toda la cuadra, se mantenía serena, aunque a veces, aisladamente, se escuchaban gritos estridentes.

—¿Quién habla? —preguntó Javier.

—Yo —propuso Lu, listo para saltar a la baranda.

—No, —dije—. Habla tú, Javier.

Lu se contuvo y me miró, pero no estaba enojado.

—Bueno —dijo; y agregó, encogiendo los hombros:[59] ¡Total!

Javier trepó. Con una de sus manos se apoyaba en un árbol encorvado[60] y seco, y con la otra se sostenía de mi cuello. Entre sus piernas, agitadas por un leve temblor que desaparecía a medida que el tono de su voz se hacía convincente y enérgico, veía yo el seco y ardiente cauce del río y pensaba en Lu y en los coyotes. Había sido suficiente apenas un segundo para que pasara a primer lugar; ahora

---

[50]**ojos rasgados** almond-shaped eyes   [51]**sin inmutarse** without flinching   [52]**griterío** shouting   [53]**calzada** road   [54]**aceras** sidewalks   [55]**codazos** nudges   [56]**algarrobos** carob trees   [57]**calcinado** burned   [58]**cauce** riverbed   [59]**encogiendo los hombros** shrugging his shoulders   [60]**encorvado** bent

tenía el mando y lo admiraban, a él, ratita[61] amarillenta que no hacía seis meses imploraba mi permiso para entrar en la banda. Un descuido infinitamente pequeño, y luego la sangre, corriendo en abundancia por mi rostro y mi cuello: y mis brazos y piernas inmovilizados bajo la claridad lunar, incapaces ya de responder a sus puños.

—Te he ganado —dijo, resollando[62]—. Ahora soy el jefe. Así acordamos.

Ninguna de las sombras estiradas en círculo en la blanda arena, se había movido. Sólo los sapos[63] y los grillos[64] respondían a Lu, que me insultaba. Tendido todavía sobre el cálido suelo, atiné a[65] gritar:

—Me retiro de la banda. Formaré otra, mucho mejor.

Pero yo y Lu y los coyotes que continuaban agazapados[66] en la sombra, sabíamos que no era verdad.

—Me retiro yo también —dijo Javier.

Me ayudaba a levantarme. Regresamos a la ciudad, y mientras caminábamos por las calles vacías, yo iba limpiándome con el pañuelo de Javier la sangre y las lágrimas.

—Habla tú ahora —dijo Javier. Había bajado y algunos lo aplaudían.

—Bueno —repuse y subí a la baranda.[67]

Ni las paredes del fondo, ni los cuerpos de mis compañeros hacían sombra. Tenía las manos húmedas y creí que eran los nervios, pero era el calor. El sol estaba en el centro del cielo; nos sofocaba. Los ojos de mis compañeros no llegaban a los míos: miraban el suelo y mis rodillas. Guardaban silencio. El sol me protegía.

—Pediremos al director que ponga el horario de exámenes, lo mismo que otros años. Raygada, Javier, Lu y yo formamos la Comisión. La media está de acuerdo, ¿no es verdad?

La mayoría asintió, moviendo la cabeza. Unos cuantos gritaron: "Sí".

—Lo haremos ahora mismo —dije—. Ustedes nos esperarán en la Plaza Merino.

Echamos a andar. La puerta principal del colegio estaba cerrada. Tocamos con fuerza; escuchábamos a nuestra espalda un murmullo creciente. Abrió el inspector Gallardo.

—¿Están locos? —dijo—. No hagan eso.

—No se meta —lo interrumpió Lu—. ¿Cree que el serrano nos da miedo?

—Pasen —dijo Gallardo—. Ya verán.

III

Sus ojillos nos observaban minuciosamente. Quería aparentar sorna[68] y despreocupación, pero no ignorábamos que su sonrisa era forzada y que en el fondo de ese cuerpo rechoncho[69] había temor y odio. Fruncía[70] y despejaba el ceño,[71] el sudor brotaba a chorros[72] de sus pequeñas manos moradas.

---

[61]**ratita** small rat [62]**resollando** puffing [63]**sapos** toads [64]**grillos** crickets [65]**atiné a** I managed to [66]**agazapados** crouched [67]**baranda** railing [68]**sorna** sarcasm, irony [69]**rechoncho** chubby [70]**fruncía** frowned [71]**despejaba el ceño** made his scowl disappear [72]**a chorros** poured

Estaba trémulo:[73]

— ¿Saben ustedes cómo se llama esto? Se llama rebelión, insurrección. ¿Creen ustedes que voy a someterme a los caprichos de unos ociosos?[74] Las insolencias las aplasto[75]...

Bajaba y subía la voz. Lo veía esforzarse[76] por no gritar. "¿Por qué no revientas[77] de una vez? —pensé—. ¡Cobarde!"

Se había parado. Una mancha gris flotaba en torno de sus manos, apoyadas sobre el vidrio del escritorio. De pronto su voz ascendió, se volvió áspera:[78]

—¡Fuera! Quien vuelva a mencionar los exámenes será castigado.

Antes que Javier o yo pudiéramos hacerle una señal, apareció entonces el verdadero Lu, el de los asaltos nocturnos a las inmundas[79] rancherías[80] de la Tablada, el de los combates contra los zorros en los médanos.[81]

—Señor Director...

No me volví a mirarlo. Sus ojos oblicuos[82] estarían despidiendo fuego y violencia, como cuando luchamos en el seco cauce del río. Ahora, tendría también muy abierta su boca llena de babas,[83] mostraría sus dientes amarillos.

—Tampoco nosotros podemos aceptar que nos jalen a todos[84] porque usted quiere que no haya horarios. ¿Por qué quiere que todos saquemos notas bajas? ¿Por qué?...

Ferrufino se había acercado. Casi lo tocaba con su cuerpo. Lu, pálido, aterrado,[85] continuaba hablando

—...estamos ya cansados...

—¡Cállate!

El director había levantado los brazos y sus puños estrujaban[86] algo.

—¡Cállate! —repitió con ira—. ¡Cállate, animal! ¡Cómo te atreves!

Lu estaba ya callado, pero miraba a Ferrufino a los ojos como si fuera a saltar súbitamente sobre su cuello. "Son iguales —pensé—. Dos perros".

—De modo que has aprendido de éste.

Su dedo apuntaba a mi frente. Me mordí el labio: pronto sentí que recorría mi lengua un hilito caliente y eso me calmó.

—¡Fuera! —gritó de nuevo—. ¡Fuera de aquí! Les pesará.[87]

Salimos. Hasta el borde de los escalones que vinculaban el colegio San Miguel con la Plaza Merino se extendía una multitud inmóvil y anhelante.[88] Nuestros compañeros habían invadido los pequeños jardines y la fuente: estaban silenciosos y angustiados. Extrañamente, entre la mancha clara y estática aparecían blancos, diminutos rectángulos que nadie pisaba. Las cabezas parecían iguales, uniformes, como en la formación para el desfile. Atravesamos la plaza. Nadie nos interrogó: se hacían a un lado, dejándonos paso y apretaban los labios. Hasta que pisamos la avenida, se mantuvieron en su lugar. Luego, siguiendo una consigna[89]

---

[73]**trémulo** trembling   [74]**ociosos** idlers   [75]**las aplasto** I squash them   [76]**esforzarse** making an effort   [77]**revientas** burst   [78]**áspera** harsh   [79]**inmundas** filthy   [80]**rancherías** settlements   [81]**médanos** dunes   [82]**oblicuos** slanted   [83]**babas** drool   [84]**que nos jalen a todos** that they fail all of us   [85]**aterrado** frightened   [86]**estrujaban** crumpled   [87]**les pesará** you will be sorry   [88]**anhelante** eager   [89]**consigna** orders

que nadie había impartido,[90] caminaron tras de nosotros, al paso sin compás,[91] como para ir a clases.

El pavimento hervía: parecía un espejo que el sol iba disolviendo. "¿Será verdad?" —pensé. Una noche calurosa y desierta me lo contaron, en esta misma avenida, y no lo creí. Pero los periódicos decían que el sol, en algunos apartados lugares, volvía locos a los hombres y a veces los mataba.

—Javier —pregunté—. ¿Tú viste que el huevo se freía sólo, en la pista?[92]

Sorprendido, movió la cabeza.

—No. Me lo contaron.

—¿Será verdad?

—Quizás. Ahora podríamos hacer la prueba. El suelo arde,[93] parece un brasero.[94]

En la puerta de *La Reina* apareció Alberto. Su pelo rubio brillaba hermosamente: parecía de oro. Agitó su mano derecha, cordial. Tenía muy abiertos sus enormes ojos verdes y sonreía. Tendría curiosidad por saber a dónde marchaba esa multitud uniformada y silenciosa, bajo el rudo calor.

—¿Vienes después? —me gritó.

—No puedo. Nos veremos a la noche.

—Es un imbécil —dijo Javier—. Es un borracho.

—No —afirmé—. Es mi amigo. Es un buen muchacho.

IV

—Déjame hablar, Lu —le pedí, procurando ser suave.

Pero ya nadie podía contenerlo. Estaba parado en la baranda, bajo las ramas del seco algarrobo: mantenía admirablemente el equilibrio y su piel y su rostro recordaban un lagarto.[95]

—¡No! —dijo agresivamente—. Voy a hablar yo.

Hice una seña a Javier. Nos acercamos a Lu y apresamos[96] sus piernas. Pero logró tomarse a tiempo del árbol y zafar[97] su pierna derecha de mis brazos: rechazado por un fuerte puntapié[98] en el hombro tres pasos atrás, vi a Javier enlazar velozmente a Lu de las rodillas, y alzar su rostro y desafiarlo[99] con sus ojos que hería el sol salvajemente.

—¡No le pegues! —grité. Se contuvo, temblando, mientras Lu comenzaba a chillar:[100]

—¿Saben ustedes lo que nos dijo el director? Nos insultó, nos trató como a bestias. No le da su gana de poner los horarios porque quiere fregarnos. Jalará a todo el colegio y no le importa. Es un...

Ocupábamos el mismo lugar que antes y las torcidas[101] filas de muchachos comenzaban a cimbrearse.[102] Casi toda la media continuaba presente. Con el calor y cada palabra de Lu crecía la indignación de los alumnos. Se enardecían.[103]

---

[90]**impartido** given   [91]**sin compás** without timing   [92]**pista** road   [93]**arde** burns   [94]**brasero** hearth   [95]**lagarto** lizard   [96]**apresamos** caught   [97]**zafar** to shake off   [98]**puntapié** kick   [99]**desafiarlo** to defy him   [100]**chillar** to scream   [101]**torcidas** twisted   [102]**cimbrearse** to sway   [103]**se enardecían** they were becoming excited

—Sabemos que nos odia. No nos entendemos con él. Desde que llegó, el colegio no es un colegio. Insulta, pega. Encima quiere jalarnos en los exámenes.

Una voz aguda y anónima lo interrumpió:

—¿A quién le ha pegado?

Lu dudó un instante. Estalló de nuevo:

—¿A quién? —desafió— ¡Arévalo, que te vean todos la espalda!

Entre murmullos, surgió Arévalo del centro de la masa. Estaba pálido. Era un coyote. Llegó hasta Lu y descubrió su pecho y espalda. Sobre sus costillas,[104] aparecía una gruesa franja[105] roja.

—¡Esto es Ferrufino! —La mano de Lu mostraba la marca mientras sus ojos escrutaban los rostros atónitos[106] de los más inmediatos. Tumultuosamente, el mar humano se estrechó en torno a nosotros: todos pugnaban por acercarse a Arévalo y nadie oía a Lu, ni a Javier y Raygada que pedían calma, ni a mí, que gritaba: "¡es mentira! ¡no le hagan caso! ¡es mentira!". La marea me alejó de la baranda y de Lu. Estaba ahogado. Logré abrirme camino hasta salir del tumulto. Desanudé[107] mi corbata y tomé aire con la boca abierta y los brazos en alto, lentamente, hasta sentir que mi corazón recuperaba su ritmo.

Raygada estaba junto a mí. Indignado, me preguntó:

—¿Cuándo fue lo de Arévalo?

—Nunca.

—¿Cómo?

Hasta él, siempre sereno, había sido conquistado. Las aletas de su nariz palpitaban vivamente y tenía apretados los puños.

—Nada —dije—, no sé cuándo fue.

Lu esperó que decayera[108] un poco la excitación. Luego, levantando su voz sobre las protestas dispersas:

—¿Ferrufino nos va a ganar? —preguntó a gritos; su puño colérico amenazaba a los alumnos—. ¿Nos va a ganar? ¡Respóndanme!

—¡No! —prorrumpieron quinientos o más—. ¡No! ¡No!

Estremecido[109] por el esfuerzo que le imponían sus chillidos, Lu se balanceaba victorioso sobre la baranda.

—Que nadie entre al colegio hasta que aparezcan los horarios de exámenes. Es justo. Tenemos derecho. Y tampoco dejaremos entrar a la primaria.

Su voz agresiva se perdió entre los gritos. Frente a mí, en la masa erizada[110] de brazos que agitaban jubilosamente centenares de boinas[111] a lo alto, no distinguí uno solo que permaneciera indiferente o adverso.

—¿Qué hacemos?

Javier quería demostrar tranquilidad, pero sus pupilas brillaban.

—Está bien —dije—. Lu tiene razón. Vamos a ayudarlo.

Corrí hacia la baranda y trepé.[112]

---

[104]**costillas** ribs	[105]**franja** stripe	[106]**rostros atónitos** astonished faces	[107]**desanudé** I undid	[108]**decayera** dwindle	[109]**estremecido** shaken	[110]**erizada** bristling	[111]**boinas** berets	[112]**trepé** I climbed

—Adviertan a los de primaria que no hay clases a la tarde —dije—. Pueden irse ahora. Quédense los de quinto y los de cuarto para rodear el colegio.

—Y también los coyotes —concluyó Lu, feliz.

V

—Tengo hambre —dijo Javier.

El calor había atenuado.[113] En el único banco útil de la Plaza Merino recibíamos los rayos de sol, filtrados fácilmente a través de unas cuantas gasas que habían aparecido en el cielo, pero casi ninguno transpiraba.

León se frotaba[114] las manos y sonreía: estaba inquieto.

—No tiembles —dijo Amaya—. Estás grandazo[115] para tenerle miedo a Ferrufino.

—¡Cuidado! —La cara de mono de León había enrojecido y su mentón sobresalía—. ¡Cuidado, Amaya! —Estaba de pie.

—No peleen —dijo Raygada tranquilamente—. Nadie tiene miedo. Sería un imbécil.

—Demos una vuelta por atrás —propuse a Javier.

Contorneamos[116] el colegio, caminando por el centro de la calle. Las altas ventanas estaban entreabiertas y no se veía a nadie tras ellas, ni se escuchaba ruido alguno.

—Están almorzando —dijo Javier.

—Sí. Claro.

En la vereda[117] opuesta, se alzaba la puerta principal del Salesiano. Los medio internos[118] estaban apostados[119] en el techo, observándonos. Sin duda, habían sido informados.

—¡Qué muchachos valientes! —se burló alguien.

Javier los insultó. Respondió una lluvia de amenazas. Algunos escupieron,[120] pero sin acertar.[121] Hubo risas. "Se mueren de envidia" —murmuró Javier.

En la esquina vimos a Lu. Estaba sentado en la vereda, solo y miraba distraídamente la pista. Nos vio y caminó hacia nosotros. Estaba contento.

—Vinieron dos *churres*[122] de primero —dijo—. Los mandamos a jugar al río.

—¿Sí? —dijo Javier—. Espera media hora y verás. Se va a armar el gran escándalo.

Lu y los coyotes custodiaban la puerta trasera del colegio. Estaban repartidos entre las esquinas de las calles Lima y Arequipa. Cuando llegamos al umbral[123] del callejón,[124] conversaban en grupo y reían. Todos llevaban palos[125] y piedras.

—Así, no —dije—. Si les pegan, los *churres* van a querer entrar de todos modos.

Lu rió.

---

[113]**atenuado** diminished   [114]**se frotaba** rubbed   [115]**estás grandazo** you are too big   [116]**contorneamos** we went around   [117]**vereda** sidewalk   [118]**los medio internos** students who attend a boarding school but go home overnight   [119]**apostados** posted   [120]**escupieron** spit   [121]**sin acertar** without hitting us   [122]**churres** greasers   [123]**umbral** threshold   [124]**callejón** alley   [125]**palos** sticks

—Ya verán. Por esta puerta no entra nadie.

También él tenía un garrote[126] que ocultaba hasta entonces con su cuerpo. Nos lo enseñó, agitándolo.

—¿Y por allá? —preguntó.

—Todavía nada.

A nuestra espalda, alguien voceaba nuestros nombres. Era Raygada: venía corriendo y nos llamaba agitando la mano frenéticamente. "Ya llegan, ya llegan —dijo, con ansiedad—. Vengan". Se detuvo de golpe diez metros antes de alcanzarnos. Dio media vuelta y regresó a toda carrera.[127] Estaba excitadísimo. Javier y yo también corrimos. Lu nos gritó algo del río. "¿El río? —pensé—. No existe. ¿Por qué todo el mundo habla del río si sólo baja el agua un mes al año?". Javier corría a mi lado, resoplando.[128]

—¿Podremos contenerlos?

—¿Qué? —Le costaba trabajo abrir la boca, se fatigaba más.

—¿Podremos contener a la primaria?

—Creo que sí. Todo depende.

—Mira.

En el centro de la Plaza, junto a la fuente, León, Amaya y Raygada hablaban con un grupo de pequeños, cinco o seis. La situación parecía tranquila.

—Repito —decía Raygada, con la lengua afuera—. Váyanse al río. No hay clases, no hay clases. ¿Está claro? ¿O paso una película?

—Eso —dijo uno, de nariz respingada[129]—. Que sea en colores.

—Miren —les dije—. Hoy no entra nadie al colegio. Nos vamos al río. Jugaremos fútbol: primaria contra media. ¿De acuerdo?

—Ja, ja —rió el de la nariz, con suficiencia—. Les ganamos. Somos más.

—Ya veremos. Vayan para allá.

—No quiero —replicó una voz atrevida—. Yo voy al colegio.

Era un muchacho de cuarto, delgado y pálido. Su largo cuello emergía de la camisa comando, demasiado ancha para él, como un palo de escoba. Era brigadier de año. Inquieto por su audacia dio unos pasos hacia atrás. León corrió y lo tomó de un brazo.

—¿No has entendido? —Había acercado su cara a la del chiquillo y le gritaba. ¿De qué diablos se asustaba León?— ¿No has entendido, *churre*? No entra nadie. Ya, vamos, camina.

—No lo empujes[130] —dije—. Va a ir solo.

—¡No voy! —gritó. Tenía el rostro levantado hacia León, lo miraba con furia—. ¡No voy! No quiero huelga.[131]

—¡Cállate, imbécil! ¿Quién quiere huelga? —León parecía muy nervioso. Apretaba con todas sus fuerzas el brazo del brigadier. Sus compañeros observaban la escena, divertidos.

—¡Nos pueden expulsar! —El brigadier se dirigía a los pequeños; se lo notaba atemorizado y colérico—. Ellos quieren huelga porque no les van a poner ho-

---

[126]**garrote** club　[127]**a toda carrera** at full speed　[128]**resoplando** puffing　[129]**respingada** turned-up　[130]**no lo empujes** don't push him　[131]**huelga** strike

rario, les van a tomar los exámenes de repente, sin que sepan cuándo. ¿Creen que no sé? ¡Nos pueden expulsar! Vamos al colegio, muchachos.

Hubo un movimiento de sorpresa entre los chiquillos. Se miraban ya sin sonreír, mientras el otro seguía chillando que nos iban a expulsar. Lloraba.

—¡No le pegues! —grité, demasiado tarde. León lo había golpeado en la cara, no muy fuerte, pero el chico se puso a patalear[132] y a gritar.

—Pareces un chivo[133] —advirtió alguien.

Mire a Javier. Ya había corrido. Lo levantó y se lo echó a los hombros como un fardo.[134] Se alejó con él. Lo siguieron varios, riendo a carcajadas.

—¡Al río! —gritó Raygada. Javier escuchó porque lo vimos doblar con su carga por la avenida Sánchez Cerro, camino al Malecón.

El grupo que nos rodeaba iba creciendo. Sentados en los sardineles[135] y en los bancos rotos, y los demás transitando aburridamente por los pequeños senderos asfaltados del parque, nadie, felizmente, intentaba ingresar al colegio. Repartidos[136] en parejas, los diez encargados de custodiar la puerta principal, tratábamos de entusiasmarlos: "tienen que poner los horarios, porque si no, nos friegan. Y a ustedes también, cuando les toque".

—Siguen llegando —me dijo Raygada—. Somos pocos. Nos pueden aplastar, si quieren.

—Si los entretenemos diez minutos, se acabó —dijo León—. Vendrá la media y entonces, los corremos[137] al río a patadas.

De pronto, un chico gritó convulsionado:

—¡Tienen razón! ¡Ellos tienen razón! —Y dirigiéndose a nosotros, con aire dramático—: Estoy con ustedes.

—¡Buena! ¡Muy bien! —lo aplaudimos—. Eres un hombre.

Palmeamos su espalda, lo abrazamos.

El ejemplo cundió.[138] Alguien dio un grito: "Yo también". "Ustedes tienen razón". Comenzaron a discutir entre ellos. Nosotros alentábamos a los mas excitados, halagándolos:[139] "Bien, *churre*. No eres ningún marica".

Raygada se encaramó sobre la fuente. Tenía la boina en la mano derecha y la agitaba, suavemente.

—Lleguemos a un acuerdo —exclamó—. ¿Todos unidos?

Lo rodearon. Seguían llegando grupos de alumnos, algunos de quinto de media; con ellos formamos una muralla, entre la fuente y la puerta del colegio, mientras Raygada hablaba.

—Esto se llama solidaridad —decía—. Solidaridad. —Se calló como si hubiera terminado, pero un segundo después abrió los brazos y clamó—: ¡No dejaremos que se cometa un abuso!

Lo aplaudieron.

—Vamos al río —dije—. Todos.

—Bueno. Ustedes también.

---

[132]**patalear** kick   [133]**chivo** goat   [134]**fardo** bundle   [135]**sardineles** rowlocks   [136]**repartidos** scattered   [137]**los corremos** we chase them   [138]**cundió** spread   [139]**halagándolos** praising them

—Nosotros vamos después.

—Todos juntos o ninguno —repuso la misma voz. Nadie se movió.

Javier regresaba. Venía solo.

—Esos están tranquilos —dijo—. Le han quitado el burro a una mujer. Juegan de lo lindo.

—La hora —pidió León—. Dígame alguien qué hora es.

Eran las dos.

— A las dos y media nos vamos —dije—. Basta que se quede uno para avisar a los retrasados.[140]

Los que llegaban se sumergían en la masa de chiquillos. Se dejaban convencer rápidamente.

—Es peligroso —dijo Javier. Hablaba de una manera rara: ¿tendría miedo?—. Es peligroso. Ya sabemos qué va a pasar si al director se le antoja[141] salir. Antes que hable, estaremos en las clases.

—Sí —dije—. Que comiencen a irse. Hay que animarlos.

Pero nadie quería moverse. Había tensión, se esperaba que, de un momento a otro, ocurriera algo. León estaba a mi lado.

—Los de media han cumplido —dijo—. Fíjate. Sólo han venido los encargados de las puertas.

Apenas un momento después, vimos que llegaban los de media, en grandes corrillos[142] que se mezclaban con las olas de chiquillos. Hacían bromas. Javier se enfureció:

—¿Y ustedes? —dijo—. ¿Qué hacen aquí? ¿A qué han venido?

Se dirigía a los que estaban más cerca de nosotros; al frente de ellos iba Antenor, brigadier de segundo de media.

—¡Guá! —Antenor parecía muy sorprendido—. ¿Acaso vamos a entrar? Venimos a ayudarlos.

Javier saltó hacia él, lo agarró[143] del cuello.

—¡Ayudarnos! ¿Y los uniformes? ¿Y los libros?

—Calla —dije—. Suéltalo. Nada de peleas. Diez minutos y nos vamos al río. Ha llegado casi todo el colegio.

La Plaza estaba totalmente cubierta. Los estudiantes se mantenían tranquilos, sin discutir. Algunos fumaban. Por la Avenida Sánchez Cerro pasaban muchos carros, que disminuían la velocidad al cruzar la Plaza Merino. De un camión, un hombre nos saludó gritando:

—Buena, muchachos. No se dejen.

—¿Ves? —dijo Javier—. Toda la ciudad está enterada.[144] ¿Te imaginas la cara de Ferrufino?

—¡Las dos y media! —gritó León—. Vámonos. Rápido, rápido.

Miré mi reloj: faltaban cinco minutos.

—Vámonos —grité—. Vámonos al río.

---

[140]**a los retrasados** those who are behind   [141]**se le antoja** feels like   [142]**corrillos** small groups   [143]**lo agarró** he grabbed him   [144]**está enterada** knows about it

Algunos hicieron como que se movían. Javier, León, Raygada y varios más gritaron también, comenzaron a empujar a unos y a otros. Una palabra se repetía sin cesar: "río, río, río".

Lentamente, la multitud de muchachos principió a agitarse. Dejamos de azuzarlos y al callar nosotros, me sorprendió por segunda vez en el día, un silencio total. Me ponía nervioso. Lo rompí:

—Los de media, atrás —indiqué—. A la cola[145] formando fila...

A mi lado, alguien tiró al suelo un barquillo de helado,[146] que salpicó[147] mis zapatos. Enlazando los brazos, formamos un cinturón humano. Avanzábamos trabajosamente. Nadie se negaba, pero la marcha era lentísima. Una cabeza iba casi hundida en mi pecho. Se volvió: ¿cómo se llamaba? Sus ojos pequeñitos eran cordiales.

—Tu padre te va a matar —dijo.

"Ah —pensé—. Mi vecino".

—No —le dije—. En fin, ya veremos. Empuja.

Habíamos abandonado la Plaza. La gruesa columna ocupaba íntegramente el ancho de la avenida. Por encima de las cabezas sin boinas, dos cuadras más allá, se veía la baranda verde amarillenta y los grandes algarrobos del Malecón. Entre ellos, como puntitos blancos, los arenales.

El primero en escuchar fue Javier, que marchaba a mi lado. En sus estrechos ojos oscuros había sobresalto.

—¿Qué pasa? —dije—. Dime.

Movió la cabeza.

—¿Qué pasa? —le grité—. ¿Qué oyes?

Logré ver en ese instante un muchacho uniformado que cruzaba velozmente la Plaza Merino hacia nosotros. Los gritos del recién llegado se confundieron en mis oídos con el violento vocerío que se desató[148] en las apretadas columnas de chiquillos, parejo a[149] un movimiento de confusión. Los que marchábamos en la última hilera no entendíamos bien. Tuvimos un segundo de desconcierto:[150] aflojamos los brazos, algunos se soltaron. Nos sentimos arrojados hacia atrás, separados. Sobre nosotros pasaban centenares de cuerpos, corriendo y gritando histéricamente. "¿Qué pasa?" —grité a León. Señaló algo con el dedo, sin dejar de correr. "Es Lu —dijeron a mi oído—. Algo ha pasado allá. Dicen que hay un lío".[151] Eché a correr.

En la bocacalle[152] que se abría a pocos metros de la puerta trasera del colegio, me detuve en seco. En ese momento era imposible ver: oleadas de uniformes afluían de todos lados y cubrían la calle de gritos y cabezas descubiertas. De pronto, a unos quince pasos, encaramado sobre algo, divisé a Lu. Su cuerpo delgado se destacaba nítidamente[153] en la sombra de la pared que lo sostenía. Estaba arrinconado y descargaba su garrote a todos lados. Entonces, entre el ruido, más

---

[145]**a la cola** at the end of the line   [146]**barquillo de helado** ice cream cone   [147]**salpicó** splashed   [148]**que se desató** that broke out   [149]**parejo a** similar to   [150]**desconcierto** confusion   [151]**lío** trouble   [152]**bocacalle** intersection   [153]**nítidamente** clearly

Los jefes   477

poderosa que la de quienes lo insultaban y retrocedían[154] para librarse de sus
golpes, escuché su voz:

—¿Quién se acerca? —gritaba—. ¿Quién se acerca?

Cuatro metros más allá, dos coyotes, rodeados también, se defendían a pala-
zos y hacían esfuerzos desesperados para romper el cerco y juntarse a Lu. Entre
quienes los acosaban,[155] vi rostros de media. Algunos habían conseguido piedras
y se las arrojaban,[156] aunque sin acercarse. A lo lejos, vi asimismo a otros dos de
la banda, que corrían despavoridos:[157] los perseguía un grupo de muchachos que
tenían palos.

—¡Cálmense! ¡Cálmense! Vamos al río.

Una voz nacía a mi lado, angustiosamente.

Era Raygada. Parecía a punto de llorar.

—No seas idiota —dijo Javier. Se reía a carcajadas—. Cállate, ¿no ves?

La puerta estaba abierta y por ella entraban los estudiantes a docenas, ávida-
mente. Continuaban llegando a la bocacalle nuevos compañeros: algunos se su-
maban al grupo que rodeaba a Lu y los suyos. Habían conseguido juntarse. Lu
tenía la camisa abierta: asomaba su flaco pecho lampiño,[158] sudoroso y brillante;
un hilillo[159] de sangre le corría por la nariz y los labios. Escupía de cuando en
cuando, y miraba con odio a los que estaban más próximos. Unicamente él tenía
levantado el palo, dispuesto a descargarlo. Los otros lo habían bajado, exhaustos.

—¿Quién se acerca? Quiero ver la cara de ese valiente.

A medida que entraban al colegio, iban poniéndose de cualquier modo las
boinas y las insignias del año. Poco a poco comenzó a disolverse, entre injurias,[160]
el grupo que cercaba a Lu. Raygada me dio un codazo:

—Dijo que con su banda podía derrotar a todo el colegio. —Hablaba con
tristeza—. ¿Por qué dejamos solo a este animal?

Raygada se alejó. Desde la puerta nos hizo una seña, como dudando. Luego
entró. Javier y yo nos acercamos a Lu. Temblaba de cólera.

—¿Por qué no vinieron? —dijo, frenético, levantando la voz—. ¿Por qué no
vinieron a ayudarnos? Eramos apenas ocho, porque los otros...

Tenía una vista extraordinaria y era flexible como un gato. Se echó velozmente
hacia atrás, mientras mi puño apenas rozaba su oreja y luego, con el apoyo de
todo su cuerpo, hizo dar una curva en el aire a su garrote. Recibí en el pecho el
impacto y me tambaleé.[161] Javier se puso en medio.

—Acá no —dijo—. Vamos al Malecón.

—Vamos —dijo Lu—. Te voy a enseñar otra vez.

—Ya veremos —dije—. Vamos.

Caminamos media cuadra; despacio, porque mis piernas vacilaban. En la esquina nos detuvo León.

—No peleen —dijo—. No vale la pena. Vamos al colegio. Tenemos que estar
unidos.

---

[154]**retrocedían** moved back   [155]**acosaban** harassed, pursued   [156]**se las arrojaban** were
throwing them at him   [157]**despavoridos** terrified   [158]**lampiño** hairless   [159]**hilillo** thread
[160]**injurias** curses   [161]**me tambaleé** I lost my balance

Lu me miraba con sus ojos semicerrados. Parecía incómodo.

—¿Por qué les pegaste a los *churres?* —le dije—. ¿Sabes lo que nos va a pasar ahora a ti y a mí?

No respondió ni hizo ningún gesto. Se había calmado del todo y tenía la cabeza baja.

—Contesta, Lu —insistí—. ¿Sabes?

—Está bien —dijo León—. Trataremos de ayudarlos. Dense la mano.

Lu levantó el rostro y me miró, apenado. Al sentir su mano entre las mías, la noté suave y delicada, y recordé que era la primera vez que nos saludábamos de ese modo. Dimos media vuelta, caminamos en fila hacia el colegio. Sentí un brazo en el hombro. Era Javier.

DESPUÉS DE LEER

1. Describa el ambiente que existe entre los estudiantes en el colegio.

2. ¿Cómo se manifiesta la lucha por el poder entre los estudiantes? ¿Quiénes son enemigos?

3. ¿Por qué se oponen los estudiantes mayores a tomar exámenes sin horarios?

4. ¿Cómo describiría el poder que ejercen los estudiantes mayores con respecto a los menores?

5. ¿Cuál es la actitud del profesorado hacia los estudiantes?

6. ¿Qué organizan los estudiantes? ¿Cree que acontecería algo semejante en una escuela norteamericana? ¿Por qué?

7. Explique el desenlace del cuento.

8. Discuta la importancia de la perspectiva en la narración del cuento.

ALGUNOS ESTUDIOS DE INTERÉS

Bejar, Eduardo. "La fuga erótica de Mario Vargas Llosa". *Symposium: A Quarterly Journal in Modern Foreign Literature* 47:4 (1993): 243–256.

Boldori de Baldussi, Rosa. *Vargas Llosa, un narrador y sus demonios.* Buenos Aires, Argentina: F. García Cambeiro, 1974.

Castro-Klaren, Sara. *Mario Vargas Llosa: análisis introductorio.* Lima, Perú: Latinoamericana, 1988.

Diez, Luis A., ed. *Asedios a Vargas Llosa.* Santiago de Chile: Universitaria, 1972.

Fernández Casto, Manuel. *Aproximación formal a la novelística de Vargas Llosa.* Madrid, España: Nacional, 1977.

Gerdes, Dick. *Mario Vargas Llosa.* Boston: Twayne, 1985.

Martín, José Luis. *La narrativa de Mario Vargas Llosa: acercamiento estilístico.* Madrid, España: Gredos, 1974.

Oviedo, José Miguel. *Mario Vargas Llosa: La invención de la realidad.* Barcelona, España: Seix Barral Editores, 1970 y otra edición de 1977.

Rivera-Rodas, Oscar. *El metateatro y la dramática de Vargas Llosa: Hacia una poética del espectador.* Amsterdam, Holanda: Benjamins, 1992.

Rossman, Charles y Alan Warren Friedman, eds. *Mario Vargas Llosa. Estudios críticos.* Madrid, España: Alhambra, 1983.

Wasserman, Renata R. "Mario Vargas Llosa, Euclides da Cunha, and the Strategy of Intertextuality". *Publications of the Modern Language Association of America (PMLA)* 108:3 (1993): 460–473.

Williams, Raymond L. *Mario Vargas Llosa.* New York: Ungar, 1986.

Carlos Fuentes

(1928, Ciudad de México–)

Carlos Fuentes es considerado una de las figuras cumbres de las letras hispanas y de la literatura universal. Ha escrito novelas, cuentos, obras de teatro, guiones cinematográficos, artículos periodísticos, ensayos y crítica literaria. En su obra se percibe el interés del autor por el pasado y el presente históricos, así como por la coexistencia del mito y la historia en el México contemporáneo. Algunos críticos han sugerido que Carlos Fuentes, con *La región más transparente* (1958), dio inicio al *boom* de la literatura hispanoamericana. *La región más transparente,* como otras novelas del *boom,* se inclina a la experimentación sintáctica y la fragmentación narrativa.

Fuentes, autor prolífico, publicó su primer libro, *Los días enmascarados,* en 1954. En 1962 surgió *La muerte de Artemio Cruz,* novela que examina la sociedad mexicana y la herencia de la revolución en la burguesía del país. Otras novelas escritas por Fuentes en la década de los sesenta son *Aura* (1962), *Cambio de piel* (1967), *Zona sagrada* (1967) y *Cumpleaños* (1969). Entre las novelas más recientes se encuentran *Terra Nostra* (1975), *La cabeza de la hidra* (1978), *Una familia lejana* (1980), *Gringo viejo* (1985), *Cristóbal Nonato* (1987), *La campaña* (1987) y *El naranjo* (1993). A esta lista se deben de añadir *Cantar de ciegos* (1964), un libro de cuentos, *El espejo enterrado: reflexiones sobre España y el Nuevo Mundo* (1991), un ensayo sobre la historia cultural latinoamericana y española, *Diana o la cazadora solitaria* (1994) y *La frontera de cristal: una novela en nueve cuentos* (1995), que aborda las relaciones complejas entre México y Estados Unidos.

El prestigioso Premio Miguel de Cervantes fue otorgado a Carlos Fuentes en 1987 y el Premio Príncipe de Asturias, en 1994.

—el elemento fantástico del relato
—la relación entre el México contemporáneo y el México mítico precolombino
—la condición psicológica del protagonista

Este cuento fue escrito por Carlos Fuentes después de leer la noticia del traslado en 1952 de una estatua del dios de la lluvia a París con motivo de una exposición de arte mexicano. Según la prensa, graves tormentas de mar y lluvia se habían desatado por todo el continente americano.

En "Chac Mool", Fuentes mezcla, al igual que en otras obras, el pasado histórico mexicano con el México contemporáneo y la realidad con el elemento fantástico. La vida de Filiberto, coleccionista de antigüedades mexicanas, queda completamente alterada tras la compra de una estatua del dios maya de la lluvia, Chac Mool. Los apuntes de Filiberto ayudan al lector a esclarecer la situación.

Chac Mool

ace poco tiempo, Filiberto murió ahogado[1] en Acapulco. Sucedió en Semana Santa. Aunque despedido de su empleo en la Secretaría, Filiberto no pudo resistir la tentación burocrática de ir, como todos los años, a la pensión[2] alemana, comer el *choucrout*[3] endulzado por el sudor de la cocina tropical, bailar el sábado de gloria[4] en La Quebrada, y sentirse "gente conocida" en el oscuro anonimato vespertino de la playa de Hornos. Claro, sabíamos que en su juventud había nadado bien, pero ahora, a los cuarenta, y tan desmejorado[5] como se le veía, ¡intentar salvar,[6] y a medianoche, un trecho[7] tan largo! Frau Müller no permitió que se velara[8] —cliente tan antiguo— en la pensión; por el contrario, esa noche organizó un baile en la terracita sofocada, mientras Filiberto esperaba, muy pálido en su caja, a que saliera el camión matutino de la terminal, y pasó acompañado de huacales[9] y fardos[10] la primera noche de su nueva vida. Cuando llegué, temprano, a vigilar el embarque[11] del féretro,[12] Filiberto estaba bajo un túmulo[13] de cocos; el chófer dijo que lo acomodáramos rápidamente en el toldo[14] y lo cubriéramos de lonas,[15] para que no se espantaran los pasajeros, y a ver si no le habíamos echado la sal al viaje.

Salimos de Acapulco, todavía en la brisa. Hasta[16] Tierra Colorada nacieron el calor y la luz. Con el desayuno de huevos y chorizo,[17] abrí el cartapacio[18] de Fili-

---

[1]**ahogado** drowned   [2]**pensión** boarding house   [3]*choucrout* sauerkraut   [4]**sábado de gloria** Holy Saturday   [5]**desmejorado** in declining health   [6]**salvar** to cover   [7]**trecho** distance   [8]**que se velara** to hold a wake   [9]**huacales** baskets used to transport merchandise   [10]**fardos** bundles   [11]**embarque** shipment   [12]**féretro** coffin   [13]**túmulo** mound   [14]**toldo** awning   [15]**lonas** canvas   [16]**hasta** *en* (Mexican usage)   [17]**chorizo** sausage   [18]**cartapacio** portfolio

berto, recogido el día anterior, junto con sus otras pertenencias, en la pensión de los Müller. Doscientos pesos. Un periódico viejo; cachos[19] de la lotería; el pasaje de ida —¿sólo de ida?—, y el cuaderno barato, de hojas cuadriculadas[20] y tapas de papel mármol.

Me aventuré a leerlo, a pesar de las curvas, el hedor[21] a vómito, y cierto sentimiento natural de respeto a la vida privada de mi difunto amigo. Recordaría —sí, empezaba con eso— nuestra cotidiana labor en la oficina; quizá, sabría por qué fue declinando, olvidando sus deberes, por qué dictaba oficios sin sentido, ni número, ni "sufragio efectivo".[22] Por qué, en fin, fue corrido, olvidada la pensión, sin respetar los escalafones.[23]

"Hoy fui a arreglar lo de mi pensión. El licenciado, amabilísimo. Salí tan contento que decidí gastar cinco pesos en un café. Es el mismo al que íbamos de jóvenes y al que ahora nunca concurro,[24] porque me recuerda que a los veinte años podía darme más lujos que a los cuarenta. Entonces todos estábamos en un mismo plano,[25] hubiéramos rechazado con energía cualquier opinión peyorativa hacia los compañeros; de hecho librábamos la batalla por aquellos a quienes en la casa discutían la baja extracción o falta de elegancia. Yo sabía que muchos (quizás los más humildes) llegarían muy alto, y aquí, en la escuela, se iban a forjar[26] las amistades duraderas en cuya compañía cursaríamos el mar bravío. No, no fue así. No hubo reglas. Muchos de los humildes quedaron allí, muchos llegaron más arriba de lo que pudimos pronosticar en aquellas fogosas,[27] amables tertulias.[28] Otros, que parecíamos prometerlo todo, quedamos a la mitad del camino, destripados[29] en un examen extracurricular, aislados por una zanja[30] invisible de los que triunfaron y de los que nada alcanzaron. En fin, hoy volví a sentarme en las sillas, modernizadas —también, como barricada de una invasión, la fuente de sodas—, y pretendí leer expedientes.[31] Vi a muchos, cambiados, amnésicos, retocados de luz neón, prósperos. Con el café que casi no reconocía, con la ciudad misma, habían ido cincelándose[32] a ritmo distinto del mío. No, ya no me reconocían, o no me querían reconocer. A lo sumo —uno o dos— una mano gorda y rápida en el hombro. *Adiós, viejo, qué tal.* Entre ellos y yo, mediaban los dieciocho agujeros del Country Club. Me disfracé en los expedientes. Desfilaron los años de las grandes ilusiones, de los pronósticos felices, y, también, todas las omisiones que impidieron su realización. Sentí la angustia de no poder meter los dedos en el pasado y pegar los trozos[33] de algún rompecabezas abandonado; pero el arcón[34] de los juguetes se va olvidando, y al cabo, quién sabrá a dónde fueron

---

[19]**cachos** stubs   [20]**hojas cuadriculadas** graph paper   [21]**hedor** stench   [22]**"sufragio electivo"** popular phrase used by Francisco Madero (1873–1913) and the Mexican revolutionaries that opposed the re-election of Porfirio Díaz (1830–1915)   [23]**escalafones** seniority or promotion lists   [24]**nunca concurro** I never go to   [25]**en el mismo plano** in the same situation   [26]**forjar** to make   [27]**fogosas** fiery   [28]**tertulias** gatherings   [29]**destripados** disemboweled   [30]**zanja** ditch   [31]**expedientes** dossiers, files   [32]**cincelándose** chiseling   [33]**pegar los trozos** put together the pieces   [34]**arcón** large chest

a dar los soldados de plomo, los cascos, las espadas de madera. Los disfraces tan queridos, no fueron más que eso. Y, sin embargo, había habido constancia, disciplina, apego al deber.[35] ¿No era suficiente, o sobraba? No dejaba, en ocasiones, de asaltarme el recuerdo de Rilke.[36] La gran recompensa de la aventura de juventud debe ser la muerte; jóvenes, debemos partir con todos nuestros secretos. Hoy, no tendría que volver la vista a las ciudades de sal. ¿Cinco pesos? Dos de propina".

"Pepe, aparte de su pasión por el derecho mercantil, gusta de teorizar. Me vio salir de Catedral, y juntos nos encaminamos a Palacio. El es descreído,[37] pero no le basta: en media cuadra tuvo que fabricar una teoría. Que si no fuera mexicano, no adoraría a Cristo, y —No, mira, parece evidente. Llegan los españoles y te proponen adores a un Dios, muerto hecho un coágulo,[38] con el costado herido, clavado[39] en una cruz. Sacrificado. Ofrendado. ¿Qué cosa más natural que aceptar un sentimiento tan cercano a todo tu ceremonial, a toda tu vida...? Figúrate, en cambio, que México hubiera sido conquistado por budistas o mahometanos. No es concebible que nuestros indios veneraran a un individuo que murió de indigestión. Pero un Dios al que no le basta que se sacrifiquen por él, sino que incluso va a que le arranquen[40] el corazón, ¡caramba, jaque mate[41] a Huitzilopochtli![42] El cristianismo, en su sentido cálido, sangriento, de sacrificio y liturgia, se vuelve una prolongación natural y novedosa de la religión indígena. Los aspectos de caridad, amor, y la otra mejilla, en cambio, son rechazados.[43] Y todo en México es eso: hay que matar a los hombres para poder creer en ellos.

"Pepe conocía mi afición, desde joven, por ciertas formas del arte indígena mexicano. Yo colecciono estatuillas, ídolos, cacharros.[44] Mis fines de semana los paso en Tlaxcala,[45] o en Teotihuacán.[46] Acaso por esto le guste relacionar todas las teorías que elabora para mi consumo con estos temas. Por cierto que busco una réplica razonable del Chac Mool desde hace tiempo, y hoy Pepe me informa de un lugar en la Lagunilla donde venden uno de piedra, y parece que barato. Voy a ir el domingo.

"Un guasón[47] pintó de rojo el agua del garrafón[48] en la oficina, con la consiguiente perturbación de las labores. He debido consignarlo al director, a quien sólo le dio mucha risa. El culpable se ha valido de esta circunstancia para hacer sarcasmos a mis costillas[49] el día entero, todo en torno al agua. ¡Ch...!"

---

[35]**apego al deber** fondness of duty   [36]**Rilke** Maria Rilke (1875–1926), German poet   [37]**descreído** disbeliever   [38]**coágulo** clot   [39]**clavado** nailed   [40]**arranquen** tear off   [41]**jaque mate** checkmate (expression used in chess)   [42]**Huitzilopochtli** Aztec god of war   [43]**rechazados** rejected   [44]**cacharros** old piece of earthenware   [45]**Tlaxcala** city and state in Mexico. The Tlaxcalas refused the rule of the Aztecs and allied themselves with, and helped, Hernán Cortés (1485–1547) in the conquest of Mexico.   [46]**Teotihuacán** ancient religious center of the Toltecs situated to the northeast of Mexico City, where remains of ancient pyramids and temples can be found   [47]**guasón** jokester   [48]**garrafón** large carafe   [49]**a mis costillas** at my expense

"Hoy, domingo, aproveché para ir a la Lagunilla. Encontré el Chac Mool en la tienducha[50] que me señaló Pepe. Es una pieza preciosa, de tamaño natural, y aunque el marchante asegura su originalidad, lo dudo. La piedra es corriente, pero ello no aminora[51] la elegancia de la postura o lo macizo[52] del bloque. El desleal vendedor le ha embarrado[53] salsa de tomate en la barriga para convencer a los turistas de la autenticidad sangrienta de la escultura.

"El traslado a la casa me costó más que la adquisición. Pero ya está aquí, por el momento en el sótano mientras reorganizo mi cuarto de trofeos a fin de darle cabida.[54] Estas figuras necesitan sol, vertical y fogoso; ése fue su elemento y condición. Pierde mucho en la oscuridad del sótano, como simple bulto agónico,[55] y su mueca[56] parece reprocharme que le niegue la luz. El comerciante tenía un foco exactamente vertical a la escultura, que recortaba todas las aristas,[57] y le daba una expresión más amable a mi Chac Mool. Habrá que seguir su ejemplo".

"Amanecí con la tubería[58] descompuesta. Incauto,[59] dejé correr el agua de la cocina, y se desbordó,[60] corrió por el suelo y llegó hasta el sótano, sin que me percatara.[61] El Chac Mool resiste la humedad, pero mis maletas sufrieron; y todo esto, en día de labores, me ha obligado a llegar tarde a la oficina".

"Vinieron, por fin, a arreglar la tubería. Las maletas, torcidas. Y el Chac Mool, con lama[62] en la base".

"Desperté a la una: había escuchado un quejido terrible. Pensé en ladrones. Pura imaginación".

"Los lamentos nocturnos han seguido. No sé a qué atribuirlo, pero estoy nervioso. Para colmo de males,[63] la tubería volvió a descomponerse, y las lluvias se han colado, inundando el sótano".

"El plomero[64] no viene, estoy desesperado. Del Departamento del Distrito Federal, más vale no hablar. Es la primera vez que el agua de las lluvias no obedece a las coladeras y viene a dar a mi sótano. Los quejidos han cesado: vaya una cosa por otra".

"Secaron el sótano, y el Chac Mool está cubierto de lama. Le da un aspecto grotesco, porque toda la masa de la escultura parece padecer de una erisipela[65] verde, salvo los ojos, que han permanecido de piedra. Voy a aprovechar el domingo para raspar[66] el musgo. Pepe me ha recomendado cambiarme a un apar-

---

[50]**tienducha** small store that sells items of poor quality   [51]**aminora** lessens   [52]**macizo** solid   [53]**embarrado** smeared   [54]**darle cabida** to make room for it   [55]**agónico** moribund   [56]**mueca** grimace   [57]**aristas** edges   [58]**tubería** plumbing   [59]**incauto** unwary   [60]**se desbordó** it overflowed   [61]**sin que me percatara** without noticing   [62]**lama** moss   [63]**para colmo de males** to top it all   [64]**plomero** plumber   [65]**erisipela** erysipelas (acute febrile disease associated with the inflammation of the skin)   [66]**raspar** scrape

tamiento, y en el último piso, para evitar estas tragedias acuáticas. Pero no puedo dejar este caserón, ciertamente muy grande para mí solo, un poco lúgubre en su arquitectura porfiriana,[67] pero que es la única herencia y recuerdo de mis padres. No sé qué me daría ver una fuente de sodas con sinfonola[68] en el sótano y una casa de decoración en la planta baja".

"Fui a raspar la lama del Chac Mool con una espátula. El musgo parecía ya parte de la piedra; fue labor de más de una hora, y sólo a las seis de la tarde pude terminar. No era posible distinguir en la penumbra, y al dar fin al trabajo, con la mano seguí los contornos de la piedra. Cada vez que raspaba el bloque parecía reblandecerse.[69] No quise creerlo: era ya casi una pasta. Este mercader de la Lagunilla me ha timado.[70] Su escultura precolombina es puro yeso,[71] y la humedad acabará por arruinarla. Le he puesto encima unos trapos,[72] y mañana la pasaré a la pieza de arriba, antes de que sufra un deterioro total".

"Los trapos están en el suelo. Increíble. Volví a palpar el Chac Mool. Se ha endurecido, pero no vuelve a la piedra. No quiero escribirlo: hay en el torso algo de la textura de la carne, lo aprieto como goma, siento que algo corre por esa figura recostada... Volví a bajar en la noche. No cabe duda: el Chac Mool tiene vello[73] en los brazos".

"Esto nunca me había sucedido. Tergiversé[74] los asuntos en la oficina: giré[75] una orden de pago que no estaba autorizada, y el director tuvo que llamarme la atención. Quizá me mostré hasta descortés con los compañeros. Tendré que ver a un médico, saber si es imaginación, o delirio, o qué, y deshacerme de ese maldito Chac Mool".

Hasta aquí, la escritura de Filiberto era la vieja, la que tantas veces vi en memoranda y formas, ancha y ovalada. La entrada del 25 de agosto, parecía escrita por otra persona. A veces como niño, separando trabajosamente cada letra; otras, nerviosa, hasta diluirse en lo ininteligible. Hay tres días vacíos, y el relato continúa:

"Todo es tan natural; y luego, se cree en lo real..., pero esto lo es, más que lo creído por mí. Si es real un garrafón, y más, porque nos damos mejor cuenta de su existencia, o estar, si un bromista pinta de rojo el agua... Real bocanada[76] de cigarro efímera, real imagen monstruosa es un espejo de circo, reales, ¿no lo son todos los muertos, presentes y olvidados...? Si un hombre atravesara el Paraíso en un sueño, y le dieran una flor como prueba de que había estado allí, y si al des-

---

[67]**época porfiriana** built while Porfirio Díaz was president of Mexico (1877–1880, 1884–1911)   [68]**sinfonola** music box   [69]**reblandecerse** to soften up   [70]**me ha timado** has swindled me   [71]**yeso** plaster   [72]**trapos** rags   [73]**vello** hair   [74]**tergiversé** I confused   [75]**giré** transferred   [76]**bocanada** puff, whiff

pertar encontrara esa flor en su mano…, ¿entonces qué…? Realidad: cierto día la quebraron en mil pedazos, la cabeza fue a dar allá, la cola aquí, y nosotros no conocemos más que uno de los trozos desprendidos de su gran cuerpo. Océano libre y ficticio, sólo real cuando se le aprisiona en un caracol.[77] Hasta hace tres días, mi realidad lo era al grado de haberse borrado hoy: era movimiento reflejo, rutina, memoria, cartapacio. Y luego, como la tierra que un día tiembla para que recordemos su poder, o la muerte que llegará, recriminando mi olvido de toda la vida, se presenta otra realidad que sabíamos estaba allí, mostrenca,[78] y que debe sacudirnos para hacerse viva y presente. Creía, nuevamente, que era imaginación: el Chac Mool, blando y elegante, había cambiado de color en una noche; amarillo, casi dorado, parecía indicarme que era un Dios, por ahora laxo, con las rodillas menos tensas que antes, con la sonrisa más benévola. Y ayer, por fin, un despertar sobresaltado, con esa seguridad espantosa de que hay dos respiraciones en la noche, de que en la oscuridad laten más pulsos que el propio. Sí, se escuchaban pasos en la escalera. Pesadilla. Vuelta a dormir… No sé cuánto tiempo pretendí dormir. Cuando volví a abrir los ojos, aún no amanecía. El cuarto olía a horror, a incienso y sangre. Con la mirada negra, recorrí la recámara,[79] hasta detenerme en dos orificios de luz parpadeante, en dos flámulas[80] crueles y amarillas.

"Casi sin aliento encendí la luz.

"Allí estaba Chac Mool, erguido, sonriente, ocre, con su barriga encarnada. Me paralizaban los dos ojillos, casi bizcos,[81] muy pegados a la nariz triangular. Los dientes inferiores, mordiendo el labio superior, inmóviles; sólo el brillo del casquetón[82] cuadrado sobre la cabeza anormalmente voluminosa, delataba vida. Chac Mool avanzó hacia la cama; entonces empezó a llover".

Recuerdo que a fines de agosto, Filiberto fue despedido de la Secretaría, con una recriminación pública del director, y rumores de locura y aun robo. Esto no lo creía. Sí vi unos oficios descabellados,[83] preguntando al Oficial Mayor si el agua podía olerse, ofreciendo sus servicios al Secretario de Recursos Hidráulicos para hacer llover en el desierto. No supe qué explicación darme; pensé que las lluvias excepcionalmente fuertes, de ese verano, lo habían enervado.[84] O que alguna depresión moral debía producir la vida en aquel caserón antiguo, con la mitad de los cuartos bajo llave y empolvados, sin criados ni vida de familia. Los apuntes siguientes son de fines de septiembre:

"Chac Mool puede ser simpático cuando quiere…, un gluglu de agua embelesada[85]… Sabe historias fantásticas sobre los monzones,[86] las lluvias ecuatoriales, el castigo de los desiertos; cada planta arranca de su paternidad mítica: el sauce,[87] su hija descarriada; los lotos, sus mimados; su suegra: el cacto. Lo que no puedo tolerar es el olor, extrahumano, que emana de esa carne que no lo es, de las chan-

---

[77]**caracol** conch   [78]**mostrenca** ownerless   [79]**recámara** bedroom   [80]**flámulas** small flames   [81]**bizcos** cross-eyed   [82]**casquetón** cap, helmet   [83]**descabellados** crazy   [84]**lo habían enervado** had weakened him   [85]**embelesada** enchanting, bewitched   [86]**monzones** monsoons   [87]**sauce** willow

clas[88] flameantes de ancianidad. Con risa estridente, el Chac Mool revela cómo fue descubierto por Le Plongeon,[89] y puesto, físicamente, en contacto con hombres de otros símbolos. Su espíritu ha vivido en el cántaro[90] y la tempestad, natural; otra cosa es su piedra, y haberla arrancado al escondite[91] es artificial y cruel. Creo que nunca lo perdonará el Chac Mool. Él sabe de la inminencia del hecho estético.

"He debido proporcionarle sapolio[92] para que se lave el estómago que el mercader le untó de *ketchup* al creerlo azteca. No pareció gustarle mi pregunta sobre su parentesco con Tláloc,[93] y, cuando se enoja, sus dientes, de por sí repulsivos, se afilan y brillan. Los primeros días, bajó a dormir al sótano; desde ayer, en mi cama".

"Ha empezado la temporada seca. Ayer, desde la sala en la que duermo ahora, comencé a oír los mismos lamentos roncos del principio, seguidos de ruidos terribles. Subí y entreabrí la puerta de la recámara: el Chac Mool estaba rompiendo las lámparas, los muebles; saltó hacia la puerta con las manos arañadas,[94] y apenas pude cerrar e irme a esconder al baño... Luego, bajó jadeante y pidió agua; todo el día tiene corriendo las llaves,[95] no queda un centímetro seco en la casa. Tengo que dormir muy abrigado, y le he pedido no empapar[96] la sala más".

"El Chac Mool inundó hoy la sala. Exasperado, dije que lo iba a devolver a la Lagunilla. Tan terrible como su risilla —horrorosamente distinta a cualquier risa de hombre o animal— fue la bofetada[97] que me dio, con ese brazo cargado de brazaletes pesados. Debo reconocerlo: soy su prisionero. Mi idea original era distinta: yo dominaría al Chac Mool, como se domina a un juguete; era, acaso, una prolongación de mi seguridad infantil; pero la niñez —¿quién lo dijo?— es fruto comido por los años, y yo no me he dado cuenta... Ha tomado mi ropa, y se pone las batas cuando empieza a brotarle musgo verde. El Chac Mool está acostumbrado a que se le obedezca, por siempre; yo, que nunca he debido mandar, sólo puedo doblegarme.[98] Mientras no llueva —¿y su poder mágico?— vivirá colérico o irritable".

"Hoy descubrí que en las noches el Chac Mool sale de la casa. Siempre, al obscurecer, canta una canción chirriona[99] y anciana, más vieja que el canto mismo. Luego, cesa. Toqué varias veces a su puerta, y cuando no me contestó, me atreví a entrar. La recámara, que no había vuelto a ver desde el día en que intentó atacarme la estatua, está en ruinas, y allí se concentra ese olor a incienso y sangre que ha permeado la casa. Pero, detrás de la puerta, hay huesos: huesos de

---

[88]**chanclas** old shoes   [89]**Le Plongeon** Augustus Le Plongeon (1826–1908), French explorer of Mayan ruins and author of *Sacred Mysteries Among the Mayas and the Quichés* (1886) and *Queen Móo and The Egyptian Sphinx* (1896)   [90]**cántaro** pitcher   [91]**escondite** hiding place   [92]**sapolio** soap made with pumice stone   [93]**Tláloc** Aztec god of the rain   [94]**arañadas** scratched   [95]**corriendo las llaves** running water   [96]**empapar** to soak   [97]**bofetada** slap in the face   [98]**doblegarme** to bend to his will   [99]**chirriona** out of tune

perros, de ratones y gatos. Esto es lo que roba en la noche el Chac Mool para sustentarse. Esto explica los ladridos espantosos de todas las madrugadas".

"Febrero, seco. Chac Mool vigila cada paso mío; ha hecho que telefonee a una fonda para que me traigan diariamente arroz con pollo. Pero lo sustraído[100] de la oficina ya se va a acabar. Sucedió lo inevitable: desde el día primero, cortaron el agua y la luz por falta de pago. Pero Chac ha descubierto una fuente pública a dos cuadras de aquí; todos los días hago diez o doce viajes por agua, y él me observa desde la azotea.[101] Dice que si intento huir me fulminará; también es Dios del Rayo. Lo que él no sabe es que estoy al tanto[102] de sus correrías nocturnas… Como no hay luz, debo acostarme a las ocho. Ya debería estar acostumbrado al Chac Mool, pero hace poco, en la obscuridad, me topé[103] con él en la escalera, sentí sus brazos helados, las escamas de su piel renovada, y quise gritar.

"Si no llueve pronto, el Chac Mool va a convertirse en piedra otra vez. He notado su dificultad reciente para moverse; a veces se reclina durante horas, paralizado, y parece ser, de nuevo un ídolo. Pero estos reposos sólo le dan nuevas fuerzas para vejarme,[104] arañarme, como si pudiera arrancar algún líquido de mi carne. Ya no tienen lugar aquellos intermedios amables en que relataba viejos cuentos; creo notar un resentimiento concentrado. Ha habido otros indicios que me han puesto a pensar: se está acabando mi bodega; acaricia la seda de las batas; quiere que traiga una criada a la casa; me ha hecho enseñarle a usar jabón y lociones. Creo que el Chac Mool está cayendo en tentaciones humanas; incluso hay algo viejo en su cara que antes parecía eterna. Aquí puede estar mi salvación: si el Chac se humaniza, posiblemente todos sus siglos de vida se acumulen en un instante y caiga fulminado. Pero también, aquí, puede germinar mi muerte: el Chac no querrá que asista a su derrumbe, es posible que desee matarme.

"Hoy aprovecharé la excursión nocturna de Chac para huir. Me iré a Acapulco; veremos qué puede hacerse para adquirir trabajo, y esperar la muerte del Chac Mool: sí, se avecina; está canoso, abotagado.[105] Necesito asolearme, nadar, recuperar fuerza. Me quedan cuatrocientos pesos. Iré a la Pensión Müller, que es barata y cómoda. Que se adueñe de todo el Chac Mool: a ver cuánto dura sin mis baldes[106] de agua".

Aquí termina el diario de Filiberto. No quise volver a pensar en su relato; dormí hasta Cuernavaca. De ahí a México pretendí dar coherencia al escrito, relacionarlo con exceso de trabajo, con algún motivo sicológico. Cuando a las nueve de la noche llegamos a la terminal, aún no podía concebir la locura de mi amigo. Contraté una camioneta para llevar el féretro a casa de Filiberto y desde allí ordenar su entierro.

Antes de que pudiera introducir la llave en la cerradura, la puerta se abrió. Apareció un indio amarillo, en bata de casa, con bufanda. Su aspecto no podía ser

---

[100]**lo sustraído** what was stolen   [101]**azotea** rooftop   [102]**estoy al tanto** I am aware   [103]**me topé** I ran into   [104]**vejarme** to mistreat me   [105]**abotagado** swollen   [106]**baldes** buckets

más repulsivo; despedía un olor a loción barata; su cara, pulveada, quería cubrir las arrugas;[107] tenía la boca embarrada de lápiz labial mal aplicado, y el pelo daba la impresión de estar teñido.[108]

—Perdone…, no sabía que Filiberto hubiera…

—No importa; lo sé todo. Dígales a los hombres que lleven el cadáver al sótano.

DESPUÉS DE LEER

1. ¿Cómo ha sido la vida de Filiberto? ¿Cuál es su actitud ante la vida?
2. ¿A qué nivel social considera usted que perteneció la familia de Filiberto? ¿Por qué?
3. ¿Cómo describiría usted un día en la vida de Filiberto?
4. ¿Cómo es que el mito de Chac Mool se apodera de la vida del protagonista?
5. Describa los acontecimientos que ocurren en la casa del protagonista y cómo éste se enfrenta a ellos.
6. ¿Cómo repercute en el trabajo de Filiberto lo ocurrido en su casa?
7. ¿Por qué huye Filiberto a la pensión de Acapulco? ¿Qué le ocurre allí?
8. ¿Cuál es la importancia de las anotaciones de Filiberto?
9. ¿Cómo interpreta usted el final del cuento?
10. Discuta el elemento fantástico de "Chac Mool".
11. ¿Ve usted alguna semejanza entre este relato de Carlos Fuentes y "La noche boca arriba" de Julio Cortázar?

---

[107]**arrugas** wrinkles   [108]**teñido** dyed

AL LEER CONSIDERE LO SIGUIENTE:

—los puntos de referencia de Fuentes y la relación de ellos con el cuento
—la crítica social
—cómo es presentada la alta burguesía mexicana
—la perspectiva narrativa

En "Las dos Elenas", Carlos Fuentes hace una fuerte crítica a la alta burguesía mexicana y muestra la falta de autenticidad de sus valores. El cuento se desarrolla en torno de la joven pareja, Elena y Víctor. Ella anuncia que busca complemento de su marido durante la cena dominical con su familia. Sin embargo, es el marido quien encuentra el complemento en la otra Elena.

Las dos Elenas

o sé de dónde le salen esas ideas a Elena. Ella no fue educada de ese modo. Y usted tampoco, Víctor. Pero el hecho es que el matrimonio la ha cambiado. Sí, no cabe duda. Creí que le iba a dar un ataque a mi marido. Esas ideas no se pueden defender, y menos a la hora de la cena. Mi hija sabe muy bien que su padre necesita comer en paz. Si no, en seguida le sube la presión. Se lo ha dicho el médico. Y después de todo, este médico sabe lo que dice. Por algo cobra[1] a doscientos pesos la consulta. Yo le ruego que hable Elena. A mí no me hace caso. Dígale que le soportamos todo. Que no nos importa que desatienda[2] su hogar por aprender francés. Que no nos importa que vaya a ver esas películas rarísimas a unos antros[3] llenos de melenudos.[4] Que no nos importan esas medias rojas de payaso. Pero que a la hora de la cena le diga a su padre que una mujer puede vivir con dos hombres para complementarse… Víctor, por su propio bien usted debe sacarle esas ideas de la cabeza a su mujer.

Desde que vio *Jules et Jim*[5] en un cine-club, Elena tuvo el duende[6] de llevar la batalla a la cena dominical con sus padres —la única reunión obligatoria de la familia—. Al salir del cine, tomamos el MG y nos fuimos a cenar al Coyote Flaco en Coyoacán.[7] Elena se veía, como siempre, muy bella con el suéter negro y la falda de cuero y las medias que no le gustan a su mamá. Además, se había colgado una cadena de oro de la cual pendía un tallado en jadeíta[8] que, según un amigo antropólogo, describe al príncipe Uno Muerte de los mixtecos.[9] Elena,

---

[1]**cobra** charges   [2]**desatienda** that she neglects   [3]**antros** dives   [4]**melenudos** hippies   [5]*Jules et Jim* 1961 French film directed by François Truffaut   [6]**tuvo el duende** had it in her mind   [7]**Coyoacán** residential district of Mexico City   [8]**tallado de jadeíta** jadeite figurine   [9]**príncipe Uno … los mixtecos** one of three princes of the Mixtec indians. The Mixtecs inhabited the region of Oaxaca around 1500 B.C.

que es siempre tan alegre y despreocupada, se veía, esa noche, intensa: los colores se le habían subido a las mejillas y apenas saludó a los amigos que generalmente hacen tertulia[10] en ese restaurante un tanto gótico. Le pregunté qué deseaba ordenar y no me contestó; en vez, tomó mi puño[11] y me miró fijamente. Yo ordené dos pepitos con ajo[12] mientras Elena agitaba su cabellera rosa pálido y se acariciaba el cuello:

—Víctor, nibelungo,[13] por primera vez me doy cuenta que ustedes tienen razón en ser misóginos y que nosotras nacimos para que nos detesten. Ya no voy a fingir más. He descubierto que la misoginia es la condición del amor. Ya sé que estoy equivocada, pero mientras más necesidades exprese, más me vas a odiar y más me vas a tratar de satisfacer. Víctor, nibelungo, tienes que comprarme un traje de marinero antiguo como el que saca[14] Jeanne Moreau.

Yo le dije que me parecía perfecto, con tal de que lo siguiera esperando todo de mí. Elena me acarició la mano y sonrió.

—Ya sé que no terminas de liberarte, mi amor. Pero ten fe. Cuando acabes de darme todo lo que yo te pida, tú mismo rogarás que otro hombre comparta nuestras vidas. Tú mismo pedirás ser Jules. Tú mismo pedirás que Jim viva con nosotros y soporte el peso. ¿No lo dijo el Güerito?[15] Amémonos los unos a los otros, cómo no.[16]

Pensé que Elena podría tener razón en el futuro; sabía después de cuatro años de matrimonio que al lado suyo todas las reglas morales aprendidas desde la niñez tendían a desvanecerse[17] naturalmente. Eso he amado siempre en ella: su naturalidad. Nunca niega una regla para imponer otra, sino para abrir una especie de puerta, como aquellas de los cuentos infantiles, donde cada hoja ilustrada contiene el anuncio de un jardín, una cueva, un mar a los que se llega por la apertura secreta de la página anterior.

—No quiero tener hijos antes de seis años —dijo una noche, recostada sobre mis piernas, en el salón oscuro de nuestra casa, mientras escuchábamos discos de Cannonball Adderley;[18] y en la misma casa de Coyoacán que hemos decorado con estofados[19] policromos y máscaras coloniales de ojos hipnóticos: —Tú nunca vas a misa y nadie dice nada. Yo tampoco iré y que digan lo que quieran; y en el altillo[20] que nos sirve de recámara y que en las mañanas claras recibe la luz de los volcanes: —Voy a tomar el café con Alejandro hoy. Es un gran dibujante y se cohibiría si tú estuvieras presente y yo necesito que me explique a solas algunas cosas; y mientras me sigue por los tablones[21] que comunican los pisos inacabados del conjunto de casas que construyo en el Desierto de los Leones:[22] —Me voy diez días a viajar en tren por la República; y al tomar un café apresurado en el Tirol a media tarde, mientras mueve los dedos en señal de saludo a los amigos

---

[10]**tertulia** get-together [11]**puño** cuff [12]**pepitos con ajo** steak and garlic sandwiches [13]**nibelungo** medieval Germanic knight [14]**saca** wears [15]**el Güerito** blond, here refers to nickname given to Christ [16]**cómo no** of course [17]**desvanecerse** to disappear [18]**Cannonball Adderley** an American jazz musician [19]**estofados** ceramic ornaments [20]**altillo** attic [21]**tablones** planks [22]**Desierto de los Leones** an elegant neighborhood in Mexico City

que pasan por la calle de Hamburgo:[23] —Gracias por llevarme a conocer el burdel,[24] nibelungo. Me pareció como de tiempos de Toulouse-Lautrec,[25] tan inocente como un cuento de Maupassant.[26] ¿Ya ves? Ahora averigüé que el pecado y la depravación no están allí, sino en otra parte; y después de una exhibición privada de *El ángel exterminador:*[27] —Víctor, lo moral es todo lo que da vida y lo inmoral todo lo que quita vida, ¿verdad que sí?

Y ahora lo repitió, con un pedazo de *sandwich* en la boca: —¿Verdad que tengo razón? Si un *ménage à trois*[28] nos da vida y alegría y nos hace mejores en nuestras relaciones personales entre tres de lo que éramos en la relación entre dos, ¿verdad que eso es moral?

Asentí mientras comía, escuchando el chisporroteo[29] de la carne que se asaba[30] a lo largo de la alta parrilla.[31] Varios amigos cuidaban de que sus rebanadas[32] estuvieran al punto que deseaban y luego vinieron a sentarse con nosotros y Elena volvió a reír y a ser la de siempre. Tuve la mala idea de recorrer los rostros de nuestros amigos con la mirada[33] e imaginar a cada uno instalado en mi casa, dándole a Elena la porción de sentimiento, estímulo, pasión o inteligencia que yo, agotado en mis límites, fuese incapaz de obsequiarle. Mientras observaba este rostro agudamente dispuesto a escuchar (y yo a veces me canso de oírla), ése amablemente ofrecido a colmar las lagunas[34] de los razonamientos (yo prefiero que su conversación carezca[35] de lógica o de consecuencias), aquél más inclinado a formular preguntas precisas y, según él, reveladoras (y yo nunca uso la palabra, sino el gesto o la telepatía para poner a Elena en movimiento), me consolaba diciéndome que, al cabo, lo poco que podrían darle se lo darían a partir de cierto extremo de mi vida con ella, como un postre, un cordial, un añadido. Aquél, el del peinado a lo Ringo Starr, le preguntó precisa y reveladoramente por qué seguía siéndome fiel y Elena le contestó que la infidelidad era hoy una regla, igual que la comunión todos los viernes antes, y lo dejó de mirar. Ése, el del cuello de tortuga negro, interpretó la respuesta de Elena añadiendo que, sin duda, mi mujer quería decir que ahora la fidelidad volvía a ser la actitud rebelde. Y éste, el del perfecto saco eduardiano sólo invitó con la mirada intensamente oblicua a que Elena hablara más: él sería el perfecto auditor. Elena levantó los brazos y pidió un café exprés al mozo.

Caminamos tomados de la mano por las calles empedradas[36] de Coyoacán, bajo los fresnos,[37] experimentando el contraste del día caluroso que se prendía a nuestras ropas y la noche húmeda que, después del aguacero[38] de la tarde, sacaba brillo a nuestros ojos y color a nuestras mejillas. Nos gusta caminar, en silencio,

---

[23]**Calle de Hamburgo** fashionable street in downtown Mexico City situated in the Zona Rosa district   [24]**burdel** brothel   [25]**Toulouse-Lautrec** reference to Henri de Toulouse-Lautrec (1864–1901), French artist famous for his paintings of Paris's Montmartre district   [26]**Maupassant** reference to Guy de Maupassant (1850–1893), French master of the short story   [27]*El ángel exterminador* reference to Luis Buñuel's (1900–1983) film   [28]*ménage à trois* love triangle   [29]**chisporroteo** spluttering   [30]**que se asaba** that was being grilled   [31]**parrilla** grill   [32]**rebanadas** slices   [33]**recorrer ... mirada** studying the faces of our friends   [34]**lagunas** gaps   [35]**carezca** lack   [36]**empedradas** cobblestoned   [37]**fresnos** ash trees   [38]**aguacero** rain showers

cabizbajos y tomados de la mano, por las viejas calles que han sido, desde el principio, un punto de encuentro de nuestras comunes inclinaciones a la asimilación. Creo que de esto nunca hemos hablado Elena y yo. Ni hace falta. Lo cierto es que nos da placer hacernos de cosas viejas, como si las rescatáramos[39] de algún olvido doloroso o al tocarlas les diéramos nueva vida o al buscarles el sitio, la luz y el ambiente adecuados en la casa, en realidad nos estuviéramos defendiendo contra un olvido semejante en el futuro. Queda esa manija[40] con fauces de león[41] que encontramos en una hacienda de los Altos y que acariciamos al abrir el zaguán[42] de la casa, a sabiendas[43] de que cada caricia la desgasta;[44] queda la cruz de piedra en el jardín, iluminada por una luz amarilla, que representa cuatro ríos convergentes de corazones arrancados, quizás, por las mismas manos que después tallaron[45] la piedra, y quedan los caballos negros de algún carrusel hace tiempo desmontado, así como los mascarones de proa de bergantines[46] que yacerán[47] en el fondo del mar, si no muestran su esqueleto de madera en alguna playa de cacatúas[48] solemnes y tortugas agonizantes.

Elena se quita el suéter y enciende la chimenea, mientras yo busco los discos de Cannonball, sirvo dos copas de ajenjo[49] y me recuesto a esperarla sobre el tapete.[50] Elena fuma con la cabeza sobre mis piernas y los dos escuchamos el lento saxo del Hermano Lateef,[51] a quien conocimos en el Gold Bug de Nueva York con su figura de brujo congolés vestido por Disraeli,[52] sus ojos dormidos y gruesos como dos boas africanas, su barbilla de Svengali[53] segregado y sus labios morados unidos al saxo que enmudece al negro para hacerlo hablar con una elocuencia tan ajena a su seguramente ronco tartamudeo[54] de la vida diaria, y las notas lentas, de una plañidera[55] afirmación, que nunca alcanzan a decir todo lo que quieren porque sólo son, de principio a fin, una búsqueda y una aproximación llenas de un extraño pudor, le dan un gusto y una dirección a nuestro tacto, que comienza a reproducir el sentido del instrumento de Lateef: puro anuncio, puro preludio, pura limitación a los goces preliminares que, por ello, se convierten en el acto mismo.

—Lo que están haciendo los negros americanos es voltearle el chirrión por el palito a los blancos[56] —dice Elena cuando tomamos nuestros consabidos[57] lugares en la enorme mesa chippendale del comedor de sus padres—. El amor, la música, la vitalidad de los negros obligan a los blancos a justificarse. Fíjense que ahora los blancos persiguen físicamente a los negros porque al fin se han dado cuenta de que los negros los persiguen sicológicamente a ellos.

—Pues yo doy gracias de que aquí no haya negros —dice el padre de Elena al

---

[39]**como si las rescatáramos** as if we rescued them [40]**manija** door knocker [41]**fauces de león** lion's mouth [42]**zaguán** portico, lobby [43]**a sabiendas** knowing [44]**desgasta** wears away [45]**tallaron** carved [46]**mascarones de proa de bergantines** figureheads of clipper ships [47]**que yacerán** that are probably lying [48]**cacatúas** cockatoos [49]**ajenjo** absinthe [50]**tapete** rug [51]**Hermano Lateef** Yusef Lateef, a jazz musician [52]**Disraeli** reference to the British Prime Minister Benjamin Disraeli (1804–1881) who ruled during the reign of Queen Victoria [53]**Svengali** character from the novel *Trilby* (1894), written by George du Maurier [54]**ronco tartamudeo** hoarse stuttering [55]**plañidera** plaintive [56]**voltearle ... blancos** turning the whip around and using it on the whites [57]**consabidos** usual

servirse la sopa de poro y papa[58] que le ofrece, en una humeante sopera de porcelana, el mozo indígena que de día riega los jardines de la casota[59] de las Lomas.[60]

—Pero eso qué tiene que ver,[61] papá. Es como si los esquimales dieran gracias por no ser mexicanos. Cada quien es lo que es y ya. Lo interesante es ver qué pasa cuando entramos en contacto con alguien que nos pone en duda y sin embargo sabemos que nos hace falta. Y que nos hace falta porque nos niega.

—Anda, come. Estas conversaciones se vuelven más idiotas cada domingo. Lo único que sé es que tú no te casaste con un negro, ¿verdad? Higinio, traiga las enchiladas.

Don José nos observa a Elena, a mí y a su esposa con aire de triunfo, y doña Elena madre, para salvar la conversación languideciente, relata sus actividades de la semana pasada, yo observo el mobiliario de brocado color palo-de-rosa,[62] los jarrones[63] chinos, las cortinas de gasa y las alfombras de piel de vicuña de esta casa rectilínea detrás de cuyos enormes ventanales se agitan los eucaliptos de la barranca.[64] Don José sonríe cuando Higinio le sirve las enchiladas copeteadas[65] de crema y sus ojillos verdes se llenan de una satisfacción casi patriótica, la misma que he visto en ellos cuando el Presidente agita la bandera el 15 de septiembre,[66] aunque no la misma —mucho más húmeda— que los enternece cuando se sienta a fumar un puro frente a su sinfonola privada y escucha boleros.[67] Mis ojos se detienen en la mano pálida de doña Elena, que juega con el migajón de bolillo[68] y recuenta, con fatiga, todas las ocupaciones que la mantuvieron activa desde la última vez que nos vimos. Escucho de lejos esa catarata de idas y venidas, juegos de canasta, visitas al dispensario[69] de niños pobres, novenarios, bailes de caridad, búsqueda de cortinas nuevas, pleitos[70] con las criadas, largos telefonazos[71] con los amigos, suspiradas visitas a curas, bebés, modistas, médicos, relojeros, pasteleros, ebanistas[72] y enmarcadores.[73] He detenido la mirada en sus dedos pálidos, largos y acariciantes, que hacen pelotitas con la migaja.

—…les dije que nunca más vinieran a pedirme dinero a mí, porque yo no manejo nada. Que yo los enviaría con gusto a la oficina de tu padre y que allí la secretaria los atendería…

…la muñeca delgadísima, de movimientos lánguidos, y la pulsera con medallones del Cristo del Cubilete, el Año Santo en Roma y la visita del Presidente Kennedy, realzados[74] en cobre y en oro, que chocan entre sí mientras doña Elena juega con el migajón…

—…bastante hace una con darles su apoyo moral, ¿no te parece? Te busqué el

---

[58]**sopa de poro y papa** leek and potato soup; *poro* (Mexican) is spelled *porro* or *puerro* in other countries   [59]**casota** (*pejorative*) mansion   [60]**las Lomas** elegant neighborhood of Mexico City   [61]**qué tiene que ver** what does it have to do with it   [62]**brocado color palo-de-rosa** tulipwood-colored brocade   [63]**jarrones** vases   [64]**barranca** ravine   [65]**copeteadas** topped   [66]**15 de septiembre** Mexican Independence Day   [67]**boleros** slow Caribbean dance with sentimental lyrics   [68]**migajón de bolillo** the soft insides of hard-crust bread   [69]**dispensario** clinic   [70]**pleitos** arguments   [71]**telefonazos** phone calls   [72]**ebanistas** fine wood cabinet makers   [73]**enmarcadores** picture framers   [74]**realzados** embossed

jueves para ir juntas a ver el estreno[75] del *Diana*,[76] Hasta mandé al chofer desde temprano a hacer cola, ya ves qué colas hay el día del estreno…

…y el brazo lleno, de piel muy transparente, con las venas trazadas como un segundo esqueleto, de vidrio, dibujado detrás de la tersura[77] blanca.

—…invité a tu prima Sandrita y fui a buscarla con el coche pero nos entretuvimos con el niño recién nacido. Está precioso. Ella está muy sentida[78] porque ni siquiera has llamado a felicitarla. Un telefonazo no te costaría nada, Elenita…

…y el escote[79] negro abierto sobre los senos altos y apretados como un nuevo animal capturado en un nuevo continente…

—…después de todo, somos de la familia. No puedes negar tu sangre. Quisiera que tú y Víctor fueran al bautizo. Es el sábado entrante. La ayudé a escoger los ceniceritos[80] que van a regalarle a los invitados. Vieras que se nos fue el tiempo platicando y los boletos se quedaron sin usar.

Levanté la mirada. Doña Elena me miraba. Bajó en seguida los párpados y dijo que tomaríamos el café en la sala. Don José se excusó y se fue a la biblioteca, donde tiene esa rocola[81] eléctrica que toca sus discos favoritos a cambio de un falso veinte introducido por la ranura.[82] Nos sentamos a tomar el café y a lo lejos el *jukebox* emitió un glu-glu y empezó a tocar *Nosotros*[83] mientras doña Elena encendía el aparato de televisión, pero dejándolo sin sonido, como lo indicó llevándose un dedo a los labios. Vimos pasar las imágenes mudas de un programa de tesoro escondido, en el que un solemne maestro de ceremonias guiaba a los cinco concursantes[84] —dos jovencitas nerviosas y risueñas peinadas como colmenas,[85] un ama de casa muy modosa[86] y dos hombres morenos, maduros y melancólicos— hacia el cheque escondido en el apretado estudio repleto de jarrones, libros de cartón y cajitas de música.

Elena sonrió, sentada junto a mí en la penumbra[87] de esa sala de pisos de mármol y alcatraces de plástico. No sé de dónde sacó ese apodo[88] ni qué tiene que ver conmigo, pero ahora empezó a hacer juegos de palabras con él mientras me acariciaba la mano:

—Nibelungo. Ni Ve Lungo. Nibble Hongo. Niebla lunga.[89]

Los personajes grises, rayados, ondulantes buscaban su tesoro ante nuestra vista y Elena, acurrucada,[90] dejó caer los zapatos sobre la alfombra y bostezo mientras doña Elena me miraba, interrogante, aprovechada de la oscuridad, con esos ojos negros muy abiertos y rodeados de ojeras[91] profundas. Cruzó una pierna y se arregló la falda sobre las rodillas. Desde la biblioteca nos llegaban los murmullos del bolero: *nosotros, que tanto nos quisimos* y, quizás, algún gruñido[92]

---

[75]**estreno** opening   [76]***Diana*** movie theater on the Paseo de la Reforma, one of the main avenues of Mexico City   [77]**tersura** smoothness   [78]**sentida** offended   [79]**escote** low-cut dress [80]**ceniceritos** small ashtrays   [81]**rocola** jukebox   [82]**ranura** slot   [83]***Nosotros*** a well-known bolero   [84]**concursantes** contestants   [85]**colmenas** beehives   [86]**modosa** demure   [87]**penumbra** semi-darkness   [88]**apodo** nickname   [89]**Nibelungo ... lunga** wordplay using Nibelungo: Nor Sees Far. Nibble Mushroom. Long fog.   [90]**acurrucada** curled up   [91]**ojeras** dark circles under her eyes   [92]**gruñido** grunt

del sopor[93] digestivo de don José. Doña Elena dejó de mirarme para fijar sus grandes ojos negros en los eucaliptos agitados detrás del ventanal. Seguí su nueva mirada. Elena bostezaba y ronroneaba,[94] recostada sobre mis rodillas. Le acaricié la nuca. A nuestras espaldas, la barranca que cruza como una herida salvaje las Lomas de Chapultepec parecía guardar un fondo de luz secretamente subrayado por la noche móvil que doblaba la espina de los árboles[95] y despeinaba sus cabelleras pálidas.

—¿Recuerdas Veracruz?[96] —dijo, sonriendo, la madre a la hija; pero doña Elena me miraba a mí. Elena asintió con un murmullo, adormilada sobre mis piernas, y yo contesté —Sí. Hemos ido muchas veces juntos.

—¿Le gusta? —Doña Elena alargó la mano y la dejó caer sobre el regazo.[97]

—Mucho —le dije—. Dicen que es la última ciudad mediterránea. Me gusta la comida. Me gusta la gente. Me gusta sentarme horas en los portales y comer molletes[98] y tomar café.

—Yo soy de allí —dijo la señora; por primera vez noté sus hoyuelos.[99]

—Sí. Ya lo sé.

—Pero hasta he perdido el acento —rió, mostrando las encías[100]—. Me casé de veintidós años. Y en cuanto vive una en México pierde el acento jarocho.[101] Usted ya me conoció, pues madurita.

—Todos dicen que usted y Elena parecen hermanas.

Los labios eran delgados pero agresivos: —No. Es que ahora recordaba las noches de tormenta en el Golfo. Como que el sol no quiere perderse, ¿sabe usted?, y se mezcla con la tormenta y todo queda bañado por una luz muy verde, muy pálida, y una se sofoca detrás de los batientes[102] esperando que pase el agua. La lluvia no refresca en el trópico. No más hace más calor. Y no sé por qué los criados tenían que cerrar los batientes cada vez que venía una tormenta. Tan bonito que hubiera sido dejarla pasar con las ventanas muy abiertas.

Encendí un cigarrillo: —Sí, se levantan olores muy espesos. La tierra se desprende de sus perfumes de tabaco, de café, de pulpa…

—También las recámaras. —Doña Elena cerró los ojos.

—¿Cómo?

—Entonces no había closets. —Se pasó la mano por las ligeras arrugas cercanas a los ojos—. En cada cuarto había un ropero y las criadas tenían la costumbre de colocar hojas de laurel[103] y orégano entre la ropa. Además, el sol nunca secaba bien algunos rincones. Olía a moho,[104] ¿cómo le diré?, a musgo…[105]

—Sí, me imagino. Yo nunca he vivido en el trópico. ¿Lo echa usted de menos?

Y ahora se frontó las muñecas, una contra otra, y mostró las venas saltonas[106] de las manos: —A veces. Me cuesta trabajo acordarme. Figúrese, me casé de dieciocho años y ya me consideraban quedada.[107]

---

[93]**sopor** stupor   [94]**ronroneaba** purred   [95]**espina de los árboles** trunk of the trees   [96]**Veracruz** Mexican state and port city   [97]**regazo** lap   [98]**molletes** buttered buns   [99]**hoyuelos** dimples   [100]**encías** gums   [101]**acento jarocho** accent from Veracruz   [102]**batientes** shutters   [103]**hojas de laurel** bay leaves   [104]**moho** mold   [105]**musgo** moss   [106]**saltonas** protruding   [107]**quedada** an old maid

—¿Y todo esto se lo recordó esa extraña luz que ha permanecido en el fondo de la barranca?

La mujer se levantó. —Sí. Son los spots que José mandó poner la semana pasada. Se ven bonitos, ¿no es cierto?

—Creo que Elena se ha dormido.

Le hice cosquillas[108] en la nariz y Elena despertó y regresamos en el MG a Coyoacán.

—Perdona esas latas de los domingos —dijo Elena cuando yo salía a la obra la mañana siguiente—. Qué remedio. Alguna liga[109] debía quedarnos con la familia y la vida burguesa, aunque sea por necesidad de contraste.

—¿Qué vas a hacer hoy? —le pregunté mientras enrollaba mis planos y tomaba mi portafolio.

Elena mordió un higo y se cruzó de brazos y le sacó la lengua a un Cristo bizco que encontramos una vez en Guanajuato. —Voy a pintar toda la mañana. Luego voy a comer con Alejandro para mostrarle mis últimas cosas. En su estudio. Sí, ya lo terminó. Aquí en el Olivar de los Padres. En la tarde iré a la clase de francés. Quizás me tome un café y luego te espero en el cine-club. Dan un western mitológico: *High Noon*. Mañana quedé en verme con esos chicos negros. Son de los Black Muslims y estoy temblando por saber qué piensan en realidad. ¿Te das cuenta que sólo sabemos de eso por los periódicos? ¿Tú has hablado alguna vez con un negro norteamericano, nibelungo? Mañana en la tarde no te atrevas a molestarme. Me voy a encerrar a leerme Nerval[110] de cabo a rabo.[111] Ni crea Juan que vuelve a apantallarme[112] con el soleil noir de la mélancolie[113] y llamándose a sí mismo el viudo y el desconsolado. Ya lo caché[114] y le voy a dar un baño[115] mañana en la noche. Sí, va a "tirar" una fiesta[116] de disfraces. Tenemos que ir vestidos de murales mexicanos. Más vale asimilar eso de una vez. Cómprame unos alcatraces,[117] Víctor nibelunguito, y si quieres vístete del cruel conquistador Alvarado[118] que marcaba con hierros candentes[119] a las indias antes de poseerlas —Oh Sade,[120] where is thy whip? Ah, y el miércoles toca Miles Davis[121] en Bellas Artes. Es un poco passé pero de todos modos me alborota el hormonamen.[122] Compra boletos. Chao, amor.

Me besó la nuca[123] y no pude abrazarla por los rollos de proyectos[124] que traía entre manos, pero arranqué en el auto con el aroma del higo en el cuello y la imagen de Elena con mi camisa puesta, desabotonada y amarrada a la altura del

---

[108]**le hice cosquillas** I tickled her   [109]**liga** bond   [110]**Nerval** Gérard de Nerval (1808–1855), French Romantic poet and short story writer   [111]**de cabo a rabo** from cover to cover   [112]**apantallarme** impress, overwhelm me   [113]**soleil noir de la mélancolie** a verse from one of Nerval's poems (the black sun of melancholy)   [114]**ya lo caché** I got his number   [115]**le voy a dar un baño** I am going to give it to him   [116]**"tirar" una fiesta** to give a party   [117]**alcatraces** gannets (large seabirds)   [118]**Alvarado** Pedro de Alvarado (1485–1541), Spanish conqueror who participated with Hernán Cortés (1485–1547) in the conquest of Mexico   [119]**hierros candentes** with hot irons   [120]**Sade** Comte Donatien-Alphonse-François, Marquis de Sade (1740–1814), controversial French writer from whose name comes the word *sadism*   [121]**Miles Davis** American jazz musician   [122]**me alborota el hormonamen** stirs up my hormones   [123]**nuca** nape   [124]**rollos de proyectos** blueprints

ombligo y sus estrechos pantalones de torero y los pies descalzos, disponiéndose a… ¿iba a leer un poema o a pintar un cuadro? Pensé que pronto tendríamos que salir juntos de viaje. Eso nos acercaba más que nada. Llegué al periférico.[125] No sé por qué, en vez de cruzar el puente de Altavista hacia el Desierto de los Leones, entré al anillo[126] y aceleré. Sí, a veces lo hago. Quiero estar solo y correr y reírme cuando alguien me la refresca. Y, quizás, guardar durante media hora la imagen de Elena al despedirme, su naturalidad, su piel dorada, sus ojos verdes, sus infinitos proyectos, y pensar que soy muy feliz a su lado, que nadie puede ser más feliz al lado de una mujer tan vivaz, tan moderna, que… que me… que me complementa tanto.

Paso al lado de una fundidora de vidrio,[127] de una iglesia barroca, de una montaña rusa,[128] de un bosque de ahuehuetes. ¿Dónde he escuchado esa palabrita? Complementar. Giro alrededor de la fuente de Petróleos[129] y subo por el Paseo de la Reforma. Todos los automóviles descienden al centro de la ciudad, que reverbera al fondo detrás de un velo impalpable y sofocante. Yo asciendo a las Lomas de Chapultepec, donde a estas horas sólo quedan los criados y las señoras, donde los maridos se han ido al trabajo y los niños a la escuela y seguramente mi otra Elena, mi complemento, debe esperar en su cama tibia con los ojos negros y ojerosos muy azorados y la carne blanca y madura y honda y perfumada como la ropa en los bargueños[130] tropicales.

DESPUÉS DE LEER

1. Describa el mundo de los personajes del cuento.
2. ¿Qué influencias se observan en las vidas de Elena y Víctor?
3. ¿Sobre qué temas conversa Elena en la cena dominical y con sus amigos?
4. ¿Qué críticas hay en el cuento con respecto a los Estados Unidos? ¿Se dan cuenta los personajes del cuento de su actitud hacia el indígena mexicano?
5. ¿Por qué la película *Jules et Jim* de Truffaut es tan importante para Elena? ¿Ha visto usted esa película? ¿Ha visto la película *El ángel exterminador* de Buñuel? Si las ha visto, ¿qué relación diría usted que existe entre las películas y el cuento?
6. ¿Cómo caracterizaría la relación entre Víctor y Elena?
7. ¿Cree usted que existe otro hombre en la vida de Elena?
8. Analice los comentarios y las acciones de la madre de Elena a lo largo del relato.
9. ¿Quién es la otra Elena?

---

[125]**periférico** highway circling the city   [126]**anillo** traffic circle   [127]**fundidora de vidrio** glassworks   [128]**montaña rusa** roller coaster   [129]**fuente de Petróleos** fountain in Mexico City that commemorates the nationalization of oil   [130]**bargueños** wardrobes, armoires

ALGUNOS ESTUDIOS DE INTERÉS

Brody, Robert y Charles Rossman, eds. *Carlos Fuentes: A Critical View.* Austin: University of Texas Press, 1982.

Durán, Gloria. *La magia y las brujas en la obra de Carlos Fuentes.* México, D.F.: UNAM, 1976.

Faris, Wendy B. *Carlos Fuentes.* New York: Ungar, 1983.

Filer, Malva E. "Los mitos indígenas en la obra de Carlos Fuentes". *Revista Iberoamericana* 50 (1984): 475–489.

Giacoman, Helmy F., ed. *Homenaje a Carlos Fuentes.* New York: Las Américas, 1972.

Goncalves, Gracia R. "The Myth of Helen and Her Two Husbands: Ferreira and Fuentes Mirroring Their Selves". *Monographic Review* 7 (1991): 315–324.

Ortega, Julio. "Carlos Fuentes: Espejos y espejismos". *Siglo XX* 9:1–2 (1991–1992): 179–187.

Roy, Joaquín. "Forma y pensamiento de un discurso de Carlos Fuentes". *Hispanic Journal* 13:1 (1992): 97–110.

Sarmiento, Alicia. "Hacia una poética de la novela hispanoamericana contemporánea". *Cuadernos Americanos* 4:1(19) (1990): 83–93.

Van Delden, Maarten. "Carlos Fuentes: From Identity to Alternativity". *MLN* 108:2 (1993): 331–346.

Elena Poniatowska

(1933, París, Francia−)

Elena Poniatowska se ha destacado tanto en la literatura como en el periodismo. Hija de padre francés de ascendencia polaca y madre mexicana, llegó a México con su familia durante la Segunda Guerra Mundial. Cursó sus estudios en México y Estados Unidos. Comenzó a ejercer la carrera de periodismo en 1954 y trabajó como auxiliar del antropólogo norteamericano Oscar Lewis cuando éste hacía estudios en México. Ambas experiencias se proyectan en su narrativa. Su obra, tanto la de ficción como sus ensayos y trabajos periodísticos, es el mejor vehículo expresivo con que cuentan los seres marginados y silenciados.

Entre los escritos de Poniatowska sobresalen, como obra de ficción, *Lilus Kikus* (1954), *Hasta no verte Jesús mío* (1969), *Querido Diego, te abraza Quiela* (1978), *De noche vienes* (1979), *La "Flor de Lis"* (1988), *Tinísima* (1992) y *Luz y luna, las lunitas* (1995). Su novela *Hasta no verte Jesús mío* es considerada como uno de los textos más representativos de lo que se conoce en la literatura contemporánea como "novela testimonial". Entre los trabajos suyos relacionados con la actualidad mexicana se citan *La noche de Tlatelolco* (1971), que se refiere a la sangrienta represión del ejército del gobierno mexicano contra una manifestación estudiantil, *Fuerte es el silencio* (1980) y *Nada, nadie. Las voces del temblor* (1988).

Otras escritoras de la generación de Elena Poniatowska que se destacan en el género narrativo son: Elena Garro (1920, México), Rosario Castellanos (1925, México), Josefina Hernández (1928, México), María Luisa Bombal (1910–1980, Chile), Elvira Orphée (1930, Argentina) y Alicia Steimberg (1933, Argentina).

AL LEER CONSIDERE LO SIGUIENTE:

—el momento histórico
—la perspectiva de lo americano
—la relación entre Diego y Quiela
—las personalidades de Quiela y Diego
—el tono de las cartas
—la mujer en la primera mitad del siglo XX

Querido Diego, te abraza Quiela recuenta el gran amor que la pintora rusa Angelina Beloff (1879–1969) sintió por el muralista mexicano Diego Rivera. La novela se basa en doce cartas ficticias que Quiela le escribe a Diego Rivera desde París al éste regresar a México. Las cartas reconstruyen y sirven de testimonio de los diez años que Quiela y Diego pasaron juntos en París, asimismo de los sentimientos que ella guarda respecto a la creatividad artística, la pasión amorosa, el dolor de la pérdida del hijo, la soledad y el desengaño.

Querido Diego, te abraza Quiela

29 de diciembre de 1921

Siento no haber empezado a pintar más joven y ahora que ha pasado el tiempo, cómo añoro[1] aquellos años de Universidad en San Petersburgo cuando opté por el dibujo. Al principio, mi padre iba por mí, todavía recuerdo cómo nuestros pasos resonaban en las calles vacías y regresábamos platicando[2] (por las calles) y me preguntaba por mis progresos, si no me intimidaba el hecho de que hubiera hombres en el curso nocturno de pintura. Después al ver mi seguridad, la gentileza de mis compañeros, me dejó venir sola a la casa. Cuando gané la beca[3] para la Academia de Bellas Artes de San Petersburgo ¡cuánto orgullo vi en su rostro!

Desde el primer día en que entré al *atelier*[4] en París, me impuse un horario que sólo tú podrías considerar aceptable, de ocho a doce y media del día, de una y media a cinco en la tarde, y todavía de ocho a diez de la noche. Nueve horas de pintura al día ¿te imaginas tú lo que es eso? Diego, sí te lo imaginas tú que sólo vives para la pintura. Comía pensando en cómo lograr las sombras del rostro que acababa de dejar, cenaba a toda velocidad recordando el cuadro en el caballete,[5] cuando hacía ensayos de encáustica[6] pensaba en el momento en que volvería a abrir la puerta del taller y su familiar y persistente olor a espliego.[7] Llegué incluso

---

[1]**añoro** I long for   [2]**platicando** conversing   [3]**beca** scholarship   [4]*atelier* artist's studio   [5]**caballete** easel   [6]**encáustica** encaustic (a paint made from pigment mixed with melted beeswax and resin and after application fixed by heat)   [7]**espliego** lavender

a ir a la Universidad, con el deseo de investigar a fondo en uno de los laboratorios la física y la química de la pintura. Para la encáustica, fundí[8] mi propia cera, con un soplete,[9] para después ponerle esencia de espliego y pigmentos y de vez en cuando los universitarios se asomaban y me preguntaban: "¿Cómo va el color?" A la hora de comer, me enojaba si alguien me dirigía la palabra, distrayéndome de mis pensamientos, fijos en la próxima línea que habría de trazar[10] y que deseaba yo continua y pura y exacta. Entonces estaba poseída, Diego, y tenía sólo veinte años. Nunca me sentí cansada, al contrario, me hubiera muerto si alguien me obliga a dejar esa vida. Evité el teatro, evité los paseos, evité hasta la compañía de los demás, porque el grado de gozo que me proporcionaban era mucho menor que el placer intensísimo que me daba aprender mi oficio. Suscité[11] envidias entre mis compañeros por los elogios que me prodigó André Lhote. Una vez se detuvo ante una cabeza vista desde abajo y me preguntó:

—¿Hizo usted esto sola?

—Sí.

—¿Cuánto tiempo lleva usted aquí?

—Diez días.

Tres compañeras, una danesa, una española y una francesa que estudiaban desde hacía tres años se acercaron a oír.

—Tiene usted disposiciones extraordinarias.

—¿Quiere usted, maestro, que le enseñe otra cabeza?

—Enséñeme inmediatamente todo lo que ha hecho. Quiero ver hasta su más mínimo trazo.

Saqué todo y las demás nos hicieron rueda.[12] Veía yo los ojos de la española, quien dibuja admirablemente (hacía notables academias con modelos magníficos e incluso entraba al Louvre a copiar), ennegrecerse a medida que él hablaba, su rostro se había vaciado de color mientras que mis mejillas estaban enrojecidas de placer. Fue tanto lo que me estimuló Lhote, que iba yo hasta los sábados en la noche y el director me miraba con simpatía. "Mademoiselle Biélova, es magnífico, trabaja usted cuando todos van a descansar o a divertirse." "Es que no tengo nada que hacer, monsieur." De abrir el *atelier* los domingos, allí me hubieran encontrado. Los domingos subía yo a Saint Cloud, Diego, siempre me gustó ese paseo; caminar bajo los árboles frutales en medio del campo verde con mi cuaderno de apuntes. Parecía yo un fotógrafo con lápiz en vez de cámara. Cubría yo de apuntes las tres cuartas partes de la libreta y en un rincón de una hoja dibujada, aún conservo un *Emploi du Temps* que ahora me hace sonreír, porque dividí las veinticuatro horas del día en tal forma que me quedaron cinco para dormir, una para vestirme y bañarme maldiciendo el agua que se hiela[13] en las tuberías[14] y hay que poner a calentar sobre la estufa, dos horas para las tres comidas del día (no por mí, sino por la tía Natasha quien me reprochaba el no visitarla, no escucharla, cuidarme mal, no tomar aire fresco, no acompañarla de compras o de

---

[8]**fundí** I melted   [9]**soplete** blowtorch   [10]**trazar** to draw   [11]**suscité** I provoked   [12]**nos hicieron rueda** surrounded us   [13]**hiela** freezes   [14]**tuberías** pipes

visita) y dieciséis horas para pintar. Los trayectos[15] ¡qué lentos se me hacían mi Diego! De haberlo podido me hubiera tirado a dormir junto a mi caballete, cada minuto perdido era un minuto menos para la pintura. Quería yo hacer en un año el trabajo de cuatro, ganarles a todos, obtener el Prix de Rome. A tía Natasha le sacaba de quicio[16] mi apasionamiento. Una noche en que había quedado de acompañarla al teatro, al ver a toda la gente entrar con ese rostro expectante y vacío del que espera divertirse pensé: "¿Qué estoy haciendo aquí en vez de estar frente a mi caballete?" y sin más me di la vuelta y planté[17] a la tía a la mitad de la explanada. A la mañana siguiente no quiso abrirme la puerta. Yo no entendía por qué, no recordaba nada. Yo creo que la pintura es así, se le olvida a uno todo, pierde uno la noción del tiempo, de los demás, de las obligaciones, de la vida diaria que gira en torno a uno sin advertirla siquiera. En el *atelier,* una tarde que atravesé el salón para tomar la botella de gasolina y limpiar mi paleta, oí que la española decía claramente y en voz alta de modo que yo la oyera: "Al principio se hacen siempre progresos ex-tra-or-di-na-rios, fe-no-me-na-les, pro-di-gio-sos, al principio se deslumbra[18] siempre a los maestros, lo difícil viene después, cuando se ha perdido la impunidad y la frescura y el atrevimiento de los primeros trazos y se da uno cuenta, con toda conciencia, de lo mucho que falta aprender, de que en realidad no se sabe nada." Me seguí de largo,[19] mi paleta limpia y la danesa que es muy buena persona, seguramente pensó que estaba yo herida, porque me ayudó a arreglar mi naturaleza muerta,[20] el vaso, las tres naranjas, la cuchara dentro del vaso de tal modo que le diera el reflejo exacto, la servilleta desdoblada, la rebanada de pan. Yo no estaba herida, pero las palabras de la española zumbaban[21] dentro de mis oídos y en la noche no pude dormir pensando: "¿Y si de pronto fuera yo a perder esta facilidad? ¿Si de pronto me estancara[22] consciente de que no sé nada? ¿Si de pronto me paralizara la autocrítica o llegara al agotamiento[23] de mi facultad?" Sería tanto como perder mi alma, Diego, porque yo no vivía sino en función de la pintura; todo lo veía como un dibujo en prospecto, el vuelo de una falda sobre la acera, las rugosas[24] manos de un obrero comiendo cerca de mí, el pan, la botella de vino, los reflejos cobrizos[25] de una cabellera de mujer, las hojas, los ramajes[26] del primer árbol. Yo nunca me detuve a ver a un niño en la calle (por ejemplo) por el niño en sí. Lo veía ya como el trazo sobre el papel; debía yo captar exactamente la pureza de la barbilla, la redondez de la cabecita, la nariz casi siempre chata[27] ¿por qué serán siempre chatos los niños, chatito?,[28] la boca dulce, jamás inmóvil, y tenía yo que hacerlo en el menor tiempo posible porque los niños no posan[29] ni cinco minutos sin moverse, pero yo no veía al niño, veía sus líneas, su contorno,[30] sus luces, no preguntaba siquiera cómo se lla-

---

[15]**trayectos** distances   [16]**le sacaba de quicio** she would become infuriated   [17]**planté** left standing   [18]**se deslumbra** one dazzles   [19]**me seguí de largo** I kept on going   [20]**naturaleza muerta** still life   [21]**zumbaban** buzzed   [22]**me estancara** I would get bogged down   [23]**agotamiento** exhaustion   [24]**rugosas** wrinkled   [25]**cobrizos** copper-colored   [26]**ramajes** branches   [27]**chata** turned-up nose   [28]**chatito** my dear   [29]**no posan** do not sit   [30]**contorno** outline

maba. A propósito ¿te acuerdas de esa modelo belga un poco entrada en años que lograba dormirse con los ojos abiertos?

Ahora todo ha cambiado y veo con tristeza a los niños que cruzan la calle para ir a la escuela. No son dibujos, son niños de carne y hueso. Me pregunto si irán suficientemente cubiertos, si dentro de la mochila su madre puso un *goûter*[31] alimenticio, quizá *un petit pain au chocolat*. Pienso que uno de ellos podría ser nuestro hijo, y siento que daría no sé qué, mi oficio, mi vida de pintora por verlo así con su *tablier d'écolier*[32] a cuadritos blancos y azules, haberlo vestido yo misma, pasado el peine entre sus cabellos, recomendado que no se llene los dedos de tinta, que no rompa su uniforme, que no... en fin todo lo que hacen las madres dichosas[33] que a esta hora en todas las casas de París aguardan[34] a sus hijos para tomarlos entre sus brazos. La vida se cobra[35] muy duramente Diego, nos merma[36] en lo que creemos es nuestra única fuente de vitalidad; nuestro oficio. No sólo he perdido a mi hijo, he perdido también mi posibilidad creadora; ya no sé pintar, ya no quiero pintar. Ahora que podría hacerlo en casa, no aprovecho mi tiempo. Como este invierno ha sido largo, oscurece a las cuatro de la tarde y entonces tengo que dejar de trabajar durante una hora y hasta dos, mientras mis ojos se acostumbran a la luz eléctrica. ¿Te acuerdas cuando decías que los ojos azules lo son porque no alcanzaron color, que el café es el color de las mujeres de tu tierra y que es rotundo y definitivo como el barro,[37] como el surco,[38] como la madera? Yo siento ahora que estos ojos tan deslavados[39] se han debilitado y me cuesta muchísimo trabajo entrenarlos,[40] volverlos a la hoja blanca, fijarlos. Me siento frente a la mesa con una cobija[41] sobre las piernas, porque es la única manera de no entumirme[42] y avanzo lenta, trabajosamente. Ahora que quisiera tener una tía Natasha a quien visitar, ha muerto y no sé a dónde volver la cabeza.[43] Adiós, Diego, perdona a esta tu Angelina que hoy en la noche, a pesar del trabajo de *Floreal* que espera sobre la mesa, está desmoralizada. Te abrazo y te digo de nuevo que te amo, te amaré siempre, pase lo que pase.[44]

Tu Quiela

2 de enero de 1922

En los papeles que están sobre la mesa, en vez de los bocetos[45] habituales, he escrito con una letra que no reconozco: "Son las seis de la mañana y Diego no está aquí." En otra hoja blanca que nunca me atrevería a emplear si no es para un dibujo, miro con sorpresa mi garabato:[46] "Son las ocho de la mañana, no oigo a Diego hacer ruido, ir al baño, recorrer el tramo[47] de la entrada hasta la ventana y ver el cielo en un movimiento lento y grave como acostumbra hacerlo y creo que

---

[31]*goûter* snack   [32]*tablier d'écolier* smock used by French school children   [33]**dichosas** fortunate   [34]**aguardan** await   [35]**se cobra** pays you back   [36]**nos merma** depletes us   [37]**barro** clay   [38]**surco** furrow   [39]**deslavados** faded   [40]**entrenarlos** train them   [41]**cobija** blanket   [42]**entumirme** to get numb   [43]**no sé a dónde volver la cabeza** I don't know where to turn   [44]**pase lo que pase** come what may   [45]**bocetos** sketches   [46]**garabato** scribble   [47]**tramo** distance

voy a volverme loca", y en la misma más abajo: "Son las once de la mañana, estoy un poco loca, Diego definitivamente no está, pienso que no vendrá nunca y giro[48] en el cuarto como alguien que ha perdido la razón. No tengo en qué ocuparme, no me salen los grabados,[49] hoy no quiero ser dulce, tranquila, decente, sumisa, comprensiva, resignada, las cualidades que siempre ponderan[50] los amigos. Tampoco quiero ser maternal; Diego no es un niño grande, Diego sólo es un hombre que no escribe porque no me quiere y me ha olvidado por completo." Las últimas palabras están trazadas[51] con violencia, casi rompen el papel y lloro ante la puerilidad[52] de mi desahogo.[53] ¿Cuándo lo escribí? ¿Ayer? ¿Antier?[54] ¿Anoche? ¿Hace cuatro noches? No lo sé, no lo recuerdo. Pero ahora Diego, al ver mi desvarío[55] te lo pregunto y es posiblemente la pregunta más grave que he hecho en mi vida. ¿Ya no me quieres, Diego? Me gustaría que me lo dijeras con toda franqueza. Has tenido suficiente tiempo para reflexionar y tomar una decisión por lo menos en una forma inconsciente, si es que no has tenido la ocasión de formularla en palabras. Ahora es tiempo de que lo hagas. De otro modo arribaremos a un sufrimiento inútil, inútil y monótono como un dolor de muelas y con el mismo resultado. La cosa es que no me escribes, que me escribirás cada vez menos si dejamos correr el tiempo y al cabo de unos cuantos años llegaremos a vernos como extraños[56] si es que llegamos a vernos. En cuanto a mí, puedo afirmar que el dolor de muelas seguirá hasta que se pudra la raíz;[57] entonces ¿no sería mejor que me arrancaras[58] de una vez la muela, si ya no hallas nada en ti que te incline hacia mi persona? Recibo de vez en cuando las remesas[59] de dinero, pero tus recados[60] son cada vez más cortos, más impersonales y en la última no venía una sola línea tuya. Me nutro indefinidamente con un "Estoy bien, espero que tú lo mismo, saludos, Diego" y al leer tu letra adorada[61] trato de adivinar algún mensaje secreto, pero lo escueto[62] de las líneas escritas a toda velocidad deja poco a la imaginación. Me cuelgo de[63] la frase: "Espero que tú lo mismo" y pienso: "Diego quiere que yo esté bien" pero mi euforia dura poco, no tengo con qué sostenerla. Debería quizá comprender por ello que ya no me amas, pero no puedo aceptarlo. De vez en cuando, como hoy, tengo un presentimiento[64] pero trato de borrarlo a toda costa.[65] Me baño con agua fría para espantar las aves de mal agüero[66] que rondan dentro de mí,[67] salgo a caminar a la calle, siento frío, trato de mantenerme activa, en realidad, deliro. Y me refugio en el pasado, rememoro[68] nuestros primeros encuentros en que te aguardaba enferma de tensión y de júbilo. Pensaba: en medio de esta multitud, en pleno día entre toda esta gente; del Boulevard Raspail, no, de Montparnasse entre estos hombres y mujeres que surgen de la salida del metro y van subiendo la escalera, él va a aparecer,

---

[48]**giro** I turn   [49]**grabados** engravings   [50]**ponderan** praise highly   [51]**trazadas** outlined [52]**puerilidad** childishness   [53]**desahogo** unbosoming   [54]**antier (*anteayer*)** the day before yesterday   [55]**desvarío** madness   [56]**extraños** strangers   [57]**hasta que se pudra la raíz** until the root rots   [58]**que me arrancaras** that you would pull   [59]**remesas** remittances   [60]**recados** messages   [61]**letra adorada** beloved handwriting   [62]**lo escueto** conciseness   [63]**me cuelgo de** I cling to   [64]**presentimiento** premonition   [65]**a toda costa** at all costs   [66]**aves de mal agüero** birds of ill omen   [67]**que ... mí** that prowl within me   [68]**rememoro** I remember

no, no aparecerá jamás porque es sólo un producto de mi imaginación, por lo tanto yo me quedaré aquí plantada en el café frente a esta mesa redonda y por más que abra los ojos y lata[69] mi corazón, no veré nunca a nadie que remotamente se parezca a Diego. Temblaba yo, Diego, no podía ni llevarme la taza a los labios, ¡cómo era posible que tú caminaras por la calle como el común de los mortales!, escogieras la acera de la derecha; ¡sólo un milagro te haría emerger de ese puñado[70] de gente cabizbaja, oscura y sin cara, y venir hacia mí con el rostro levantado y tu sonrisa que me calienta con sólo pensar en ella! Te sentabas junto a mí como si nada, inconsciente ante mi expectativa dolorosa y volteabas a ver al hindú que leía el *London Times* y al árabe que se sacaba con el tenedor el negro de las uñas. Aún te veo con tus zapatos sin bolear,[71] tu viejo sombrero olanudo, tus pantalones arrugados, tu estatura monumental, tu vientre siempre precediéndote y pienso que nadie absolutamente, podría llevar con tanto señorío prendas[72] tan ajadas.[73] Yo te escuchaba quemándome por dentro, las manos ardientes sobre mis muslos, no podía pasar saliva[74] y sin embargo parecía tranquila y tú lo comentabas: "¡Qué sedante[75] eres, Angelina, qué remanso,[76] qué bien te sienta tu nombre, oigo un levísimo rumor de alas!" Yo estaba como drogada, ocupabas todos mis pensamientos, tenía un miedo espantoso de defraudarte. Te hubiera telegrafiado en la noche misma para recomponer nuestro encuentro, porque repasaba cada una de nuestras frases y me sentía desgraciada[77] por mi torpeza,[78] mi nerviosidad, mis silencios, rehacía,[79] Diego, un encuentro ideal para que volvieras a tu trabajo con la certeza de que yo era digna de tu atención, temblaba Diego, estaba muy consciente de mis sentimientos y de mis deseos inarticulados, tenía tanto qué decirte —pasaba el día entero repitiéndome a mí misma lo que te diría— y al verte de pronto, no podía expresarlo y en la noche lloraba agotada[80] sobre la almohada, me mordía las manos: "Mañana no acudirá a la cita, mañana seguro no vendrá. Qué interés puede tener en mí" y a la tarde siguiente, allí estaba yo frente al mármol de mi mesa redonda, entre la mesa de un español que miraba también hacia la calle y un turco que vaciaba el azucarero[81] en su café, los dos ajenos a mi desesperación, a la taza entre mis manos, a mis ojos devoradores[82] de toda esa masa gris y anónima que venía por la calle, en la cual tú tendrías que corporizarte[83] y caminar hacia mí.

¿Me quieres, Diego? Es doloroso, sí, pero indispensable saberlo. Mira Diego, durante tantos años que estuvimos juntos, mi carácter, mis hábitos, en resumen, todo mi ser sufrió una modificación completa: me mexicanicé terriblemente y me siento ligada *par procuration*[84] a tu idioma, a tu patria, a miles de pequeñas cosas y me parece que me sentiré muchísimo menos extranjera contigo que en cualquier otra tierra. El retorno a mi hogar paterno es definitivamente imposible, no

---

[69]**lata** beats   [70]**puñado** handful   [71]**sin bolear** unpolished   [72]**prendas** garments   [73]**ajadas** wrinkled   [74]**pasar saliva** swallow   [75]**sedante** soothing   [76]**remanso** haven   [77]**desgraciada** wretched   [78]**torpeza** clumsiness   [79]**rehacía** repeat   [80]**agotada** exhausted   [81]**azucarero** sugar bowl   [82]**devoradores** devouring   [83]**corporizarte** materialize   [84]*par procuration* by proxy

por los sucesos políticos[85] sino porque no me identifico con mis compatriotas. Por otra parte me adapto muy bien a los tuyos y me siento más a gusto entre ellos.

Son nuestros amigos mexicanos los que me han animado[86] a pensar que puedo ganarme la vida en México, dando lecciones.

Pero después de todo, esas son cosas secundarias. Lo que importa es que me es imposible emprender[87] algo a fin de ir a tu tierra, si ya no sientes nada por mí o si la mera idea de mi presencia te incomoda. Porque en caso contrario, podría hasta serte útil, moler[88] tus colores, hacerte los estarcidos,[89] ayudarte como lo hice cuando estuvimos juntos en España y en Francia durante la guerra. Por eso te pido Diego que seas claro en cuanto a tus intenciones. Para mí, en esta semana, ha sido un gran apoyo la amistad de los pintores mexicanos en París, Ángel Zárraga sobre todo, tan suave de trato, discreto hasta la timidez. En medio de ellos me siento en México, un poco junto a ti, aunque sean menos expresivos, más cautos,[90] menos libres. Tú levantas torbellinos[91] a tu paso, recuerdo que alguna vez Zadkin me preguntó: "¿Está borracho?" Tu borrachera venía de tus imágenes, de las palabras, de los colores; hablabas y todos te escuchábamos incrédulos; para mí eras un torbellino físico, además del éxtasis en que caía yo en tu presencia, junto a ti era yo un poco dueña del mundo. Élie Faure me dijo el otro día que desde que te habías ido, se había secado un manantial[92] de leyendas de un mundo sobrenatural y que los europeos teníamos necesidad de esta nueva mitología porque la poesía, la fantasía, la inteligencia sensitiva y el dinamismo de espíritu habían muerto en Europa. Todas esas fábulas que elaborabas en torno al sol y a los primeros moradores[93] del mundo, tus mitologías, nos hacen falta, extrañamos la nave espacial en forma de serpiente emplumada[94] que alguna vez existió, giró en los ciclos y se posó en México. Nosotros ya no sabemos mirar la vida con esa gula,[95] con esa rebeldía fogosa,[96] con esa cólera tropical; somos más indirectos, más inhibidos, más disimulados.[97] Nunca he podido manifestarme en la forma en que tú lo haces; cada uno de tus ademanes[98] es creativo; es nuevo, como si fueras un recién nacido, un hombre intocado, virginal, de una gran e inexplicable pureza. Se lo dije alguna vez a Bakst y me contestó que provenías de un país también recién nacido: "Es un salvaje —respondió— los salvajes no están contaminados por nuestra decadente ci-vi-li-za-ción, pero ten cuidado porque suelen tragarse[99] de un bocado[100] a las mujeres pequeñas y blancas." ¿Ves cuán presentes te tenemos, Diego? Como lo ves estamos tristes. Élie Faure dice que te ha escrito sin tener respuesta. ¿Qué harás en México, Diego, qué estarás pintando? Muchos de nuestros amigos se han dispersado. Marie Blanchard se fue de

---

[85]**sucesos políticos** reference to the Russian Revolution of 1917   [86]**me han animado** have encouraged me   [87]**emprender** to undertake   [88]**moler** pulverize   [89]**estarcidos** stencils   [90]**cautos** cautious   [91]**torbellinos** whirls   [92]**manantial** source   [93]**moradores** dwellers   [94]**serpiente emplumada** reference to Quetzalcóatl, one of the deities of ancient Mexico   [95]**gula** gluttony   [96]**fogosa** fiery   [97]**disimulados** concealing   [98]**ademanes** gestures   [99]**tragarse** swallow   [100]**un bocado** one gulp

nuevo a Brujas a pintar y me escribió que trató de alquilar una pieza en la misma casa en que fuimos tan felices y nos divertimos tanto, cuando te levantabas al alba a adorar al sol y las mujeres que iban al mercado soltaban sus canastas de jitomates,[101] alzaban los brazos al cielo y se persignaban al verte parado en el pretil[102] de la ventana, totalmente desnudo. Juan Gris[103] quiere ir a México y cuenta con tu ayuda, le prometiste ver al Director del Instituto Cultural de tu país, Ortiz de Zárate y Ángel Zárraga piensan quedarse otro tiempo, Lipschitz también mencionó su viaje, pero últimamente le he perdido la pista porque dejó de visitarme. Picasso[104] se fue al sur en busca del sol; de los Zeting nada, como te lo he escrito en ocasiones anteriores. A veces, pienso que es mejor así. Hayden, a quien le comuniqué la frecuencia con la que te escribía, me dijo abriendo los brazos: "Pero, Angelina ¿cuánto crees que tarden las cartas? Tardan mucho, mucho, uno, dos, tres meses y si tú le escribes a Diego cada ocho, quince días, como me lo dices, no da tiempo para que él te conteste." Me tranquilizó un poco, no totalmente, pero en fin, sentí que la naturaleza podía conspirar en contra nuestra. Sin embargo, me parece hasta inútil recordarte que hay barcos que hacen el servicio entre Francia y México. Zadkin en cambio me dijo algo terrible mientras me echaba su brazo alrededor de los hombros obligándome a caminar a su lado: "Angelina, ¿qué no sabes que el amor no puede forzarse a través de la compasión?"

Mi querido Diego te abrazo fuertemente, desesperadamente por encima del océano que nos separa.

Tu Quiela

28 de enero de 1922

Sabía yo por amigos que también le mandas dinero a Marievna Vorobiev Stebelska (y en ello reconozco tu gran nobleza), pero hoy para que no me cupiera la menor duda le enviaste 300 francos conmigo, rogándome con tu letra presurosa[105] que se los hiciera llegar porque según tú, yo soy la persona más cumplida[106] y más responsable sobre la tierra. *C'est un peu fort*[107] ¿no, Diego? Le pedí a Fischer que llevara el dinero. No las he vuelto a ver, ni a Marievna ni a la pequeña Marika, pero me han dicho que ella se te parece muchísimo. Aunque me hayas escogido como confidente y agradezco tu gesto, no puedo verlas porque siento celos y no logro reprimirlos. Hiciste bien en decírmelo Diego, no te reprocho nada, después de todo Ehrenburg fue quien te presentó a Marievna cuando preguntaste en *La Rotonde*: "¿Y quién es esta admirable caucasiana?" Y en ese momento, Marievna también buscó mi amistad, pero mis celos son ardientes y no tolero siquiera pensar en ellas, ni en la madre, ni en tu hija. Pienso en nuestro hijo muerto y me invade una gran desesperación. Cuando te pedí otro hijo, aunque te fueras, aunque regresaras a México sin mí, me lo negaste. Y Marievna tiene una hija tuya y está viva y crece y se parece a ti, aunque tú la llames la

---

[101]**jitomates** tomatoes   [102]**pretil** parapet   [103]**Juan Gris** José Victoriano González (1887–1927), Spanish cubist painter   [104]**Picasso** Pablo Picasso (1881–1973), Spanish painter and sculptor   [105]**presurosa** hurried   [106]**cumplida** correct   [107]***C'est un peu fort*** it is somewhat hard

"hija del Armisticio".[108] Tú has sido mi amante, mi hijo, mi inspirador, mi Dios, tú eres mi patria; me siento mexicana, mi idioma es el español aunque lo estropee[109] al hablarlo. Si no vuelves, si no me mandas llamar, no sólo te pierdo a ti, sino a mí misma, a todo lo que pude ser. Para Marievna, tú sólo fuiste uno más. Tú mismo me lo dijiste: "Era el armisticio y por ese solo hecho, con la loca alegría del fin de la guerra, todas las mujeres abrieron los brazos para recibir a todos los hombres. La vida se vengaba así de la muerte." Marievna Vorobiev Stebelska estuvo siempre entre nuestras amistades rusas, sentada en *La Rotonde* junto a Boris Savinkov. Una noche contó casi a gritos que había sido amante de Gorki;[110] creíamos que lo era de Ehrenburg; en Montparnasse llamaba la atención por su forma desinhibida de llegar hasta nosotros. Por lo pronto yo no tenía tiempo para Marievna, lo único que me interesaba era ver tu evolución entre mis amigos, cómo te concretaste primero a escuchar, después al calor de la discusión, a gritarles tus ideas en un español salpicado[111] de palabras francesas, de palabras rusas; inventabas el idioma, lo torcías[112] a tu antojo[113] y rompías la barrera; tus ideas iban más allá de las limitaciones del lenguaje; eras tan claro que nos dejabas a todos sorprendidos, sobre todo a mí, que día tras día, tomaba clases para aprender tu idioma y repetía la gramática con una puntualidad escolar sin aventurarme jamás. ¡Cómo recuerdo los ojos de nuestros amigos fijos en ti! Los de Marievna también, prodigiosamente atentos y por el solo hecho de admirarte la hice mi amiga, sí, era mi amiga y la embarazaste[114] y sin embargo tú y yo seguimos. Sentí que las simpatías de los amigos eran para mí, no para Marievna. Ella era la amante, yo la esposa. Enfermaste a raíz de tu relación con ella. Fuimos al Perigueux[115] a la cura de ostras. Después quisiste hacer la dieta de fresas. Tú y yo atravesamos juntos las mismas penalidades. Me lo contabas todo, la locura de Marievna, su persecución desquiciante, el peligro que según tú, representaba. Yo te escuchaba y lo compartí todo; Marievna también fue mi verdugo.[116]

Lo compartimos todo, Diego, cuando había un queso, una hogaza de pan,[117] una botella de vino llamábamos a los amigos para gozar de estos manjares.[118] ¿Recuerdas el salchichón[119] que conseguí en el mercado negro y cómo por poco y se lo acaba Modigliani?[120] ¿Y el camembert que Hayden trajo escondido entre los pliegues[121] de su abrigo y que estuvo a punto de dejar caer por la ventana al asomarse?[122] ¡Qué tiempos aquellos, chatito! ¡Nos reíamos como niños en medio del horror! ¿Recuerdas cómo Adam Fischer trajo a la casa *un litre de gros rouge*[123] y en el camino no aguantó[124] y le dio un sorbito,[125] en la esquina otro y bajo la puerta de nuestro estudio otro y llegó mareado porque hacía tanto que no lo

---

[108]**Armisticio** Armistice Day (November 11, 1918). Reference to the armistice that terminated World War I.   [109]**lo estropee** I ruin it   [110]**Gorki** pseudonym of the Russian writer Aleksey Maximovich Pechkov (1868–1926)   [111]**salpicado** sprinkled   [112]**lo torcías** you changed it   [113]**a tu antojo** to your liking   [114]**y la embarazaste** you got her pregnant   [115]**Perigueux** city in France   [116]**verdugo** torment   [117]**hogaza de pan** large loaf of bread   [118]**manjares** food   [119]**salchichón** highly seasoned sausage   [120]**Modigliani** the Italian painter Amadeo Modigliani (1884–1920)   [121]**pliegues** folds   [122]**al asomarse** when he leaned out   [123]***un litre de gros rouge*** cheap red wine   [124]**no aguantó** could not hold back   [125]**sorbito** a small sip

probaba? Marievna era parte de nuestra camaradería y en cierta forma nos traicionó a todos. El otro jueves seguí a los niños —a veces me sorprendo siguiendo a los *écoliers*[126]— y me senté junto a ellos en el Jardin du Luxembourg para ver el Guignol.[127] Entre las figuras había una mujer muy alta, con un tupé rubio en forma de fleco sobre los ojos tremendamente azules y la marioneta me hizo pensar en Marievna. En la obra hacía lo mismo que Marievna; les propinaba[128] a todos una tremenda cachetada[129] lo cual hacía reír hasta las lágrimas a los espectadores. Parecía una fiera. Todos los demás títeres se comunicaban entre sí por medio del habla, la única que lo hacía a golpes era la muñeca rubia y los niños empezaron a llamarla a gritos; querían ver cómo se liaba a sopapos[130] con el primero que se le atravesaba. Era muy popular. También fue popular Marievna. Hasta conmigo. ¡Pero bata de Marievna! ¿Te acuerdas de ese frasco de arena de mar que trajimos de Mallorca, de Cala de San Vicente y que empezaste a pegar[131] sobre la tela[132] dejando intacta la textura de la arena? No lo he encontrado en ninguna parte y me duele porque recuerdo tu emoción ante el Mediterráneo y los movimientos del agua a nuestros pies. Quisiera encontrarlo porque justamente pinté un paisaje de agua y me gustaría recobrar algo de aquella playa.

Avanzo lentamente, estoy muy lejos de pintar como el pájaro canta, como lo pedía Renoir.[133] Pero soy tu pájaro al fin y al cabo y he anidado para siempre entre tus manos.

Tu Quiela

22 de julio de 1922

Parece haber transcurrido una eternidad desde que te escribí y sé de ti Diego. No había querido escribirte porque me resulta difícil callar ciertas cosas que albergo[134] en mi corazón y de las cuales ahora sé a ciencia cierta que es inútil hablar. Tomo la pluma sólo porque juzgaría descortés no darte las gracias por el dinero que me has enviado. No lo hice por las tres últimas remesas de febrero 6, marzo 10 y principios de junio por 260, 297 y 300 francos respectivamente, y han pasado más de cuatro meses. Te mandé, eso sí, los nuevos grabados aparecidos en *Floreal,* pero ni una línea tuya al respecto. Tampoco una sola línea en las remesas de dinero. Si te dijera que hubiera preferido una línea al dinero, estaría mintiendo sólo en parte; preferiría tu amor es cierto, pero gracias al dinero he podido sobrevivir, mi situación económica es terriblemente precaria y he pensado en dejar la pintura, rendirme, conseguir un trabajo de institutriz,[135] dactilógrafa[136] o cualquier otra cosa durante ocho horas diarias, un *abrutissement*[137] general con ida al cine o al teatro los sábados y paseo en Saint Cloud o Robinson los domingos. Pero no quiero eso. Estoy dispuesta a seguir en las mismas, con tal

---

[126]*écoliers* school-age children   [127]**Guignol** puppet show   [128]**les propinaba** would give [129]**cachetada** slaps   [130]**liarse a sopapos** to come to blows   [131]**a pegar** to glue   [132]**tela** canvas   [133]**Renoir** French painter Pierre Auguste Renoir (1841–1919)   [134]**que albergo** that I harbor   [135]**institutriz** governess   [136]**dactilógrafa** typist   [137]*abrutissement* stupor

de poder dedicarme a la pintura y aceptar las consecuencias. la pobreza, las aflicciones y tus pesos mexicanos.

Ahora sé por Élie Faure de tu amor mexicano, pero mis sentimientos por ti no
han cambiado ni me he buscado ni deseo yo un nuevo amor. Siento que tu amor
mexicano puede ser pasajero porque tengo pruebas de que así suelen serlo. Sé
que a Marievna tampoco le escribes; sólo remesas de dinero, pero ya no a través
mío, para no herirme, sino de Adam Fischer. Ya ves que estoy bien enterada, no
porque intente averiguarlo sino porque tus amigos y los míos me lo dicen de
golpe y porrazo[138] sin duda alguna porque creen hacerme un bien al sacarme del
sueño en el que vivo. Élie Faure fue claro: "Angelina, usted siempre ha sido una
mujer de un gran equilibrio y de buen sentido, tiene usted que rehacer su vida.
Con Diego todo ha terminado y usted es demasiado valiosa…" Ya no recuerdo lo
que siguió diciendo porque no quise escucharlo, ni lo creí siquiera. Cuando te
fuiste Diego, todavía tenía ilusiones. Me parecía que a pesar de todo seguían
firmes esos profundos vínculos[139] que no deben romperse definitivamente, que
todavía ambos podríamos sernos útiles el uno al otro. Lo que duele es pensar que
ya no me necesitas para nada, tú que solías gritar: "Quiela" como un hombre
que se ahoga[140] y pide que le echen al agua un salvavidas.[141]

Pero ¡vamos! Podría seguir escribiendo indefinidamente, pero como tienes
poco tiempo para desperdiciar,[142] tal vez esta carta vaya resultando demasiado
larga. Es inútil pedirte que me escribas, sin embargo deberías hacerlo. Sobre
todo, contéstame esta carta que será la última con la que te importune,[143] en la
forma que creas conveniente pero *en toutes lettres*.[144] No necesitas darme muchas
explicaciones, unas cuantas palabras serán suficientes, un cable, la cosa es que me
las digas. Para terminar te abraza con afecto

Quiela

P.S. ¿Qué opinas de mis grabados?

༞

Bertram Wolfe, a quien estas cartas le deben mucho de su información, consigna en *La fabulosa vida de Diego Rivera*, que sólo
en 1935, es decir, trece años después, impulsada por pintores
mexicanos amigos suyos, Angelina Beloff logró ir a la tierra de
sus anhelos. No buscó a Diego, no quería molestarlo. Cuando
se encontraron en un concierto en Bellas Artes, Diego pasó a su
lado sin siquiera reconocerla.

---

[138]**de golpe y porrazo** straightforward   [139]**vínculos** ties   [140]**que se ahoga** who drowns
[141]**salvavidas** life preserver   [142]**desperdiciar** to waste   [143]**te importune** bother you   [144]***en
toutes lettres*** clearly

DESPUÉS DE LEER

29 de diciembre de 1921

1. ¿Por qué fue Quiela a París?
2. ¿Qué representa para Quiela la creatividad artística?
3. Describa el estado de ánimo de Quiela.

2 de enero de 1922

1. ¿Cómo expresa Quiela su frustración ante la ausencia de Diego?
2. Describa la relación de Quiela y Diego al principio. ¿Diría usted que la atracción que sintieron Diego y Quiela fue una atracción de opuestos? Explique.
3. Para los amigos europeos, ¿qué representaba Diego? Para Diego, ¿qué representaba lo europeo?
4. Explique por qué Zadkin le dice a Quiela "Angelina, ¿qué no sabes que el amor no puede forzarse a través de la compasión?" ¿Cree usted que Quiela busca la compasión de Diego? Explique.

28 de enero de 1922

1. Describa el papel de Marievna Vorobiev Stebelska en la vida de Diego y de Quiela.
2. Describa las emociones y actitud de Quiela con respecto a Marievna y la relación de ésta con Diego.
3. ¿Cuál cree usted que ha sido la intención de Diego Rivera al mandarle dinero a Marievna por medio de Quiela?

22 de julio de 1922

1. Explique la situación económica de Quiela.
2. ¿Cómo se enfrenta Quiela a la realidad de su relación con Diego?
3. ¿Por qué Quiela necesita que Diego le diga directamente que tiene un nuevo amor? ¿Qué es lo que más le duele a Quiela?
4. ¿Considera usted que es sincera la esperanza de una reunión con Diego en México o es un autoengaño?
5. Comente la técnica narrativa empleada por Elena Poniatowska. ¿Por qué cree usted que la autora empleó cartas en la novela?

Epílogo

1. Explique la importancia del epílogo.
2. Describa su actitud hacia Diego Rivera y Quiela.
3. ¿Consideraría usted *Querido Diego, te abraza Quiela* una novela feminista?

ALGUNOS ESTUDIOS DE INTERÉS

Castelví-Demoor, Magda. "*Querido Diego, te abraza Quiela* o la escritura de un texto femenino". *Alba de América* 10:18–19 (1992): 261–271.

Chevigny, Bell Gale. "The Transformations of Privilege in the Work of Elena Poniatowska". *Latin American Literary Review* 13 (1985): 49–62.

Fermán, Claudia. "México en la post-modernidad: Textualización de la cultura popular urbana". *Nuevo Texto Crítico* 4:7 (1991): 157–167.

Flori, Mónica. "Visions of Women: Symbolic Physical Portrayal as Social Commentary in the Short Fiction of Elena Poniatowska". *Third Woman* 2:2 (1984): 77–83.

Lemaitre, Monique J. "Jesusa Palancares y la dialéctica de la emancipación femenina". *Revista Iberoamericana* 51 (1985): 751–763.

López González, Aralia. "Nuevas formas de ser mujer en la narrativa contemporánea de escritoras mexicanas". *Casa de las Américas* 31:183 (1991): 3–8.

Steele, Cynthia. "Elena Poniatowska". *Hispamérica* 18:53–54 (1989): 89–105.

Isabel Allende

(1942, Lima, Perú–)

Isabel Allende, de nacionalidad chilena, es una de las voces más importantes de la narrativa latinoamericana actual. Ha publicado *La casa de los espíritus* (1982), *De amor y de sombra* (1984), *Eva Luna* (1987) y *Cuentos de Eva Luna* (1990). En estas obras domina una combinación de elementos realistas y fantásticos encasillando su narrativa dentro del realismo mágico. Su novela *El plan infinito* (1991) se diferencia de su narrativa anterior. En ella, Allende es más realista al presentar la vida del norte-americano Gregory Reeves, el protagonista de la novela. Reeves crece entre inmigrantes ilegales del barrio latino de Los Angeles; vive la experiencia del movimiento *hippie* de la década de los sesenta en Estados Unidos; y sirve en el ejército norteamericano en Vietnam. En *Paula* (1994), libro autobiográfico, Isabel Allende evoca la enfermedad de su hija, quien murió tras un año en estado de coma. En él hay también una rememo-ración familiar y personal, y vuelve a utilizar parcialmente elementos que había empleado en su obra anterior, sobre todo en *La casa de los espíritus*.

En las creaciones narrativas de Isabel Allende encontramos una dimensión feminista; sus personajes femeninos son fuertes e independientes. No faltan en su obra, velados por el humor, comentarios sutiles a problemas sociopolíticos presentes en la sociedad contemporánea.

AL LEER CONSIDERE LO SIGUIENTE:

—elementos feministas
—la crítica política
—uso del lenguaje en el texto

En este cuento la protagonista, Belisa Crepusculario, descubre la importancia de las palabras, las cuales vende. Con dos palabras secretas transforma al hombre más temido del país. En "Dos palabras", también se aprecia una velada crítica política.

Dos palabras

Tenía el nombre de Belisa Crepusculario, pero no por fe de bautismo[1] o acierto[2] de su madre, sino porque ella misma lo buscó hasta encontrarlo y se vistió con él. Su oficio era vender palabras. Recorría[3] el país, desde las regiones más altas y frías hasta las costas calientes, instalándose en las ferias y en los mercados, donde montaba cuatro palos con un toldo de lienzo,[4] bajo el cual se protegía del sol y de la lluvia para atender a su clientela. No necesitaba pregonar[5] su mercabrtada y las tuyas impacientes. Te deslizabas, me recorrías, me trepabas, me envolvías con tus piernas invencibles, otro, y cuando aparecía por la aldea con su atado[6] bajo el brazo hacían cola frente a su tenderete.[7] Vendía a precios justos. Por cinco centavos entregaba versos de memoria, por siete mejoraba la calidad de los sueños, por nueve escribía cartas de enamorados, por doce inventaba insultos para enemigos irreconciliables. También vendía cuentos, pero no eran cuentos de fantasía, sino largas historias verdaderas que recitaba de corrido,[8] sin saltarse[9] nada. Así llevaba las nuevas de un pueblo a otro. La gente le pagaba por agregar una o dos líneas: nació un niño, murió fulano, se casaron nuestros hijos, se quemaron las cosechas. En cada lugar se juntaba una pequeña multitud a su alrededor para oírla cuando comenzaba a hablar y así se enteraban de las vidas de otros, de los parientes lejanos, de los pormenores[10] de la Guerra Civil. A quien le comprara cincuenta centavos, ella le regalaba una palabra secreta para espantar[11] la melancolía. No era la misma para todos, por supuesto, porque

---

[1]**fe de bautismo** baptismal certificate   [2]**acierto** good judgment   [3]**recorría** traveled   [4]**toldo de lienzo** canvas awning   [5]**pregonar** to announce   [6]**atado** bundle   [7]**tenderete** stall, stand   [8]**de corrido** rapidly, fluently   [9]**sin saltarse** without skipping   [10]**pormenores** details   [11]**espantar** to drive away

eso habría sido un engaño colectivo. Cada uno recibía la suya con la certeza de que nadie más la empleaba para ese fin en el universo y más allá.

Belisa Crepusculario había nacido en una familia tan mísera,[12] que ni siquiera poseía nombres para llamar a sus hijos. Vino al mundo y creció en la región más inhóspita, donde algunos años las lluvias se convierten en avalanchas de agua que se llevan todo, y en otros no cae ni una gota del cielo, el sol se agranda[13] hasta ocupar el horizonte entero y el mundo se convierte en un desierto. Hasta que cumplió doce años no tuvo otra ocupación ni virtud que sobrevivir al hambre y la fatiga de siglos. Durante una interminable sequía le tocó enterrar[14] a cuatro hermanos menores y cuando comprendió que llegaba su turno, decidió echar a andar por las llanuras en dirección al mar, a ver si en el viaje lograba burlar a la muerte. La tierra estaba erosionada, partida en profundas grietas,[15] sembrada de piedras, fósiles de árboles y de arbustos espinudos,[16] esqueletos de animales blanqueados por el calor. De vez en cuando tropezaba con familias que, como ella, iban hacia el sur siguiendo el espejismo del agua. Algunos habían iniciado la marcha llevando sus pertenencias[17] al hombro o en carretillas,[18] pero apenas podían mover sus propios huesos y a poco andar debían abandonar sus cosas. Se arrastraban penosamente, con la piel convertida en cuero de lagarto y los ojos quemados por la reverberación de la luz. Belisa los saludaba con un gesto al pasar, pero no se detenía, porque no podía gastar sus fuerzas en ejercicios de compasión. Muchos cayeron por el camino, pero ella era tan tozuda[19] que consiguió atravesar el infierno y arribó por fin a los primeros manantiales,[20] finos hilos de agua, casi invisibles, que alimentaban una vegetación raquítica,[21] y que más adelante se convertían en riachuelos[22] y esteros.[23]

Belisa Crepusculario salvó la vida y además descubrió por casualidad la escritura. Al llegar a una aldea en las proximidades de la costa, el viento colocó a sus pies una hoja de periódico. Ella tomó aquel papel amarillo y quebradizo[24] y estuvo largo rato observándolo sin adivinar su uso, hasta que la curiosidad pudo más que su timidez. Se acercó a un hombre que lavaba un caballo en el mismo charco turbio[25] donde ella saciara su sed.[26]

—¿Qué es esto? —preguntó.

—La página deportiva del periódico —replicó el hombre sin dar muestras de asombro ante su ignorancia.

La respuesta dejó atónita[27] a la muchacha, pero no quiso parecer descarada[28] y se limitó a inquirir el significado de las patitas de mosca dibujadas sobre el papel.

—Son palabras, niña. Allí dice que Fulgencio Barba noqueó[29] al Negro Tiznao en el tercer round.

---

[12]**tan mísera** so poor   [13]**se agranda** grows   [14]**enterrar** bury   [15]**grietas** cracks   [16]**arbustos espinudos** thorny bushes   [17]**pertenencias** belongings   [18]**carretillas** carts   [19]**tozuda** stubborn   [20]**manantiales** springs   [21]**raquítica** meager   [22]**riachuelos** streams   [23]**esteros** swamps   [24]**quebradizo** brittle   [25]**charco turbio** muddy puddle   [26]**saciara su sed** would quench her thirst   [27]**dejó atónita** amazed   [28]**descarada** brazen   [29]**noqueó** knocked out

Ese día Belisa Crepusculario se enteró de que las palabras andan sueltas[30] sin dueño y cualquiera con un poco de maña[31] puede apoderárselas para comerciar con ellas. Consideró su situación y concluyó que aparte de prostituirse o emplearse como sirvienta en las cocinas de los ricos, eran pocas las ocupaciones que podía desempeñar. Vender palabras le pareció una alternativa decente. A partir de ese momento ejerció esa profesión y nunca le interesó otra. Al principio ofrecía su mercancía sin sospechar que las palabras podían también escribirse fuera de los periódicos. Cuando lo supo calculó las infinitas proyecciones de su negocio, con sus ahorros le pagó veinte pesos a un cura para que le enseñara a leer y escribir y con los tres que le sobraron se compró un diccionario. Lo revisó desde la A hasta la Z y luego lo lanzó al mar, porque no era su intención estafar a los clientes con palabras envasadas.[32]

Varios años después, en una mañana de agosto, se encontraba Belisa Crepusculario en el centro de una plaza, sentada bajo su toldo vendiendo argumentos de justicia a un viejo que solicitaba su pensión desde hacía diecisiete años. Era día de mercado y había mucho bullicio[33] a su alrededor. Se escucharon de pronto galopes y gritos; ella levantó los ojos de la escritura y vio primero una nube de polvo y enseguida un grupo de jinetes que irrumpió en el lugar. Se trataba de los hombres del Coronel, que venían al mando del Mulato, un gigante conocido en toda la zona por la rapidez de su cuchillo y la lealtad hacia su jefe. Ambos, el Coronel y el Mulato, habían pasado sus vidas ocupados en la Guerra Civil y sus nombres estaban irremisiblemente unidos al estropicio[34] y la calamidad. Los guerreros entraron al pueblo como un rebaño en estampida, envueltos en ruido, bañados de sudor y dejando a su paso un espanto de huracán. Salieron volando las gallinas, dispararon a perderse los perros, corrieron las mujeres con sus hijos y no quedó en el sitio del mercado otra alma viviente que Belisa Crepusculario, quien no había visto jamás al Mulato y por lo mismo le extrañó que se dirigiera a ella.

—A ti te busco —le gritó señalándola con su látigo enrollado y antes que terminara de decirlo, dos hombres cayeron encima de la mujer atropellando[35] el toldo y rompiendo el tintero, la ataron de pies y manos y la colocaron atravesada como un bulto de marinero sobre la grupa[36] de la bestia del Mulato. Emprendieron galope en dirección a las colinas.

Horas más tarde, cuando Belisa Crepusculario estaba a punto de morir con el corazón convertido en arena por las sacudidas[37] del caballo, sintió que se detenían y cuatro manos poderosas la depositaban en tierra. Intentó ponerse de pie y levantar la cabeza con dignidad, pero le fallaron las fuerzas y se desplomó[38] con un suspiro, hundiéndose en un sueño ofuscado.[39] Despertó varias horas después con el murmullo de la noche en el campo, pero no tuvo tiempo de descifrar esos sonidos, porque al abrir los ojos se encontró ante la mirada impaciente del Mulato, arrodillado a su lado.

---

[30]**andan sueltas** go about free, loose, unattached   [31]**maña** dexterity   [32]**palabras envasadas** packaged words   [33]**bullicio** bustle   [34]**estropicio** uproar   [35]**atropellando** trampling   [36]**grupa** rump   [37]**sacudidas** jerking   [38]**se desplomó** collapsed   [39]**ofuscado** confused

—Por fin despiertas, mujer —dijo alcanzándole su cantimplora[40] para que bebiera un sorbo[41] de aguardiente con pólvora[42] y acabara de recuperar la vida.

Ella quiso saber la causa de tanto maltrato y él le explicó que el Coronel necesitaba sus servicios. Le permitió mojarse la cara y enseguida la llevó a un extremo del campamento, donde el hombre más temido del país reposaba en una hamaca colgada entre dos árboles. Ella no pudo verle el rostro porque tenía encima la sombra incierta del follaje y la sombra imborrable de muchos años viviendo como un bandido, pero imaginó que debía ser de expresión perdularia[43] si su gigantesco ayudante se dirigía a él con tanta humildad. Le sorprendió su voz, suave y bien modulada como la de un profesor.

—¿Eres la que vende palabras? —preguntó.

—Para servirte —balbuceó[44] ella oteando[45] en la penumbra para verlo mejor.

El Coronel se puso de pie y la luz de la antorcha que llevaba el Mulato le dio de frente. La mujer vio su piel oscura y sus fieros ojos de puma y supo al punto que estaba frente al hombre más solo de este mundo.

—Quiero ser Presidente —dijo él.

Estaba cansado de recorrer esa tierra maldita en guerras inútiles y derrotas que ningún subterfugio podía transformar en victorias. Llevaba muchos años durmiendo a la intemperie,[46] picado de mosquitos, alimentándose de iguanas y sopa de culebra, pero esos inconvenientes menores no constituían razón suficiente para cambiar su destino. Lo que en verdad le fastidiaba[47] era el terror en los ojos ajenos. Deseaba entrar a los pueblos bajo arcos de triunfo, entre banderas de colores y flores, que lo aplaudieran y le dieran de regalo huevos frescos y pan recién horneado. Estaba harto[48] de comprobar cómo a su paso huían los hombres, abortaban de susto las mujeres y temblaban las criaturas; por eso había decidido ser Presidente. El Mulato le sugirió que fueran a la capital y entraran galopando al Palacio para apoderarse del gobierno, tal como tomaron tantas otras cosas sin pedir permiso, pero al Coronel no le interesaba convertirse en otro tirano; de ésos ya habían tenido bastantes por allí y, además, de ese modo no obtendría el afecto de las gentes. Su idea consistía en ser elegido por votación popular en los comicios[49] de diciembre.

—Para eso necesito hablar como un candidato. ¿Puedes venderme las palabras para un discurso? —preguntó el Coronel a Belisa Crepusculario.

Ella había aceptado muchos encargos, pero ninguno como ése; sin embargo no pudo negarse, temiendo que el Mulato le metiera un tiro entre los ojos o, peor aún, que el Coronel se echara a llorar. Por otra parte, sintió el impulso de ayudarlo, porque percibió un palpitante calor en su piel, un deseo poderoso de tocar a ese hombre, de recorrerlo con sus manos, de estrecharlo entre sus brazos.

Toda la noche y buena parte del día siguiente estuvo Belisa Crepusculario buscando en su repertorio las palabras apropiadas para un discurso presidencial, vigilada de cerca por el Mulato, quien no apartaba los ojos de sus firmes piernas de

---

[40]**cantimplora** canteen, water bottle   [41]**sorbo** gulp   [42]**pólvora** gunpowder   [43]**perdularia** careless, slovenly   [44]**balbuceó** stammered   [45]**oteando** observing   [46]**intemperie** outdoors   [47]**le fastidiaba** bothered him   [48]**estaba harto** he was fed up   [49]**comicios** elections

caminante y sus senos virginales. Descartó las palabras ásperas[50] y secas, las demasiado floridas,[51] las que estaban desteñidas[52] por el abuso, las que ofrecían promesas improbables, las carentes[53] de verdad y las confusas, para quedarse sólo con aquellas capaces de tocar con certeza el pensamiento de los hombres y la intuición de las mujeres. Haciendo uso de los conocimientos comprados al cura por veinte pesos, escribió el discurso en una hoja de papel y luego hizo señas al Mulato para que desatara la cuerda con la cual la había amarrado por los tobillos a un árbol. La condujeron nuevamente donde el Coronel, y al verlo ella volvió a sentir la misma palpitante ansiedad del primer encuentro. Le pasó el papel y aguardó, mientras él lo miraba sujetándolo con la punta de los dedos.

—¿Qué carajo dice aquí? —preguntó por último.

—¿No sabes leer?

—Lo que yo sé hacer es la guerra —replicó él.

Ella leyó en alta voz el discurso. Lo leyó tres veces, para que su cliente pudiera grabárselo[54] en la memoria. Cuando terminó vio la emoción en los rostros de los hombres de la tropa que se juntaron para escucharla y notó que los ojos amarillos del Coronel brillaban de entusiasmo, seguro de que con esas palabras el sillón presidencial sería suyo.

—Si después de oírlo tres veces los muchachos siguen con la boca abierta, es que esta vaina[55] sirve, Coronel —aprobó el Mulato.

—¿Cuánto te debo por tu trabajo, mujer? —preguntó el jefe.

—Un peso, Coronel.

—No es caro —dijo él abriendo la bolsa que llevaba colgada del cinturón con los restos del último botín.[56]

—Además tienes derecho a una ñapa.[57] Te corresponden dos palabras secretas —dijo Belisa Crepusculario.

—¿Cómo es eso?

Ella procedió a explicarle que por cada cincuenta centavos que pagaba un cliente, le obsequiaba una palabra de uso exclusivo. El jefe se encogió[58] de hombros, pues no tenía ni el menor interés en la oferta, pero no quiso ser descortés con quien lo había servido tan bien. Ella se aproximó sin prisa al taburete[59] de suela donde él estaba sentado y se inclinó para entregarle su regalo. Entonces el hombre sintió el olor de animal montuno[60] que se desprendía de esa mujer, el calor de incendio que irradiaban sus caderas, el roce terrible de sus cabellos, el aliento de yerbabuena[61] susurrando en su oreja las dos palabras secretas a las cuales tenía derecho.

—Son tuyas, Coronel —dijo ella al retirarse—. Puedes emplearlas cuanto quieras.

El Mulato acompañó a Belisa hasta el borde del camino, sin dejar de mirarla con ojos suplicantes de perro perdido, pero cuando estiró la mano para tocarla,

---

[50]**ásperas** harsh   [51]**las demasiado floridas** those that were too flowery   [52]**desteñidas** faded
[53]**carentes** lacking   [54]**grabárselo** record it   [55]**esta vaina** this nonsense   [56]**botín** spoils, booty   [57]**una ñapa** something extra, a bonus   [58]**encogió** shrugged   [59]**taburete** stool
[60]**animal montuno** wild animal   [61]**yerbabuena** (*hierbabuena*) mint

ella lo detuvo con un chorro[62] de palabras inventadas que tuvieron la virtud de espantarle el deseo, porque creyó que se trataba de alguna maldición irrevocable.

En los meses de setiembre, octubre y noviembre el Coronel pronunció su discurso tantas veces, que de no haber sido hecho con palabras refulgentes[63] y durables el uso lo habría vuelto ceniza. Recorrió el país en todas direcciones, entrando a las ciudades con aire triunfal y deteniéndose también en los pueblos más olvidados, allá donde sólo el rastro de basura indicaba la presencia humana, para convencer a los electores de que votaran por él. Mientras hablaba sobre una tarima[64] al centro de la plaza, el Mulato y sus hombres repartían caramelos y pintaban su nombre con escarcha dorada en las paredes, pero nadie prestaba atención a esos recursos de mercader, porque estaban deslumbrados por la claridad de sus proposiciones y la lucidez poética de sus argumentos, contagiados de su deseo tremendo de corregir los errores de la historia y alegres por primera vez en sus vidas. Al terminar la arenga[65] del Candidato, la tropa lanzaba pistoletazos al aire y encendía petardos y, cuando por fin se retiraban, quedaba atrás una estela de esperanza que perduraba muchos días en el aire, como el recuerdo magnífico de un cometa. Pronto el Coronel se convirtió en el político más popular. Era un fenómeno nunca visto, aquel hombre surgido de la guerra civil, lleno de cicatrices[66] y hablando como un catedrático, cuyo prestigio se regaba por el territorio nacional conmoviendo el corazón de la patria. La prensa se ocupó de él. Viajaron de lejos los periodistas para entrevistarlo y repetir sus frases, y así creció el número de sus seguidores y de sus enemigos.

—Vamos bien, Coronel —dijo el Mulato al cumplirse doce semanas de éxitos.

Pero el candidato no lo escuchó. Estaba repitiendo sus dos palabras secretas, como hacía cada vez con mayor frecuencia. Las decía cuando lo ablandaba la nostalgia, las murmuraba dormido, las llevaba consigo sobre su caballo, las pensaba antes de pronunciar su célebre discurso y se sorprendía saboreándolas en sus descuidos. Y en toda ocasión en que esas dos palabras venían a su mente, evocaba la presencia de Belisa Crepusculario y se le alborotaban los sentidos con el recuerdo del olor montuno, el calor de incendio, el roce terrible y el aliento de yerbabuena, hasta que empezó a andar como un sonámbulo y sus propios hombres comprendieron que se le terminaría la vida antes de alcanzar el sillón de los presidentes.

—¿Qué es lo que te pasa, Coronel? —le preguntó muchas veces el Mulato, hasta que por fin un día el jefe no pudo más y le confesó que la culpa de su ánimo eran esas dos palabras que llevaba clavadas[67] en el vientre.

—Dímelas, a ver si pierden su poder —le pidió su fiel ayudante.

—No te las diré, son sólo mías —replicó el Coronel.

Cansado de ver a su jefe deteriorarse como un condenado a muerte, el Mulato se echó el fusil al hombro y partió en busca de Belisa Crepusculario. Siguió sus huellas[68] por toda esa vasta geografía hasta encontrarla en un pueblo del sur,

---

[62]**chorro** gush [63]**refulgentes** brilliant [64]**tarima** movable platform [65]**arenga** harangue
[66]**cicatrices** scars [67]**clavadas** nailed to [68]**sus huellas** her tracks

instalada bajo el toldo de su oficio, contando su rosario de noticias. Se le plantó delante con las piernas abiertas y el arma empuñada.

—Tú te vienes conmigo —ordenó.

Ella lo estaba esperando. Recogió su tintero, plegó[69] el lienzo de su tenderete, se echó el chal sobre los hombros y en silencio trepó al anca del caballo. No cruzaron ni un gesto en todo el camino, porque al Mulato el deseo por ella se le había convertido en rabia y sólo el miedo que le inspiraba su lengua le impedía destrozarla a latigazos. Tampoco estaba dispuesto a comentarle que el Coronel andaba alelado,[70] y que lo que no habían logrado tantos años de batallas lo había conseguido un encantamiento susurrado[71] al oído. Tres días después llegaron al campamento y de inmediato condujo a su prisionera hasta el candidato, delante de toda la tropa.

—Te traje a esta bruja para que le devuelvas sus palabras, Coronel, y para que ella te devuelva la hombría[72] —dijo apuntando el cañón de su fusil[73] a la nuca de la mujer.

El Coronel y Belisa Crepusculario se miraron largamente, midiéndose desde la distancia. Los hombres comprendieron entonces que ya su jefe no podía deshacerse del hechizo[74] de esas dos palabras endemoniadas, porque todos pudieron ver los ojos carnívoros del puma tornarse mansos[75] cuando ella avanzó y le tomó la mano.

DESPUÉS DE LEER

1. ¿Cómo fue la infancia de Belisa Crepusculario?

2. ¿Quiénes buscan el servicio de Belisa? ¿Cómo se manifiesta la sociedad en que se desarrolla el cuento?

3. ¿Qué adjetivos emplearía usted para describir a Belisa?

4. ¿Cómo presenta la autora la crueldad y el despotismo político?

5. Describa al Coronel y a su gente.

6. ¿Qué ocurre cuando Belisa y el Coronel se conocen? ¿Qué descubre Belisa en el Coronel?

7. ¿Qué importancia tiene para usted la palabra? ¿Qué valor le concede la narradora a la palabra en el cuento?

8. ¿Hay sentido del humor en el cuento? ¿Y exageración?

9. ¿Diría usted que hay elementos fantásticos en el cuento? Explique.

10. ¿Qué opina de la técnica narrativa de Isabel Allende?

---

[69]**plegó** folded [70]**alelado** stupefied [71]**susurrado** whispered [72]**hombría** manhood [73]**cañón de su fusil** barrel of his rifle [74]**hechizo** spell [75]**mansos** tame

AL LEER CONSIDERE LO SIGUIENTE:

—las relaciones y el sentido de obligación
—los cambios sociales
—la capacidad insólita de la protagonista

En "Clarisa" vemos de nuevo la fuerza innata del personaje femenino. Tras desgracias familiares, Clarisa sabe sobreponerse a su situación familiar mientras que el marido se encierra en un cuarto y se aparta del mundo. Ella encuentra consuelo en las obras de caridad que hace y en el amor. Confía en la capacidad de Dios para equilibrar la balanza del destino.

Clarisa

larisa nació cuando aún no existía la luz eléctrica en la ciudad, vio por televisión al primer astronauta levitando sobre la superficie de la luna y se murió de asombro cuando llegó el Papa de visita y le salieron al encuentro los homosexuales disfrazados[1] de monjas. Había pasado la infancia entre matas de helechos[2] y corredores alumbrados por candiles de aceite.[3] Los días transcurrían lentos en aquella época. Clarisa nunca se adaptó a los sobresaltos[4] de los tiempos de hoy, siempre me pareció que estaba detenida en el aire color sepia de un retrato de otro siglo. Supongo que alguna vez tuvo cintura virginal, porte gracioso[5] y perfil de medallón, pero cuando yo la conocí ya era una anciana algo estrafalaria, con los hombros alzados como dos suaves jorobas y su noble cabeza coronada por un quiste sebáceo, como un huevo de paloma, alrededor del cual ella enrollaba sus cabellos blancos. Tenía una mirada traviesa y profunda, capaz de penetrar la maldad más recóndita y regresar intacta. En sus muchos años de existencia alcanzó fama de santa y después de su muerte muchos tienen su fotografía en un altar doméstico, junto a otras imágenes venerables, para pedirle ayuda en las dificultades menores, a pesar de que su prestigio de milagrera no está reconocida por el Vaticano y con seguridad nunca lo estará, porque los beneficios otorgados por ella son de índole caprichosa: no cura ciegos como Santa Lucía ni encuentra marido para las solteras como San Antonio, pero dicen que ayuda a soportar el malestar de la embriaguez, los tropiezos[6] de la conscripción[7] y el acecho[8] de la soledad. Sus prodigios[9] son humildes e improbables, pero tan necesarios como las aparatosas maravillas de los santos de catedral.

---

[1]**disfrazados** dressed up   [2]**matas de helechos** ferns   [3]**candiles de aceite** oil lamps   [4]**sobresaltos** the unexpected   [5]**porte gracioso** graceful bearing   [6]**tropiezos** obstacles   [7]**conscripción** military draft   [8]**acecho** ambush   [9]**prodigios** marvels

La conocí en mi adolescencia, cuando yo trabajaba como sirvienta en casa de
La Señora, una dama de la noche, como llamaba Clarisa a las de ese oficio. Ya en
tonces era casi puro espíritu, parecía siempre a punto de despegar[10] del suelo y
salir volando por la ventana. Tenía manos de curandera[11] y quienes no podían pagar un médico o estaban desilusionados de la ciencia tradicional esperaban turno
para que ella les aliviara los dolores o los consolara de la mala suerte. Mi patrona
solía llamarla para que le aplicara las manos en la espalda. De paso, Clarisa hurgaba[12] en el alma de La Señora con el propósito de torcerle la vida y conducirla
por los caminos de Dios, caminos que la otra no tenía mayor urgencia en recorrer, porque esa decisión habría descalabrado[13] su negocio. Clarisa le entregaba el
calor curativo de sus palmas por diez o quince minutos, según la intensidad del
dolor, y luego aceptaba un jugo de fruta como recompensa por sus servicios.
Sentadas frente a frente en la cocina, las dos mujeres charlaban sobre lo humano
y lo divino, mi patrona más de lo humano y ella más de lo divino, sin traicionar la
tolerancia y el rigor de las buenas maneras. Después cambié de empleo y perdí de
vista a Clarisa hasta un par de décadas más tarde, en que volvimos a encontrarnos
y pudimos restablecer la amistad hasta el día de hoy, sin hacer mayor caso de los
diversos obstáculos que se nos interpusieron, inclusive el de su muerte, que vino
a sembrar cierto desorden en la buena comunicación.

Aun en los tiempos en que la vejez le impedía moverse con el entusiasmo mi-
sionero de antaño,[14] Clarisa preservó su constancia para socorrer al prójimo,[15] a
veces incluso contra la voluntad de los beneficiarios, como era el caso de los chulos[16] de la calle República, quienes debían soportar, sumidos en la mayor mortificación, las arengas[17] públicas de esa buena señora en su afán inalterable de re-
dimirlos. Clarisa se desprendía[18] de todo lo suyo para darlo a los necesitados; por
lo general sólo tenía la ropa que llevaba puesta y hacia el final de su vida le resultaba difícil encontrar pobres más pobres que ella. La caridad se convirtió en un
camino de ida y vuelta y ya no se sabía quién daba y quién recibía.

Vivía en un destartalado[19] caserón[20] de tres pisos, con algunos cuartos vacíos y
otros alquilados como depósito a una licorería, de manera que una ácida pestilen-
cia de borracho contaminaba el ambiente. No se mudaba de esa vivienda, herencia de sus padres, porque le recordaba su pasado abolengo[21] y porque desde hacía
más de cuarenta años su marido se había enterrado allí en vida, en un cuarto al
fondo del patio. El hombre fue juez de una lejana provincia, oficio que ejerció
con dignidad hasta el nacimiento de su segundo hijo, cuando la decepción le
arrebató[22] el interés por enfrentar su suerte y se refugió como un topo[23] en el
socavón[24] maloliente de su cuarto. Salía muy rara vez, como una sombra huidiza,
y sólo abría la puerta para sacar la bacinilla[25] y recoger la comida que su mujer le
dejaba cada día. Se comunicaba con ella por medio de notas escritas con su per-

---

[10]**despegar** taking off   [11]**curandera** healer   [12]**hurgaba** would stir up   [13]**habría descalabrado** would have destroyed   [14]**antaño** of days gone by   [15]**socorrer al prójimo** to help thy
neighbor   [16]**chulos** rascals   [17]**arengas** harangues   [18]**se desprendía** detach herself   [19]**destartalado** dilapidated   [20]**caserón** large ramshackle house   [21]**abolengo** lineage   [22]**le arrebató** took from him   [23]**topo** mole   [24]**socavón** cave   [25]**bacinilla** small chamber pot

fecta caligrafía y de golpes en la puerta, dos para sí y tres para no. A través de los muros de su cuarto se podían escuchar su carraspeo[26] asmático y algunas palabrotas de bucanero que no se sabía a ciencia cierta a quién iban dirigidas.

—Pobre hombre, ojalá Dios lo llame a Su lado cuanto antes y lo ponga a cantar en un coro de ángeles —suspiraba Clarisa sin asombro de ironía; pero el fallecimiento[27] oportuno de su marido no fue una de las gracias otorgadas[28] por La Divina Providencia, puesto que la ha sobrevivido hasta hoy, aunque ya debe tener más de cien años, a menos que haya muerto y las toses y maldiciones que se escuchan sean sólo el eco de ayer.

Clarisa se casó con él porque fue el primero que se lo pidió y a sus padres les pareció que un juez era el mejor partido posible. Ella dejó el sobrio bienestar del hogar paterno y se acomodó a la avaricia y la vulgaridad de su marido sin pretender una fortuna mejor. La única vez que se le oyó un comentario nostálgico por los refinamientos del pasado fue a propósito de un piano de cola[29] con el cual se deleitaba de niña. Así nos enteramos de su afición por la música y mucho más tarde, cuando ya era una anciana, un grupo de amigos le regalamos un modesto piano. Para entonces ella había pasado casi sesenta años sin ver un teclado[30] de cerca, pero se sentó en el taburete y tocó de memoria y sin la menor vacilación un Nocturno de Chopin.

Un par de años después de la boda con el juez, nació una hija albina, quien apenas comenzó a caminar acompañaba a su madre a la iglesia. La pequeña se deslumbró en tal forma con los oropeles de la liturgia, que comenzó a arrancar[31] los cortinajes[32] para vestirse de obispo y pronto el único juego que le interesaba era imitar los gestos de la misa y entonar cánticos en un latín de su invención. Era retardada sin remedio,[33] sólo pronunciaba palabras en una lengua desconocida, babeaba[34] sin cesar y sufría incontrolables ataques de maldad, durante los cuales debían atarla como un animal de feria para evitar que masticara[35] los muebles y atacara a las personas. Con la pubertad se tranquilizó y ayudaba a su madre en las labores de la casa. El segundo hijo llegó al mundo con un dulce rostro asiático, desprovisto de curiosidad, y la única destreza[36] que logró adquirir fue equilibrarse sobre una bicicleta, pero no le sirvió de mucho porque su madre no se atrevió nunca a dejarlo salir de la casa. Pasó la vida pedaleando en el patio en una bicicleta sin ruedas fija en un atril.[37]

La anormalidad de sus hijos no afectó el sólido optimismo de Clarisa, quien los consideraba almas puras, inmunes al mal, y se relacionaba con ellos sólo en términos de afecto. Su mayor preocupación consistía en preservarlos incontaminados por sufrimientos terrenales; se preguntaba a menudo quién los cuidaría cuando ella faltara. El padre, en cambio, no hablaba jamás de ellos, se aferró al pretexto de los hijos retardados para sumirse[38] en el bochorno,[39] abandonar su trabajo, sus amigos y hasta el aire fresco y sepultarse en su pieza, ocupado en

---

[26]**carraspeo** clearing of throat   [27]**fallecimiento** passing away   [28]**otorgadas** granted   [29]**piano de cola** grand piano   [30]**teclado** keyboard   [31]**arrancar** to pull down   [32]**cortinajes** drapes   [33]**sin remedio** without fail   [34]**babeaba** drooled   [35]**masticara** chew   [36]**destreza** skill   [37]**atril** lectern   [38]**sumirse** bury himself   [39]**bochorno** shame

copiar con paciencia de monje medieval los periódicos en un cuaderno de notario. Entretanto su mujer gastó hasta el último céntimo de su dote[40] y de su herencia y luego trabajó en toda clase de pequeños oficios para mantener a la familia. Las penurias propias no la alejaron de las penurias ajenas y aun en los períodos más difíciles de su existencia no postergó sus labores de misericordia.

Clarisa poseía una ilimitada comprensión por las debilidades humanas. Una noche, cuando ya era una anciana de pelo blanco, se encontraba cosiendo en su cuarto cuando escuchó ruidos desusados[41] en la casa. Se levantó para averiguar de qué se trataba, pero no alcanzó a salir, porque en la puerta tropezó de frente con un hombre que le puso un cuchillo en el cuello.

—Silencio, puta, o te despacho[42] de un solo corte —la amenazó.

—No es aquí, hijo. Las damas de la noche están al otro lado de la calle, donde tienen la música.

—No te burles,[43] esto es un asalto.

—¿Cómo dices? —sonrió incrédula Clarisa—. ¿Y qué me vas a robar a mí?

—Siéntate en esa silla, voy a amarrarte.[44]

—De ninguna manera, hijo, puedo ser tu madre, no me faltes el respeto.

—¡Siéntate!

—No grites, porque vas a asustar a mi marido, que está delicado de salud. Y de paso guarda el cuchillo, que puedes herir a alguien —dijo Clarisa.

—Oiga, señora, yo vine a robar —masculló el asaltante desconcertado.

—No, esto no es un robo. Yo no te voy a dejar que cometas un pecado. Te voy a dar algo de dinero por mi propia voluntad. No me lo estás quitando, te lo estoy dando, ¿está claro? —fue a su cartera y sacó lo que le quedaba para el resto de la semana—. No tengo más. Somos una familia bastante pobre, como ves. Acompáñame a la cocina, voy a poner la tetera.[45]

El hombre se guardó el cuchillo y la siguió con los billetes en la mano. Clarisa preparó té para ambos, sirvió las últimas galletas que le quedaban y lo invitó a sentarse en la sala.

—¿De dónde sacaste la peregrina idea de robarle a esta pobre vieja?

El ladrón le contó que la había observado durante días, sabía que vivía sola y pensó que en aquel caserón habría algo que llevarse. Ese era su primer asalto, dijo, tenía cuatro hijos, estaba sin trabajo y no podía llegar otra vez a su casa con las manos vacías. Ella le hizo ver que el riesgo era demasiado grande, no sólo podían llevarlo preso, sino que podía condenarse en el infierno, aunque en verdad ella dudaba que Dios fuera a castigarlo con tanto rigor, a lo más iría a parar al purgatorio, siempre que se arrepintiera y no volviera a hacerlo, por supuesto. Le ofreció incorporarlo a la lista de sus protegidos y le prometió que no lo acusaría a las autoridades. Se despidieron con un par de besos en las mejillas. En los diez años siguientes, hasta la muerte de Clarisa, el hombre le enviaba por correo un pequeño regalo en Navidad.

---

[40]**dote** dowry   [41]**desusados** unusual   [42]**te despacho** I'll take care of you   [43]**no te burles** don't make fun   [44]**amarrarte** tie you up   [45]**tetera** tea kettle

No todas las relaciones de Clarisa eran de esa calaña,[46] también conocía a gente de prestigio, señoras de alcurnia, ricos comerciantes, banqueros y hombres públicos, a quienes visitaba buscando ayuda para el prójimo, sin detenerse a especular sobre cómo sería recibida. Cierto día se presentó en la oficina del diputado Diego Cienfuegos, conocido por sus incendiarios[47] discursos y por ser uno de los pocos políticos incorruptibles del país, lo cual no le impidió ascender a ministro y acabar en los libros de historia como padre intelectual de un cierto tratado de la paz. En esa época Clarisa era joven y algo tímida, pero ya tenía la misma tremenda determinación que la caracterizó en la vejez. Llegó donde el diputado a pedirle que usara su influencia para conseguirles una nevera moderna a las Madres Teresianas. El hombre la miró pasmado,[48] sin entender las razones por las cuales él debía ayudar a sus enemigas ideológicas.

—Porque en el comedor de las monjitas almuerzan gratis cien niños cada día, y casi todos son hijos de los comunistas y evangélicos que votan por usted —replicó mansamente Clarisa.

Así nació entre ambos una discreta amistad que habría de costarle muchos desvelos[49] y favores al político. Con la misma lógica irrefutable conseguía de los jesuitas becas escolares para muchachos ateos, de la Acción de Damas Católicas ropa usada para las prostitutas de su barrio, del Instituto Alemán instrumentos de música para un coro hebreo, de los dueños de viñas fondos para los programas de alcohólicos.

Ni el marido sepultado en el mausoleo de su cuarto, ni las extenuantes horas de trabajo cotidiano, evitaron que Clarisa quedara embarazada una vez más. La comadrona[50] le advirtió que con toda probabilidad daría a luz otro anormal, pero ella la tranquilizó con el argumento de que Dios mantiene cierto equilibrio en el universo, y tal como El crea algunas cosas torcidas,[51] también crea otras derechas, por cada virtud hay un pecado, por cada alegría una desdicha, por cada mal un bien y así, en el eterno girar de la rueda de la vida todo se compensa a través de los siglos. El péndulo va y viene con inexorable precisión, decía ella.

Clarisa pasó sin prisa el tiempo de su embarazo y dio a luz un tercer hijo. El nacimiento se produjo en su casa, ayudada por la comadrona y amenizado por la compañía de las criaturas retardadas, seres inofensivos y sonrientes que pasaban las horas entretenidos en sus juegos, una mascullando galimatías[52] en su traje de obispo y el otro pedaleando hacia ninguna parte en una bicicleta inmóvil. En esta ocasión la balanza se movió en el sentido justo para preservar la armonía de la Creación y nació un muchacho fuerte, de ojos sabios y manos firmes, que la madre se puso al pecho, agradecida. Catorce meses después Clarisa dio a luz otro hijo con las características del anterior.

—Estos crecerán sanos para ayudarme a cuidar a los dos primeros —decidió ella, fiel a su teoría de las compensaciones, y así fue, porque los hijos menores resultaron derechos como dos cañas y bien dotados para la bondad.

---

[46]**de esa calaña** of that nature   [47]**incendiarios** fiery   [48]**pasmado** amazed   [49]**desvelos** sleeplessness   [50]**comadrona** midwife   [51]**torcidas** bent   [52]**galimatías** gibberish

De algún modo Clarisa se las arregló para mantener a los cuatro niños sin ayuda del marido y sin perder su orgullo de gran dama solicitando caridad para sí misma. Pocos se enteraron de sus apuros financieros. Con la misma tenacidad con que pasaba las noches en vela fabricando muñecas de trapo o tortas de novia para vender, batallaba contra el deterioro de su casa, cuyas paredes comenzaban a sudar un vapor verdoso, y le inculcaba a los hijos menores sus principios de buen humor y de generosidad con tan espléndido efecto que en las décadas siguientes estuvieron siempre junto a ella soportando la carga de sus hermanos mayores, hasta que un día éstos se quedaron atrapados en la sala de baño y un escape de gas los trasladó apaciblemente a otro mundo.

La llegada del Papa se produjo cuando Clarisa aún no cumplía ochenta años, aunque no era fácil calcular su edad exacta, porque se la aumentaba por coquetería, nada más que para oír decir cuán bien se conservaba a los noventa y cinco que pregonaba. Le sobraba ánimo, pero le fallaba el cuerpo, le costaba caminar, se desorientaba en las calles, no tenía apetito y acabó alimentándose de flores y miel. El espíritu se le fue desprendiendo en la misma medida en que le germinaron las alas, pero los preparativos de la visita papal le devolvieron el entusiasmo por las aventuras terrenales. No aceptó ver el espectáculo por televisión, porque sentía una desconfianza profunda por ese aparato. Estaba convencida de que hasta el astronauta en la luna era una patraña[53] filmada en un estudio de Hollywood, igual como engañaban con esas historias en las cuales los protagonistas se amaban o se morían de mentira y una semana después reaparecían con sus mismas caras, padeciendo otros destinos. Clarisa quiso ver al Pontífice con sus propios ojos, para que no fueran a mostrarle en la pantalla a un actor con paramentos episcopales, de modo que tuve que acompañarla a vitorearlo en su paso por las calles. Al cabo de un par de horas defendiéndonos de la muchedumbre de creyentes y de vendedores de cirios, camisetas estampadas, policromías y santos de plástico, logramos vislumbrar al Santo Padre, magnífico dentro de una caja de vidrio portátil, como una blanca marsopa en su acuario. Clarisa cayó de rodillas, a punto de ser aplastada por los fanáticos y por los guardias de la escolta. En ese instante, justamente cuando teníamos al Papa a tiro de piedra, surgió por una calle lateral una columna de hombres vestidos de monjas, con las caras pintarrajeadas,[54] enarbolando pancartas[55] en favor del aborto, el divorcio, la sodomía y el derecho de las mujeres a ejercer el sacerdocio. Clarisa hurgó en su bolso con mano temblorosa, encontró sus gafas y se las colocó para cerciorarse de que no se trataba de una alucinación.

—Vámonos, hija. Ya he visto demasiado —me dijo, pálida.

Tan desencajada[56] estaba, que para distraerla ofrecí comprarle un cabello del Papa, pero no lo quiso, porque no había garantía de su autenticidad. El número de reliquias capilares ofrecidas por los comerciantes era tal, que alcanzaba para rellenar un par de colchones,[57] según calculó un periódico socialista.

---

[53]**patraña** hoax   [54]**pintarrajeadas** with heavy make-up   [55]**enarbolando pancartas** raising placards   [56]**desencajada** disconnected   [57]**colchones** mattresses

—Estoy muy vieja y ya no entiendo el mundo, hija. Lo mejor es volver a casa.

Llegó a su caserón extenuada, con el fragor[58] de campanas y vítores todavía retumbándole en las sienes.[59] Partí a la cocina a preparar una sopa para el juez y a calentar agua para darle a ella una infusión de camomilla, a ver si eso la tranquilizaba un poco. Entre tanto Clarisa, con una expresión de gran melancolía, colocó todo en orden y sirvió el último plato de comida para su marido. Puso la bandeja ante la puerta cerrada y llamó por primera vez en más de cuarenta años.

—¿Cuántas veces he dicho que no me molesten? —protestó la voz decrépita del juez.

—Disculpa, querido, sólo deseo avisarte que me voy a morir.

—¿Cuándo?

—El viernes.

—Está bien —y no abrió la puerta.

Clarisa llamó a sus hijos para darles cuenta de su próximo fin y luego se acostó en su cama. Tenía una habitación grande, oscura, con pesados muebles de caoba[60] tallada que no alcanzaron a convertirse en antigüedades, porque el deterioro los derrotó por el camino. Sobre la cómoda había una urna de cristal con un Niño Jesús de cera de un realismo sorprendente, parecía un bebé recién bañado.

—Me gustaría que te quedaras con el Niñito, para que me lo cuides, Eva.

—Usted no piensa morirse, no me haga pasar estos sustos.

—Tienes que ponerlo a la sombra, si le pega el sol se derrite.[61] Ha durado casi un siglo y puede durar otro si lo defiendes del clima.

Le acomodé en lo alto de la cabeza sus cabellos de merengue, le adorné el peinado con una cinta y me senté a su lado, dispuesta a acompañarla en ese trance, sin saber a ciencia cierta de qué se trataba, porque el momento carecía de todo sentimentalismo, como si en verdad no fuera una agonía, sino un apacible resfrío.

—Sería bien bueno que me confesara, ¿no te parece, hija?

—¡Pero qué pecados puede tener usted, Clarisa!

—La vida es larga y sobra tiempo para el mal, con el favor de Dios.

—Usted se irá derecho al cielo, si es que el cielo existe.

—Claro que existe, pero no es tan seguro que me admitan. Allí son bien estrictos —murmuró. Y después de una larga pausa agregó—: Repasando mis faltas, veo que hay una bastante grave…

Tuve un escalofrío, temiendo que esa anciana con aureola de santa me dijera que había eliminado intencionalmente a sus hijos retardados para facilitar la justicia divina, o que no creía en Dios y que se había dedicado a hacer el bien en este mundo sólo porque en la balanza le había tocado esa suerte, para compensar el mal de otros, mal que a su vez carecía de importancia, puesto que todo es parte del mismo proceso infinito. Pero nada tan dramático me confesó Clarisa. Se vol-

---

[58]**fragor** din   [59]**sienes** temples   [60]**caoba** mahogany   [61]**se derrite** it melts

vió hacia la ventana y me dijo ruborizada que se había negado a cumplir sus deberes conyugales.

—¿Qué significa eso? —pregunté.

—Bueno... me refiero a no satisfacer los deseos carnales de mi marido ¿entiendes?

—No.

—Si una le niega su cuerpo y él cae en la tentación de buscar alivio con otra mujer, una tiene la responsabilidad moral.

—Ya veo. El juez fornica y el pecado es de usted.

—No, no. Me parece que sería de ambos, habría que consultarlo.

—¿El marido tiene la misma obligación con su mujer?

—¿Ah?

—Quiero decir que si usted hubiera tenido otro hombre, ¿la falta sería también de su esposo?

—¡Las cosas que se te ocurren, hija! —me miró atónita.

—No se preocupe, si su peor pecado es haberle escamoteado el cuerpo al juez, estoy segura de que Dios lo tomará en broma.

—No creo que Dios tenga humor para esas cosas.

—Dudar de la perfección divina ése... sí es un gran pecado, Clarisa.

Se veía tan saludable que costaba imaginar su próxima partida, pero supuse que los santos, a diferencia de los simples mortales, tienen el poder de morir sin miedo y en pleno uso de sus facultades. Su prestigio era tan sólido, que muchos aseguraban haber visto un círculo de luz en torno de su cabeza y haber escuchado música celestial en su presencia; por lo mismo no me sorprendió, al desvestirla para ponerle el camisón, encontrar en sus hombros dos bultos inflamados, como si estuviera a punto de reventarle un par de alas de angelote.

El rumor de la agonía de Clarisa se regó con rapidez. Los hijos y yo tuvimos que atender una inacabable fila de gentes que venían a pedir su intervención en el cielo para diversos favores o simplemente a despedirse. Muchos esperaban que en el último momento ocurriera un prodigio significativo, como que el olor a botellas rancias que infectaba el ambiente se transformara en perfume de camelias o su cuerpo refulgiera con rayos de consolación. Entre ellos apareció su amigo, el bandido, quien no había enmendado el rumbo y estaba convertido en un verdadero profesional. Se sentó junto a la cama de la moribunda y le contó sus andanzas sin asomo de arrepentimiento.

—Me va muy bien. Ahora me meto nada más que en las casas del barrio alto. Le robo a los ricos y eso no es pecado. Nunca he tenido que usar violencia, yo trabajo limpiamente. Como un caballero —explicó con cierto orgullo.

—Tendré que rezar mucho por ti, hijo.

—Rece, abuelita, que eso no me puede hacer mal.

También La Señora apareció compungida[62] a darle el adiós a su querida

---

[62]**compungida** sorrowful

amiga, trayendo una corona de flores y unos dulces de alfajor para contribuir al velorio. Mi antigua patrona no me reconoció, pero yo no tuve dificultad en identificarla a ella, porque no había cambiado tanto, se veía bastante bien, a pesar de su gordura, su peluca[63] y sus extravagantes zapatos de plástico con estrellas doradas. A diferencia del ladrón, ella venía a comunicarle a Clarisa que sus consejos de antaño habían caído en tierra fértil y ahora ella era una cristiana decente.

—Cuénteselo a San Pedro, para que me borre del libro negro —le pidió.

—Qué tremendo chasco[64] se llevarán estas buenas personas si en vez de irme al cielo acabo cocinándome en las pailas del infierno[65]... —comentó la moribunda, cuando por fin pude cerrar la puerta para que descansara un poco.

—Si eso ocurre allá arriba, aquí abajo nadie lo sabrá, Clarisa.

—Mejor así.

Desde el amanecer del viernes se congregó una muchedumbre en la calle y a duras penas sus hijos lograron impedir el desborde[66] de creyentes dispuestos a llevarse cualquier reliquia, desde trozos de papel de las paredes hasta la escasa ropa de la santa. Clarisa decaía a ojos vista y por primera vez dio señales de tomar en serio su propia muerte. A eso de las diez se detuvo frente a la casa un automóvil azul con placas del Congreso. El chofer ayudó a descender del asiento trasero a un anciano, que la multitud reconoció de inmediato. Era don Diego Cienfuegos, convertido en prócer después de tantas décadas de servicio en la vida pública. Los hijos de Clarisa salieron a recibirlo y lo acompañaron en su penoso ascenso hasta el segundo piso. Al verlo en el umbral de la puerta, Clarisa se animó, volvieron el rubor a sus mejillas y el brillo a sus ojos.

—Por favor, saca a todo el mundo de la pieza y déjanos solos —me sopló[67] al oído.

Veinte minutos más tarde se abrió la puerta y don Diego Cienfuegos salió arrastrando los pies, con los ojos aguados, maltrecho[68] y tullido,[69] pero sonriendo. Los hijos de Clarisa, que lo esperaban en el pasillo, lo tomaron de nuevo por los brazos para ayudarlo; y entonces, al verlos juntos, confirmé algo que ya había notado antes. Esos tres hombres tenían el mismo porte y perfil, la misma pausada seguridad, los mismos ojos sabios y manos firmes.

Esperé que bajaran la escalera y volví donde mi amiga. Me acerqué para acomodarle las almohadas y vi que también ella, como su visitante, lloraba con cierto regocijo.[70]

—Fue don Diego su pecado más grave, ¿verdad? —le susurré.

—Eso no fue pecado, hija, sólo una ayuda a Dios para equilibrar la balanza del destino. Y ya ves cómo resultó de lo más bien, porque por dos hijos retardados tuve otros dos para cuidarlos.

---

[63]**peluca** wig   [64]**chasco** disappointment   [65]**pailas del infierno** caldrons from hell   [66]**desborde** overflow   [67]**me sopló** he whispered   [68]**maltrecho** battered   [69]**tullido** crippled [70]**regocijo** joy

Esa noche murió Clarisa sin angustia. De cáncer, diagnosticó el médico al ver sus capullos de alas; de santidad, proclamaron los devotos apiñados[71] en la calle con cirios[72] y flores; de asombro, digo yo, porque estuve con ella cuando nos visitó el Papa.

DESPUÉS DE LEER

1. ¿Quién narra el cuento?

2. ¿Cómo es la sociedad presentada en el relato? ¿Qué cambios han ocurrido durante la vida de Clarisa?

3. ¿Se casó Clarisa por amor con el juez? ¿Cómo fue la vida familiar de ellos? ¿Cómo eran los hijos?

4. Describa la reacción ante la adversidad por parte del juez y de Clarisa.

5. ¿A qué dedica Clarisa su vida? ¿Cómo la considera el pueblo?

6. ¿Es importante para Clarisa el don de la palabra? Explique.

7. ¿Cuál es el secreto que descubre la narradora?

8. ¿Cómo resumiría usted la filosofía de Clarisa con respecto a la balanza del destino? ¿Está usted de acuerdo con ella?

9. Según la narradora del cuento, ¿qué relación existe entre la visita del Papa y la muerte de Clarisa? Explique la actitud de Clarisa ante la muerte.

10. ¿Qué elementos de la narrativa moderna ve usted en los cuentos de Isabel Allende?

ALGUNOS ESTUDIOS DE INTERÉS

Antoni, Robert. "Parody or Piracy: The Relationship of *The House of the Spirits* to *One Hundred Years of Solitude*". *Latin American Literary Review* 16:32 (1988): 16–28.

Escudero, Javier. "Función de la prolepsis en las novelas de Isabel Allende". *Cuadernos de Aldeeu* 9:2 (1993): 191–203.

Foster, Douglas. "Isabel Allende Unveiled". *Mother Jones* 13:10 (1988): 42–46.

Gálvez Carlisle, Gloria. "El sabor picaresco en *Eva Luna*". Riquelme Rojas, ed. *Critical Approaches to Isabel Allende's Novels*. New York: Peter Lang: 1991.

Mujica, Bárbara. "*Cuentos de Eva Luna*, by Isabel Allende". *Américas* 42:5 (1990): 60–61.

Rojas, Mario A. "*La casa de los espíritus*, de Isabel Allende: Un caleidoscopio de espejos desordenados". *Revista Iberoamericana* 51:132 (1988): 917–925.

Rivero, Elizna. "Scheherazade Liberated: *Eva Luna* and Women Storytellers". Lucía Guerra Cunningham, ed. *Splintering Darkness: Latin American Women Writers in Search of Themselves*. Pittsburgh, Pennsylvania: Latin American Literature Rev. Press, 1990.

---

[71]**apiñados** crowded   [72]**cirios** candles

Rosario Ferré

(1942, Ponce, Puerto Rico−)

Rosario Ferré es una de las escritoras más conocidas de su generación. Ha escrito cuentos, novelas, poesías y ensayos. En su obra se manifiestan tres temas centrales y constantes. Uno de ellos lo constituye la crítica a la alta burguesía puertorriqueña. Otro se refiere a la problemática de la mujer en un mundo dominado por el hombre. Asimismo, a Ferré le interesan los asuntos relacionados con la historia, la economía y la política, como se observa en la novela *Maldito amor* (1986).

Su primer libro, *Papeles de Pandora* (1976), consta de catorce cuentos y seis poemas narrativos que anticipan su temática. Además ha publicado: *El medio pollito: Siete cuentos infantiles* (1976), *La caja de cristal* (1978), *Los cuentos de Juan Bobo* (1981), *La mona que le pisaron la cola* (1981), *Fábulas de la garza desangrada* (1982), *Sitio a Eros* (1980, 1986) y *Maldito amor*, que incluye, aparte de la novela que lleva el mismo título, tres cuentos adicionales. Sus más recientes publicaciones han sido *Sonatinas* (1989), *El árbol y sus sombras* (1989), *Las dos Venecias* (1992), *El coloquio de las perras* (1992) y *La batalla de las vírgenes* (1993).

AL LEER CONSIDERE LO SIGUIENTE:

—la situación económica de los personajes
—la falta de escrúpulos de los médicos, padre e hijo
—la relación de la tía con las sobrinas
—el significado de las muñecas
—el papel de la mujer en la sociedad
—el elemento fantástico
—las metáforas y los simbolismos

En "La muñeca menor", Ferré entrelaza lo real y lo fantástico. En este cuento una tía hacedora de muñecas y su sobrina menor son presentadas como víctimas de un padre y su hijo. Al final, ellas llevan a cabo una venganza inesperada. El elemento de lo fantástico se encuentra en la "chágara", animal que muerde a la tía y en la muñeca que le ha dado ésta a su sobrina como regalo de boda. En la muñeca se encuentra el desquite.

La muñeca menor

La tía vieja había sacado desde muy temprano el sillón al balcón que daba al cañaveral[1] como hacía siempre que se despertaba con ganas de hacer una muñeca. De joven se bañaba a menudo en el río, pero un día en que la lluvia había recrecido[2] la corriente en cola de dragón había sentido en el tuétano[3] de los huesos una mullida[4] sensación de nieve. La cabeza metida en el reverbero[5] negro de las rocas, había creído escuchar, revolcados con el sonido del agua, los estallidos[6] del salitre[7] sobre la playa y pensó que sus cabellos habían llegado por fin a desembocar en el mar. En ese preciso momento sintió una mordida terrible en la pantorrilla.[8] La sacaron del agua gritando y se la llevaron a la casa en parihuelas[9] retorciéndose[10] de dolor.

El médico que la examinó aseguró que no era nada, probablemente había sido mordida por una chágara[11] viciosa. Sin embargo pasaron los días y la llaga[12] no cerraba. Al cabo de un mes el médico había llegado a la conclusión de que la chágara se había introducido dentro de la carne blanda de la pantorrilla, donde había

---

[1]**cañaveral** sugarcane plantation [2]**recrecido** risen [3]**tuétano** marrow [4]**mullida** fluffy [5]**reverbero** wallowing [6]**estallidos** shattering [7]**salitre** saltpeter [8]**pantorrilla** calf [9]**parihuelas** stretcher [10]**retorciéndose** doubling up [11]**chágara** a fictitious aquatic animal created by the author for the purpose of the story. The word *chágara* comes from Taino, the language spoken by the Taino Indians who inhabited the Antilles. *Chágara* means fresh-water shrimp. [12]**llaga** wound

evidentemente comenzado a engordar. Indicó que le aplicaran un sinapismo[13] para que el calor la obligara a salir. La tía estuvo una semana con la pierna rígida, cubierta de mostaza desde el tobillo hasta el muslo, pero al finalizar el tratamiento se descubrió que la llaga se había abultado[14] aún más, recubriéndose de una substancia pétrea[15] y limosa que era imposible tratar de remover sin que peligrara[16] toda la pierna. Entonces se resignó a vivir para siempre con la chágara enroscada[17] dentro de la gruta[18] de su pantorrilla.

Había sido muy hermosa, pero la chágara que escondía bajo los largos pliegues de gasa[19] de sus faldas la había despojado[20] de toda vanidad. Se había encerrado en la casa rehusando[21] a todos sus pretendientes.[22] Al principio se había dedicado a la crianza[23] de las hijas de su hermana, arrastrando por toda la casa la pierna monstruosa con bastante agilidad. Por aquella época la familia vivía rodeada de un pasado que dejaba desintegrar a su alrededor con la misma impasible musicalidad con que la lámpara de cristal del comedor se desgranaba[24] a pedazos sobre el mantel raído[25] de la mesa. Las niñas adoraban a la tía. Ella las peinaba, las bañaba y les daba de comer. Cuando les leía cuentos se sentaban a su alrededor y levantaban con disimulo el volante almidonado[26] de su falda para oler el perfume de guanábana[27] madura que supuraba la pierna en estado de quietud.

Cuando las niñas fueron creciendo la tía se dedicó a hacerles muñecas para jugar. Al principio eran sólo muñecas comunes, con carne de guata de higüera[28] y ojos de botones perdidos. Pero con el pasar del tiempo fue refinando su arte hasta ganarse el respeto y la reverencia de toda la familia. El nacimiento de una muñeca era siempre motivo de regocijo[29] sagrado, lo cual explicaba el que jamás se les hubiese ocurrido vender una de ellas, ni siquiera cuando las niñas eran ya grandes y la familia comenzaba a pasar necesidad. La tía había ido agrandando el tamaño de las muñecas de manera que correspondieran a la estatura y a las medidas de cada una de las niñas. Como eran nueve y la tía hacía una muñeca de cada niña por año, hubo que separar una pieza de la casa para que la habitasen exclusivamente las muñecas. Cuando la mayor cumplió diez y ocho años había ciento veintiséis muñecas de todas las edades en la habitación. Al abrir la puerta, daba la sensación de entrar en un palomar,[30] o en el cuarto de muñecas del palacio de las tzarinas, o en un almacén donde alguien había puesto a madurar una larga hilera de hojas de tabaco. Sin embargo, la tía no entraba en la habitación por ninguno de estos placeres, sino que echaba el pestillo[31] a la puerta e iba levantando amorosamente cada una de las muñecas canturreándoles[32] mientras las mecía:[33] Así eras cuando tenías un año, así cuando tenías dos, así cuando tenías tres, reviviendo la

---

[13]**sinapismo** mustard plaster   [14]**se había abultado** swelled   [15]**pétrea** hard   [16]**sin que peligrara** without endangering   [17]**enroscada** curled up   [18]**gruta** cavity   [19]**pliegues de gasa** gauze folds   [20]**despojado** put aside   [21]**rehusando** refusing   [22]**pretendientes** suitors   [23]**a la crianza** to the rearing   [24]**se desgranaba** was wearing away   [25]**raído** frayed   [26]**almidonado** starched   [27]**guanábana** soursop (a tropical fruit)   [28]**guata de higüera** pulp of the calabash (a pumpkin-like fruit)   [29]**regocijo** joy   [30]**palomar** pigeon coop   [31]**pestillo** bolt   [32]**canturreándoles** singing to them   [33]**mecía** rocked

vida de cada una de ellas por la dimensión del hueco que le dejaban entre los brazos.

El día que la mayor de las niñas cumplió diez años, la tía se sentó en el sillón frente al cañaveral y no se volvió a levantar jamás. Se balconeaba[34] días enteros observando los cambios de agua de las cañas y sólo salía de su sopor cuando la venía a visitar el doctor o cuando se despertaba con ganas de hacer una muñeca. Comenzaba entonces a clamar[35] para que todos los habitantes de la casa viniesen a ayudarla. Podía verse ese día a los peones de la hacienda haciendo constantes relevos al pueblo como alegres mensajeros incas, a comprar cera, a comprar barro de porcelana, encajes, agujas, carretes de hilos[36] de todos los colores. Mientras se llevaban a cabo estas diligencias,[37] la tía llamaba a su habitación a la niña con la que había soñado esa noche y le tomaba las medidas. Luego le hacía una mascarilla de cera que cubría de yeso[38] por ambos lados como una cara viva dentro de dos caras muertas; luego hacía salir un hilillo rubio interminable por un hoyito[39] en la barbilla.[40] La porcelana de las manos era siempre translúcida; tenía un ligero tinte marfileño[41] que contrastaba con la blancura granulada de las caras de biscuit.[42] Para hacer el cuerpo, la tía enviaba al jardín por veinte higüeras relucientes. Las cogía con una mano y con un movimiento experto de la cuchilla las iba rebanando[43] una a una en cráneos[44] relucientes de cuero verde. Luego las inclinaba en hilera contra la pared del balcón, para que el sol y el aire secaran los cerebros algodonosos de guano gris. Al cabo de algunos días raspaba[45] el contenido con una cuchara y lo iba introduciendo con infinita paciencia por la boca de la muñeca.

Lo único que la tía transigía en utilizar en la creación de las muñecas sin que estuviese hecho por ella, eran las bolas de los ojos. Se los enviaban por correo desde Europa en todos los colores, pero la tía los consideraba inservibles hasta no haberlos dejado sumergidos durante un número de días en el fondo de la quebrada[46] para que aprendiesen a reconocer el más leve movimiento de las antenas de las chágaras. Sólo entonces los lavaba con agua de amoníaco y los guardaba, relucientes como gemas, colocados sobre camas de algodón, en el fondo de una lata de galletas holandesas.[47] El vestido de las muñecas no variaba nunca, a pesar de que las niñas iban creciendo. Vestía siempre a las más pequeñas de tira bordada[48] y a las mayores de broderí,[49] colocando en la cabeza de cada una el mismo lazo abullonado[50] y trémulo de pecho de paloma.

Las niñas empezaron a casarse y a abandonar la casa. El día de la boda la tía les regalaba a cada una la última muñeca dándoles un beso en la frente y diciéndoles con una sonrisa: "Aquí tienes tu Pascua de Resurrección".[51] A los novios los tran-

---

[34]**se balconeaba** she would sit in the balcony   [35]**clamar** to cry out   [36]**carretes de hilos** spools of thread   [37]**diligencias** errands   [38]**yeso** plaster   [39]**hoyito** small hole   [40]**barbilla** chin   [41]**marfileño** ivory-like   [42]**biscuit** pottery baked but not glazed   [43]**rebanando** slicing   [44]**cráneos** skulls   [45]**raspaba** she scraped   [46]**quebrada** brook   [47]**galletas holandesas** Dutch cookies   [48]**tira bordada** embroidered strip   [49]**broderí** embroidered fabric   [50]**lazo abullonado** full bow   [51]**"Aquí ... Resurrección".** Here is your Easter gift.

quilizaba asegurándoles que la muñeca era sólo una decoración sentimental que solía colocarse sentada, en las casas de antes, sobre la cola del piano.[52] Desde lo alto del balcón la tía observaba a las niñas bajar por última vez las escaleras de la casa sosteniendo en una mano la modesta maleta a cuadros de cartón y pasando el otro brazo alrededor de la cintura de aquella exhuberante muñeca hecha a su imagen y semejanza, calzada con zapatillas de ante,[53] faldas de bordados nevados y pantaletas de valenciennes.[54] Las manos y la cara de estas muñecas, sin embargo, se notaban menos transparentes, tenían la consistencia de la leche cortada.[55] Esta diferencia encubría otra más sutil: la muñeca de boda no estaba jamás rellena de guata, sino de miel.

Ya se habían casado todas las niñas y en la casa quedaba sólo la más joven cuando el doctor hizo a la tía la visita mensual acompañado de su hijo que acababa de regresar de sus estudios de medicina en el norte. El joven levantó el volante de la falda almidonada y se quedó mirando aquella inmensa vejiga abotagada[56] que manaba una esperma perfumada por la punta de sus escamas[57] verdes. Sacó su estetoscopio y la auscultó[58] cuidadosamente. La tía pensó que auscultaba la respiración de la chágara para verificar si todavía estaba viva, y cogiéndole la mano con cariño se la puso sobre un lugar determinado para que palpara el movimiento constante de las antenas. El joven dejó caer la falda y miró fijamente al padre. —Usted hubiese podido haber curado esto en sus comienzos —le dijo—. Es cierto —contestó el padre—, pero yo sólo quería que vinieras a ver la chágara que te había pagado los estudios durante veinte años.

En adelante fue el joven médico quien visitó mensualmente a la tía vieja. Era evidente su interés por la menor y la tía pudo comenzar su última muñeca con amplia anticipación. Se presentaba siempre con el cuello almidonado, los zapatos brillantes y el ostentoso alfiler[59] de corbata oriental del que no tiene donde caerse muerto.[60] Luego de examinar a la tía se sentaba en la sala recostando su silueta de papel dentro de un marco ovalado, a la vez que le entregaba a la menor el mismo ramo de siemprevivas moradas.[61] Ella le ofrecía galletitas de jengibre[62] y cogía el ramo quisquillosamente[63] con la punta de los dedos como quien coge el estómago de un erizo[64] vuelto al revés. Decidió casarse con él porque le intrigaba su perfil dormido, y porque ya tenía ganas de saber cómo era por dentro la carne de delfín.

El día de la boda la menor se sorprendió al coger la muñeca por la cintura y encontrarla tibia, pero lo olvidó enseguida, asombrada ante su excelencia artística. Las manos y la cara estaban confeccionadas con delicadísima porcelana de Mikado. Reconoció en la sonrisa entreabierta y un poco triste la colección completa de sus dientes de leche.[65] Había, además, otro detalle particular: la tía ha-

---

[52]**cola del piano** lid of the piano [53]**ante** suede [54]**pantaletas de valenciennes** ruffled bloomers [55]**leche cortada** curdled milk [56]**vejiga abotagada** swollen blister [57]**escamas** scales [58]**la auscultó** examined it [59]**alfiler** pin [60]**del que ... muerto** of those who do not have any money [61]**siemprevivas moradas** purple forget-me-nots [62]**jengibre** ginger [63]**quisquillosamente** sensitively [64]**erizo** urchin [65]**dientes de leche** baby teeth

bía incrustado en el fondo de las pupilas de los ojos sus dormilonas de brillantes.[66]

El joven médico se la llevó a vivir al pueblo, a una casa encuadrada dentro de un bloque de cemento. La obligaba todos los días a sentarse en el balcón, para que los que pasaban por la calle supiesen que él se había casado en sociedad.[67] Inmóvil dentro de su cubo de calor, la menor comenzó a sospechar que su marido no sólo tenía el perfil de silueta de papel sino también el alma. Confirmó sus sospechas al poco tiempo. Un día él le sacó los ojos a la muñeca con la punta del bisturí[68] y los empeñó[69] por un lujoso reloj de cebolla[70] con una larga leontina.[71] Desde entonces la muñeca siguió sentada sobre la cola del piano, pero con los ojos bajos.

A los pocos meses el joven médico notó la ausencia de la muñeca y le preguntó a la menor qué había hecho con ella. Una cofradía de señoras piadosas le habían ofrecido una buena suma por la cara y las manos de porcelana para hacerle un retablo[72] a la Verónica en la próxima procesión de Cuaresma. La menor le contestó que las hormigas habían descubierto por fin que la muñeca estaba rellena de miel y en una sola noche se la habían devorado. —Como las manos y la cara eran de porcelana de Mikado —dijo—, seguramente las hormigas las creyeron hechas de azúcar, y en este preciso momento deben de estar quebrándose[73] los dientes, royendo[74] con furia dedos y párpados en alguna cueva subterránea. —Esa noche el médico cavó toda la tierra alrededor de la casa sin encontrar nada.

Pasaron los años y el médico se hizo millonario. Se había quedado con toda la clientela del pueblo, a quienes no les importaba pagar honorarios exorbitantes para poder ver de cerca a un miembro legítimo de la extinta aristocracia cañera. La menor seguía sentada en el balcón, inmóvil dentro de sus gasas y encajes, siempre con los ojos bajos. Cuando los pacientes de su marido, colgados de collares, plumachos[75] y bastones, se acomodaban cerca de ella removiendo los rollos de sus carnes satisfechas con un alboroto[76] de monedas, percibían a su alrededor un perfume particular que les hacía recordar involuntariamente la lenta supuración de una guanábana. Entonces les entraban a todos unas ganas irresistibles de restregarse[77] las manos como si fueran patas.[78]

Una sola cosa perturbaba la felicidad del médico. Notaba que mientras él se iba poniendo viejo, la menor guardaba la misma piel aporcelanada y dura que tenía cuando la iba a visitar a la casa del cañaveral. Una noche decidió entrar en su habitación para observarla durmiendo. Notó que su pecho no se movía. Colocó delicadamente el estetoscopio sobre su corazón y oyó un lejano rumor de agua. Entonces la muñeca levantó los párpados[79] y por las cuencas vacías[80] de los ojos comenzaron a salir las antenas furibundas[81] de las chágaras.

---

[66]**dormilonas de brillantes** round diamond earrings   [67]**se había casado en sociedad** had married a society woman   [68]**bisturí** scalpel   [69]**los empeñó** pawned them   [70]**reloj de cebolla** pocket watch   [71]**leontina** watch chain   [72]**retablo** altarpiece   [73]**quebrándose** breaking   [74]**royendo** gnawing   [75]**plumachos** feathers   [76]**alboroto** noise   [77]**restregarse** scrub   [78]**patas** legs of animals   [79]**párpados** eyelids   [80]**cuencas vacías** empty cavities   [81]**furibundas** furious, enraged

D E S P U É S D E L E E R

1. ¿Cómo es el ambiente físico-geográfico en el que se desarrolla en cuento?

2. ¿Qué le ocurrió a la tía vieja? ¿Cuál es el diagnóstico del médico y cómo él se aprovecha de la tía?

3. ¿Cuáles son las etapas de la creación de una muñeca? ¿Cree usted que tiene algún significado especial el que la tía pusiera en el fondo de la quebrada las bolas de colores que usaba como ojos "para que aprendiesen a conocer el más leve movimiento de las antenas de la chágara"?

4. Cuando la tía les da a las sobrinas las muñecas no les dice que es un regalo de boda sino de Pascua de Resurrección. ¿Considera usted que ello tenga algún significado especial? ¿En qué se diferencia la muñeca de la sobrina menor de las otras muñecas?

5. ¿Cree usted que la tía y la sobrina son víctimas del padre y del hijo? ¿Cómo es presentada la mujer en esta sociedad? Explique.

6. ¿Qué hace el esposo de la sobrina menor con la muñeca?

7. ¿Cómo explica la sobrina la desaparición de la muñeca?

8. Vuelva a leer los dos últimos párrafos y dé su interpretación.

AL LEER CONSIDERE LO SIGUIENTE:

—las clases sociales
—el lenguaje popular
—el elemento folklórico del cuento

Este cuento popular muestra a un simplón, un pobre campesino que se encuentra en la ciudad confundido al participar en una fiesta opulenta creyendo que es una misa. Ferré aprovecha el cuento para delinear la diferencia entre los ricos y los que tienen poco o nada.

Juan Bobo va a oír misa

Un domingo Juan Bobo le dijo a su madre:

—¡Mai,[1] hoy yo quiero dil[2] a misa!

Y su madre le contestó, —¡Ay, Juan Bobo, mijo,[3] qué bueno que quieras ir a misa! Pero yo no te puedo llevar porque estoy muy enferma. Juan Bobo le dijo: —¡No se ocupe,[4] Mai, no se ocupe! ¡Dígame dónde queda la iglesia, que yo sé lo que tengo que hacel![5] Entonces la madre le aconsejó que se fuera por el camino y que donde viera entrar y salir mucha gente, ahí mismo quedaba la iglesia. No bien terminó de hablarle, Juan Bobo se puso su cotona[6] nueva y se fue a buscar la iglesia.

Luego de caminar un rato, llegó a una casa en la que se estaba celebrando un bautizo. De la casa entraba y salía mucha gente, y Juan Bobo se acercó a ver qué pasaba. Estaba la mesa puesta y, sobre el mantel de encaje[7] había colocadas toda suerte[8] de bandejas,[9] iluminadas por candelabros de plata.[10] En las bandejas había aderezados[11] un sin fin[12] de manjares[13] exquisitos: embutidos[14] de ternera y de pollo, perniles[15] doraditos, jamón planchao,[16] gelatinas de pavo, encurtidos,[17] escabeches,[18] almojábanas,[19] alcapurrias,[20] surullitos,[21] bacalaítos[22] y suma y sigue.[23]

Acercóse Juan Bobo a la mesa como quien traspasa[24] las puertas de la gloria, pero viendo a todo el mundo de pie saludándose y conversando muy cortés-

---

[1]**mai** *madre*   [2]**dil** *de ir*   [3]**mijo** *mi hijo*   [4]**ocupe** *preocupe*   [5]**hacel** *hacer*   [6]**cotona** light jacket   [7]**encaje** lace   [8]**toda suerte** all types   [9]**bandejas** trays   [10]**candelabros de plata** silver candelabra   [11]**aderezados** prepared   [12]**un sin fin** a large amount   [13]**manjares** dishes   [14]**embutidos** sausages   [15]**perniles** pork   [16]**jamón planchao** baked ham served cold   [17]**encurtidos** pickles   [18]**escabeches** pickled chicken, fish, etc.   [19]**almojábanas** soft cookies   [20]**alcapurrias** green bananas filled with meat and deep fried   [21]**surullitos** fried corn meal   [22]**bacalaítos** deep fried strips of codfish   [23]**y suma y sigue** and on and on   [24]**traspasa** goes through

mente, se quedó arrimado[25] a un rincón, observándolo todo y sin atreverse a probar nada. Bautizado el niño y ungido[26] con los óleos y las sales, cumplidos los parabienes[27] del rito entre el cura y los padrinos, los invitados se acercaron a la mesa, donde comieron y bebieron de todo con gran elegancia, hasta que por fin se fueron despidiendo. Cuando Juan Bobo se vio solo ante aquella mesa en la que los restos y las migas[28] conformaban un festín como él jamás había visto en su vida, merendó[29] y cenó todo junto, tragándose[30] lo que se le puso delante. No bien se hartó,[31] regresó corriendo a su casa y le dijo a su madre:

—¡Ay, Mai, si supiera qué misa más espléndida yo he oío! ¡Me quedé pa lo último y cuidao que yo he comió![32]

—Ea, muchacho, pero qué tú has hecho!, le contestó su madre. ¡Sabe Dios a dónde te has ido a meter![33] ¡Mucho me temo que has ido a parar donde no era!

A la semana siguiente Juan Bobo dijo:

—¡Oiga Mai, yo quiero volvel a dil a misa este domingo!

Y su madre le contestó, —¡Ay, sí mijo, qué bueno que quieras ir a misa! ¡Pero ten cuidado a dónde te metes y acuérdate que la iglesia está allí donde entra y sale mucha gente! En seguida Juan Bobo se puso la cotona nueva y, como al desdichado[34] las desdichas[35] le buscan y le hallan, se fue por el camino a buscar la iglesia, dando esta vez con ella.

Estábase celebrando la misa mayor, cuando Juan Bobo entró por el atrio, saludando a todo el mundo con mucho desenfado.[36] Al fondo de la nave divisó una gran mesa tendida con hermosos manteles de encaje e iluminada por candelabros de plata, cosa que reafirmó su confianza de estar en el lugar que buscaba. A la puerta de la iglesia se detuvo, y observó cómo todos los que entraban allí metían la mano en la pila de agua bendita[37] y se persignaban.[38] Juan Bobo pensó que, como era gente muy fina, por eso sólo se atrevían a probar con la punta del dedo el manjar que había al fondo de la pila, y se quedó arrimado a un rincón, esperando que todos pasaran. Cuando se vio solo, agarró[39] la pila de agua bendita con ambas manos y se la bebió de un golpe. Entonces dijo:

—¡Avemaría purísima, pero qué salao[40] está ese sancocho![41] ¡Si se comieron tó el guiso[42] y no me dejaron más quel agua!

Esperó entonces Juan Bobo a que la ceremonia terminara. Cuando vio que los parroquianos,[43] a la hora de la comunión, se acercaron en puntas de pie al altar, pensó que estaban siendo muy finos, y se quedó otra vez para lo último. Arrimándose entonces muy alambicado[44] a donde estaba el cura, abrió la boca más grande que un embudo,[45] para que a él también le diesen de comer. Pero cuando

---

[25]**arrimado** close to   [26]**ungido** anointed   [27]**parabienes** congratulations   [28]**migas** crumbs   [29]**merendó** had his afternoon snack   [30]**tragándose** swallowing   [31]**no bien se hartó** as soon as he was full   [32]**y cuidao que he comió** (*y cuidado que he comido*) and did I ever eat!   [33]**dónde te has ido a meter** where you have been   [34]**desdichado** unlucky   [35]**desdichas** misfortunes   [36]**con mucho desenfado** with great ease   [37]**pila de agua bendita** stoup of holy water   [38]**persignaban** made the sign of the cross   [39]**agarró** he grabbed   [40]**salao** (*salado*) salty   [41]**sancocho** stew   [42]**guiso** stew   [43]**parroquianos** parishioners   [44]**alambicado** overly refined   [45]**embudo** funnel

le tocó su turno, y le colocaron la hostia[46] en la lengua, exclamó en voz alta: —¡Avemaría santísima, pero qué galleta más jincha[47] y rebejía[48] me han dao!, y metiendo la mano en el copón[49] agarró diez hostias más y se las tragó de un golpe. Alzóse[50] entonces el cura indignado, llamando al sacristán, y entre los dos sacaron a Juan Bobo de la iglesia a puño limpio.[51]

Tomó Juan Bobo las de villadiego[52] y, no bien llegó a su casa, fue a donde estaba su madre y le dijo muy mohino:[53]

—¡Ay Mai, si supiera qué misa más móndriga[54] he oío! ¡Si me siento como si no me hubiera ni desayunao! Llegué a la iglesia y esperé con mucha paciencia a que la ceremonia hubiese terminao. Pero cuando llegó la hora de la comía,[55] me quisieron dal un caldero e[56] agua salá y una galleta bien jincha, y cuando les pedí que me dieran más, me molieron las espaldas a palos.[57] ¡Ahora sí que fui a paral[58] aonde no era! Y Kikirikí, Kikirimoche, este cuento se ha acabao y al que le toque su turno que cague de día y no de noche.

DESPUÉS DE LEER

1. ¿Cómo describiría el personaje de Juan Bobo?
2. ¿Sigue Juan Bobo las indicaciones de su madre de cómo llegar a la iglesia?
3. ¿Qué confunde a Juan Bobo? ¿A dónde va?
4. ¿Qué paralelismos se delinean en la mente de Juan Bobo entre lo que él cree ser su primera misa y la verdadera?
5. Describa los elementos populares que aparecen en el cuento.
6. ¿Considera usted que en este cuento hay una crítica social? Explique.
7. ¿Qué elementos folklóricos existen en el cuento? Descríbalos.

---

[46]**hostia** host   [47]**jincha** pale   [48]**rebejía** (*revejida*) sickly   [49]**copón** chalice   [50]**alzóse** got up   [51]**a puño limpio** by force   [52]**tomó ... villadiego** he got out of there fast   [53]**mohino** sad   [54]**móndriga** poor   [55]**comía** *comida*   [56]**e** *de*   [57]**me ... a palos** I was beaten up   [58]**paral** *parar*

ALGUNOS ESTUDIOS DE INTERÉS

Castro-Klaren, Sara. "Unpacking Her Library: Rosario Ferré on Love and Women". *Review: Latin American Literature and Arts* 48 (1994): 33–35.

Chaves, María José. "La alegoría como método en los cuentos y ensayos de Rosario Ferré". *Third Woman* 2:2 (1984): 64–76.

Francescato, Martha Paley. "Un cuento de hadas contemporáneo (envenenado) de Rosario Ferré". *Revista de Crítica Literaria Latinoamericana* 20:39 (1994): 177–181.

Fernández-Olmos, Margarite. "Desde una perspectiva femenina: la cuentística de Rosario Ferré y Ana Lydia Vega". *Homines* 8:2 (1984–1985): 303–311.

Gosser-Esquilín, Mary Ann. "Textualidad y sensualidad compartidas en 'El regalo' de Rosario Ferré". *Alba de América:* 11:20–21 (1993): 199–210.

Guerra-Cunningham, Lucía. "Tensiones paradójicas de la feminidad en la narrativa de Rosario Ferré". *Chasqui* 13:2-3 (1984): 13–25.

López, Ivette. "'La muñeca menor': ceremonias y transformaciones en un cuento de Rosario Ferré". *Explicación de Textos Literarios* 11:1 (1982–1983): 49–58.

Méndez-Clark, Ronald. "La pasión y la marginalidad en (de) la escritura: Rosario Ferré". Patricia Elena González y Eliana Ortega, eds. *La sartén por el mango: Encuentro de escritoras latino-americanas.* Río Piedras, Puerto Rico: Huracán, 1984.

Roses, Lorraine Elena. "Las esperanzas de Pandora: Prototipo femenino en la obra de Rosario Ferré". *Revista Iberoamericana* 59:162–163 (1993): 279–287.

Vega Carney, Carmen. "Sexo y texto en Rosario Ferré". *Confluencia* 4:1 (1988): 119–127.

- Glosario de términos literarios

- Otros estudios de interés

- Acknowledgments and Photo Credits

- Índice de autores y obras

Glosario de términos literarios

agudeza   perspicacia de ingenio característica del conceptismo y utilizada por los escritores barrocos durante el siglo XVII

alegoría   metáfora continuada a lo largo de una composición o parte de ella

aliteración   repetición de una misma letra o del mismo sonido o grupo de sonidos en una cláusula

anáfora   repetición de una palabra o frase al principio de dos o más versos u oraciones

antítesis   expresión de ideas contrarias

aparte   técnica empleada en el teatro cuando un personaje comunica al público información que los demás personajes de la obra no deben saber

argumento   en la narrativa, narración en el orden que ocurren los acontecimientos o tema de la obra, conocido también como la trama

arquetipo   modelo original o símbolo universal. Según el psicólogo Carl Jung, los arquetipos forman parte del inconsciente colectivo

arte mayor   versos de nueve o más sílabas

arte menor   versos de ocho sílabas o menos

asíndeton   omisión de conjunciones para dar rapidez a la frase

auto sacramental   composición teatral peculiar de la literatura española, en la cual intervienen personajes bíblicos y alegóricos que representan la muerte, la fe, la gracia, el pecado, etc.

axioma   una verdad aceptada universalmente que no necesita ser demostrada

barroco   movimiento cultural que aparece en casi todos los países de Europa como reacción al mundo rigurosamente ordenado y armónico de la antigüedad clásica y del Renacimiento. En España se manifestó en los siglos XVI y XVII (1580–1700) a través del culteranismo y el conceptismo. El barroco se caracteriza tanto en la literatura como en el arte por su complejidad y extravagante ornamentación. En el arte, dominan las líneas curvas; en la literatura, los juegos de palabras, las formas cultas y las metáforas así como el uso de giros rebuscados. En la literatura hispanoamericana el estilo barroco también se manifiesta a través del culteranismo y el conceptismo.

beatus ille   motivo poético creado por Horacio (65–8 a.C.) en el que se exalta la vida del campo como lugar donde se logra la perfecta paz espiritual

boom   explosión literaria hispanoamericana de los años 60

bucólico/a   referente al género de poesía que trata de las bellezas de la naturaleza y la vida campestre

canción   composición poética de tema amoroso que se deriva de la *canzone* italiana

caricaturesco   esbozo satírico

carpe diem   motivo poético creado por Horacio (65–8 a.C.) que aconseja el gozo de los placeres presentes porque la vida es breve y nos espera la muerte

catarsis   purificación por la que pasa el espectador de una tragedia por medio del miedo o la compasión

cesura   pausa en el interior de un verso que se emplea para dividirlo en dos partes

circunloquio   rodeo de palabras para expresar una idea de manera indirecta cuando ésta puede ser expresada de manera más directa

claroscuro   mezcla de sombra y luz

clímax en literatura, se refiere al punto culminante de la acción

coloquio composición literaria dialogada, escrita en prosa o en verso

comedia término usado para referirse a una obra dramática en general o a una obra teatral con un final feliz

conceptismo tendencia o movimiento literario vinculado al barroco español que se caracteriza por el uso de asociaciones rebuscadas, el empleo de equívocos, retruécanos, paradojas, agudeza de pensamiento y la concisión verbal en la expresión

connotar sugerir, además del significado explícito de una palabra, otras ideas o asociaciones relacionadas a la palabra

copla estrofa de cuatro versos de arte mayor o arte menor

cosmopolitismo corriente asociada en la literatura con la primera fase del modernismo hispanoamericano en que intervinieron numerosas influencias precedentes de distintos movimientos, autores y países

cosmovisión actitud de un autor ante la vida

costumbrismo género literario dedicado a la descripción de costumbres de un lugar o país

criollismo corriente regionalista de Hispanoamérica que se manifiesta en el cuento y la novela. Los autores que escribieron bajo esta influencia exponen y denuncian las condiciones sociales, económicas y políticas de sus respectivos países.

cromatismo uso de colores para expresar ideas y sentimientos

crónicas relatos históricos

cuadro de costumbres boceto que presenta escenas características de un lugar

cuarteta estrofa de cuatro versos de arte menor con rima consonante *abab*

cuarteto estrofa de cuatro versos de arte mayor con rima consonante *ABBA*

culteranismo tendencia literaria vinculada al barroco español que se caracteriza por la abundancia de latinismos y por las construcciones sintácticas rebuscadas

cultismos se refiere a palabras que proceden del latín

dadaísmo movimiento artístico de principios del siglo XX que suprime la relación entre pensamiento y expresión

décima estrofa de diez octosílabos formada con rima *abbaaccddc*

diéresis en poesía, la pronunciación en sílabas distintas de dos vocales que forman un diptongo: cüidar

drama obra teatral en la cual los personajes imitan un hecho de la vida. Los sentimientos que el drama produce en los espectadores no son tan fuertes como los que produce la tragedia.

égloga poema bucólico en forma dialogada

elegía poesía en la cual el poeta lamenta la pérdida de un ser querido

elipsis omisión de elementos de una oración

encabalgamiento término usado en poesía para referirse a la unión del final de un verso con el verso siguiente a fin de completar una idea

ensayo composición literaria escrita en prosa sobre un tema determinado

épica poesía que relata las hazañas de héroes históricos o legendarios y exalta los valores nacionales

epíteto uso de adjetivos que no modifican ni limitan el significado de un nombre. Con o sin epíteto el sustantivo significa lo mismo.

esbozo ensayo corto

escapismo   tendencia de los escritores modernistas a buscar inspiración en mundos exóticos. Con frecuencia aparecen en la obra de estos autores referencias a la Grecia antigua, al lejano oriente, a los países nórdicos y a la corte versallesca.

estribillo   verso que se repite a lo largo de un poema, frecuentemente al final de una estrofa

estrofa   conjunto de versos que forman la estructura de un poema

estructura   disposición o arreglo de una obra literaria

eufemismo   modo de expresar con suavidad o decoro ciertas ideas cuya franca expresión sería dura o malsonante

exordio   prólogo o introducción al comienzo de una obra, que presenta el tema de ésta

exposición   información que provee el autor sobre los personajes y el ambiente

fábula   narración breve de una acción en la que los personajes son animales irracionales. Las fábulas contienen una enseñanza moral, literaria o filosófica.

flash-back   escena anterior a la acción principal

fluir de la conciencia   técnica que describe la actividad mental de un individuo desde la experiencia consciente a la inconsciente

fondo   el asunto, el tema, el contenido, los pensamientos y los sentimientos que se encuentran en una obra literaria

forma   la combinación de diversos elementos de una obra literaria. Corresponde a la estructura externa de la obra.

gauchesco   relativo al gaucho, hombre de la pampa argentina que se dedica a la crianza del ganado. En la literatura gauchesca este ser es proyectado con sus valores y costumbres.

hamartia   punto débil del héroe trágico que lo conduce a la catástrofe

hemistiquio   mitad de un verso separado por la cesura

heptasílabo   verso de siete sílabas

hexadecasílabo   verso de diecisiete sílabas

hexámetro   verso de medida clásica de seis pies

hexasílabo   verso de seis sílabas

hiato   dos vocales contiguas pronunciadas como dos sílabas distintas

hipérbaton   alteración del orden de la colocación natural de las palabras en una oración

hipérbole   exageración al aumentar o disminuir desproporcionalmente las cualidades, acciones, descripciones, etc.

imagen   fiel representación literal o figurativa de un objeto o una experiencia sensorial

in medias res   frase latina que significa "en medio de las cosas". En la narrativa se refiere a una historia narrada que no comienza desde el principio.

indianismo   tendencia del romanticismo hispanoamericano a idealizar al indígena e incluirlo en la obra literaria como ente decorativo

indigenismo   tendencia asociada con la narrativa realista hispanoamericana en la cual se presenta a un indígena verosímil. Las obras indigenistas son de contenido social.

ironía   dar a entender lo contrario de lo que se dice

ironía circunstancial   situación en la cual el lector o el espectador se entera de la ironía en el momento culminante al mismo tiempo que el personaje

ironía dramática   cuando el lector o espectador sabe lo que va a acontecer antes de que lo sepa el personaje

jitanjáfora   uso de vocablos que no tienen sentido por sí mismos pero que son usados para dar musicalidad a un poema

justicia poética   un resultado en el cual los buenos son premiados y los malos castigados

latinismo   neologismo que consiste en introducir en la lengua castellana o española palabras procedentes del latín

leitmotivo   la repetición de una palabra, frase u oración a lo largo de una obra para crear cohesión

letrilla   composición poética de tema satírico, festivo o amoroso, escrita en versos de arte menor, que se caracteriza por su brevedad y en la cual se repite un estribillo que encierra la intención de la letrilla

lira   estrofa de tres heptasílabos y dos endecasílabos con rima consonante *aBabB*

loa   en el teatro antiguo, un prólogo, discurso o diálogo que servía para dar comienzo a la función. Término empleado además para referirse a un poema dramático corto escrito para celebrar algún acontecimiento notable o alguna persona ilustre.

madrigal   poema breve amoroso

metáfora   figura retórica por la cual se traslada el sentido de una palabra a otra mediante una comparación mental

metateatro   el teatro dentro del teatro

metonimia   figura de retórica que consiste en designar una cosa con el nombre de otra cuando están ambas reunidas por alguna relación

métrica   el estudio de la versificación

metro   medida del verso

mimesis   imitación

misticismo   movimiento filosófico y religioso de mediados del siglo XVI que consiste en la contemplación y perfección del alma, así como la unión extática de ésta con Dios. La poesía y prosa mística comunica esa experiencia.

modernismo   movimiento literario hispanoamericano de finales del siglo XIX y principios del siglo XX. En el modernismo aparecen diversas influencias tales como las del romanticismo con respecto a la intimidad y el sentimiento; las del parnasianismo por su devoción hacia los clásicos, el respeto por las formas y la firme creencia en el concepto de "el arte por el arte"; y las del simbolismo caracterizado por el énfasis que da a la musicalidad, al ritmo y al cromatismo.

naturalismo   tendencia literaria muy extendida en Europa en la segunda mitad del siglo XIX. El naturalismo pretendió que la novela fuese expresión viva de la realidad humana. El novelista debería ser un observador de esa realidad social en la que vivía, estudiarla en sus detalles y representarla en toda su intensidad.

neoclasicismo   movimiento literario del siglo XVIII que rechaza al barroco y propone una vuelta a los clásicos. Son partidarios de un arte sencillo, universal, de buen gusto y con un fin docente.

neologismo   palabra o frase nueva procedente de otro idioma

neoplatonismo   filosofía renacentista basada en las ideas de Platón que aboga el culto a la belleza idealizada y el amor espiritual

octava real   estrofa de ocho versos de arte mayor con rima consonante *ABABABCC*

octosílabo   verso de ocho sílabas empleado en la poesía tradicional y popular españolas

oda   poema lírico dividido en estrofas escrito para celebrar atributos de Dios o de los santos, cantar grandes hazañas, expresar sentimientos de la conciencia o las reflexiones del poeta, o algún otro aspecto placentero de la vida

onomatopeya   imitación de los sonidos mediante el uso de palabras que imitan, recuerdan o sugieren los sonidos reales. Es usada en las obras literarias como recurso estilístico

oxímoron   unión sintáctica de conceptos que se contradicen

parábula   narración de un suceso del que se deduce una enseñanza moral o una verdad importante

paradoja   el empleo de expresiones o frases que envuelven contradicción

paráfrasis   interpretación o explicación de un texto para hacerlo más claro e inteligible. También se entiende por paráfrasis la traducción de un poema a otra lengua en la que el traductor o autor de la paráfrasis no se siente obligado a mantener escrupulosa fidelidad del texto que le inspira.

paralelismos   repetición de ideas o conceptos opuestos en dos o más versos o estrofas

pareado   versos de la misma medida que riman de dos en dos con la misma rima consonante

parnasianismo   corriente poética francesa del siglo XIX que propuso el concepto de "el arte por el arte". Para los parnasianos la intención del poeta debía ser principalmente estética. Entre los temas parnasianos se encuentran referencias a las culturas clásicas y a paisajes y objetos exóticos.

parodia   imitación burlesca de una obra seria

paronomasia   semejanza fonética entre dos vocablos muy parecidos de significados diferentes

payada   canción o poema improvisado por un gaucho

pentasílabo   verso de cinco sílabas

perífrasis   figura retórica en la que se expresa mediante un rodeo y de un modo más delicado o elegante lo que pudo haberse expresado en unas pocas palabras o en una oración gramatical simple

peripecia   cambio repentino de una situación

personificación   atribuir a una cosa inanimada o a un ser abstracto la figura, los sentimientos o el lenguaje de una persona

picaresca   narración episódica narrada en primera persona por un pícaro. La novela picaresca se caracteriza por su realismo y crítica social.

pie quebrado   combinación de versos octosílabos con versos de cuatro sílabas

pleonasmo   repetición de palabras o ideas de igual sentido para dar énfasis a la expresión

poema en prosa   narración en la que se encuentran características del lenguaje poético

polimetría   variedad de metros en los versos de un poema

polisíndeton   repetición de conjunciones

preciocismo   palabra usada para referirse a la tendencia de los escritores modernistas a buscar la belleza en el refinamiento de las imágenes y expresiones

prefiguración   anticipación de lo que va a ocurrir

pregunta retórica   pregunta hecha para producir un efecto y no para ser contestada

prosa discursiva   prosa de lenguaje directo empleada frecuentemente en el habla diaria y escritos docentes. La **prosa no discursiva,** en cambio, se refiere a la expresión que usa lenguaje figurado, connotativo o literario.

prosopopeya   figura retórica que consiste en atribuir el sentimiento, la palabra y la acción de cosas inanimadas o abstractas, a los muertos, a los animales, a los ausentes, etc.

quintilla   combinación de cinco versos octosílabos. La rima es *abaab*.

realismo   actitud literaria que aspira a recoger la vida, la cual es retratada con la mayor fidelidad posible

realismo mágico   término usado para referirse a la literatura que combina la realidad objetiva con elementos fantásticos o mágicos

redondilla estrofa formada por cuatro versos octosílabos de rima consonante *abba*

relación narración breve que cuenta una hazaña personal o describe acontecimientos relacionados con hechos determinados o una región específica

retruécano juego de palabras producido por la similitud de sonidos y diferencias de significados

rima semejanza entre dos sonidos finales de los versos

rima abrazada se produce cuando el esquema de la rima es *abba, cddc,* etc. o *ABBA, CDDC,* etc.

rima asonante rima entre dos palabras que tienen sonidos vocálicos iguales a partir de la última vocal acentuada

rima consonante rima entre dos palabras cuyos últimos sonidos son iguales a partir de la última vocal acentuada

rima continua o monorrima se produce cuando los versos de una estrofa tienen la misma rima

rima encadenada se produce cuando la rima es *abab, cdcd* o *ABAB, CDCD,* etc.

rima gemela se produce cuando la rima es *aa, bb, cc, dd,* etc. o *AA, BB, CC, DD,* etc.

ritmo cadencias producidas por metros y versos de un poema

romance composición poética de versos octosílabos con rima asonante en los versos pares. Los versos impares quedan sueltos.

romancillo composición poética de versos de menos de ocho sílabas con rima asonante en los versos pares

romanticismo corriente literaria del siglo XIX que cultiva el sentimentalismo, el sentimiento, la imaginación por sobre la razón, el individualismo, la búsqueda de la inmortalidad y la libertad artística. En Hispanoamérica se inicia con la independencia de las repúblicas que la componen.

sainete obra teatral cómica de un acto que presenta las costumbres populares

sátira composición poética o en prosa que censura o ridiculiza personas o cosas

seguidilla corta composición poética usada en cantos populares

serventesio estrofa de cuatro versos endecasílabos de rima alterna *ABAB*

sextina composición formada por seis versos endecasílabos

significante signo lingüístico utilizado para nombrar algo. Lo señalado es el **significado.**

silogismo fórmula presentada para presentar lógicamente un argumento

silva composición poética formada por versos endecasílabos o por una combinación de versos endecasílabos y heptasílabos sin orden de rima o estrofas

simbolismo corriente poética francesa del siglo XIX caracterizada por el verso libre y la musicalidad en el poema

símbolo relación entre un elemento concreto y otro abstracto que es explicado por el primero

símil comparación entre dos cosas para dar una idea más viva de una de ellas

sinalefa unión que existe entre dos palabras cuando una termina y la otra empieza en vocales

sinécdoque figura retórica que consiste en tomar una parte por el todo o el todo por una parte

sinéresis contracción de dos sílabas en una sola, por pronunciación de dos voces separadas en una sola emisión de voz

sinestesia cuando una sensación describe a otra

sonetillo versos de arte menor que se combinan en forma de soneto

soneto   composición poética de catorce versos de arte mayor constituida por dos cuartetos seguidos de dos tercetos

surrealismo   movimiento literario y artístico que intenta expresar el pensamiento puro con exclusión de toda lógica o preocupación moral o estética

tema   la idea central del texto

terceto   estrofa de versos endecasílabos con rima consonante

tetrasílabo   verso de cuatro sílabas

tono   actitud del autor

tradiciones   narración breve de tipo anecdótico basada en temas históricos o leyendas, creada por el peruano Ricardo Palma en el siglo XIX

trisílabo   verso de tres sílabas

tropo   empleo de una palabra en sentido figurado

ultraísmo   uno de los movimientos de la vanguardia que se manifestó en Hispanoamérica a partir de 1920. Los ultraístas propusieron una ruptura con las tradiciones poéticas del pasado y abogaron por mayor valoración de la metáfora.

vanguardismo   término usado para referirse a los movimientos artísticos que surgieron alrededor de la Primer Guerra Mundial y que abogaban por la experimentación con nuevas técnicas literarias

verosimilitud   que parece verdadero y creíble

verso   cada una de las líneas que componen un poema

verso agudo   al contar las sílabas del verso agudo se añade una sílaba al número de sílabas gramaticales debido a que la última palabra del verso tiene el acento en la última sílaba

verso blanco   verso que no tiene rima

verso esdrújulo   al contar el verso esdrújulo se cuenta una sílaba menos porque la fuerza de la voz se encuentra en la antepenúltima sílaba

verso libre   verso que no tiene ni rima ni medida

verso llano   el verso llano tiene el mismo número de sílabas gramaticales que sílabas poéticas

Otros estudios de interés

Ainsa, Fernando. *Identidad cultural de Iberoamérica en su narrativa*. Madrid, España: Gredos, 1986.

——. "Raíces del nuevo discurso identitario en la narrativa y en el ensayo latinoamericano." *Alba de América* 6:10–11 (1988): 29–46.

Alegría, Fernando. *Nueva historia de la novela hispanoamericana*. Hanover, New Hampshire: Ediciones del Norte, 1986.

Alonso Velez, Carlos Javier. *The Spanish American Regional Novel. Modernity and Autochthony*. Cambridge, Inglaterra: Cambridge University Press, 1990.

Anderson Imbert, Enrique. *Latin American Literature: A History*. Detroit, Michigan: Wayne State University Press, 1969.

Araujo, Helena. "Narrativa femenina latinoamericana". *Hispamérica* 11:32 (1982): 23–34.

Arrom, José Juan. *Imaginación del Nuevo Mundo*. México, D.F.: Siglo Veintiuno Editores, 1991.

Balderston, Daniel, ed. *The Historical Novel in Latin America. A Symposium*. Gaithersburg, Maryland: *Hispamérica*, 1986.

Bautista, Gloria. *Realismo mágico, cosmos latinoamericano. Teoría y práctica*. Santafé de Bogotá, Colombia: Librería-Editorial América Latina, 1991.

Benedetti, Mario. *La realidad y la palabra*. Barcelona, España: Destino, 1990.

Beverley, John. "Postmodernism in Latin America". *Siglo XX-20th Century* 9:1–2 (1991–1992): 19–29.

Blasi, Alberto, ed. "Movimientos literarios del siglo XX en Iberoamérica: Teoría y práctica". *Revista Iberoamericana* 48:118–119 (1982).

Boland, Roy C., y Sally Harvey, eds. "Magical Realism and Beyond: The Contemporary Spanish and Latin American Novel". *Antipodas* 3 (1991).

Bueno Chávez, Raúl. "Sobre la nueva novela y la nueva crítica latino-americana". *Revista de Crítica Literaria Latinoamericana* 9:18 (1983): 81–84.

Burgos, Fernando. *La novela hispano-americana (un ensayo sobre el concepto literario de modernidad)*. Madrid, España: Orígenes, 1985.

Calviño, Julio. *Historia, ideología y mito en la narrativa hispanoamericana contemporánea*. Madrid, España: Ayuso, 1987.

Carilla, Emilio. *El romanticismo en la América Hispánica*. 2 tomos. Madrid, España: Gredos, 1967.

Carpentier, Alejo. *La novela latinoamericana en vísperas de un nuevo siglo y otros ensayos*. México, D.F.: Siglo Veintiuno, 1981.

Carrera Andrade, Jorge. *Reflections on Spanish-American Poetry*. Don C. Bliss y Gabriela de C. Bliss, trads. Albany, New York: State University of New York Press, 1973.

Casas de Faunce, María. *La novela picaresca latinoamericana*. Madrid, España: Cupsa, Editorial, 1977.

Castillo, Debra A. *Talking Back: Toward a Latin American Feminist Criticism*. Ithaca, New York: Cornell University Press, 1992.

Columbus, Claudette Kemper. "Latin American Literature and the Critics". *Latin American Research Review* 25:1 (1990): 253–258.

Cometta Mannzoni, Aida. *El indio en la novela de América*. Buenos Aires, Argentina: Editorial Futuro, S.R.L., 1960.

Cortázar, Julio. "El escritor y su quehacer en América Latina". *Cuadernos Americanos* 247:2 (1983): 7–16.

Chang-Rodríguez, Eugenio, y Alfredo Roggiano, eds. "Proyección de lo indígena en las literaturas de la América Hispánica". *Revista Iberoamericana* 50:127 (1984).

Dauster, Frank. "Hacia la historia del teatro hispanoamericano". *Latin American Review* 26:2 (1993): 9–15.

Dorfman, Ariel. "Some Write to the Future. Essays on Contemporary Latin American Fiction". George Shines, trad., con el autor. Durham, North Carolina: Duke University Press, 1991.

Duncan, Cynthia K. "Hacia una interpretación de lo fantástico en el contexto de la literatura hispanoamericana". *Texto Crítico* 16:42–43 (1990).

Fernández, Teodosio. *Los géneros ensayísticos hispanoamericanos*. Madrid, España: Taurus, 1990.

Franco, Jean. *Historia de la literatura hispanoamericana a partir de la Independencia*. Barcelona, España: Editorial Ariel, S.A., 1975.

Fuentes, Carlos. *Valiente mundo nuevo. Épica, utopía y mito en la novela hispanoamericana*. Madrid, España: Narrativa Mondadori, 1990.

Gallagher, D. P. *Modern Latin American Literature*. Oxford, Inglaterra: Oxford University Press, 1973.

García Pinto, Magdalena. *Women Writers of Latin America: Intimate Histories*. Trudy Balch, trad., con la autora. Austin, Texas: University of Texas Press, 1988.

Goic, Cedomil. *Historia y crítica de la literatura hispanoamericana*. 3 tomos. Barcelona, España: Editorial Crítica, 1988.

Gómez-Gil, Orlando. *Historia crítica de la literatura hispanoamericana. Desde los orígenes hasta el momento actual*. New York: Holt, Rinehart and Winston, 1968.

González, Aníbal. *La nueva novela modernista hispanoamericana*. Madrid, España: Gredos, 1987.

Harss, Luis, y Barbara Dohmann. *Into the Mainstream: Conversations with Latin American Writers*. New York: Harper and Row, Publishers, 1967.

Jackson, Richard. *The Black Image in Latin American Literature*. Albuquerque, New Mexico: University of New Mexico Press, 1976.

Johnson, Julie Gree. *Women in Colonial Spanish American Literature. Literary Images*. Westport, Connecticut: Greenwood Press, 1983.

Jordan, David. *New World Regionalism: Literature in the Americas*. Toronto, Canadá: University of Toronto Press, 1994.

Langowski, Gerald J. *El surrealismo en la ficción hispanoamericana*. Madrid, España: Gredos, 1982.

Larsen, Neil. "The 'Boom' Novel and the Cold War in Latin America". *Modern Fiction Studies* 38:3 (1992).

Lazo, Raimundo. *Historia de la literatura hispanoamericana*. México, D.F.: Editorial Porrúa, S.A., 1969.

Lienhard, Martin. *La voz y su huella. Escritura y conflicto étnico-social en América Latina 1492–1988*. Hanover, New Hampshire: Ediciones del Norte, 1991.

Lindstrom, Naomi. *Twentieth-Century Spanish American Fiction*. Austin: University of Texas Press, 1994.

Lipp, Solomon. "The Popular Novel in Nineteenth-Century Latin America". *Canadian Review of Contemporary Literature* 9:3 (1982): 406–423.

Liscano, Juan. *National Identity in Latin American Literature*. Jeanne Ferguson, trad. *Diógenes* 138 (1987).

Losada, Alejandro. "Bases para un proyecto de una historia social de la literatura en América Latina (1780–1970)". *Revista Iberoamericana* 47:114–115 (1981): 167–188.

——. "La historia social de la literatura latinoamericana". *Revista de Crítica Literaria Latinoamericana* 11:24 (1986).

Loveluck, Juan. *La novela hispanoamericana*. Santiago de Chile: Editorial Universitaria, 1972.

Mahieu, José. "Literatura y cine en Latinoamérica". *Cuadernos Hispanoamericanos* 367–368 (1981): 299–309.

Martin, Gerald. *Journeys Through the Labyrinth. Latin American Fiction in the Twentieth Century*. Londres, Inglaterra: Verso, 1989.

Meléndez, Concha. *La novela indianista en Hispanoamérica (1832–1889)*. Río Piedras, Puerto Rico: Ediciones de la Universidad de Puerto Rico, 1961.

Meléndez, Priscilla. *La dramaturgia hispano-americana contemporánea: teatralidad y autoconciencia*. Madrid, España: Editores Pliegos, 1990.

Meyer, Doris, y Margarite Fernández Olmos, eds. *Contemporary Women Authors of Latin America: Introductory Essays*. Brooklyn, New York: Brooklyn College Press, 1983.

Minc, Rose, ed. *Latin American Fiction Today. A Symposium*. Takoma Park, Maryland: Hispamérica, 1980.

Monsiváis, Carlos. "Ídolos populares y literatura en América Latina". *Boletín Cultural y Bibliográfico* 21:1 (1984): 47–57.

Morales Padrón, Francisco. *América en sus novelas*. Madrid, España: Ediciones Cultura Hispánica del Instituto de Cooperación Iberoamericana, 1983.

Oliveira, Celso de. "The Early National Period in Latin American Literature". *Arizona Quarterly* 38:3 (1982): 251–257.

Ortega, Julio. "La literatura latino-americana en la década de los 90". *Inti* 32–33 (1991): 167–171.

Pedemonte, Hugo. "El indio como tema poético". *Cuadernos Hispanoamericanos* 399 (1983): 83–92.

Pérez, Alberto Julián. "El modernismo ante el romanticismo y la vanguardia". *Cincinnati Romance Review* 8 (1989): 86–90.

Pérez-Firmat, Gustavo, ed. *Do the Americas Have a Common Literature?* Durham, North Carolina: Duke University Press, 1990.

Pizarro, Ana. "América Latina: Vanguardia y modernidad periférica". *Hispamérica* 20:59 (1991): 23–35.

———, ed. *Hacia una historia de la literatura latinoamericana*. México, D.F.: Centro de Estudios Lingüísticos y Literarios, Colegio de México, [Caracas, Venezuela], Universidad Simón Bolívar, 1987.

Rama, Ángel *La novela en América Latina: Panoramas 1920–1980*. Bogotá, Colombia: Instituto Colombiano de Cultura, 1982.

———. "Literatura y cultura en América Latina". *Revista de Crítica Literaria latinoamericana* 9:18 (1983).

Ricci della Grisa, Graciela N. *Realismo mágico y conciencia mítica en América Latina. Textos y contextos*. Buenos Aires, Argentina: Fernando García Cambeiro, 1985.

Rodríguez-Luis, Julio. *La literatura hispano-americana entre compromiso y experimento*. Madrid, España: Fundamentos, 1984.

Rodríguez-Monegal, Emir. *El arte de narrar; diálogos*. Caracas, Venezuela: Monte Ávila Editores, 1968.

Sánchez, Luis Alberto. *Proceso y contenido de la novela hispanoamericana*. Madrid, España: Gredos, 1968.

Sandoval, Adriana. *Los dictadores y la dictadura en la novela hispanoamericana. 1851–1978*. México, D.F.: Universidad Nacional Autónoma de México, 1989.

Santí, Enrico Mario. "Politics, Literature and the Intellectual in Latin America". *Salmagundi* 82–83 (1989): 92–110.

Schulman, Iván A. *Génesis del modernismo; Martí, Nájera, Silva, Casal*. México, D.F.: El Colegio de México/Washington University Press, 1966.

Schwartz, Kessel. *A New History of Spanish American Fiction*. 2 tomos. Baton Rouge: Louisiana State University Press, 1991.

Serna Armaiz, Mercedes. "El positivismo latinoamericano. Positivismo y modernismo: Encuentros y desencuentros". *Cuadernos Hispanoamericanos* 529–530 (1994).

Suárez-Murias, Marguerite C. *La novela romántica en Hispanoamérica*. New York: Hispanic Institute, 1963.

Sucre, Guillermo. "El pensamiento poético: Dentro del cristal". *Hora de poesía* 83–84 (1992).

Toro, Alfonso de, y Fernando de Toro. *Hacia una nueva crítica y un nuevo teatro latinoamericano*. Frankfurt am Main, Alemania: Vervuert Verlag, 1993.

Versenyi, Adam. *Theatre in Latin America: Religion, Politics and Culture from Cortés to the 1980s*. Cambridge, Inglaterra: Cambridge University Press, 1993.

Williams, Jerry M. "Encountering and Countering Discourse in Colonial Latin American Chronicles". *Romance Languages Annual* 4 (1992): 646–648.

Zea, Leopoldo. *Precursores del pensamiento latinoamericano contemporáneo*. México, D.F.: Sep Diana, 1979.

Acknowledgments

Grateful acknowledgment is given authors, heirs, agents, agencies, publishers, and photographers for permission to reprint or reproduce the following copyrighted material. Every effort has been made to determine copyright owners. In the case of any omissions, the publisher will be happy to make suitable acknowledgment in future editions.

Fondo de Cultura Económica for "De cómo al fin lloró Juan Pablo" de Mariano Azuela; © Herederos de Mariano Azuela © Fondo de Cultura Económica.

Doris Dana for the following works by Gabriela Mistral. "Los sonetos de la muerte," "La maestra rural," "Mis libros," "Pan," "Muro."

The Wylie Agency for the following works by Jorge Luis Borges: "Fundación mítica de Buenos Aires," "Límites," "Poemas de los dones," "La casa de Asterión," "El milagro secreto," © Maria Kodama. Reprinted with the permission of the Wylie Agency, Inc.

Agencia Literaria Latinoamericana for the following works by Nicolás Guillén: "Mulata," "Búcate plata," "Tú no sabe inglé," "Caña," "Sensemayá," "Dos niños," "Canción puertorriqueña."

Agencia Literaria Latinoamericana for the following work by Alejo Carpentier: "Viaje a la semilla."

Agencia Literaria Carmen Balcells, S.A., for the following works by Pablo Neruda: "Poema 20," from Veinte poemas de amor y una canción desesperada © 1924 Pablo Neruda and Fundación Pablo Neruda; "Oda a la alcachofa," from Odas elementales © 1954 Pablo Neruda and Fundación Pablo Neruda; "Cortés" and "La Standard Oil Co.," from Canto general © 1950 Pablo Neruda and Fundación Pablo Neruda; "Pido silencio," from Estravagario © 1958 Pablo Neruda and Fundación Pablo Neruda.

Sybila Arredondo de Arguedas for a selection from Los ríos profundos ("El Viejo"), by Jose María Arguedas.

Agencia Literaria Carmen Balcells, S.A., for the following works by Juan Rulfo: "Es que somos muy pobres" and "Talpa," belonging to the work entitled El llano en llamas © Juan Rulfo, 1953 and Heirs of Juan Rulfo.

Sergio Vodanovic for El delantal blanco.

Agencia Literaria Carmen Balcells, S.A., for the following works by Julio Cortázar: "Casa tomada," from Bestiario © 1951 Julio Cortázar and Heirs of Julio Cortázar; "La noche boca arriba," from Final del juego © 1956 Julio Cortázar and Heirs of Julio Cortázar.

Fondo de Cultura Económica for the following works by Octavio Paz: "Epitafio para un poeta," "Dos cuerpos," "Un día de tantos," "Proema," selection from El laberinto de la soledad ("Máscaras mexicanas").

Editorial Grijalbo (Mexico) for the following work by Emilio Carballido: El solitario en octubre.

Agencia Literaria Carmen Balcells, S.A., for the following works by Gabriel García Márquez: "La siesta del martes" and "Un día de estos," belonging to the work entitled Los funerales de la Mamá Grande © Gabriel García Márquez, 1962.

Editorial Seix Barral, S.A., for "Los jefes" de Mario Vargas Llosa.

Agencia Literaria Carmen Balcells, S.A., for the following works by Carlos Fuentes: "Chac Mool," from Los días enmascarados © 1954 Carlos Fuentes; and "Las dos Elenas," from Cantar de ciegos © 1964 Carlos Fuentes.

Elena Poniatowska for a selection from Querido Diego, te abraza Quiela.

Agencia Literaria Carmen Balcells, S.A., for the following works by Isabel Allende: "Dos palabras" and "Clarisa," belonging to a work entitled Cuentos de Eva Luna © Isabel Allende, 1989.

Susan Bergholz Literary Services for the following works by Rosario Ferré: "La muñeca menor," from Papeles de Pandora © 1976 Rosario Ferré; first published by Editorial Joaquín Mortiz, Mexico; and "Juan Bobo va a oír misa," from Los cuentos de Juan Bobo © 1981 Rosario Ferré; first published by Ediciones Huracán, Puerto Rico.

Photo Credits

Alcyone/Archivo fotográfico (Mexico City): 20, 33, 72, 101, 146, 190, 296, 309, 339, 367, 387, 428, 451

Archive Photos/Horst Tappe: 514

Archive Photos/REUTERS/Aníbal Solimano. 462

Clasos Press, © Clasos Press (Mexico City): 256, 441, 480

Columbus Memorial Library, Organization of American States (Washington, D.C.): 42, 50, 86, 118, 126, 161, 168, 207, 219, 244, 264, 282, 326, 353, 414

Corbis-Bettmann, vii, 3

Museum of the Americas, Organization of American States (Washington, D.C.): viii, x, 85, 255

Antonio Perez (Chicago): 500, 532

Sergio Vodanovic: 400

Índice de autores y obras